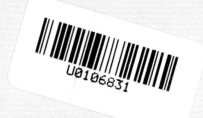

故宮

品全集

故宮博物院藏文物珍品全集

晉唐兩宋繪畫・山水樓閣

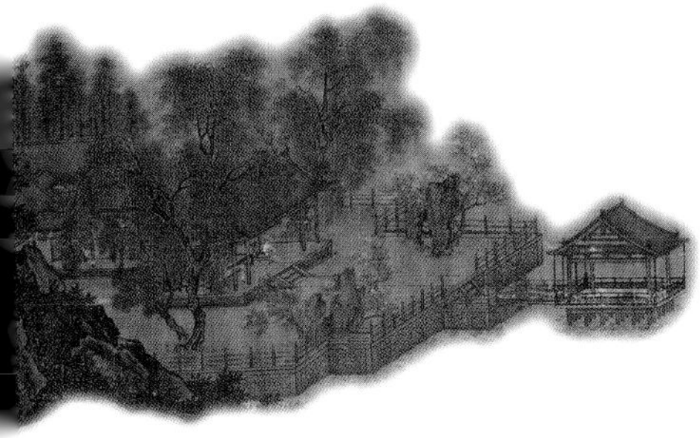

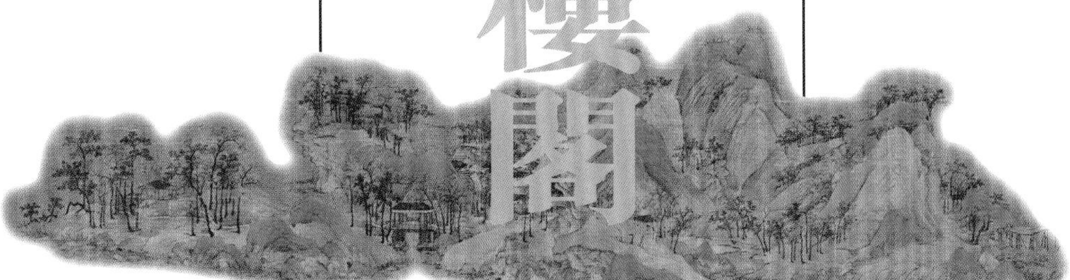

主編：金衛東

商務印書館

晉唐兩宋繪畫・山水樓閣

Landscape and Building Paintings of the Jin, Tang and Song Dynasties

故宮博物院藏文物珍品全集

The Complete Collection of Treasures of the Palace Museum

主　編 …………………… 金衛東
副主編 …………………… 傅東光　婁　瑋
編　委 …………………… 孔　晨　金運昌　楊丹霞　聶　卉　趙志成
攝　影 …………………… 胡　鍾　馮　輝

出版人 …………………… 陳萬雄
編輯顧問 …………………… 吳　空
責任編輯 …………………… 田　村
設　計 …………………… 張婉儀
出　版 …………………… 商務印書館（香港）有限公司
香港筲箕灣耀興道 3 號東滙廣場 8 樓
http: //www.commercialpress.com.hk
製　版 …………………… 深圳中華商務聯合印刷有限公司
深圳市龍崗區平湖鎮春湖工業區中華商務印刷大廈
印　刷 …………………… 深圳中華商務聯合印刷有限公司
深圳市龍崗區平湖鎮春湖工業區中華商務印刷大廈
版　次 …………………… 2004 年 11 月第 1 版第 1 次印刷
© 2004 商務印書館（香港）有限公司
ISBN 962 07 5325 9

All inquiries should be directed to:
The Commercial Press (Hong Kong) Ltd.
8/F., Eastern Central Plaza, 3 Yiu Hing Road, Shau Kei Wan, Hong Kong.

故宮博物院藏文物珍品全集

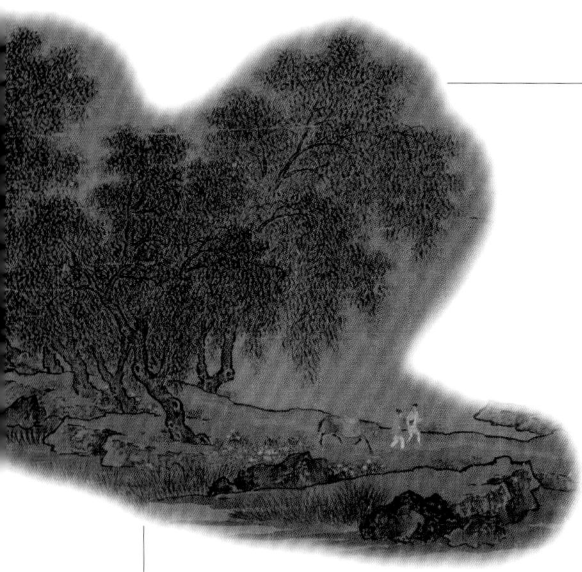

總序

楊新

故宮博物院是在明、清兩代皇宮的基礎上建立起來的國家博物館，位於北京市中心，佔地72萬平方米，收藏文物近百萬件。

公元1406年，明代永樂皇帝朱棣下詔將北平升為北京，翌年即在元代舊宮的基址上，開始大規模營造新的宮殿。公元1420年宮殿落成，稱紫禁城，正式遷都北京。公元1644年，清王朝取代明帝國統治，仍建都北京，居住在紫禁城內。按古老的禮制，紫禁城內分前朝、後寢兩大部分。前朝包括太和、中和、保和三大殿，輔以文華、武英兩殿。後寢包括乾清、交泰、坤寧三宮及東、西六宮等，總稱內廷。明、清兩代，從永樂皇帝朱棣至末代皇帝溥儀，共有24位皇帝及其后妃都居住在這裏。1911年孫中山領導的"辛亥革命"，推翻了清王朝統治，結束了兩千餘年的封建帝制。1914年，北洋政府將瀋陽故宮和承德避暑山莊的部分文物移來，在紫禁城內前朝部分成立古物陳列所。1924年，溥儀被逐出內廷，紫禁城後半部分於1925年建成故宮博物院。

歷代以來，皇帝們都自稱為"天子"。"普天之下，莫非王土；率土之濱，莫非王臣"（《詩經·小雅·北山》），他們把全國的土地和人民視作自己的財產。因此在宮廷內，不但匯集了從全國各地進貢來的各種歷史文化藝術精品和奇珍異寶，而且也集中了全國最優秀的藝術家和匠師，創造新的文化藝術品。中間雖屢經改朝換代，宮廷中的收藏損失無法估計，但是，由於中國的國土遼闊，歷史悠久，人民富於創造，文物散而復聚。清代繼承明代宮廷遺產，到乾隆時期，宮廷中收藏之富，超過了以往任何時代。到清代末年，英法聯軍、八國聯軍兩度侵入北京，橫燒劫掠，文物損失散佚殆不少。溥儀居內廷時，以賞賜、送禮等名義將文物盜出宮外，手下人亦效其尤，至1923年中正殿大火，清宮文物再次遭到嚴重損失。儘管如此，清宮的收藏仍然可觀。在故宮博物院籌備建立時，由"辦理清室善後委員會"對其所藏進行了清點，事竣後整理刊印出《故宮物品點查報告》共六編28冊，計有文物

117萬餘件（套）。1947年底，古物陳列所併入故宮博物院，其文物同時亦歸故宮博物院收藏管理。

二次大戰期間，為了保護故宮文物不至遭到日本侵略者的掠奪和戰火的毀滅，故宮博物院從大量的藏品中檢選出器物、書畫、圖書、檔案共計13427箱又64包，分五批運至上海和南京，後又輾轉流散到川、黔各地。抗日戰爭勝利以後，文物復又運回南京。隨着國內政治形勢的變化，在南京的文物又有2972箱於1948年底至1949年被運往台灣，50年代南京文物大部分運返北京，尚有2211箱至今仍存放在故宮博物院於南京建造的庫房中。

中華人民共和國成立以後，故宮博物院的體制有所變化，根據當時上級的有關指令，原宮廷中收藏圖書中的一部分，被調撥到北京圖書館，而檔案文獻，則另成立了“中國第一歷史檔案館”負責收藏保管。

50至60年代，故宮博物院對北京本院的文物重新進行了清理核對，按新的觀念，把過去劃分“器物”和書畫類的才被編入文物的範疇，凡屬於清宮舊藏的，均給予“故”字編號，計有711338件，其中從過去未被登記的“物品”堆中發現1200餘件。作為國家最大博物館，故宮博物院肩負有蒐藏保護流散在社會上珍貴文物的責任。1949年以後，通過收購、調撥、交換和接受捐贈等渠道以豐富館藏。凡屬新入藏的，均給予“新”字編號，截至1994年底，計有222920件。

這近百萬件文物，蘊藏着中華民族文化藝術極其豐富的史料。其遠自原始社會、商、周、秦、漢，經魏、晉、南北朝、隋、唐，歷五代兩宋、元、明，而至於清代和近世。歷朝歷代，均有佳品，從未有間斷。其文物品類，一應俱有，有青銅、玉器、陶瓷、碑刻造像、法書名畫、印璽、漆器、琺瑯、絲織刺繡、竹木牙骨雕刻、金銀器皿、文房珍玩、鐘錶、珠翠首飾、家具以及其他歷史文物等等。每一品種，又自成歷史系列。可以說這是一座巨大的東方文化藝術寶庫，不但集中反映了中華民族數千年文化藝術的歷史發展，凝聚着中國人民巨大的精神力量，同時它也是人類文明進步不可缺少的組成元素。

開發這座寶庫，弘揚民族文化傳統，為社會提供了解和研究這一傳統的可信史料，是故宮博物院的重要任務之一。過去我院曾經通過編輯出版各種圖書、畫冊、刊物，為提供這方面資料作了不少工作，在社會上產生了廣泛的影響，對於推動各科學術的深入研究起到了良好的作用。但是，一種全面而系統地介紹故宮文物以一窺全豹的出版物，由於種種原因，尚未來得及進行。今天，隨着社會的物質生活的提高，和中外文化交流的頻繁往來，無論是中國還是西方，人們越來越多地注意到故宮。學者專家們，無論是專門研究中國的文化歷史，還是從事於東、西方文化的對比研究，也都希望從故宮的藏品中發掘資料，以探索人類文明發展的奧秘。因此，我們決定與香港商務印書館共同努力，合作出版一套全面系統地反映故宮文物收藏的大型圖冊。

要想無一遺漏將近百萬件文物全都出版，我想在近數十年內是不可能的。因此我們在考慮到社會需要的同時，不能不採取精選的辦法，百裏挑一，將那些最具典型和代表性的文物集中起來，約有一萬二千餘件，分成六十卷出版，故名《故宮博物院藏文物珍品全集》。這需要八至十年時間才能完成，可以説是一項跨世紀的工程。六十卷的體例，我們採取按文物分類的方法進行編排，但是不囿於這一方法。例如其中一些與宮廷歷史、典章制度及日常生活有直接關係的文物，則採用特定主題的編輯方法。這部分是最具有宮廷特色的文物，以往常被人們所忽視，而在學術研究深入發展的今天，卻越來越顯示出其重要歷史價值。另外，對某一類數量較多的文物，例如繪畫和陶瓷，則採用每一卷或幾卷具有相對獨立和完整的編排方法，以便於讀者的需要和選購。

如此浩大的工程，其任務是艱巨的。為此我們動員了全院的文物研究者一道工作。由院內老一輩專家和聘請院外若干著名學者為顧問作指導，使這套大型圖冊的科學性、資料性和觀賞性相結合得盡可能地完善完美。但是，由於我們的力量有限，主要任務由中、青年人承擔，其中的錯誤和不足在所難免，因此當我們剛剛開始進行這一工作時，誠懇地希望得到各方面的批評指正和建設性意見，使以後的各卷，能達到更理想之目的。

感謝香港商務印書館的忠誠合作！感謝所有支持和鼓勵我們進行這一事業的人們！

1995年8月30日於燈下

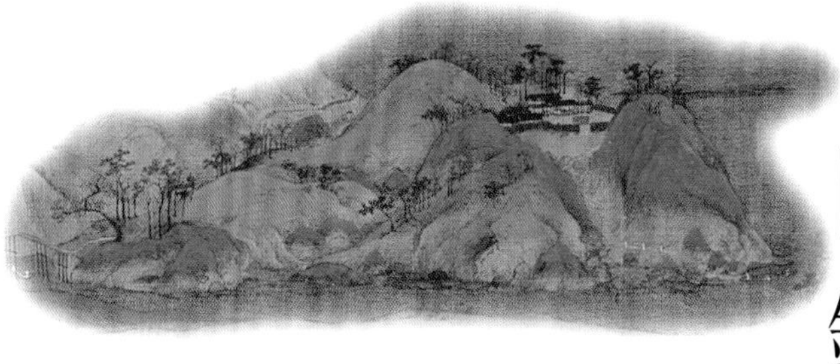

目錄

總序　6

文物目錄　10

導言——千里江山寫情懷　12

圖版

山水　1

樓閣　221

附錄

附錄一：題跋題記釋文　256

附錄二：技法舉例　262

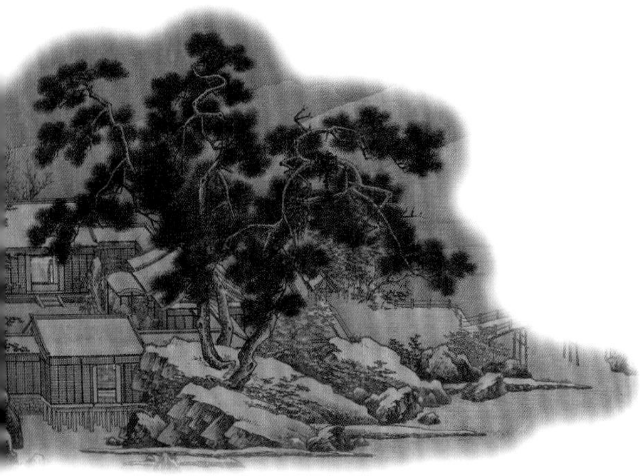

文物目錄

山水

1
展子虔　遊春圖卷
隋　2

2
衛賢　高士圖卷
五代　8

3
董源　瀟湘圖卷
五代　12

4
郭熙　窠石平遠圖軸
北宋　18

5
王詵　漁村小雪圖卷
北宋　22

6
趙佶　雪江歸棹圖卷
北宋　28

7
王希孟　千里江山圖卷
北宋　38

8
梁師閔　蘆汀密雪圖卷
北宋　52

9
燕肅　春山圖卷
北宋　58

10
張擇端　清明上河圖卷
北宋　67

11
佚名　張公十詠圖卷
北宋　94

12
佚名　江山秋色圖卷
北宋　100

13
趙伯驌　萬松金闕圖卷
南宋　106

14
米友仁　瀟湘奇觀圖卷
南宋　111

15
佚名　雲山墨戲圖卷
南宋　126

16
馬和之　後赤壁賦圖卷
南宋　136

17
劉松年　四景山水圖卷
南宋　142

18
馬遠　踏歌圖軸
南宋　148

19
馬遠　水圖卷
南宋　152

20
夏圭　遙岑煙靄圖頁
南宋　171

21
夏圭　梧竹溪堂圖頁
南宋　172

22
夏圭　煙岫林居圖頁
南宋　174

23
夏圭　雪堂客話圖頁
南宋　175

24
梁楷　雪棧行騎圖頁
南宋　176

25
梁楷　柳溪臥笛圖頁
南宋　178

26
李嵩　錢塘觀潮圖卷
南宋　180

27
趙芾　江山萬里圖卷
南宋　186

28
陳清波　湖山春曉圖頁
南宋　200

29
李東　雪江賣魚圖頁
南宋　201

30
佚名　秋林觀泉圖卷
南宋　202

31
佚名　秋林放犢圖軸
南宋　206

32
佚名　秋山紅樹圖軸
南宋　208

33
佚名　雪山行旅圖軸
南宋　210

34
佚名　水邨煙靄圖頁
南宋　214

35
佚名　松岡暮色圖頁
南宋　215

36
佚名　風雨歸舟圖頁
南宋　216

37
佚名　江上青峯圖頁
南宋　217

38
佚名　春江帆飽圖頁
南宋　218

39
佚名　松溪放艇圖頁
南宋　220

樓閣

40
佚名　宮苑圖軸
南宋　222

41
佚名　宮苑圖卷
南宋　224

42
佚名　九成避暑圖頁
南宋　230

43
佚名　京畿瑞雪圖軸
南宋　232

44
佚名　山店風簾圖頁
南宋　234

45
佚名　青山白雲圖頁
南宋　236

46
佚名　溪山水閣圖頁
南宋　238

47
佚名　納涼觀瀑圖頁
南宋　239

48
佚名　層樓春眺圖頁
南宋　240

49
佚名　蓬瀛仙館圖頁
南宋　242

50
佚名　仙山樓閣圖頁
南宋　244

51
佚名　蓮塘泛艇圖頁
南宋　246

52
佚名　桐蔭玩月圖頁
南宋　247

53
佚名　梧桐庭院圖頁
南宋　248

54
佚名　柳院消暑圖頁
南宋　250

55
佚名　長橋臥波圖頁
南宋　251

56
佚名　草堂客舍圖頁
南宋　252

57
佚名　江上殿閣圖頁
南宋　253

58
佚名　深堂琴趣圖頁
南宋　254

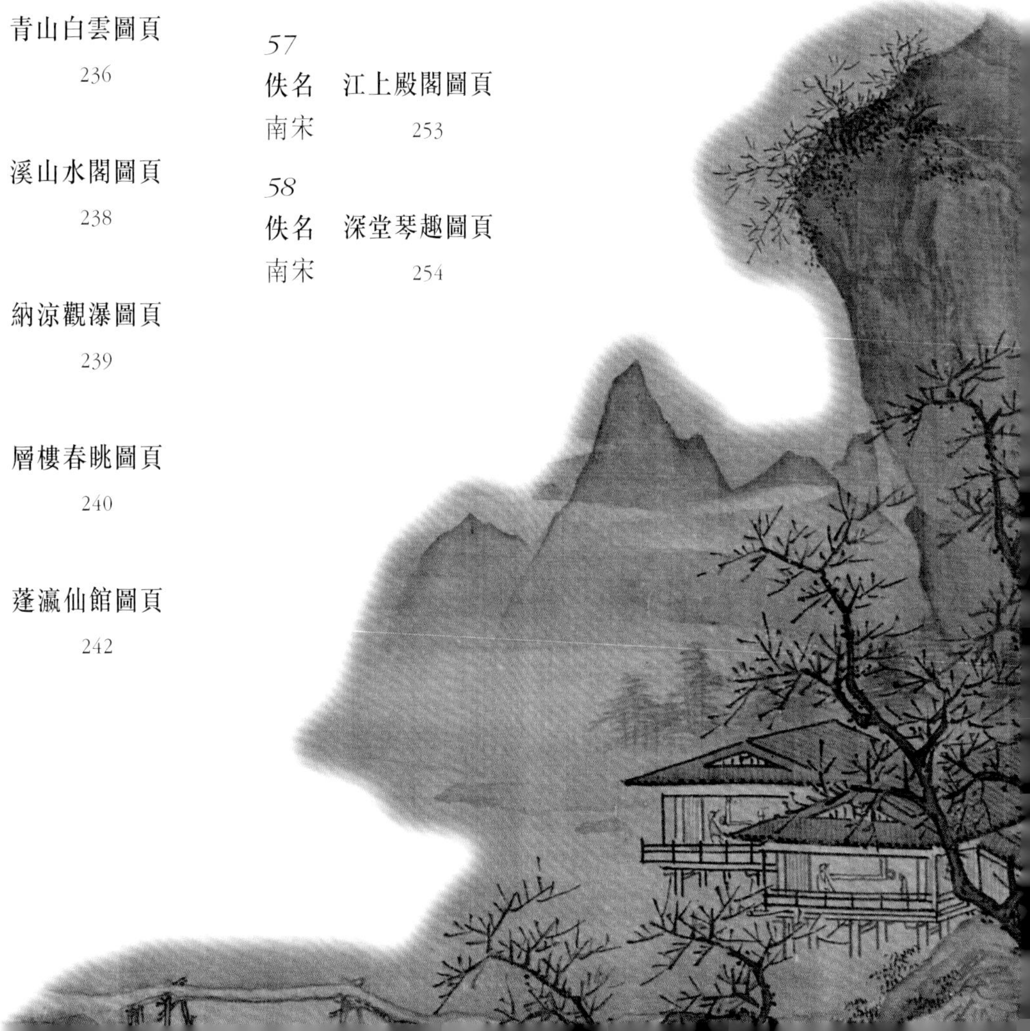

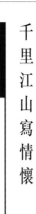

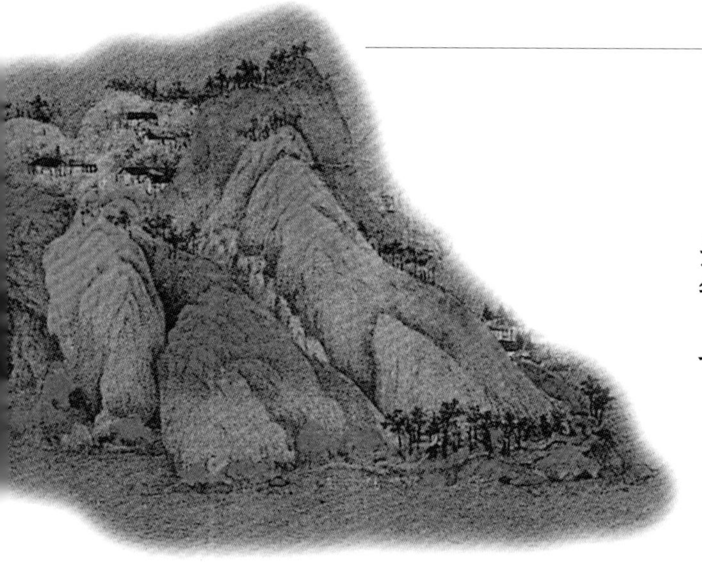

千里江山寫情懷

導言

金衛東　傅東光

山水畫，是中國畫中以風景為描寫對象的畫科，作品描繪山河的形態氣勢，或壯麗，或幽寂，抒發畫家的個人情感及審美趣味。樓閣畫亦稱界畫，是中國畫中以建築為描繪主體的畫科，作品通過對屋宇舟車的刻畫，展現人們在社會活動中的情景及其文化意蘊。由於建築與環境存在着密切的關係，因此傳統的樓閣畫逐漸與山水畫融為一體，並一直為山水畫的風格和審美取向所左右。從廣義上講，樓閣畫也可列入山水畫之中。事實上，中國山水畫和樓閣畫的風格演變在兩宋以前基本同步，隋唐富貴華麗的畫風，北宋大山大水的寫實精神，南宋邊角構圖的空靈蘊藉，無不同時體現在山水畫和樓閣畫中。可以説山水畫與樓閣畫一起，形象地反映出中國人自古以來追求與自然相契合的精神理念，從而成為中國傳統繪畫中緊密結合的兩個畫科。

故宮博物院收藏的五萬餘件繪畫作品中，山水樓閣畫有近萬件，數量之大，質量之精，居全國博物館之首。其中隋、五代、兩宋的山水樓閣作品，更是堪稱傾城傾國的稀世之珍，或為歷經劫難而流傳至今的孤本真迹，或為美術史上大師巨擘的絕世精品。這些藏品有相當一部分曾經兩宋內府、明清內府收藏，有的還曾經歷代著名收藏家之手，如為明代的嘉興富商項元汴、原朝鮮人安歧、明清翰林、相國梁清標等人所藏，還有的曾一度由清內府流散民間，幾經輾轉重回故宮，這背後不知有多少悲歡榮辱的故事。它們是故宮博物院書畫藏品的重中之重，在全世界藝術品收藏中也享有盛譽。

早期山水畫

中國山水畫濫觴於魏晉而成於南朝。早期的山水畫，主要導源於古地圖和人物畫背景，大約在東晉（317—420年）時，開始出現描繪自然山川之美而獨立成幅的山水畫，如顧愷之的

《雪霽望五老峯圖》、戴逵的《吳中溪山邑居圖》等，均見於唐代張彥遠的《歷代名畫記》。但這些文獻記載的兩晉山水作品早已不傳，要了解當時的山水畫，只能借助於現存的人物畫背景。在傳為東晉顧愷之的《洛神賦圖》卷中（此圖收入本全集《晉唐兩宋繪畫·人物風俗》），可以看到早期山水畫的主要面貌。此時，作為人物活動環境的山水樹石與人物間比例關係的處理尚不協調，所謂“人大於山，水不容泛”，經營佈局也顯得稚拙，山巒“則羣峯之勢若鈿飾犀櫛”，樹木形貌“則若伸臂佈指”（張彥遠：《歷代名畫記》）。畫法只以綫勾勒輪廓，注重敷彩，帶有較強的裝飾性，未有皴點、暈染等表現技巧。此時的山水畫尚處於萌芽時期，是人物畫的從屬。顧愷之曾寫過一篇《畫雲台山記》，這是山水畫見諸文字的最早記錄，但文中關於山水之構思、設色的論述，主要是為道教故事“煙霞仙聖”的內容服務的，嚴格地講並不能作為正式的山水畫論。南朝劉宋（420—479年）時期宗炳所著《畫山水序》是中國最早的山水畫論。宗炳在肯定山水畫審美作用的同時，提出“暢神”的山水畫功能論，講求“澄懷觀道，臥以遊之”，主張山水“以形媚道”，即體現人與大自然的精神聯繫。他還將所見山水繪於壁上，以作“臥遊”，欲以山水畫的藝術美來替代真山真水的自然美。山水畫自此時開始逐步從人物畫背景的地位脱離出來，獨立成科。

山水畫在隋代（581—618年）得到進一步的發展，日臻成熟。傳為展子虔所作的《遊春圖》卷（圖1）是故宮博物院庋藏最早的山水畫。圖卷描繪官宦貴族郊外踏青的遊樂場面，以自然風光為主，人物、殿閣點綴其間。畫家在創作中較好地表現了“遠近山川，咫尺千里”的空間效果，“丈山、尺樹、寸馬、豆人”，比例關係適宜，改變了六朝時期“人大於山，水不容泛”的無空間山水面目，造型手法更為豐富，寫實能力明顯提高。在用筆設色上，以青綠勾填法繪山石，局部則以金綫勾描，鮮明純淨，呈現一種富麗堂皇的古拙美。《遊春圖》卷開青綠山水之先河，成為中國山水畫史上里程碑式的佳作。

唐代（618—907年）時，山水畫進入成熟和興盛的時期。據記載，被稱為“大、小李將軍”的李思訓、李昭道父子，以“青綠為質，金碧為文”，畫作工巧繁麗，將青綠山水發展成為富於宮廷裝飾意味的“金碧山水”。吳道子則創用水墨畫山水，用筆粗放簡賅。他曾奉命在大同殿畫“嘉陵江三百餘里風景，一日而畢”，其隨意自然的畫風對魏晉以來山水畫青綠、細密

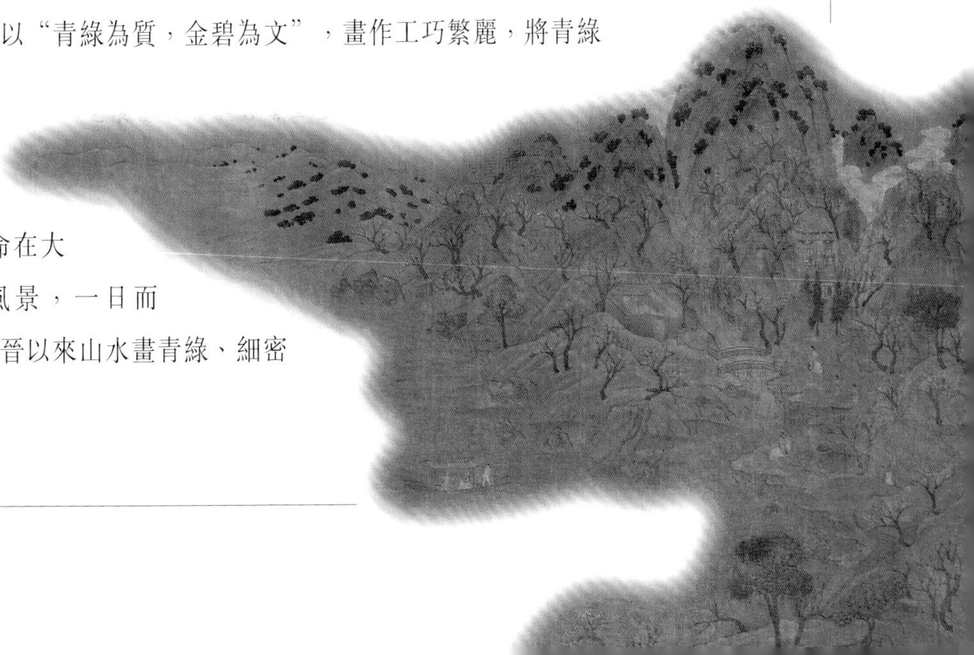

的體格是一個重大的變革。水墨山水畫的前身破墨山水發端於盛唐，王維以水墨“渲淡之法”為表現手段，“蹤似吳生”而“風標自出”，一變“金碧山水”絢爛輝煌的裝飾趣味為樸實自然的寫意風格，王維也因此被畫史推為水墨文人畫的始祖。至此，中國山水畫中的青綠工筆與水墨寫意兩大流派漸次形成。畫史中關於唐代山水的記載，可以在敦煌壁畫中得到印證，另外，從台北故宮博物院收藏的李思訓（傳）《江帆樓閣圖》中也可見一斑。

早期樓閣畫

樓閣畫表現的建築，由於與人們生活息息相關，所以起源亦很早。最初的樓閣畫大概就是建築設計圖。目前所見最早的建築圖像可追溯到二千年前的春秋末期（傅熹年：《中國古代的建築畫》）。隨着人類文明的進步，建築已不限於單純的實用功能，而且成為一種文化意蘊的象徵，成為文學、雕刻和繪畫表現的重要對象。唐代以前畫在紙絹上的樓閣畫久已不傳，但從史料記載中，可以了解到當時樓閣畫的發展概況。秦滅六國後，曾專門派人到各國都城繪畫那裏的宮殿，以資在咸陽仿造。其圖樣雖更多帶有建築圖的意味，卻開啟了早期樓閣畫的先河。隋唐時期，伴隨着經濟的繁榮和佛教的興盛，王室貴族、官宦豪門追求“所營惟第宅，所務在追遊。朱門車馬客，紅燭歌舞樓”的奢華生活。當時描繪上層社會活動的台閣體山水畫非常盛行，故名畫家大多亦兼擅表現殿宇宮闕。宋代宮廷編撰的《宣和畫譜》稱隋展子虔“善畫台閣，寫江山遠近之勢尤工，有咫尺千里之趣”。唐初閻立德、閻立本兄弟“擅美匠學”，不僅是才華出眾的大畫家，同時也是精於建築術的營造學家，曾為當時的皇室修建過大量宮室。到唐代末年又出現了專以樓閣擅名的尹繼昭，畫“千棟萬柱、曲折廣狹之致皆有次第，又隱算學家乘除法於其間”（宋《宣和畫譜》）。雖然這些名家的樓閣畫迹早已湮沒，但今天敦煌石窟和唐代墓葬的壁畫中，尚留有大量繪製精彩而準確的樓閣畫遺迹。如敦煌莫高窟第172窟壁畫的淨土寺院、陝西乾縣唐代懿德太子墓道西壁的《闕樓圖》都是大型樓閣畫，可以反映出當時樓閣畫發展的水平。

五代北宋山水畫

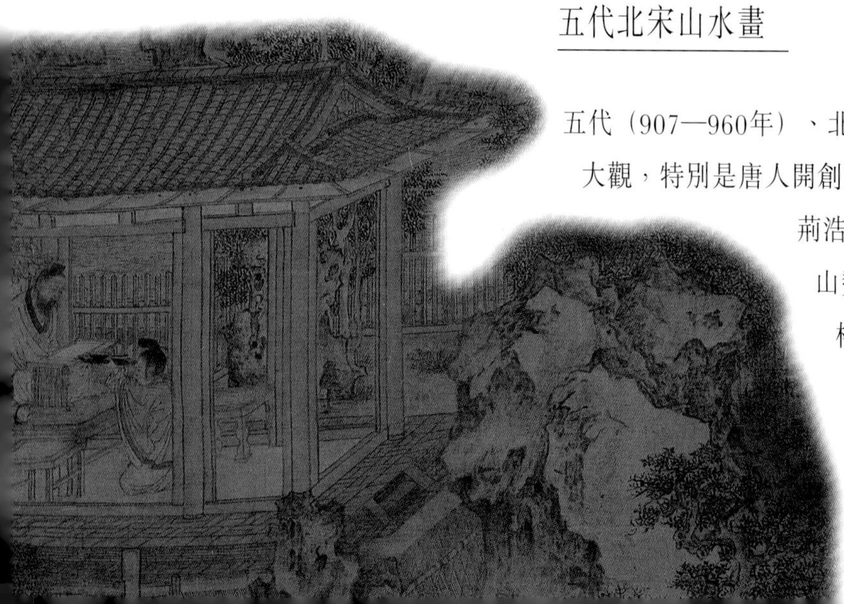

五代（907—960年）、北宋（960—1127年）時期山水畫創作蔚為大觀，特別是唐人開創的水墨風格在這一時期空前發展。五代的荊浩、關仝所繪北方的崇山峻嶺，岩石突顯，山勢巍峨，用筆堅硬，勾綫勁利，形成了風格雄強的北派山水；董源、巨然以南方山

水為表現對象，擅繪沙渚汀洲，丘林蓊鬱，山巒平緩蜿蜒，點綫綿密柔韌，開創了氣象溫潤的南派山水。用以表現山石質感和肌理的“皴法”此時也日漸豐富和成熟。南北兩大山水畫派或雄渾或秀雅，都是中國山水畫發展史中的重要里程碑。此後，北宋的李成、范寬、郭熙等名家輩出，狀物求真，各擅勝場。他們的創作不僅強調所繪山水的外形特徵，而且力求把握其內在意韻，在表現高低遠近空間與春夏秋冬時間的準確性與合理性上，也顯得從容自如，從而使中國山水畫在真實性與藝術性的結合上達到新的高峯，山水畫從此躍居人物、道釋畫之上，成為中國繪畫的主流。與此同時，以北宋蘇軾、米芾、米友仁父子為代表的一些文人，公事詩酒之餘，憑藉其書法功底與藝術涵養，常信筆塗抹，畫山水樹石為寄興遊心之戲。其中米氏父子摒棄傳統的皴擦法，以獨創的淡墨側筆橫點所畫的江南雲山小景成就尤為突出，人稱“米氏雲山”。他們率意為之，不求形似，重在抒發個人性情的創作宗旨，與在留白處大量題寫詩文的作法，開文人抒情山水畫之先河。

五代南唐衛賢的《高士圖》卷（圖2）為早期山水畫，在鑑定界已毫無異議。是圖描繪漢代隱士梁鴻與妻孟光“相敬如賓，舉案齊眉”的故事。畫面本是豎幅，為了便於收藏，卻以超大的手卷形式裝裱，並有宋徽宗瘦金書“衛賢高士圖”題籤，是典型的宣和裝。歷代的鑑藏印記和各家的屢屢著錄有力地證明是圖流傳有緒及其年代歸屬。畫家把梁鴻的居所安排在山環水繞的大自然中，集山水、人物、樓閣畫為一體，是早期山水樓閣畫有機結合的實例，反映了中國人自古有之的“雖由人造，宛自天成”的追求，形成建築與自然景致完美結合的園林化傾向。構圖作全景式的高遠佈局，羣山巍峨，遠峯壁立，有“大山堂堂”的氣勢。背景山石皆以水墨細筆繪成，既可前溯唐代王維“始作水墨渲淡”之意，又可作為北宋大山大水構圖的藝術前源。房屋以及木欄柵籬用界筆描畫，結構交代甚為清楚，並能注意到一定的透視感和縱深關係。界筆是古代繪畫中描畫直綫不可或缺的工具。古人作畫的毛筆柔軟而富有彈性，又飽含墨汁，無法直接靠在尺子上，如果不依靠其他工具，很難畫出勻直的墨綫，界筆即專為此而設計。界筆是一個半圓形的筆套，作畫時將毛筆放在套裏，只露出毫尖，然後將筆套靠在直尺上移動，毫尖露出的長短決定綫條的粗細，這樣畫出的墨綫就又直又勻了。“界筆直尺”之名出現在唐代，而《高士圖》卷則是迄今所見傳世卷軸畫中年代最早也最為可靠的以界筆“植柱構梁”的建築畫迹之一。畫史記載衛賢師法尹繼昭，是當時著名的屋木畫家，此幅描繪的建築雖然在全幅中所佔比重有限，但其嚴謹的畫風和較強的寫實性仍能反映出五代畫家在樓閣畫上的表現能力。

與衛賢同時同地的董源，繪有《瀟湘圖》卷（圖3），此圖是江南水墨畫派的開派之作。圖中以“淡墨輕嵐”描繪水鄉連綿起伏的山巒丘陵，除坡岸用披麻皴外，全以無數的墨點狀物寫景，大小錯落，濃淡參差，疏疏密密，蒼蒼茫茫，創造性地表現出江南山水晴雨明晦中渾厚華滋的氣象，溫潤靜穆中充滿了活潑的生機。其畫正如宋代沈括《夢溪筆談》所評：“用筆甚草草，近視幾不類物象，遠望則景物粲然，幽情遠思，如睹異境。”

在北宋李成、范寬筆墨嚴謹求實、造型莊重肅穆的北方山水畫派形成之後，活躍於宋神宗朝（1068—1085）的郭熙，繪製了《窠石平遠圖》軸（圖4），給北方山水畫派帶來生機。畫中的巨石上出現了新的皴法——捲雲皴，而屈曲虬勁的“蟹爪枝”強化了松樹歷百劫而不衰的頑強生命力。畫家的技藝精絕之處，還在於準確地把握住季節給山川帶來的細微變化，圖中的紅葉、枯樹正是北國的深秋景象，一場秋雨過後，天氣晴朗，泉湧水流。取景的角度是自近山而望遠山，正如畫家所云的“平遠”之式。王詵的《漁村小雪圖》卷（圖5）也是受這一路畫風影響的北宋山水畫。畫家為了表現雪後陽光，特別在樹枝與蘆葦上微染金粉，使觀者感受到冬日空氣的清新和陽光照臨的暖意，以水墨為主而吸收唐以來金碧山水的畫法，正是王詵在山水畫表現技法上的創造性實踐。梁師閔的《蘆汀密雪圖》卷（圖 8），則描繪寒塘密雪中雙棲的五色鴛鴦，景致清幽，饒有情趣，其集山水與花鳥為一體的湖山小景顯現出一種充滿詩意的“清潤可愛”。名為宋徽宗、實為宣和畫院畫家代筆的《雪江歸棹圖》卷（圖6），同樣是一幅抒情性山水，其準確簡練的筆法，富於變化的墨色，匠心巧運的構圖，將雪後江山的浩淼蒼茫和清幽寧寂描繪得如夢如幻。

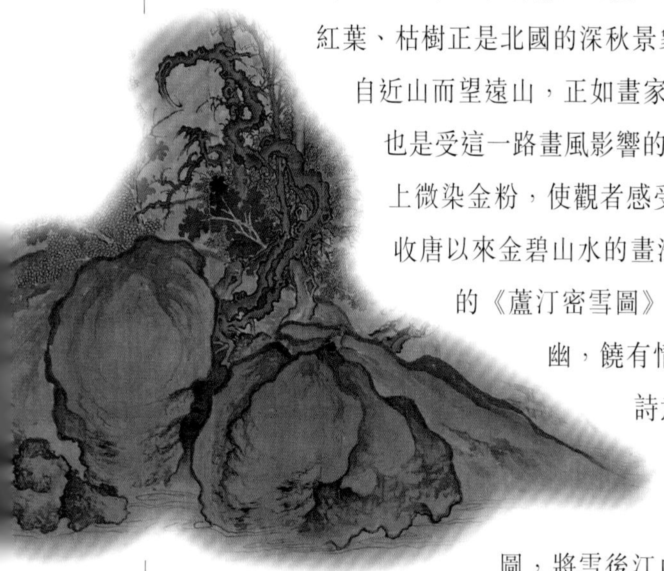

青綠山水畫家羣體是北宋山水畫壇的另一支勁旅，他們的立意和取景均屬北方山水畫派，不同的是以青綠設色而成。北宋最傑出的青綠山水畫家是王希孟，他十八歲就已得到宋徽宗的賞識，進入宣和畫院為生徒。《千里江山圖》長卷（圖7）不僅是這位天才少年留下的唯一作品，也是北宋山水畫的絕響。他在完成這一巨製後“未幾死，年二十餘”（宋犖：《論畫絕句》）。畫家將山水作為人們生息的環境加以描繪，以裝飾手法進行寫實，那綿延千里的高峯巨嶂，浩淼無際的平波鏡湖以及細勁柔韌的綫條、瑰麗奪目的色彩，令人嘆為觀止。舊傳趙伯駒實為宣和畫院畫家所作的《江山秋色圖》卷（圖12）亦屬於同一風格的作品，只是在設色上相對於王希孟大青綠的強烈對比趨於明麗柔和，營造出的意境也由《千里江山圖》的雄偉氣勢轉為明媚多嬌了。

北宋樓閣畫

北宋時期，隨着城市的繁榮和市民階層的壯大，樓閣畫所表現的範圍、風格和題材較前代更為多樣，除了展現王公貴族的宮室殿宇外，還大量表現市井民居，貼近平民的現實生活，在表現技巧上更加成熟。可以説，隨着郭忠恕、王士元、張擇端等專攻樓閣並卓然有成的樓閣畫大師的出現，中國的樓閣畫歷隋、唐、五代到北宋，經過眾多畫家不斷豐富完善，融入不同的表現手法和繪畫技巧，已發展為具有獨特美感和審美價值的藝術作品，並最終擺脱了作為人物畫背景的從屬地位，發展成為以樓閣為主、山水為背景、人物舟車為點綴的一門獨立畫科。北宋郭若虛在《圖畫見聞誌》中把繪畫按照種類分為人物、山水、花鳥、雜畫四門，建築畫歸入雜畫門，稱為“屋木”，而《宣和畫譜》則把畫學分為十門，建築畫以“宮室”的名稱位列第三。北宋末徽宗畫院要求狀物繪形的嚴格寫實技巧和注重理法、“精麗巧整”的畫風同樣對樓閣畫的發展起到了推波助瀾的作用，並一直影響到了南宋，使樓閣畫盛極於兩宋，達到了高峯。

北宋初年最負盛名的樓閣畫家首推郭忠恕。據宋人李廌在《德隅齋畫品》中記載，郭忠恕的樓閣畫以準確精細著稱，甚至可以作為施工圖用，“以毫計寸，以分計尺，以尺計丈，增而倍之，以作大宇，皆中規矩，曾無小差”，不僅對建築的構件和做法至詳至悉，而且已經開始注意通過一定程度的透視畫法在二維平面上表現建築物三維空間的立體感和通透感，達到了“望之中虛，若可躡足”的藝術效果。而最能代表北宋樓閣畫謹嚴細密、狀物精微畫風的寫實力作當屬張擇端的《清明上河圖》卷（圖10）。是圖描繪了北宋末年都城汴梁（今河南開封）汴河兩岸“物阜民豐”的承平景象，以全景式的構圖、嚴謹精細的筆法，展現了中國12世紀都市風貌和各階層人物的生活場景。這雖是一幅風俗畫，但畫面中描繪了大量的建築和舟楫，技法純熟，故收入此卷。畫家採取傳統的手卷形式，自右向左逐步推移的視點來攝取景物，展現出汴梁城當年的一組組建築羣落：農舍、村鎮、店鋪、橋樑、城樓、茶坊、酒肆、腳店、寺觀、公廨等。雖類型繁多，方位各異，但組織構圖有條不紊，平行透視和散點透視的表現手法，更引人進入一個俯仰顧盼、景致無窮的城市空間。建築的畫法兼工帶寫，既有界尺畫成，也有徒手寫就，佈局上注意到人物的穿插和建築周圍環境的諧調，段落節奏分明，設色清淡典雅，絲毫沒有一般樓閣畫的呆板單調。在北宋樓閣畫流傳甚為罕見的今天，

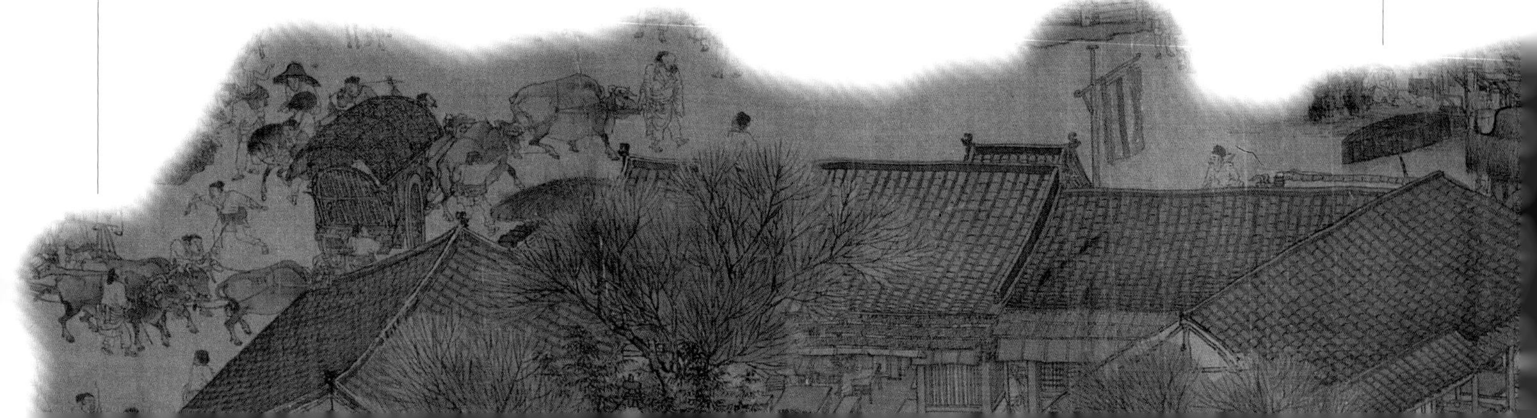

《清明上河圖》卷以其高度的歷史真實性，不僅成為研究宋代城市生活以及風俗、建築、商貿、交通、服飾等方面的珍貴歷史資料，也使我們對七八百年前的都城建築藝術和環境佈局有了更為形象和真切的認識。

南宋山水畫

李唐、劉松年、馬遠、夏圭“四大家”代表了南宋（1127—1279）山水畫水墨剛勁的新風格。他們以局部取景的構圖法和簡勁的大斧劈皴畫山水，令當時畫壇耳目一新。其方硬峭拔、精奇醒目的山水風靡南宋一代，成為南宋山水畫的主流風格。與此同時，也有一些山水畫家仍在繼續發展着自北宋確立的風格。

宗室畫家趙伯駒、趙伯驌兄弟繼承了唐以來的青綠山水傳統。趙伯驌的《萬松金闕圖》卷（圖13）將視點關注到現實生活的自然山川，描寫臨安（今浙江杭州）鳳凰山一帶南宋宮闕外的景色。是圖畫法雖是青綠設色，但筆法質樸蘊藉，巧中帶拙，同時又適當吸取了董源、米芾的水墨技法，在風格上開始擺脱北宋徽宗畫院刻意求細和刻板求工的藝術影響，是一幅墨筆與青綠融合為一體的精絕之作。

發端於北宋蘇軾、米芾的文人水墨山水在南宋蔚然成風，畫家們以水墨粗筆塗寫水氣朦朧的江南雲山，抒盡心胸之靈性。米芾的山水畫久已失傳，米友仁的《瀟湘奇觀圖》卷（圖14）代表今人所見“米氏雲山”的最高成就。畫家以大小米點、落茄點作“點滴煙雲，草草而成，不失天真”（南宋鄧椿：《畫繼》），點法多變，皴染結合，率意而真切地表現了煙雲的流動與山樹的迷濛，借雨樹煙巒的“墨戲”傳達出畫家內心世界的真性情。米家山水的遣興抒懷和不拘形似，也體現了南宋山水畫家在美學觀念上由具象到抽象的一次飛躍，後世文人畫家的山水從觀念到技法靡不受其影響。舊傳米友仁的《雲山墨戲圖》卷（圖15）實為南宋佚名之作，反映了米氏雲山在江南畫壇的延展。南宋初年趙芾的水墨山水則屬粗筆寫意一路，《江山萬里圖》卷（圖27）是其山水畫孤本。畫家多用方筆，層層渲染，點簇濃重，雲霧之中萬里長江雄渾壯闊，氣勢撼人心魄。南宋御前畫家馬和之的《後赤壁賦圖》卷（圖16），畫蘇軾二遊赤壁時的感傷情景，集水墨山水與意筆人物為一圖，卷中飄灑的蘭葉描和輕快的簡筆別具一格。馬和之作畫從不署名款，此卷也不例外，後幅宋高宗的題字是此卷年代歸屬與作者歸屬的有力佐證。馬和之畫作海內外僅存數十件，此卷即為鑑定其畫作的可靠依據之一。

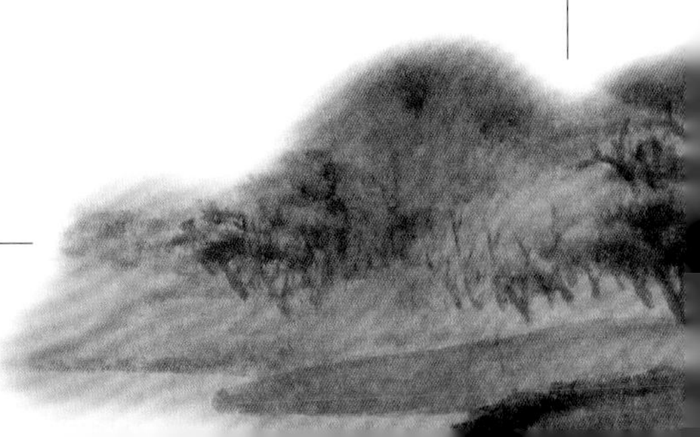

也許是因北宋末年“靖康之難”的緣故，劫後的北宋繪畫猶如鳳毛麟角。故宮博物院藏品中南宋山水遠比北宋作品豐富，“南宋四大家”均有特色之作入藏。“四家”之首李唐的山水畫首創了初具時代特色的水墨蒼勁一派，開風氣之先的是其《採薇圖》卷（此卷收入本全集《晉唐兩宋繪畫·人物風俗》）。圖中描繪周滅商後，商臣伯夷、叔齊義不食周粟而餓死首陽山的故事。山石始用大斧劈皴，筆法雄健強勁，水波用魚鱗紋，有盤渦動盪之勢，樹葉在炎炎午日之下呈乾枯捲曲之狀，山水環境的描繪恰到好處地反映出畫中人物堅定而不平靜的內心。李唐故去後，他的畫風經門人蕭照的傳揚，廣佈臨安畫壇，一些佚名之作也折射出李唐水墨蒼勁一派的影響。《秋林觀泉圖》卷（圖30）與天津藝術博物館庋藏的傳為李唐的《濠梁秋水圖》卷如出一轍，《秋林放犢圖》軸（圖31）則因極似李唐筆墨而被後人添款“李唐”二字。直到十二三世紀之交，才出現了能與李唐並稱的馬遠、夏圭和劉松年。馬遠的《踏歌圖》軸（圖18）將南宋的水墨蒼勁派推向藝術高潮，他的“一角”式構圖突出了自然景物中最動人的一隅，大片的空白留給觀者豐富的聯想，無畫之處“皆成妙境”。尤為珍貴的是，他的《水圖》卷（圖19）描繪了江河之水在不同季節、不同風力作用下的十二種不同形態，體現畫家對自然山川觀察體味的深入和藝術表現力的精微。《梅石溪鳧圖》頁（此頁收入本全集《晉唐兩宋繪畫·花鳥走獸》）更是別具匠心地擇取石壁下的山溪一角，將山水花鳥合而為一，山岩的峻拔，野梅的秀俏，羣鳧的活潑，使得尺幅不大的畫面剛柔並濟，動靜結合，引人入勝。夏圭以“半邊”式構圖截取半壁山川，意境秀峭清曠、含蓄空靈，他的拖泥帶水皴、泥裏拔釘皴豐富了山水畫的筆墨語匯，其獨到的藝術成就凝聚在《遙岑煙靄圖》、《梧竹溪堂圖》、《煙岫林居圖》、《雪堂客話圖》四開冊頁（圖20—23）之中。劉松年則另闢蹊徑，以細密的筆風專繪藏匿在臨安佳山勝水中的亭台樓閣，其間的點景人物自然是南宋貴族。《四景山水圖》卷（圖17）分別寫江南春、夏、秋、冬四時景色，精細秀潤，是其此類山水畫的精品。

南宋富有創意的山水畫還體現在許多冊頁之上。斗方冊頁不受陳規束縛，成為山水畫家們的藝術實驗場。不接受皇帝所賜金帶，被呼為“梁瘋子”的梁楷，其筆下的《雪棧行騎圖》頁和《柳溪臥笛圖》頁（圖24、25），看似信手塗抹，實則墨韻動人，情趣盎然。李東《雪江賣魚圖》頁（圖29）則將自己的筆情墨趣體現在真實平易的漁家生活之中。更有一些不知作者的山水冊頁，傾述着南宋朝野畫家的山川之情以及細膩豐富的人生感受。

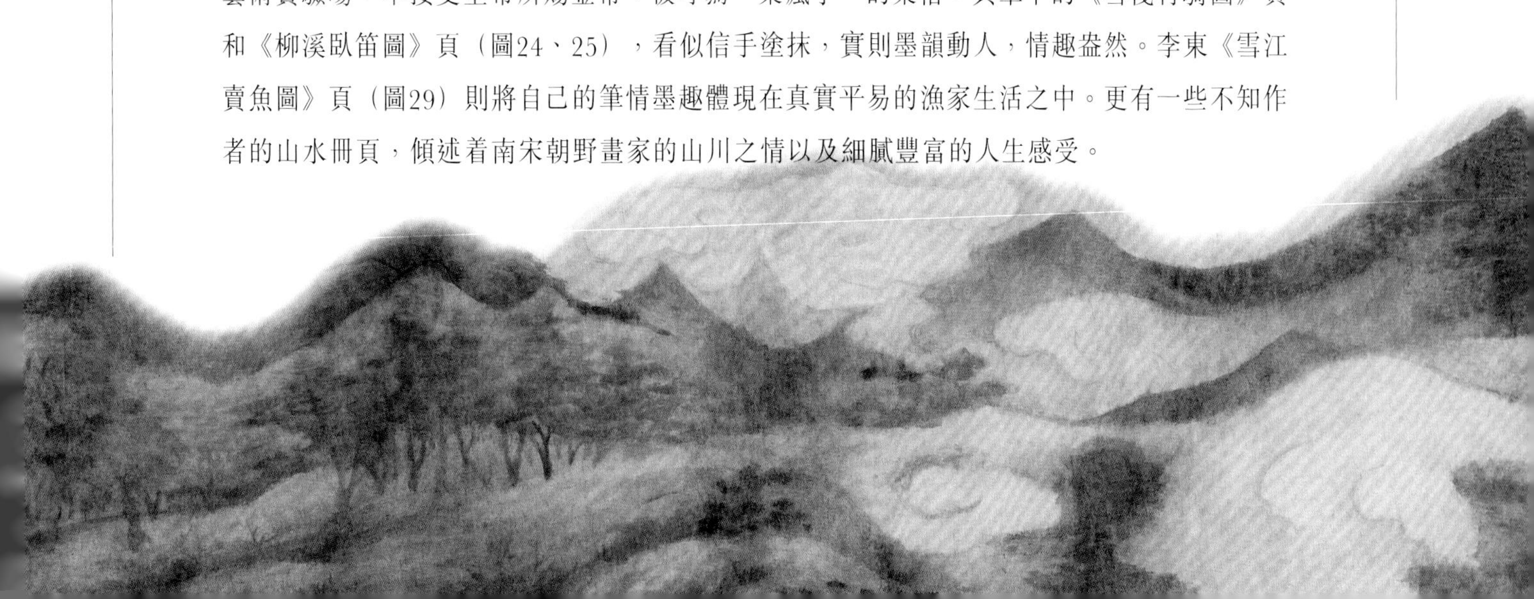

這種山川之情同樣存於北方金國的漢族畫家心中。故宮博物院收藏着數件帶有北宋北方山水畫派風格的佚名之作，舊定為宋人之迹，但年代歸屬問題值得進一步探討，它們極有可能是一些北宋畫家亡國後在金國繪製的山水或是其數代弟子的畫迹。舊傳北宋燕肅的《春山圖》卷（圖9）實際上是一件金代山水，以略受南宋粗筆山水影響的筆墨描繪了北國風光，燕肅的名款係後添，圖後有元代虞集、唐肅等三十六家跋文。唐肅題跋提及燕肅的山水後有虞集的五世祖虞允文的跋文，但今已不存，很顯然，燕肅的真迹和虞允文等人的題跋被割裂了，換上了這件後添款的《春山圖》卷。此外，《秋山紅樹圖》軸和《雪山行旅圖》軸（圖32、33）孰金孰宋，也是值得研究的佚名山水畫作。

南宋樓閣畫

在樓閣畫的發展上，北宋畫院狀物精微的畫風，餘韻波及南宋，並進一步推動了樓閣畫的創作。南宋畫院人才輩出，而樓閣畫亦為畫院中人展現才華的天地，南宋人鄧椿在其《畫繼》中就説過“畫院界作最工”。但這時的畫家已不滿足於簡單地再現真實的棟宇樓台，表現“向背分明，不失繩墨”，而是進一步把樓閣與山水、與畫面內外的人物結合起來，力圖把樓閣與人、樓閣與自然環境聯繫在一起，進一步體現“天人合一”的哲學理念，給樓閣畫營造出一種全新的意境。情景交融，借景抒情成為南宋樓閣畫的又一特點。在樓閣畫中以界尺作畫的形式起源很早，而“界畫”一詞是在南宋以後開始出現的，但當時仍未成為一個畫科的代稱，直到元代以後，畫史典籍才開始將“界畫”與“山水”、“人物”來並稱，成為屋木、舟車、家具等需要借助界尺來描繪的畫的統稱。

少年時曾經作過木工的畫院畫家李嵩，是善畫樓閣的高手，台北故宮博物院收藏的李嵩《月夜看潮圖》頁是以細膩逼真的筆觸對南宋官式建築風格和細部結構的忠實寫真，而藏於北京故宮博物院的《錢塘觀潮圖》卷（圖26）則帶有緣物抒情的感情色彩，展現了他樓閣畫的另一種風格。耐人尋味的是李嵩並沒有以其擅長的細膩精微的表現手法，再現皇家殿宇的巍峨輝煌、臨安城池的雄偉整飭以及“歲歲觀潮樂”的繁華與熱烈，而只以簡括的筆法寫出成片的半露瓦頂於薄霧樹影之中，意境朦朧，頗顯荒寒。畫境或是其忠君憂國而又無力回天的孤寂心情的表露。而劉松年的《四景山水圖》卷，則把南宋都城精麗華美的樓宇台榭巧妙地置入西湖清秀幽雅的風景之中，通過對不同形式的建築在春、夏、秋、冬不同季節的描寫，使人感受到樓閣在四季中不同韻致的美，和諧、明淨、秀媚、滋潤，處處體現出南宋畫院所獨具的富貴、華麗和詩意。南宋佚名《會昌九老圖》卷雖為人物畫（此圖收入本全集《晉唐兩宋繪畫·人物風俗》），但樓閣部分不論整體還是細部都描繪精微，水榭、房舍、板橋、河堤、護欄、室外的石凳，乃至屋內的陳設交代得一清二楚，幾乎可以按圖構建，更為重要的是建築採用李公麟傳派的墨筆白描畫法，勻細的綫條有利於刻畫建築物複雜的結構和構件的細部。這種水墨白描的建築畫法延續到元代發展到了極致。

在傳世的宋人冊頁中也有許多作品描繪了各式各樣的建築物，大不盈尺卻美侖美奐，其活潑的表現形式、豐富的表現手法和多樣的繪畫風格，使之成為今天研究宋代樓閣畫的重要資料。從故宮收藏的南宋佚名冊頁中，可以看到南宋樓閣畫大致有以下幾種風格：

一是細筆勾勒的寫實風格，這一風格繼承北宋畫院傳統，刻畫精微，設色淡雅。如《蓮塘泛艇圖》頁（圖51）中的水閣，《梧桐庭院圖》頁（圖53）中的歇山式、四角攢尖式建築，《層樓春眺圖》頁（圖48）中玲瓏空透的崇樓，《長橋臥波圖》頁（圖55）中高架平湖的木橋，《蓬瀛仙館圖》頁（圖49）中佈局繁複的參差樓台、櫛比亭榭、曲欄迴廊等，在畫家筆下無不錯落有致、法度謹嚴、折算準確，透視比例亦合乎畫理，同時，在處理建築主體與周圍環境氣氛的關係上比北宋有進一步提高。

二是粗筆概括的寫意風格。如《深堂琴趣圖》頁（圖58），以較為粗渾的用筆寫山齋數楹，葱樹掩映，一人於堂中撫琴，二鶴在琴聲中閒行，遠山一帶，巨壑空茫；陳清波的《湖山春曉圖》頁（圖28）以平遠之法繪春山平湖，湖堤一邊掩映在綠樹叢中的深院崇樓雖以粗筆畫出，但飛簷戶牖洗練而不失準確，簡括明瞭的綫條，大片空白的院體格式，與清新淡雅的色調更使畫面充滿春天的明媚；《納涼觀瀑圖》頁（圖47）不用界尺，粗筆徒手繪水榭，人物、樹石、建築，頗有生拙之趣，極具文人畫氣息；《溪山水閣圖》頁（圖46）中溪前敞榭雖只以粗筆界尺寥寥勾出，但於湖光山色映襯下，顯得清秀、明淨而饒有情趣。上舉幾幅或採馬夏的邊角構圖，或取趙令穰的平遠小景，樓閣輕刻畫，重意境，形象概括，脫略簡化細部而不失準確真實，畫面或清新、或明淨、或空濛的情境給作為繪畫主體的建築以含蓄而富於想像的空間依託，具有詩一般和諧渾融的意境，使樓閣畫達到了一個新的藝術境界。

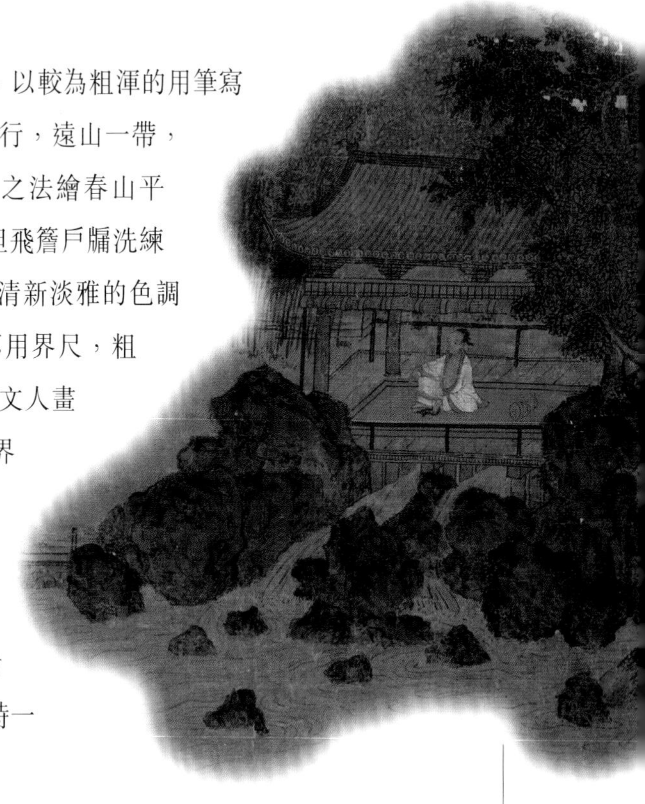

三是承繼唐人傳統，摹擬趙伯駒、趙伯驌兄弟風格，以青綠重彩描繪建築。《仙山樓閣圖》頁（圖50）“沒骨山樹，清潤新妍。界畫樓台，纖微呈露”（見李佐賢題跋），給人明麗清新之感。除了描寫完整的單體建築和建築羣的全景，南宋樓閣畫還出現了描繪建築局部的作品，如《瑤台步月圖》頁（此圖收在《晉唐兩宋繪畫·人物風俗》卷中），雖然界畫平台的局部只是作為人物活動的背景，但深棕色嵌玉欄杆、蓮花柱頭裝飾和台子的斗拱樣式交代得準確清楚，與描繪建築全圖的作品恰是一種互補。

中國有廣袤的地域和悠久的歷史，多姿多彩的自然風光與極其豐富的人文景觀，為歷代山水樓閣畫家提供了廣泛多樣的描繪對象，而中國古代“天人合一”的哲學思想，更促使山水樓閣畫得到突出的發展。畫家們以不同的藝術語言將自己對大好河山的真摯情感寄託於筆墨絹素，使山水樓閣畫成為民族審美精神、人文底蘊、人生理想的集中體現。隋唐兩宋的山水樓閣畫作更是名品薈萃，異彩紛呈，無論是全景式的長卷大軸，抑或是局部取景的冊扇小品，無論是金碧設色，抑或是水墨寫意，無論是使用“界尺”，“折算無虧”的“界畫”，抑或是徒手為之，隨意自由的“意筆”，均體現了畫家通過對客觀景象主觀體認後再行筆墨表現的創作宗旨。其中有實景，有真情，更有藝術。本書彙集了北京故宮博物院庋藏的隋、五代、兩宋的山水樓閣畫精品五十八幀，藉此勾勒出中國古代早期山水樓閣畫淵源流變的大致脈絡，希冀讀者通過直觀更為真切地感受到蘊涵其中的民族文化精神。

（本文部分宋代山水畫作品的分析，以及有關金代山水畫的論述，借鑑了余輝先生的著作，在此謹致謝意。）

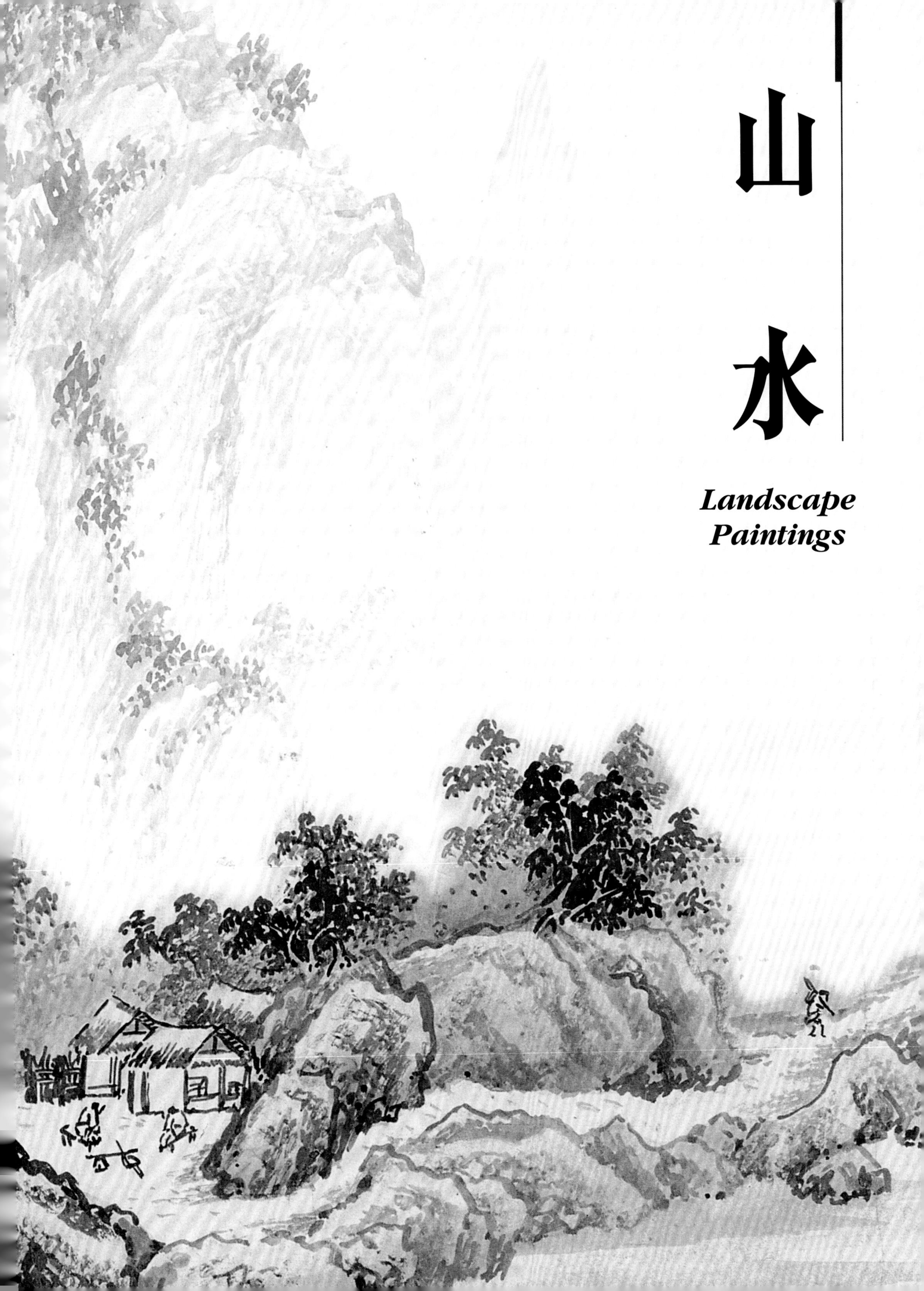

山水

Landscape Paintings

1

展子虔　遊春圖卷

隋
絹本　設色
縱43厘米　橫85厘米
清宮舊藏

Outing in Spring
By Zhan Ziqian, Sui Dynasty
Handscroll, colour on silk
H.43cm　L.85cm
Qing Court collection

展子虔（生卒年不詳），渤海（今山東陽信）人。一生經歷了北齊、北周和隋三個朝代（550—617年）。在隋代曾任朝散大夫、帳內都督等官職。擅長釋道、人物、鞍馬、樓閣和山水，“觸物留情，備皆妙絕”。他還長於壁畫，曾在長安（今陝西西安）、洛陽（今河南洛陽）等地寺院作畫。他的畫風上承六朝傳統，下開唐代新風，在畫史上佔有重要地位。與東晉顧愷之、南朝宋陸探微、梁張僧繇並稱“顧、陸、張、展”。

《遊春圖》描繪了人們在春光明媚的時節到山水間踏青的情景。時值風和日麗，雜花生樹，湖水浩淼，山間白雲繚繞，古寺幽靜，遊春的人們或騎馬，或步行，或乘船，徜徉於湖光山色之中。此卷構圖取平遠式，視野開闊，遠近層次分明。勾綫精細，用石青、石綠暈染，形成主色調，間以紅、白、赭諸色，鮮亮而富於變化，烘托出春天的勃勃生機。此卷雖然時代歸屬在學術界尚有爭議，但在畫史上仍是一件非常重要的作品。

本幅鈐宋內府藏印“宣和”（朱文）、雙龍紋印（朱文）、“內府圖書”（朱文）及清內府藏印共八方。前隔水鈐“御書”（朱文）及清內府藏印、張伯駒鑑藏印六方。

幅前有宋徽宗題“展子虔　遊春圖”。幅後隔水上有“明洪武十年（1377）孟春”題詩。後隔水有清乾隆“丙申（1776）孟春”御題詩。尾紙題跋有“前集賢待制馮子振奉皇姊大長主命題”詩，鈐印“怪怪道人”（朱文）。趙巖題詩，鈐印“秋巘”（朱文）。“中書平章政事張珪”題詩。董其昌“庚午（1630）”跋。鈐鑑藏印“長”（朱文）、“安岐之印”（白文）、“朝鮮人”（白文）、“梁清標印”（白文）等二十二方。

曾經《鐵網珊瑚》、《珊瑚網》、《鈐山堂書畫記》、《清河書畫舫》、《式古堂書畫彙考》、《大觀錄》、《墨緣彙觀》、《真迹日錄》、《石渠寶笈》著錄。

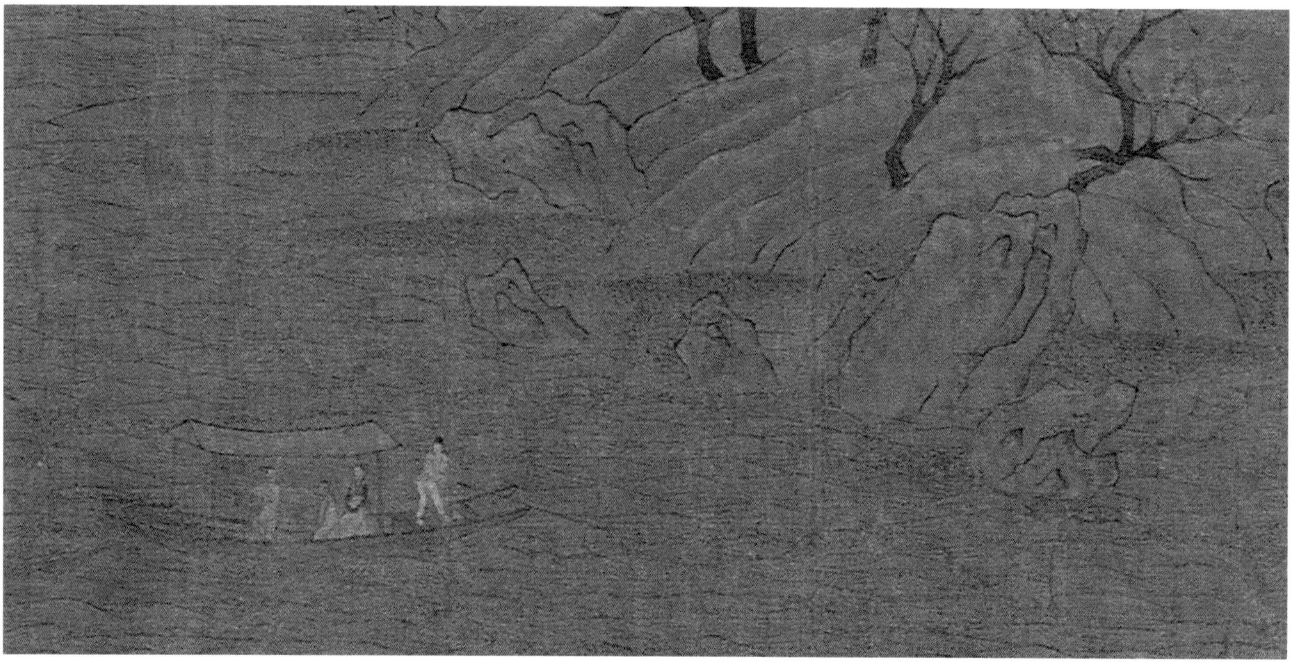

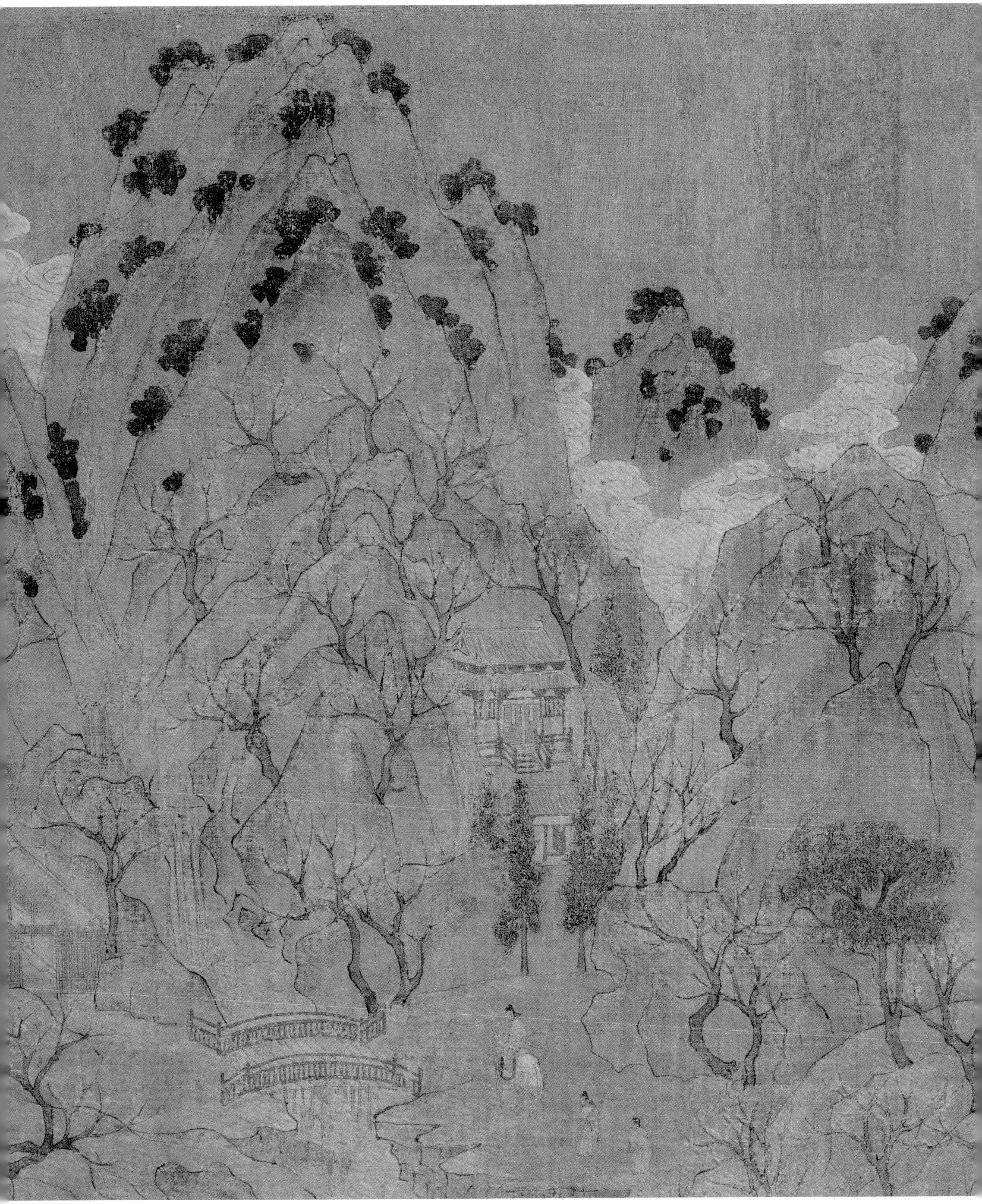

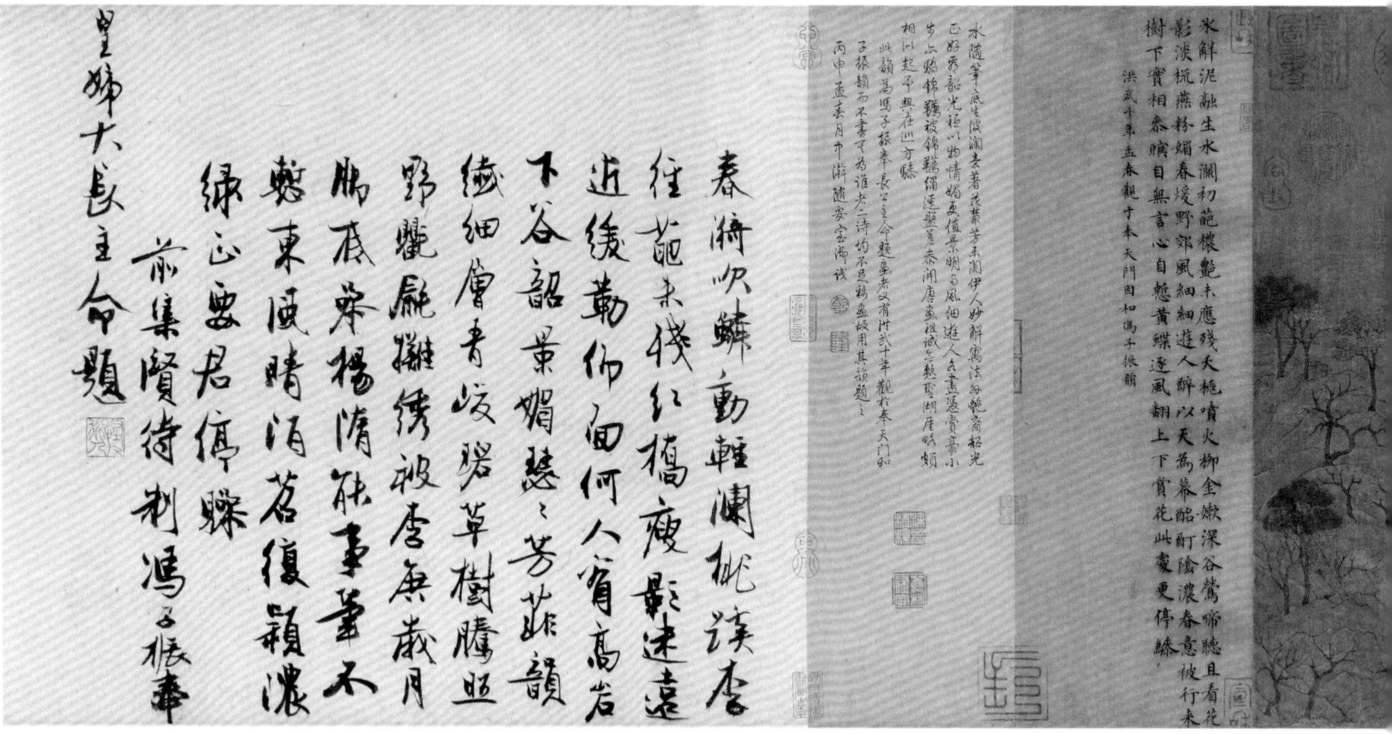
冰解泥融生水瀾初葩穠艷未應殘天桃噴火柳金嫩深谷鶯啼聽且看花
影淡梳燕粉媚春煖野郊風細細遊人醉以天為幕酩酊陰濃春意被行來
樹下賓相參曠目無言心自戀黃蝶逐風翻上下賞花此處更停驂
洪武十年孟春觀于奉天門因和馮子振韻

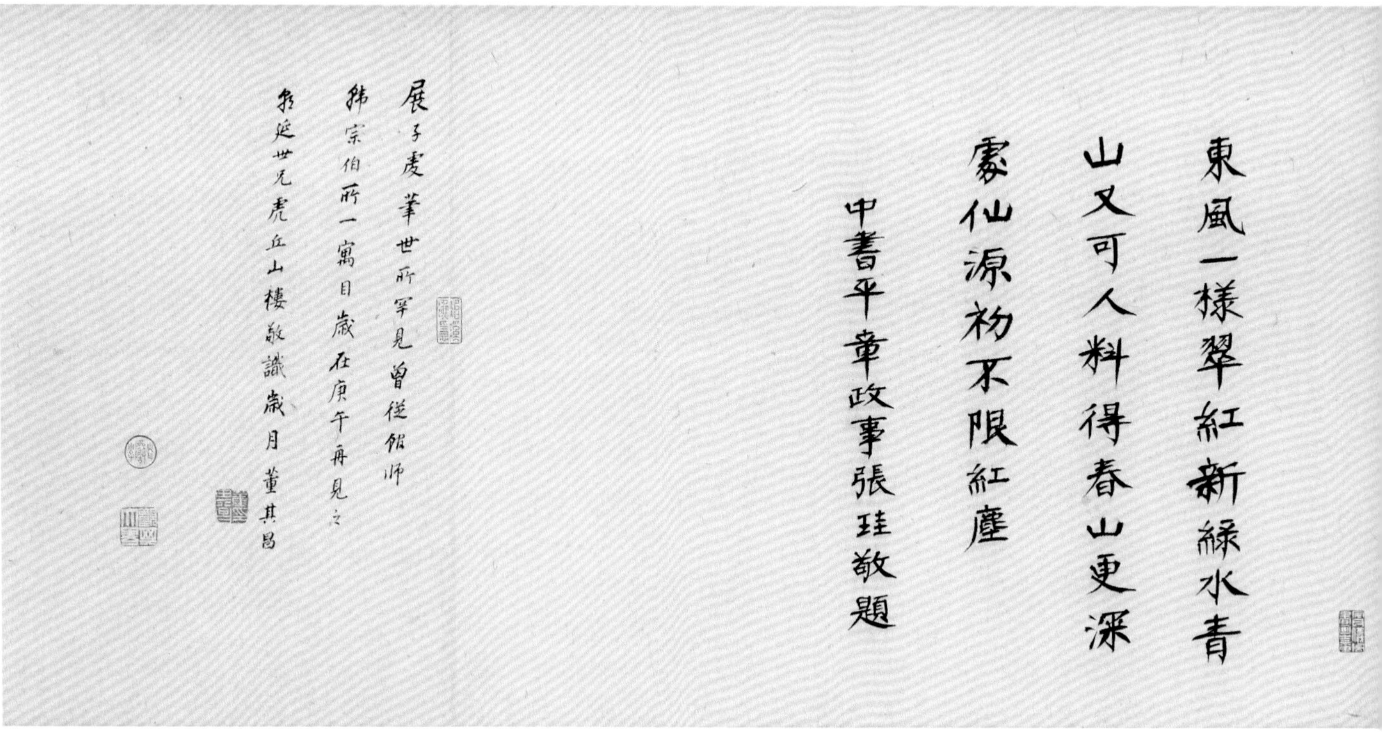
東風一樣翠紅新綠水青
山又可人料得春山更深
處仙源初不限紅塵
中書平章政事張珪敬題
展子虔筆世所罕見曾從館師
韓宗伯所一寓目歲在庚午再見之
朱延世兄虎丘山樓敬識歲月 董其昌

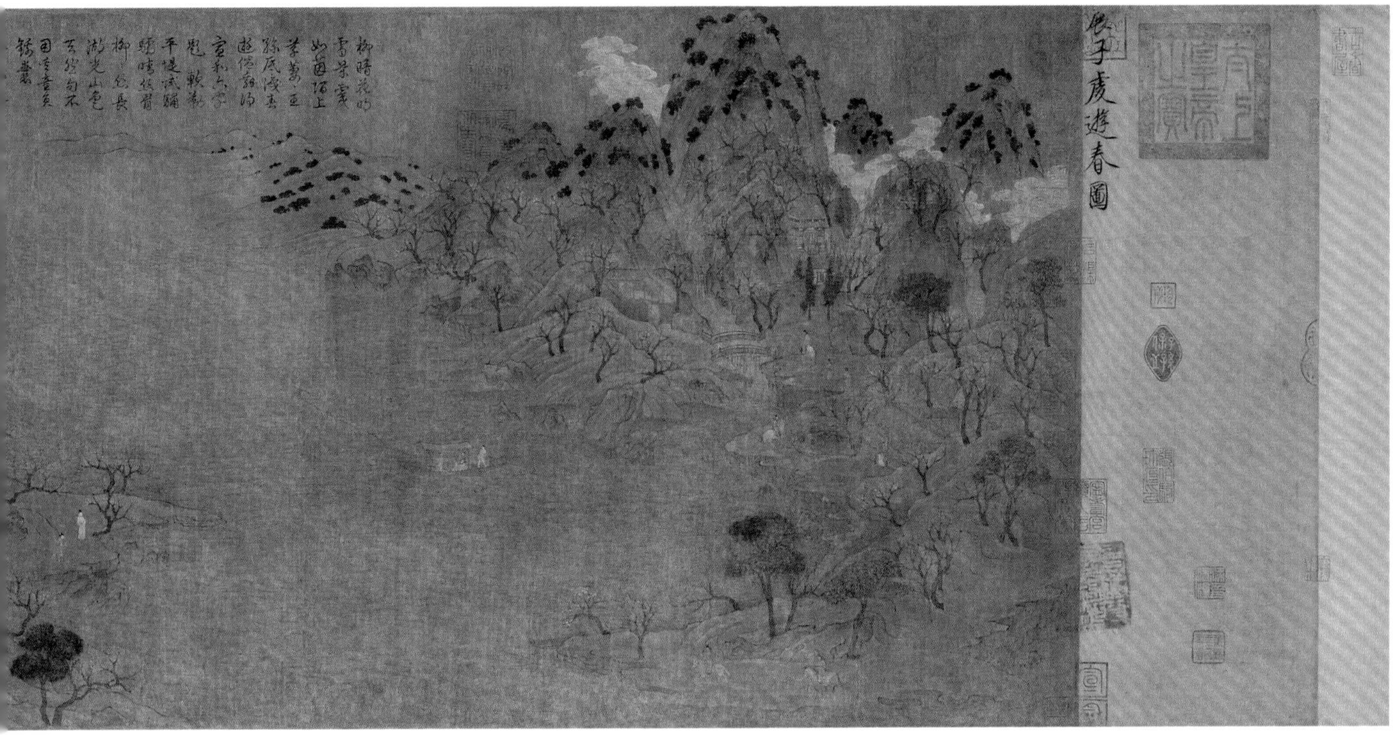
展子虔遊春圖

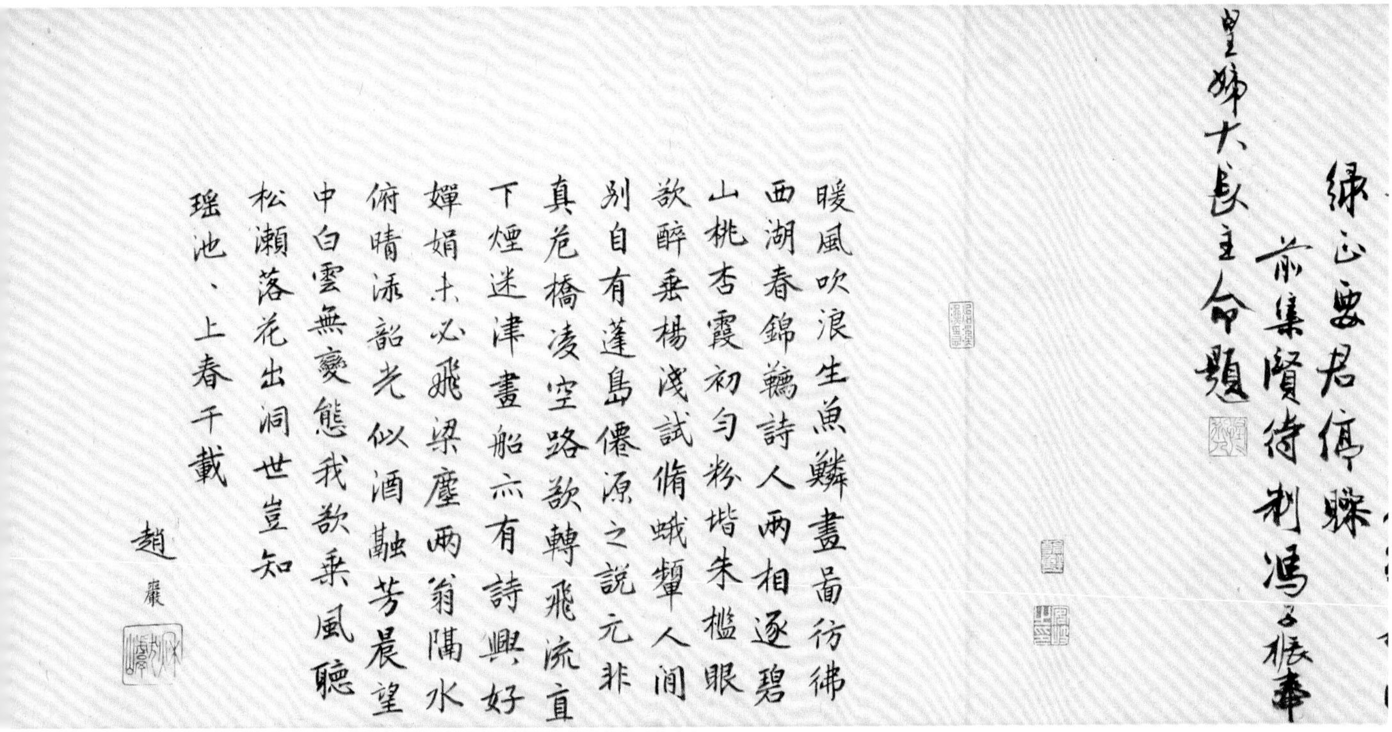
前集賢待制馮子振奉
皇姊大長公主命題
暖風吹浪生魚鱗畫圖彷彿
西湖春錦韉詩人兩相逐碧
山桃杏霞初勻粉堦朱檻眼
欲醉垂楊淺試脩蛾顰人間
別自有蓬島僊源之說元非
真危橋凌空路欲轉飛流直
下煙迷津畫船亦有詩興好
嬋娟未必飛梁塵兩翁隔水
俯晴漾韶光似酒融芳晨望
中白雲無變態我欲乘風聽
松瀨落花出洞世豈知
瑤池上春千載
趙巖

柳暗花明
雷景雲
如畫陌上
草萬重
絲底凌春
逐偽韶陌
宣和六字
題款較乾
平堤賦駒
驂騑絲眉
柳絲絲長
游光山色
互控句不
因言童負
篠囊
乾隆御題

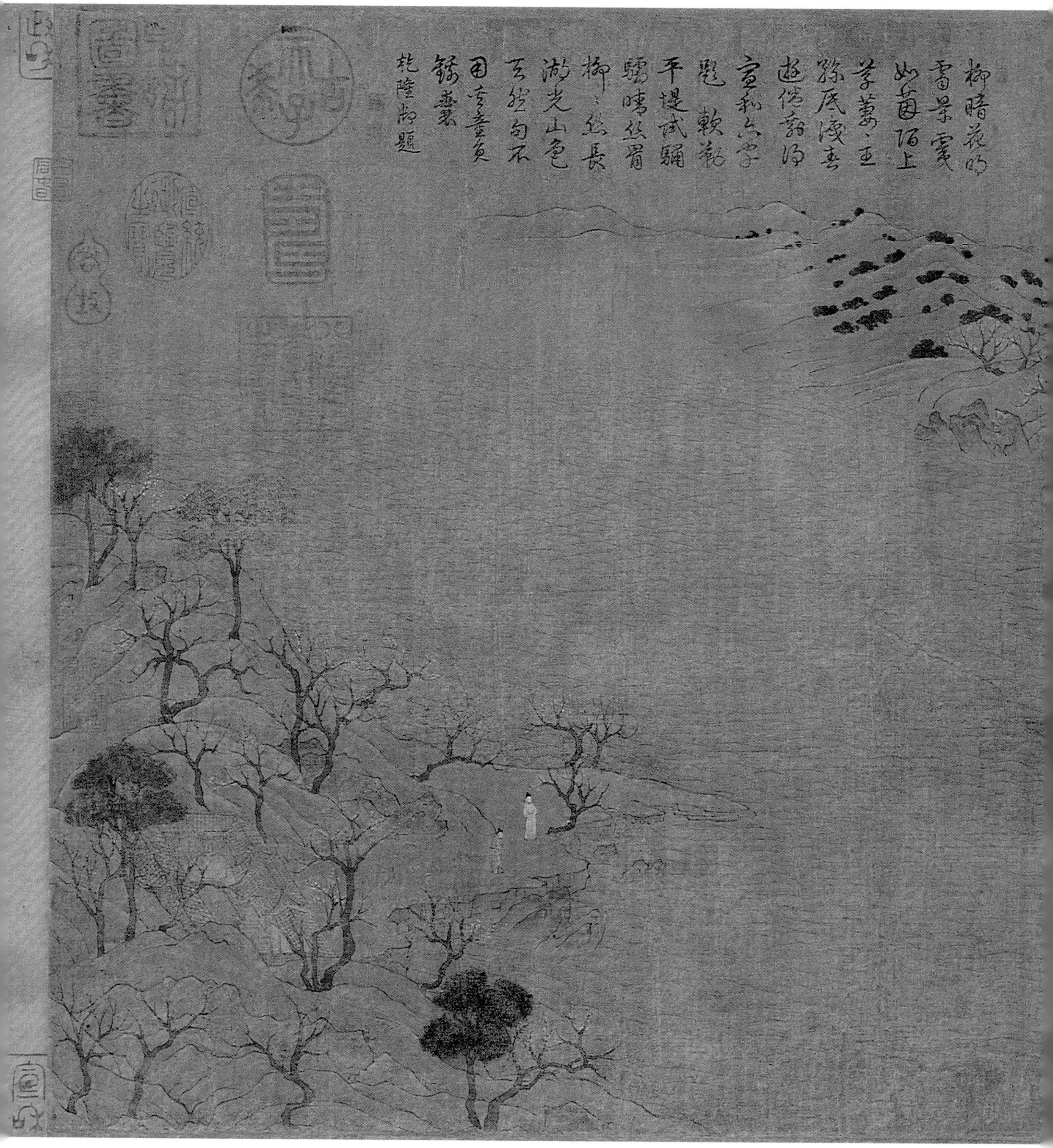

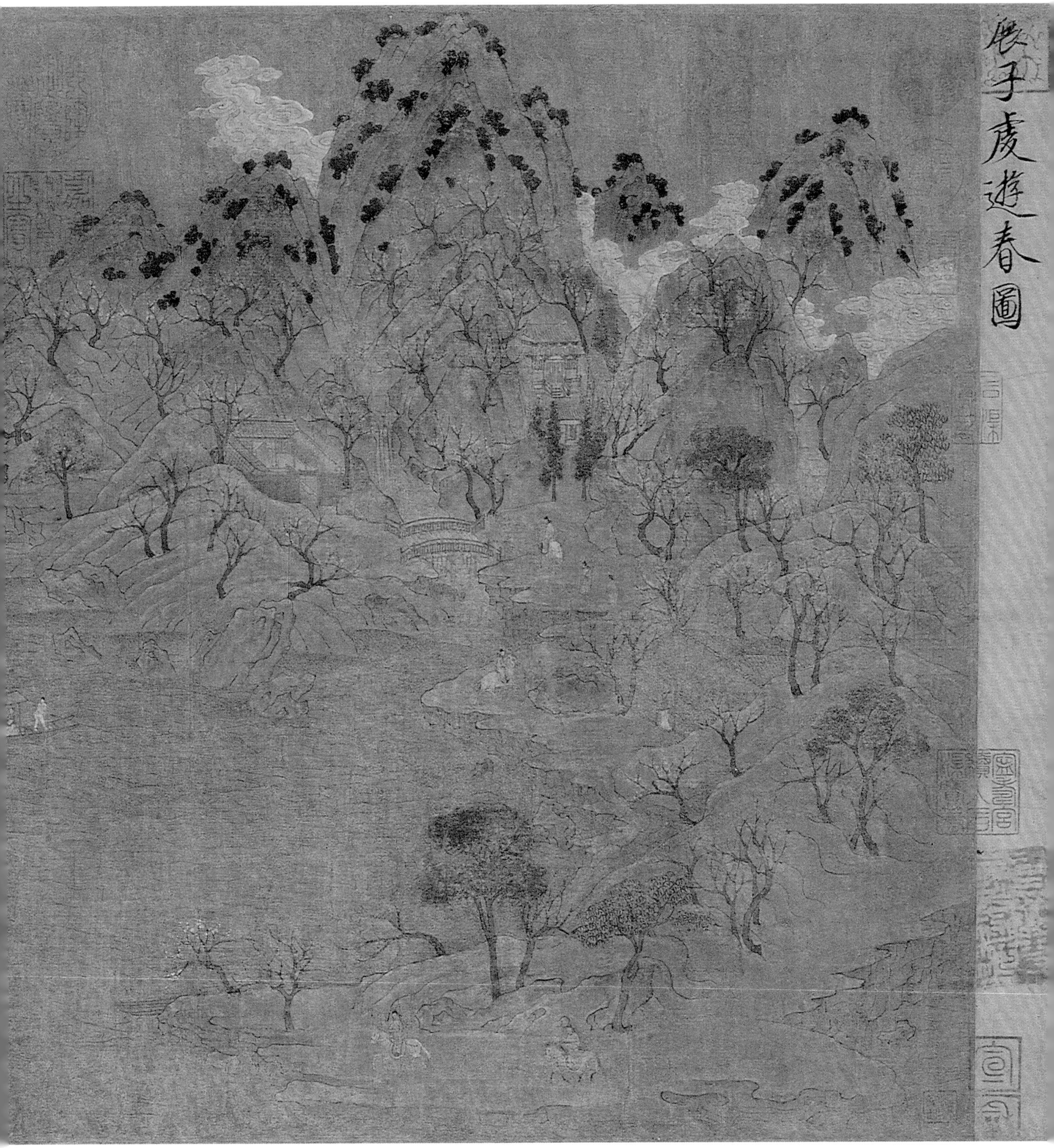
展子虔遊春圖

2

衛賢　高士圖卷

五代
絹本　淡設色
縱134.5厘米　橫52.5厘米
清宮舊藏

Scholar Couple
By Wei Xian, Five Dynasties (*Wudai*)
Handscroll, light colour on silk
H.134.5cm　L.52.5cm
Qing Court collection

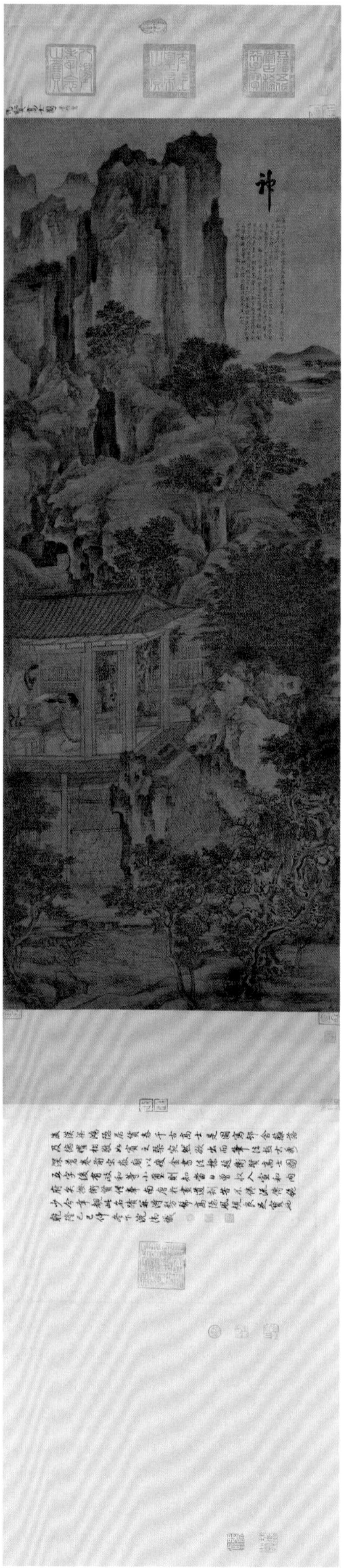

衛賢（生卒年不詳），京兆（今陝西西安）人。南唐時為宮廷供奉。師法唐代畫家尹繼昭，善畫人物、樓閣，是著名的界畫家。

《高士圖》描繪漢代隱士梁鴻與妻子孟光"相敬如賓，舉案齊眉"的故事。山谷中建有歇山頂青堂瓦舍，院外奇石環抱，樹木掩映。遠山高聳，如擎天之柱，山下江水蜿蜒，波瀾不興。此卷突出表現了隱士居所的環境，反映出五代人崇尚隱居生活，並注重山水畫。山石多用乾筆皴擦，重墨勾畫輪廓，富有層次感。圖卷原為直幅，宣和裝為橫卷。此卷是衛賢的真迹孤本，為五代時期山水畫的代表作之一。

本幅有清乾隆御題"神"字，"己丑（1769）"御題詩："孟光菽水舉齊眉，梯幾梁鴻穆且怡。京兆似明古椀字，不知津逮又因誰。"鈐藏印"古稀天子"（朱文）、"乾隆定翰"（朱文）等十八方。

前隔水有宋徽宗題："衛賢高士圖　梁伯鸞"。鈐藏印"宣和"（朱文）、"太上皇帝之寶"等。紙尾有清乾隆題記。鈐宋內府藏印"宣和"（朱文）、"政和"（朱文）、"內府圖書之印"（朱文）等。

曾經《石渠寶笈續編》、《清河書畫舫》、《都穆鐵網珊瑚》、《庚子銷夏記》、《石渠隨筆》、《諸家藏畫簿》、《墨緣彙觀》著錄。

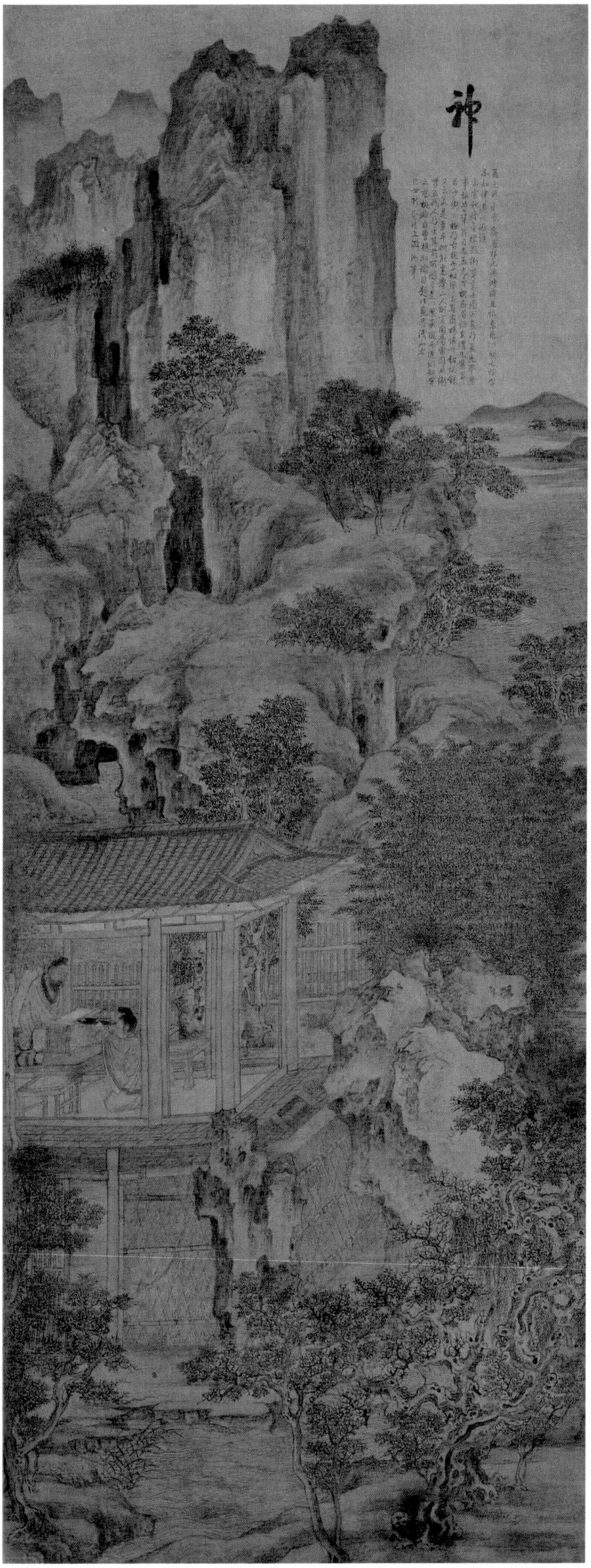
神

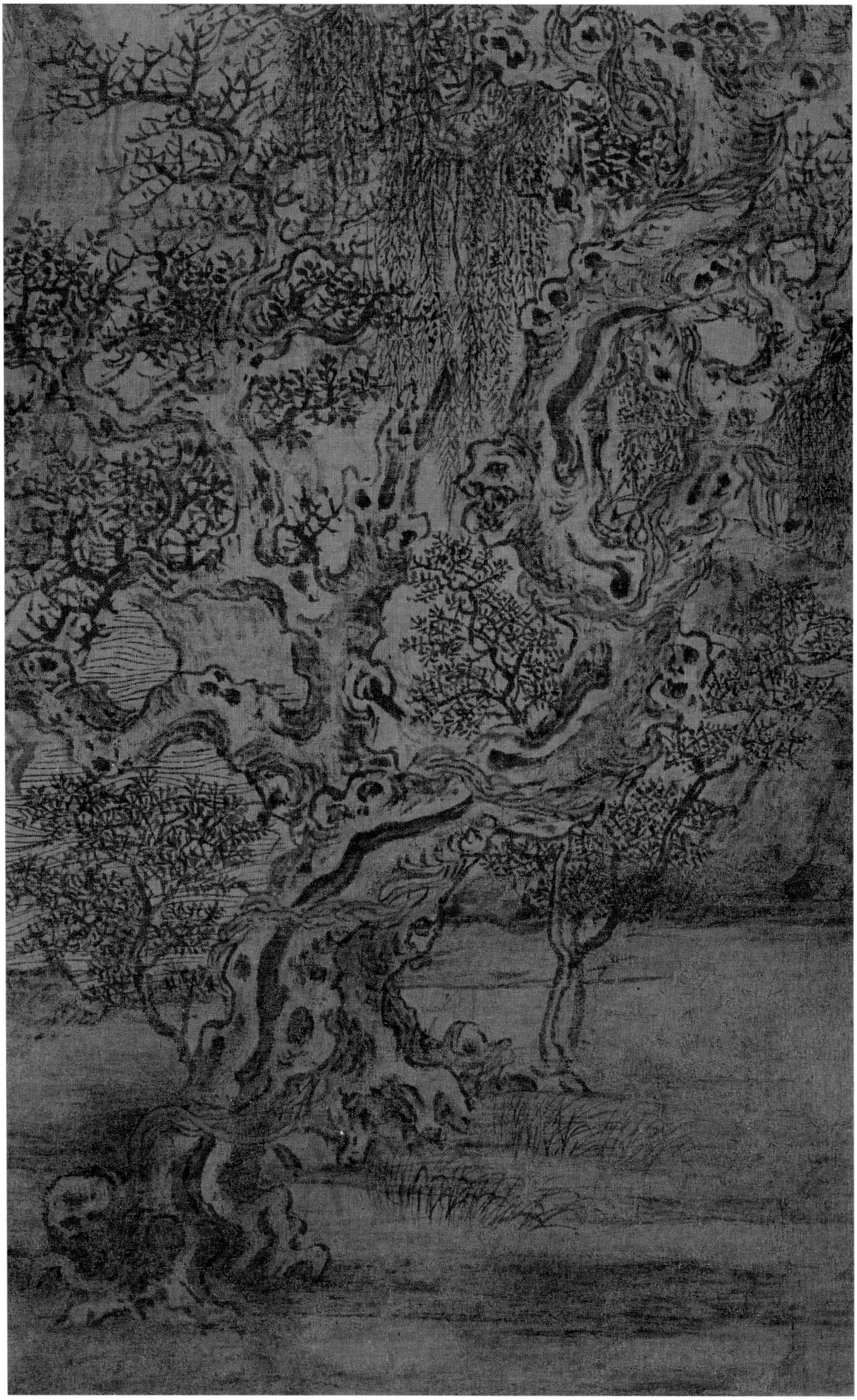

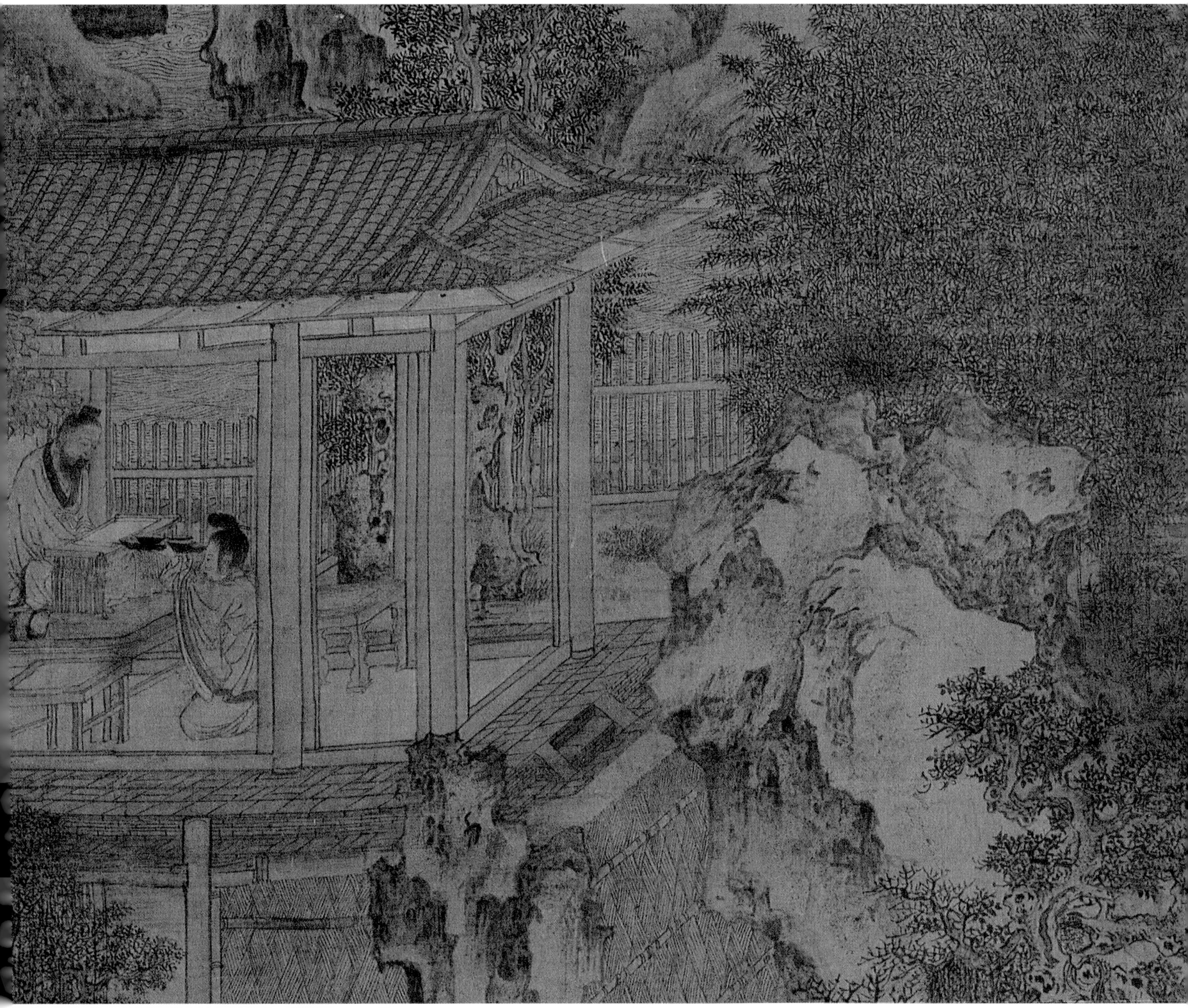

3

董源　瀟湘圖卷

五代
絹本　設色
縱50厘米　橫141.4厘米
清宮舊藏

Xiaoxiang River
By Dong Yuan, Five Dynasties (*Wudai*)
Handscroll, colour on silk
H.50cm　L.141.4cm
Qing Court collection

董源（？—962年），一作董元，字叔達，鍾陵（今江西進賢）人。南唐時為後苑副使，世稱“董北苑”。善畫山水，亦能為人物、走獸等，所作多寫江南真山。與其弟子巨然並稱“董巨”，被後人尊為“南派正宗”。

《瀟湘圖》描繪湘江景色，水面上蒹葭叢叢，輕舟點點，更有貴人張樂而遊，漁夫舉網而獲，均一一細筆描繪，出神入化。江對岸則山巒起伏，林木蓊鬱。如題記中說：“令人不動步重作湘江之客。”此卷取平遠式構圖，視野廣闊。畫山之法是在披麻皴上依山勢用濕墨雨點皴，蒼潤渾樸。畫樹葉亦以墨打點，濃淡相間，空靈多姿。此卷為董源山水代表作之一，對後世影響極大。

引首有董其昌題記（釋文見附錄）。後隔水有王鐸一跋。尾紙有董其昌三跋、袁樞一跋。本幅、本幅後及後隔水分別鈐有袁樞、卞永譽、安岐、張大千等鑑藏印及清內府藏印多方。

曾經《畫禪室隨筆》、《妮古錄》、《好古堂家藏書畫記》、《式古堂書畫彙考》、《清河書畫舫》、《大觀錄》、《墨緣彙觀》、《石渠寶笈》、《佩文齋書畫譜》著錄。

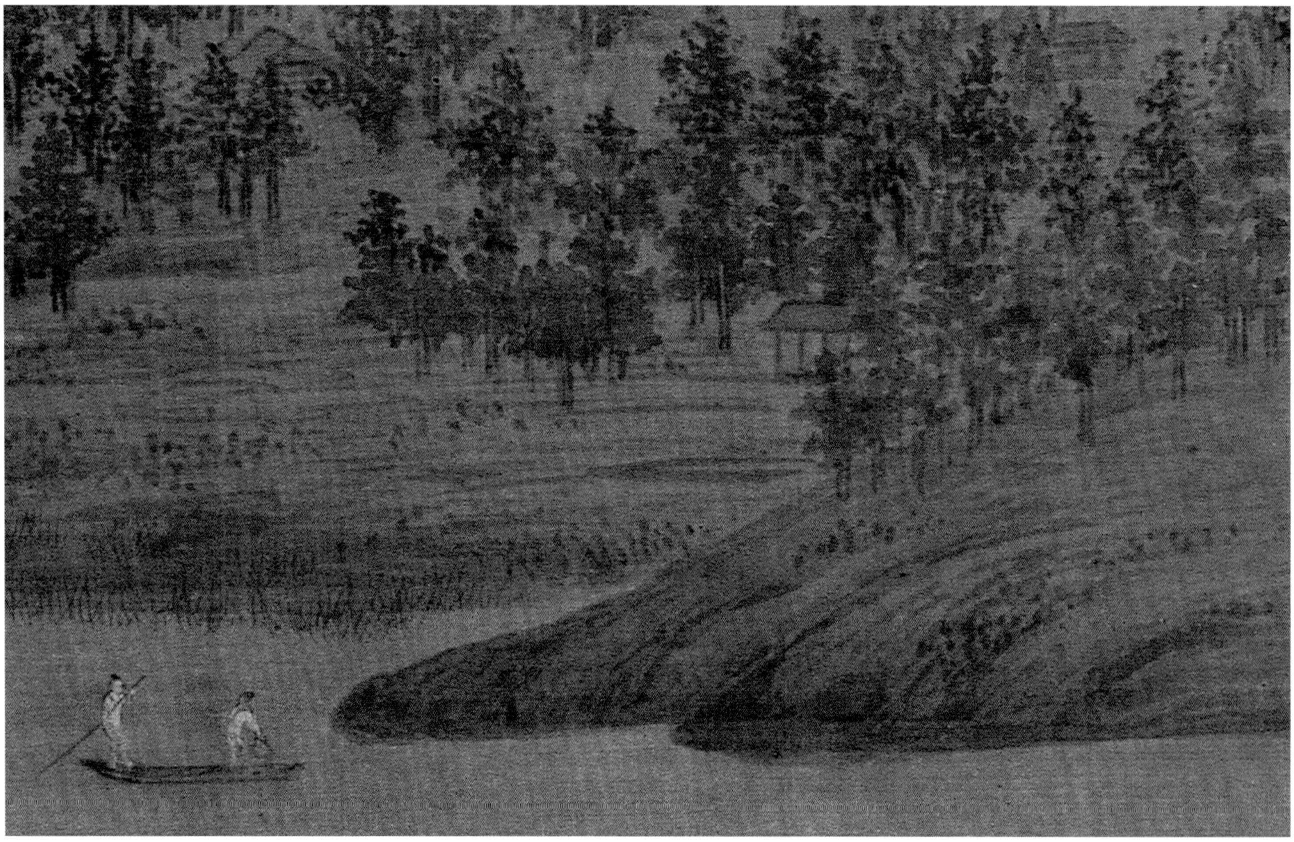

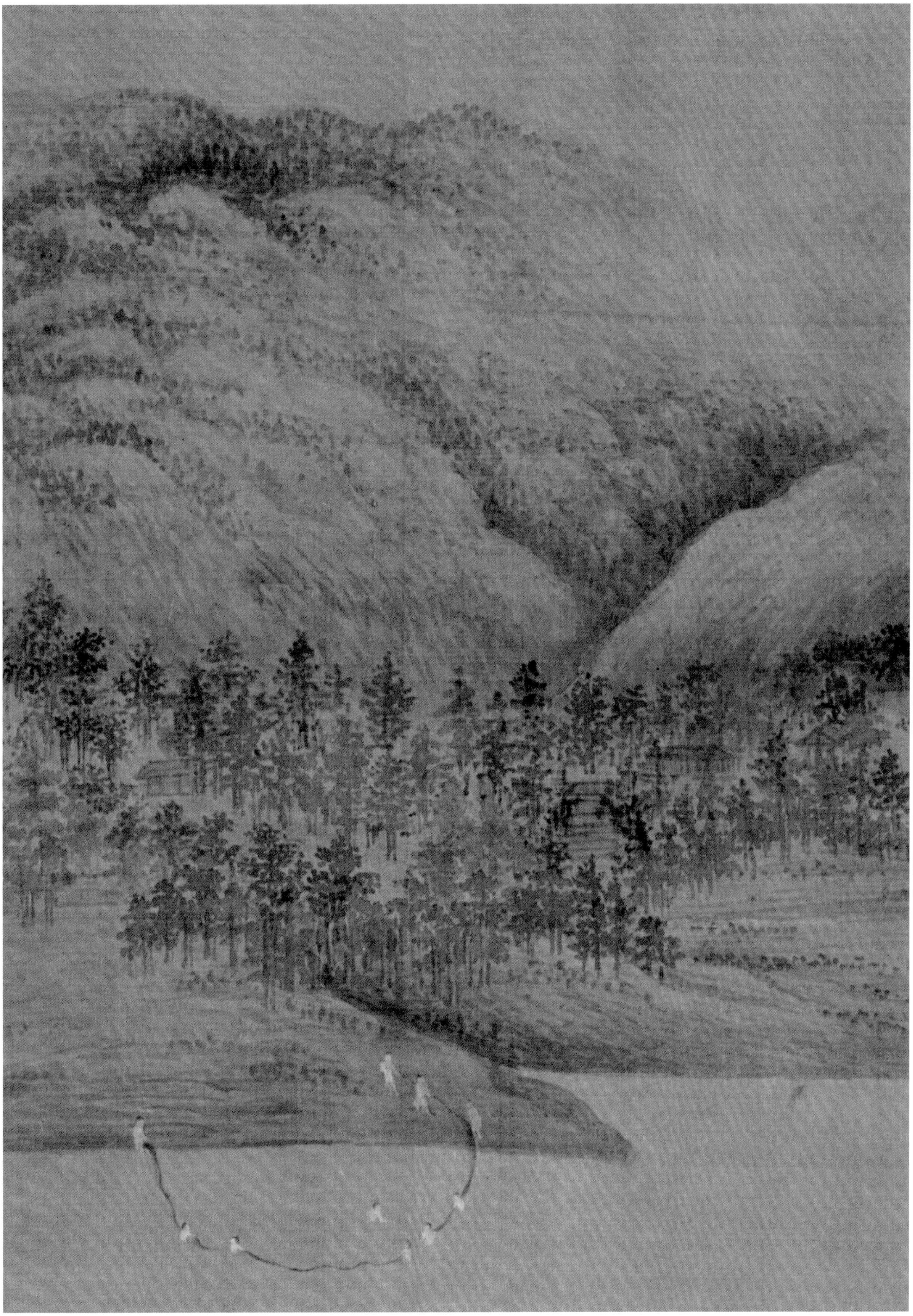

生而重到湖江之寥莊

今乃以畫曾偽山水而以山

於否以畫老眼願倒見

也董源畫去如墨鳳此卷

尤為古董密僧巨然方此

重在梅老人墨至一當考

會幸潟以遊之目耶

董其昌識　己亥首夏三日

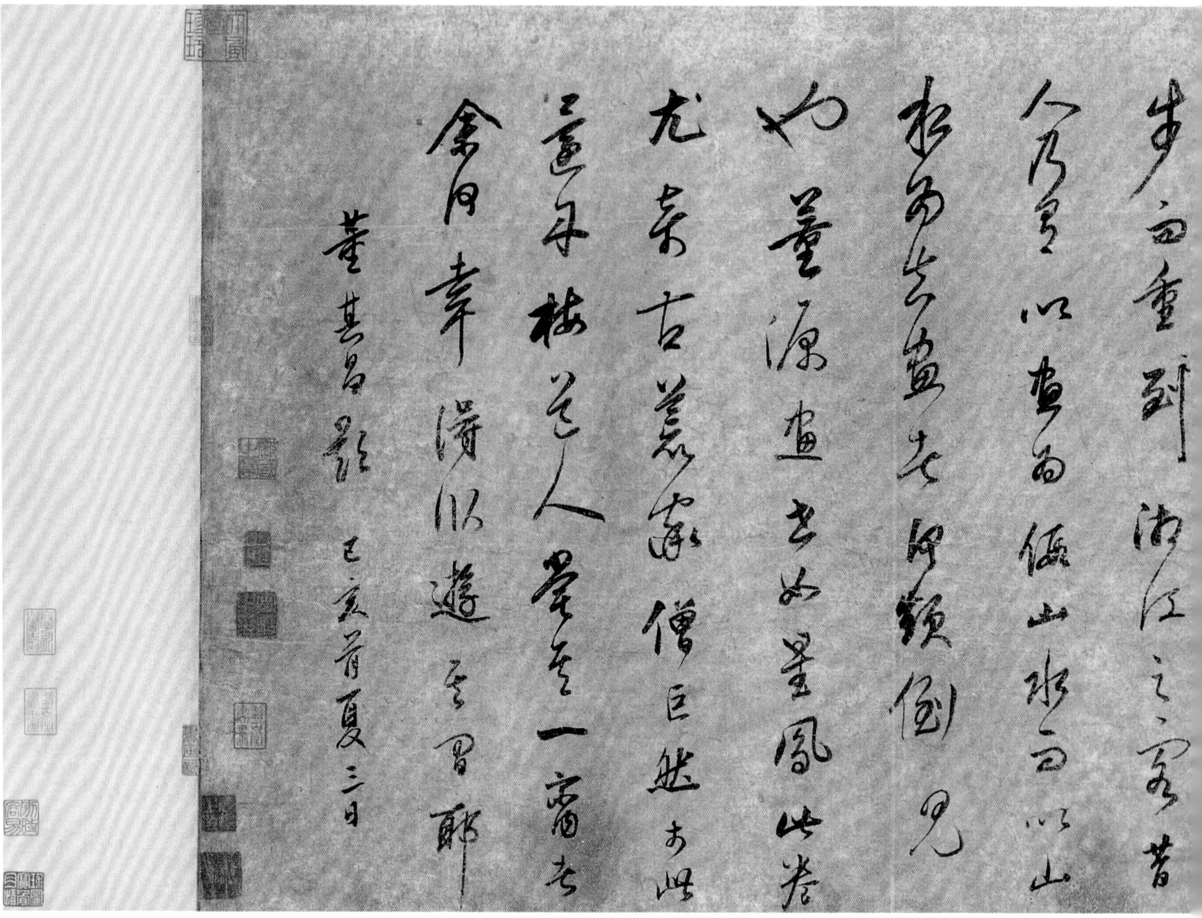

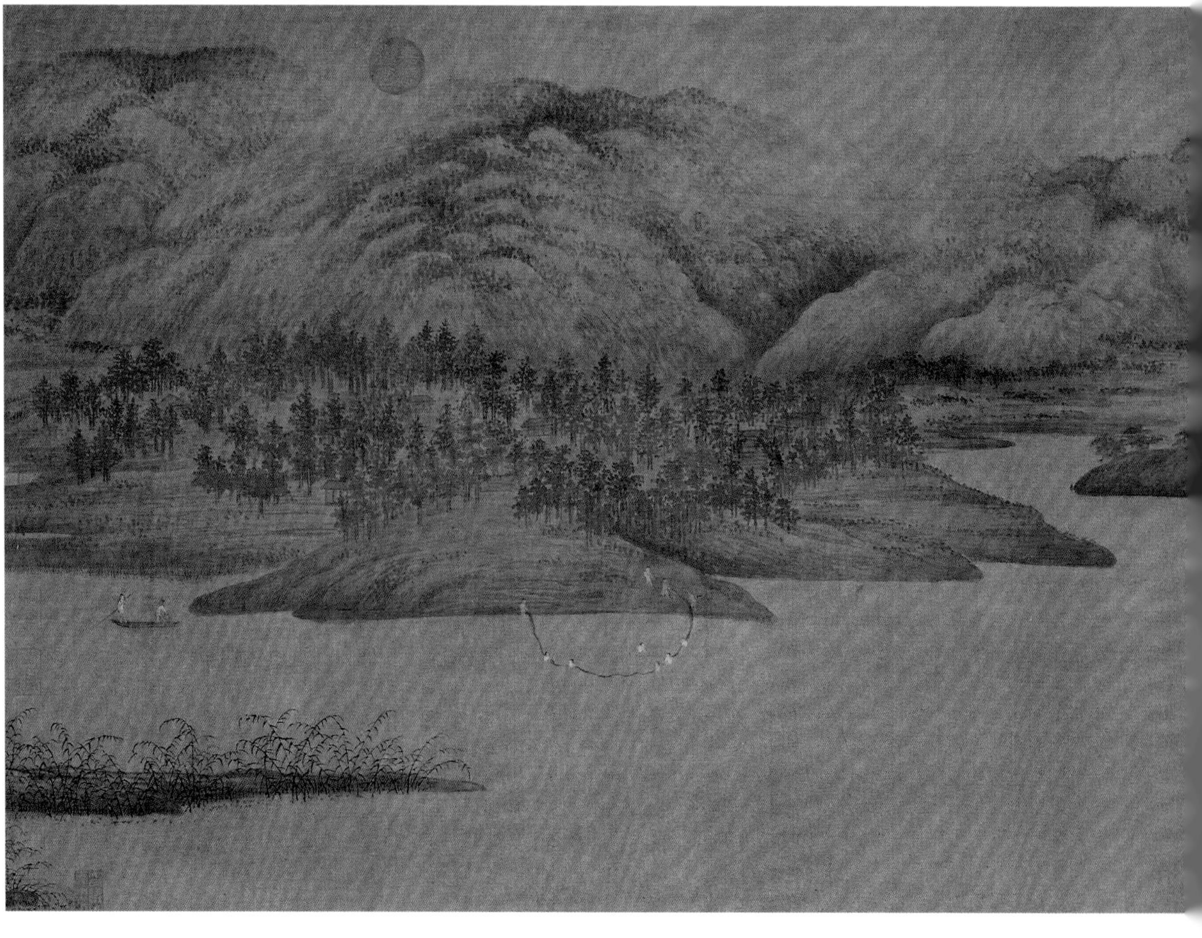

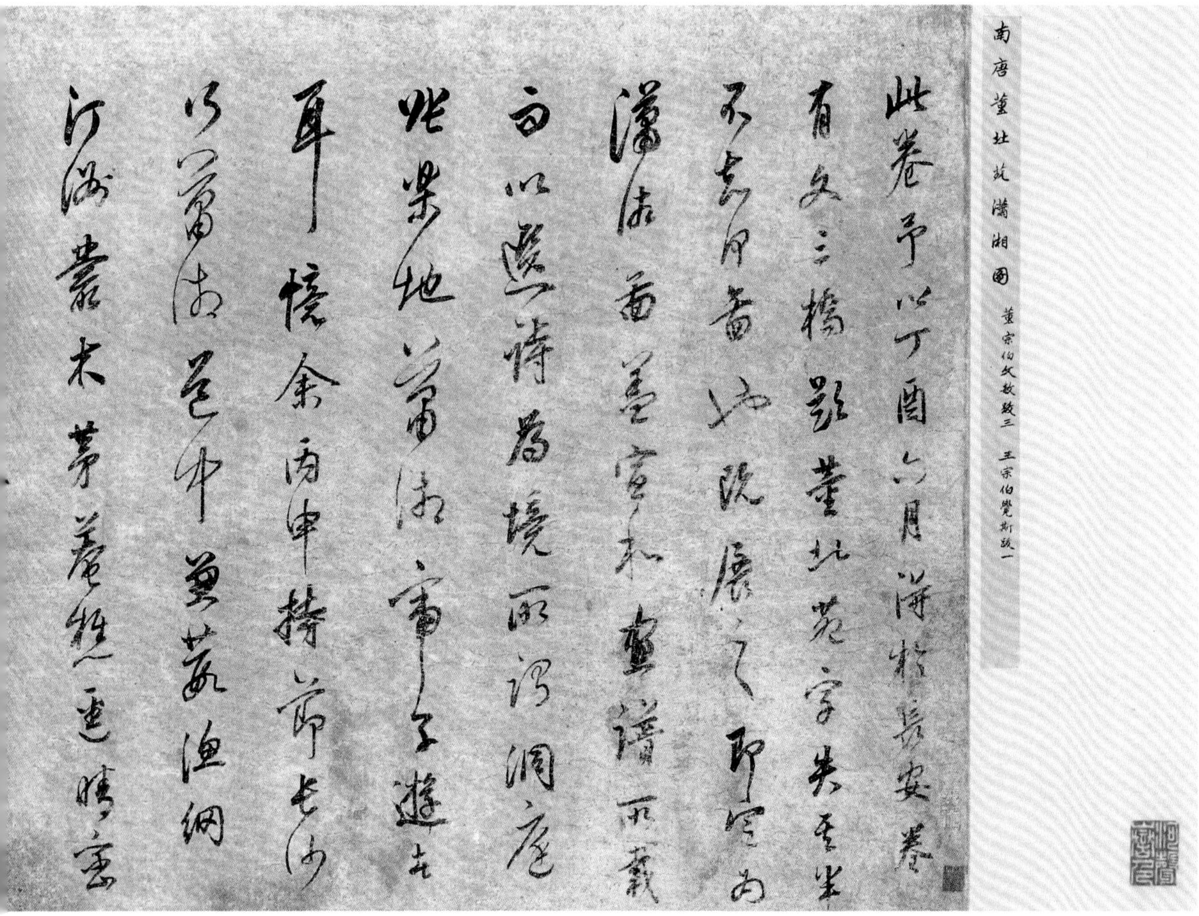
南唐董北苑瀟湘圖
董宗伯文敏跋三　王宗伯覺斯跋一
此卷予以丁酉六月得於長安卷
有文三橋題董北苑字失其半
不知何圖也既展之即定爲
瀟湘圖蓋宣和畫譜所載
而以選詩爲境所謂洞庭
張樂地瀟湘帝子遊者
耳忻余丙申持節長沙
行瀟湘道中蒹葭漁網
汀洲叢木茅庵樵徑晴巒

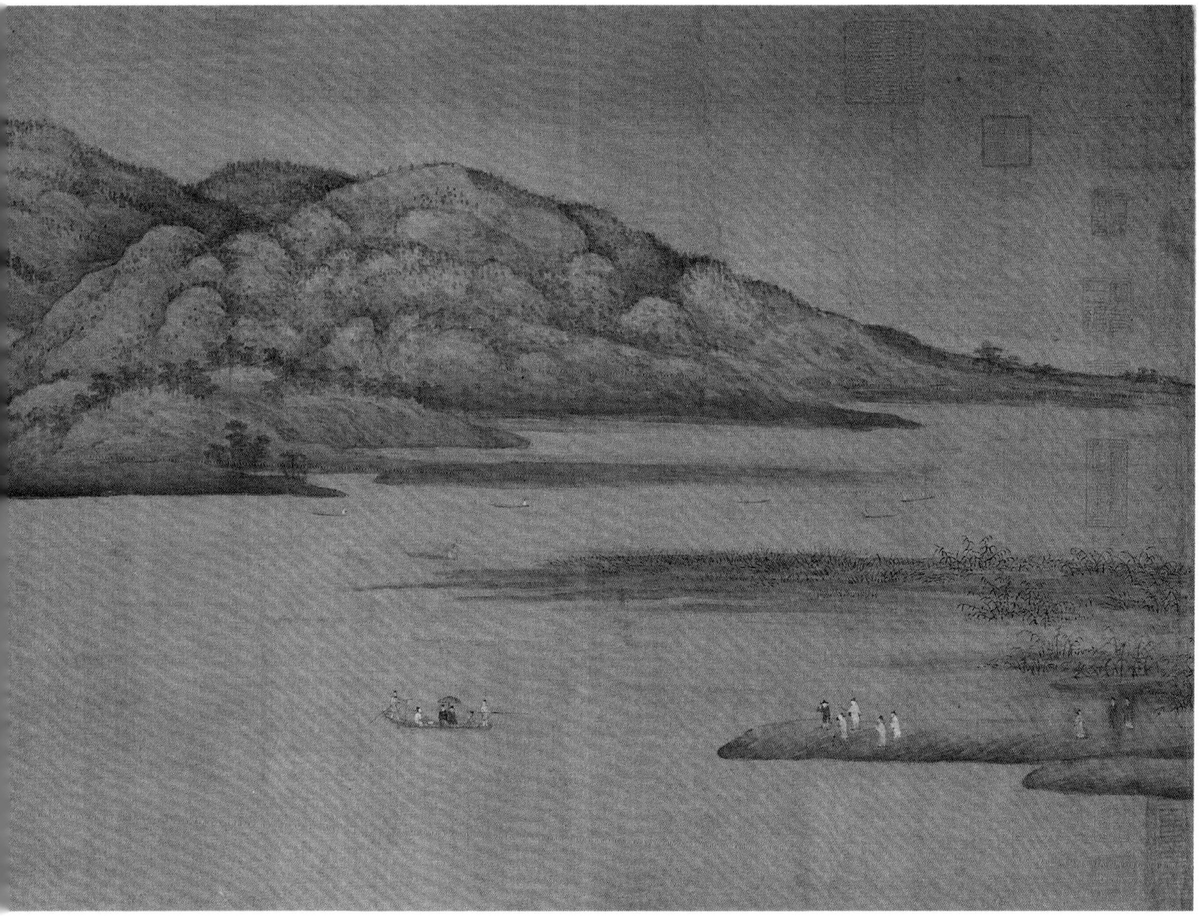

奉秋日無風情
雨物雪因生面
圖即以真境
石玄言人又
不濟予為
三海其美
泓然已足十

萬曆庚子射陽湖舟中閱
四月十日

董其昌

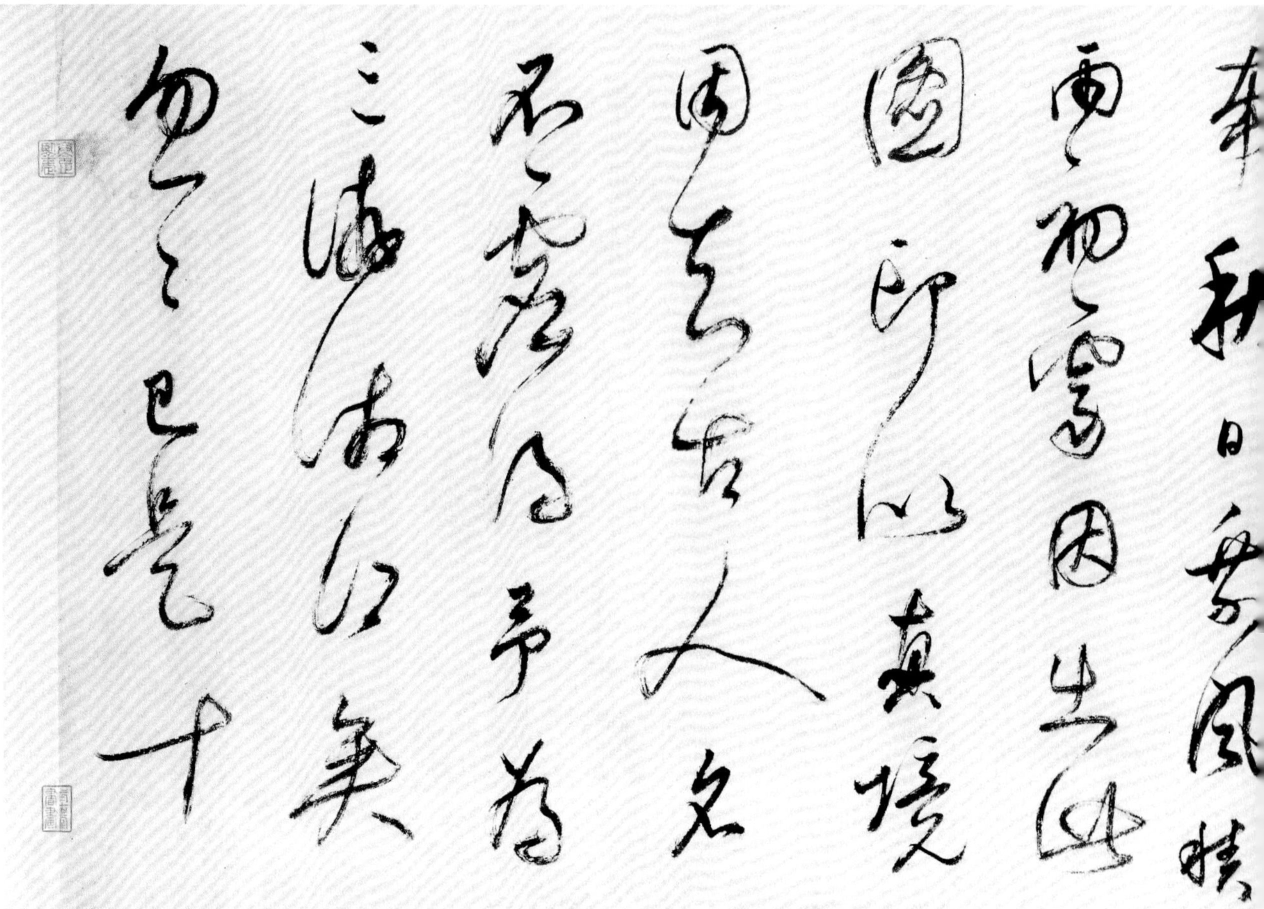

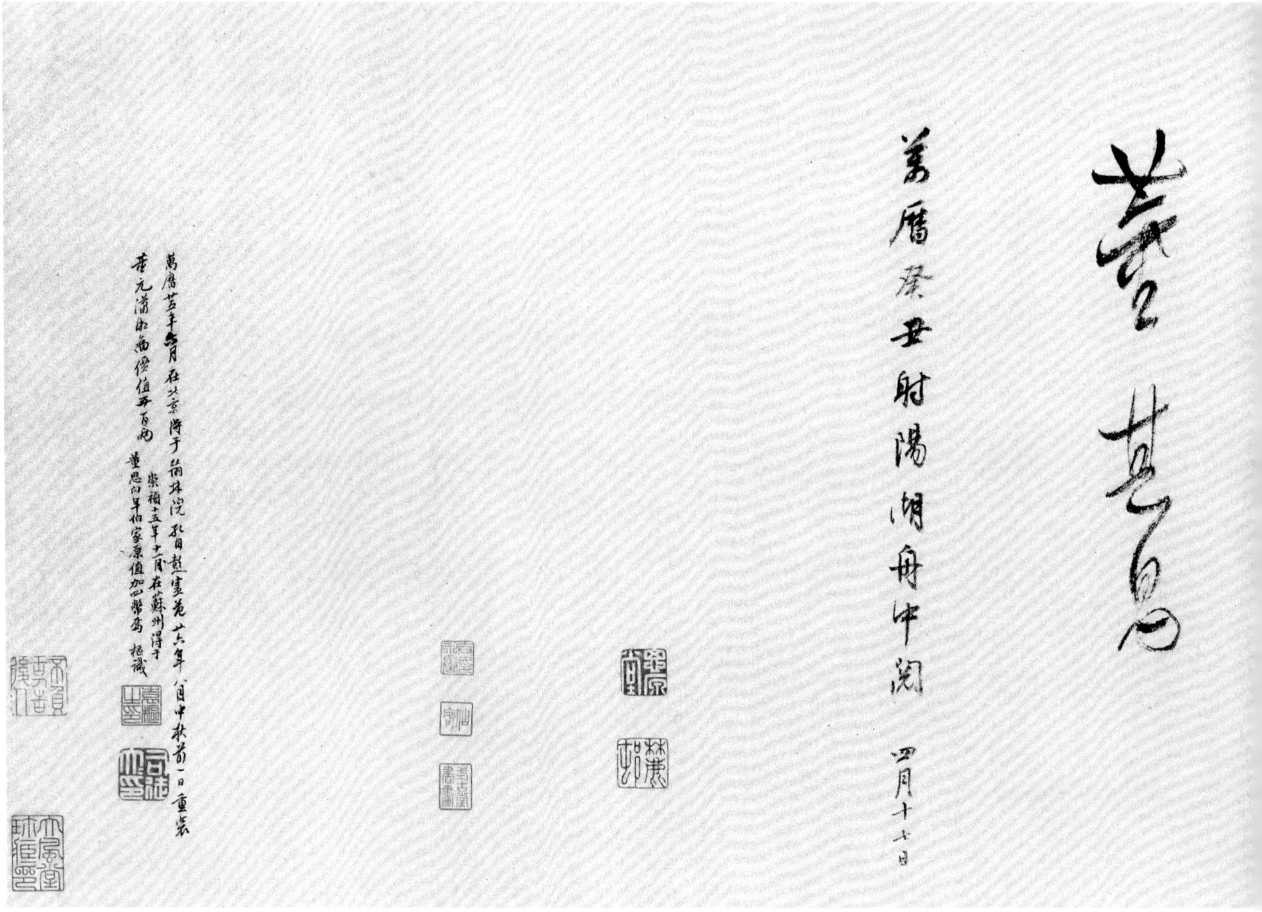

舟行諸巖嶂以動雲吞雨吐
時騰霖徵以未審音濟已
聲在簷石欹在縮泉戲為
石寶表親宗收藏如此出寶
養丘壑墮家失書此數幀云
室豐宜性也

余以丙申持苦
吉歷行蒲海道
中越明年得此山
莊瀟湘圖乃為
重遠诸仁矣今
年優以後士陶

一百書於
已人月見前
苦庶乙
邹已於奥蓮
舟中

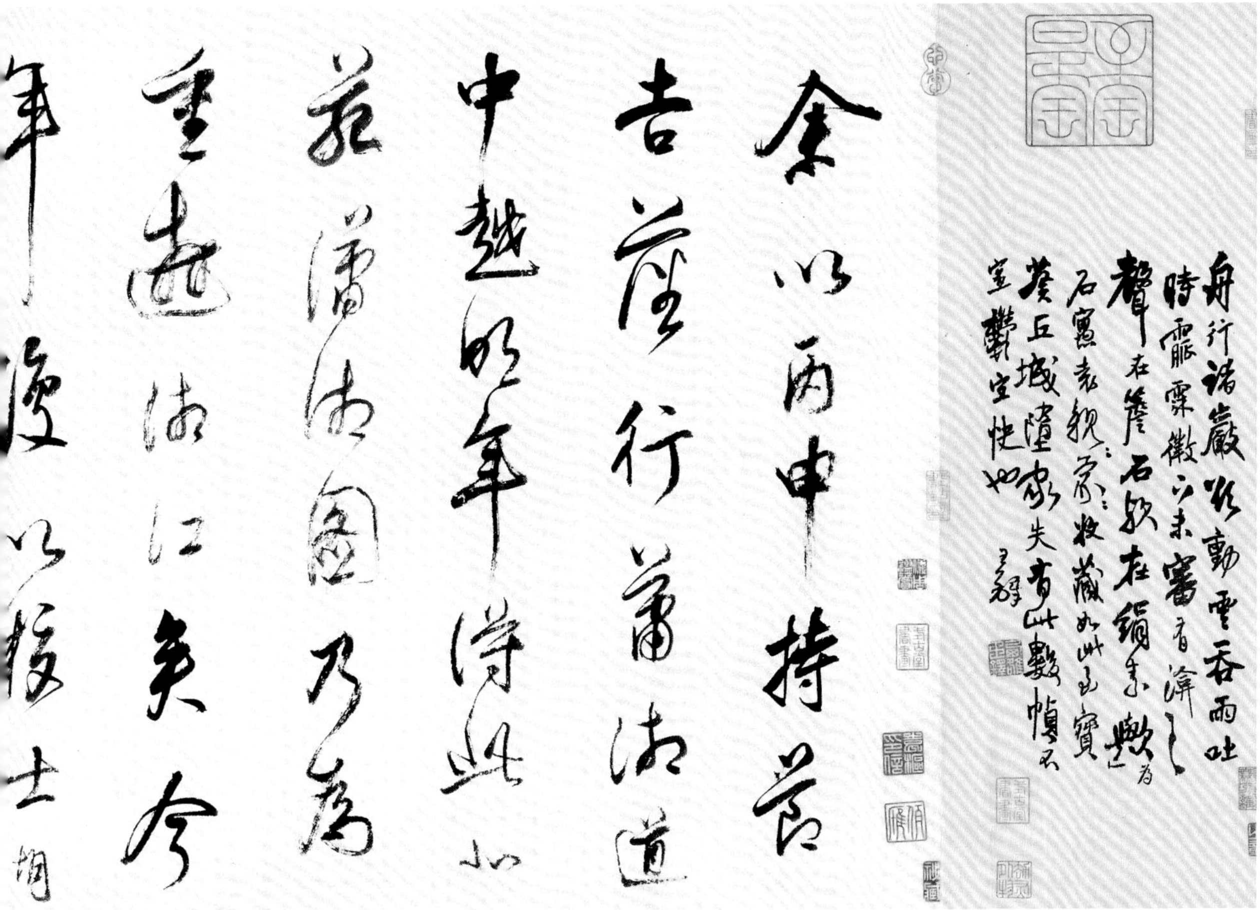

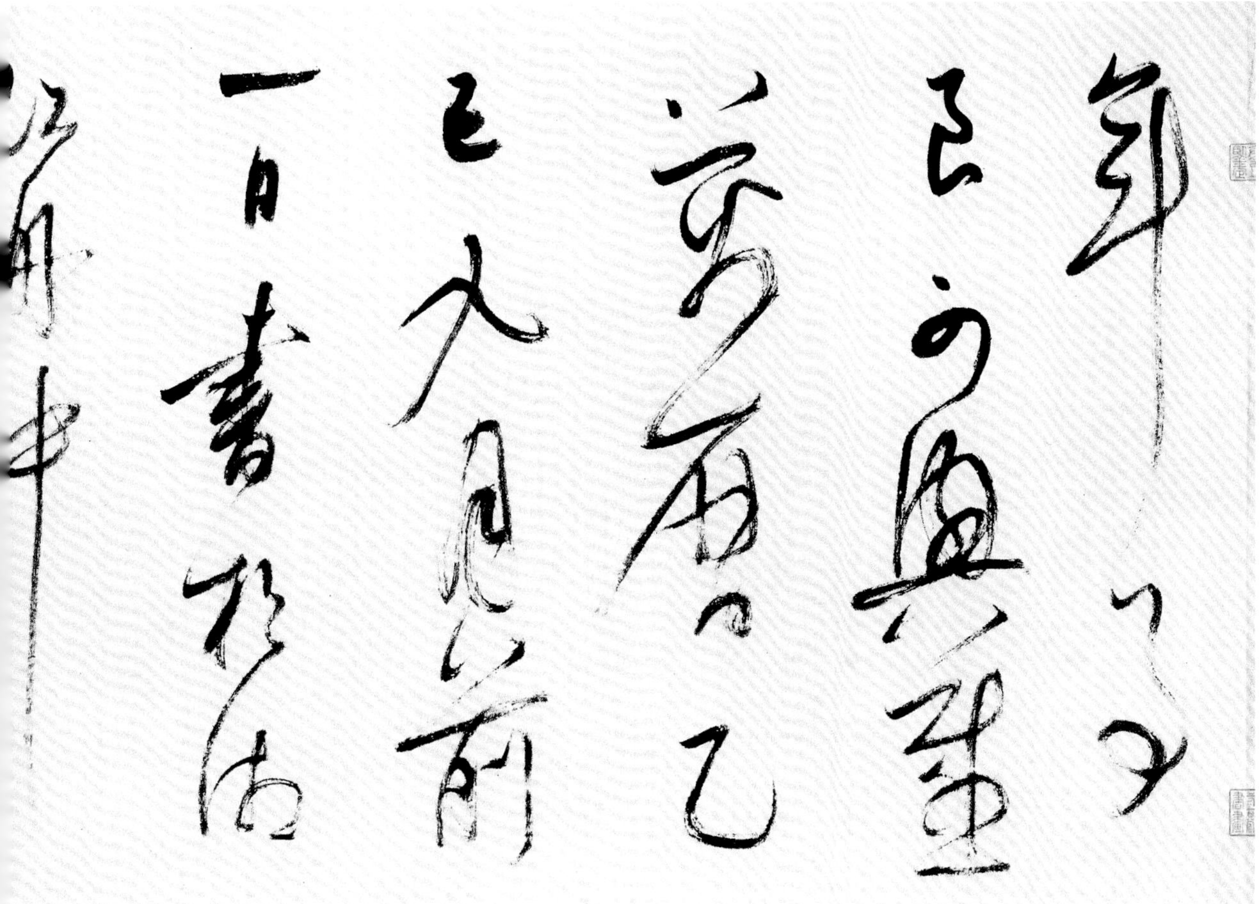

4

郭熙　窠石平遠圖軸

北宋
絹本　設色
縱120.8厘米　橫167.7厘米

Rocky Lowland in Distance
By Guo Xi, Song Dynasty
Hanging scroll, colour on silk
H.120.8cm　L.167.7cm

郭熙（生卒年不詳），字淳夫，約活動於11世紀，河陽溫縣（今河南孟縣）人。宋神宗即位後被召入宮廷畫院，任職至翰林待詔直長。善畫山水，可確認為其真迹的傳世品海內外僅六七件。著有《林泉高致》傳世，對後世山水畫的發展有着深遠的影響。

《窠石平遠圖》描寫北方清秋曠野之景色，林木蕭疏，水落而石出，河牀上只有涓涓細流，遠處山巒起伏。此軸取平遠式構圖，廣闊遼遠。山石用捲雲皴，筆墨爽利，為郭熙晚年傑作。

本幅自識："窠石平遠　元豐戊午年（1078）郭熙畫"。鈐"郭熙印章"（朱文）。另鈐有鑑藏印"晉國奎章"（朱文）、"松檝軒"（朱文）、"敕賜臨濟壺宗之印"（朱文）、"正宋之印"（朱文）、"典禮紀察司印"半印、"晉府書畫之印"（朱文）、"敬慎堂圖書印"（朱文）、"清和珍玩"（白文）、"蕉林"（朱文）、"觀其大略"（白文）。裱邊鈐"蕉林收藏"（朱文）。

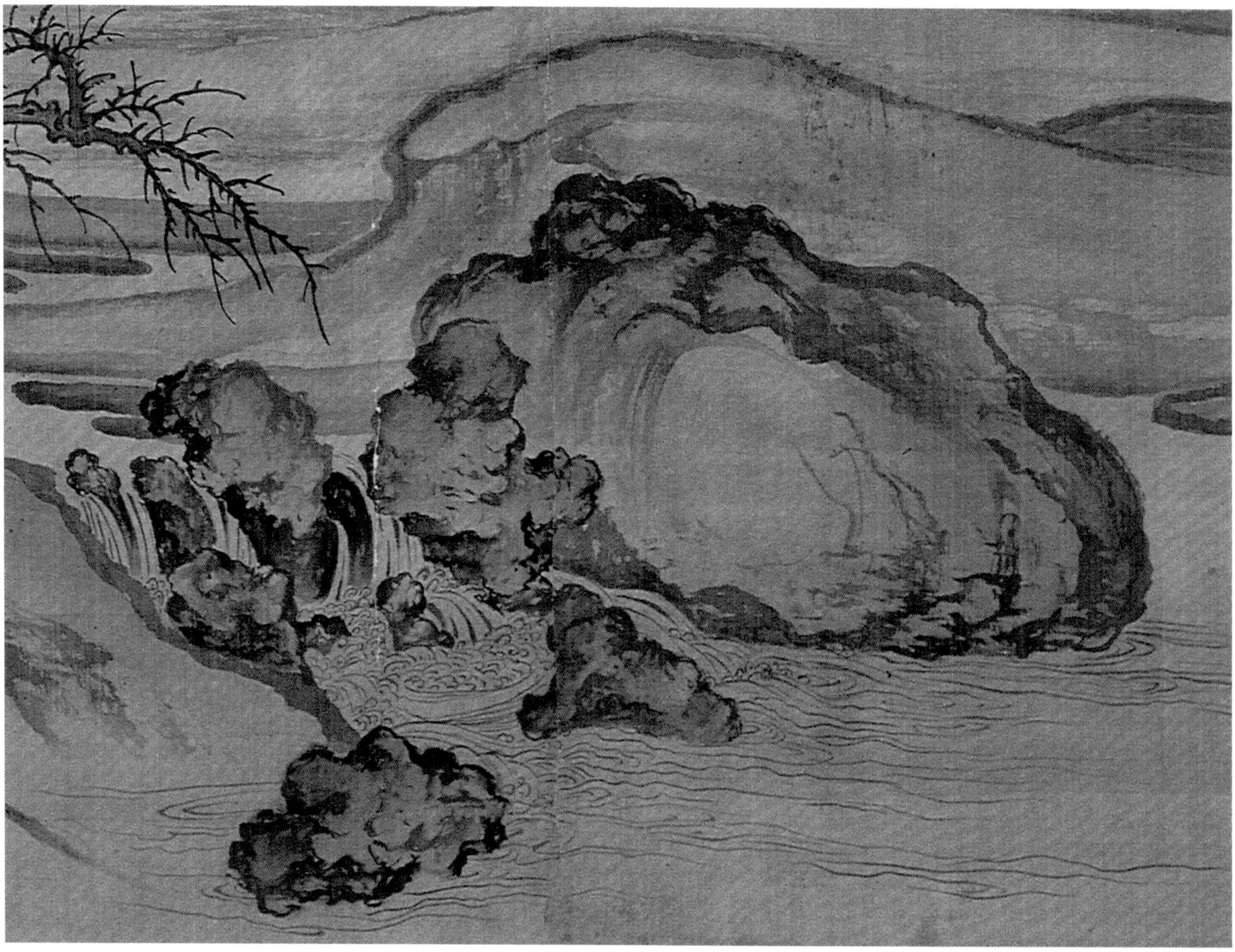

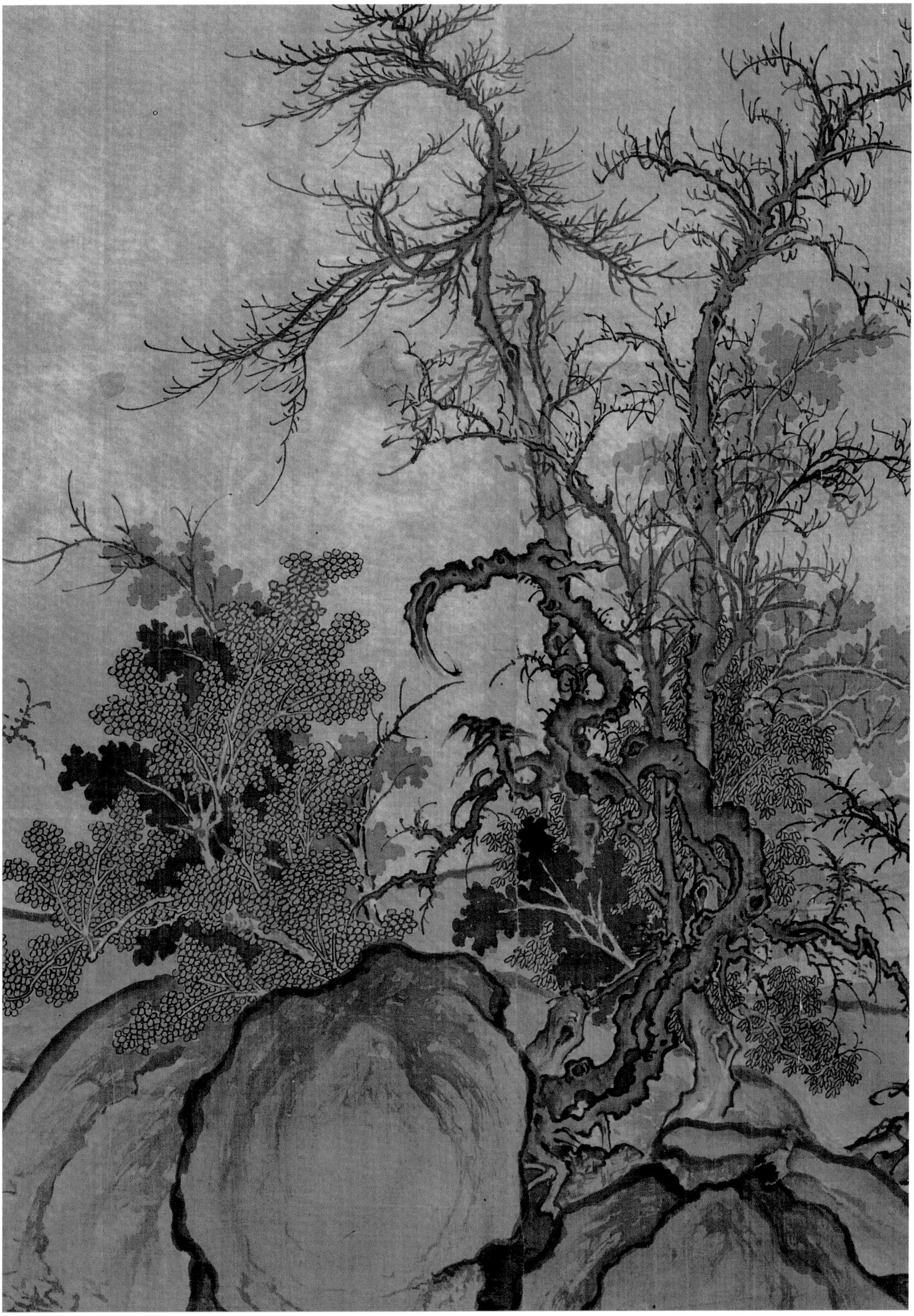

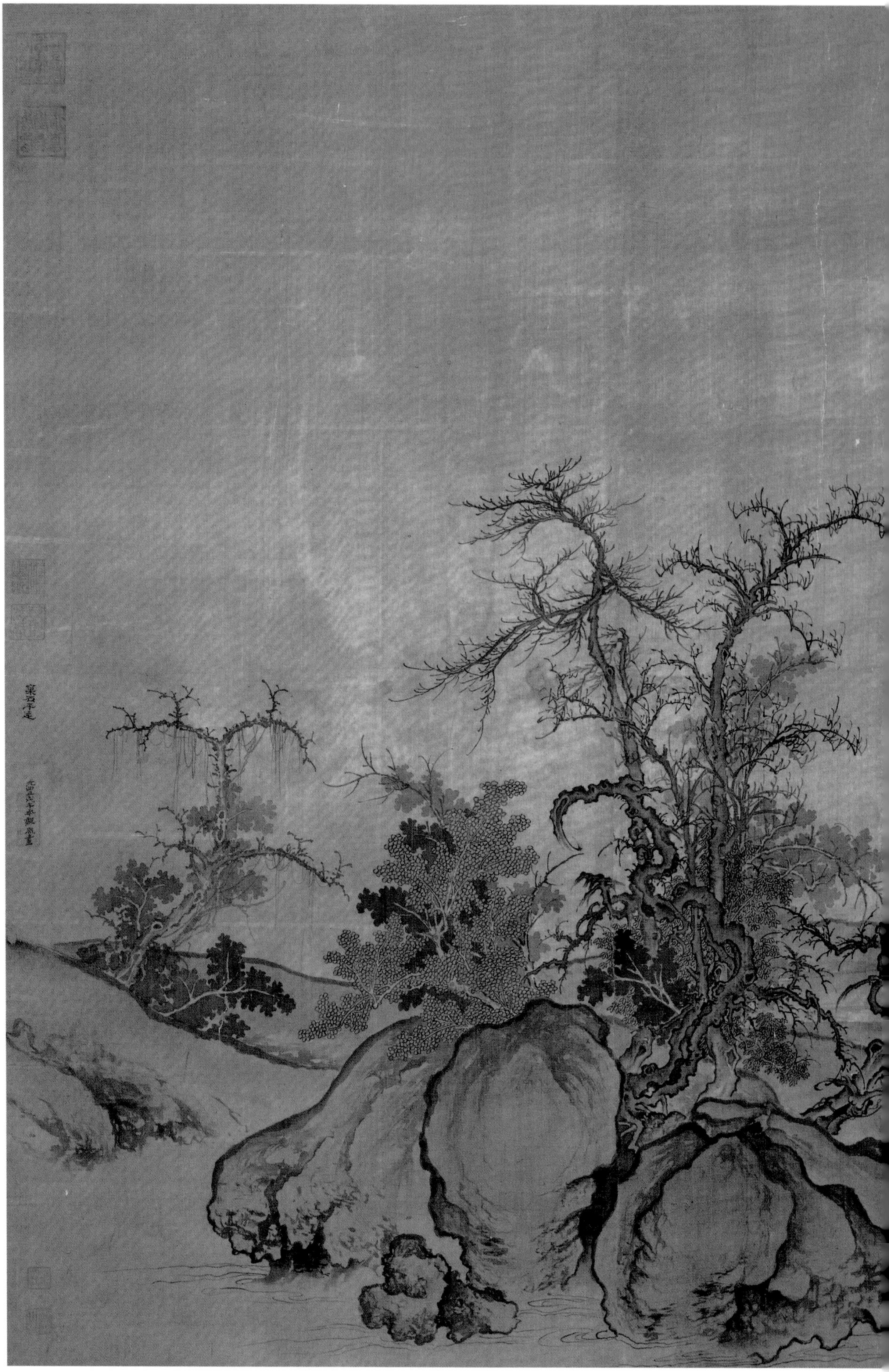

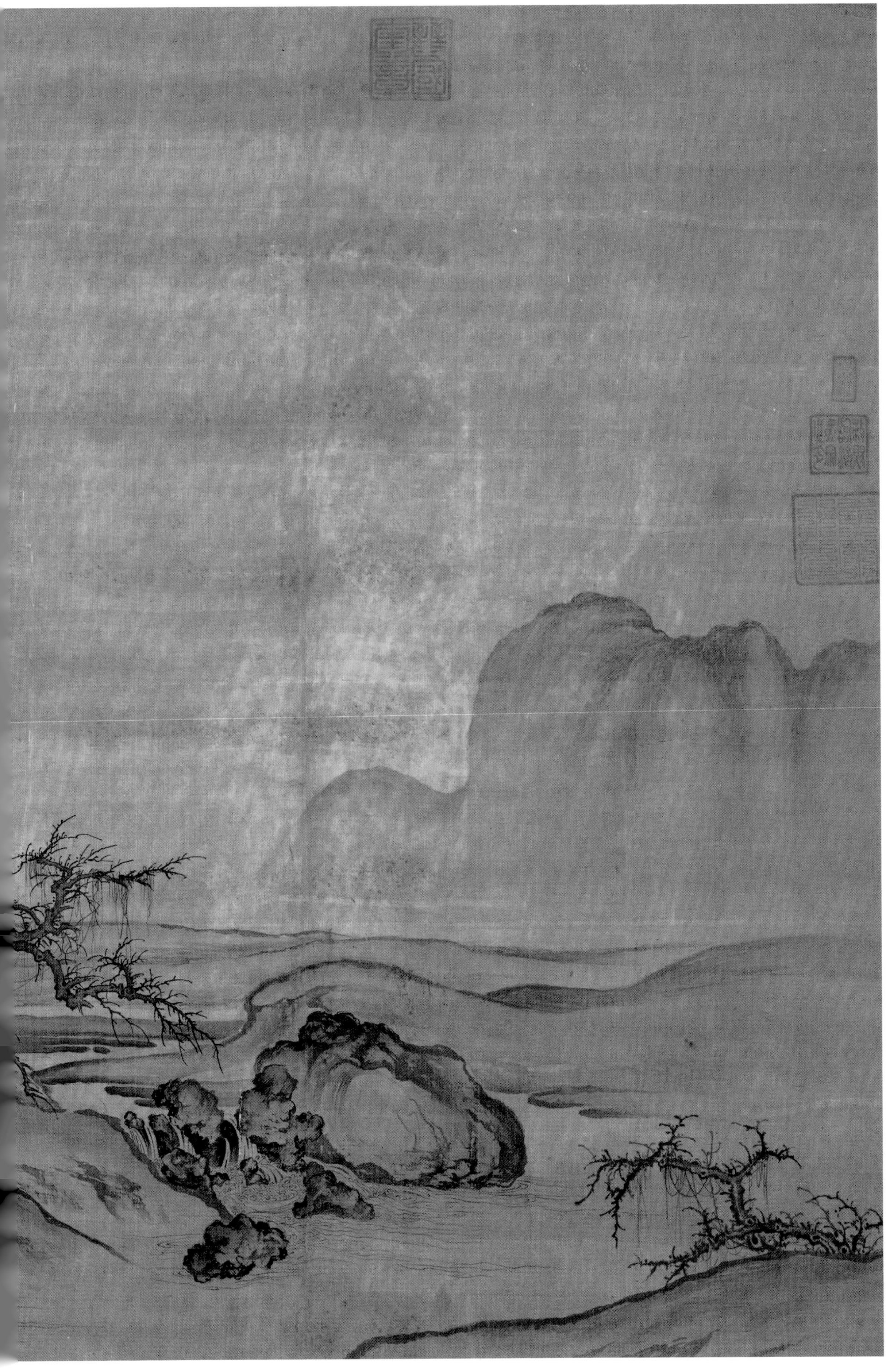

5

王詵　漁村小雪圖卷

北宋
絹本　設色
縱44.4厘米　橫219.7厘米
清宮舊藏

Fishing Village after Snow
By Wang Shen, Song Dynasty
Handscroll, colour on silk
H.44.4cm　L.219.7cm
Qing Court collection

王詵（1037—約1093），字晉卿，山西太原人。活躍於11世紀初，適宋英宗女魏國大長公主，為駙馬督尉，官至定州觀察使。與蘇軾、米芾等人交好，精鑑藏，有“寶繪堂”，收藏極豐。善書畫，畫學唐代李思訓、李成而能別出新體，自成一家。

《漁村小雪圖》畫江村小雪初霽，奇峯幽谷間蒼松如虬龍，坡渚凝寒，長者挾琴訪友；漁人或張網或垂釣，涉水勞作；店家酒旗高挑，水禽翔集於煙波之上。此卷以披麻皴表現峯岫岩巒，以苦綠染天空、溪流，並參用北宋畫家郭熙蟹爪法寫樹，且於樹梢、枯葦上勾金，林杪、船篷處傅粉，生動地再現了天光隱約欲晴，萬物在陰霾中蕭瑟生輝之景。刻畫謹嚴精煉，韻致高華腴潤。

本幅與後隔水騎縫處有清乾隆御題各一則。鈐宋內府藏印“宣和”（朱文）、“政和”（朱文）及清乾隆、嘉慶、宣統內府藏印。

前隔水有宋徽宗題“王詵　漁村小雪”。鈐有雙龍紋（朱文）、“御書”（朱文葫蘆）、“宣和”（朱文聯珠）、“靳伯聲”（朱白文）印。後隔水鈐藏印“政和”（朱文聯珠）及清乾隆諸璽。

尾紙有宋犖、年羹堯、清乾隆、蔣溥、劉統勳、汪由敦、裘日修、劉綸、觀保、彭啟豐、于敏中、董邦達、金德瑛、王際華、錢汝誠等題跋。

曾經《宣和畫譜》、《石渠寶笈初編》、《大觀錄》、《諸家藏畫簿》著錄。

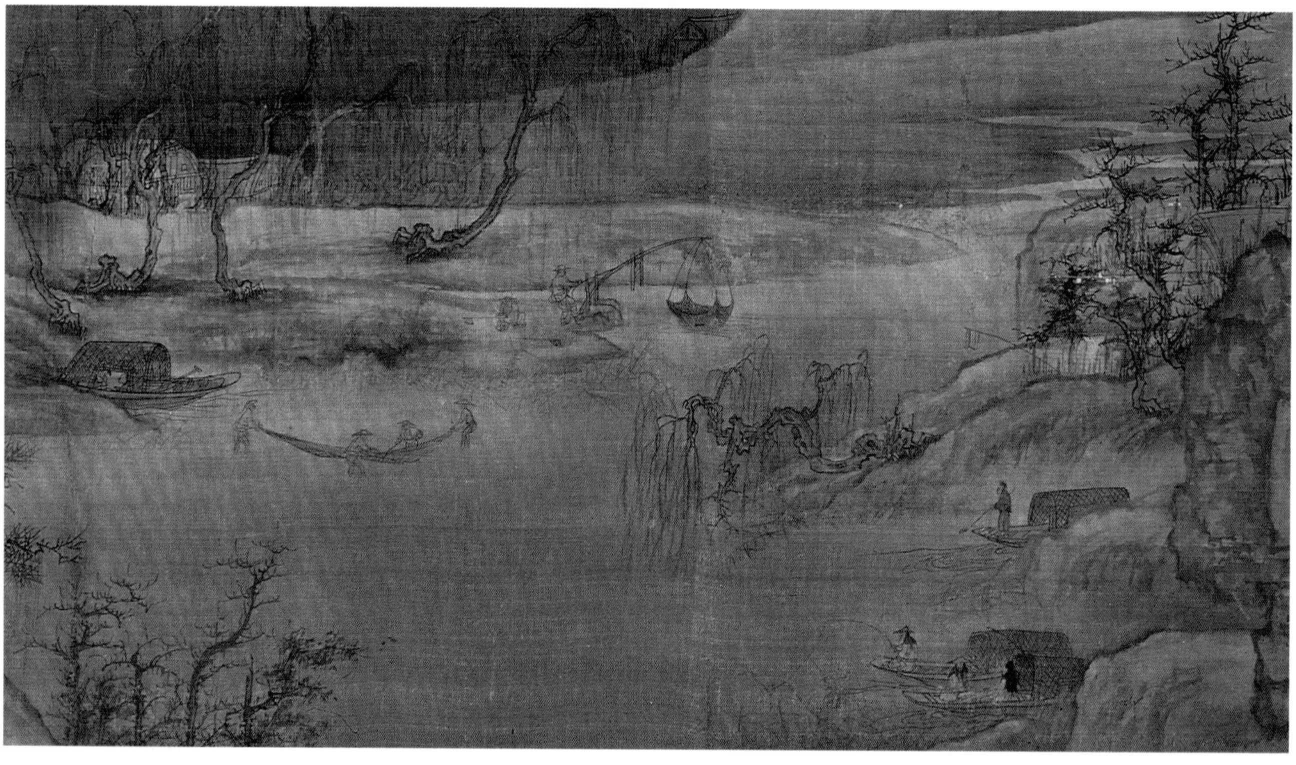

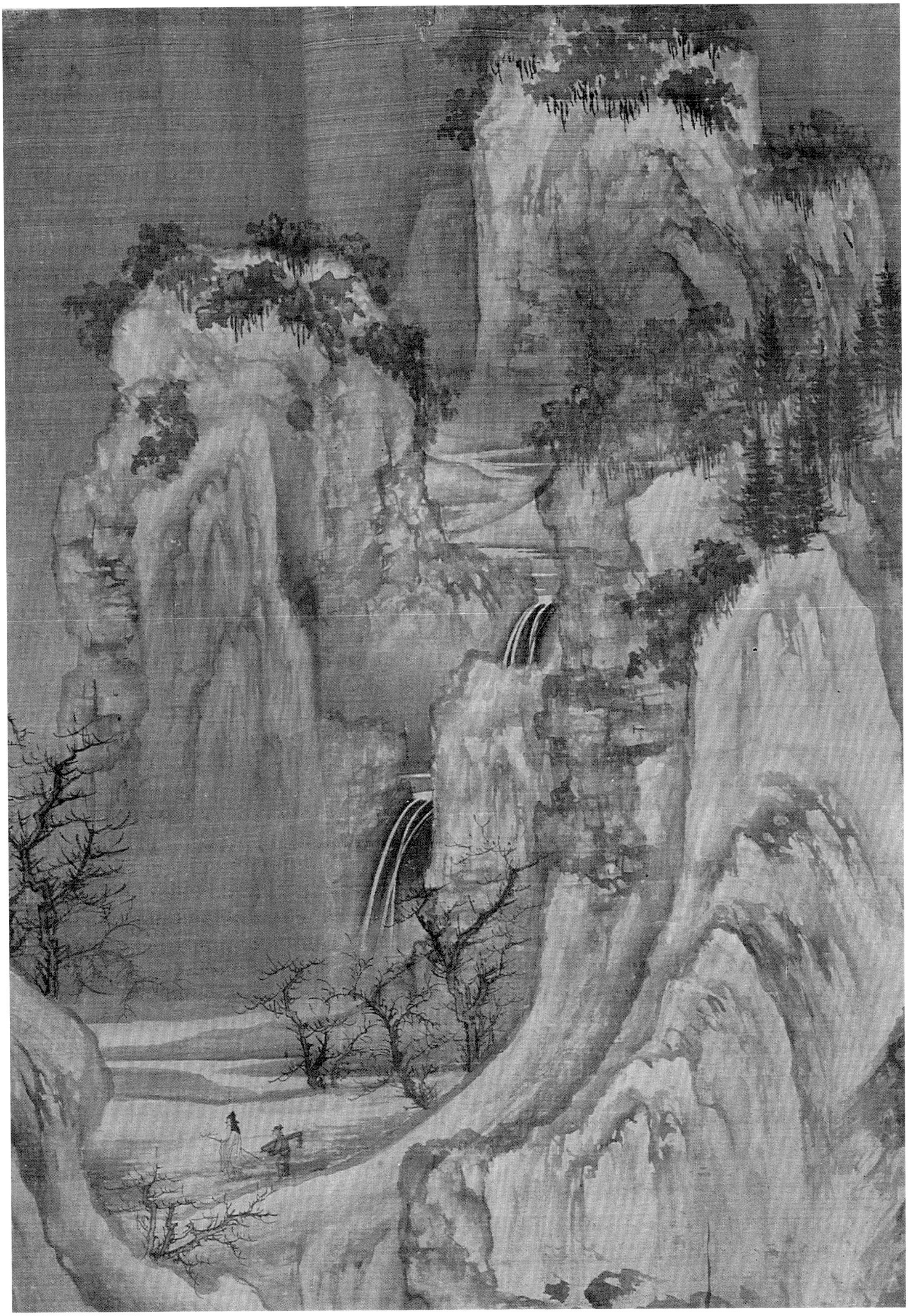

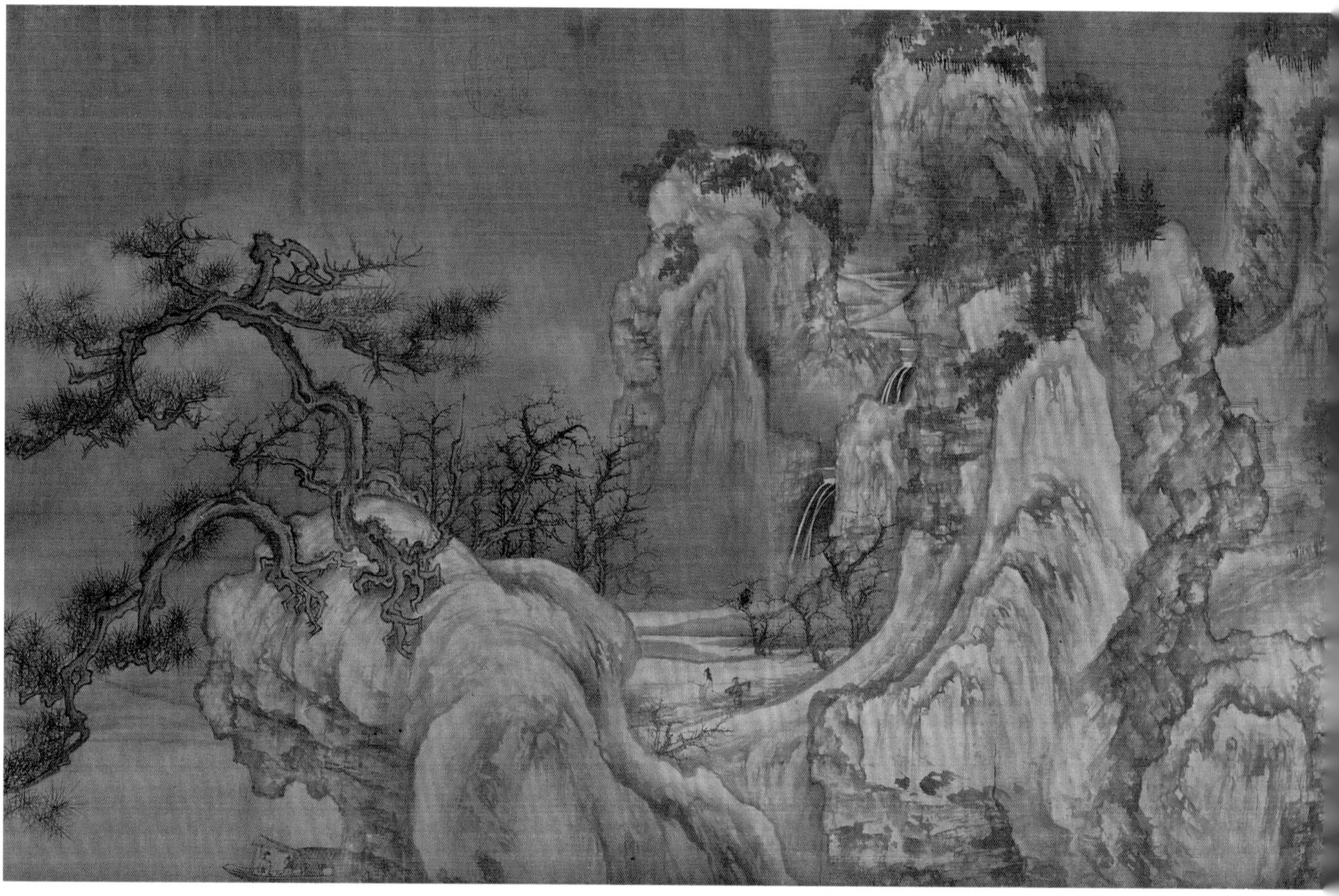

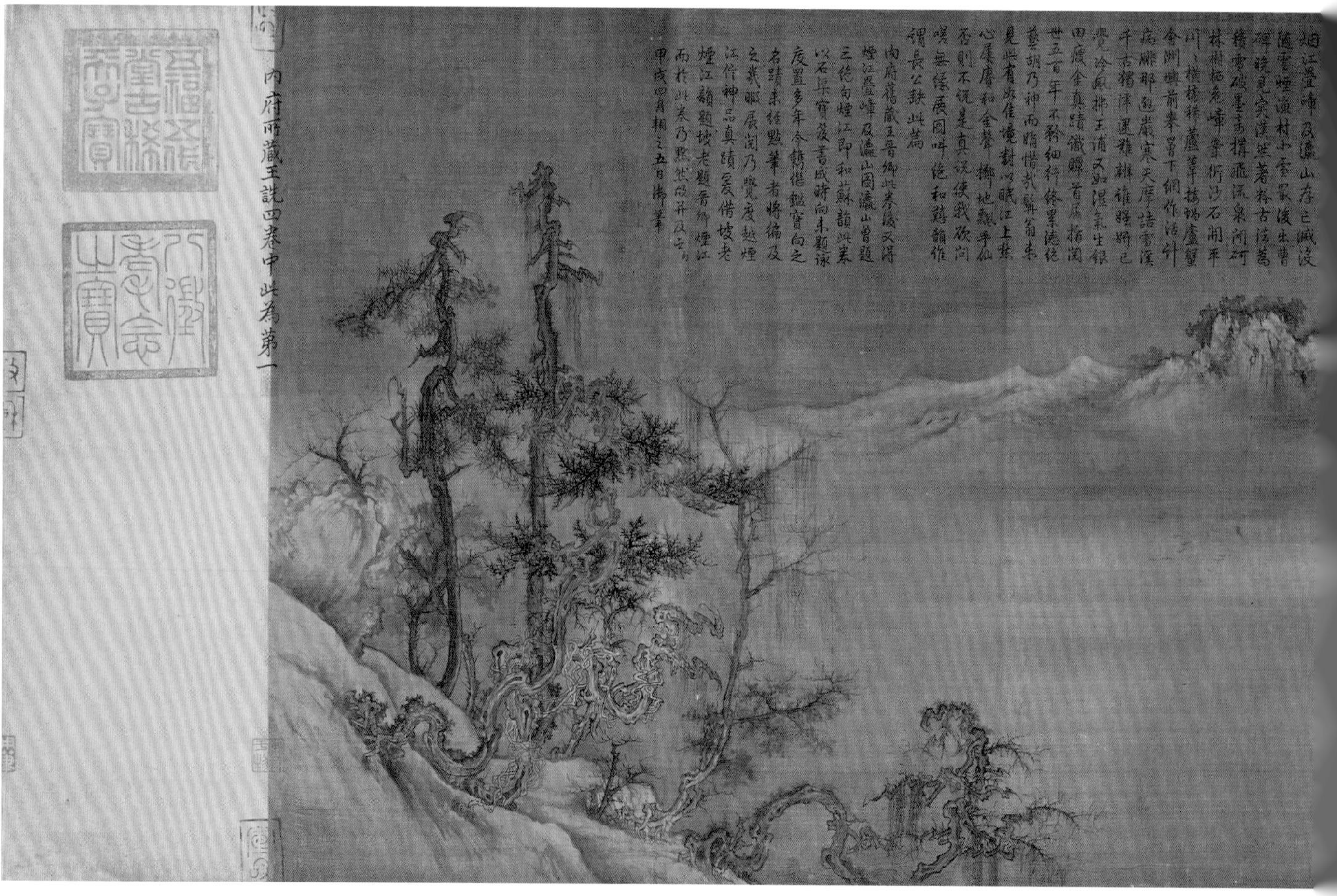
內府所藏王詵四卷中此為第一

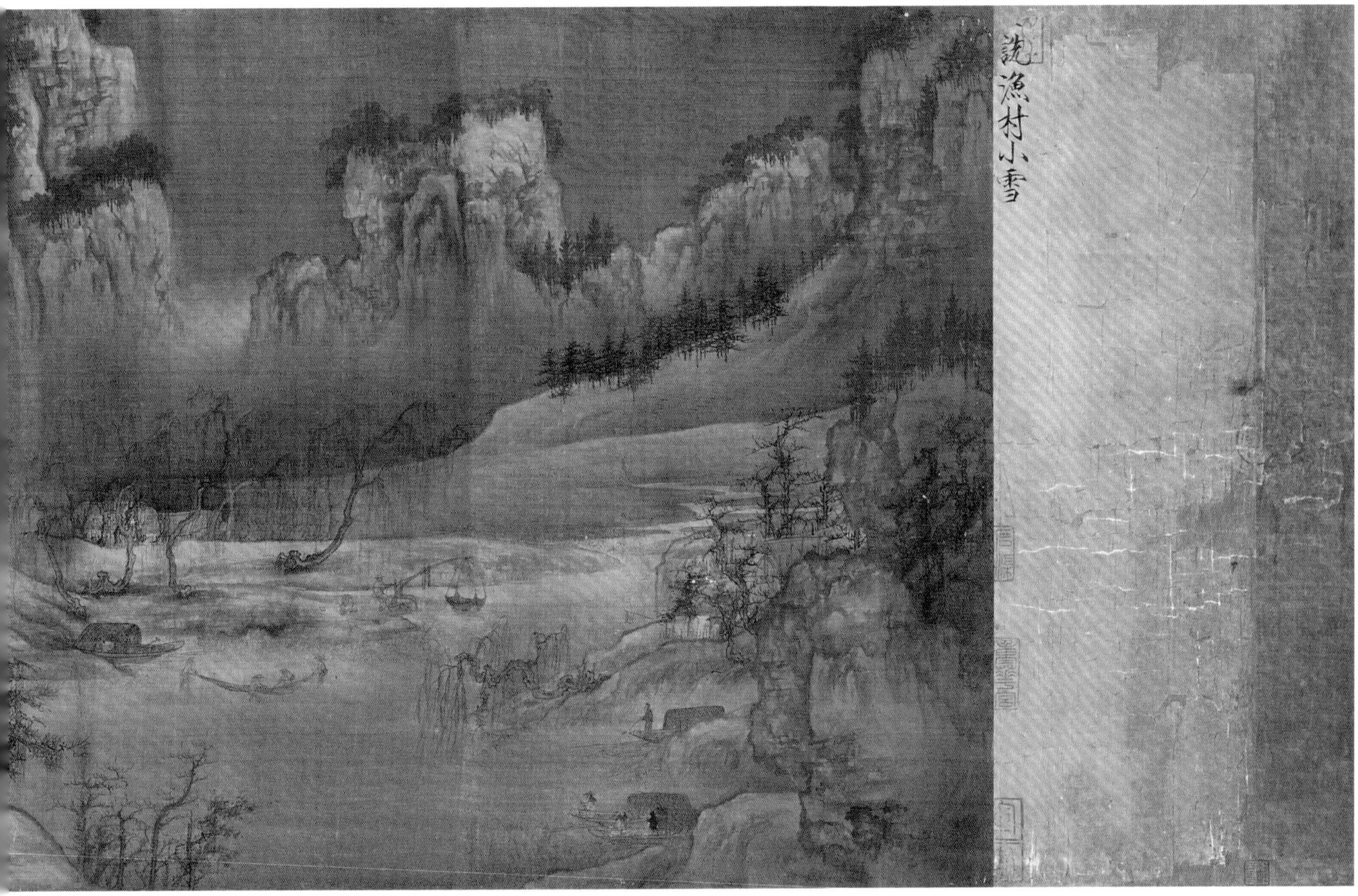
詵漁村小雪

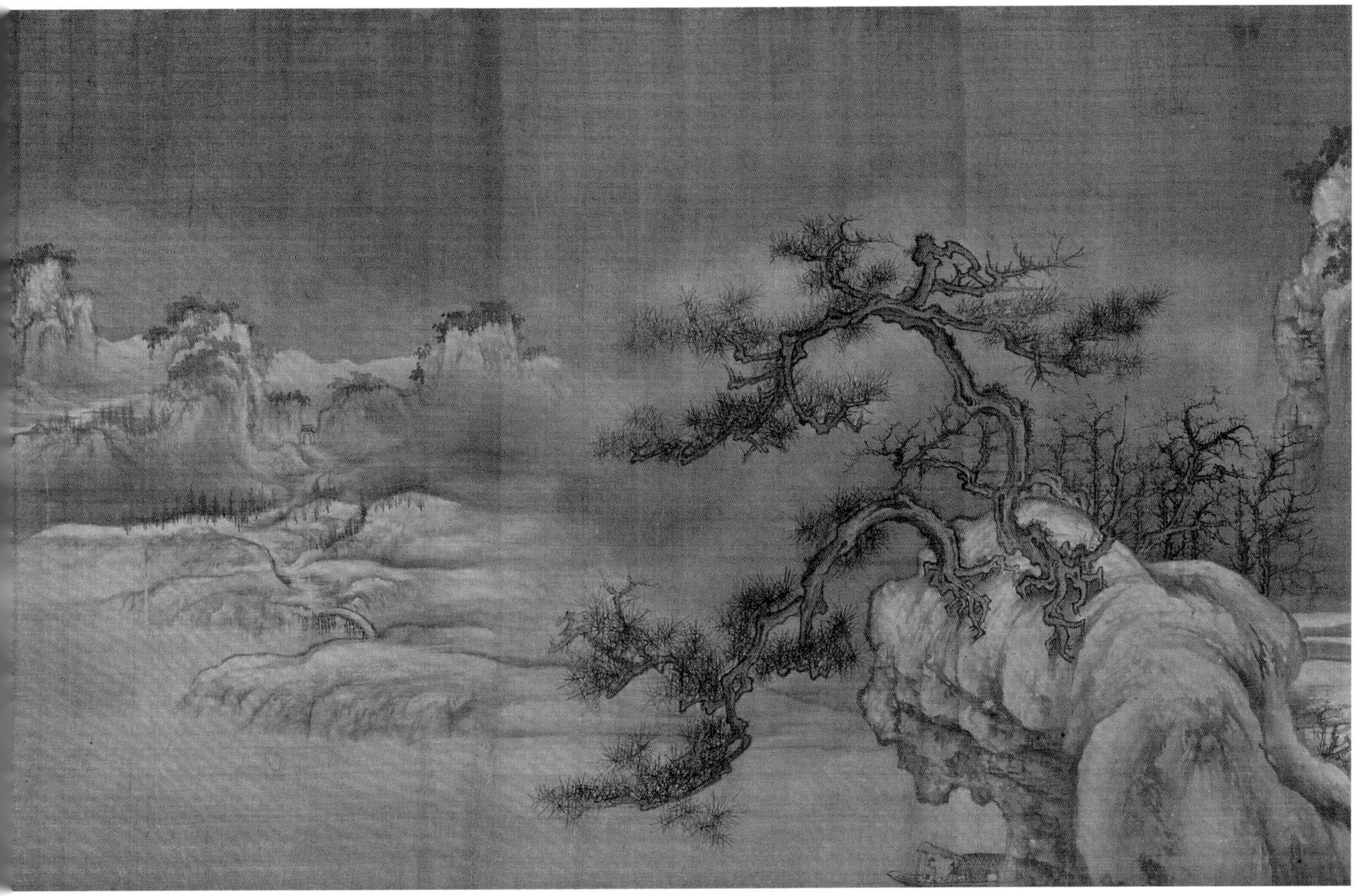

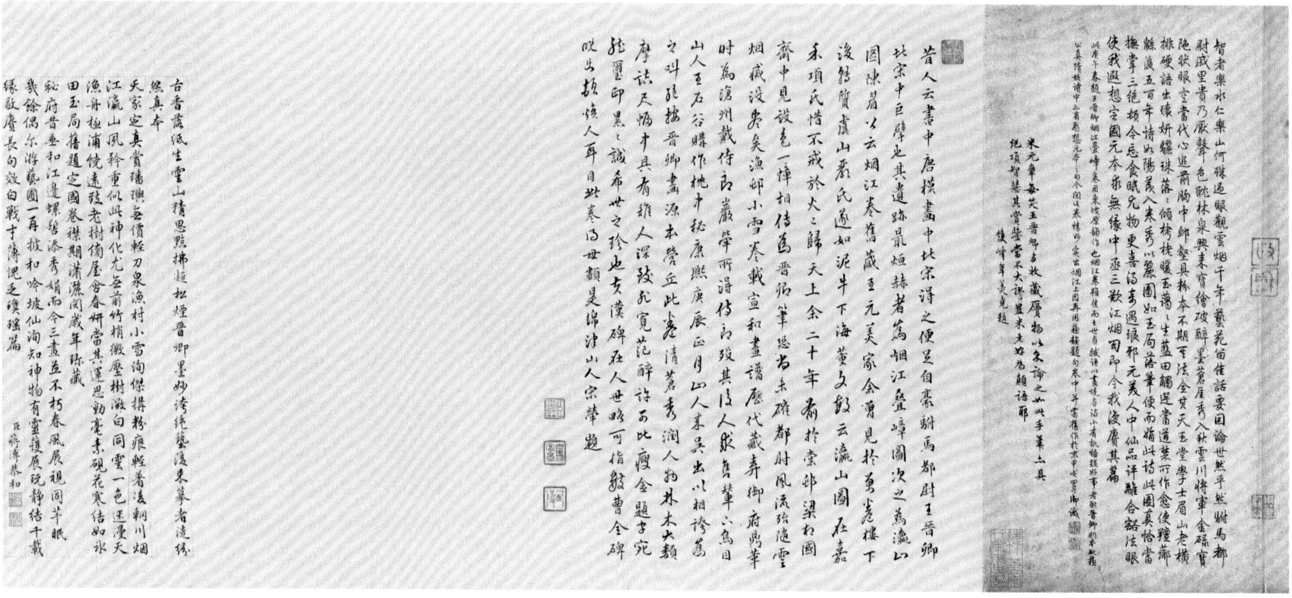

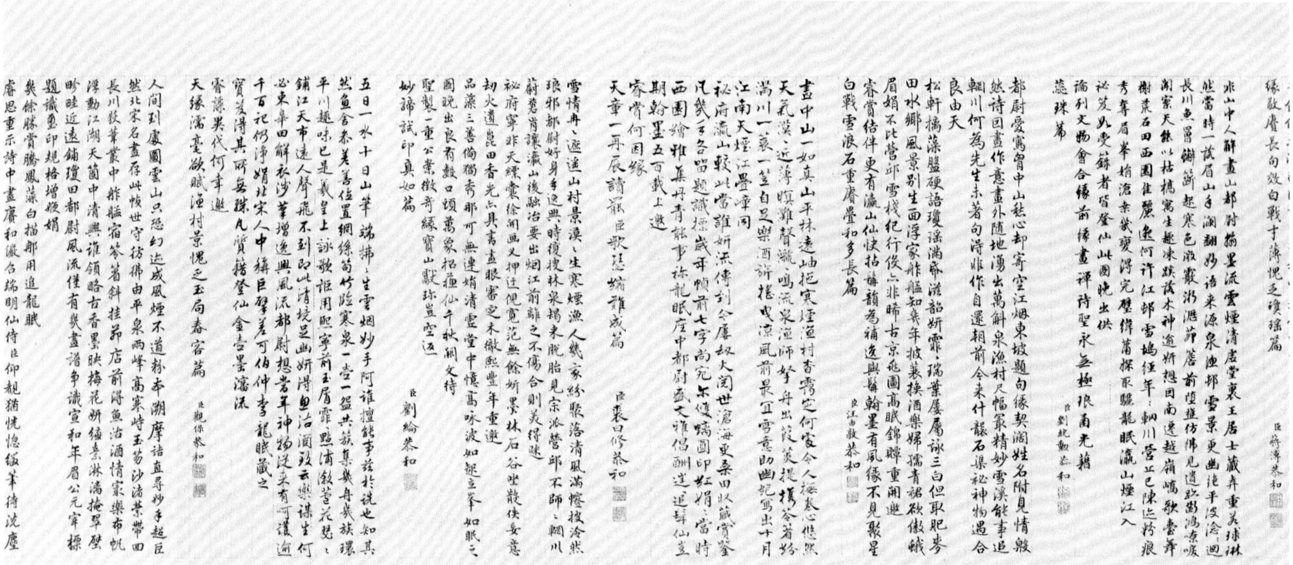

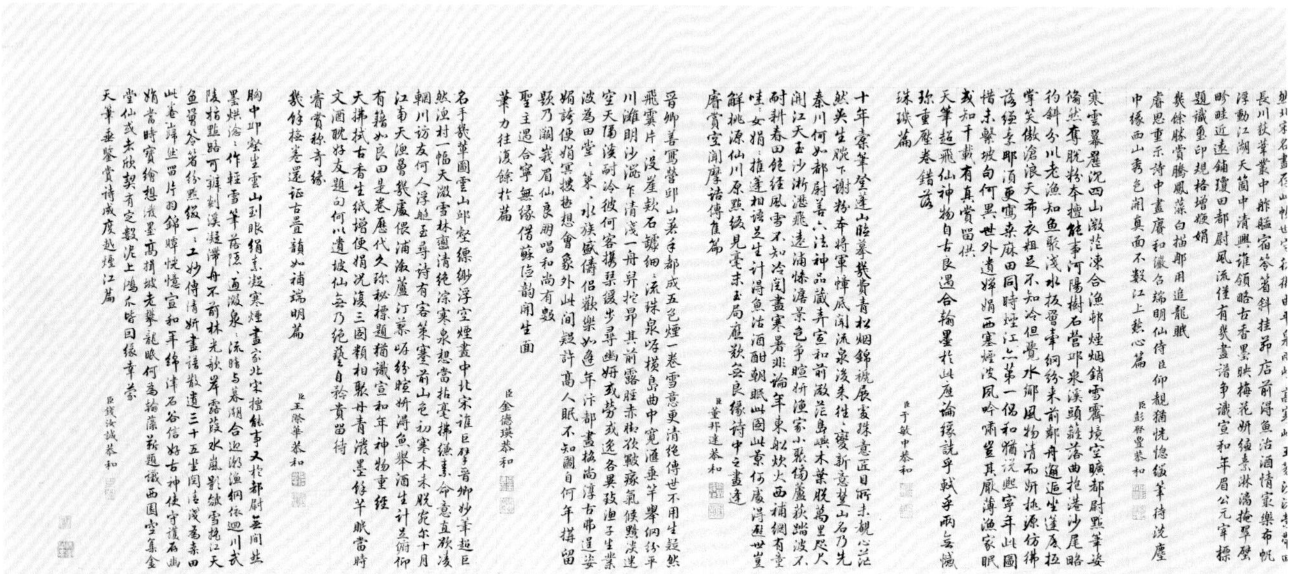

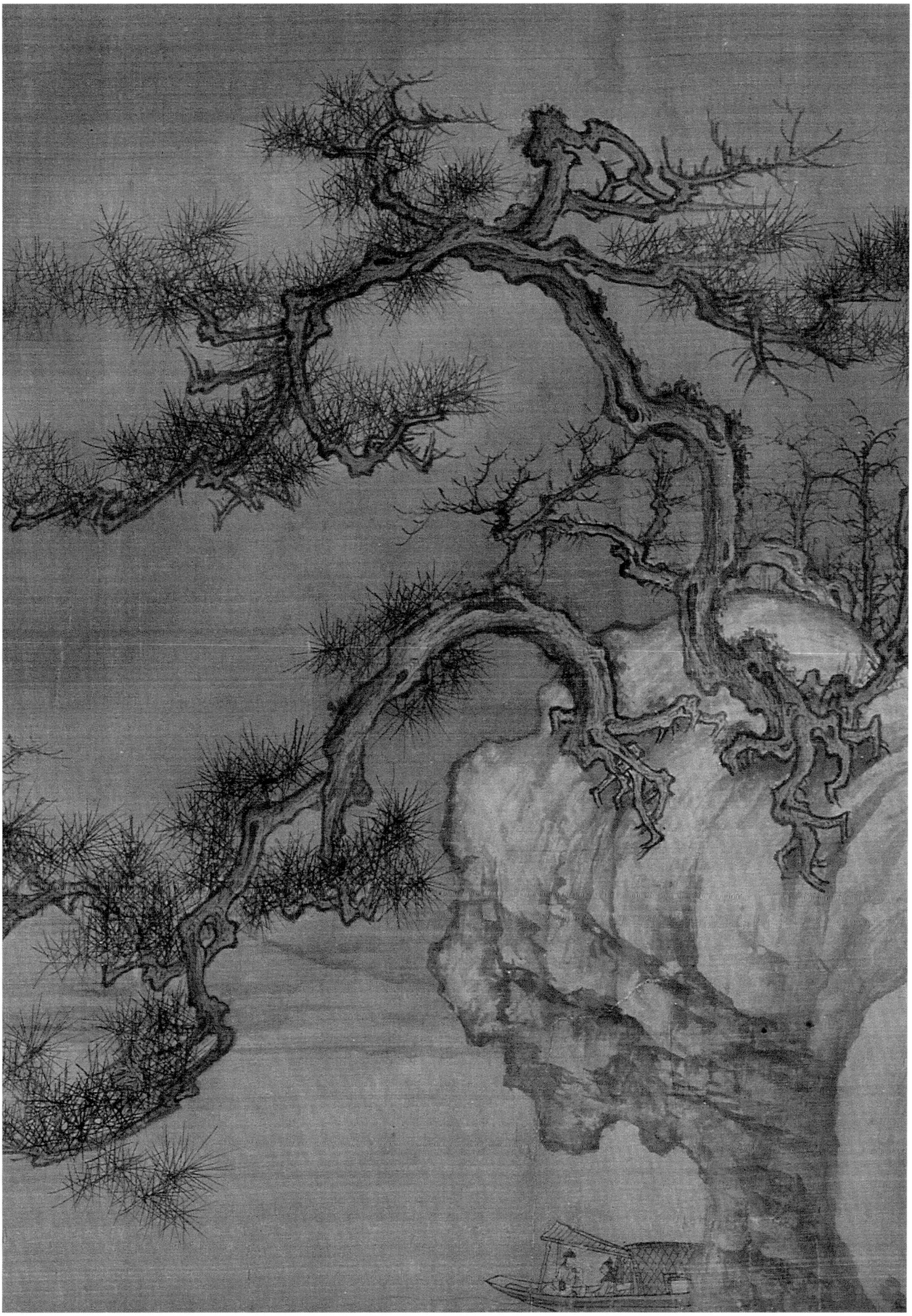

6

趙佶　雪江歸棹圖卷

北宋
絹本　墨筆
縱30.3厘米　橫190.8厘米
清宮舊藏

Boat Returning on a Snowy River
By Zhao Ji, Song Dynasty
Handscroll, ink on silk
H.30.3cm　L.190.8cm
Qing Court collection

趙佶（1082—1135），即宋徽宗，在位二十五年。善書畫，在位期間將畫學正式納入科舉考試，完備了畫院制度，招攬全國各地畫家，使中國繪畫進入最繁榮的時期。他工書，創“瘦金體”，善畫墨筆竹石花鳥，格調清雅。

《雪江歸棹圖》畫雪後山川，平遠空闊，奇峯聳立，寒林掩映古剎山村，深谷棧道盤桓，天地間一片寒碧。岸邊縴夫踏雪拉縴，客船逆水而行，江中漁舟歸棹。此卷以細筆勾皴，構圖深遠與高遠結合，用筆尖勁有力，應是畫院高手代筆之作。

本幅題“雪江歸棹圖”，鈐雙龍紋（朱文）印。押宋徽宗“宣和殿製”及“天下一人”。有清乾隆御題詩一首。鈐“御書”（朱文）、“大觀”（朱文）印。鈐張鏐、張應甲、梁清標鑑藏印及清乾隆、嘉慶、宣統內府藏印。

引首有清乾隆御題：“積素超神”，鈐“乾隆御筆”（朱文）等印五方。前隔水有“養字陸號”半字一行。尾紙有蔡京題跋（釋文見附錄），另有王世貞、王世懋、董其昌、朱煜等人題跋。

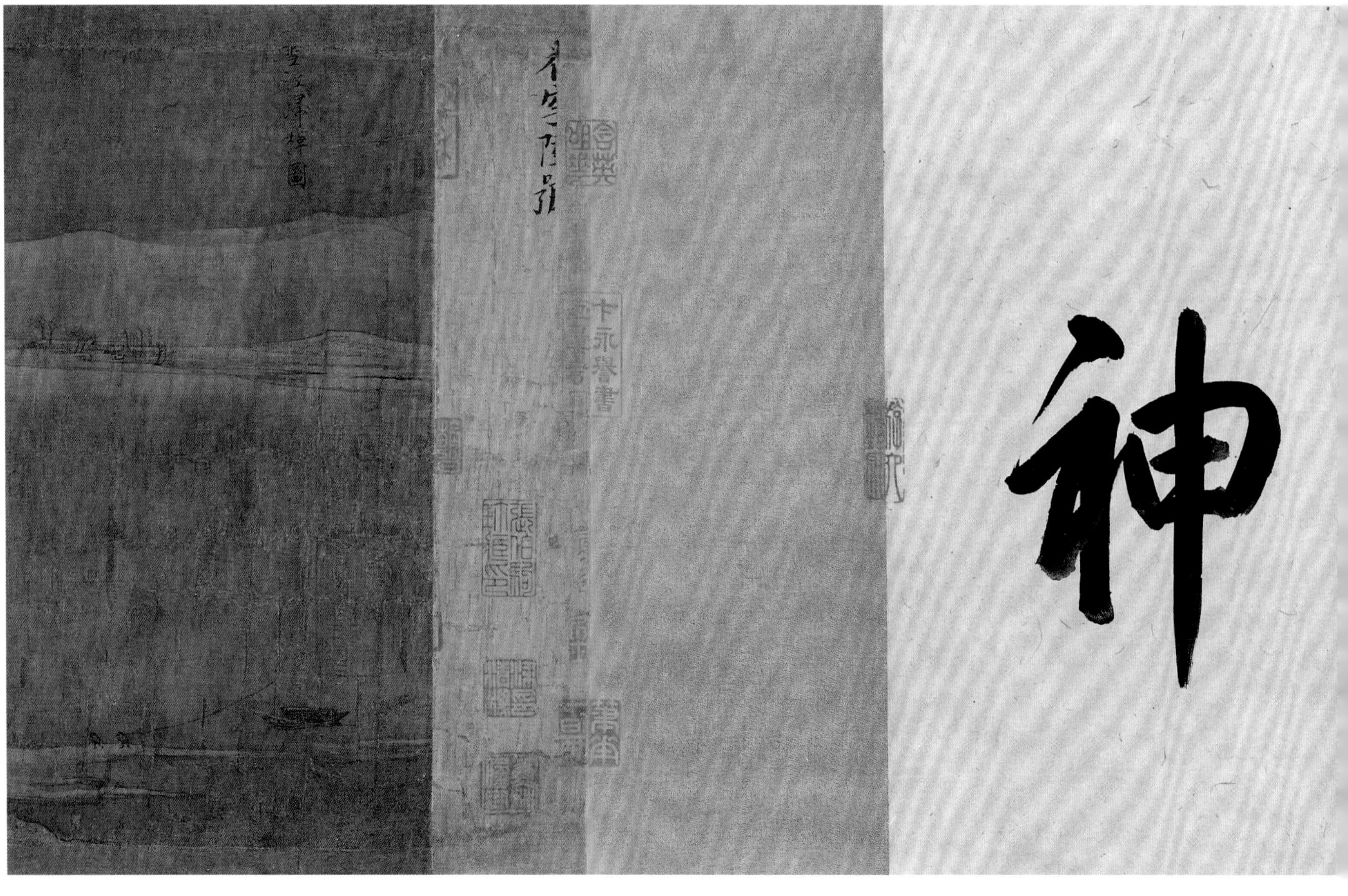

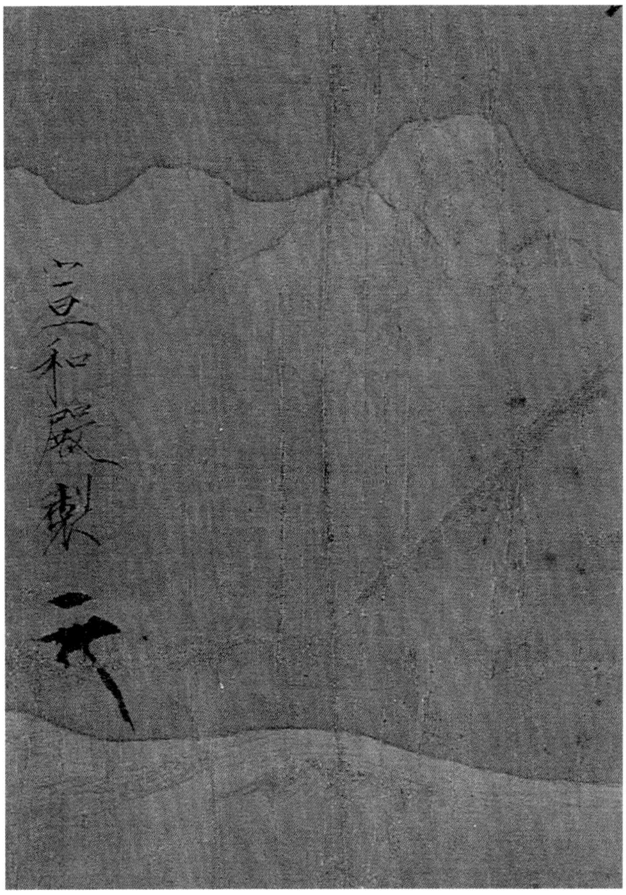

曾經《弇州山人續稿》、《清河書畫舫》、《清河書畫表》、《式古堂書畫彙考》、《大觀錄》、《石渠寶笈續編》、《石渠隨筆》等著錄。

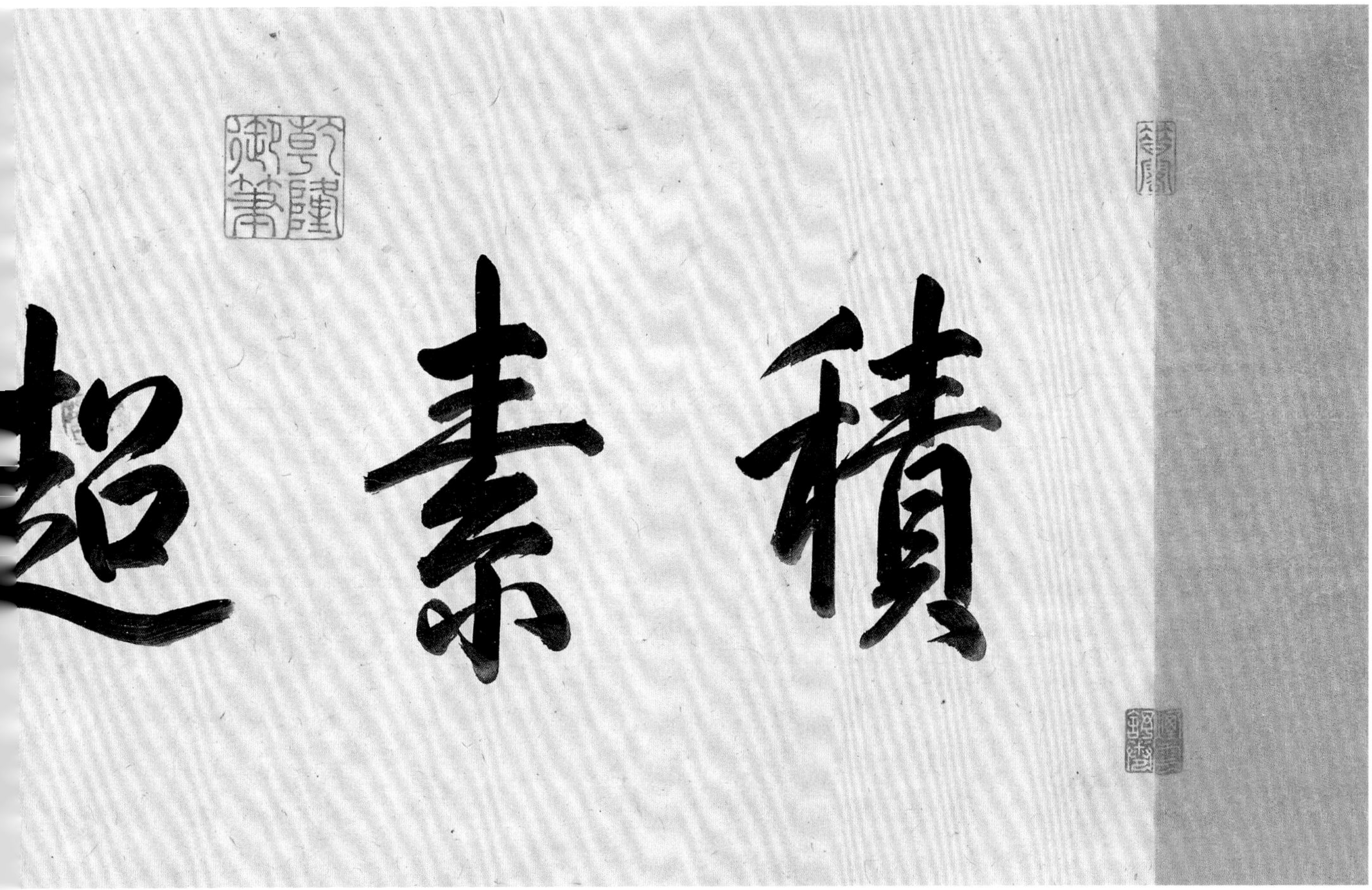

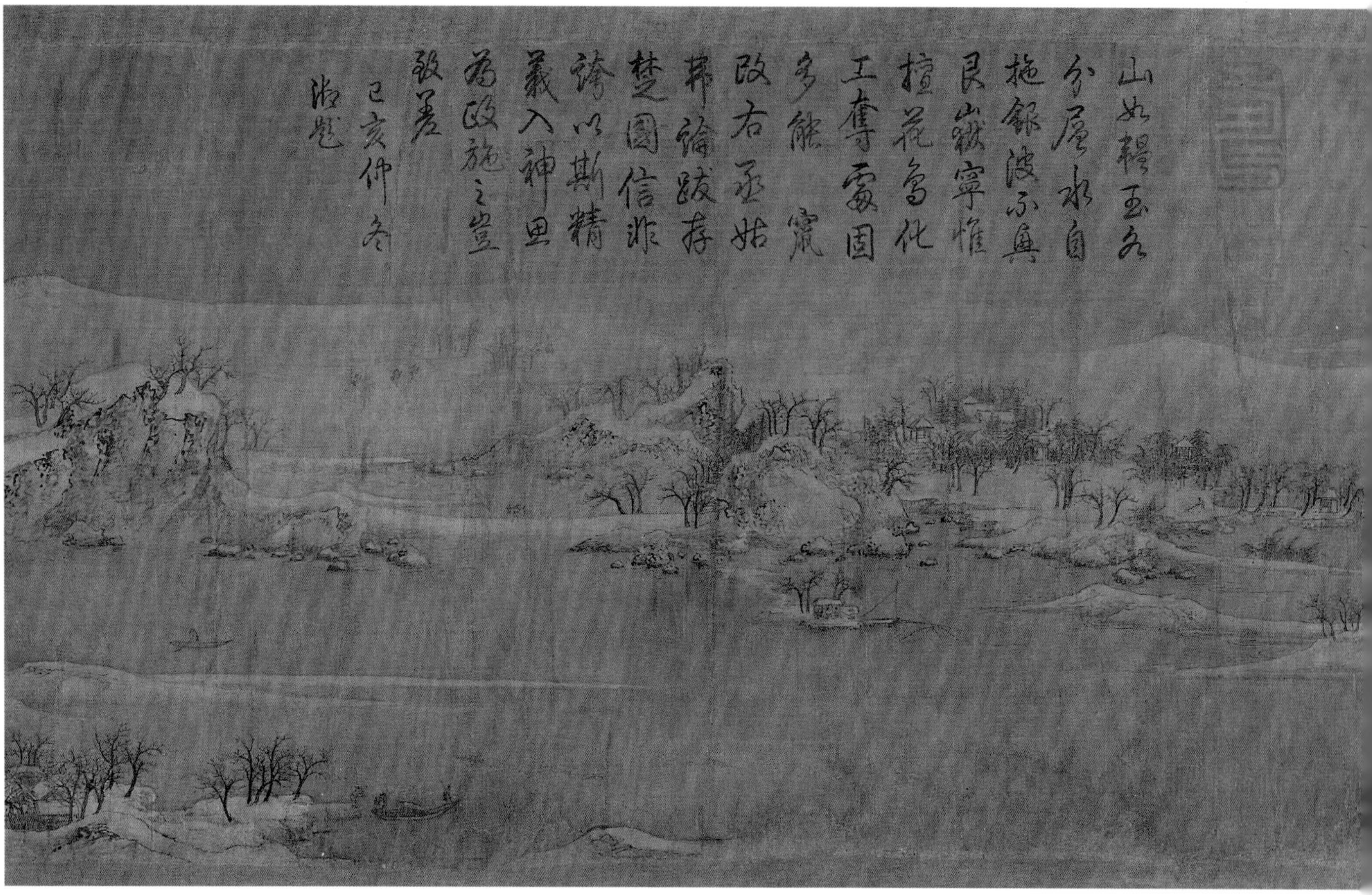

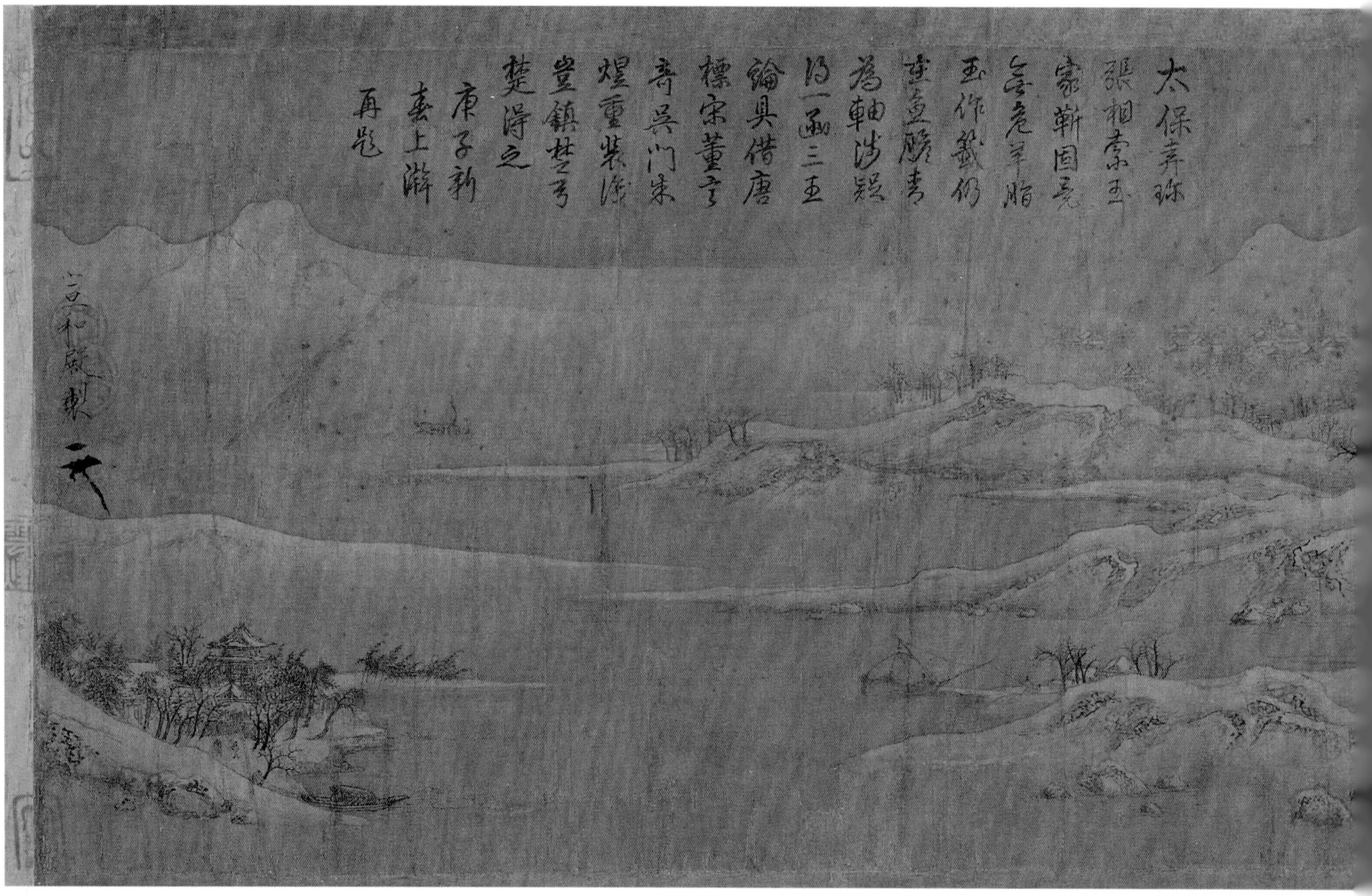

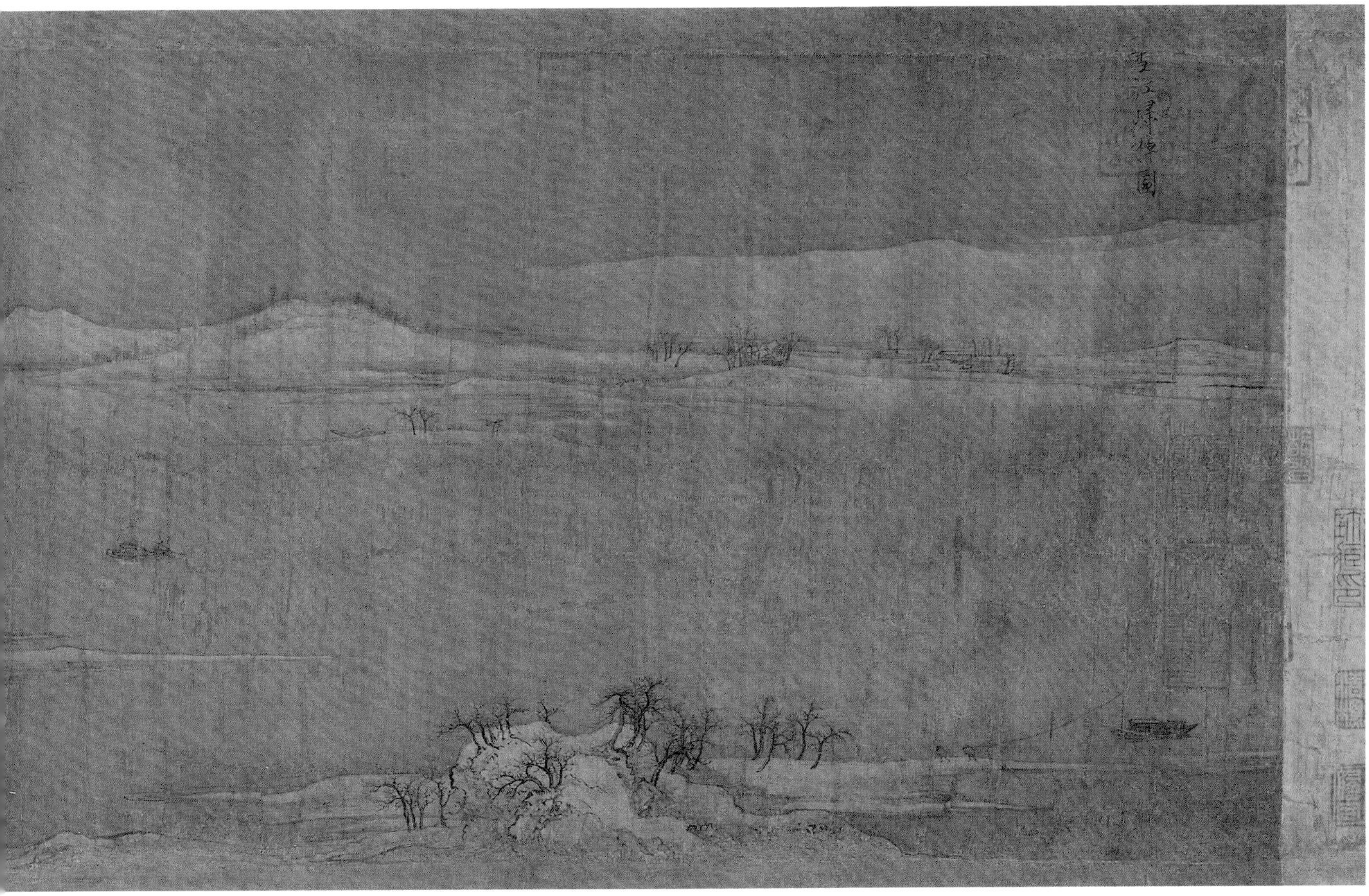
雪江歸棹圖

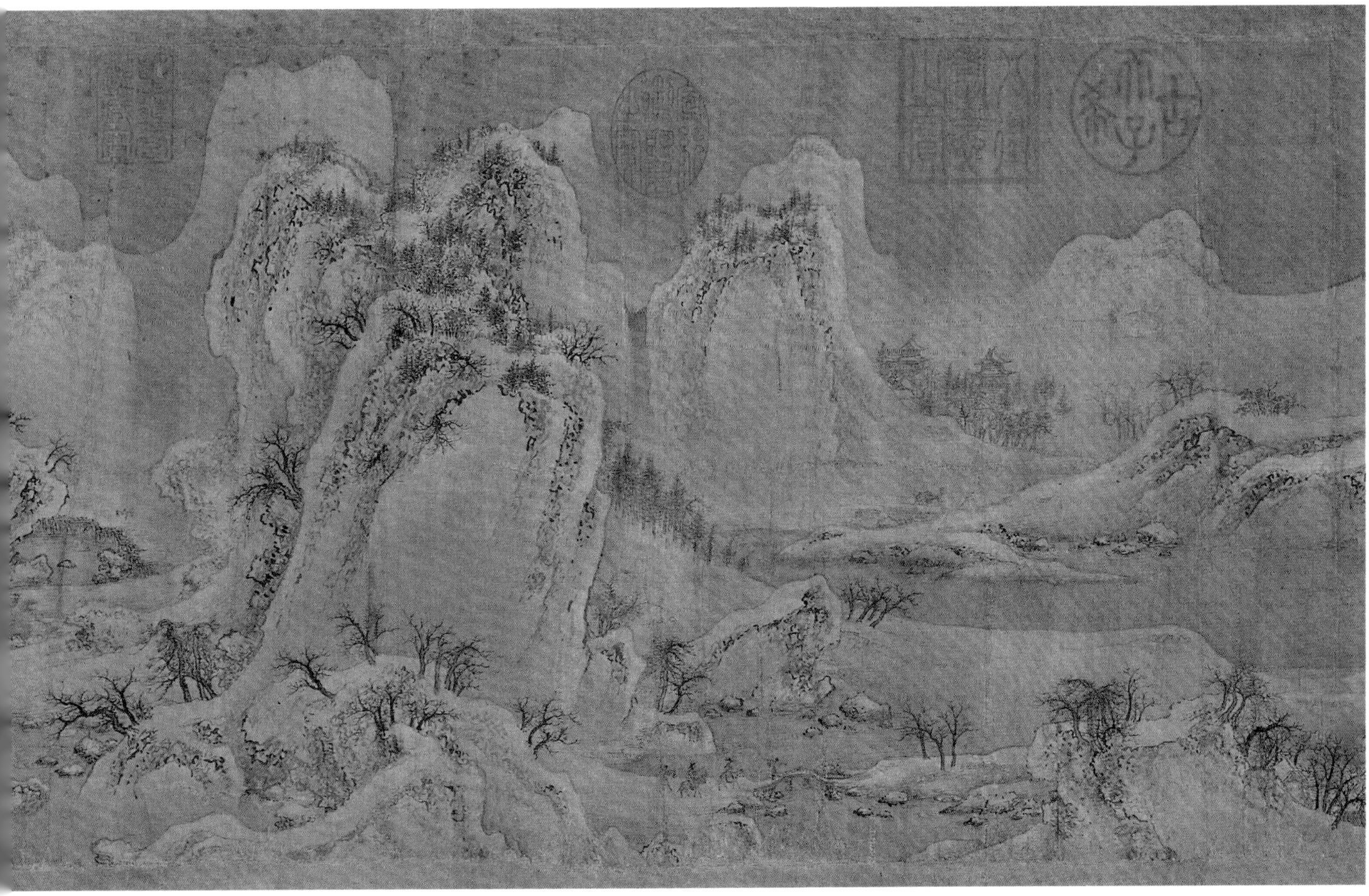

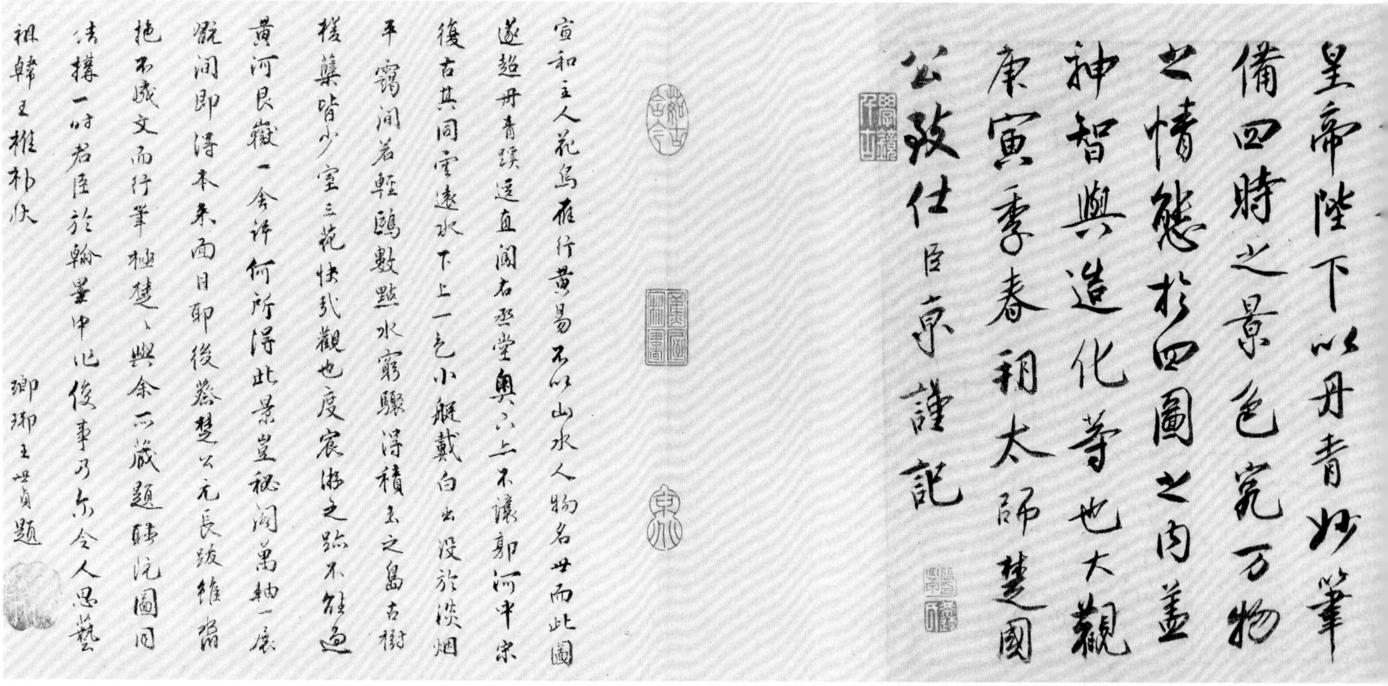

皇帝陛下以丹青妙筆
備四時之景色究万物
之情態於四圖之內蓋
神智與造化等也大觀
庚寅季春朔太師楚國
公致仕臣京謹記

宣和主人花鳥雀竹畫易不以山水人物名世而此圖
遂超丹青蹊逕直闖右丞堂奧六上不讓郭河中宋
復古其同雲遠水下上一色小艇載白出沒於淡烟
平靄間若輕鷗數點水窮驟得積玉之島古樹
樸簇皆少室三花快哉觀也度宸游之跡不能過
黃河艮嶽一舍許何所得此景豈秘閣萬軸一展
覽間即得本來面目耶後蔡楚公元長跋維詣
拙不識文而行筆極楚楚與余所藏題臨洗圖同
法構一時君臣於翰墨中比後事可言令人思藝
祖韓王椎朴伏

瑯琊王世貞題

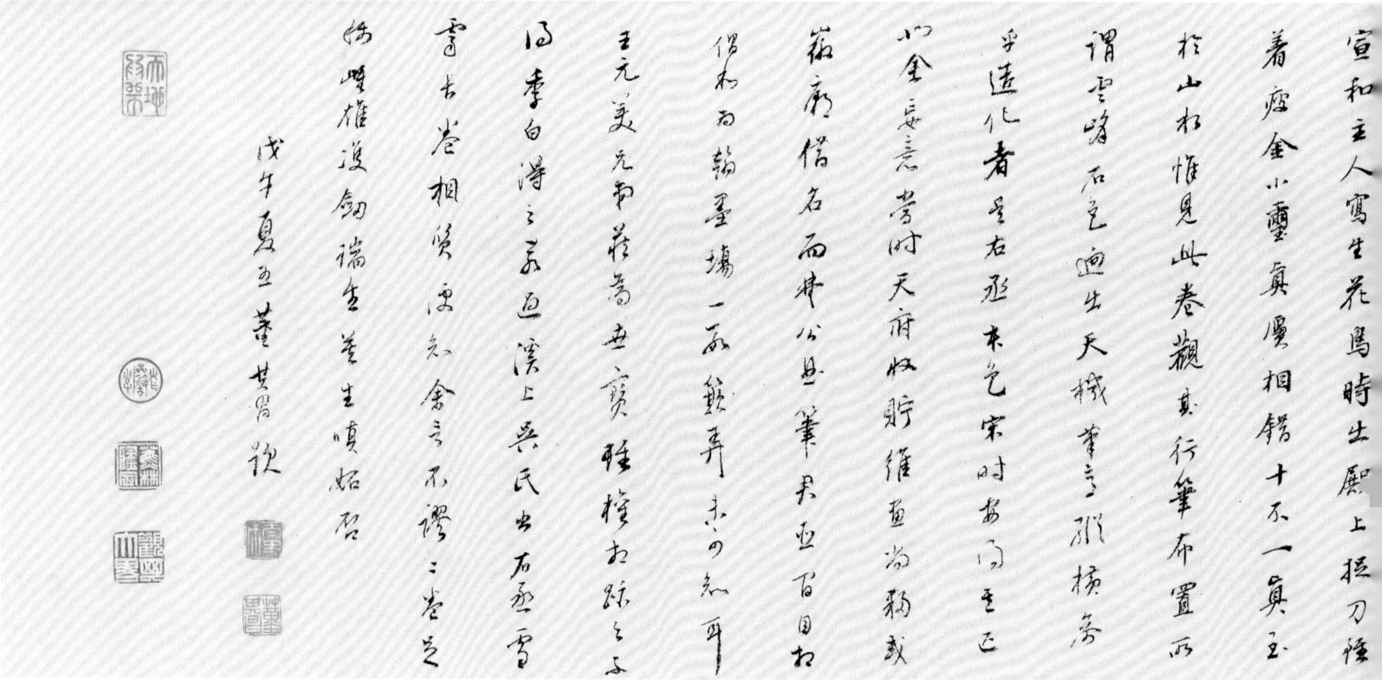

宣和主人寫生花鳥時出殿上捉刀禦
着瘦金小璽真贗相錯十不一真至
於山水惟見此卷觀其行筆布置所
謂雲峰石色迥出天機筆意縱橫參
乎造化者是右丞本色宋時安得有王右
丞全卷意當時天府收貯維畫尚夥或
蔡京借名而非公畫筆果亞有自於
偶爾而翰墨場一段鼓弄未可知耳
王元美兄弟藏為世寶雖檢於跡之不
同季白得之吳江溪上吳氏出右丞雪
霽卷相質便知余言不謬之卷是
帖壁雄復劍瑞生董生嘖嘖啟

戊午夏五董其昌跋

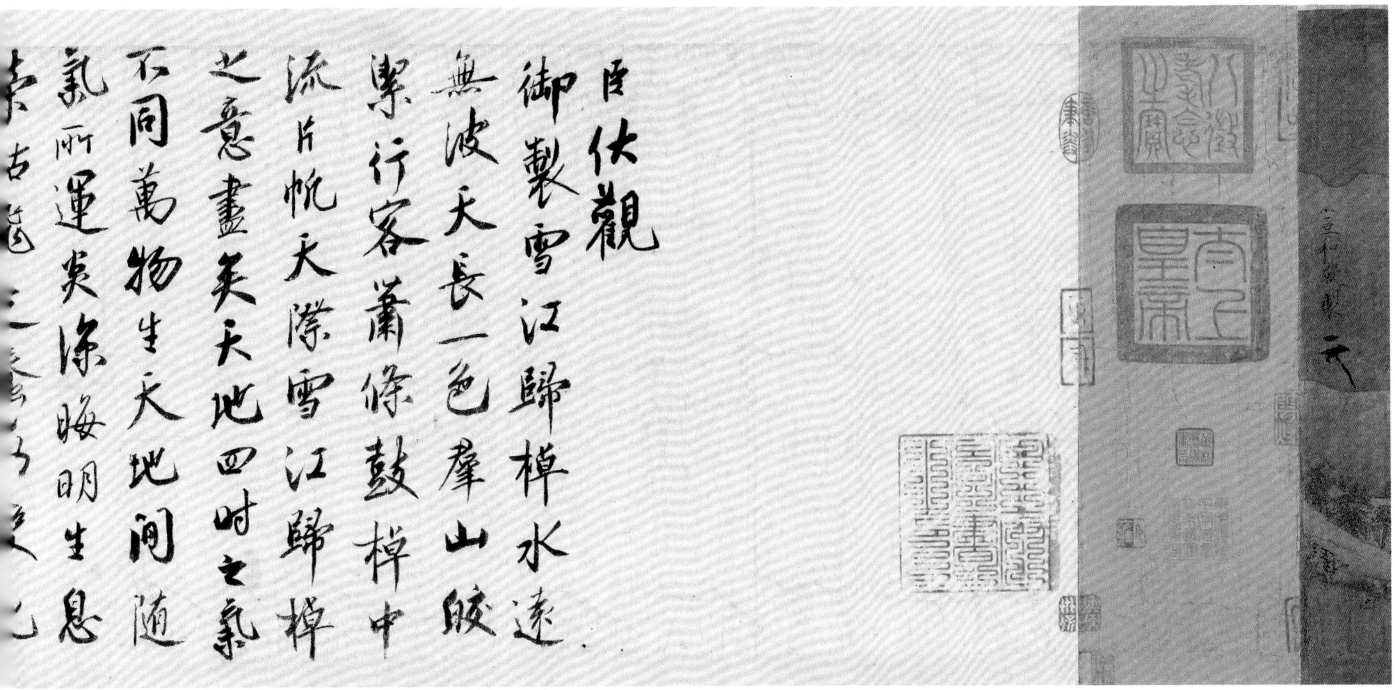
臣伏觀
御製雪江歸棹水遠
無波天長一色群山皎
潔行客蕭條鼓棹中
流片帆天際雪江歸棹
之意盡矣天地四时之氣
不同萬物生天地間隨
氣所運炎涼晦明生息

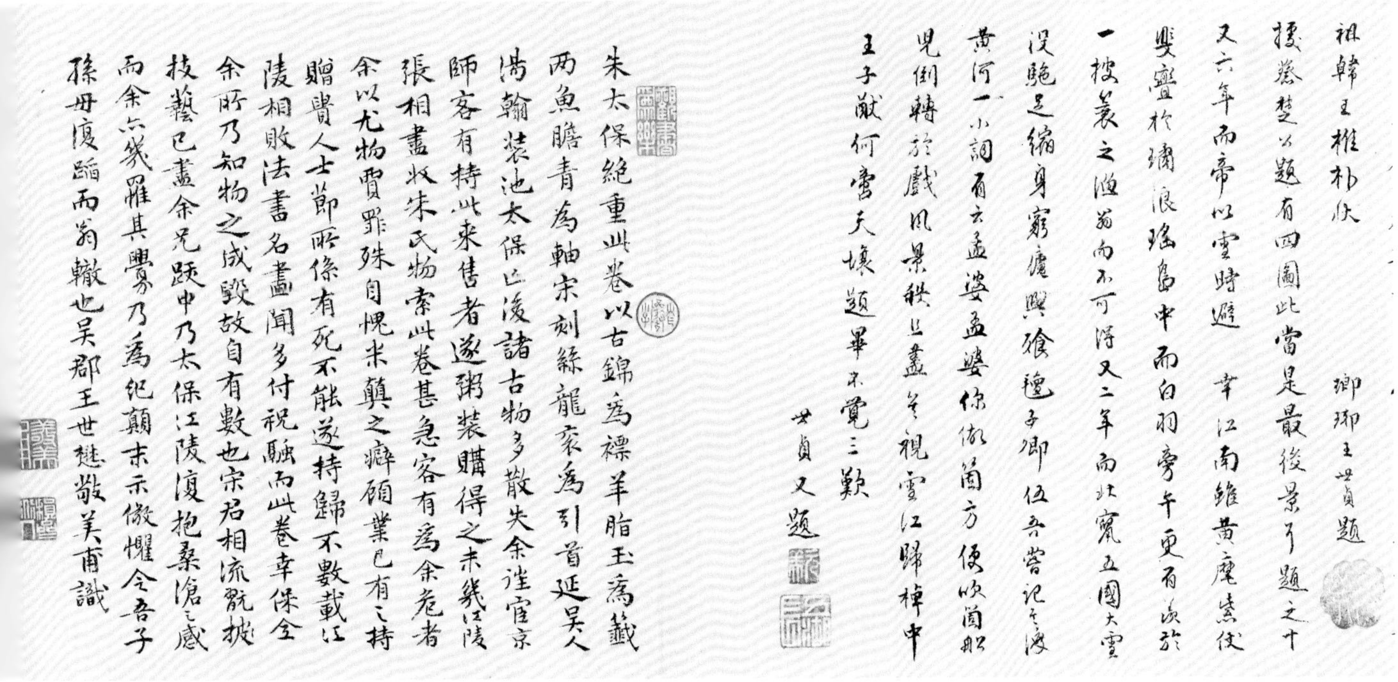
瑯琊王世貞題
祖韓王稚朴伏
揆慈楚以題有四圖此當是最後景耳題之十
又六年而帝以雪時避 幸江南雖黃麾紫仗
裝盤於瑞浪瑤島中而白羽旁午更有泣於
一披蓑之漁翁而不可得又二年而北竄五國大雪
沒靴足縮身窮廬與傖獰子御伍吾嘗記之渡
黃河一小詞有云孟婆孟婆你做個方便吹個船
兒倒轉於戲風景殺盡矣視雪江歸棹中
王子猷何嘗天壤題畢不覺三歎
世貞又題
朱太保絕重此卷以古錦為褾羊脂玉為籤
兩魚膽青為軸宋刻絲龍袞為引首延吳人
湯翰裝池太保亡後諸古物多散失余往宦京
師客有持此來售者遂粥裝購得之未幾江陵
張相盡收朱氏物索此卷甚急客有為余危者
余以尤物賈罪殊自愧米顛之癖頗業已有之持
贈貴人士節所係有死不能遂持歸不數載江
陵相敗法書名畫聞多付祝融而此卷幸保全
余所乃知物之成毀故自有數也宋君相流玩技
藝已盡余兄跋中乃太保江陵復抱桑滄之感
而余亦幾罹其釁乃為紀顛末示儆懼令吾子
孫毋復蹈而翁轍也吳郡王世懋敬美甫識

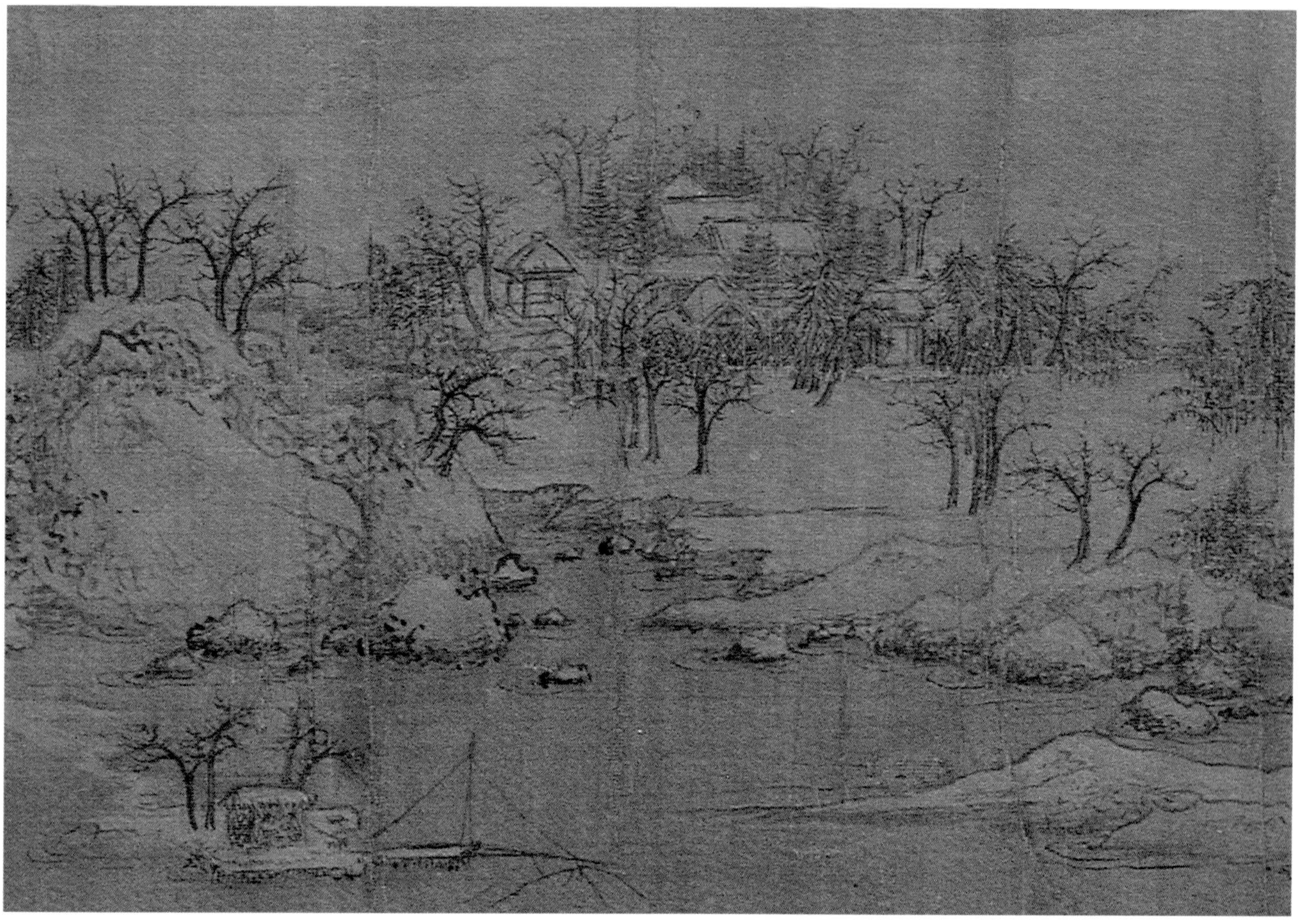

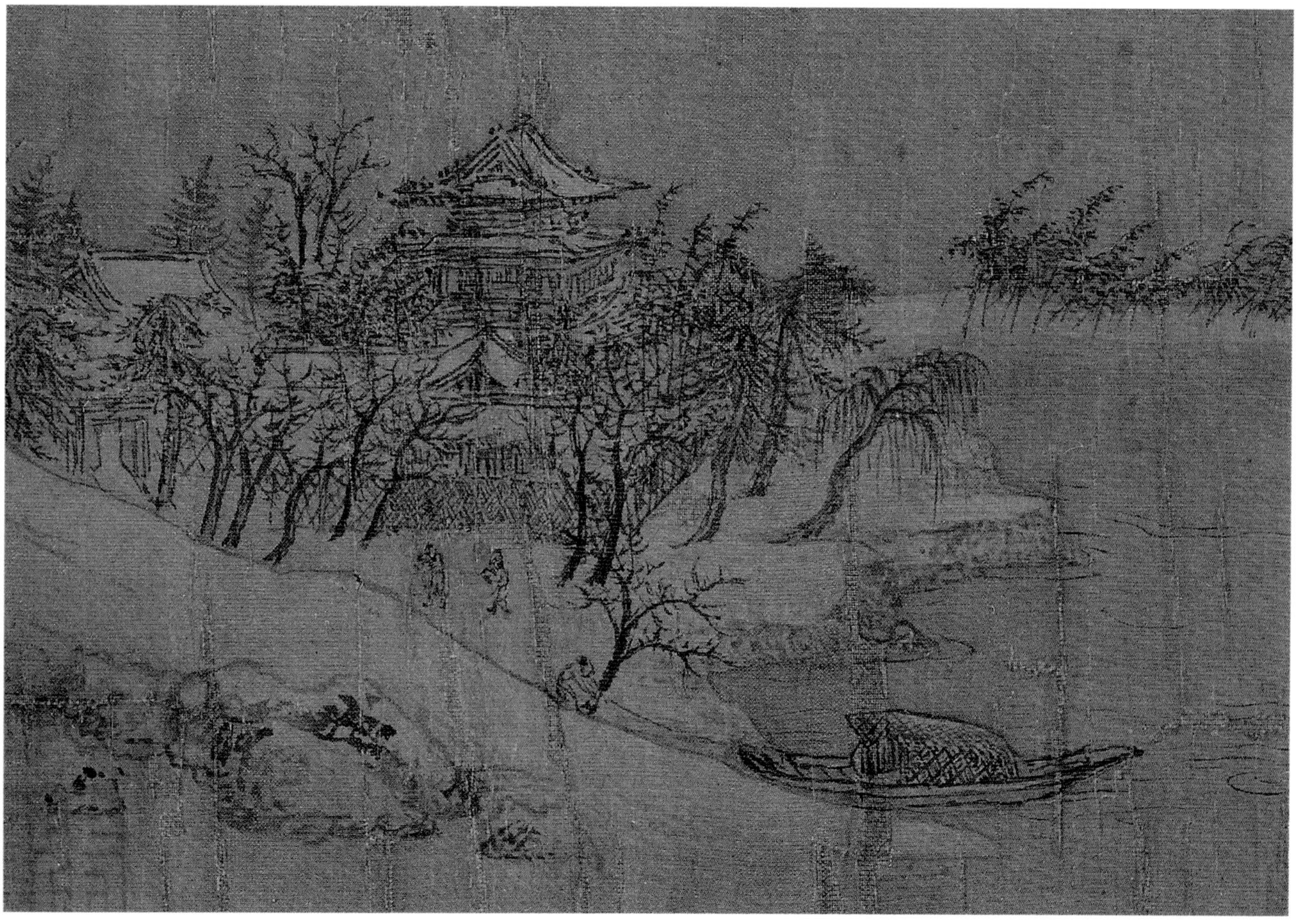

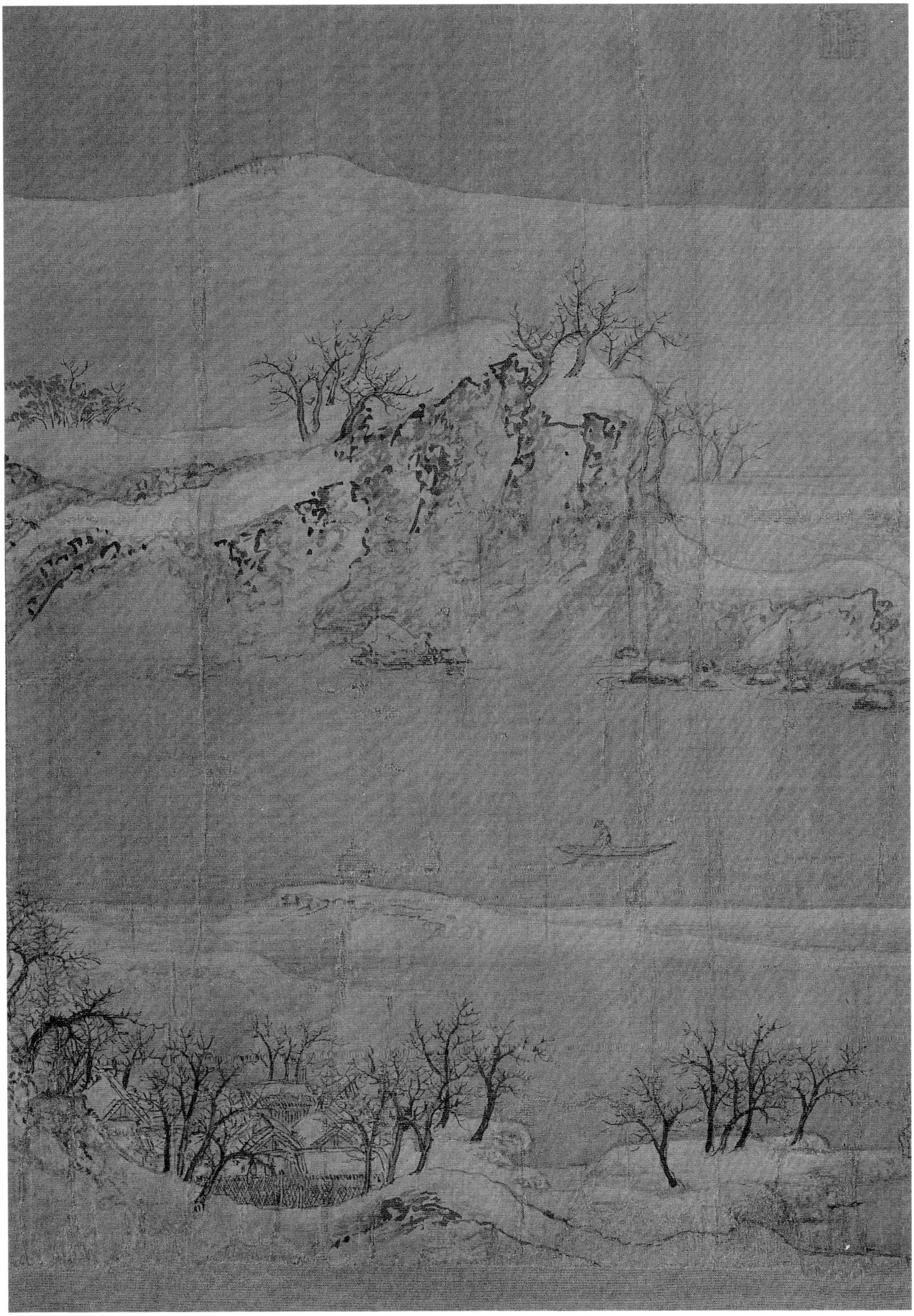

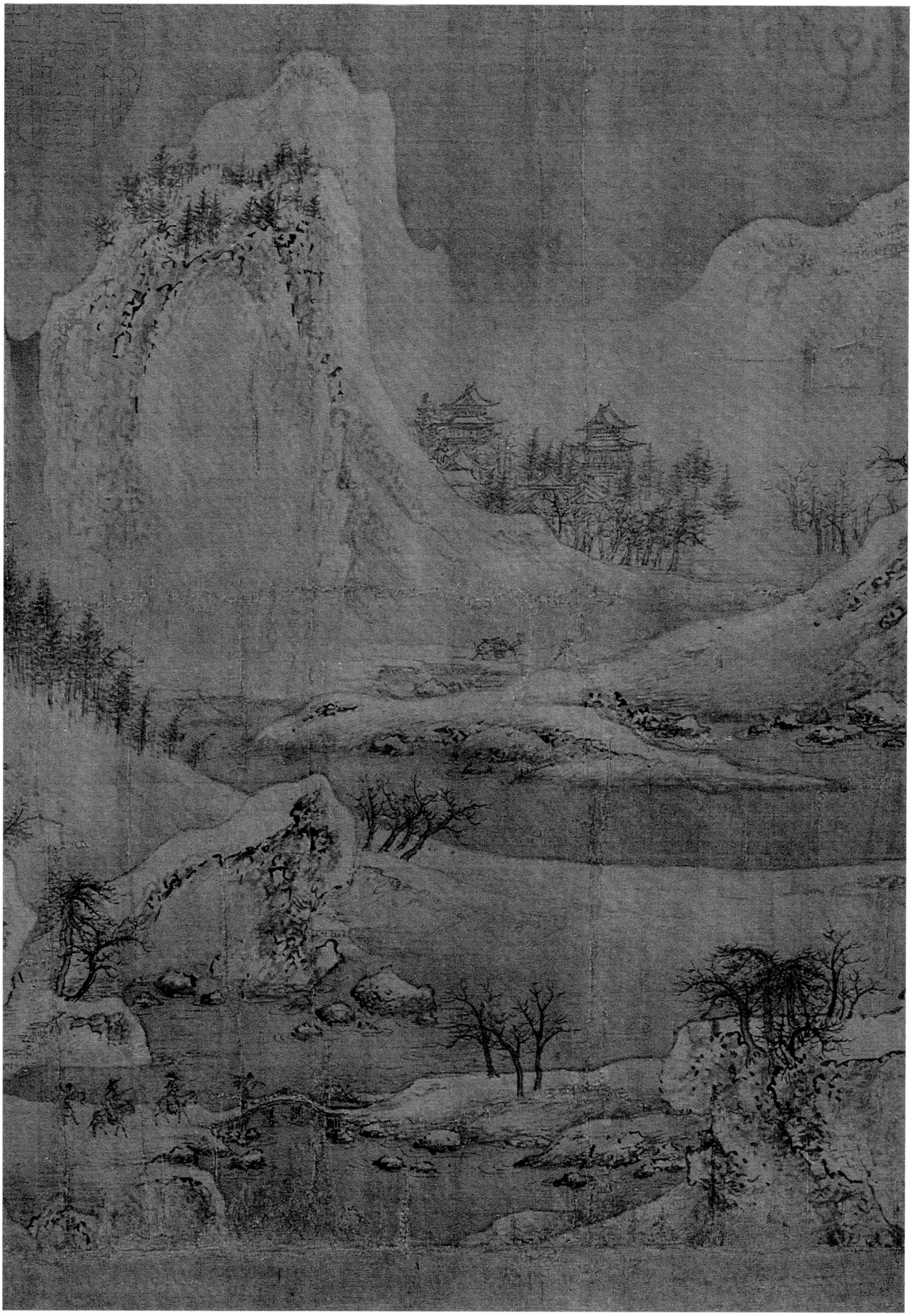

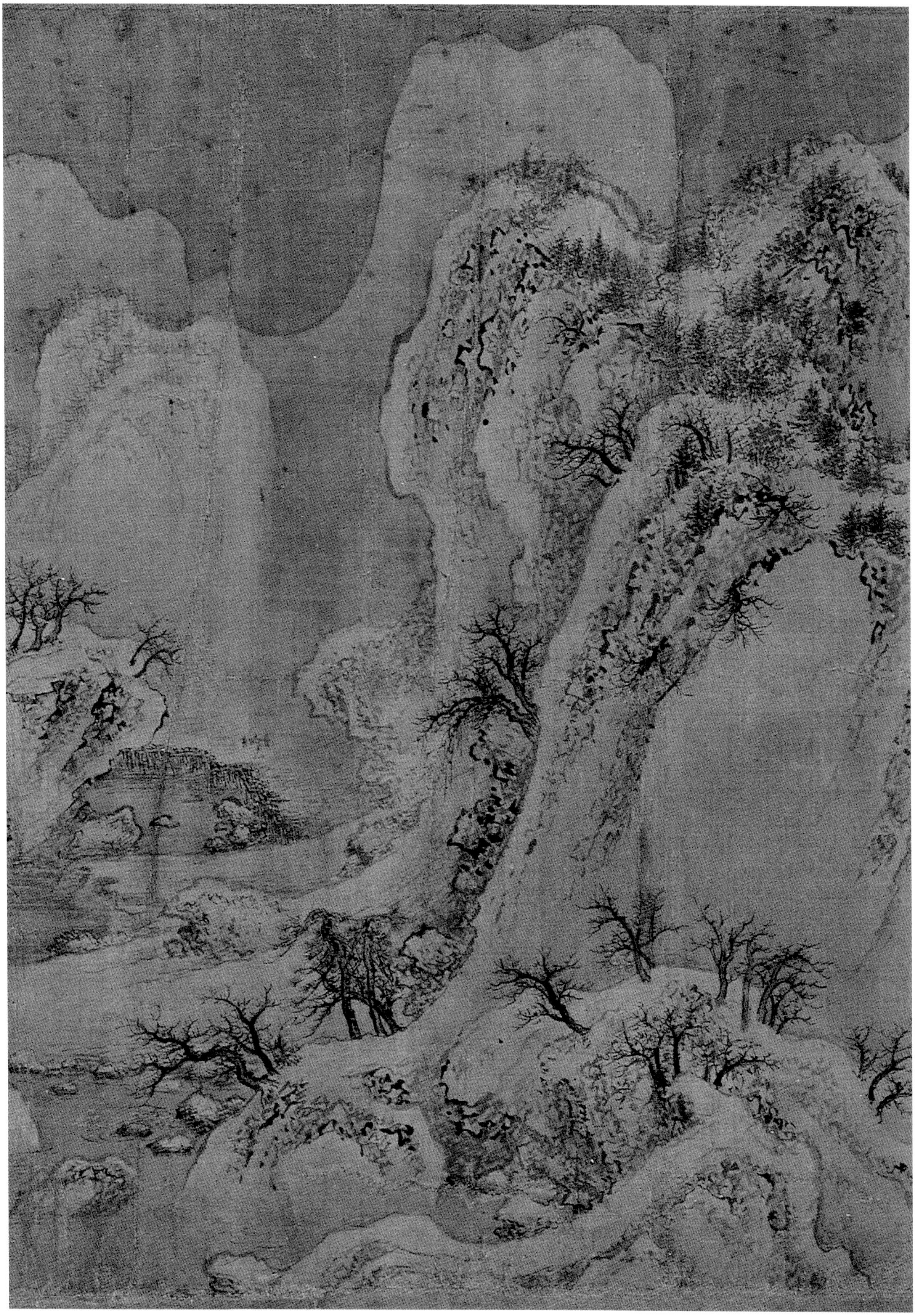

7

王希孟　千里江山圖卷

北宋
絹本　設色
縱51.5厘米　橫1191.5厘米
清宮舊藏

A Thousand *Li* of Mountains and Rivers

By Wang Ximeng, Song Dynasty
Handscroll, colour on silk
H.51.5cm　L.1191.5cm
Qing Court collection

王希孟（1096—？），北宋宮廷畫家。曾為畫院學生，得到徽宗指授，藝事大進。本卷是他唯一的傳世作品，據蔡京跋，畫於北宋政和三年（1113），當時希孟年僅十八歲。

《千里江山圖》抒寫大好河山一望千里的壯闊氣勢，峯巒疊翠，連綿不絕，浩浩江水，平遠無盡。山間屋宇村落瓦脊相望，棧道亭橋隱約相通；江中舟楫、漁罾遙相呼應。此卷取平遠式構圖，山峯設色繼承唐代“大青綠”法，極為濃艷，同時又以赭石渲染山腳、天色，更襯托出青綠的鮮亮。墨筆勾勒精細，水見波紋，樹見枝葉，人物、牲畜皆細入毫芒，栩栩如生。

本幅有清乾隆御題詩一首，並鈐清內府藏印十餘方。

後隔水有蔡京題跋：“政和三年閏四月一日賜。希孟年十八歲，昔在畫學為生徒，召入禁中文書庫。數以畫獻，未甚工。上知其性可教，遂誨諭之，親授其法。不逾半歲，乃以此圖進。上嘉之，因以賜臣京，謂天下士在作之而已。”尾紙有元大德七年（1303）昭文館大學士溥光題跋，鈐“雪庵”（朱文）等二印，另鈐有梁清標鑑藏印五方。

曾經《石渠寶笈》著錄。

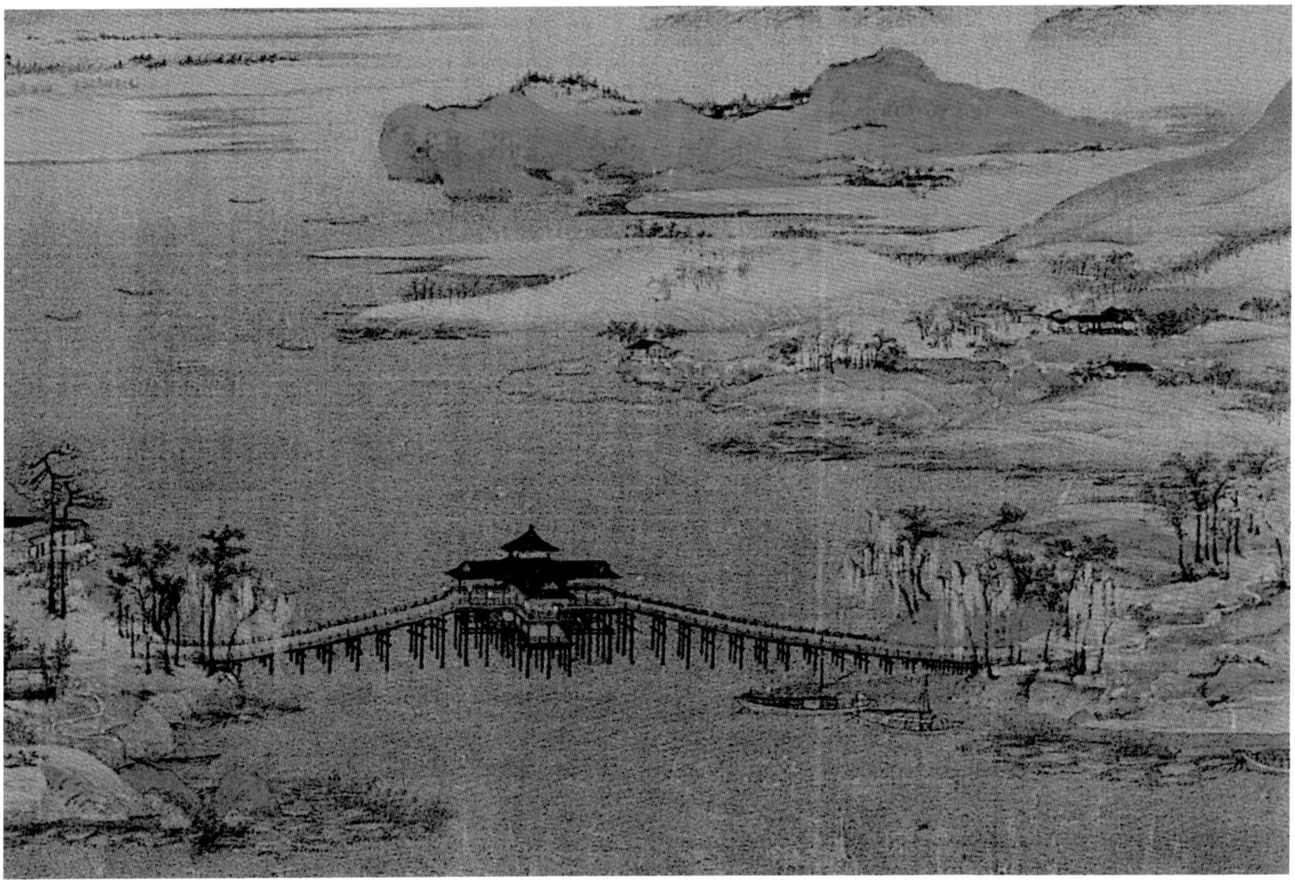

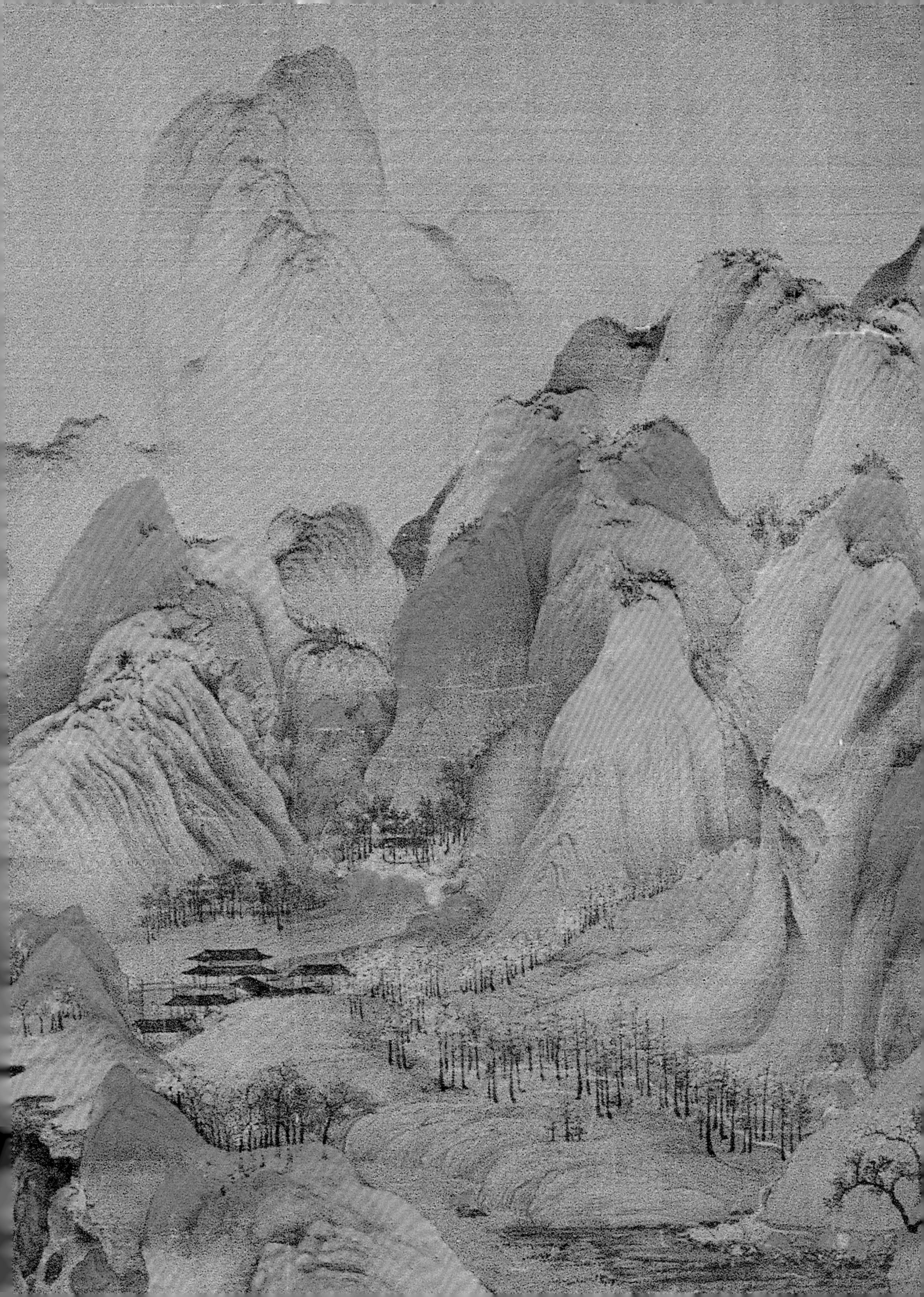

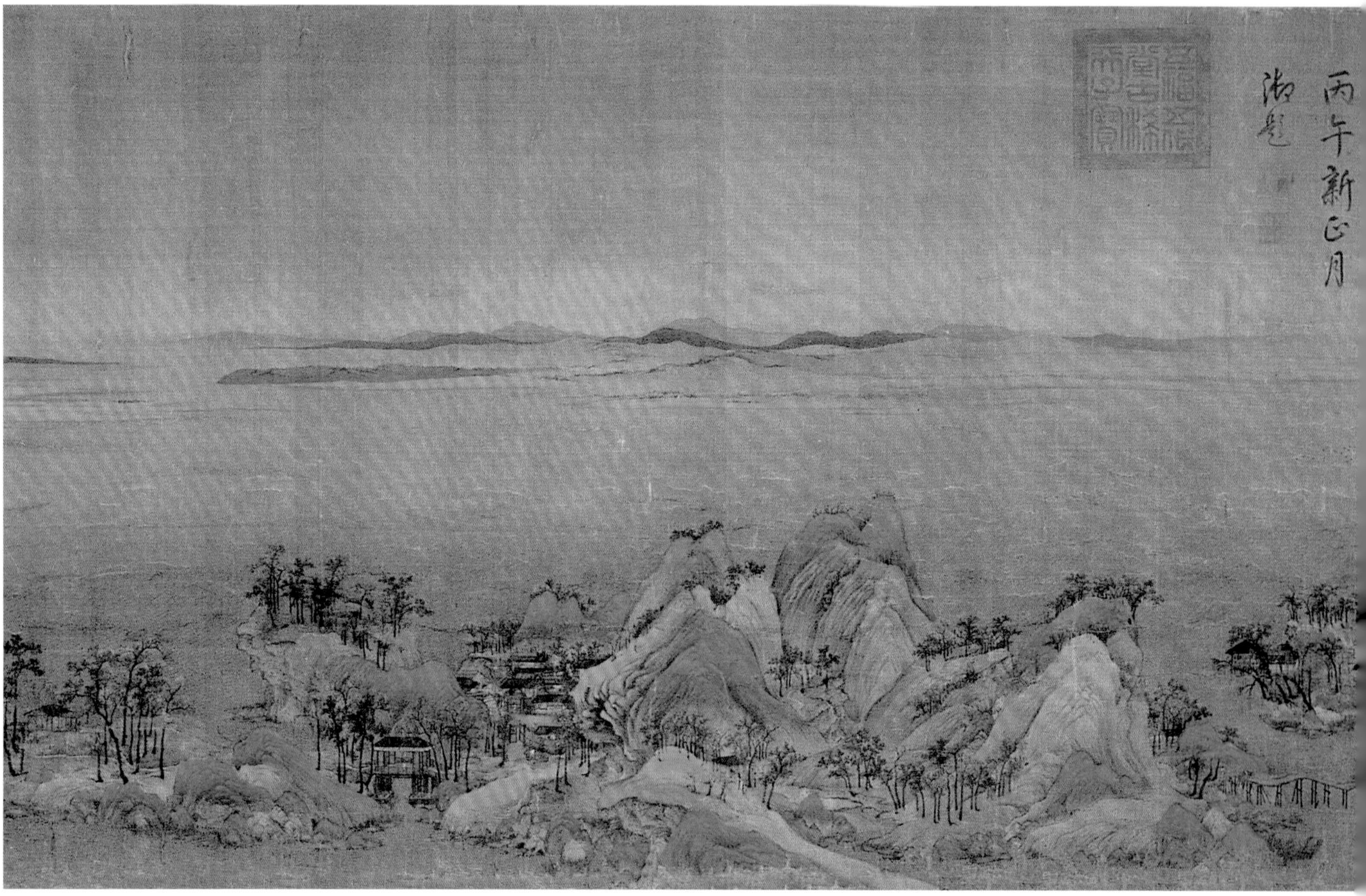
丙午新正月
御題

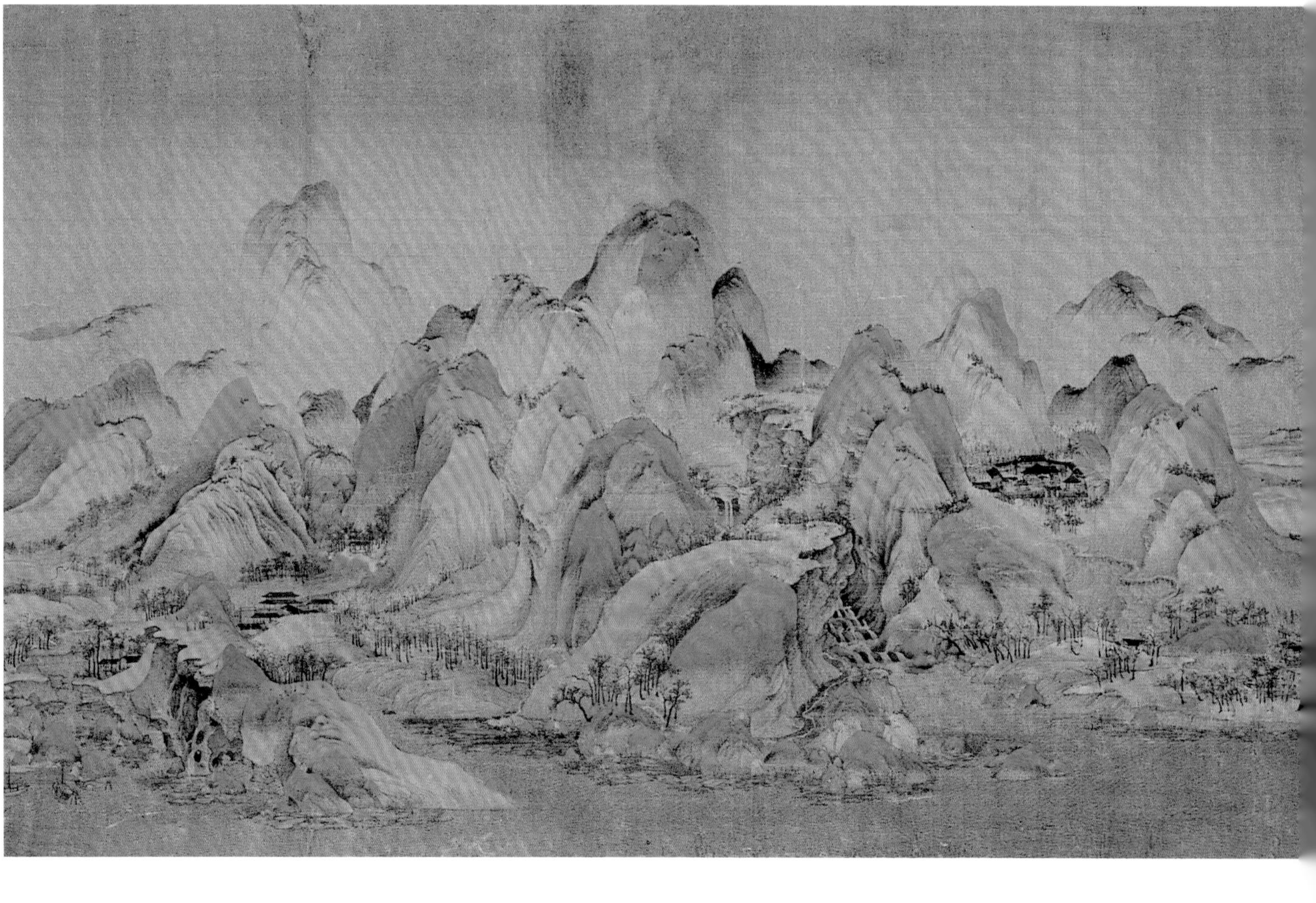

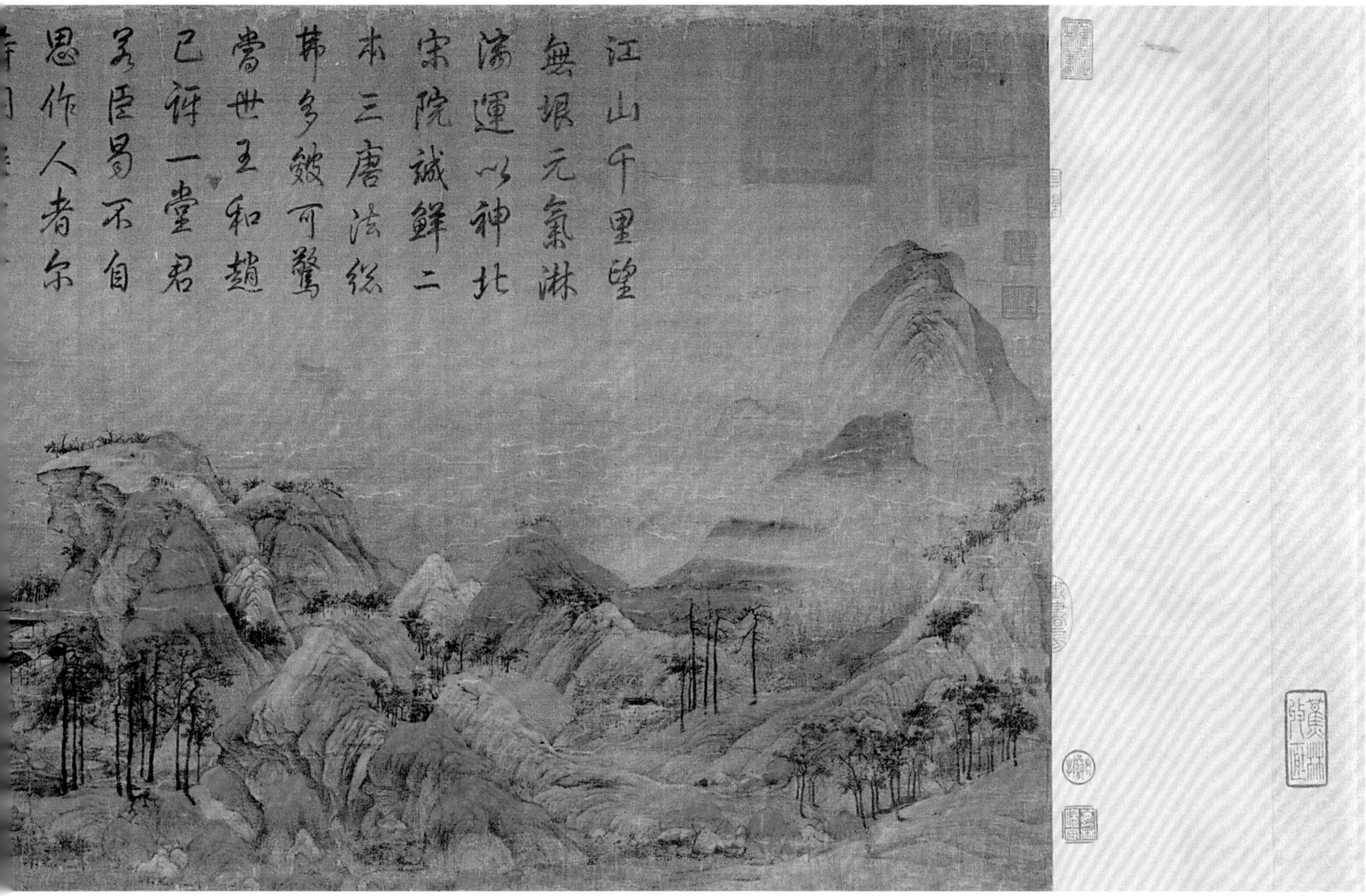
江山千里望
無垠元氣淋
漓運以神北
宋院識鮮二
米三唐法綜
芾多皴可驚
當世王和趙
已許一堂君
若臣曷不自
思作人者尔

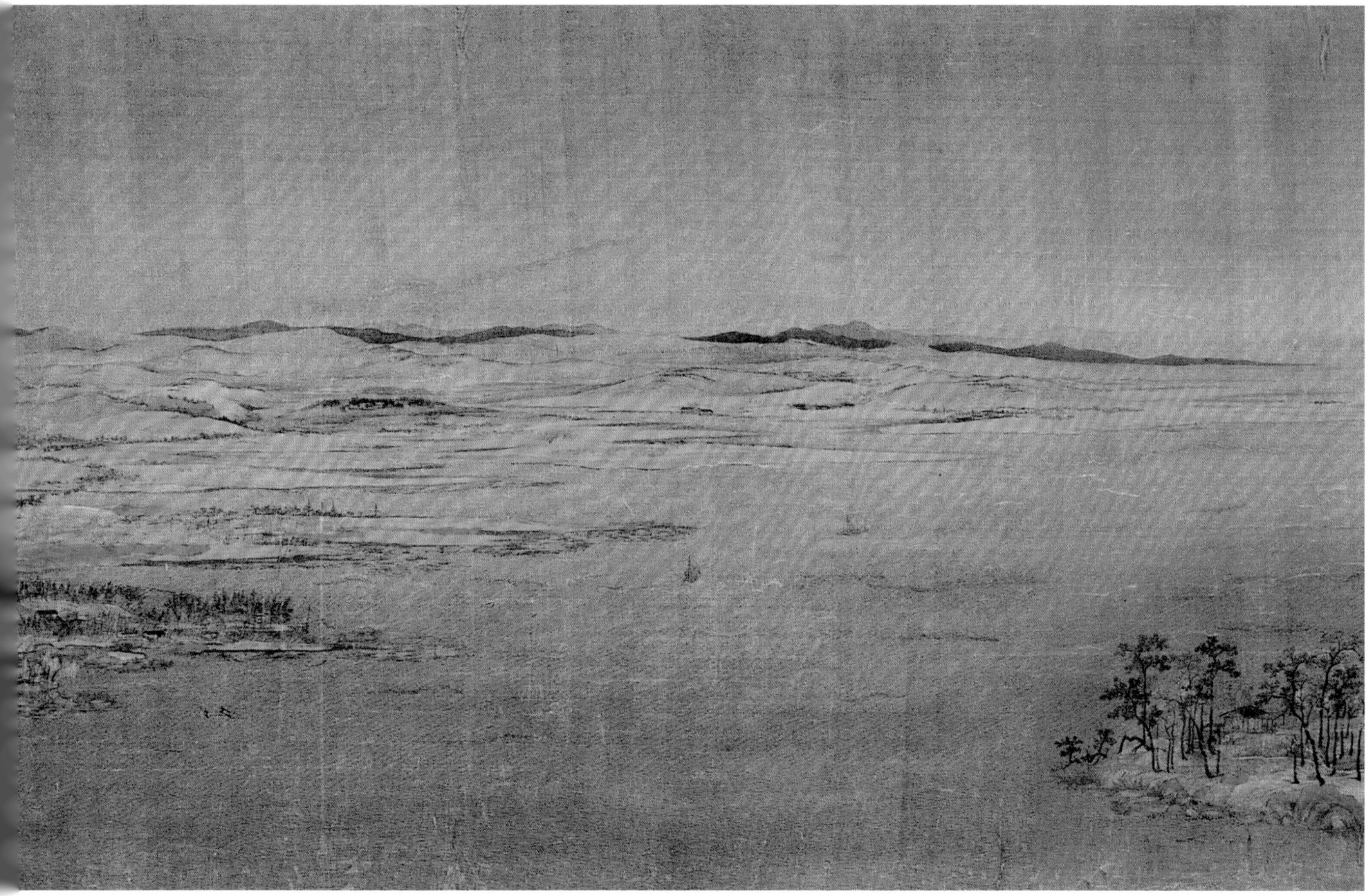

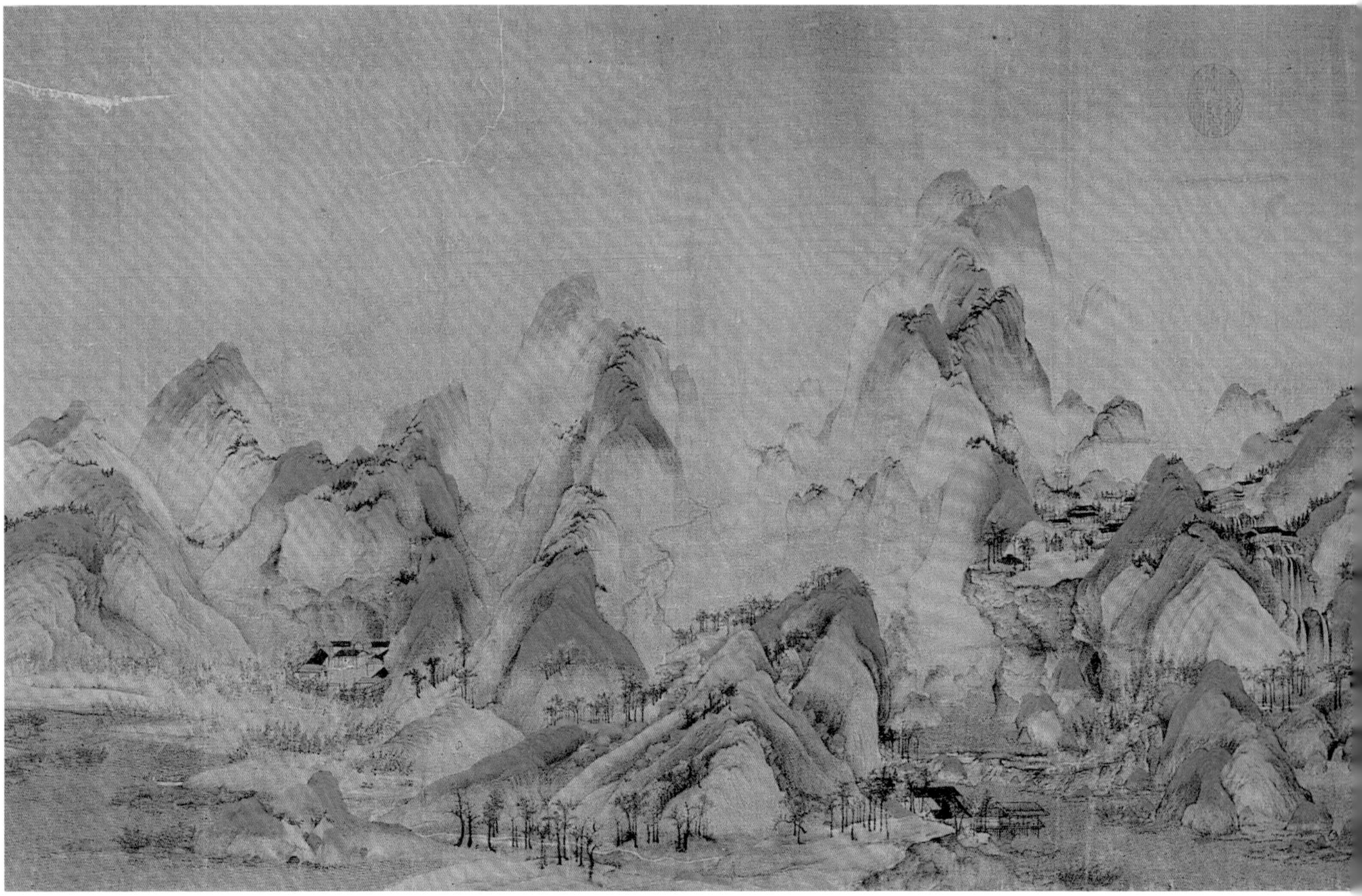

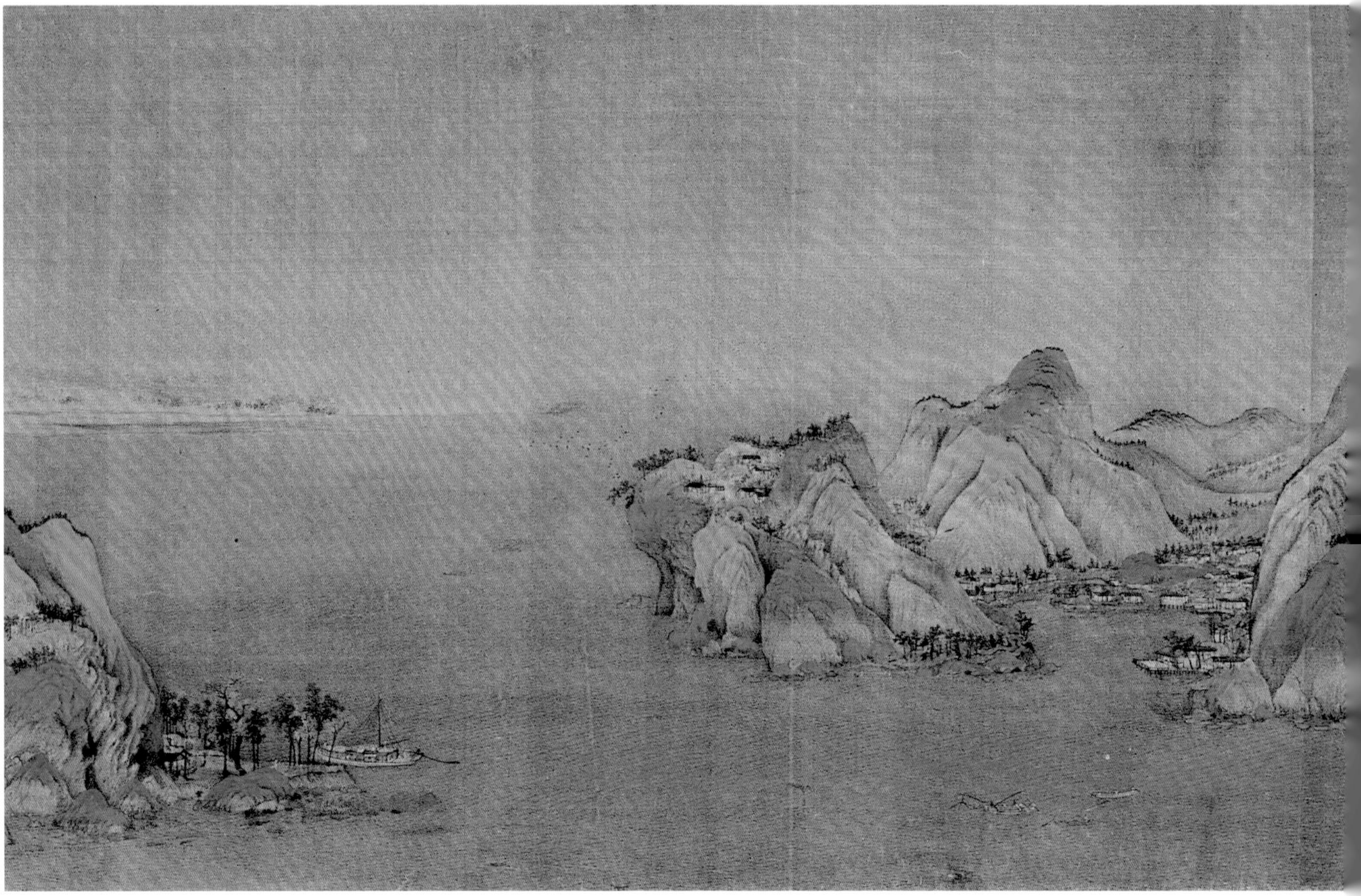

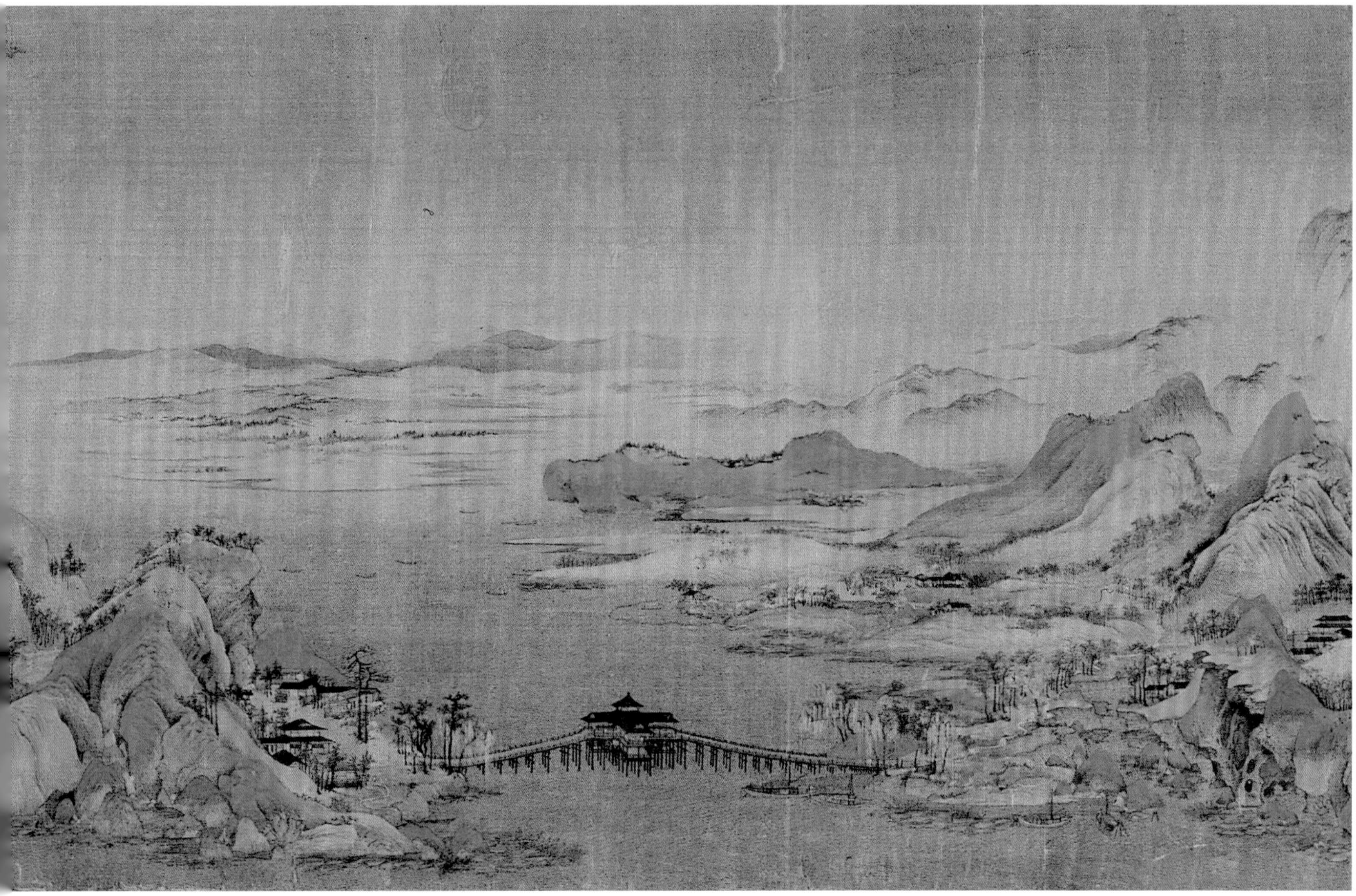

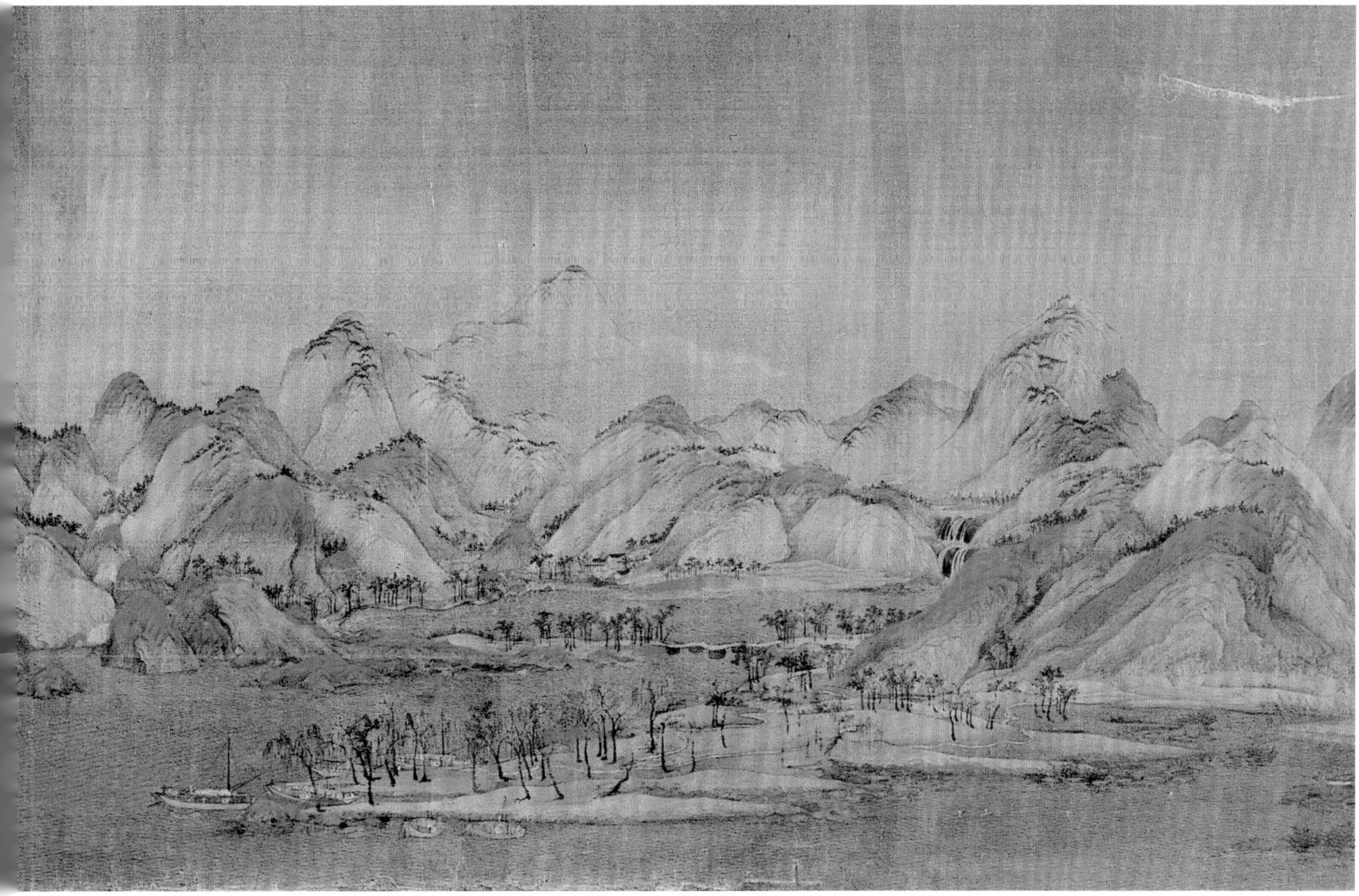

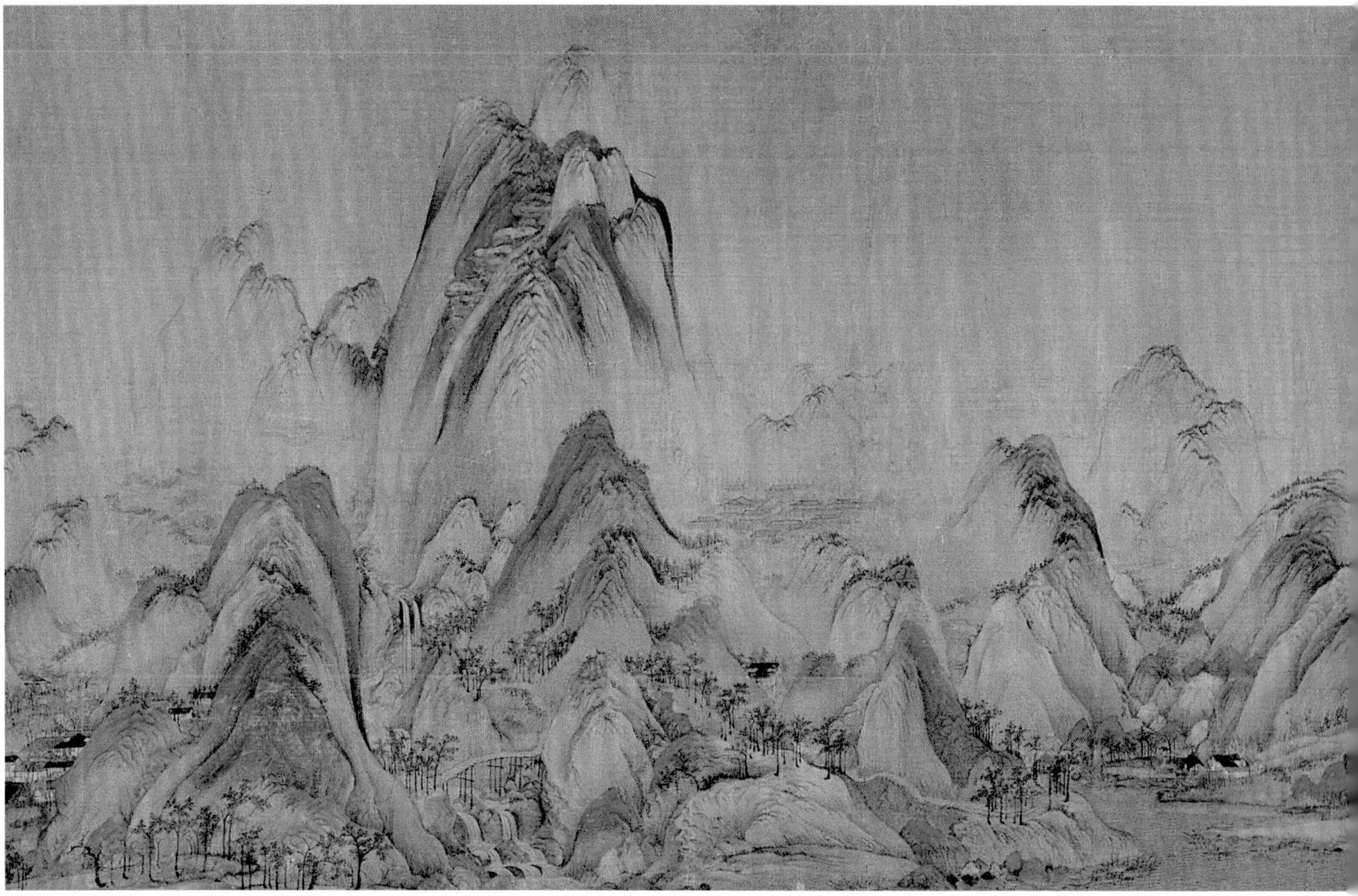

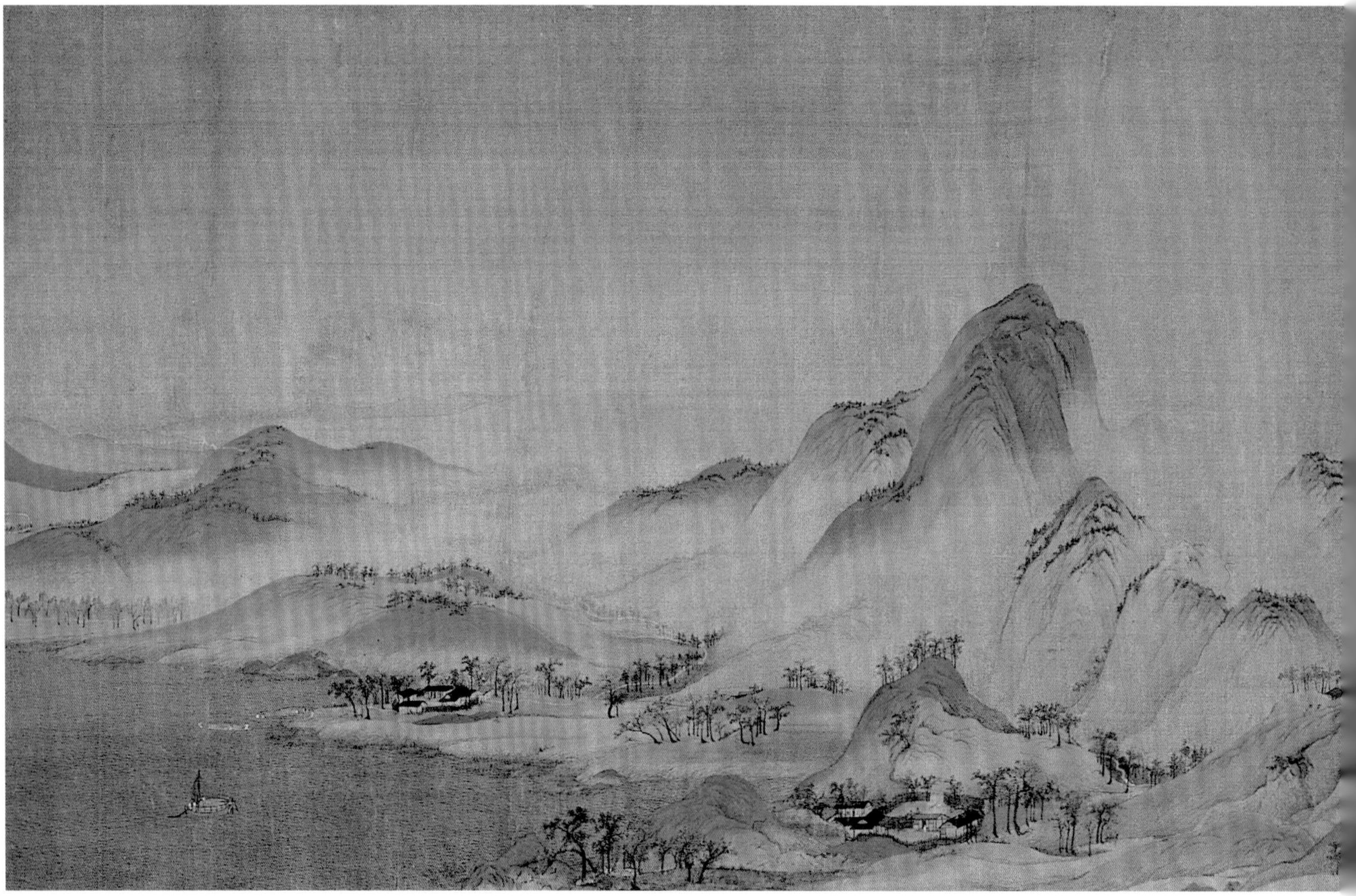

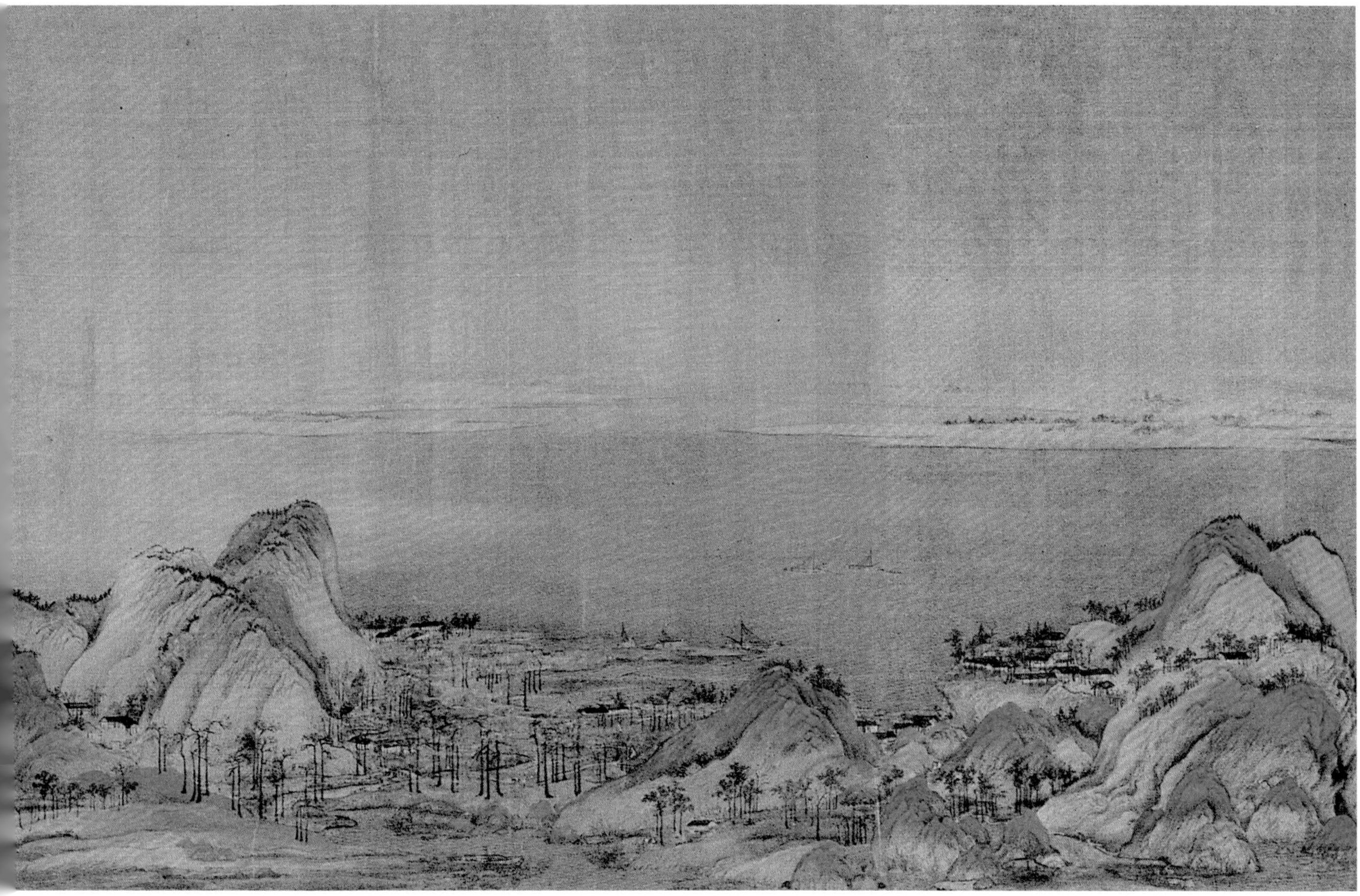

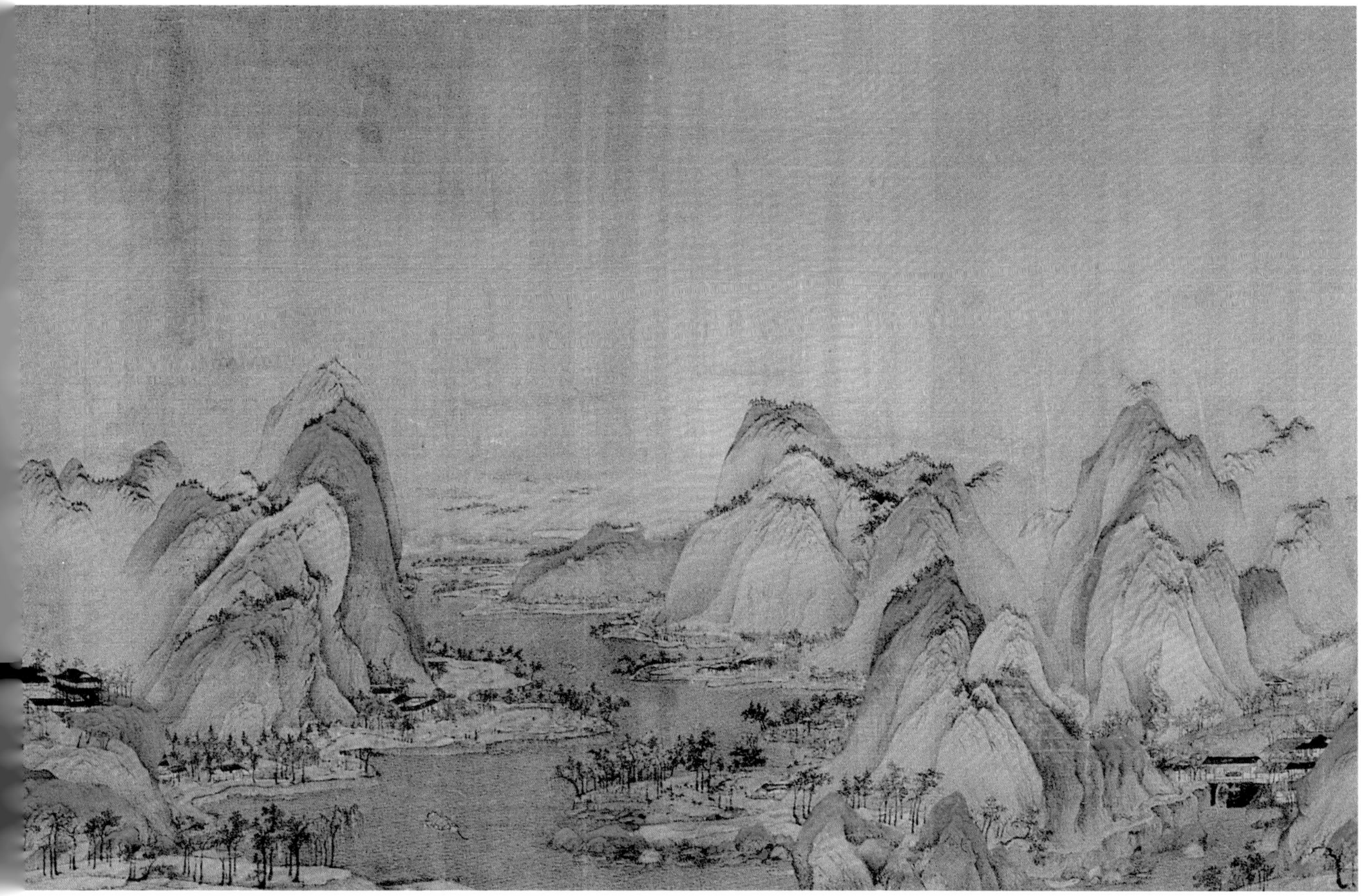

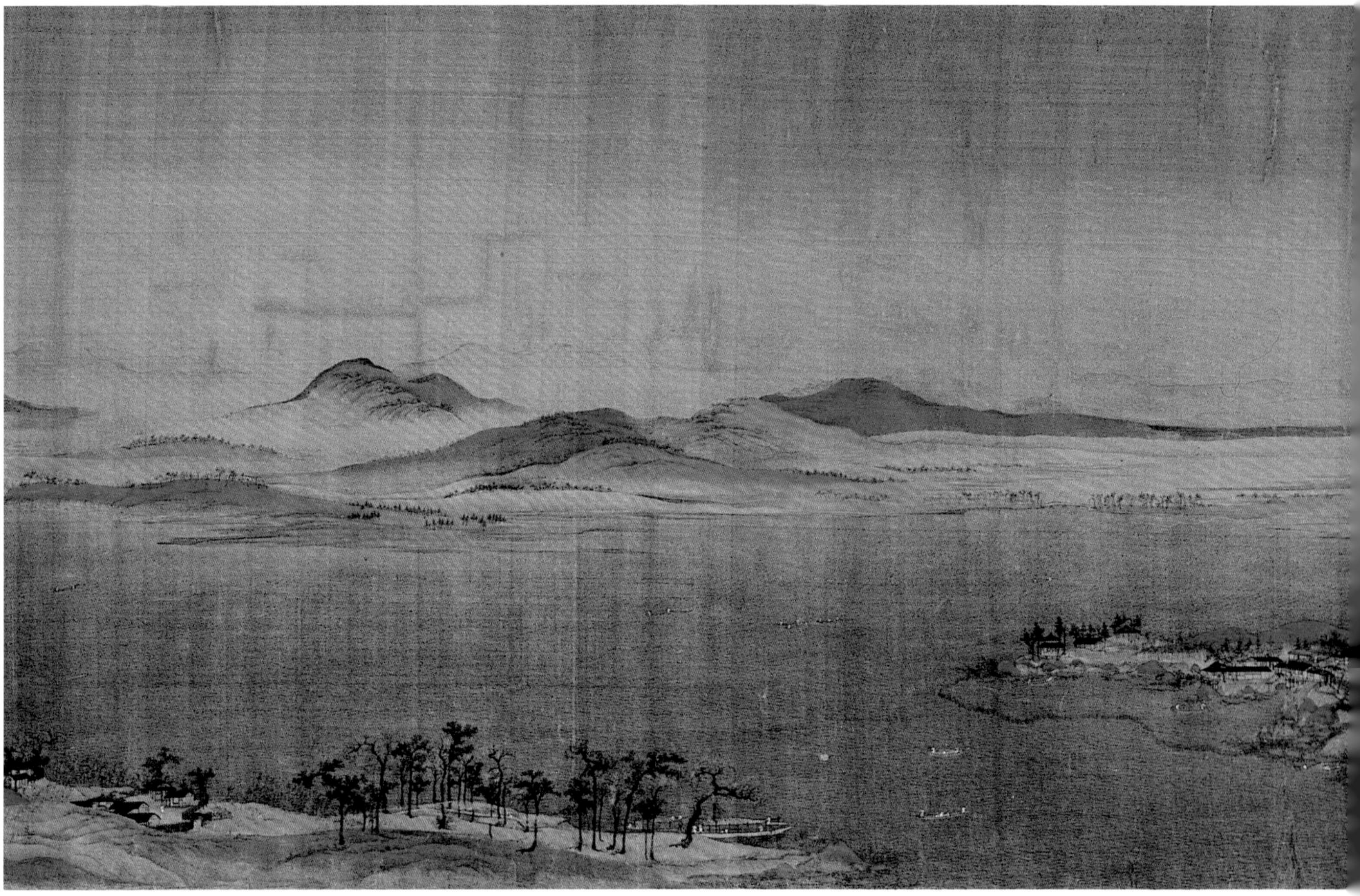

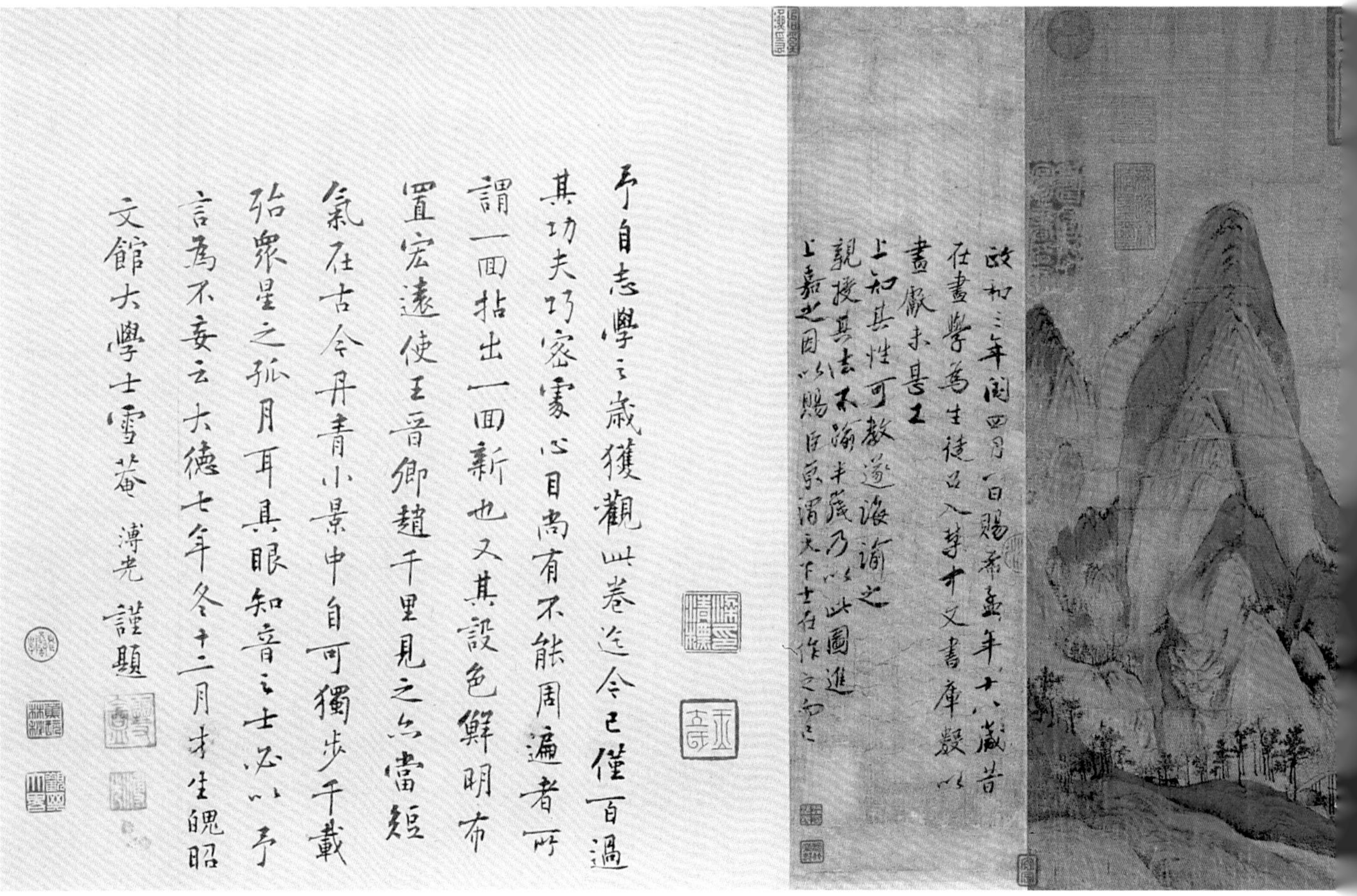
予自志學之歲獲觀此卷迄今已僅百過
其功夫巧密處心目尚有不能周遍者所
謂一回拈出一回新也又其設色鮮明布
置宏遠使王晉卿趙千里見之亦當短
氣在古今丹青小景中自可獨步千載
殆衆星之孤月耳具眼知音之士必以予
言爲不妄云大德七年冬十二月末生愧昭
文館大學士雪菴 溥光 謹題
政和三年閏四月八日賜希孟年十八歲昔
在畫學爲生徒召入禁中文書庫數以
畫獻未甚工
上知其性可教遂誨諭之
親授其法不踰半歲乃以此圖進
上嘉之因以賜臣京謂天下士在作之而已

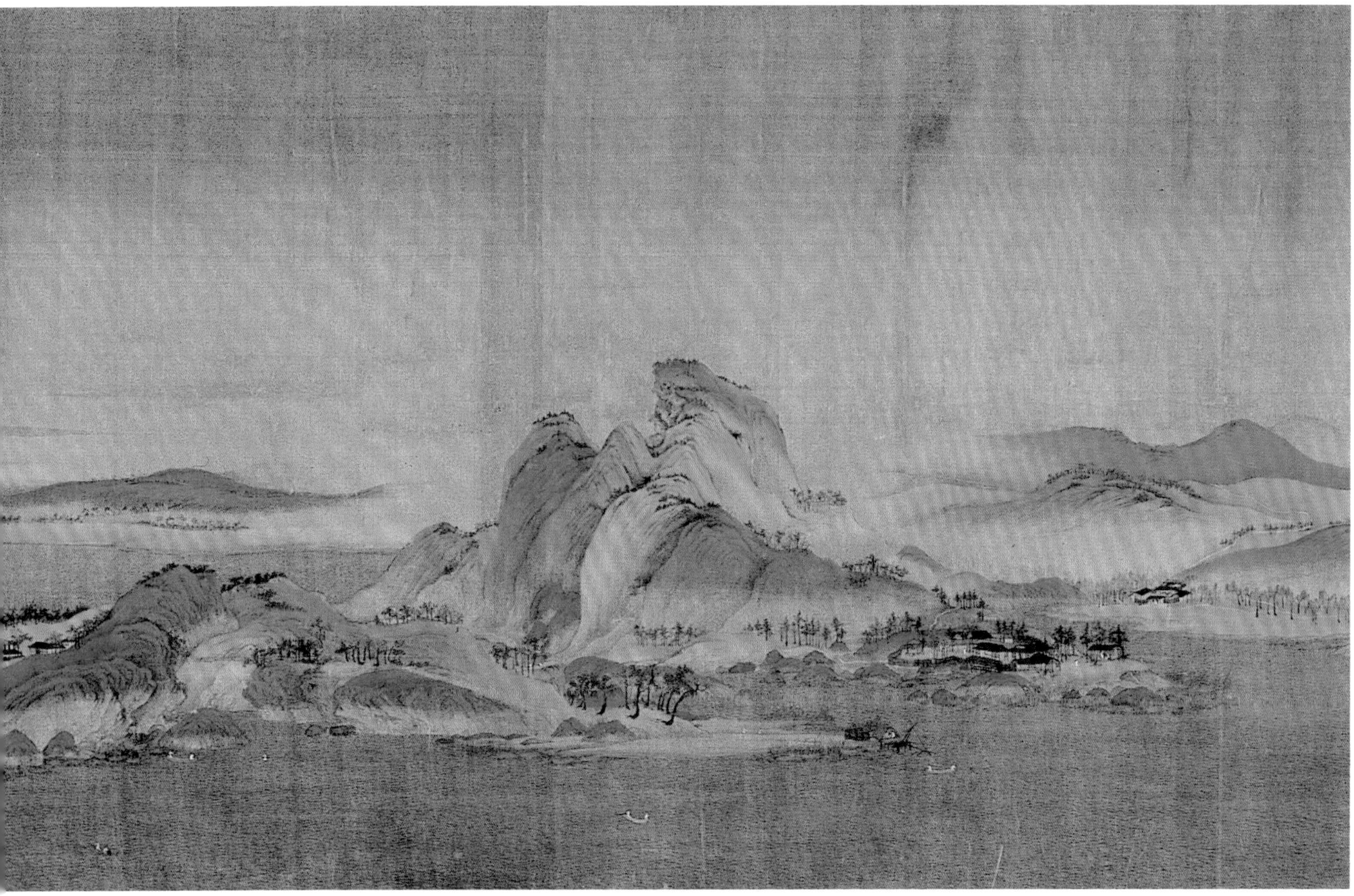

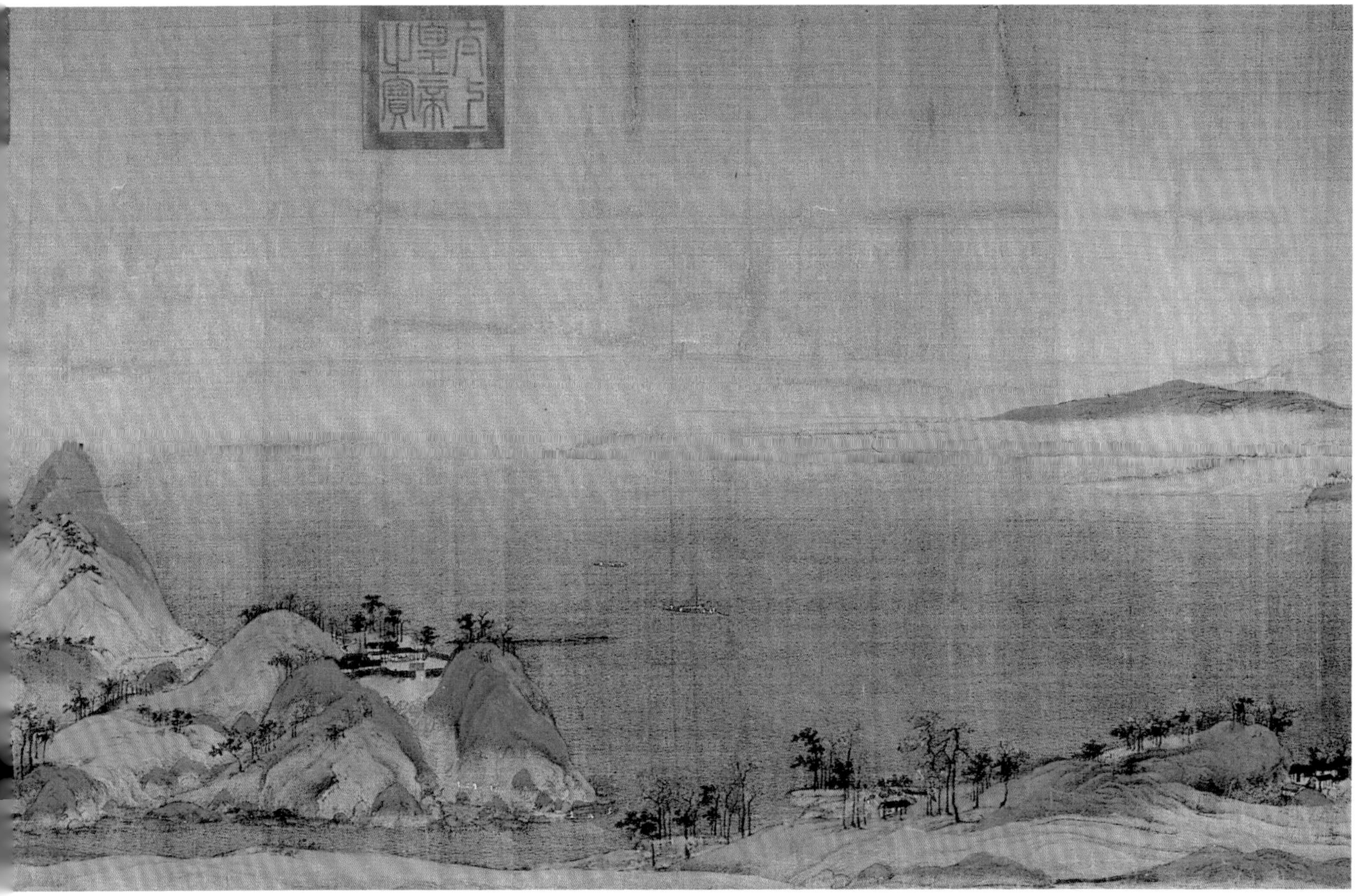

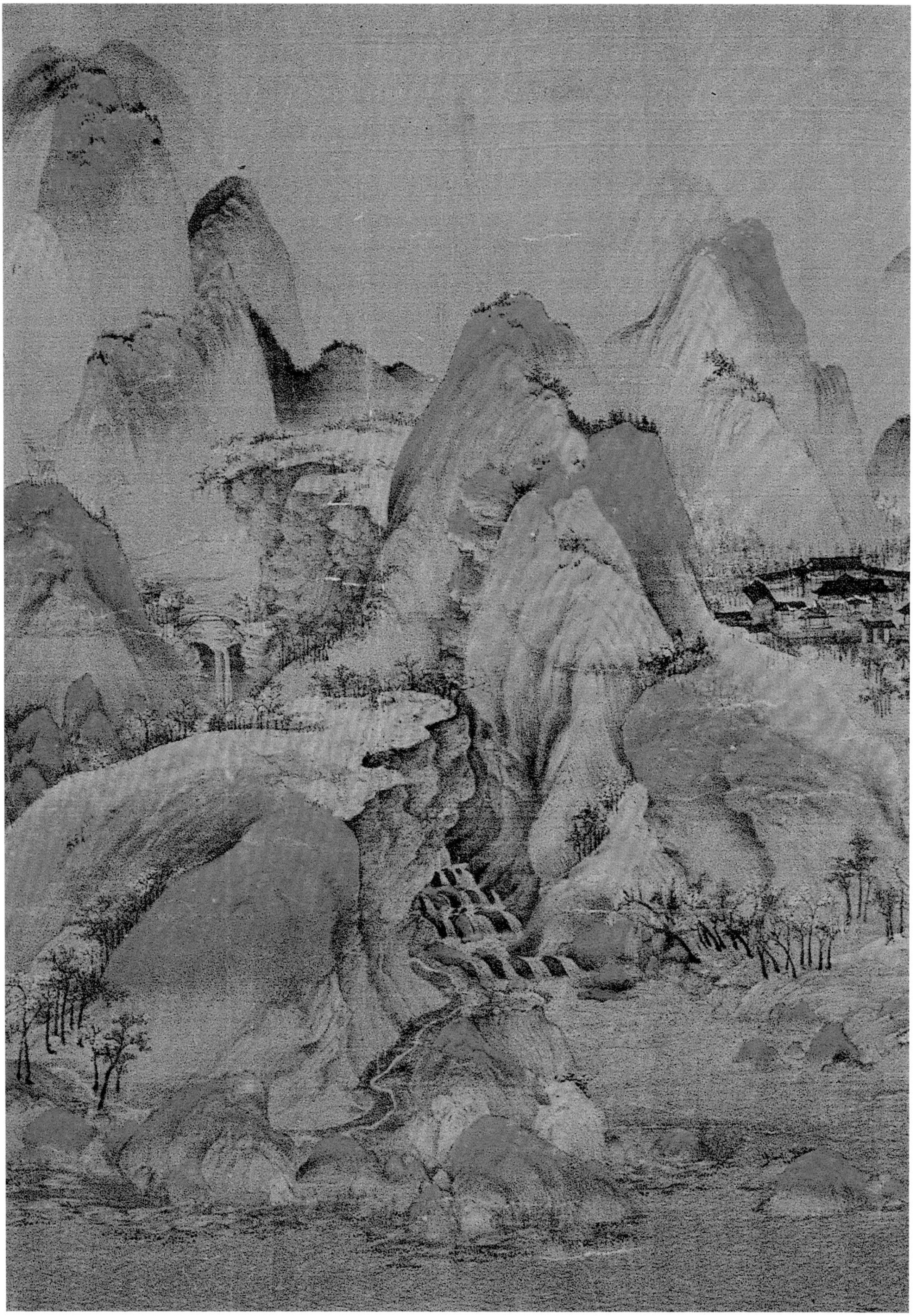

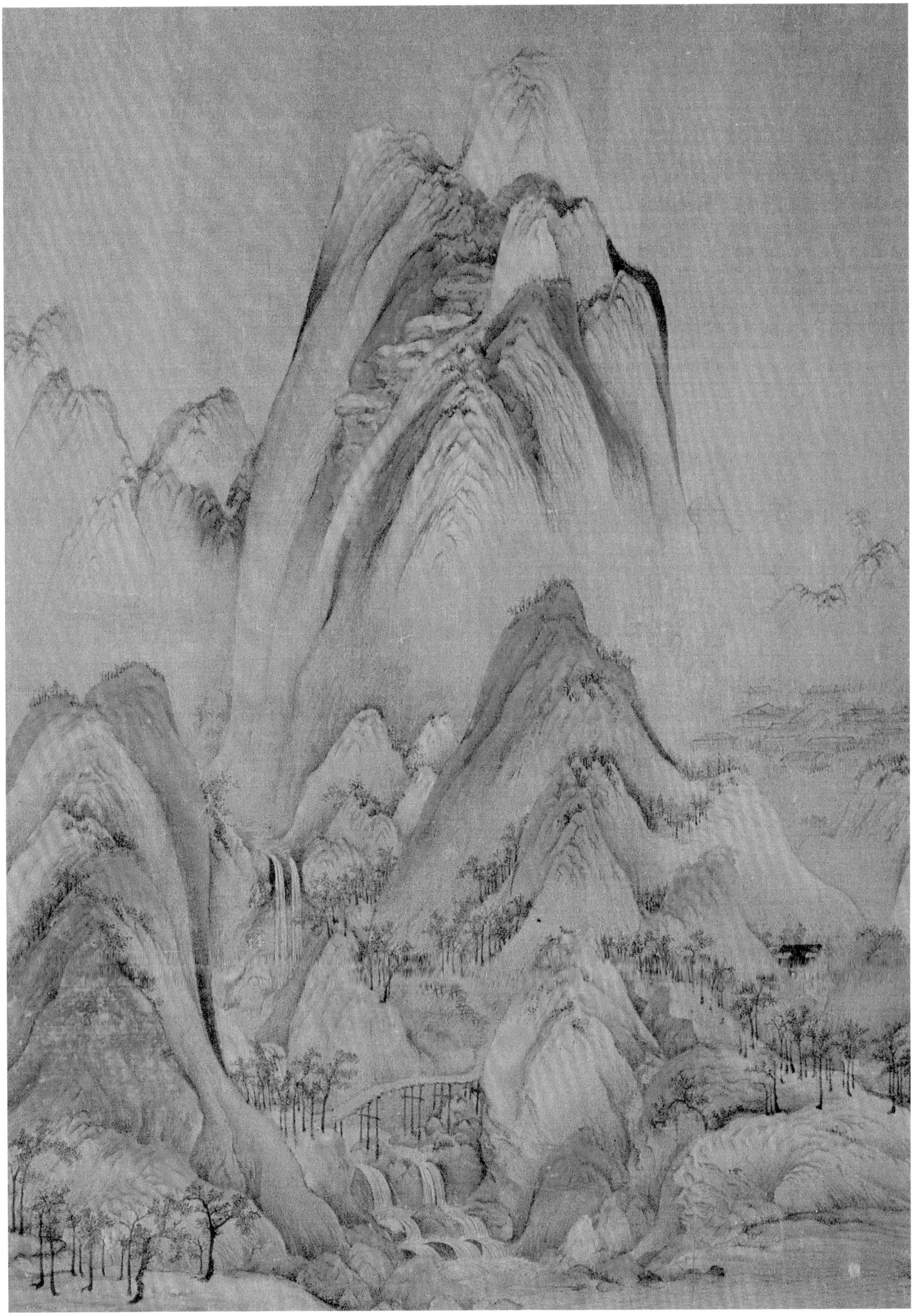

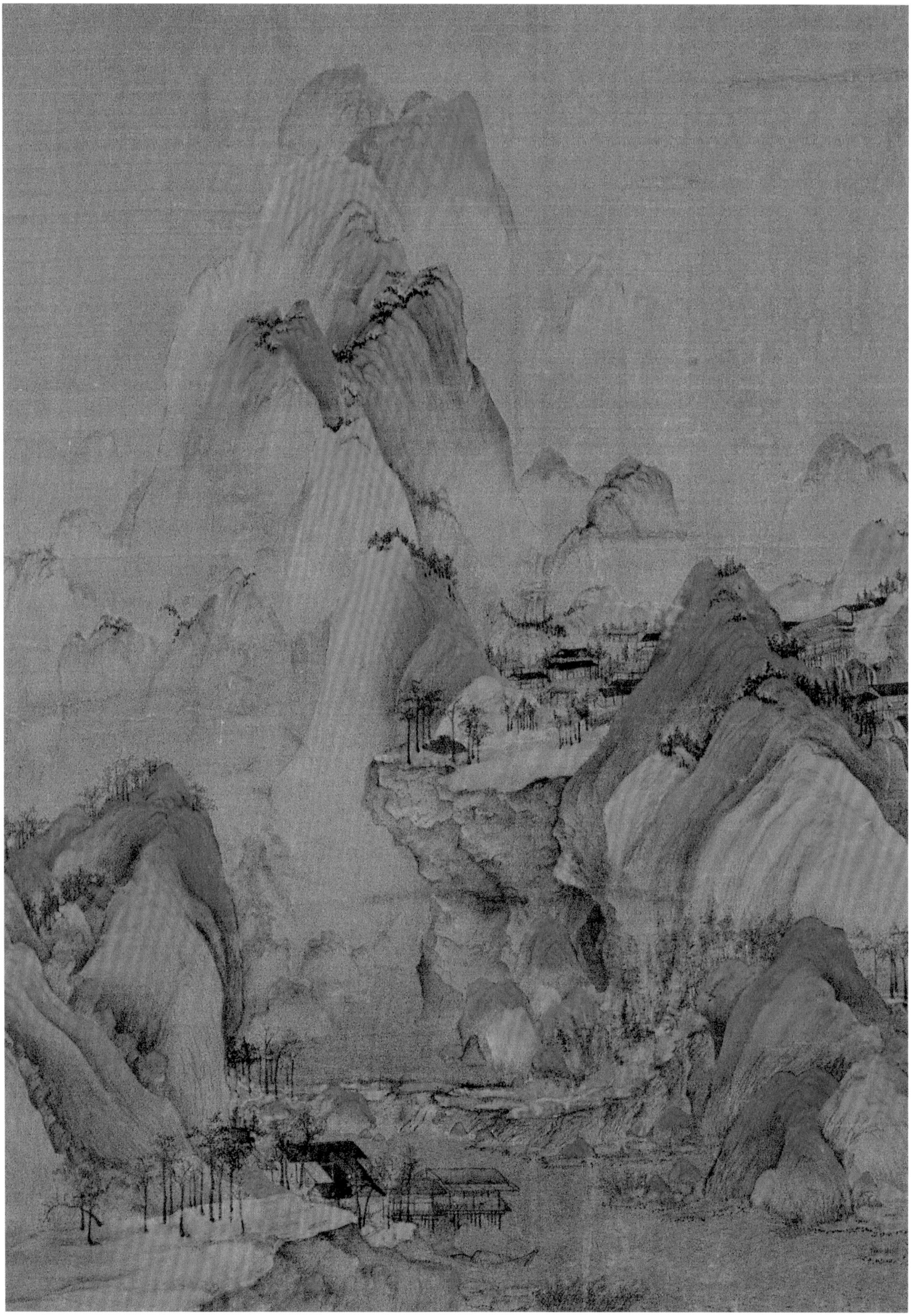

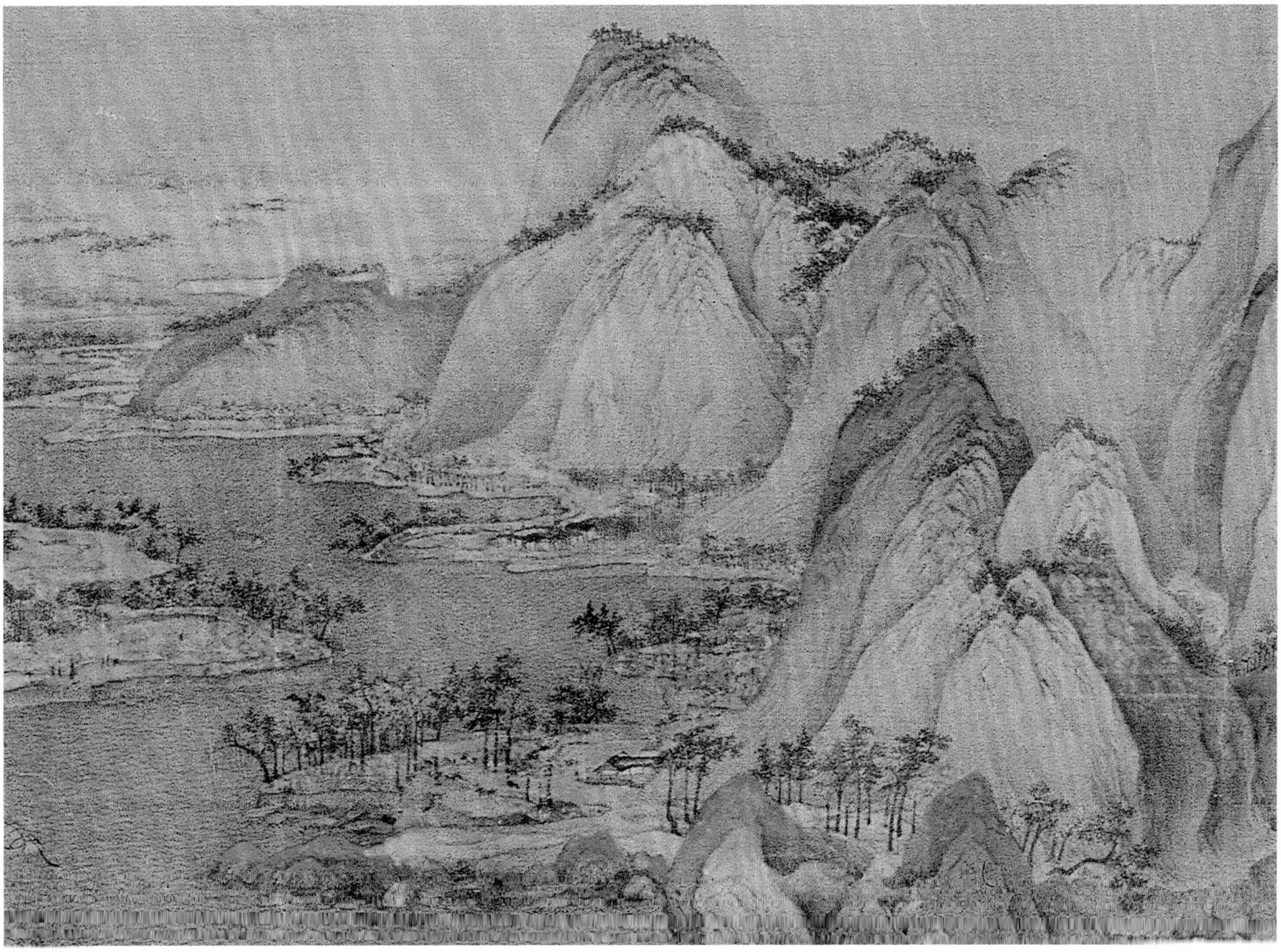

8

梁師閔　蘆汀密雪圖卷

北宋
絹本　設色
縱26.5厘米　橫145.6厘米
清宮舊藏

Reeds and Islet in Snow
By Liang Shimin, Song Dynasty
Handscroll, colour on silk
H.26.5cm　L.145.6cm
Qing Court collection

梁師閔（生卒年不詳），字循德，汴梁（今河南開封）人。約活動於11世紀，官至左武大夫、忠州刺史。工詩書，擅畫花鳥及湖鄉小景，精緻規整，意韻生動。

《蘆汀密雪圖》描寫的景色荒寒清寂，天空陰沉晦暗，湖渚汀岸皆為白雪覆蓋，兩隻鸂鶒（圖中為赤麻鴨）在蘆葦叢邊的沙洲上棲宿，一對鴛鴦於寒波中游水嬉戲。圖中寓意如清乾隆御題詩所云："不為嚴寒異故心"。此卷筆墨嚴謹細密，設色淡麗輕冶，是典型的北宋院體風格。

本幅自識"蘆汀密雪　梁師閔畫"。有清乾隆御題詩一首，鈐"乾、隆"（朱文聯珠）印。鈐"皇姊圖書"、梁清標鑑藏印及清乾隆、嘉慶內府藏印共十一方。

前隔水有宋徽宗題"梁師閔　蘆汀密雪"。鈐藏印"御書"（朱文葫蘆）、雙龍紋（朱文）、"玉泉□□"（殘，白文）、"宣和"（白文）。後隔水鈐宋內府藏印"宣和"（朱文）、"政、和"（朱文聯珠）等五方。尾紙題詩："江天雪意暮蕭蕭，望外寒沙半落潮。鸂鶒雙眠看畫裏，瀟湘極目夢魂遙。趙巖"。又明洪武八年（1375）朱標題跋一則。鈐梁清標鑑藏印及清乾隆內府藏印五方。

曾經《宣和畫譜》、《石渠寶笈初編》、《諸家藏畫簿》著錄。

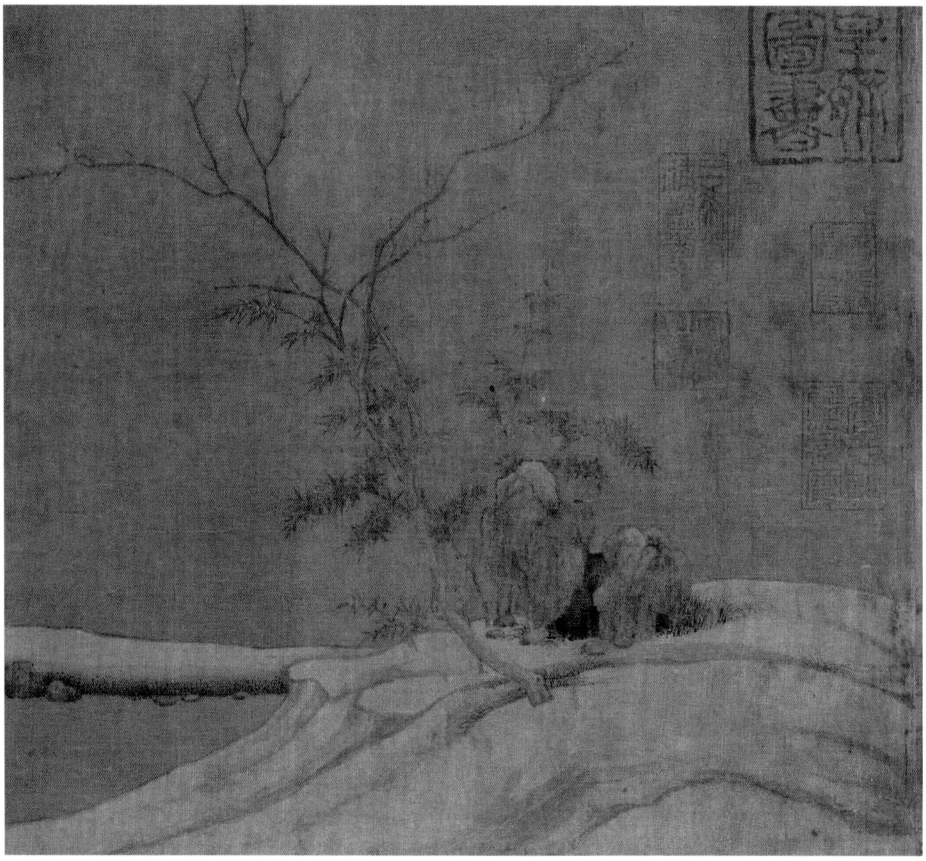

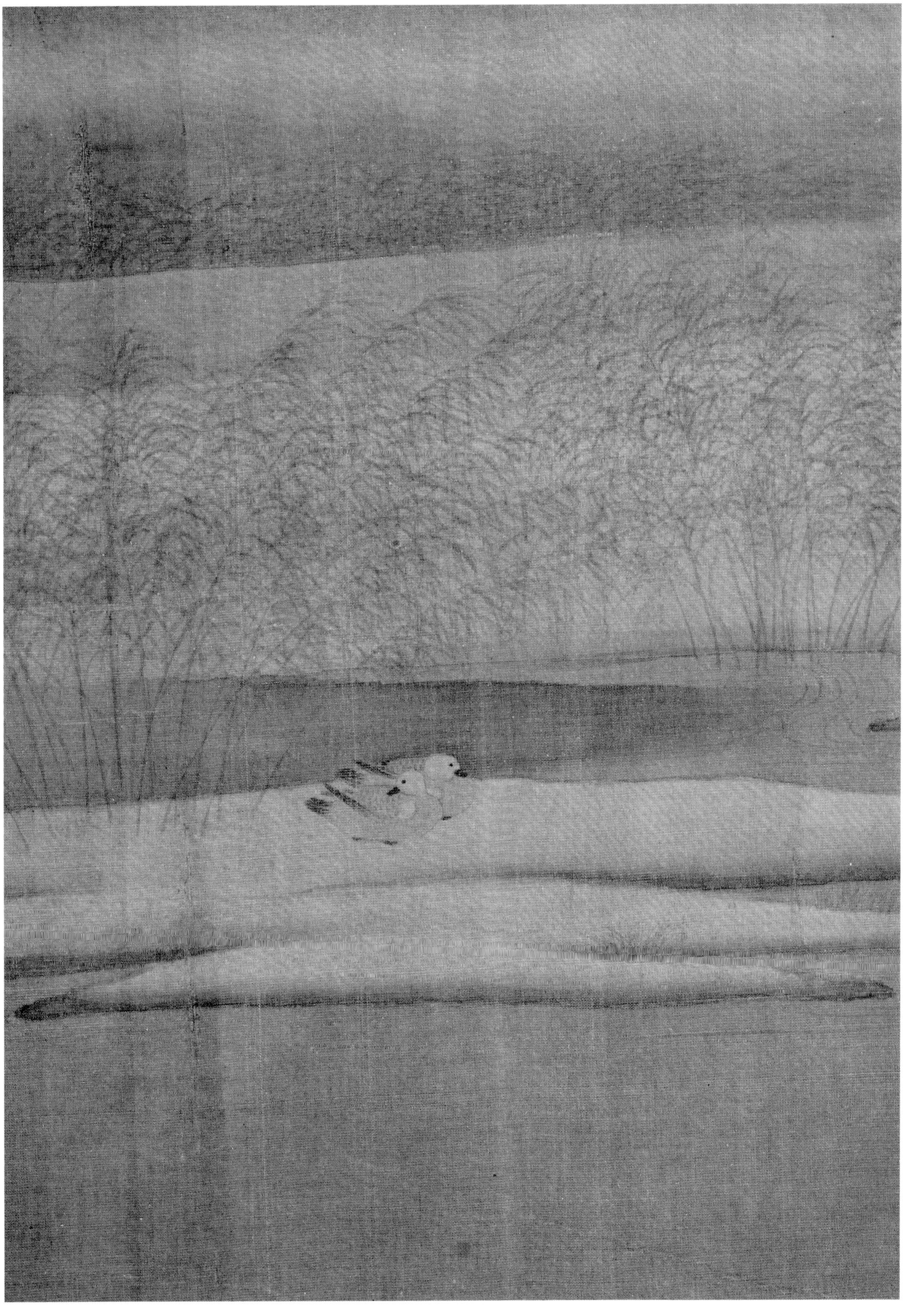

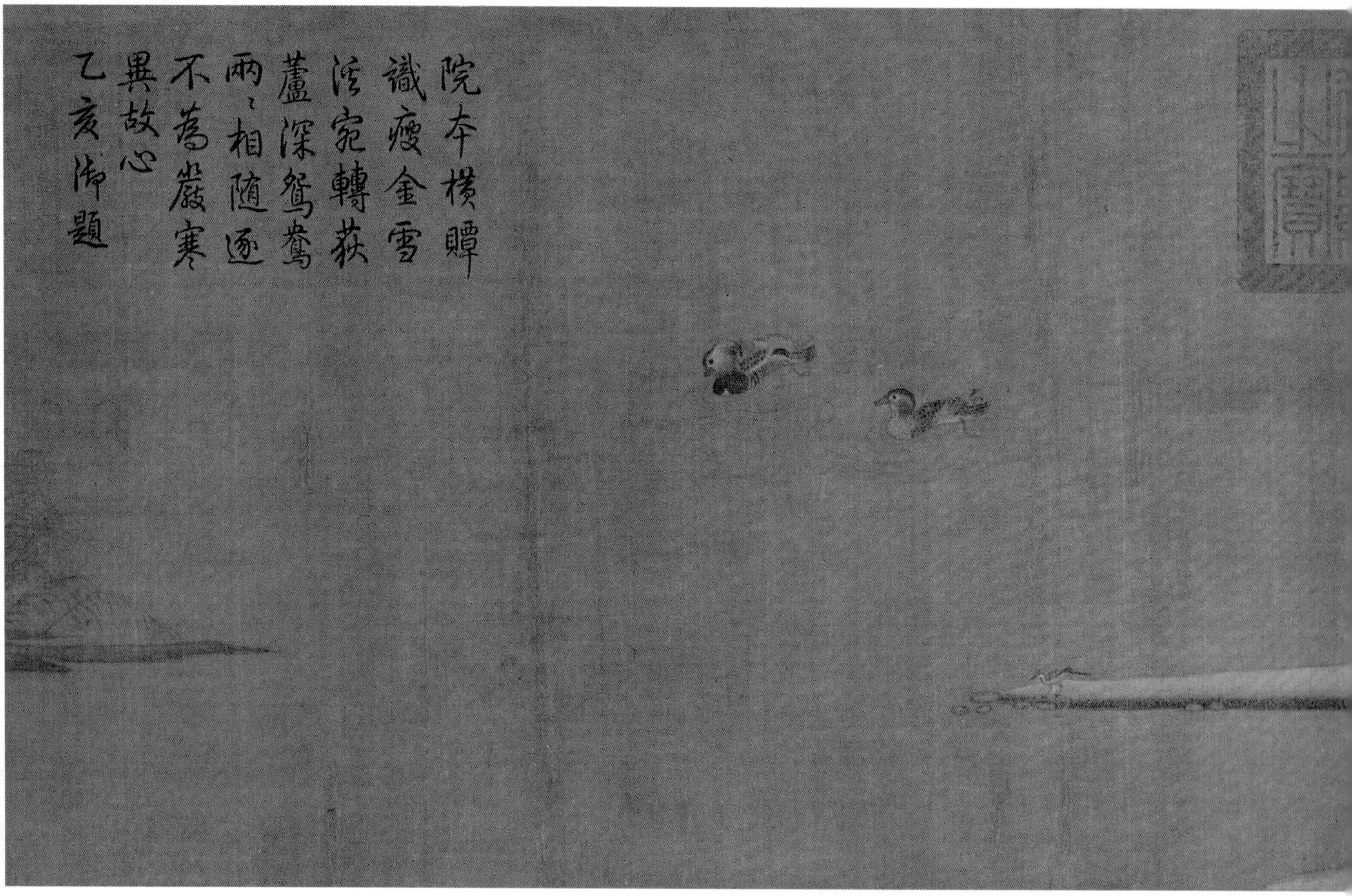
院本橫贉
識瘦金雪
渚宛轉荻
蘆深鴛鴦
兩〻相隨逐
不為嚴寒
異故心
乙亥御題

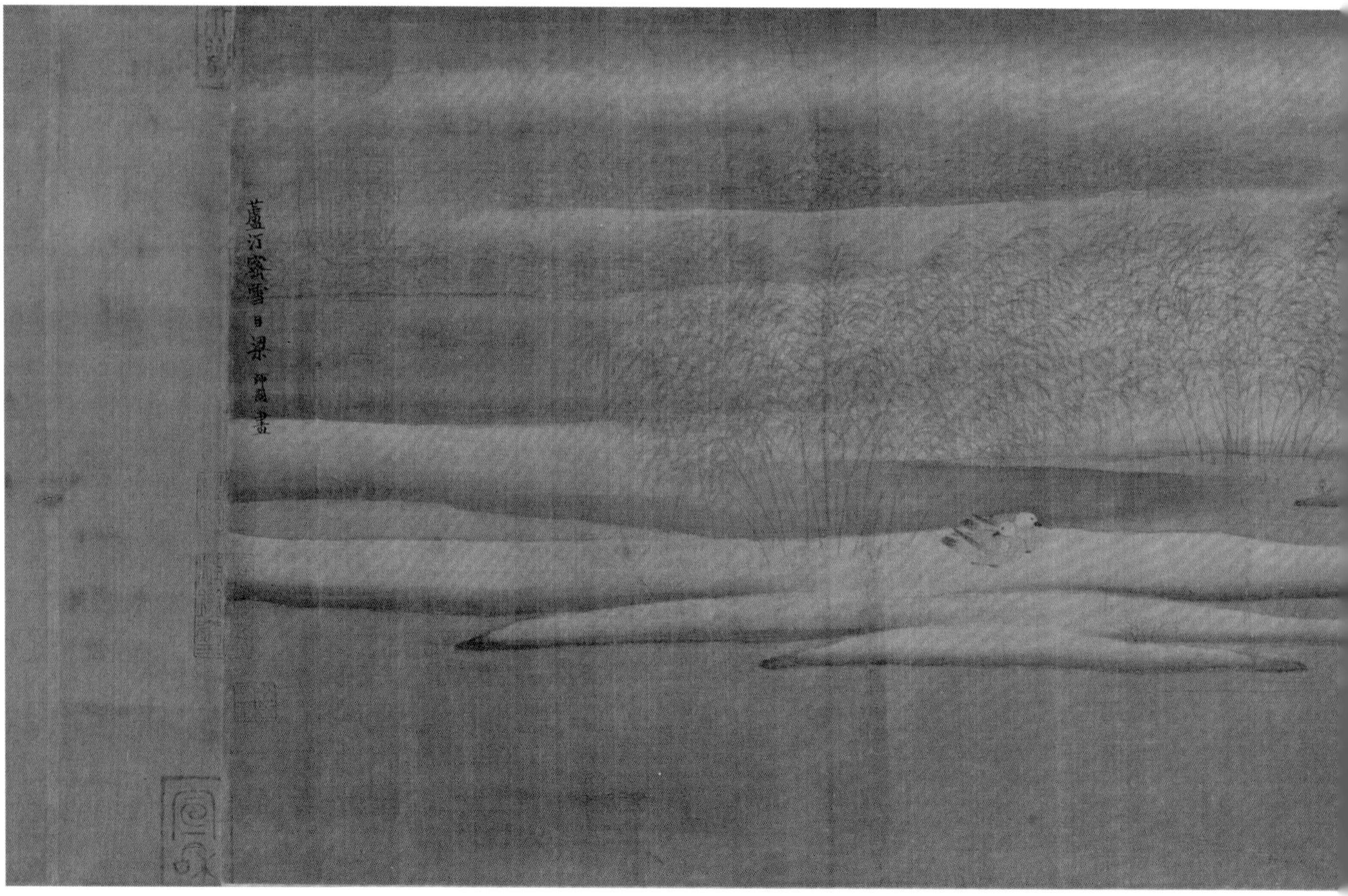
蘆汀密雪 臣梁師閔畫

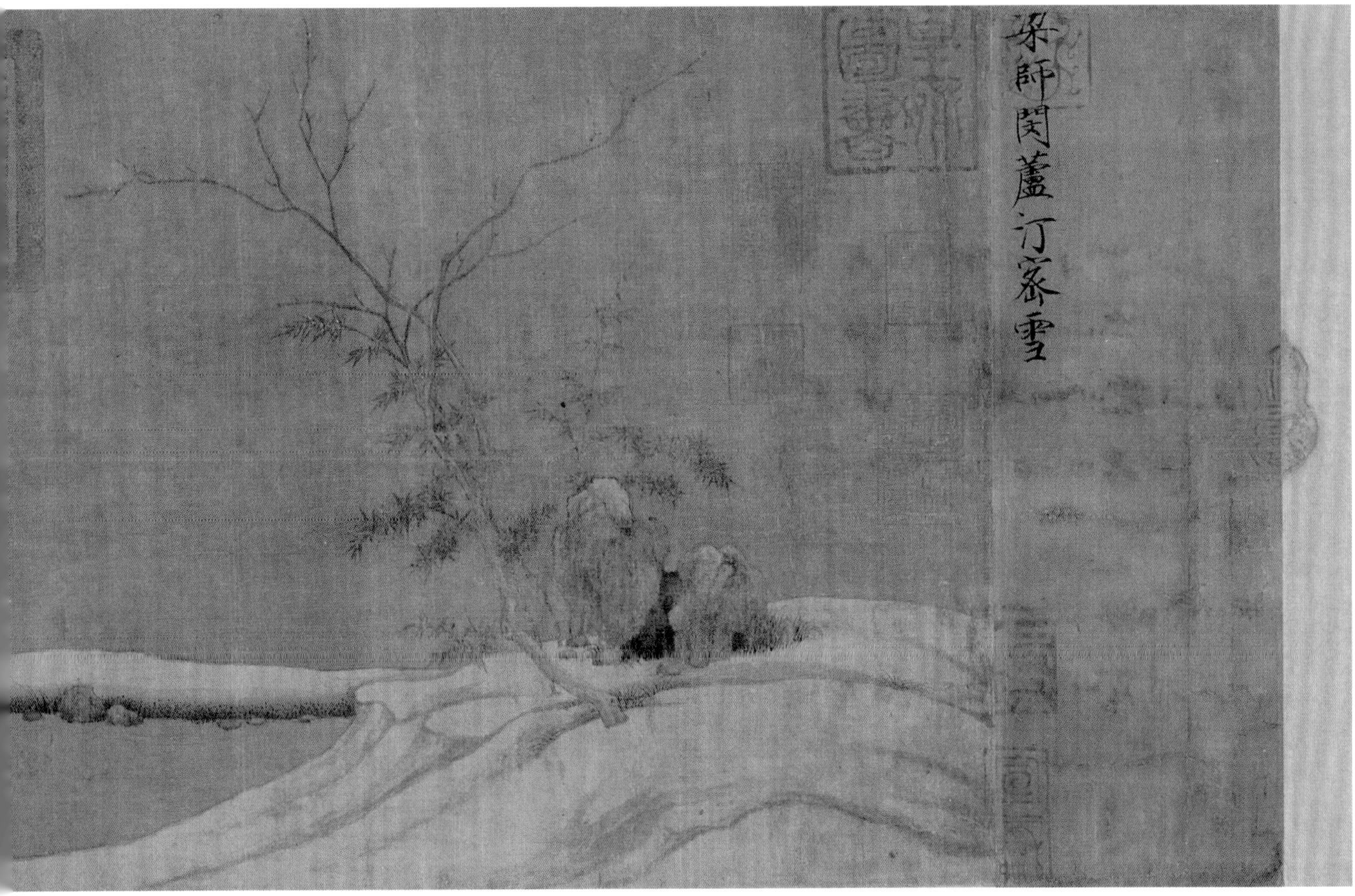
梁師閔蘆汀密雪

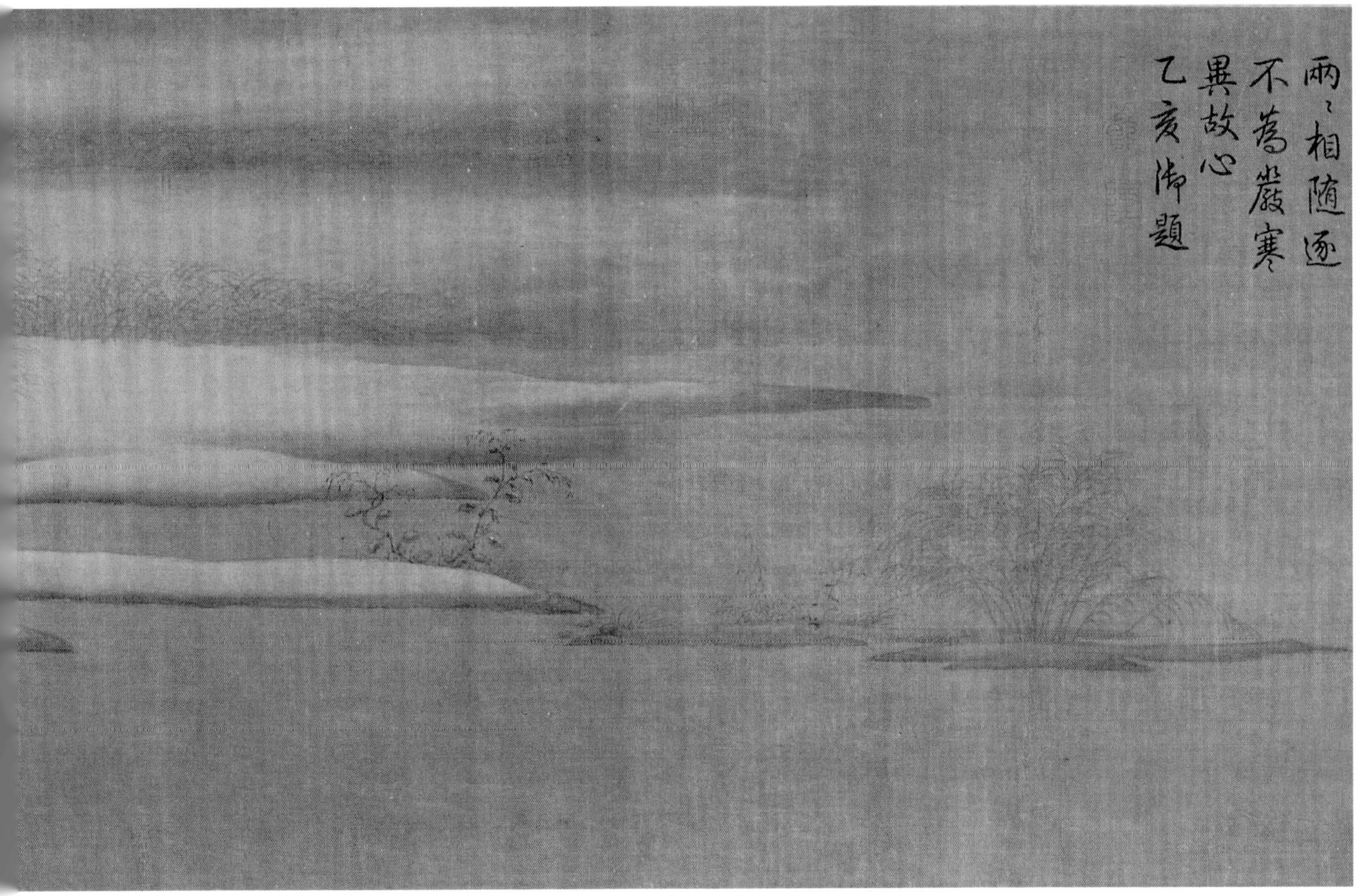
兩〻相隨逐
不為嚴寒
異故心
乙亥御題

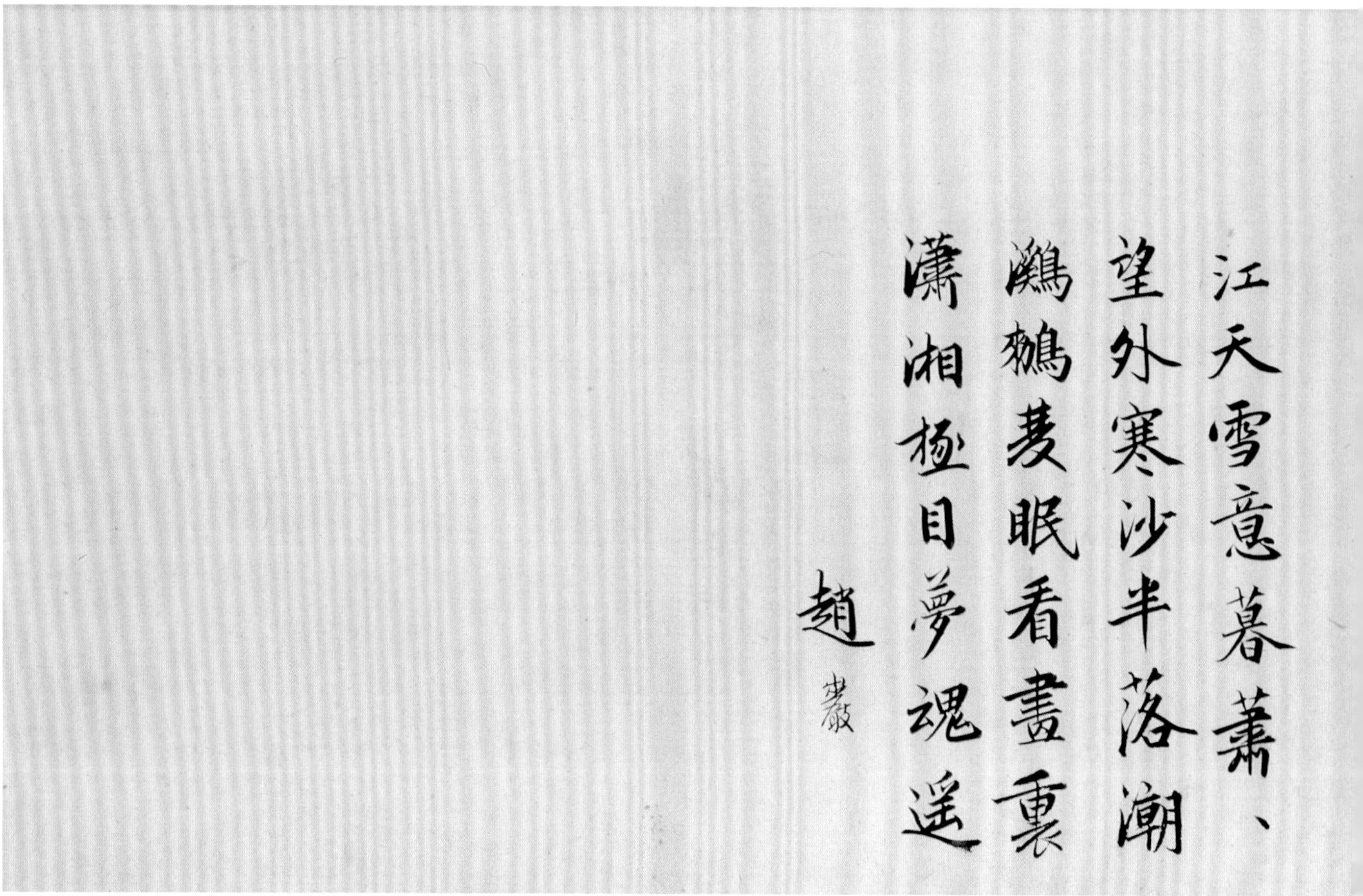
江天雪意暮蕭蕭、
望外寒沙半落潮
鸂鶒雙眠看畫裏
瀟湘極目夢魂遙
趙巖

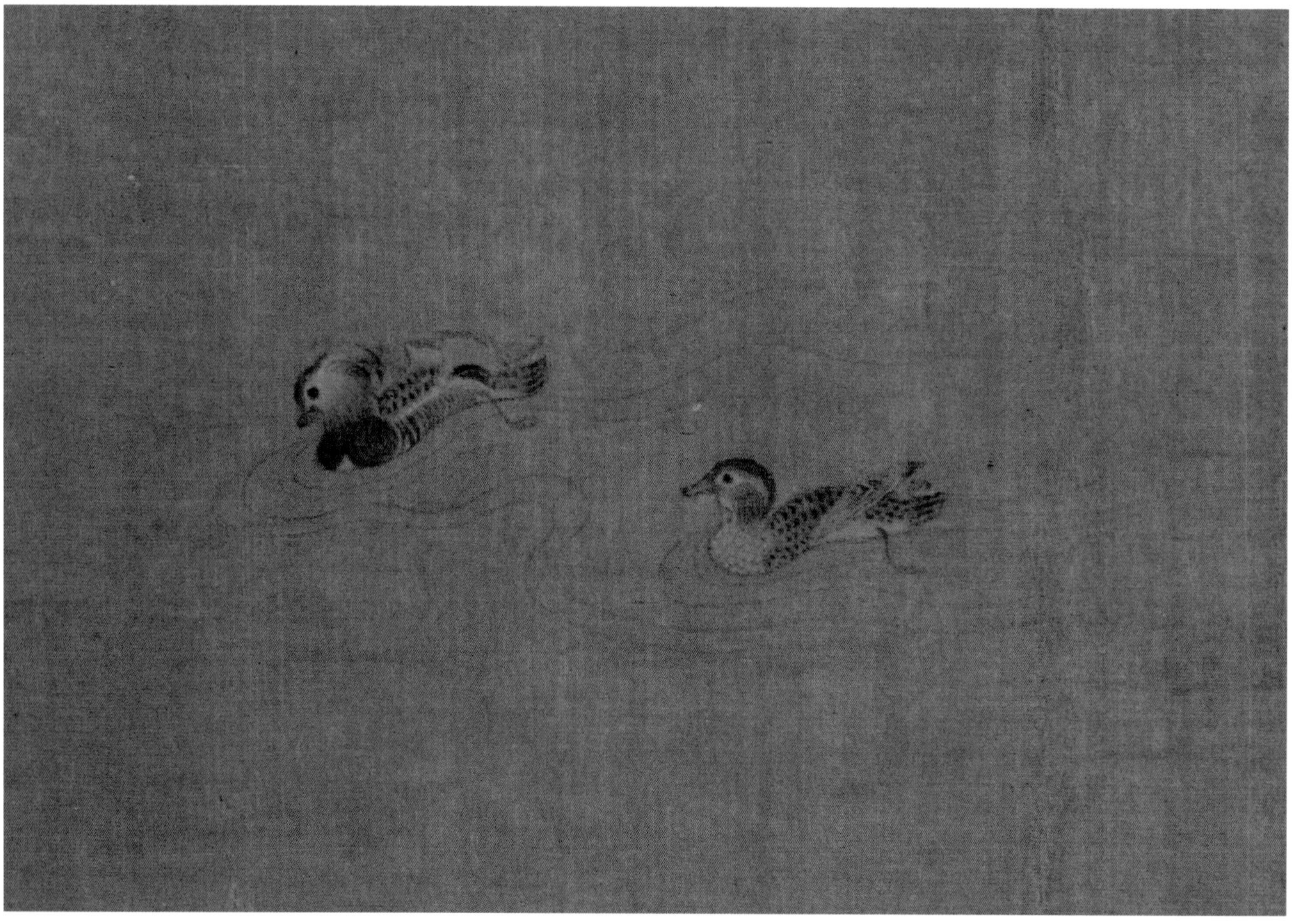

楚之曠浦遇冬揺落之时平沙尺
雪汀蘆瀰漫若跨騎登峯使神
馳瀟湘之極莫不浩浩然蕩蕩然心
地無滯故云八景者宜其然孰能畫
此獨梁師閔胷鍾楚景之秀特
寫畫以像生豈不快哉

洪武八年秋文華堂題

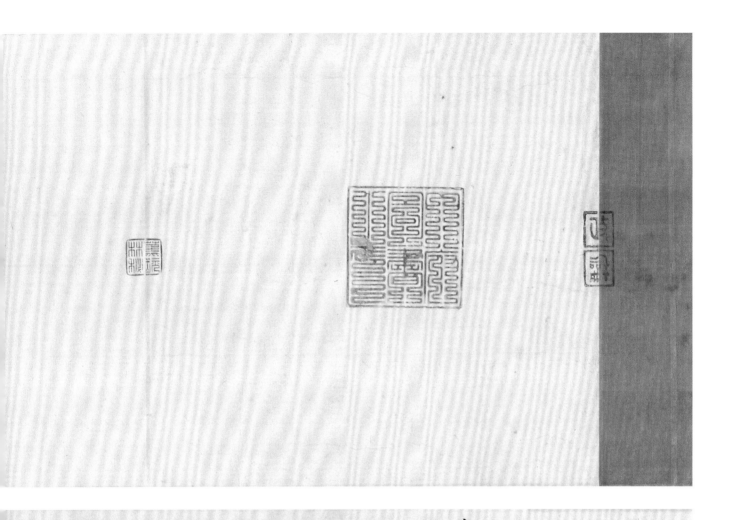

9

燕肅　春山圖卷

北宋
紙本　墨筆
縱30厘米　橫69.7厘米
清宮舊藏

Spring Mountains
By Yan Su, Song Dynasty
Handscroll, ink on paper
H.30cm　L.69.7cm
Qing Court collection

燕肅（？—1040），字穆之，祖籍山東益都，後徙陽翟（今河南禹州）。累官至禮部侍郎。文學治行，為時人推重。每寄情於繪事，尤喜畫山水寒林，師法唐代畫家王維、李成，曾為官署、寺廟畫過壁畫。他博學多聞，曾造指南車、蓮花漏。

《春山圖》繪崇山峻嶺間，茅亭草舍，散佈錯落，小橋相通，漁舟垂釣，棧道盤曲，關門洞開。畫面於恬靜安閒之中又富於生趣，使觀者彷彿置身世外桃源之中。此卷行筆施墨雖穩健，但與畫史中記載的燕肅畫風並不相似，記載說他是"蹈摩詰（王維）之遐蹤，追咸熙（李成）之懿範"，"罨畫濃淡、意象微遠"。因此有學者認為此卷應為金代北方山水畫體系的作品。尾紙中仇遠題跋亦有專家定為後人仿書。

本幅款識"燕肅畫"係後添。有清乾隆御題詩並鈐項子京鑑藏印及清乾隆、嘉慶、宣統內府藏印二十一方，另半印七方。引首鈐項子京鑑藏印四方及半印二方。前、後隔水鈐梁清標鑑藏印及清乾隆、宣統藏印九方。

尾紙題跋："吳郡之地廣袤沃衍，遠於崇山峻嶺。拙上人禪居高閒，罕事杖屨，時獨手燕侍郎墨圖於明窗之下，以自託其登臨高遠之意。信夫天台、衡嶽往來者之良勞也。虞集題"。鈐鑑藏印"虞伯生父"（朱文）。尾紙題詩："溪路迢迢繞碧峯，白雲迷卻舊行蹤。買舟歸去山中住，終日茅亭坐聽松。山村仇遠"等。

尾紙題跋另有玉几約翁、趙壽、釋慧曇、妙玄子、劉基、石岩、錢良右、釋大同、僧汝爽、文信、奇譯、僧證道、馬喆、唐肅、金觀、李源、冷謙、夏士賓、穆榮禮、陳遜、鄭權、釋宗衍道原、萬金、僧宗泐、陳世昌、釋似桂、程雍、徐一夔、徐幼文、張世昌、朱綽、致凱、項元汴等三十四家，並鈐項元汴、梁清標等鑑藏印四十九方，另半印二方。

曾經《石渠寶笈初編》著錄。

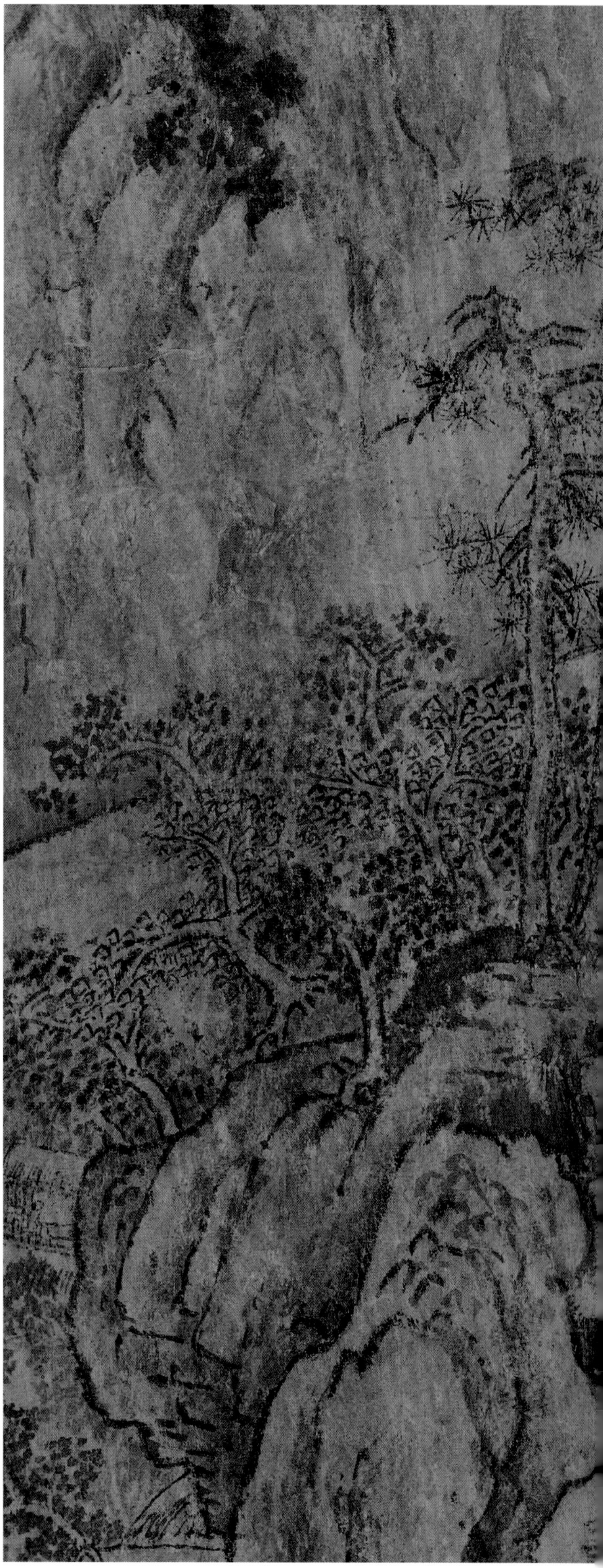

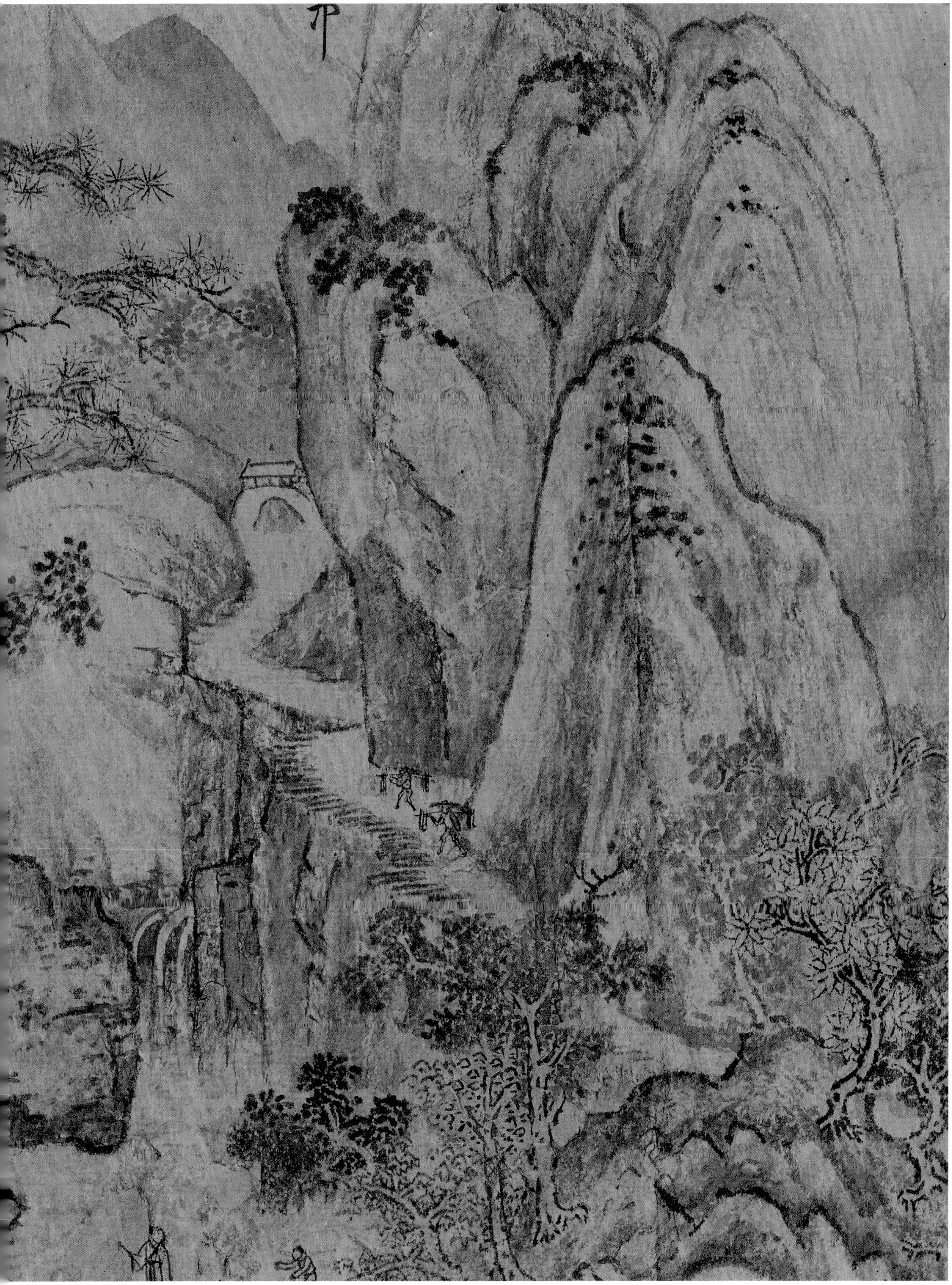

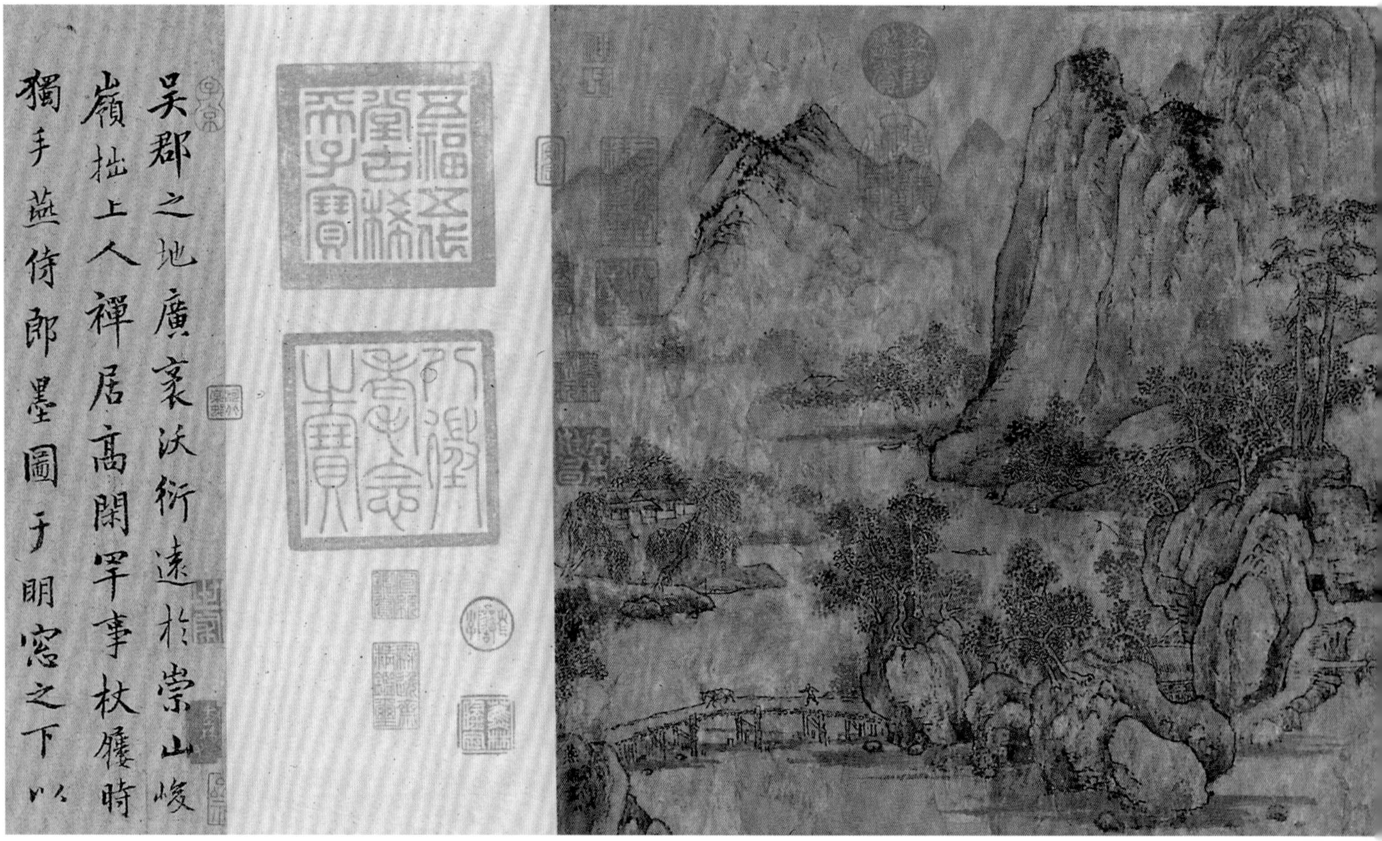
吴郡之地廣袤沃衍遠於崇山峻
嶺拙上人禪居高閑罕事杖屨時
獨手燕侍郎墨圖于明窗之下以

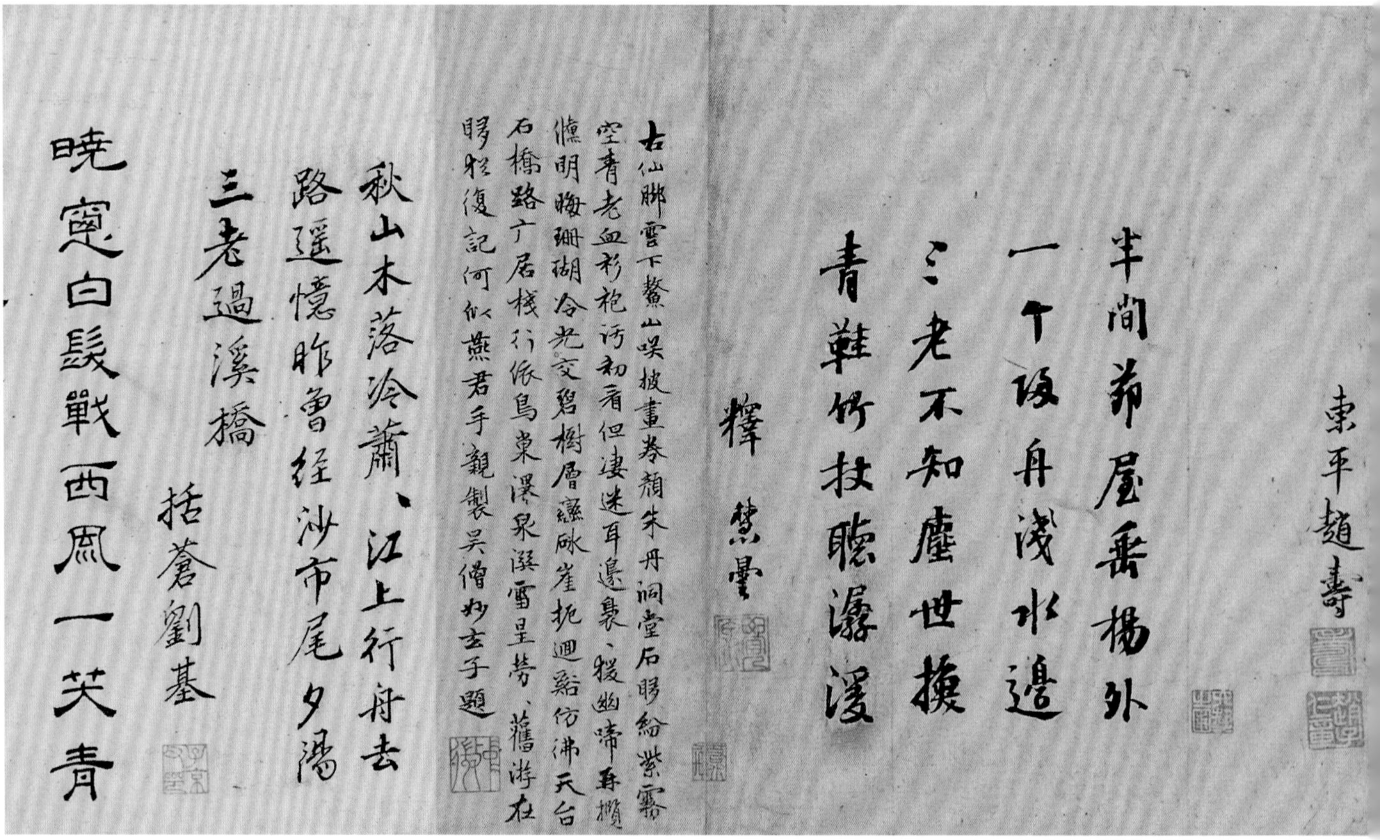
東平趙壽
半間茅屋垂楊外
一个扁舟淺水邊
三老不知塵世換
青鞋竹杖聽潺湲
釋 梵譽
古仙脚雪下鰲山嘆披畫卷蒨朱丹洞堂石影紛紫霧
空青老血彩袍污初看但淒迷耳邊梟猨幽啼再攬
憶明晦珊瑚冷光交碧樹層巒砅崖抱迴谿彷彿天台
石橋路广居棧行依鳥棲渫泉凝雪呈勢舊游在
目猶復記何似燕君手親製吳僧妙玄子題
秋山木落冷蕭蕭江上行舟去
路遥憶昨曾經沙市尾夕陽
三老過溪橋
括蒼劉基
曉寒白髮戰西風一笑青

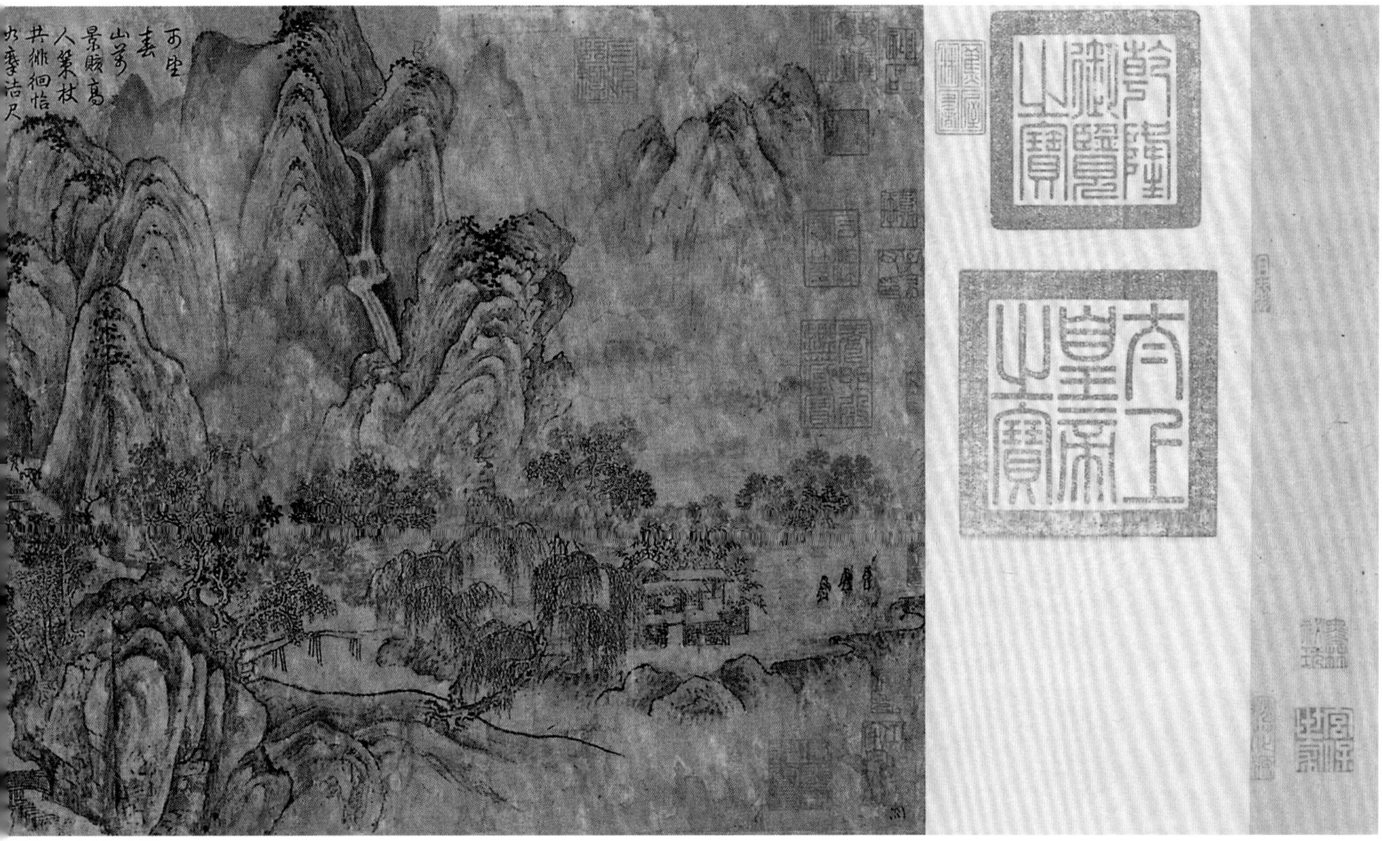
乾隆御覽之寶
太上皇帝之寶

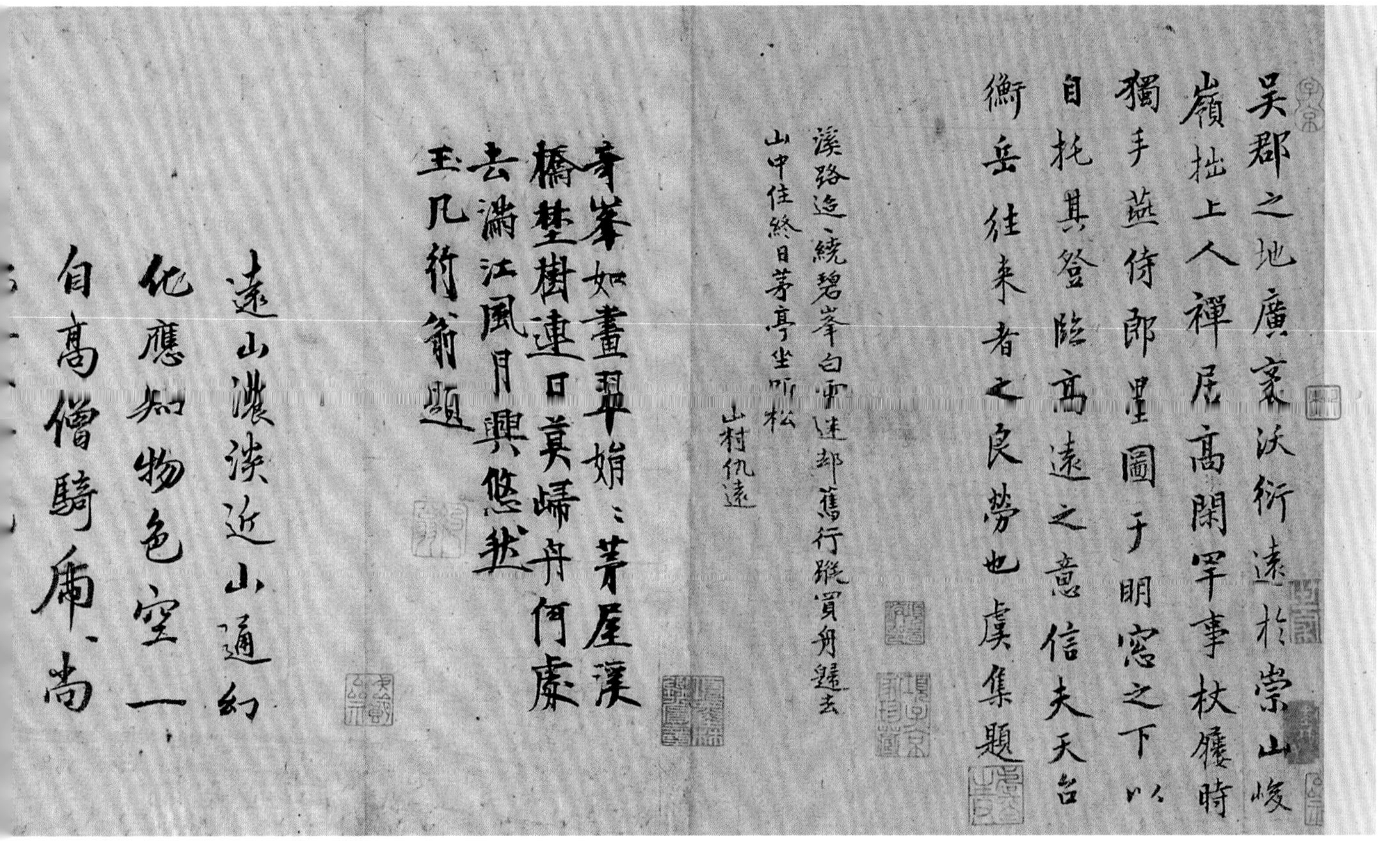
吴郡之地廣衮沃衍遠於崇山峻
嶺拙上人禪居高閑罕事杖屨時
獨手藍侍郎星圖于明窗之下以
自托其登臨高遠之意信夫天台
衡岳往来者之良勞也 虞集題
溪路迢迢繞碧峯白雲迷却舊行蹤買舟擬去
山中住終日茅亭坐聽松
山村仇遠
奇峯如畫翠娟娟茅屋溪
橋楚樹連日莫歸舟何處
去滿江風月興悠然
玉几箭翁題
遠山濃淡近山通幻
化應知物色空一
自高僧騎鹿尚

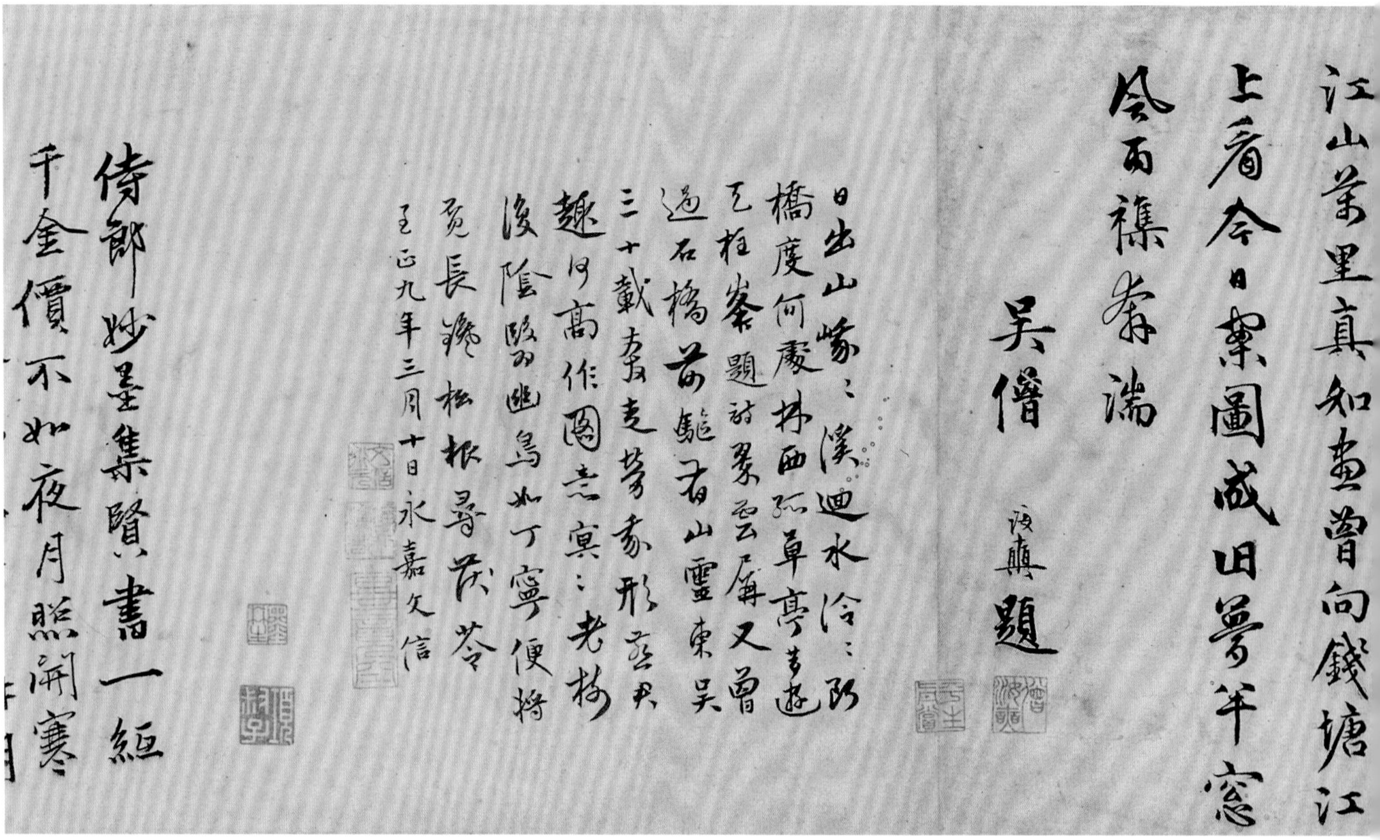
江山萬里真如畫曾向錢塘江
上看今日案圖成旧夢半窗
風雨襍寒湍
吳僧 復輿題
日出山崦崦溪迴水泠泠路
橋度何處林西孤草亭吉遊
已狂恣題詩眾雲屏又曾
過石橋苔蘚古山靈東吳
三十載春光夢夢形蓀夷
趣以高作圖云寘寘老树
後陰膝蘭幽鳥如丁寧便將
覓長鑱松根尋茯苓
至正九年三月十日永嘉文信
侍郎妙墨集賢書一紙
千金價不如夜月照開寒

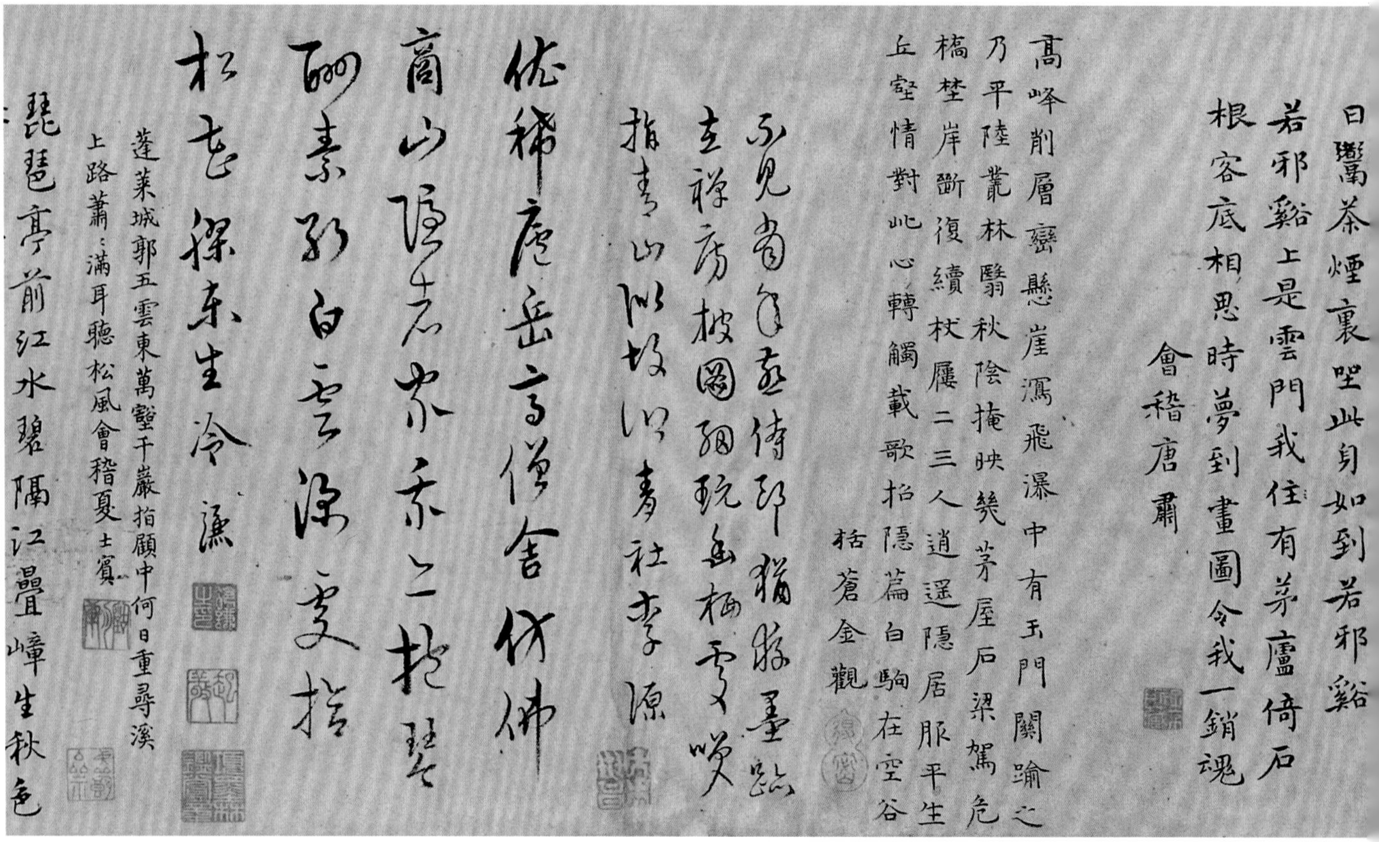
日斷茶煙裏空山身如到若邪谿
若邪谿上是雲門我住有茅廬倚石
根客底相思時夢到畫圖令我一銷魂
會稽唐肅
高峰削層巒懸崖瀉飛瀑中有玉門關踰之
乃平陸叢林翳秋陰掩映幾茅屋石梁駕危
橋埜岸斷復續杖屨二三人逍遙隱居服平生
丘壑情對此心轉觸載歌招隱篇白駒在空谷
括蒼金觀
不見當年侍郎猶留墨跡
在禪房披圖翫畫梅雪嘆
指點山川坡以書社李源
依稀應岳高僧舍仿佛
商山隱士家一抹琵琶
翻素影白雲深處變指
松毛探東生冷 漁
蓬萊城郭五雲東萬壑千巖指顧中何日重尋溪
上路蕭蕭滿耳聽松風會稽夏士賓
琵琶亭前江水碧隔江疊嶂生秋色

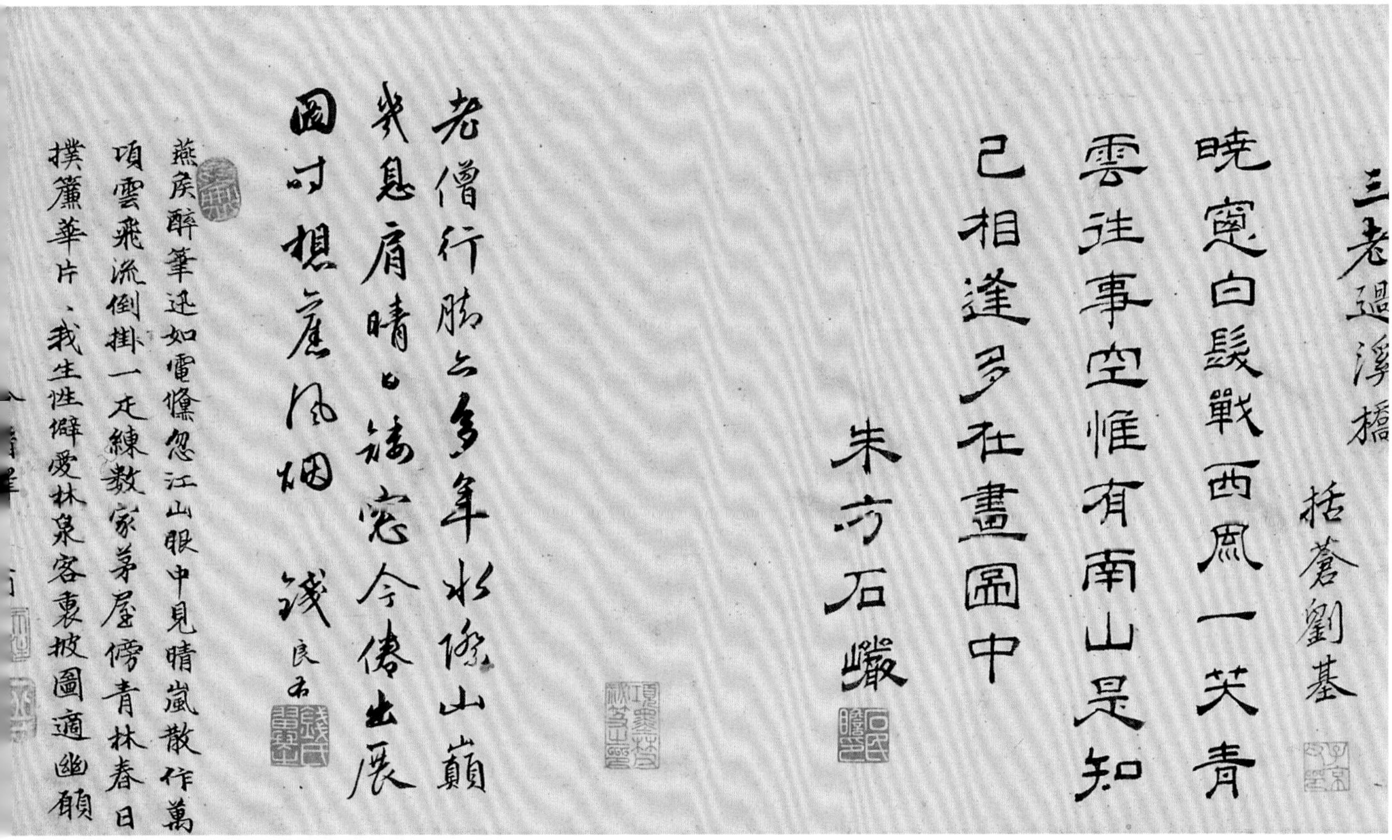
三老過溪橋　括蒼劉基
曉窗白髮戰西風一笑青雲往事空惟有南山是知己相逢多在畫圖中　朱方石巖
老僧行脚亡多年水際山巔幾息肩晴日小窗今偶出展圖寸想廬風烟　錢艮右
燕庚醉筆迷如電儵忽江山眼中見晴嵐散作萬頃雲飛流倒掛一疋練數家茅屋傍青林春日撲簾華片片我生性僻愛林泉客裏披圖適幽願

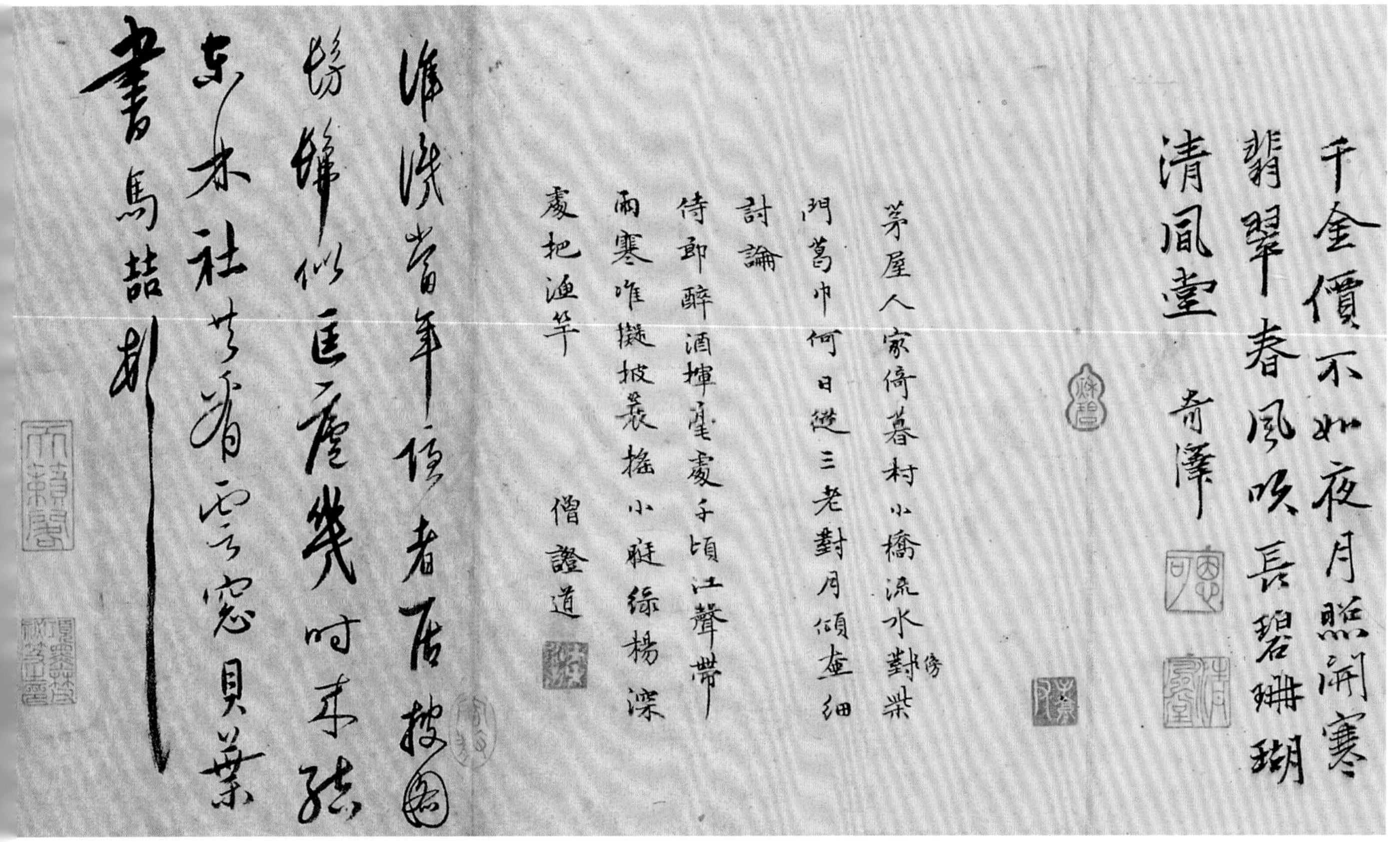
千金價不如夜月照閑寒翡翠春風吹長碧珊瑚清風臺　奇澤
茅屋人家倚暮村小橋流水對柴門葛巾何日從三老對月傾壺細討論
侍郎醉酒揮毫處千頃江聲帶雨寒唯擬披蓑搖小艇綠楊深處把漁竿　僧證道
維洪當年隱者居披圖彷彿似匡廬幾時來結東林社共看雲窗貝葉書　馬喆

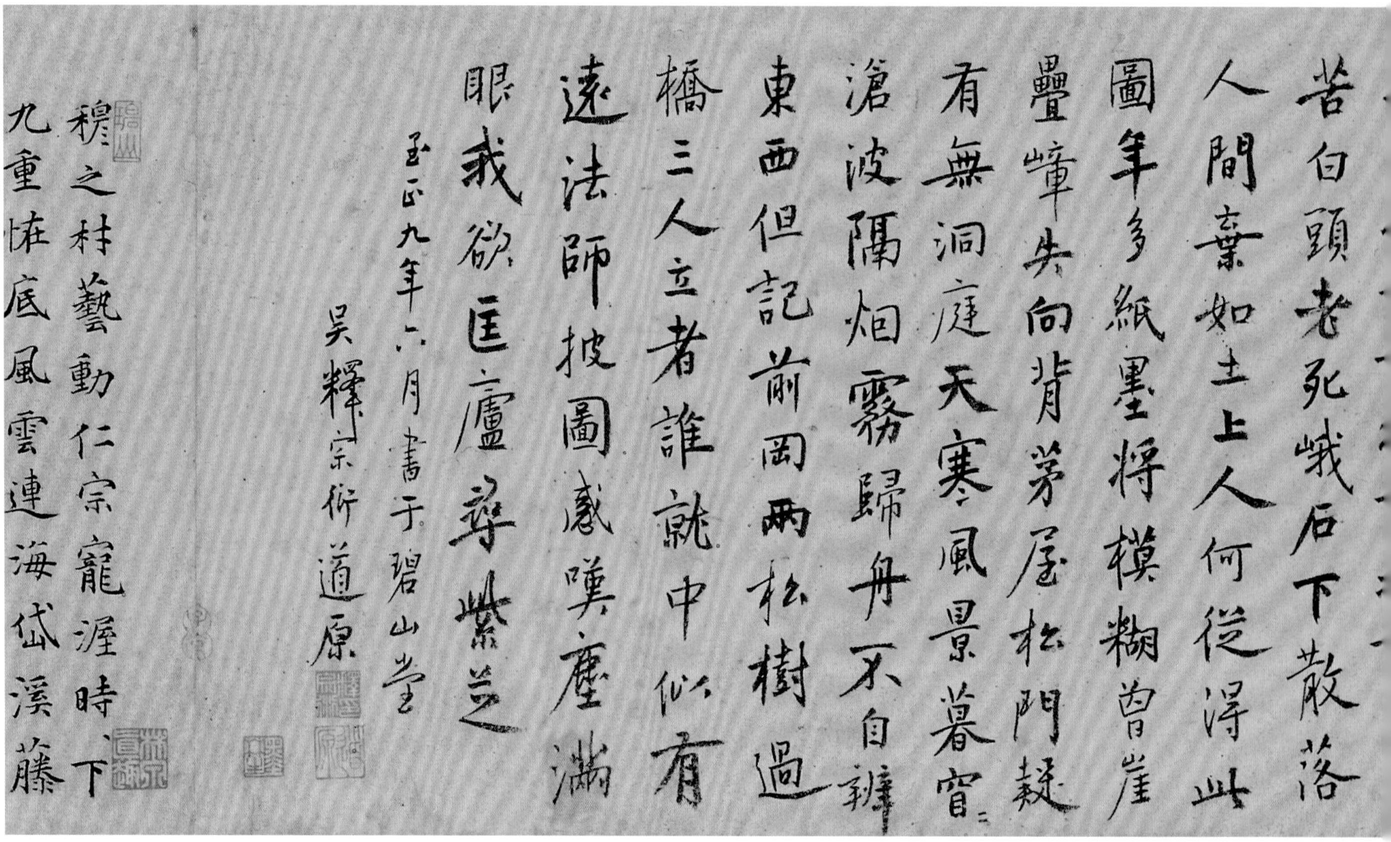
苦白頭老死峨石下散落
人間棄如土上人何從得此
圖年多紙墨將模糊曾崖
疊嶂失向背茅屋松門疑
有無洞庭天寒風景暮窅窅
滄波隔烟霧歸舟不自辨
東西但記前岡兩松樹過
橋三人立者誰就中似有
遠法師披圖感嘆塵滿
眼我欲匡廬尋紫芝
至正九年六月書于碧山堂
吳釋宗衍道原
穠之材藝動仁宗寵渥時下
九重帷底風雲連海岱溪藤

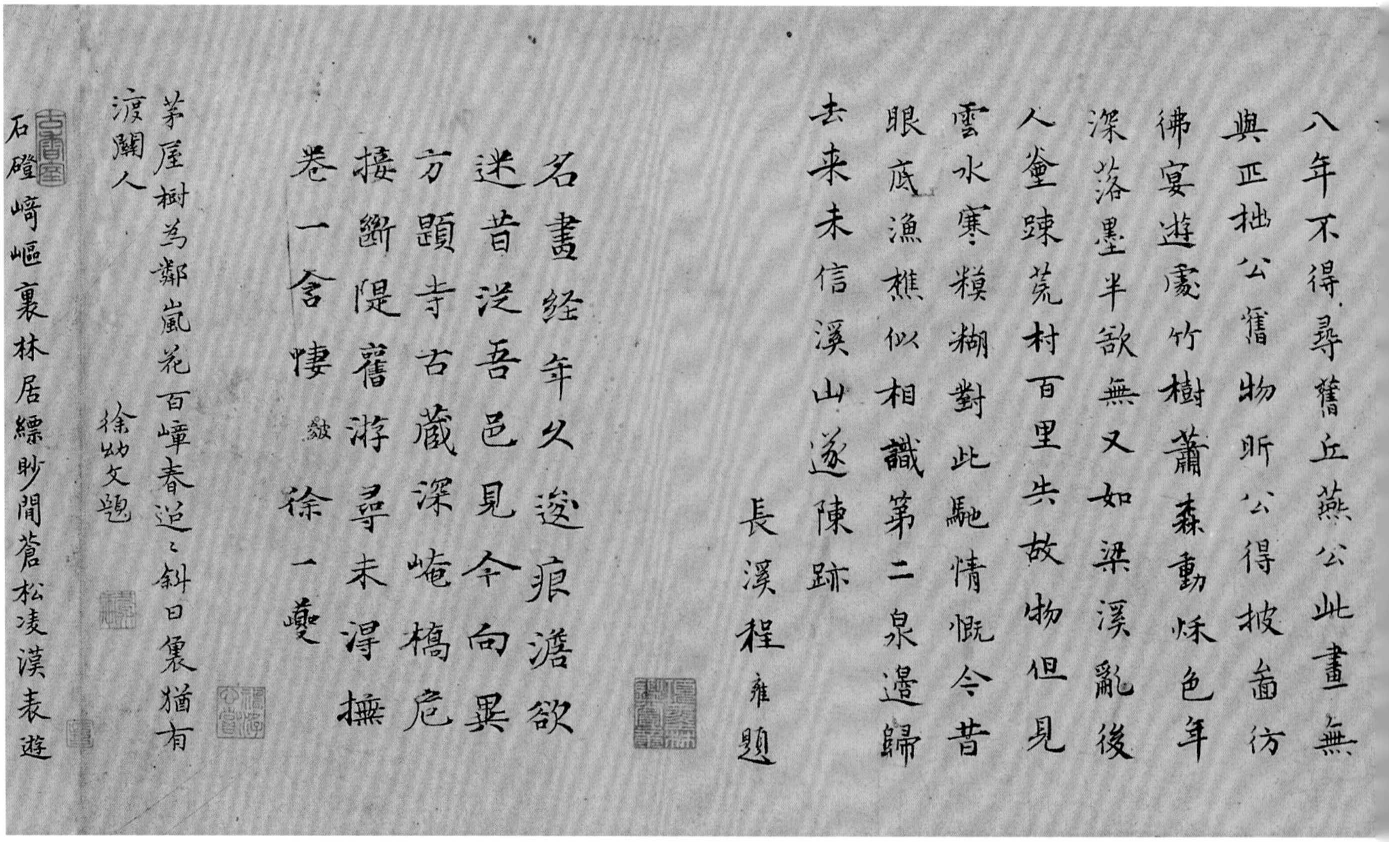
八年不得尋舊丘燕公此畫無
與匹拙公舊物昕公得披畫彷
佛宴遊處竹樹蕭森動秋色年
深落墨半欲無又如梁溪亂後
人家疏荒村百里失故物但見
雲水寒糢糊對此馳情慨今昔
眼底漁樵似相識第二泉邊歸
去來未信溪山遂陳跡
長溪程雍題
名畫經年久逐痕潛欲
迷昔從吾邑見今向異
方題寺古藏深崦橋危
接斷隄舊游尋未得撫
卷一含悽 敬 徐一夔
茅屋樹為鄰嵐花百嶂春迢迢斜日裏猶有
渡瀾人
徐妙文題
石磴崎嶇裏林居縹緲間蒼松凌漢表遊

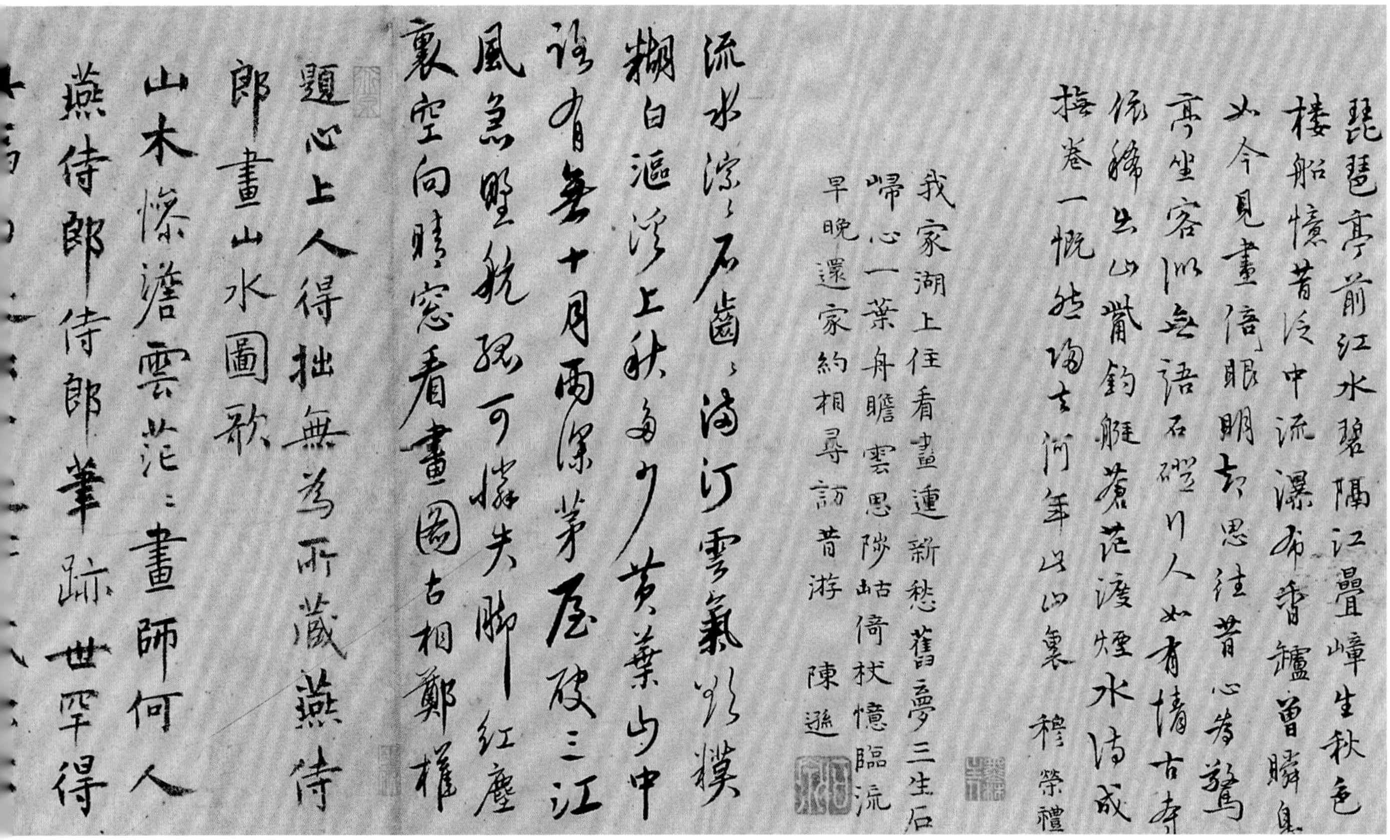

琵琶亭前江水碧隔江疊嶂生秋色
樓船憶著泛中流瀑布香鑪曾瞬息
如今見畫倍眼明故思往昔心莫驚
亭坐容從語石磯川人如有情古寺
依稀出山覺釣艇蒼茫渡煙水清成
披卷一悵然陶古河年以四裹　穆榮禮

我家湖上住看畫運新愁舊夢三生石
歸心一葉舟瞻雲思陟岵倚杖憶臨流
早晚還家約相尋訪昔游　陳遜

流水淙淙石齒齒淘汀雲氣氛模
糊白漚浮上秋角夕黃葉山中
諳有無十月兩深茅屋使三江
風烏野航艇可憐失腳紅塵
裹空向晴窗看畫圖古相鄭權

題心上人得拙無為而藏燕侍
郎畫山水圖歌
山木慘蕭雲山范范畫師何人
燕侍郎侍郎筆跡世罕得

九重惟底風雲連海岱溪籐
未朽墨花濃
至正二十五年乙巳九月望後五
日吳郡萬金題

辭山方兩月見山心輒喜披圖忽悄然舊游
宛相似徵茫敬亭雲逕邊賞谿水猶啼樹
蒼漚汎波靡巖阿桂藥生茅屋無人理
何為滯江城睞眼黃塵起　天台僧宗泐

舊畫愁滄滅新題費品評
雲山入衡岳雪浪過滪城
嶺有啼猿樹巖多瀑布聲
老僧思振錫飛步上峰巒
錢唐陳世昌

水聲潺潺山中路林深不知林外兩轉未硼
深不可渡沿流直過奇山青前山腳六涇諳
科連溪邃見山人家

予觀此卷見道元信公道原衍公之二妙有追古人之妙而獨久道
原誠公曰說山行待一首其聲欵含和深有此趣鄰彥補其義
伹桂雖不識四六禪老知昭然其无誠謂鼎足者三歎一不可以著
一時之名流三歎賞覽者之一咲云民

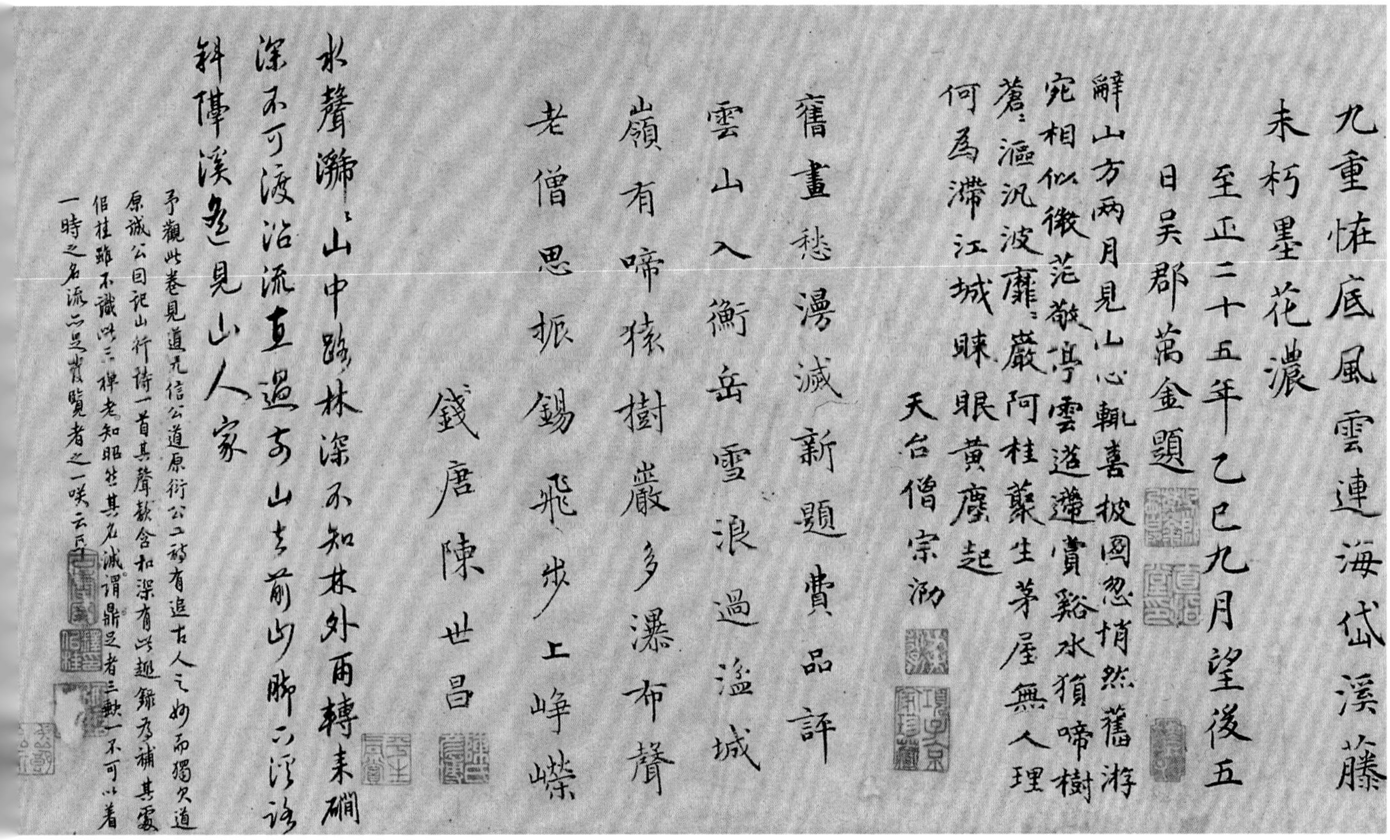

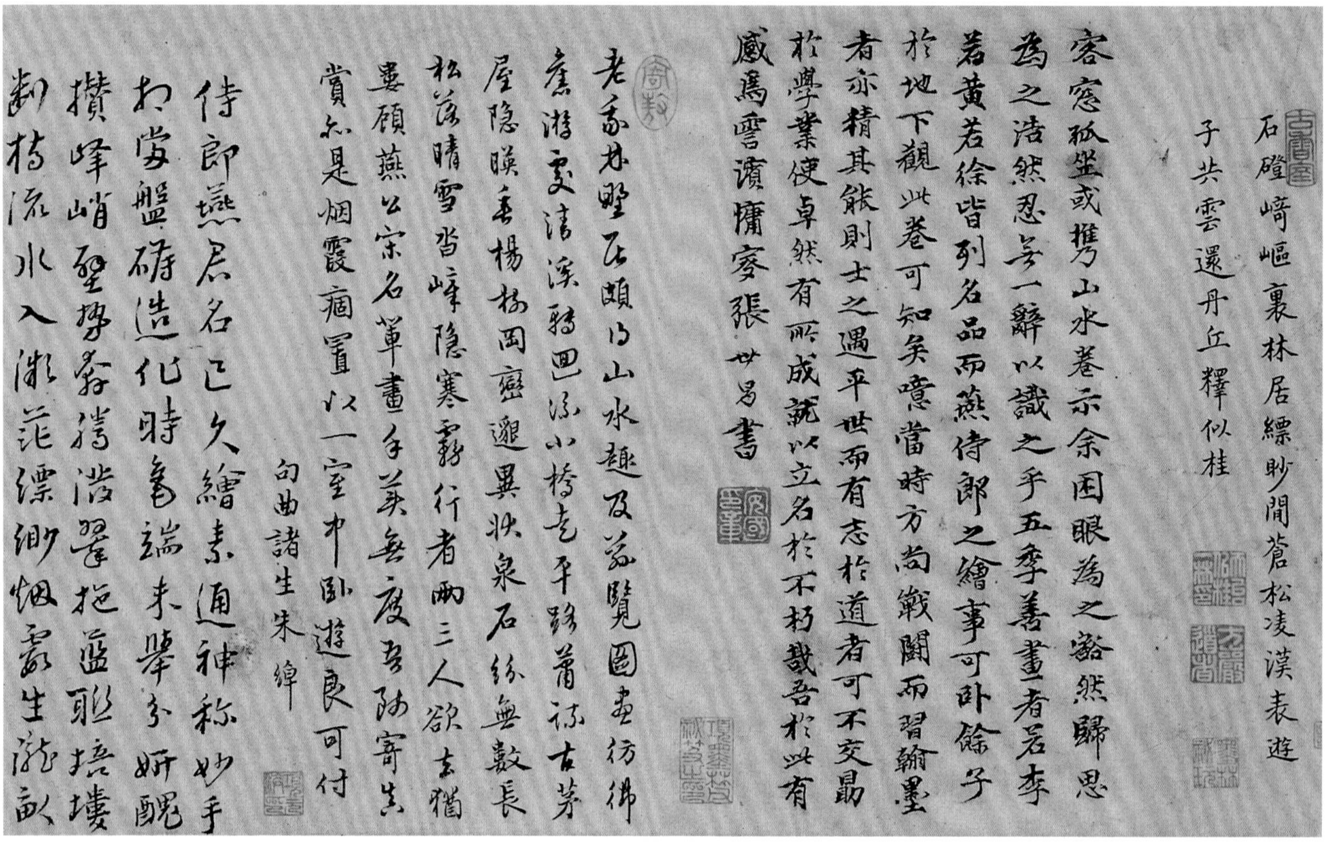

石磴崎嶇裏林居縹緲間蒼松凌漢表遊
子共雲還丹丘釋似桂
客窓孤坐或携山水卷示余因眼爲之豁然歸思
爲之浩然忽無一辭以識之乎五季善畫者若李
若黃若徐皆列名品而燕侍郎之繪事可卧餘子
於地下觀此卷可知矣噫當時方尚戰鬪而習翰墨
者亦精其能則士之遇乎世而有志於道者可不交勗
於學業使卓然有所成就以立名於不朽哉吾於此有
感焉雲濱慵客張世昌書

老去林壑頤以山水趣及茲覽圖畫彷彿
舊遊處清溪轉迴流小橋亭平路菁深古茅
屋隱瞑木楊樹因巒迴異狀泉石紛無數長
松落晴雪皆峰隱寒霧行者兩三人欲去猶
要顧燕公宋名筆畫手莫無度吾弟寄其
賞不是烟霞痼冒以一室中卧遊良可付
句曲諸生朱緯

侍郎燕居名已久繪素通神稱妙手
扣當盤礴造化時多端未擧爭妍醜
攢峰峭壑勢崒嵂蒼翠拖藍貼培塿
斷橋流水入澗花漂緲烟霞生隴畝

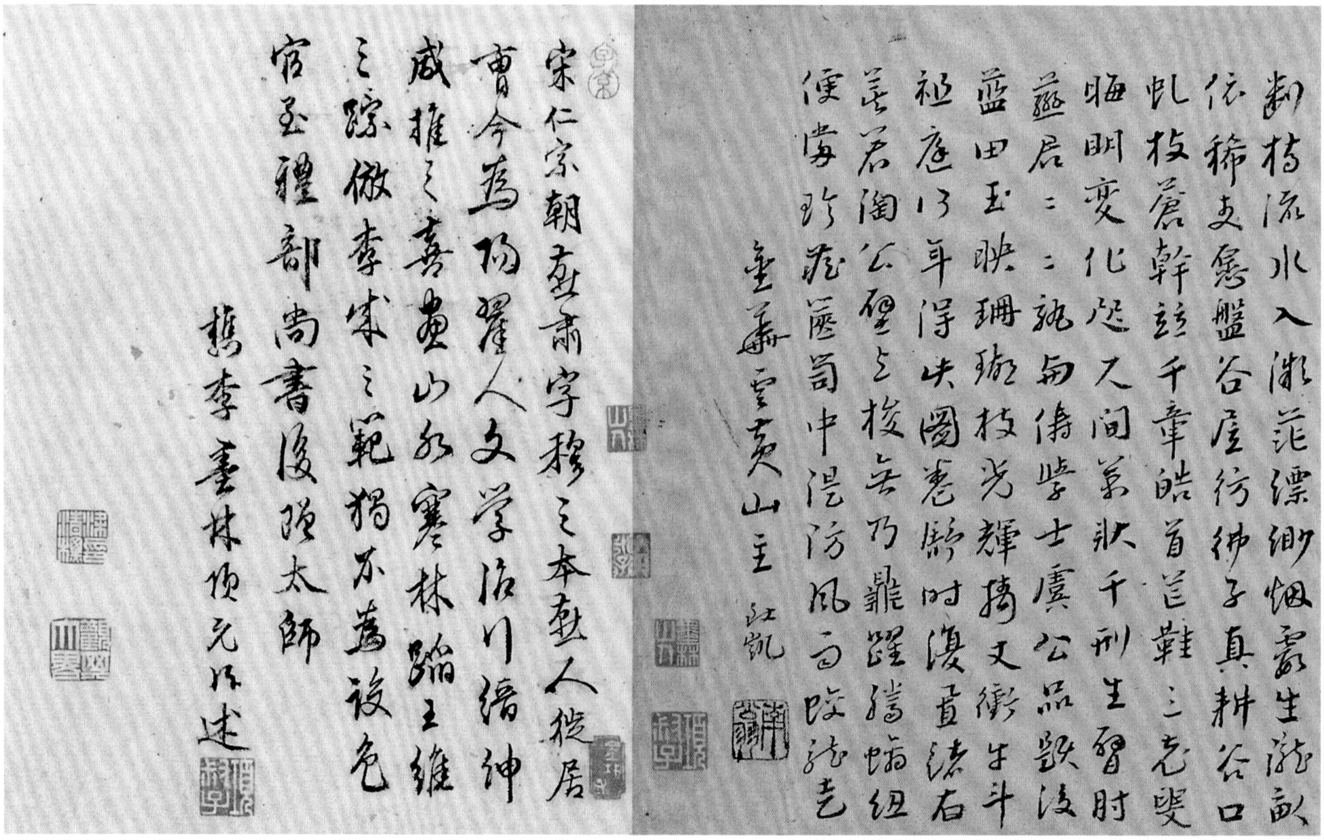

斷橋流水入澗花漂緲烟霞生隴畝
依稀支窓盤谷屋行佛子真耕谷口
虬枝蒼幹兹千章皓首芒鞋三老叟
晦明變化咫尺間萬狀千形生腕肘
燕居〻〻絕句傳學士虞公品跋後
藍田玉映珊瑚枝光輝摛文衡牛斗
祖庭以年浮失圖卷歸時復貢諸右
吾君陶公璽之校無乃鼎躍攜蟠紐
便當珍藏篋笥中謹防風雨化龍去
金華雲黃山主　江凱

宋仁宗朝燕肅字穆之本燕人徙居
曹今爲陽翟人文學治行縉紳
咸推之善畫山水寒林蹈王維
之蹤做李成之範獨不為設色
官至禮部尚書後贈太師
檇李墨林項元汴述

10

張擇端　清明上河圖卷
北宋
絹本　設色
縱24.8厘米　橫528.7厘米
清宮舊藏

Riverside Scenery at the Qingming Festival
By Zhang Zeduan, Song Dynasty
Handscroll, colour on silk
H.24.8cm　L.528.7cm
Qing Court collection

張擇端（生卒年不詳），字正道，東武（今山東諸城）人。幼時至汴梁讀書，後專習繪畫。在北宋宣和年間（1119–1125）為翰林圖畫院待詔。工於界畫，所作舟車、市橋、郭徑，皆能"曲盡其意態"，自成一家。《清明上河圖》是其傳世的唯一作品。另有《西湖爭標圖》，惜已失傳。

《清明上河圖》描繪北宋都城汴梁（今河南開封）清明節時的景象。畫卷大致可分為三段。首段描繪汴梁郊區的景物，有柳樹、茅舍、田壟、菜地以及馱運貨物的驢騾等。中段以穿城而過的汴河為中心，兩岸各色店鋪、客舍、貨棧林立，從事各種行業的人往來如織，互有問答，行色生動。大船駛過虹橋時，船上、橋上、岸上人羣相互呼應，氣氛緊張熱烈。尾段以城門內外景色作結，城牆上樹木叢生，駝隊穿城而過。城內人羣紛雜，更顯繁華。此卷真實地再現了北宋都城的市井生活，其中許多場景為《東京夢華錄》等史籍所印證，雖為風俗畫，但同時也是表現北宋時期都市景色的代表作。所繪城樓樑架清晰，屋宇各具特色，舟楫板釘畢現，橋樑結構準確，是研究宋代的建築、交通工具、服飾，特別是研究繪畫技法的重要資料。取橫卷式構圖，將極為繁複的場景處理得有條不紊。以綫描為主，有界筆直尺寫出，也有徒手意筆繪成，運筆靈活，筆筆精到，設色淺淡，樸實素雅。

本幅鈐鑑藏印"畢沅"及清內府藏印共五方。後隔水鈐鑑藏印"婁東畢沅鑑藏"（朱文）、"太華主人"（白文）及清內府藏印共五方。

尾紙題跋有張著及張公藥、酈權、王磵、張世積、楊准、劉漢、李祁、吳寬、李東陽、陸完、馮保、如壽等十三家（釋文見附錄）。鈐鑑藏印"延陵"（白文）、"清白傳家"（白文）、"子孫永寶"（朱文）、"太華主人"（白文）、"婁東畢沅鑑藏"（朱文）、"秋颿"（朱文）及清內府藏印共計九十方，又半印六方。

曾經《鐵網珊瑚》、《鈐山堂書畫記》、《石渠寶笈》、《清河書畫舫》、《珊瑚網》、《庚子消夏記》、《式古堂書畫彙考》、《佩文齋書畫譜》著錄。

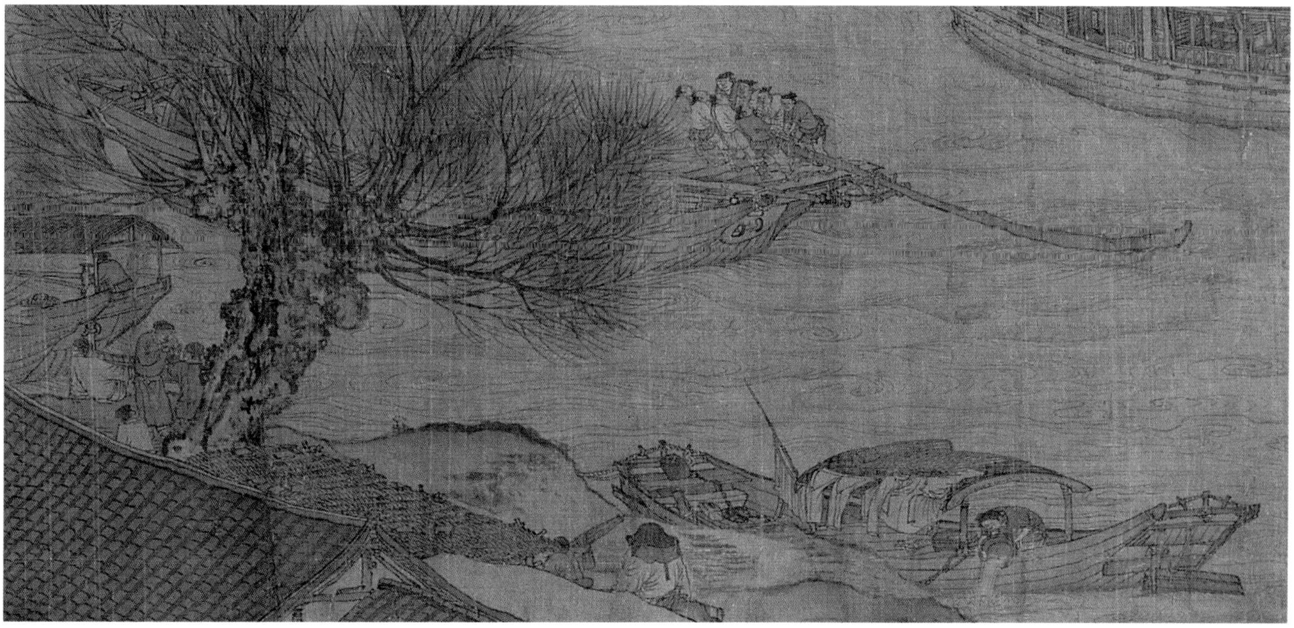

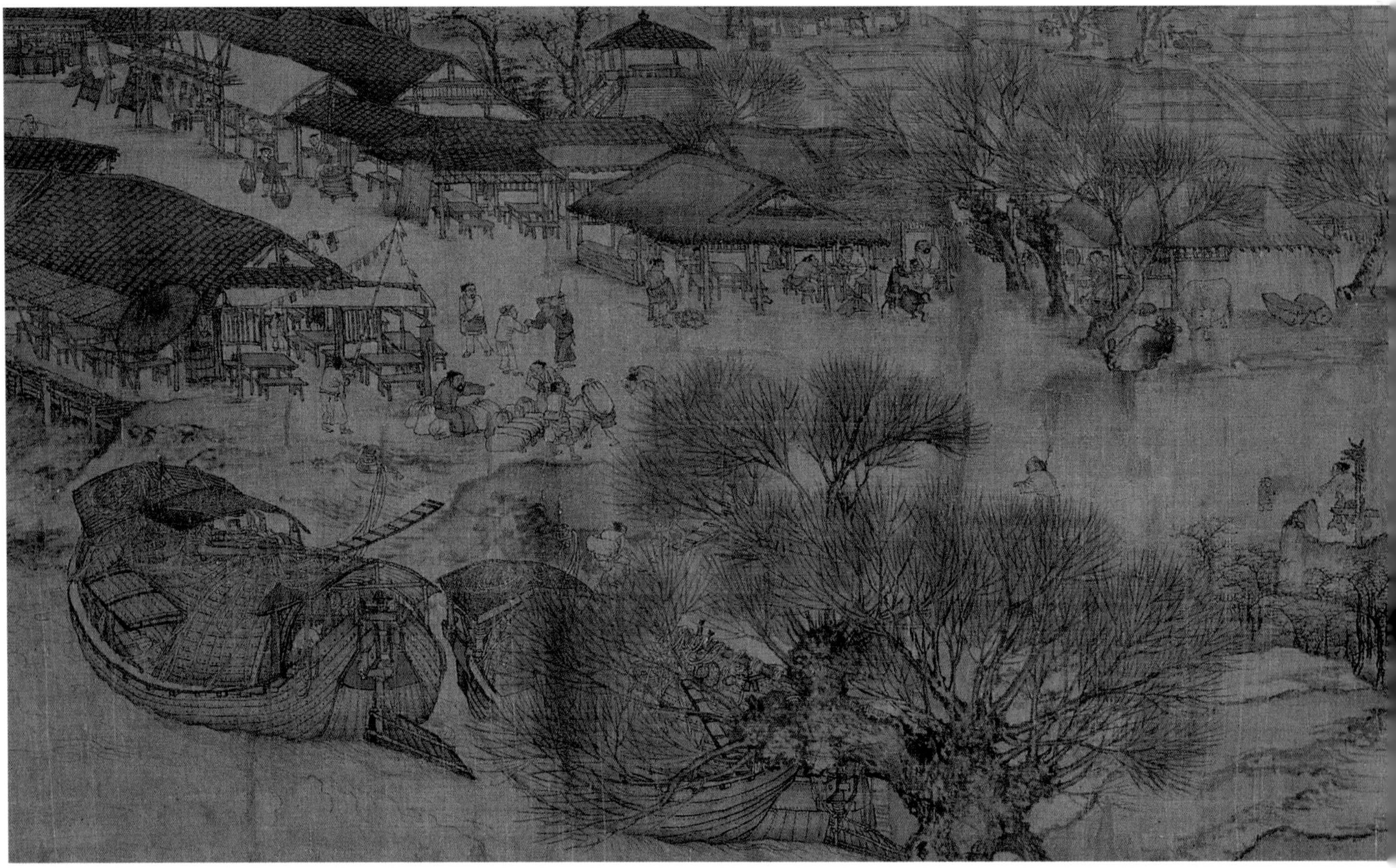

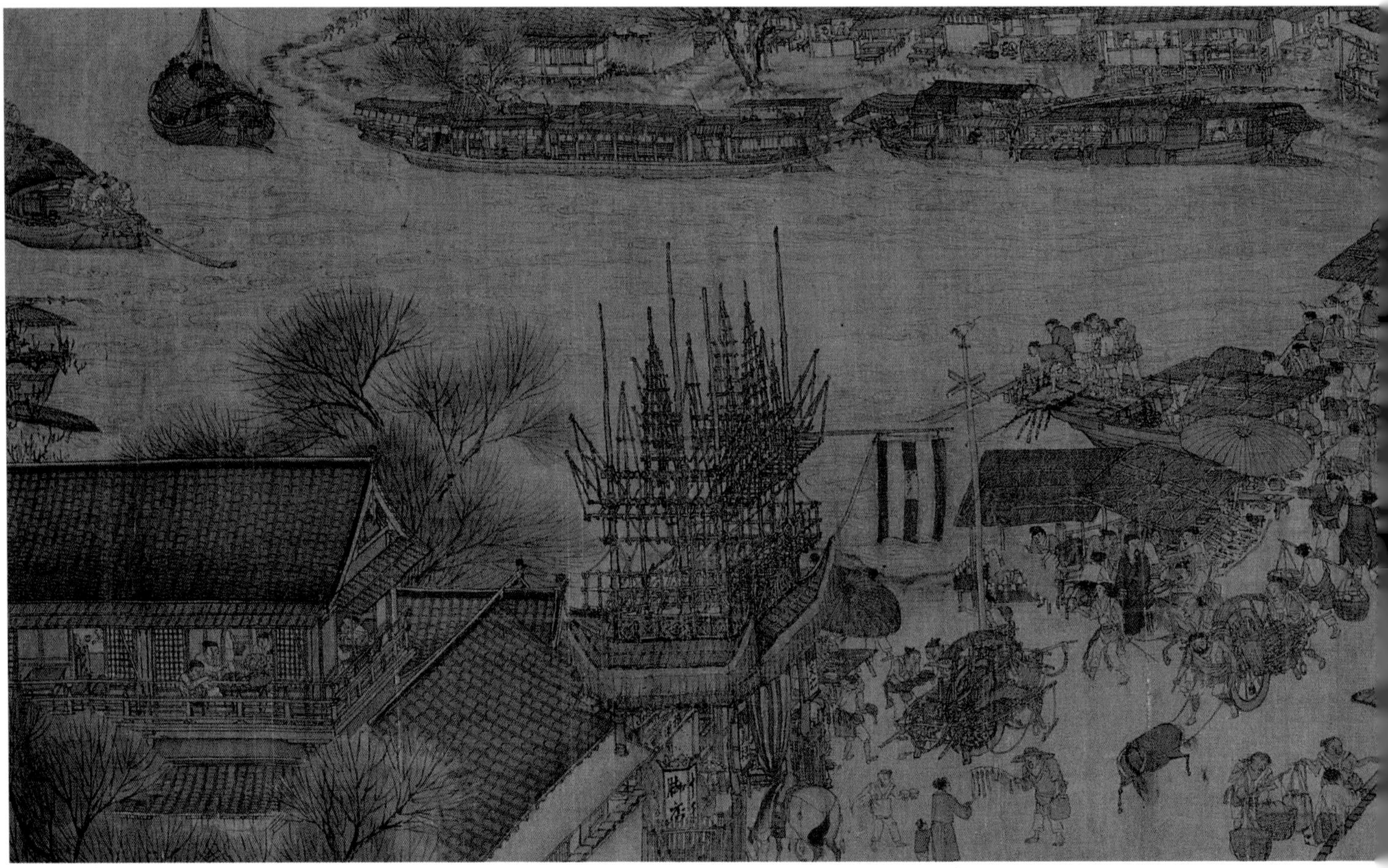

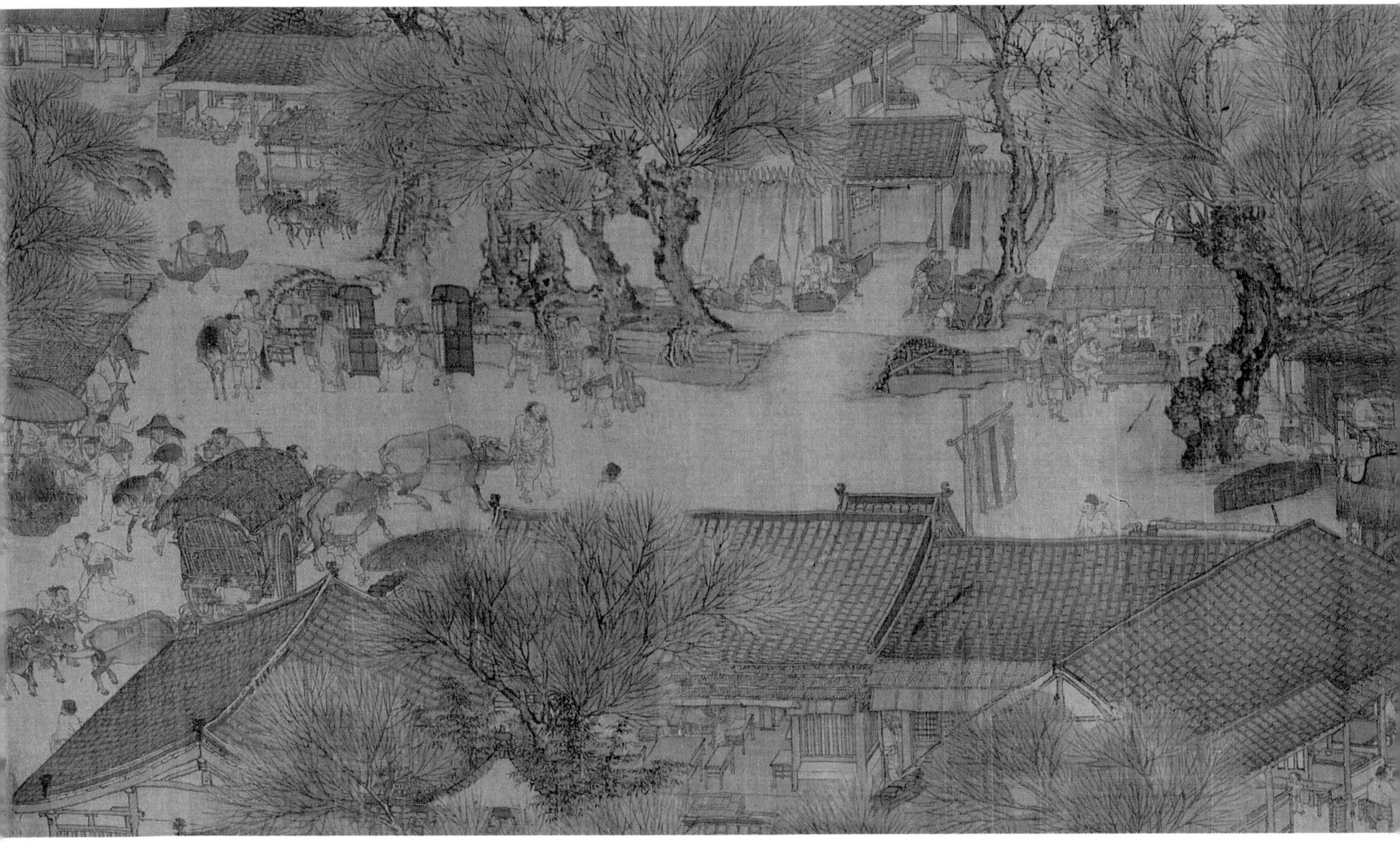

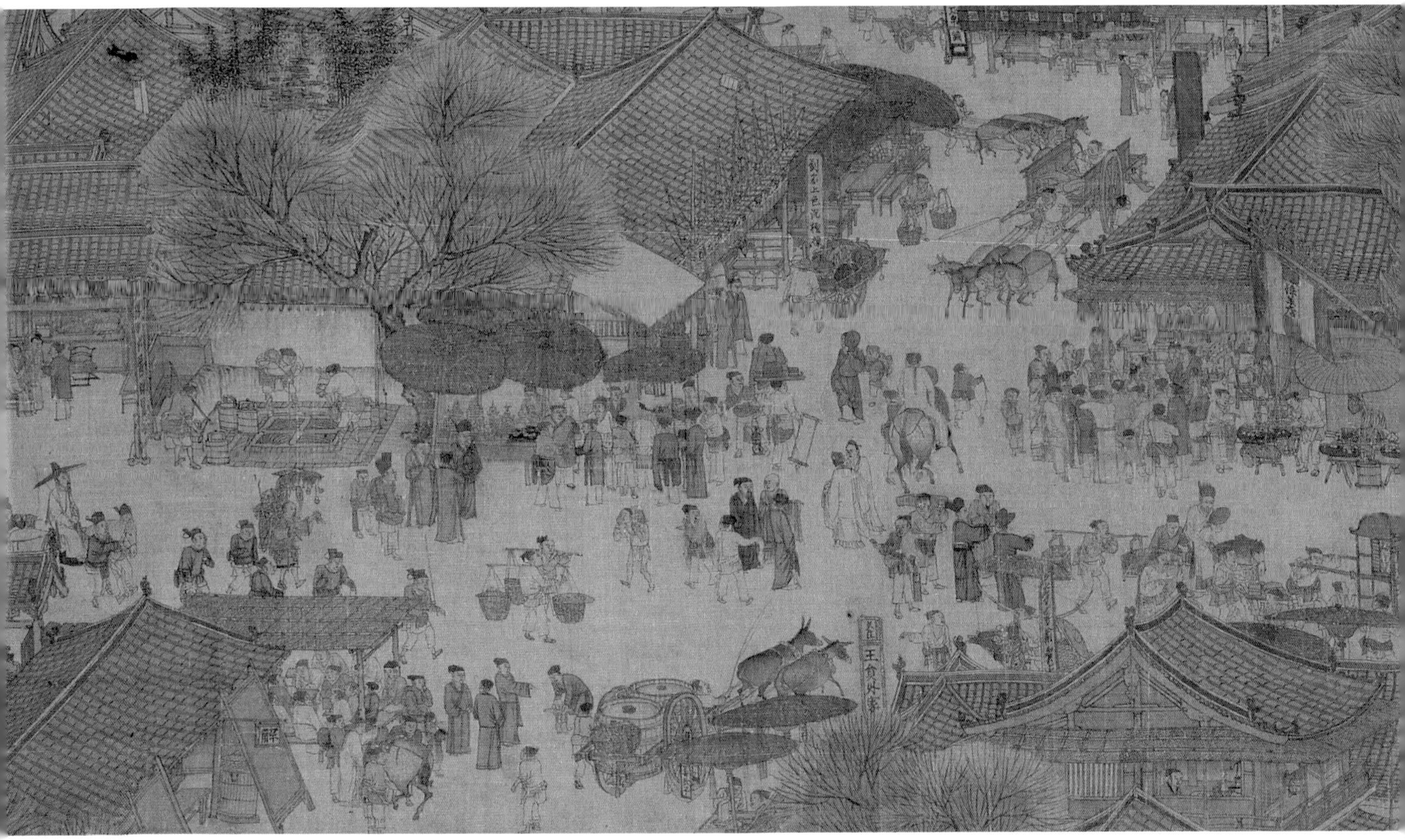

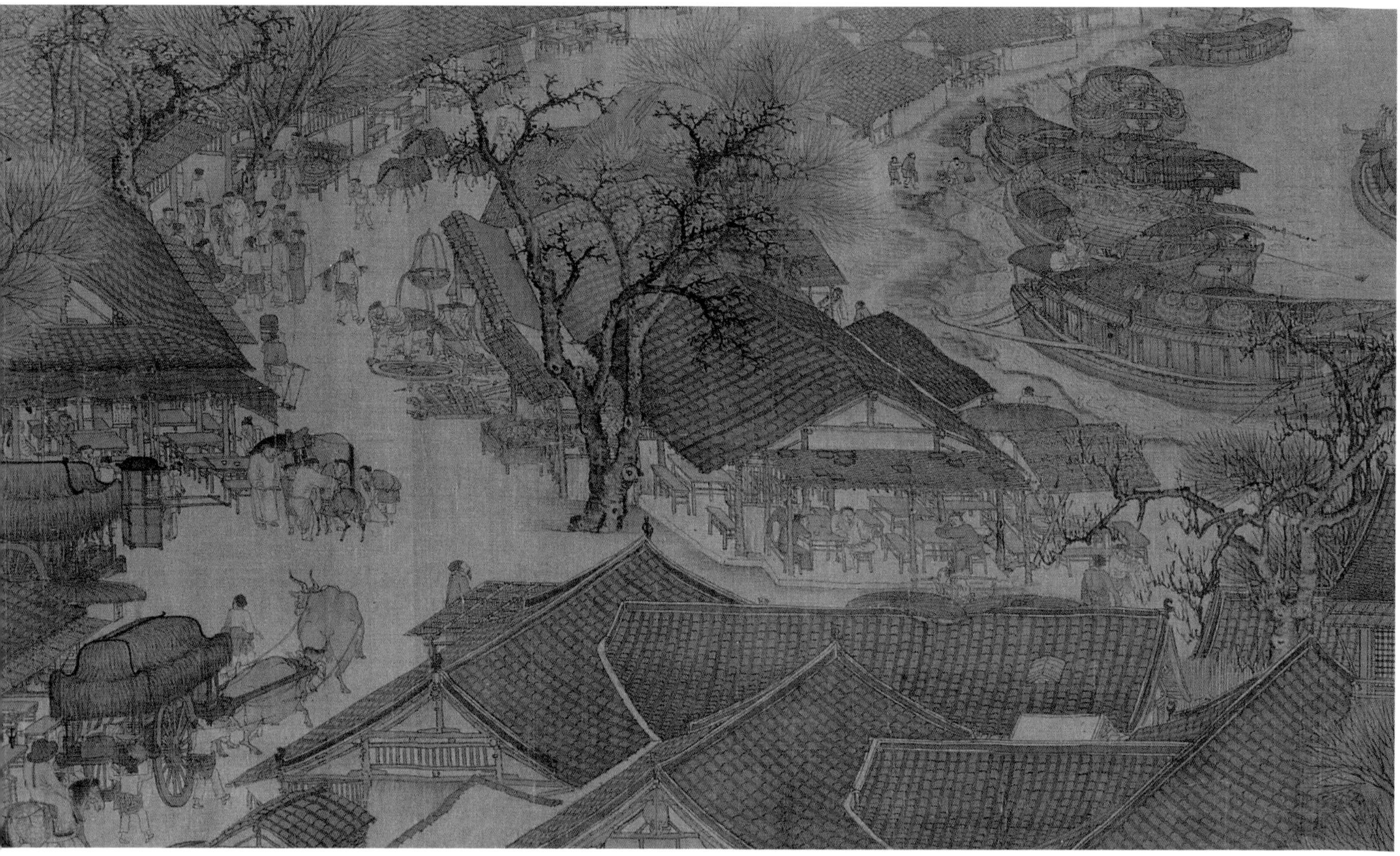

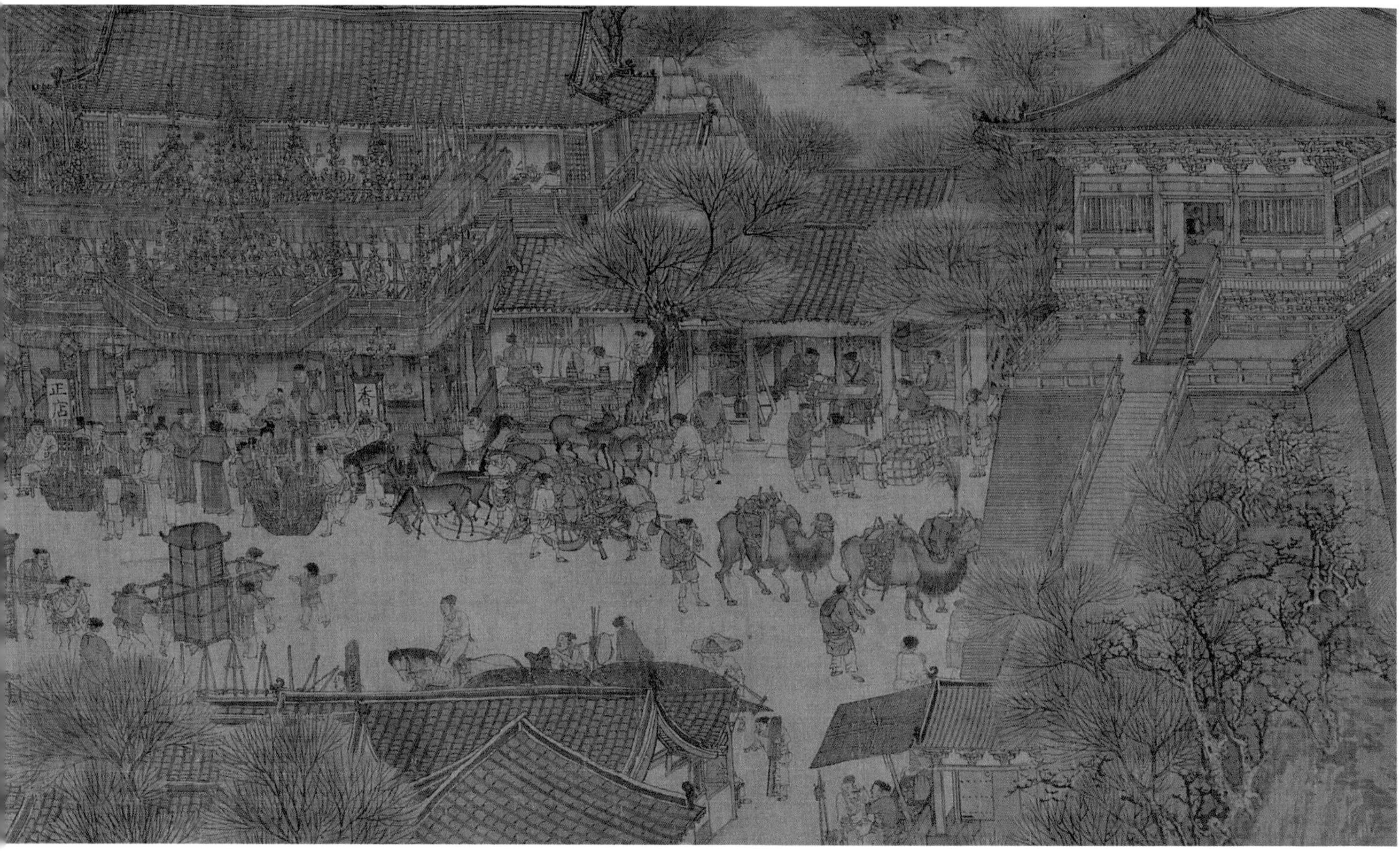
正店

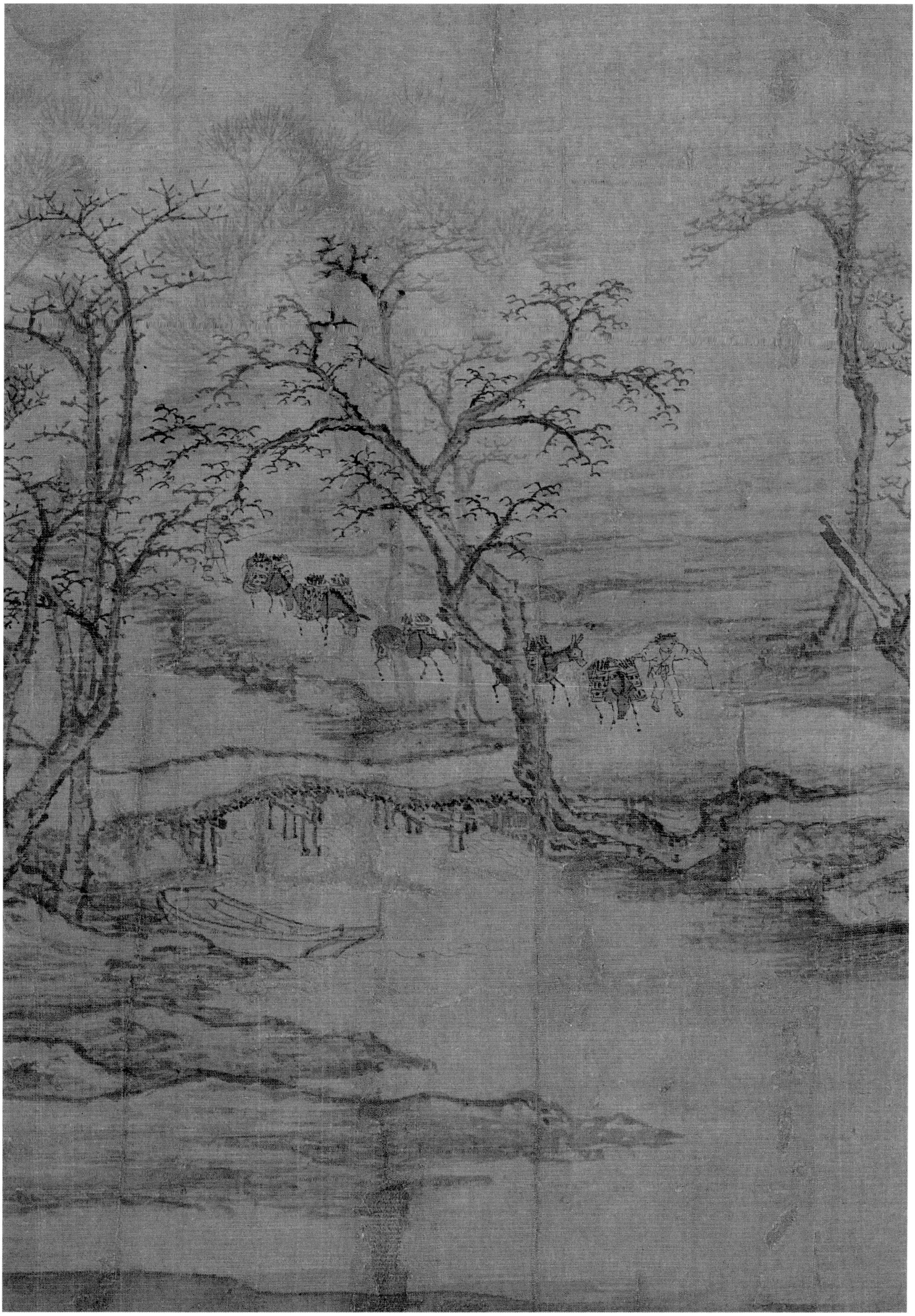

通衢車馬正喧闐，祇是
宣和第幾年？當日翰林
呈畫本，升平風物正
堪傳。
水門東去接隋渠，井
邑魚鱗比不如。老民從
來成盛後，故知今日變
丘墟。
楚柂吳檣萬里舡，橋南
橋北好風煙。喚迴一餉
繁華夢，簫鼓樓臺若
箇邊。

謀度漢高不念遠方民力
病都門花石日千艘 晚宋花石之運
來自長門
都郡郡 旅

歌樓酒市滿煙花，溢郭闐城
百萬家。誰遣荒涼成野草，
維垣專政是姦邪。
兩橋無日絕江舡 東門二橋俗謂之上橋下橋
十里笙歌邑屋連，極目如今
盡禾黍，却用圖本看風煙。
臨洺王稠

翰林張擇端字正道東武人也幼讀書遊
學於京師後習繪事本工其界畫尤嗜於
舟車市橋郭徑別成家數也按向氏評論
圖畫記云西湖爭標圖清明上河圖選入
神品藏者宜寶之大定丙午清明後一日燕
山張著跋

笛邊

竹堂張公藥

峩峩城闕舊梁都二十
通門五漕渠何事東
南最闊遠江淮財利走
舟車
車轂人肩困擊磨珠簾
十里沸笙歌而今遺老空
垂涕猶恨宣和與政和

宋之奢靡至宣政
間尤甚

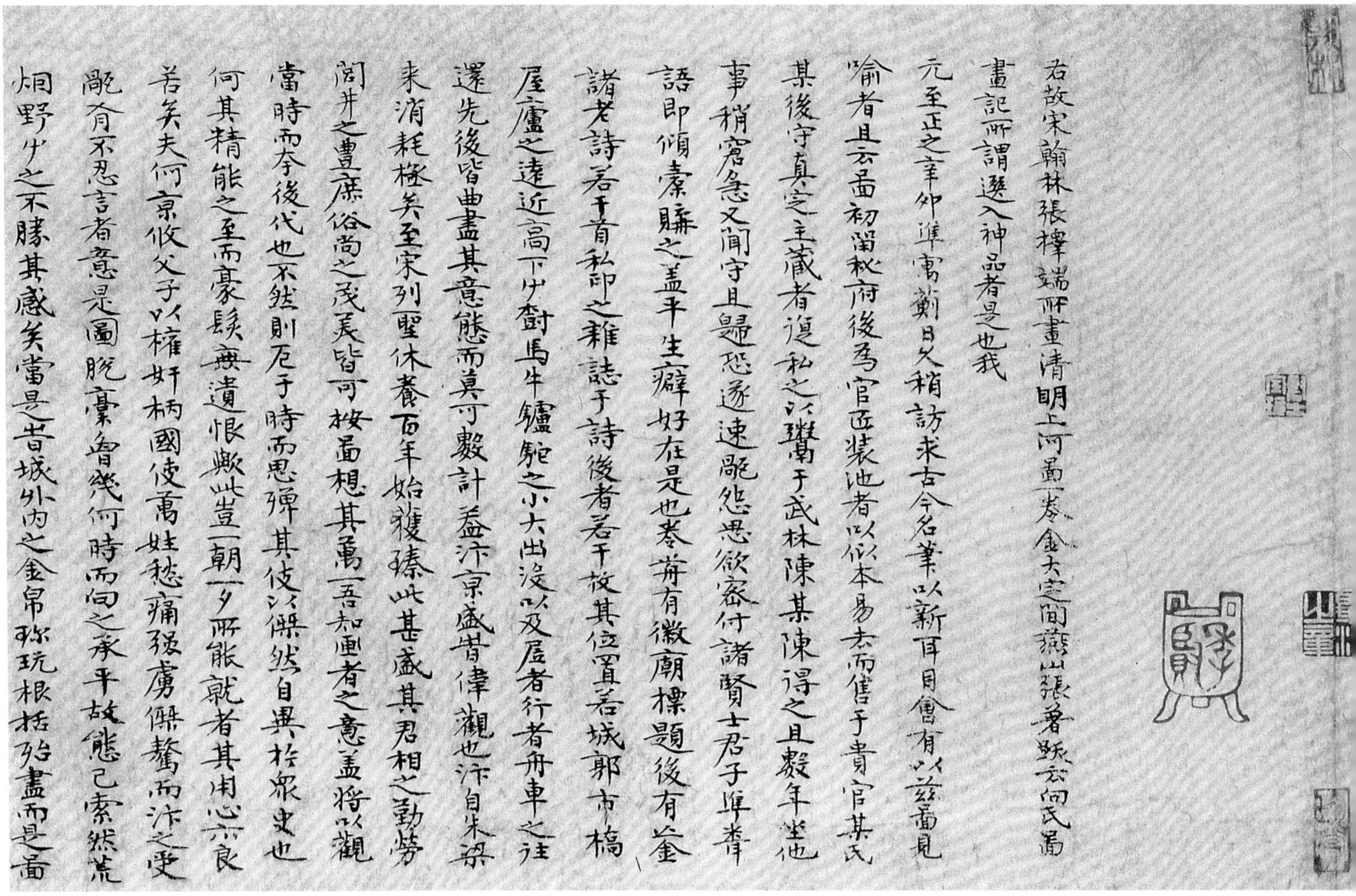

右故宋翰林張擇端所畫清明上河圖一卷金大定間燕山張著跋云向氏圖
畫記所謂選入神品者是也我
元至正之辛卯準寓薊日久稍訪求古今名筆以新耳目會有以茲圖見
喻者且云圖初留秘府後為官匠裝池者以似本易去而售于貴官某氏
某後守真定主藏者復私之以鬻于武林陳某陳得之且數年坐他
事稍窘急又聞守且歸恐遂速禍急思欲客付諸賢士君子準聞
語即傾橐購之蓋平生癖好在是也卷前有徽廟標題後有金
諸老詩若干首私印之雜誌于詩後者若干按其位置若城郭市橋
屋廬之遠近高下草樹馬牛驢駝之小大出沒以及居者行者舟車之往
還先後皆曲盡其意態而莫可數計蓋汴京盛時偉觀也汴自朱梁
來消耗極矣至宋列聖休養百年始獲臻此甚盛其君相之勤勞
閭井之豐庶俗尚之茂美皆可按圖想其萬一吾知畫者之意蓋將以觀
當時而夸後代也不然則厄于時而思殫其伎以傑然自異於衆史也
何其精能之至而豪髮無遺恨歟此豈一朝一夕所能就者其用心亦良
苦矣夫何京攸父子以權奸柄國使萬姓愁痛强虜傑驁而汴之受
禍有不忍言者意是圖脫稿曾幾何時而向之承平故態已索然荒
烟野草之不勝其感矣當是昔城外內之金帛珍玩根括殆盡而是圖

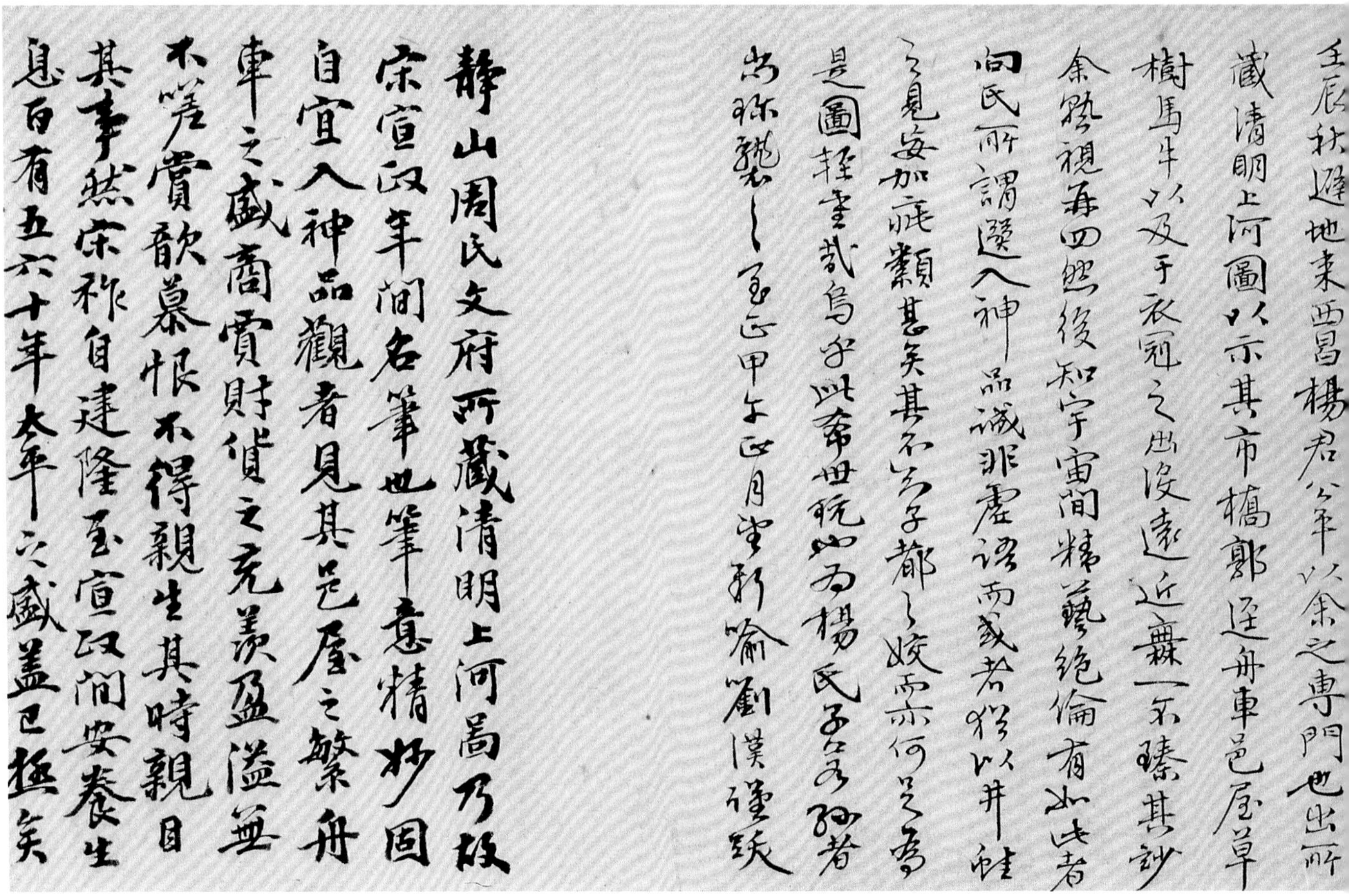

壬辰秋避地來西昌楊君公平以余之專門也出所
藏清明上河圖以示其市橋郭徑舟車邑屋草
樹馬牛以及于衣冠之出沒遠近無一不臻其妙
余熟視再四然後知宇宙間精藝絕倫有如此者
向氏所謂選入神品識非虛語而或者猶以井蛙
之見妄加疵類甚矣其不知子都之姣而亦何足為
是圖輕重哉烏乎此希世玩也而楊氏子孫寶者
尚珍襲之至正甲午正月望新喻劉漢謹跋

靜山周氏文府所藏清明上河圖乃故
宋宣政年間名筆也筆意精妙固
自宜入神品觀者見其邑屋之繁舟
車之盛商賈財貨之充羨盈溢無
不嗟賞歆慕恨不得親生其時親目
其事然宋祚自建隆至宣政間安養生
息百有五六十年太平之盛蓋已極矣

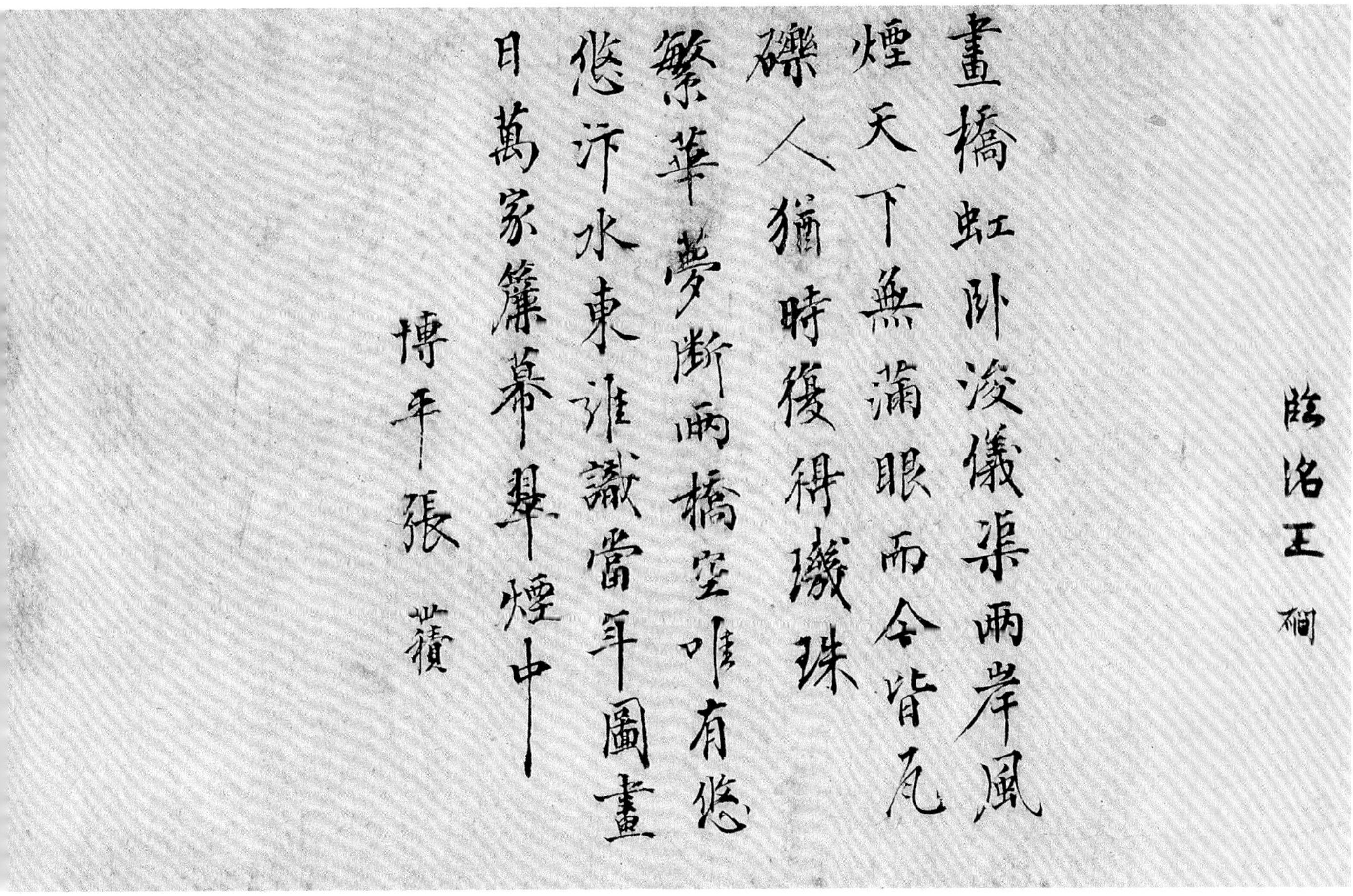

臨洺王磵

畫橋虹卧浚儀渠，兩岸風煙天下無。滿眼而今皆瓦礫，人猶時復得璣珠。

繁華夢斷兩橋空，唯有悠悠汴水東。誰識當年圖畫日，萬家簾幕翠煙中。

博平張世積

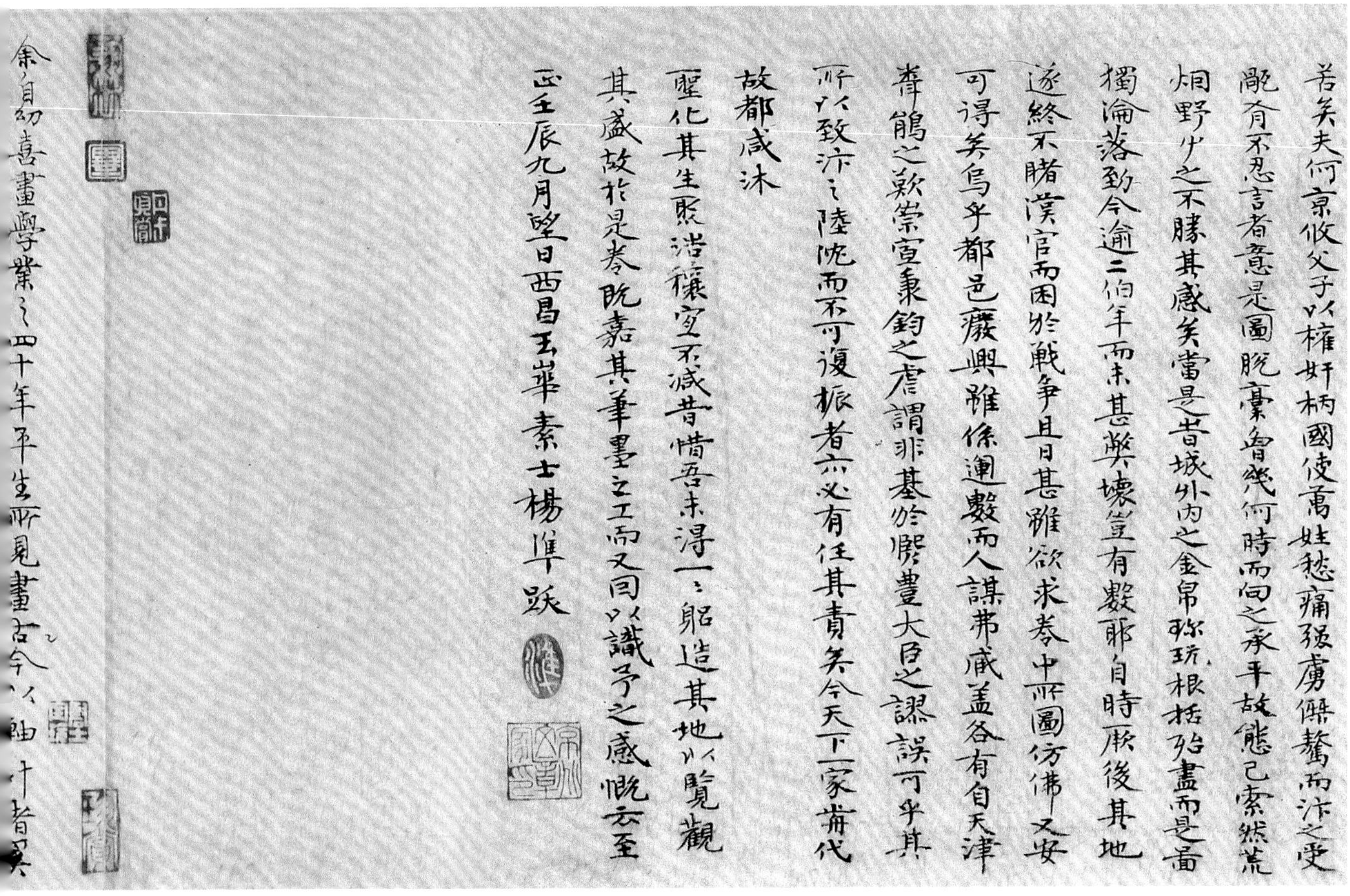

若矣夫何京攸父子以權奸柄國使萬姓愁痛邊虜僭驕而汴之受
禍有不忍言者意是圖脫稾曾幾何時而向之承平故態已索然荒
烟野艸之不勝其感矣當是昔城外內之金帛珍玩根括殆盡而是圖
獨淪落到今踰二伯年而未甚弊壞豈有數耶自時厥後其地
遂終不睹漢官而困於戰爭且日甚雖欲求卷中所圖彷彿又安
可得矣烏乎都邑廢興雖係運數而人謀弗臧蓋各有自天津
聞鵑之歎崇宣秉鈞之臣謂非基於儇豐大臣之謬誤可乎其
所以致汴之陸沉而不可復振者亦必有任其責矣今天下一家萬代
故都咸沐
聖化其生聚浩穰宜不減昔惜吾未得一一躬造其地以覽觀
其盛故於是卷既嘉其筆墨之工而又因以識予之感慨云至
正壬辰九月望日西昌玉華素士楊準跋

余自幼喜畫學業之四十年平生所見畫古今以軸計皆奚

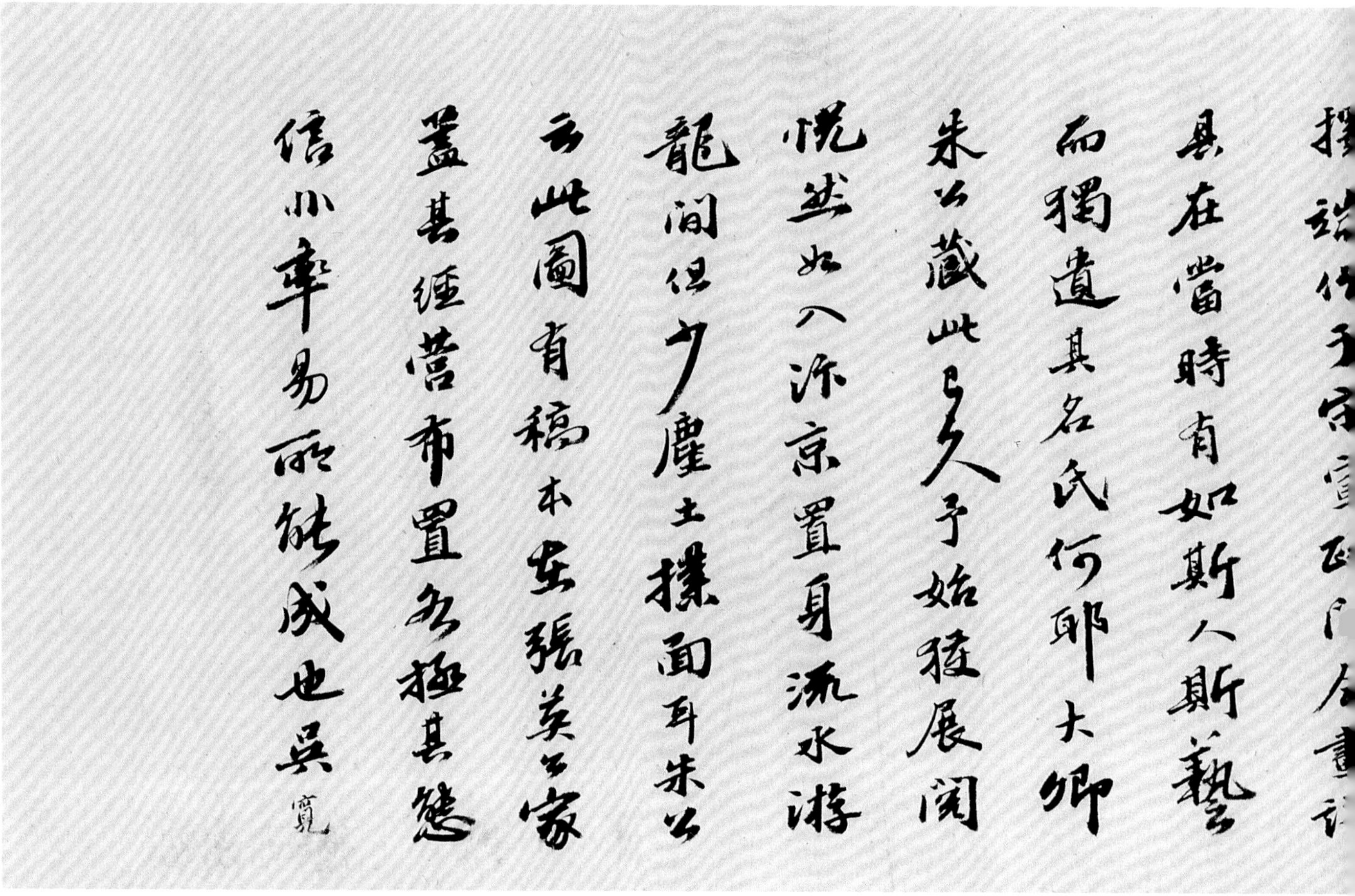
具在當時有如斯人斯藝
而獨遺其名氏何耶大卿
朱公藏此久之予始獲展閱
恍然如入汴京置身流水游
龍間但少塵土撲面耳朱公
云此圖有稿本在張英公家
蓋甚經營布置各極其態
信小手易所能成也吳寬

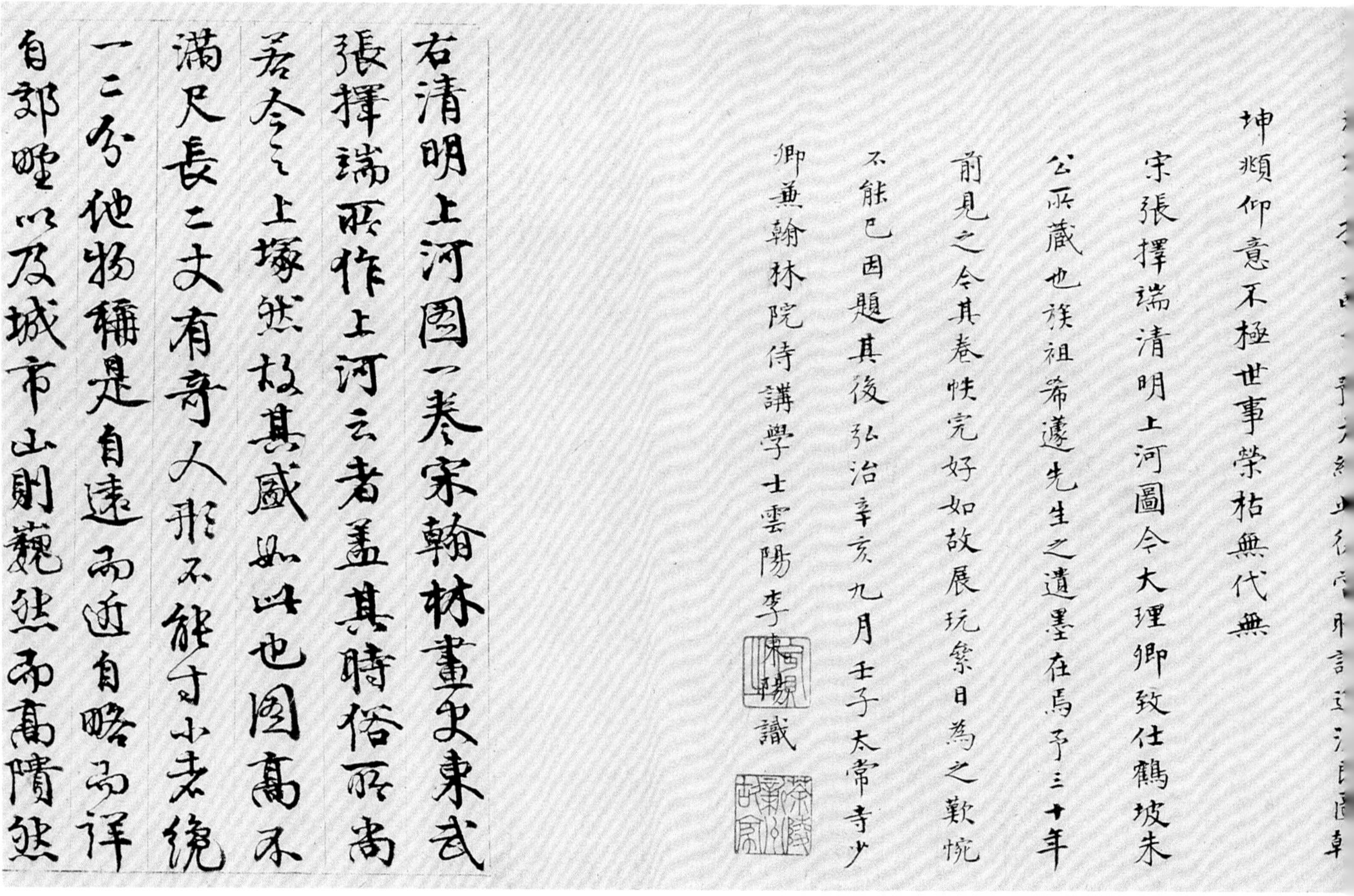
坤頫仰意不極世事榮枯無代無
宋張擇端清明上河圖今大理卿致仕鶴坡朱
公所藏也族祖希蘧先生之遺墨在焉予三十年
前見之今其卷帙完好如故展玩累日為之歎惋
不能已因題其後弘治辛亥九月壬子太常寺少
卿兼翰林院侍講學士雲陽李東陽識

右清明上河圖一卷宋翰林畫史東武
張擇端所作上河云者蓋其時俗所尚
若今之上塚然故其盛如此也圖高不
滿尺長二丈有奇人形不能寸小者纔
一二分他物稱是自遠而近自略而詳
自郊野以及城市山則巍然而高隤然

不嗟賞歆慕恨不得親生其時親目
其事然宋祚自建隆至宣政間安養生
息百有五六十年太平之盛蓋已極矣
天下之勢未有極而不變者此固君子之
所宜寒心者也然則觀是圖者其將徒有
嗟賞歆慕之懷而已乎抑將揺有憂
勤惕厲之意乎噫後之為人君為人臣者
宜以此圖與無逸圖並觀之庶乎其可以
長守富貴也歲在旃蒙大荒落雲陽
李祁題

金燕山張著以此圖為張擇
端筆必有所據至後入乃以

宋家汴都全盛時萬方玉帛梯航隨清明上河俗所
尚傾城士女携童兒城中萬屋翬甍起百貨千商集
成蟻花棚柳市圍春風霧閣雲窗粲朝綺芳原細草
飛輕塵馳者若飊行若雲虹橋影落浪花裏捩舵撇
蓬俱有神笙歌在樓遊在野亦有驅牛種田者眼中
苦樂各有情縱使丹青未堪寫翰林畫史張擇端研
朱吮墨鏤心肝細窮豪髮夥千萬直與造化爭雕鐫
圖成進入緝熙殿御筆題籤標卷面天津回首杜鵑
啼倏忽春光幾時變朔風捲地天雨沙此圖此景復
誰家、藏私印屢易主贏得風流後代誇姓名不入

村野之莊寺觀之廬門窗屏障籬壁
之制間見而層出店肆所鬻則若酒
若餌若香若藥若雜貨百物皆有題
扁名氏字畫纖細幾至不可辨識所謂
人與物者其多至不可指數而筆勢簡
易意態生動隱見之殊形向背之相準
不見其錯誤改竄之跡殆杜少陵所謂
毫髮無遺憾者非晝作夜思日累歲積
不能到其亦可謂難已此圖當作於宣
政以前豐亨豫大之世卷首有祐陵瘦
筋五字籤及雙龍小印而畫譜不載金
大定間燕山張著有跋據向氏書畫記
謂與西湖爭標圖俱選入神品既歸元
秘府至正間為裝池匠以似本易去售
于貴官某氏某出守真定主藏者復私
之以售于武林陳彥廉氏陳有急又聞
[illegible]

懷麓堂之西軒

圖之工妙入神論者已備吳文定公評
宣和畫譜不載此擇端而未著其說
近閱畫譜乃始悟之蓋宣和畫譜
之作專於蔡京如東坡山谷譜法不載
二公特以京所深惡耳擇端在當時必
亦非附蔡氏者畫譜之不載擇端猶夫
譜之不載蘇黃也小人之忌嫉人豈不
不至如此不能則擇端之藝反著於譜
成之後歟
嘉靖甲申二月望日長洲陸完書

滿尺長二丈有奇人形不能寸小者纔
一二分他物稱是自遠而近自略而詳
自郊野以及城市山則巍然而高隤然
而卑窪然而空水則澹然而平淵然而
深迤然而長引突然而湍激樹則槎然
枯鬱然秀翹然而高偃蹇然而莫知其
所窮人物則官士農賈醫卜僧道胥隸
篙師纜夫婦女臧獲之行者坐者授者
受者問者答者呼者應者騎者馳者負
者戴者抱者攜者導者前呵者執斧
鋸者操畚鍤者持杯罌者袒而風者
困而睡者傒而欠伸者乘轎而搴簾以
窺者又有以板為輿無輪箱而陸曳者
有牽重舟泝急流極力寸進圍橋匝岸
駐足而旁觀皆若交譟助叫百口而同
聲者驢贏馬牛橐駝之屬則或馱或

之以售于武林陳彥廉氏陳有急又同
守且歸憚不能守而思得重價購之
而具述其故云爾後又為靜山周氏所
得吾族祖雲陽先生為跋其後又有盈
氏玲瓏吳氏家藏諸印皆無邑里名字
不知何年復入京師予始見于大理鄉
朱文徵家為賦長句繼為少師徐文靖
公所藏公本屬續謂雲陽手澤所在欲
令其孫中書舍人文燦以歸于予其參
軸完整如故蓋四十餘年凡三見而後得
也嗚呼韓退之畫記其所繫幾何復
喪失獨其文奇妙故傳之至今有圖如
此又於予有世澤之重而予之文不足以
發之姑撮其要如此且以見夫逸失之易
而嗣守之難雖一物而時代之興革家
業之聚散關焉不亦可慨也哉噫不亦

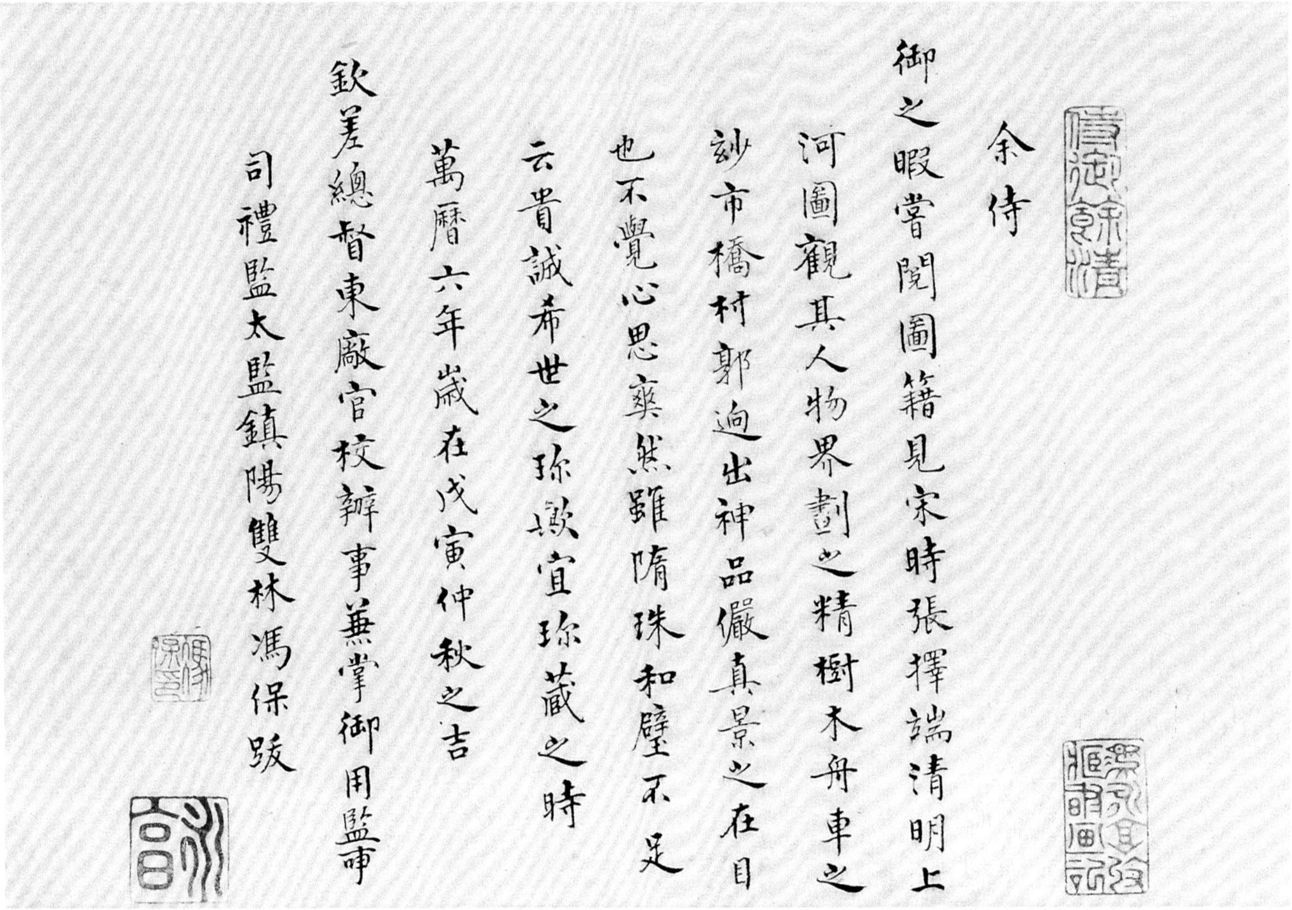

余侍
御之暇嘗閱圖籍見宋時張擇端清明上
河圖觀其人物界劃之精樹木舟車之
紗市橋村郭迥出神品儼真景之在目
也不覺心思爽然雖隋珠和璧不足
云貴誠希世之珍歟宜珍藏之時
萬曆六年歲在戊寅仲秋之吉
欽差總督東廠官校辦事兼掌御用監事
司禮監太監鎮陽雙林馮保跋

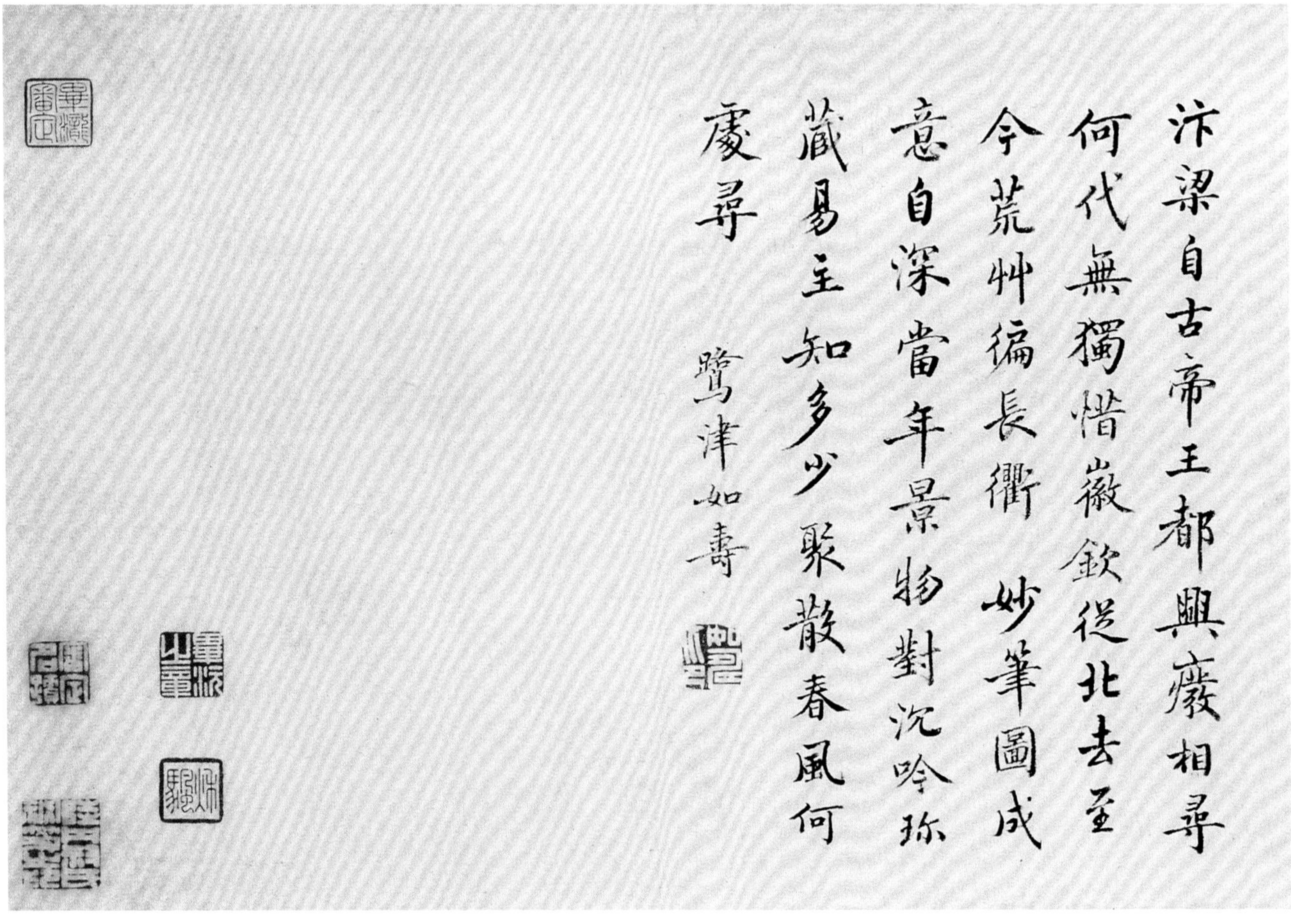

汴梁自古帝王都興廢相尋
何代無獨憎徽欽從北去至
今荒艸徧長衢 妙筆圖成
意自深當年景物對沉吟珍
藏易主知多少聚散春風何
處尋
鷺津如壽

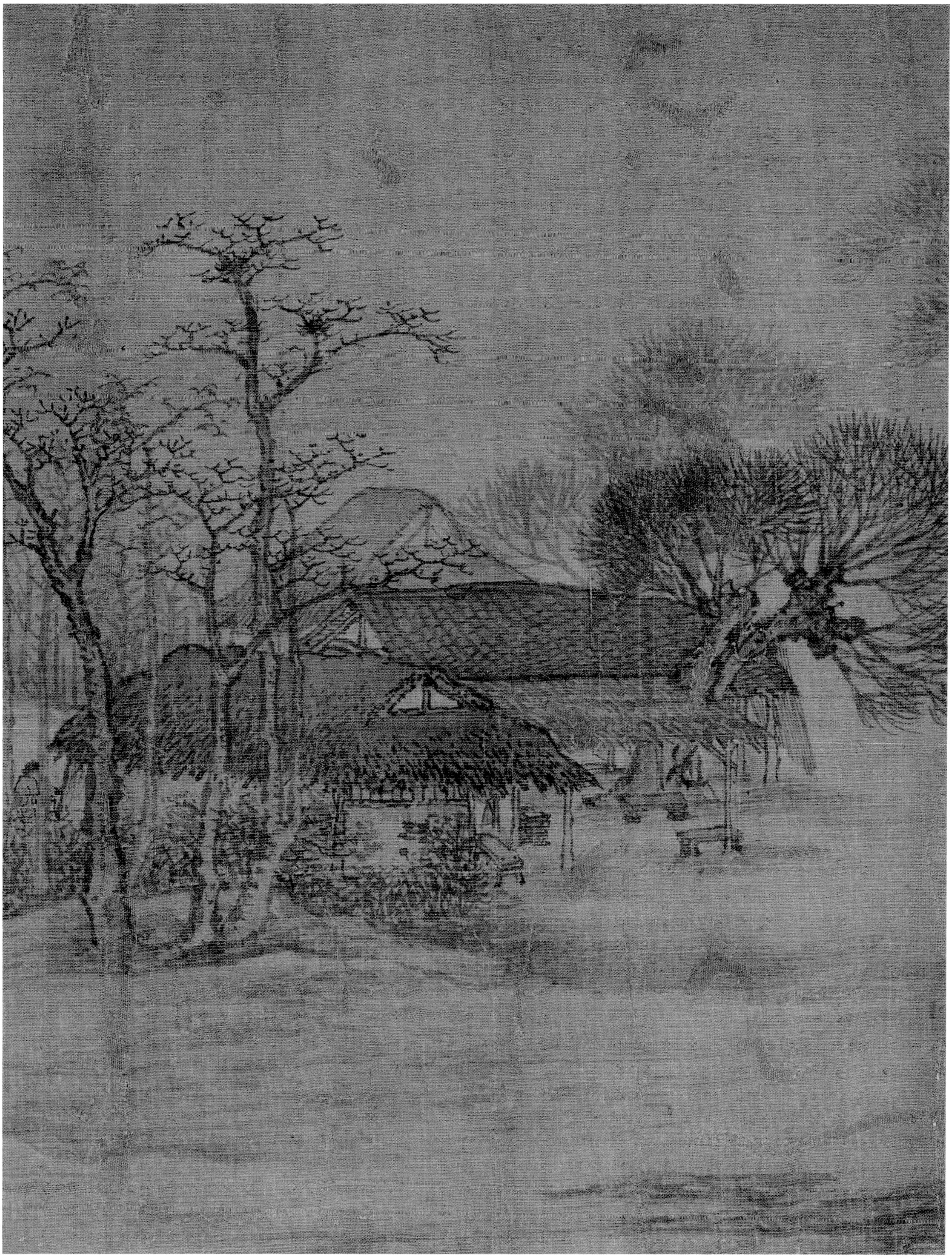

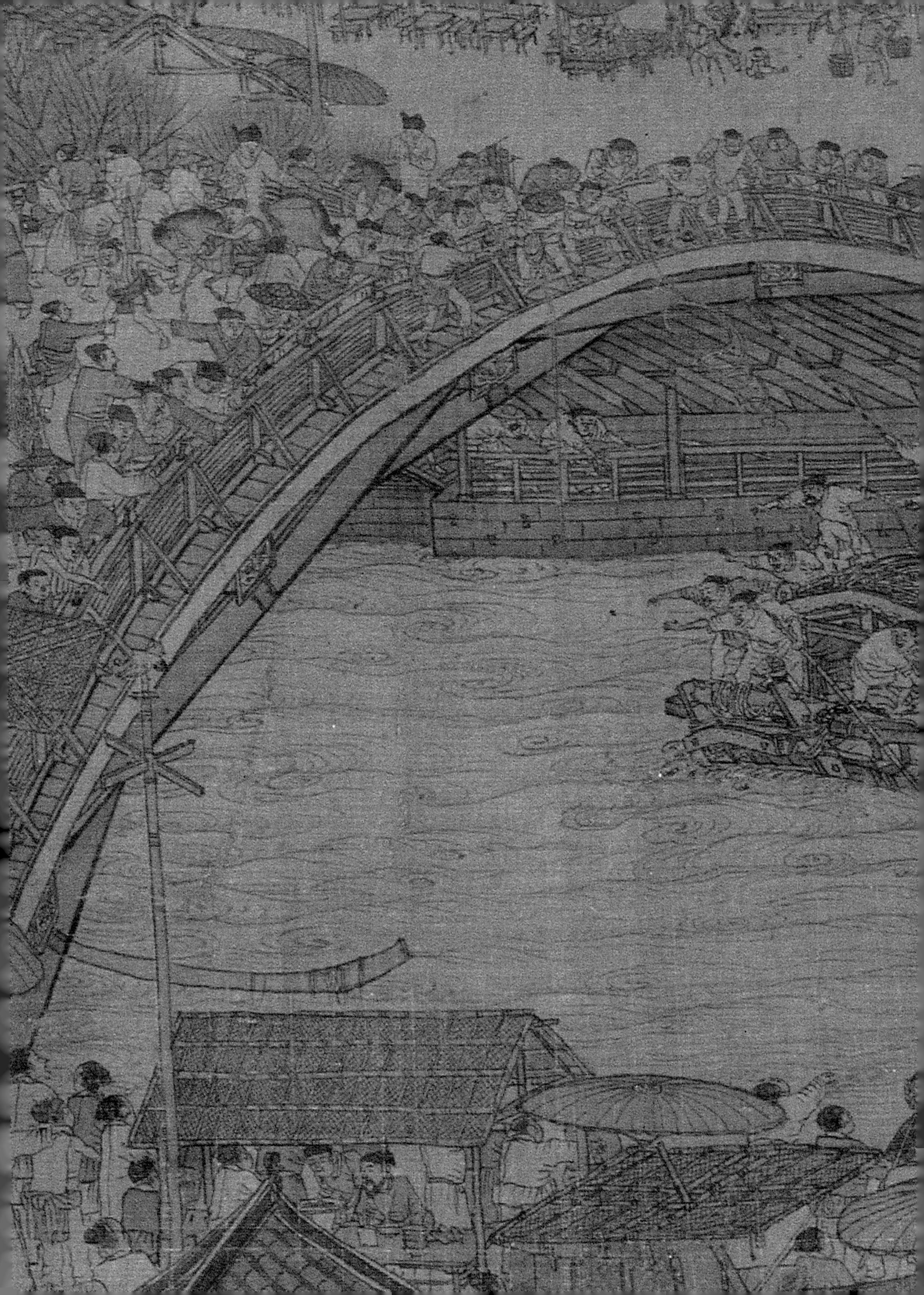

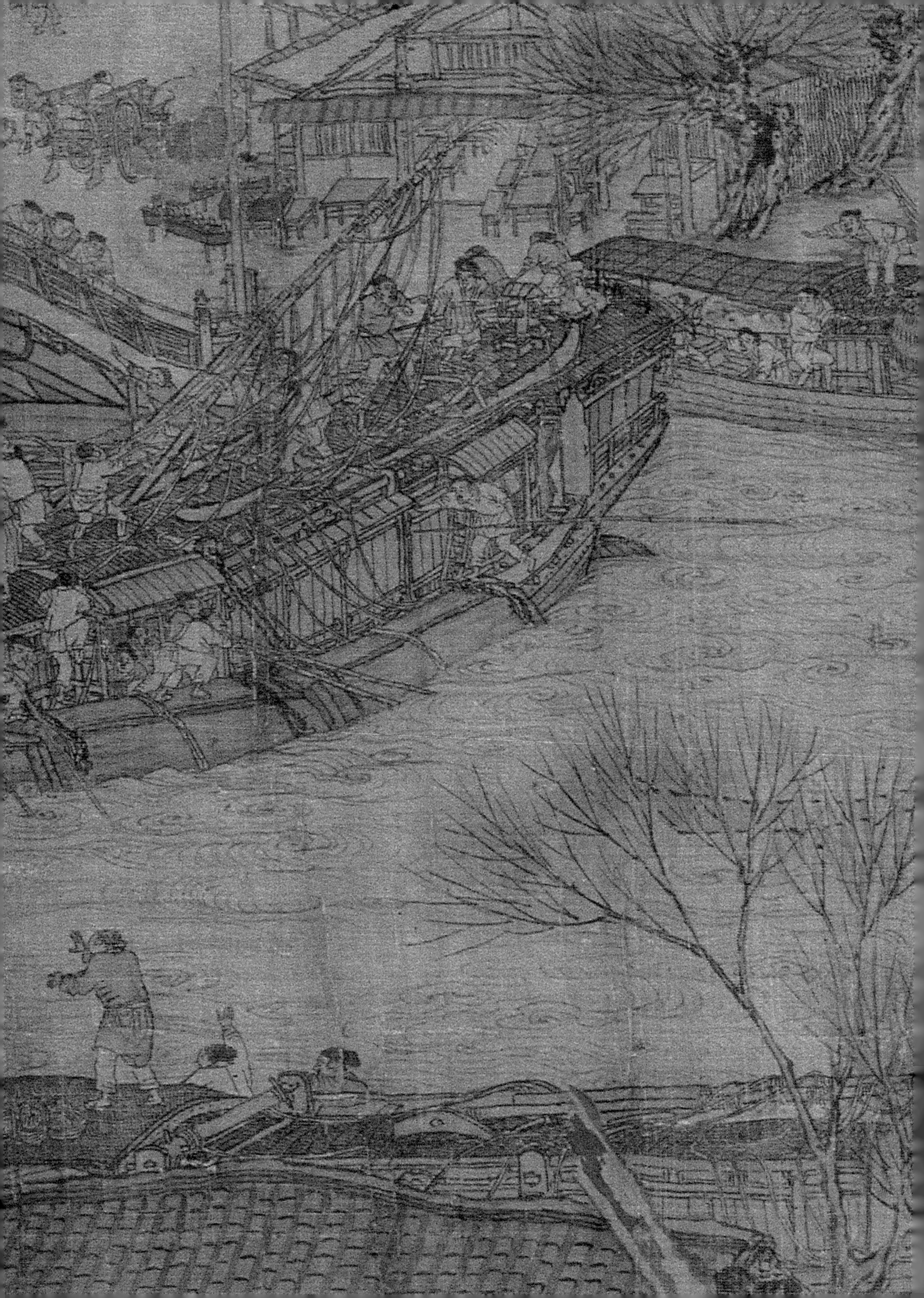

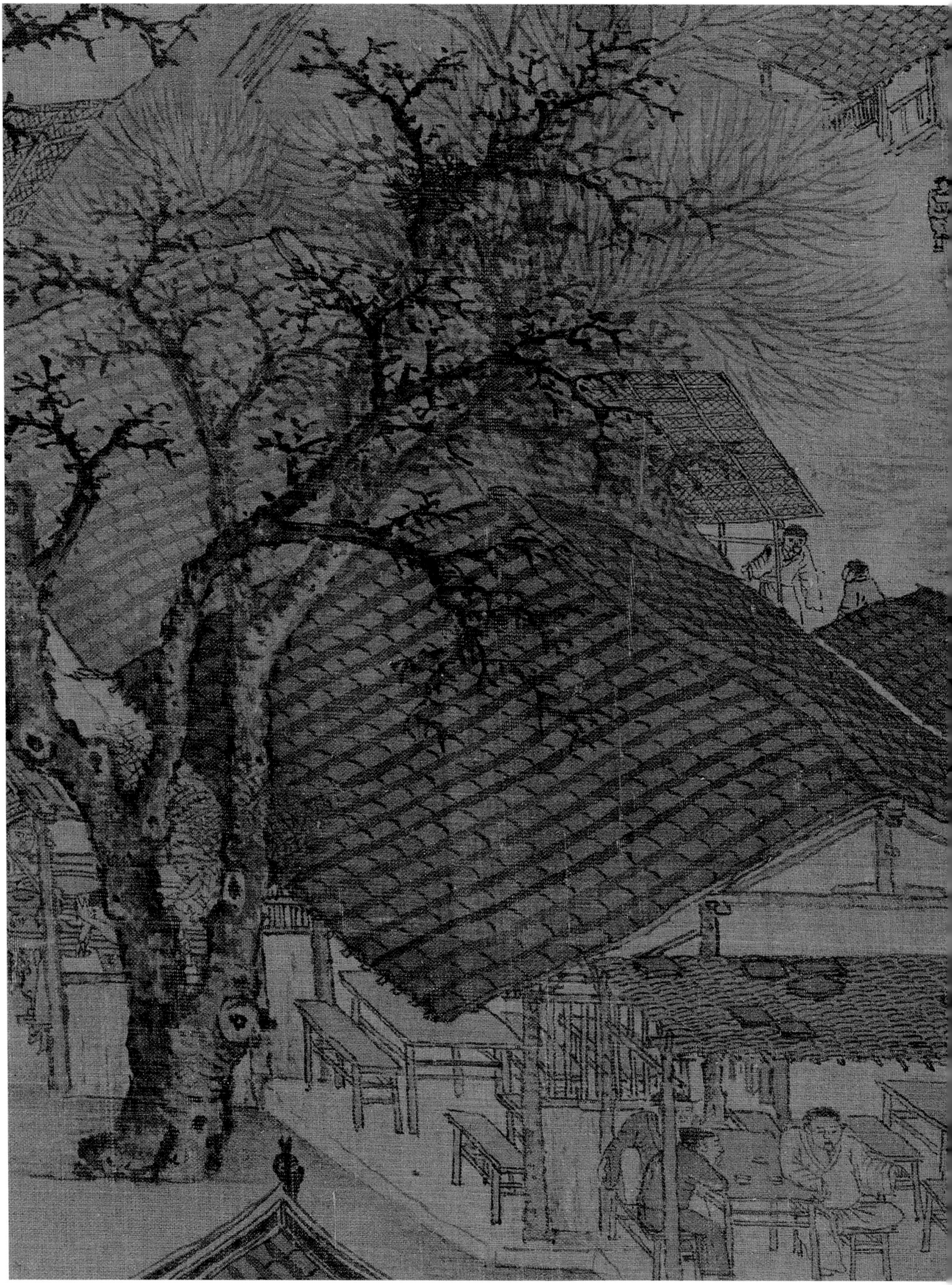

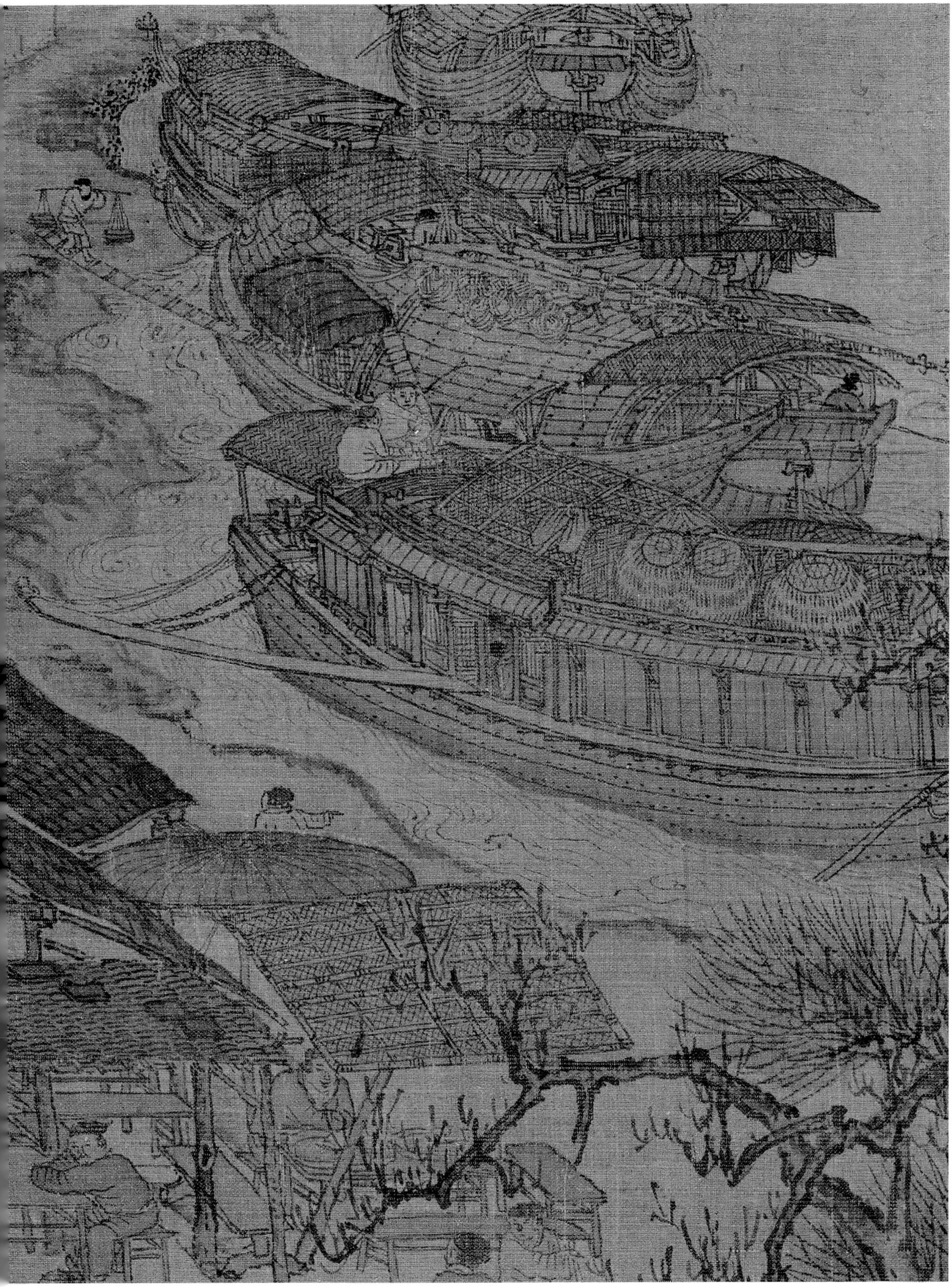

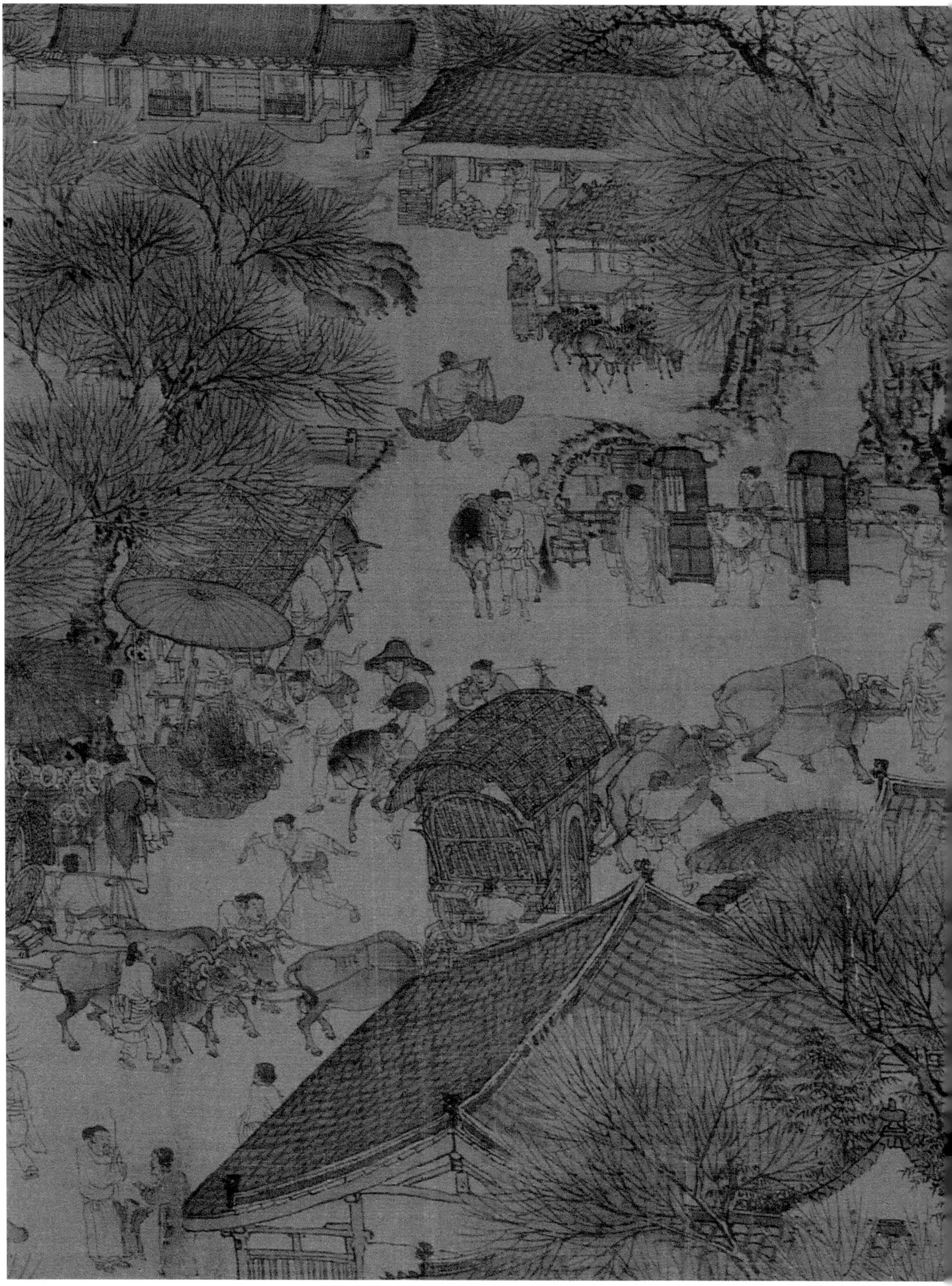

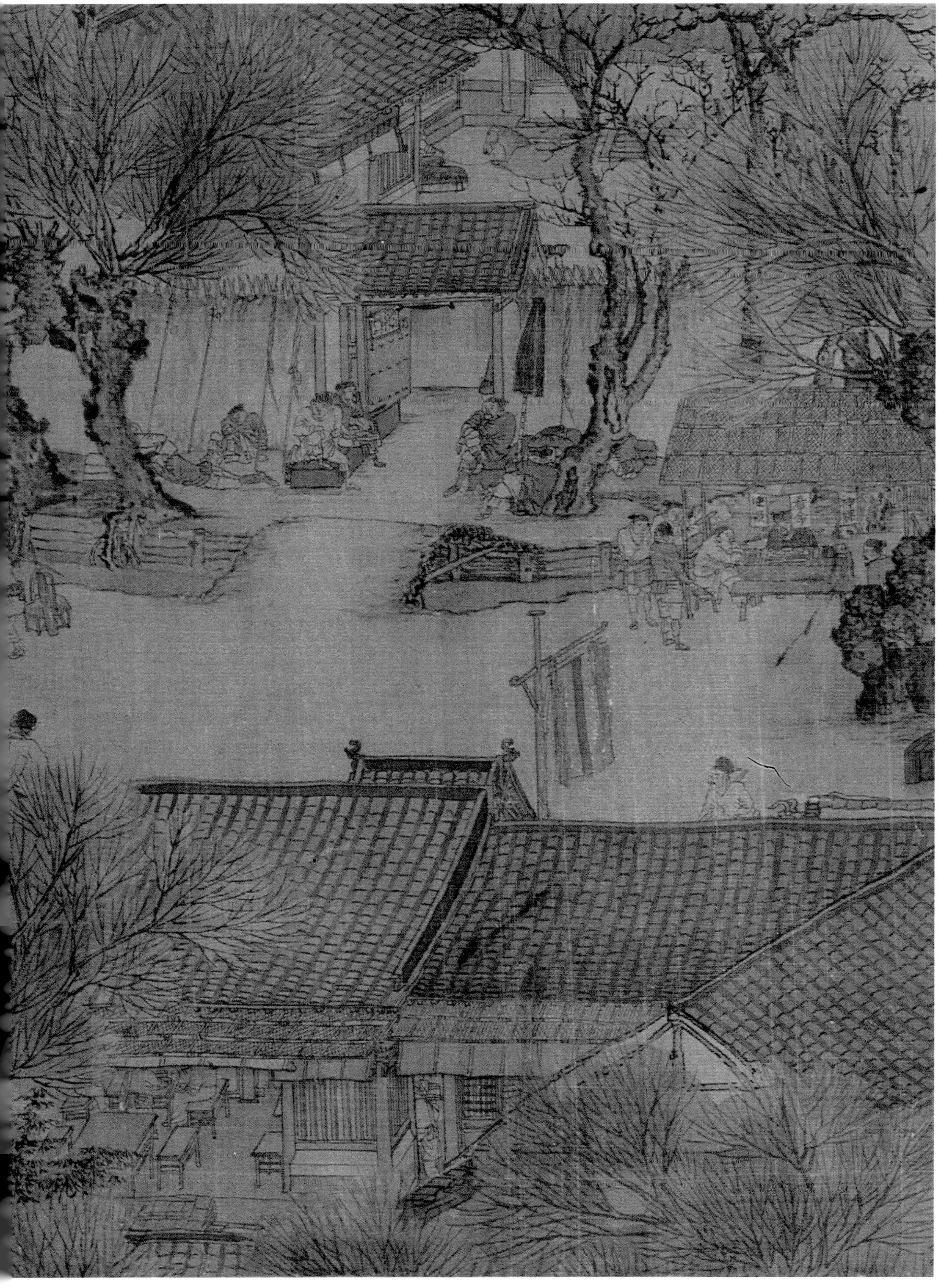

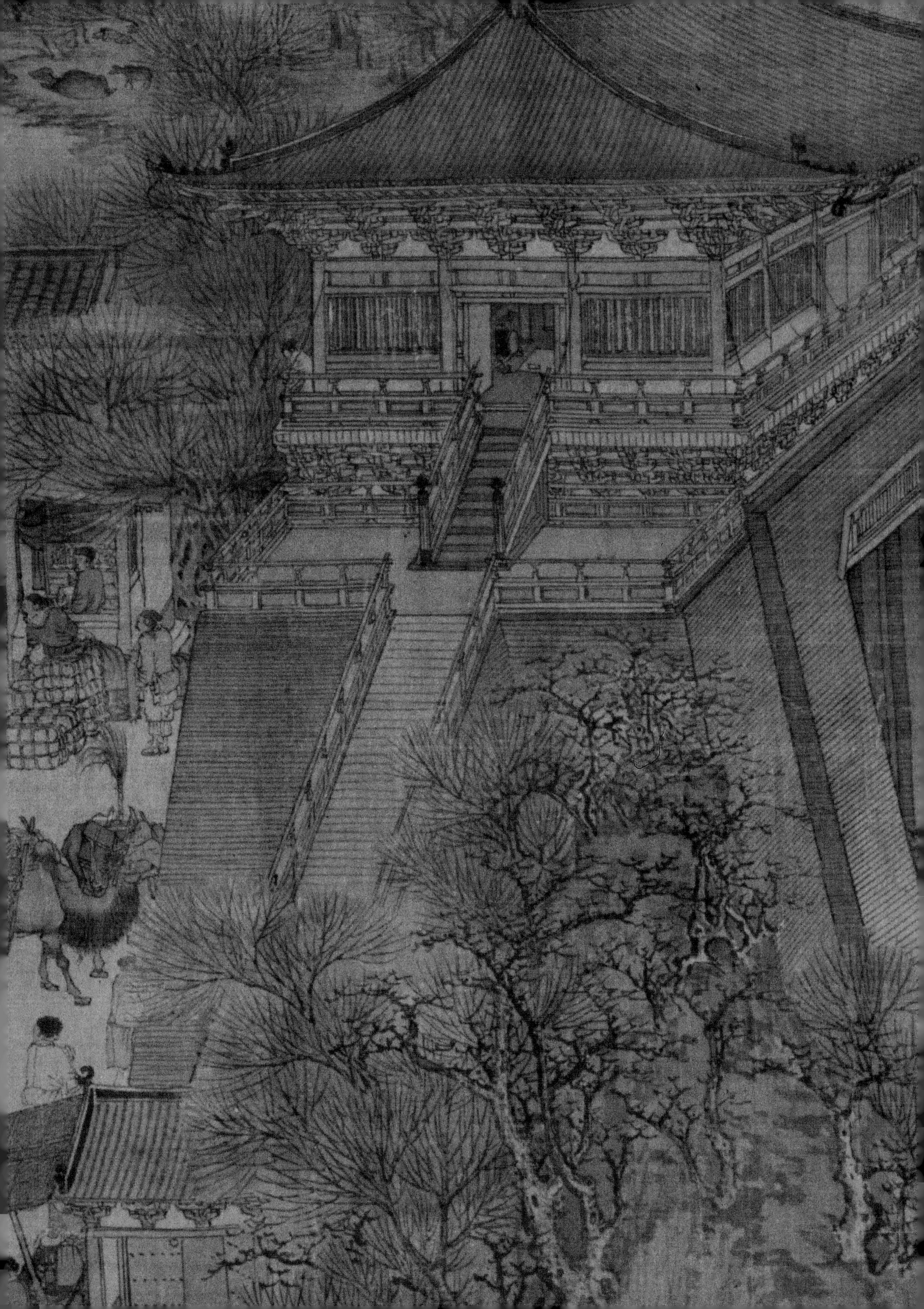

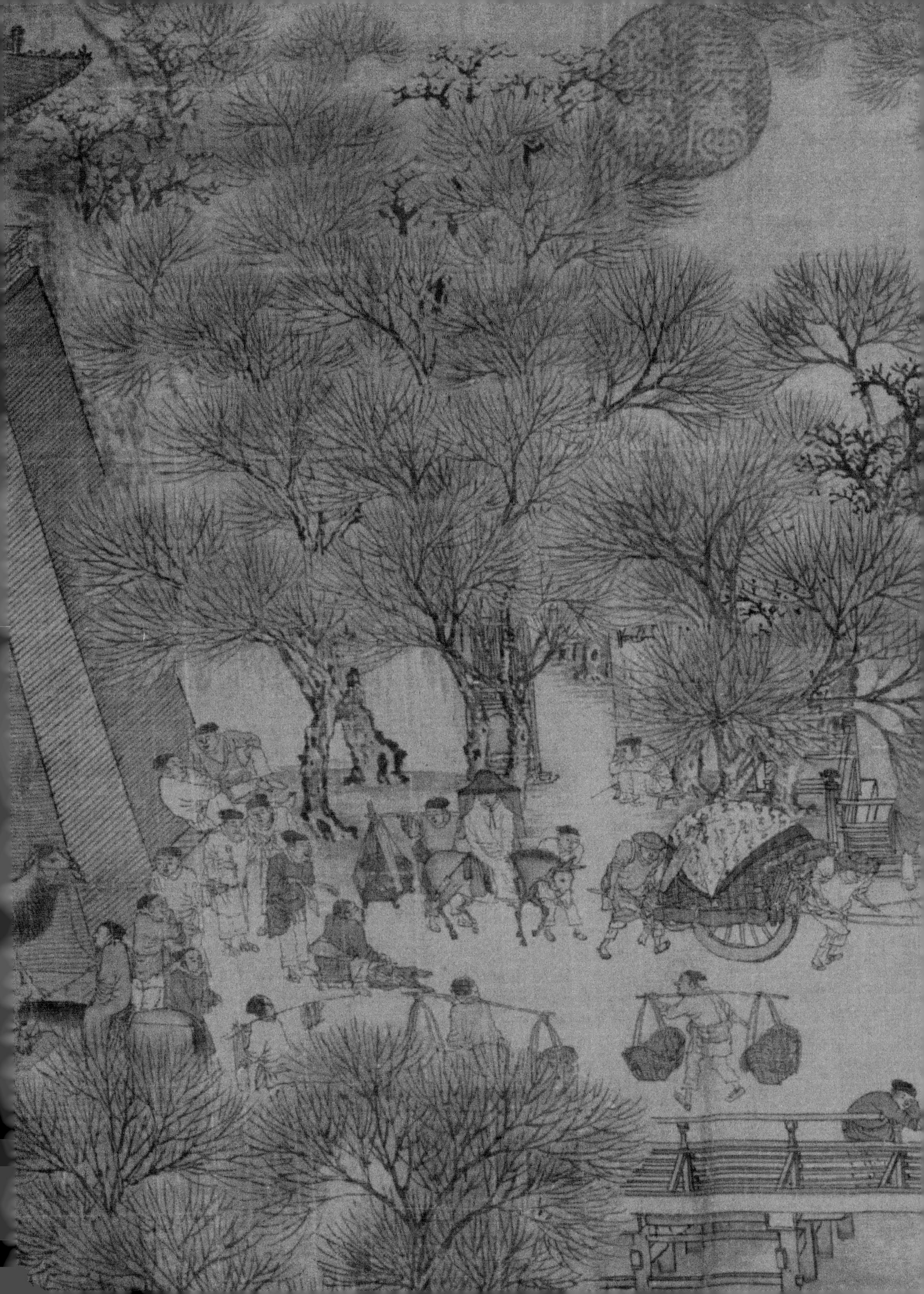

11

佚名　張公十詠圖卷

北宋
絹本　設色
縱52厘米　橫178.7厘米
清宮舊藏

Illustration of Ten Poems by Mr. Zhang
Anonymous, Song Dynasty
Handscroll, colour on silk
H.52cm　L.178.7cm
Qing Court collection

據序及題跋稱，《張公十詠圖》為北宋張先取其父張維平生自愛詩十首，寫其詩意之作。起首一段描繪吳興太守馬大卿宴六老於南園的情景，其後，"庭鶴"、"玉蝴蝶花"、"孤帆"、"宿清江小舍"等詩中的景物一一展現。雖是分寫十首詩的詩意，但作者將其有機地融合在一圖之中，使觀者步移景易，形成一幅完整、優美的山水樓閣畫作。此卷樓閣界畫精巧工緻，山水部分的筆墨則靈動、沉厚兼而有之，顯露出文人筆墨的清韻，係北宋時期的文人畫作。

本幅題詩十首，並有孫覺莘序及清乾隆御題詩一首。鈐賈似道鑑藏印及明典禮紀察司及清內府藏印二十一方。

引首有清乾隆御書"誦芬寫妙"，鈐印"敬天勤民"（朱文）、"天地為師"（朱文）。前隔水鈐鑑藏印"五福五代堂古稀天子寶"（朱文）、"八徵耄念之寶"（朱文）、"太上皇帝之寶"（朱文）。後隔水鈐"宣統鑑賞"（朱文）、"無逸齋精鑑璽"（朱文）印。

尾紙有南宋陳振孫，金代顏堯煥，元代鮮于樞、脫脫木兒等題跋（本幅題識、尾紙題跋釋文見附錄）。

曾經《松雪齋集》、《石渠寶笈續編》、《石渠隨筆》、《唐宋詞人年譜》、《國寶沉浮錄》著錄。

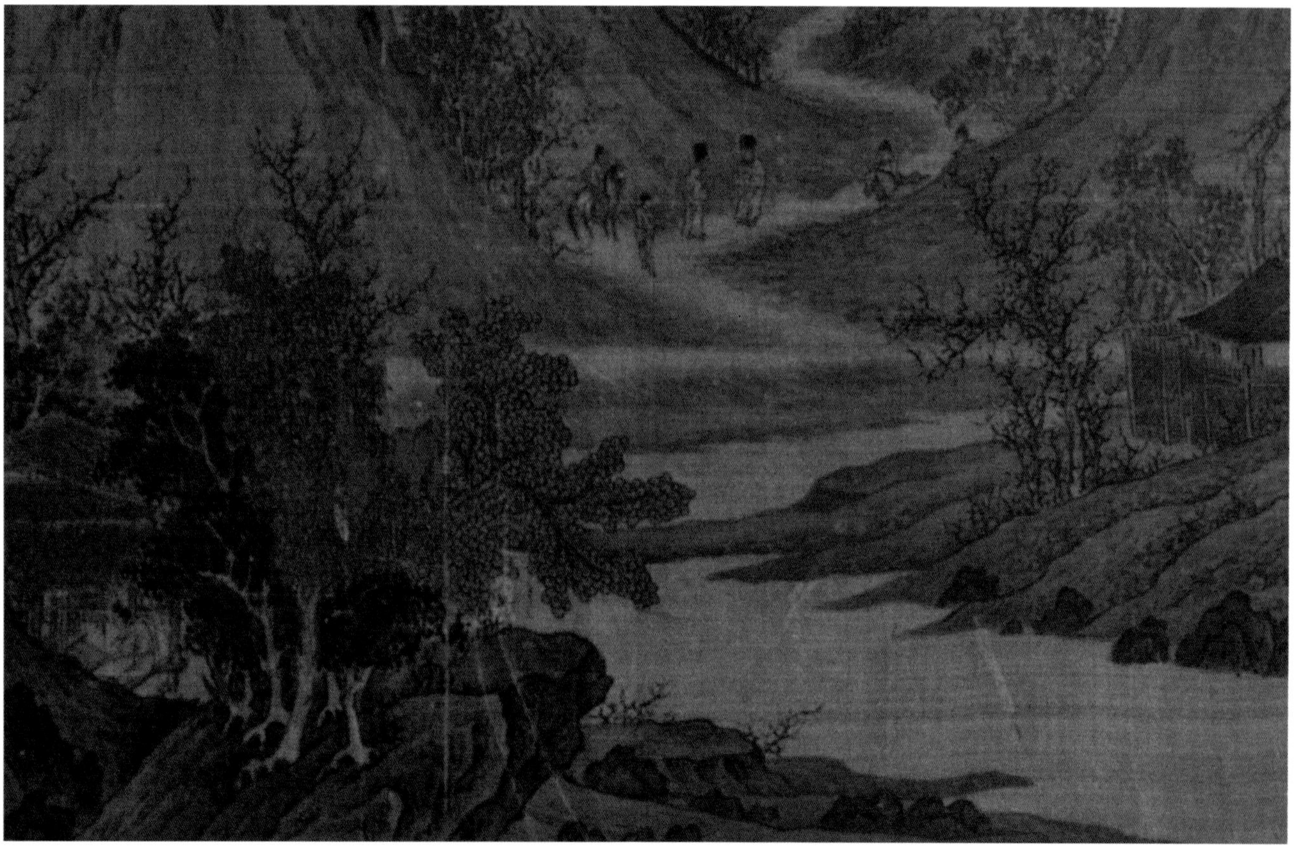

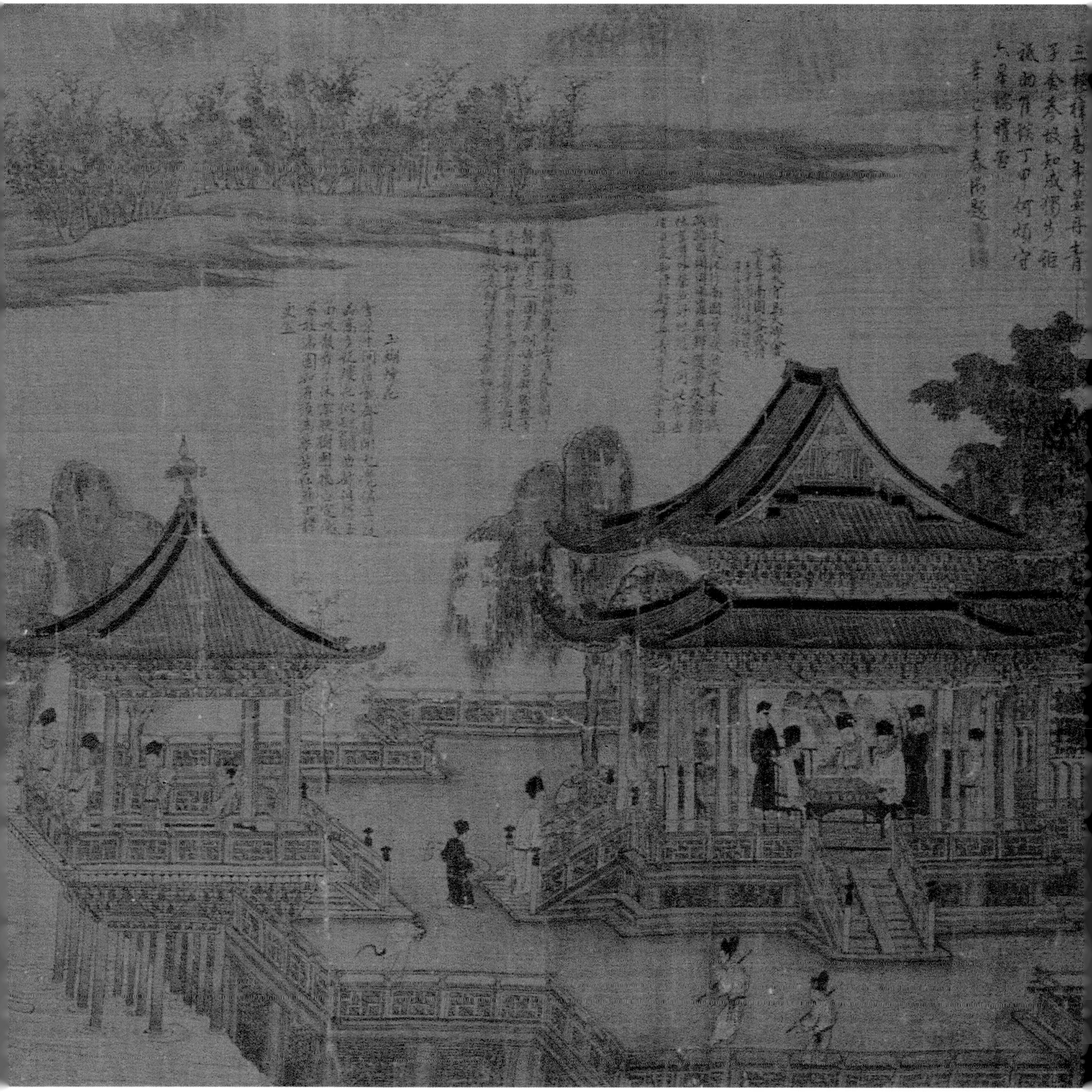

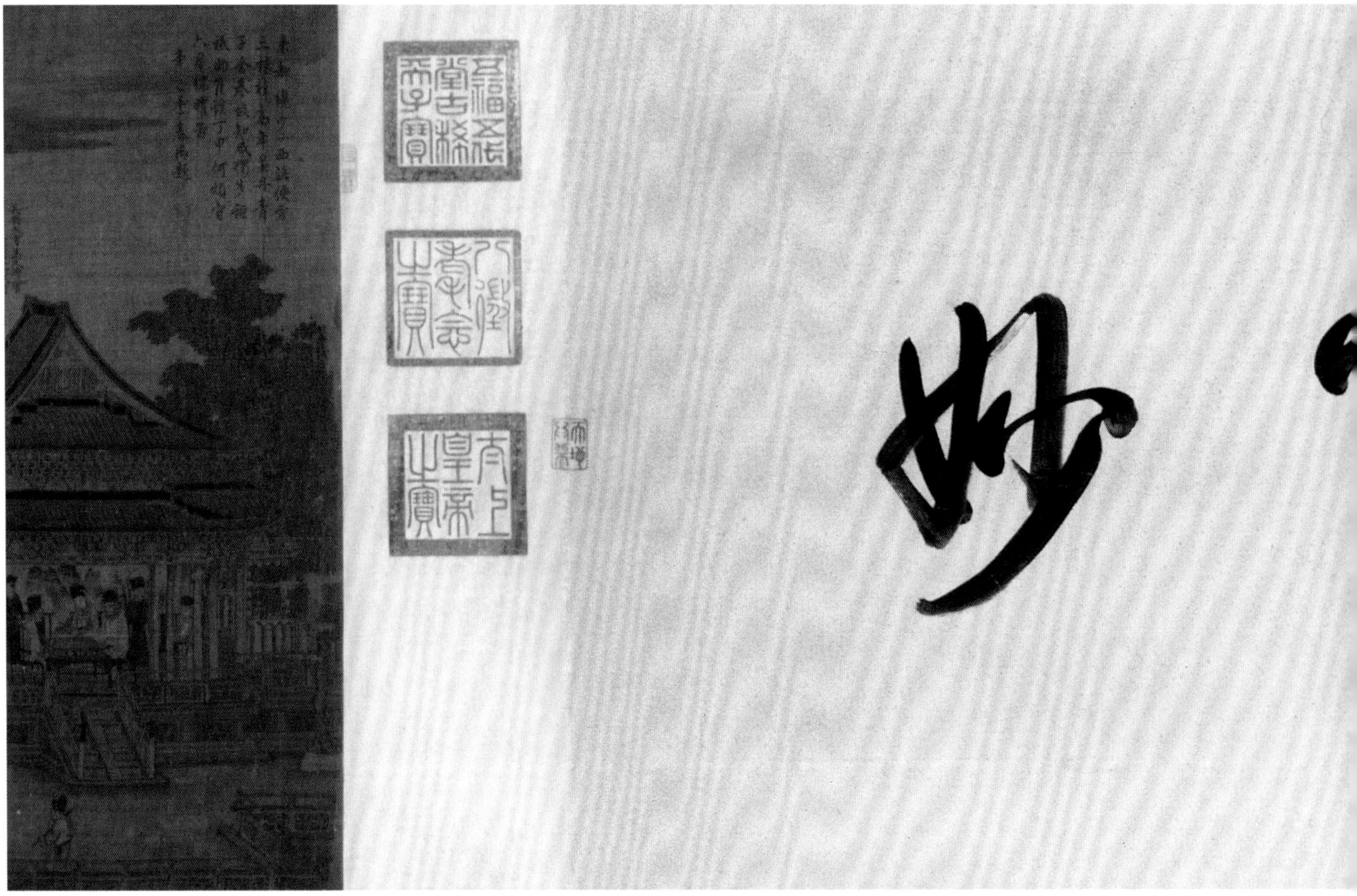
五福五代堂古稀天子寶
八徵耄念之寶
太上皇帝之寶
妙

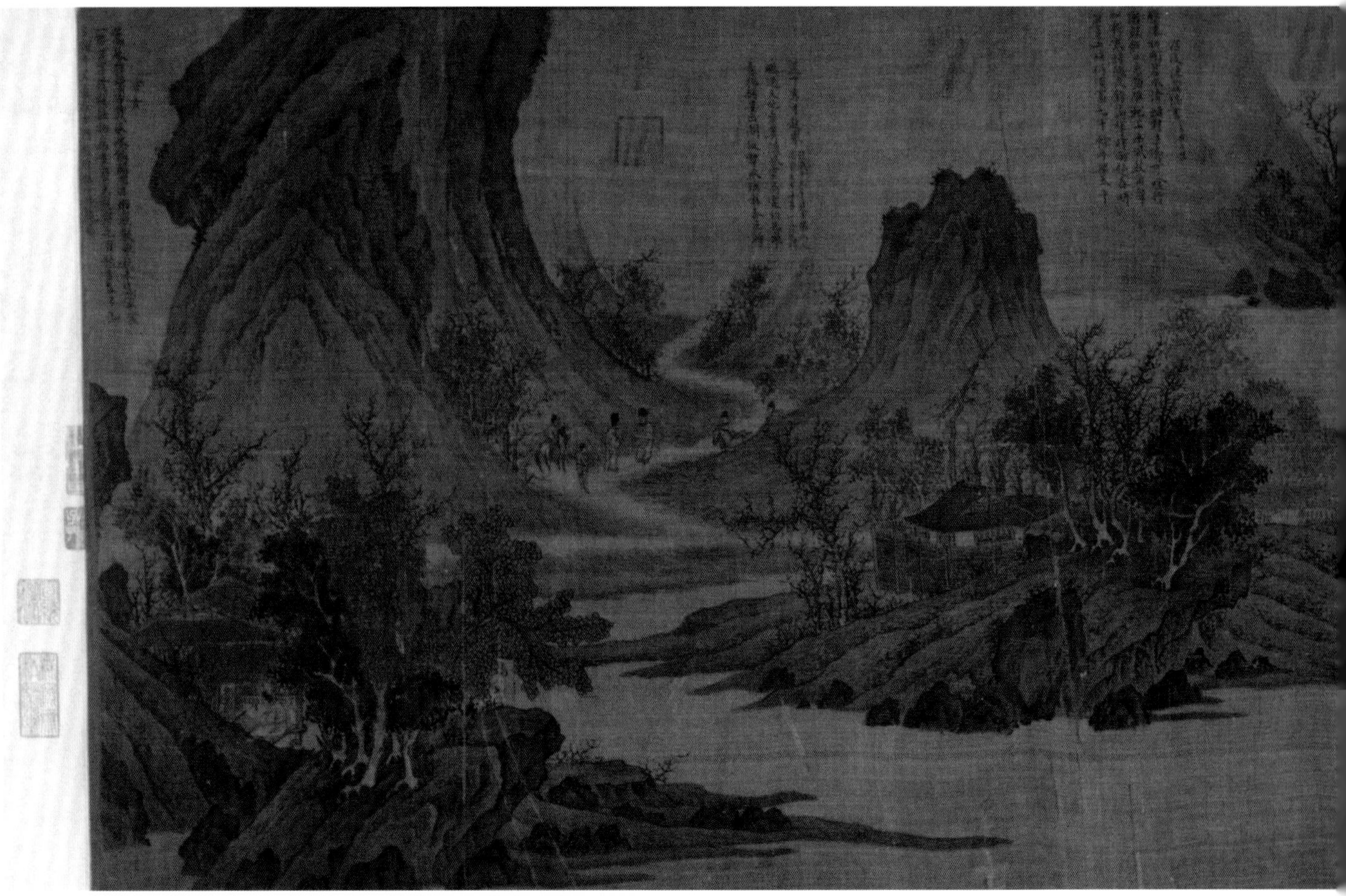

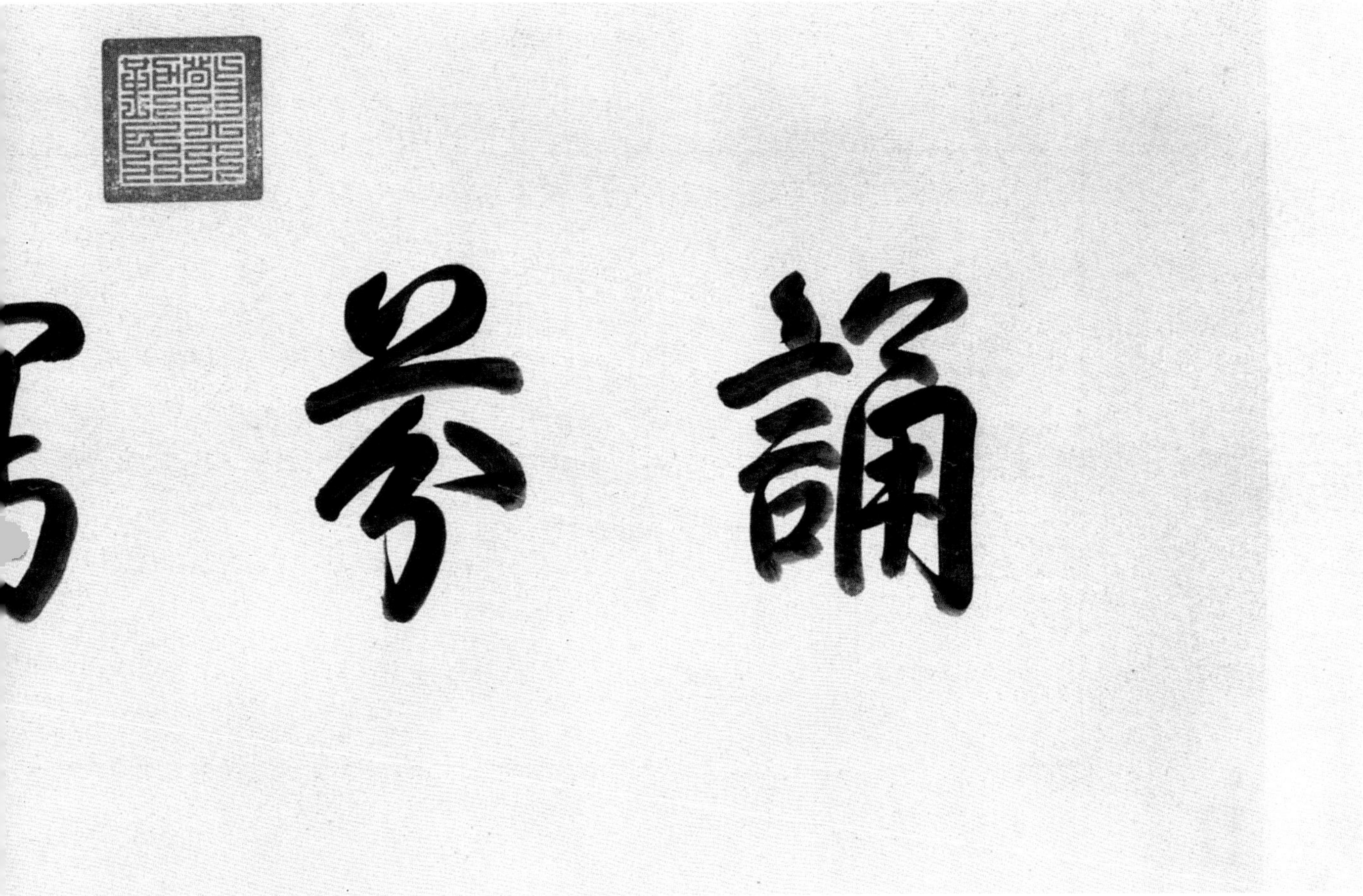
誦芬

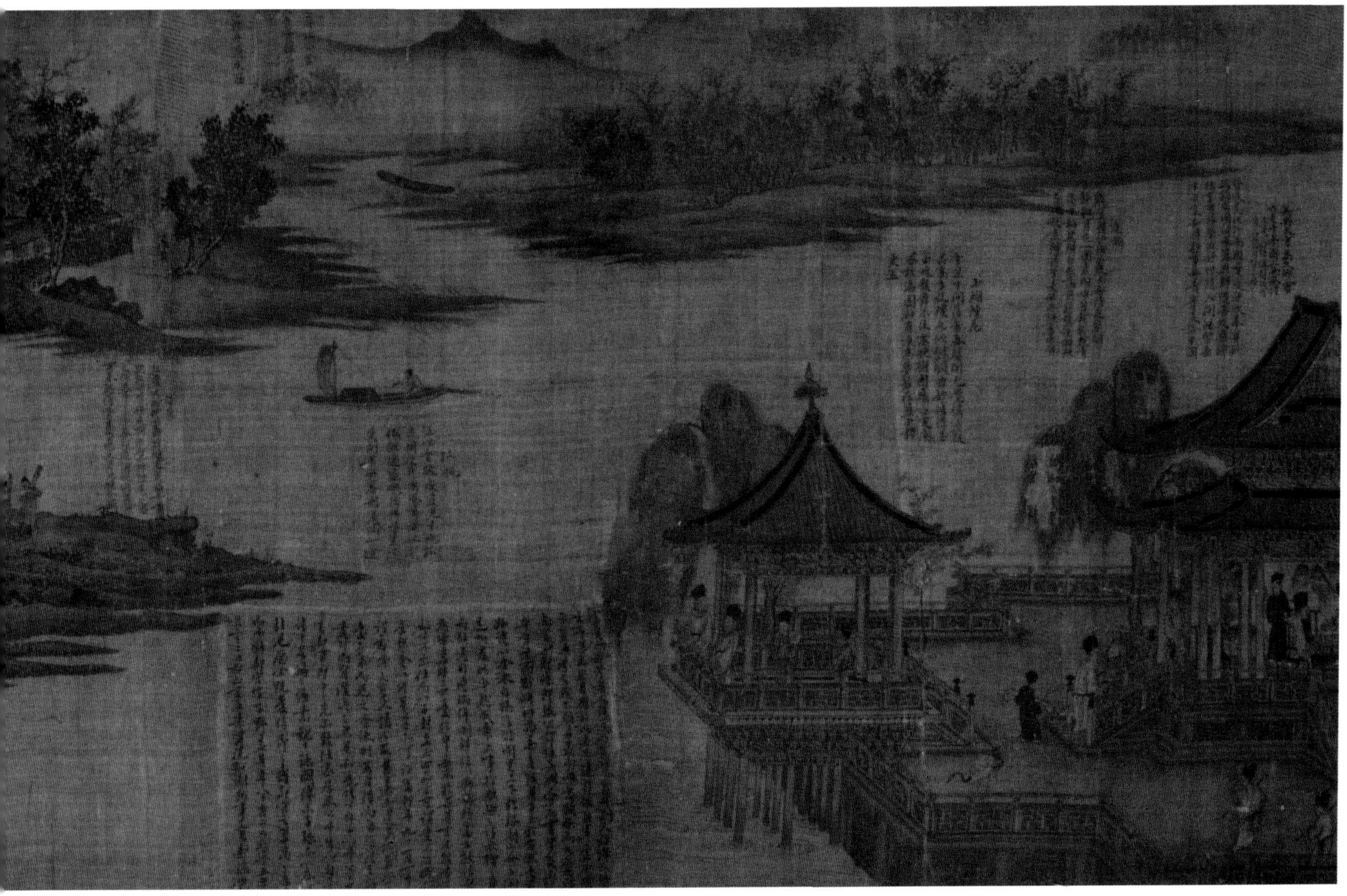

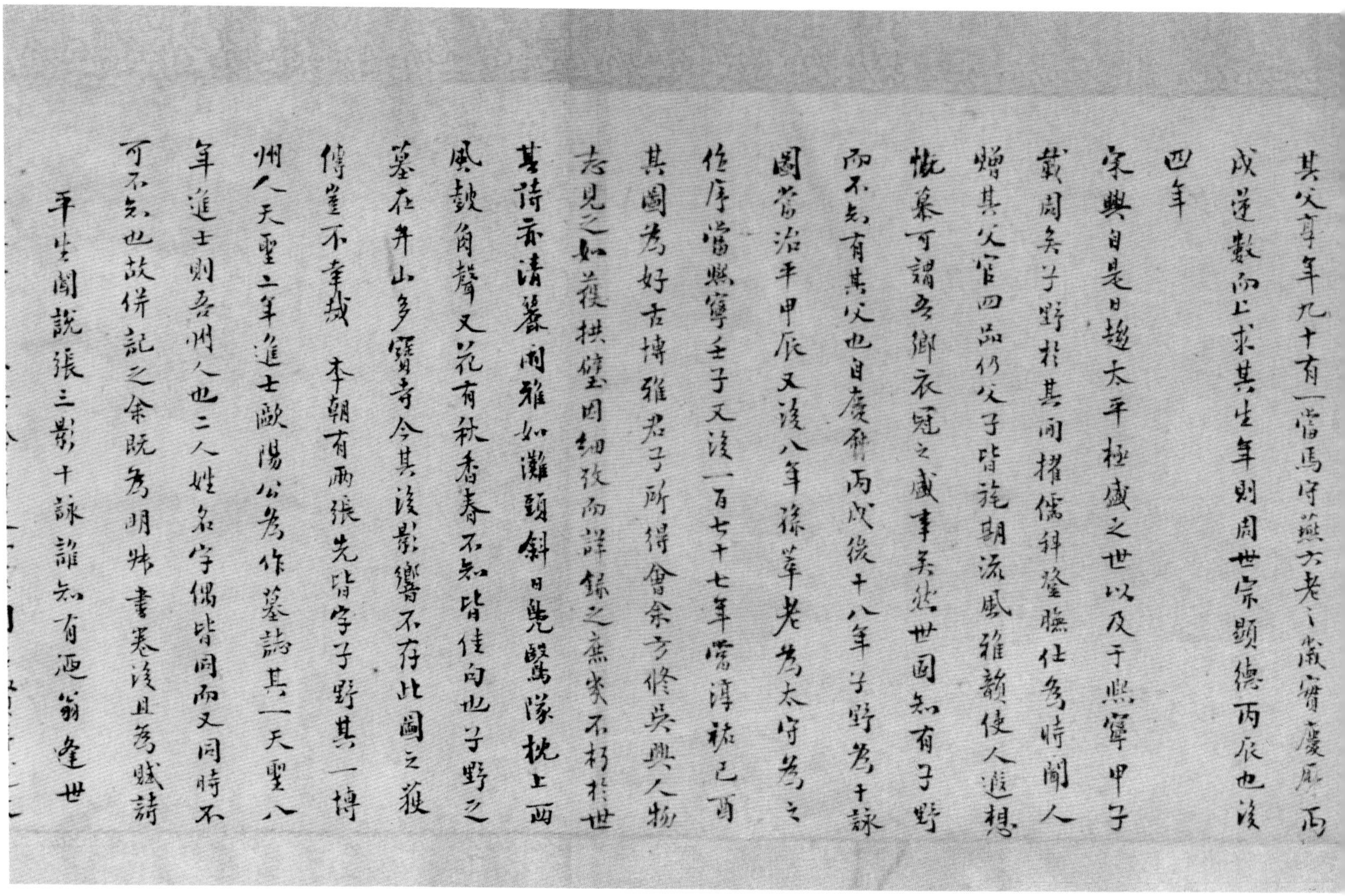

其父享年九十有一當馬守巖六老八歲寶應丙

戌逝數而上求其生年則周世宗顯德丙辰也後

四年

宗興目是日趙太平極盛之世以及于熙寧甲子

戴周美子野於其間擢儒科登臨仕為時聞人

贈其父官四品仍父子皆施朝流風雅韻使人遐想

慨慕可謂彼鄉衣冠之盛事矣然世固知有子野

而不知其父也日慶曆丙戌後十八年子野為十詠

圖當治平甲辰又後一百七十七年嘗淳祐已酉

作序當熙寧壬子又後八年徐華老為太守為之

其圖為好古博雅君子所得會余方佐吳興人物

志見之如獲拱璧因細玩而詳錄之燕奕不朽於世

其詩香清葺雨雅如灘頭斜日凫鷖隊枕上西

風鈬角聲又花有秋香不知皆佳句也子野之

墓在卞山多寶寺今其後影響不存此圖之獲

傳豈不幸歟 李朝有兩張先皆字子野其一博

州人天聖二年進士歐陽公為作墓詩其一天聖八

年進士則吾州人也二人姓名字偶皆同而又同時不

可不知也故併記之余既為明郴書卷且為賦詩

平生闍說張三影十詠誰知有酒翁逢世

六家風流已至毛堂六湮康不役舉此

橫几為之搃彪歲興予寫為家藏子

些雖寫之不忍弃去言人言以高田

賓多如老不碩如袖以未余展之詠之

新己三憶行摹詩當憶一頭如稽

首不可復十辛以達之因去主後

以嘉玄志大語改元仲秋管曾鮮于

槍題

也病名春尾而歸值于東阜峯玉府云秦定乙丑郡

人莆道士顏光煥書峕年八十有七

吳興老子會南園十詠于今只

荷傳蕭洒丹青如一日風流久

殊未子年情句去藝秋山

外輿馬屛水高蒙展

白朱清新自岂傳

丙頁 高君脱之木兄

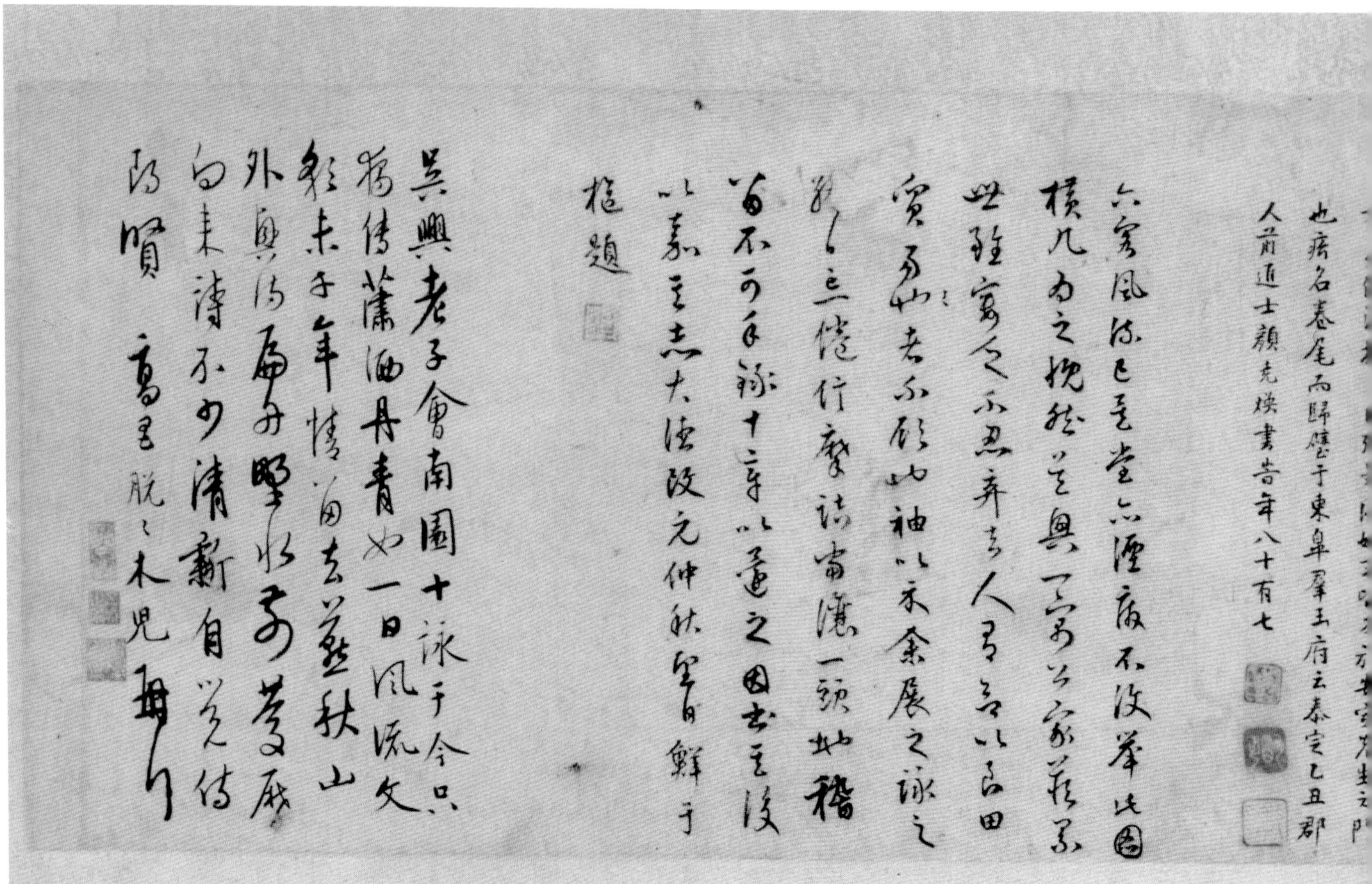

慶曆六年吳興太守馬尋宴六老于南園酒酣
賦詩安定胡先生瑗教授州學為之序六人者工
部侍郎郎簡年七十九司封員外郎范說年八
十六衛尉寺丞張維年九十一俱致仕劉餘慶年
九十二周守中年九十五吳琰年七十二三人皆貴
子弟列爵于朝劉殿中丞述之仲父周大理寺丞
頌之父吳大理寺丞知幾之父也詩及序刻石園
中園廢石亦不存事載續圖經及胡安定言行
錄余嘗攷之郎簡杭人也嘗寓于湖范說咸平
三年進士同學究出身周頌天聖八年進士劉吳
二族述與知幾皆有名迹可見獨張維無所考
近周明仲使君得古畫一軸號十詠圖乃維所作
詩也首篇即南園燕集所賦孫覺莘老序之
其略云贈刑部侍郎張公維生平喜吟詠行年
九十有一卒後十八年其子都官郎中先亦致仕家
居東公所自愛詩十首寫之縑素以序見屬蓋其
年八十有二云推是知其為子野之父也子野年八十五

平生閒說張三影十詠誰知有迺翁逢世
升平百年久興懿耆艾一家同名賢序述文
章好勝事流傳繪畫工遐想盛時生恨晚恍
如身在此圖中

庚戌七月五日直齋老叟書時年七十有
二後六年從明仲借摹併錄余所跋於卷
尾而歸之丙辰中秋後三日也

慶曆間吳興太守宴六老南園各賦詩安定胡先
生時教授湖學序其事先生嘗為侍講天章閣
待制明聖人體用之學天下學者所宗之不特湖也
六老詩與先生所序歲久石廢不存語僅見郡志今
此圖廼正言孫公莘老序侍郎張公維十詠也張蓋六
老中之一老三影子野都官之父孫廼安定先生門人
都官錄其父所作為圖而屬孫序之以貽後嗣亦手澤
存焉之意緬懷慶曆人才之盛高年燕衎之樂景行先
哲使人慨慕安定先生之序不可見而其所得序之人及
其門人其詩其序俱於是圖見之想其人論其世雖歷
四百四十餘年之遠猶若可見豈不為盛然喜乎姑蘇

12

佚名　江山秋色圖卷

北宋
絹本　設色
縱55.6厘米　橫323.2厘米
清宮舊藏

Autumn Mountains and Rivers
Anonymous, Song Dynasty
Handscroll, colour on silk
H.55.6cm　L.323.2cm
Qing Court collection

《江山秋色圖》畫青山綠水之間，蒼松挺拔，紅葉點點。寺廟、村落有棧道、橋樑相通，山民、香客趕着牲口、車輿穿林而過。移步換景，令人玩味無窮。此卷畫山用小斧劈皴法，設色青綠為主，參以水墨和多種色彩，豐富和諧。佈置精巧而不失宏闊，設色濃艷而不失清雅，應為北宋畫院高手之作，但又表現出不同於畫院的"士氣"。明人舊題為趙伯駒（字千里）所畫，當有所據。

本幅鈐梁清標鑑藏印及清內府藏印七方。尾紙有明洪武八年（1375）朱標題跋（釋文見附錄）。鈐梁清標鑑藏印三方。

曾經《石渠寶笈》著錄。

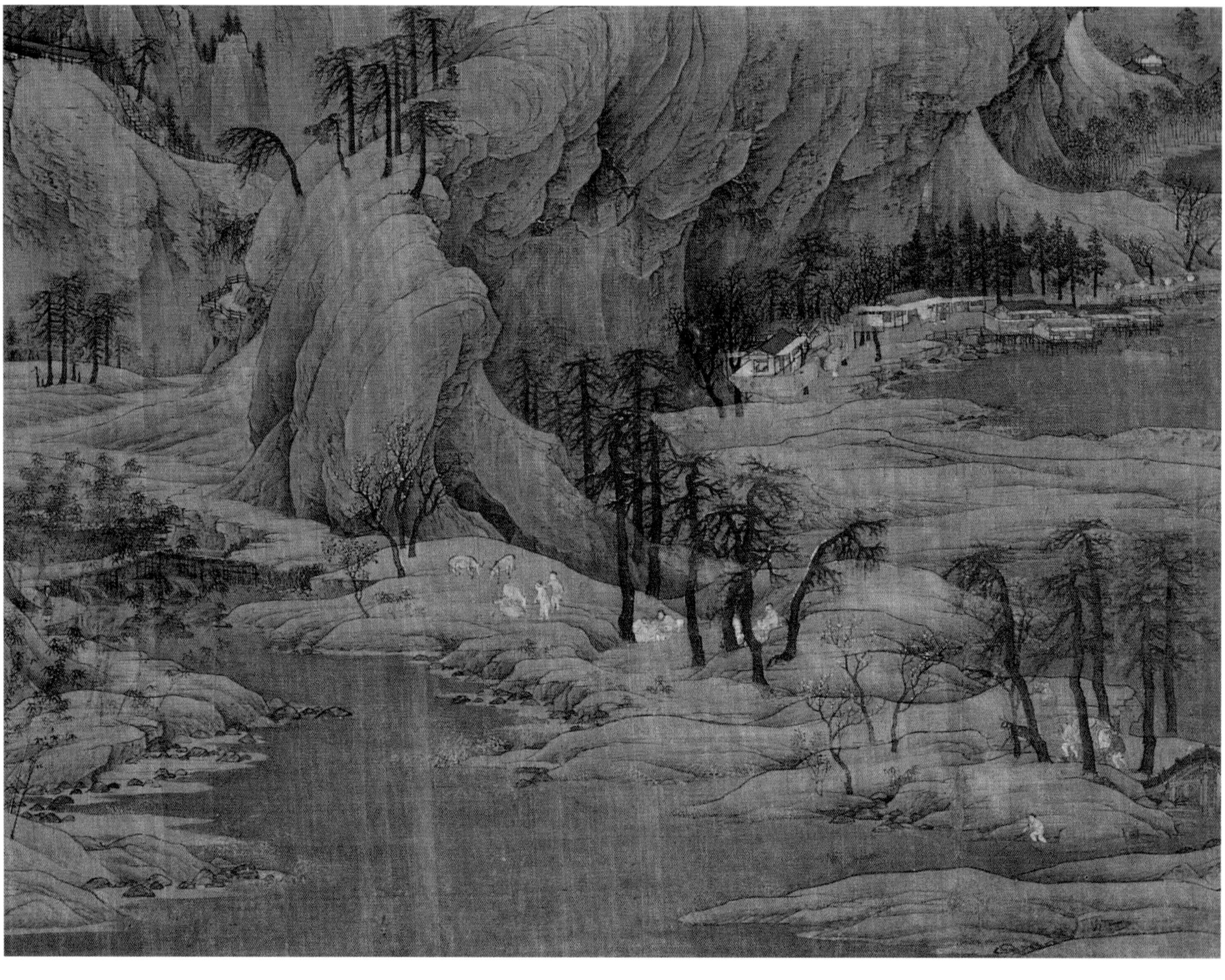

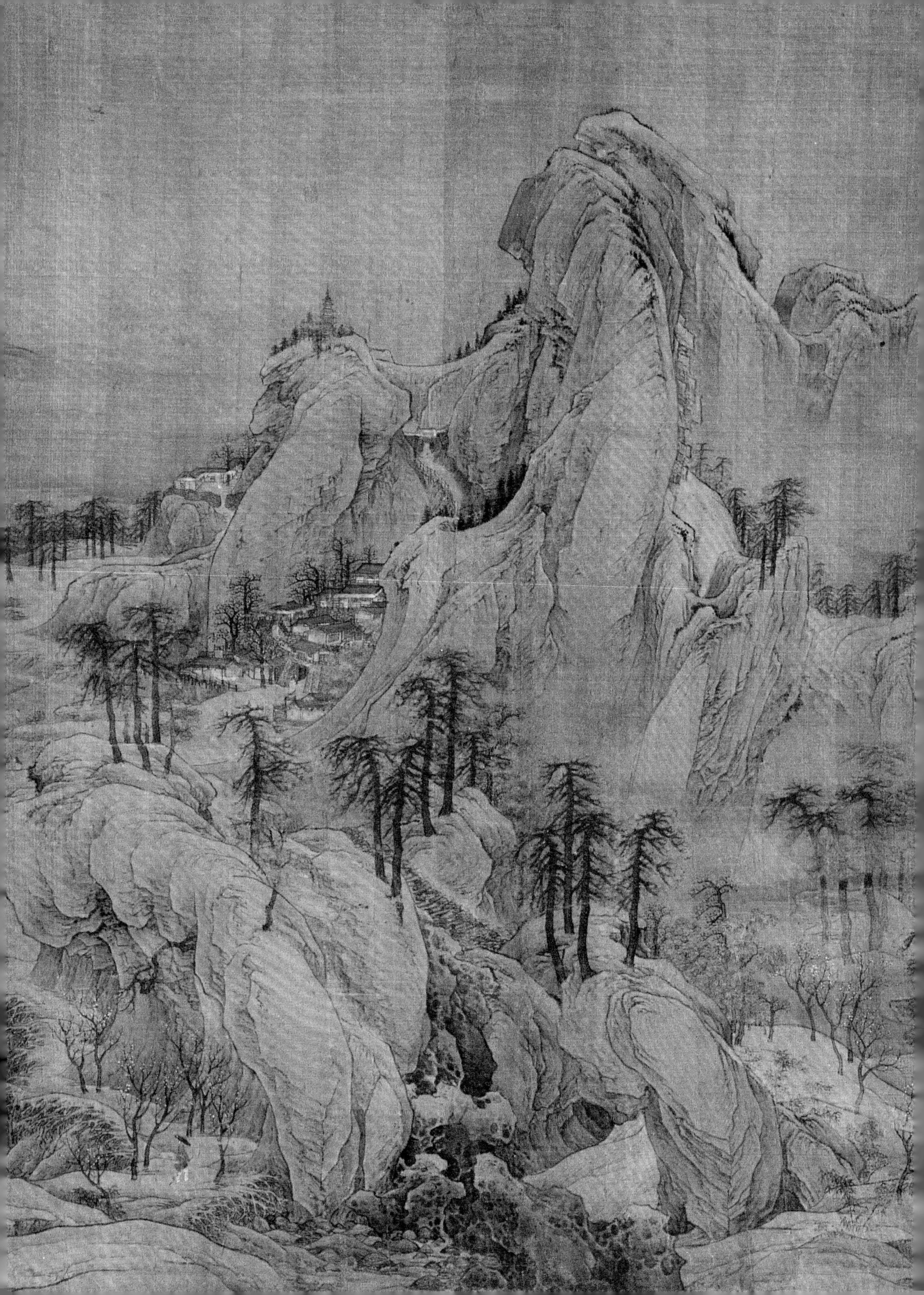

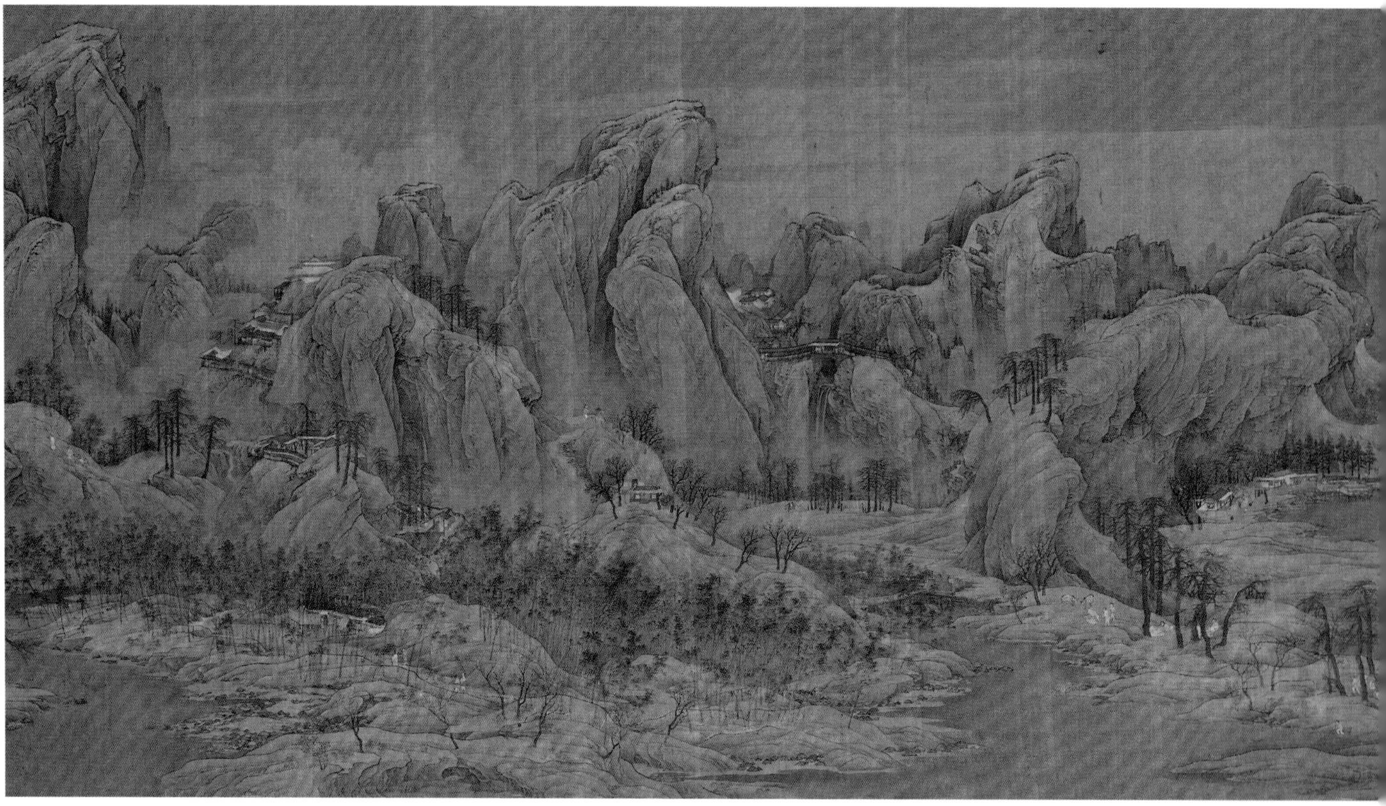

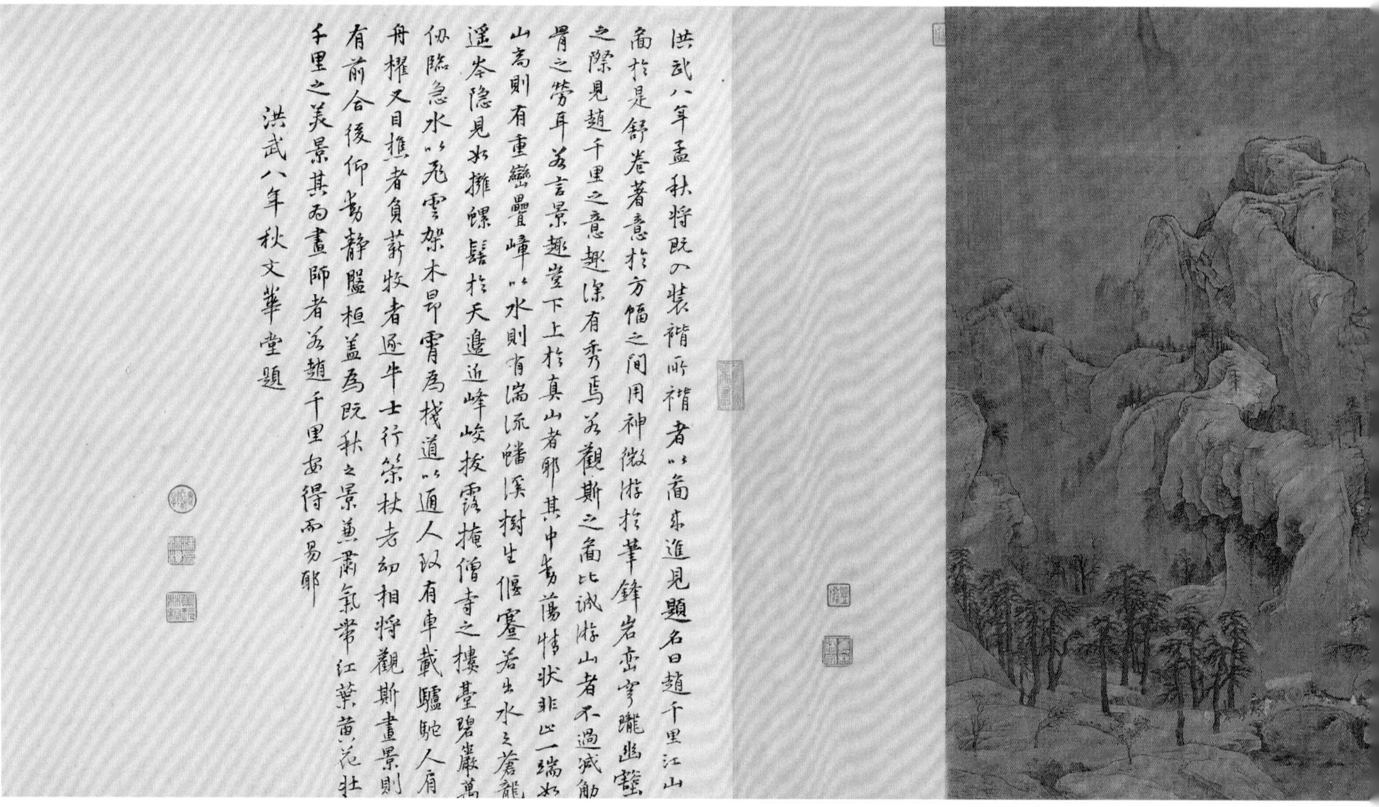
洪武八年孟秋將既の裝褙所褙者以圖來進見題名曰趙千里江山
圖於是舒卷著意於方幅之間用神微游於筆鋒岩峦穹隴幽壑
之際見趙千里之意趣深有秀焉若觀斯之圖比誠游山者不過減觔
骨之勞耳若言景趣堂下上於真山者耶其中動蕩情狀非止一端然
山高則有重巒疊嶂以以水則有湍流觸溪樹生偃蹇若出水之蒼龍
遙岑隱見如擁螺髻於天邊近峰峻拔露掩僧寺之樓臺碧巖萬
似臨急水以飛雲架木昂霄爲棧道以通人蹤有車載驢馳人肩
舟擢又目樵者負薪牧者逐牛士行策杖老幼相將觀斯畫景則
有前合後仰動靜盤桓蓋爲既秋之景萬籟氣常紅葉黄花壯
千里之美景其爲畫師者若趙千里安得而易耶
洪武八年秋文華堂題

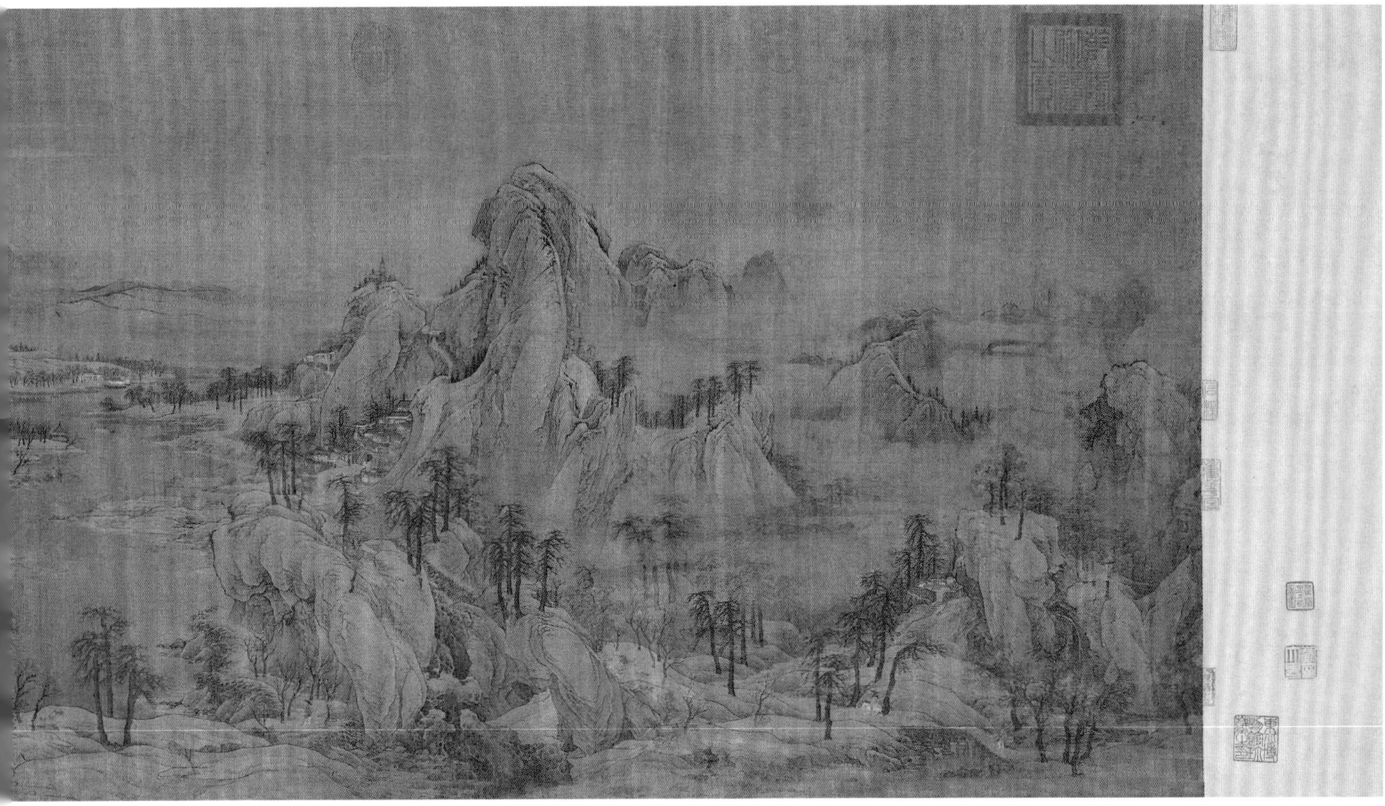

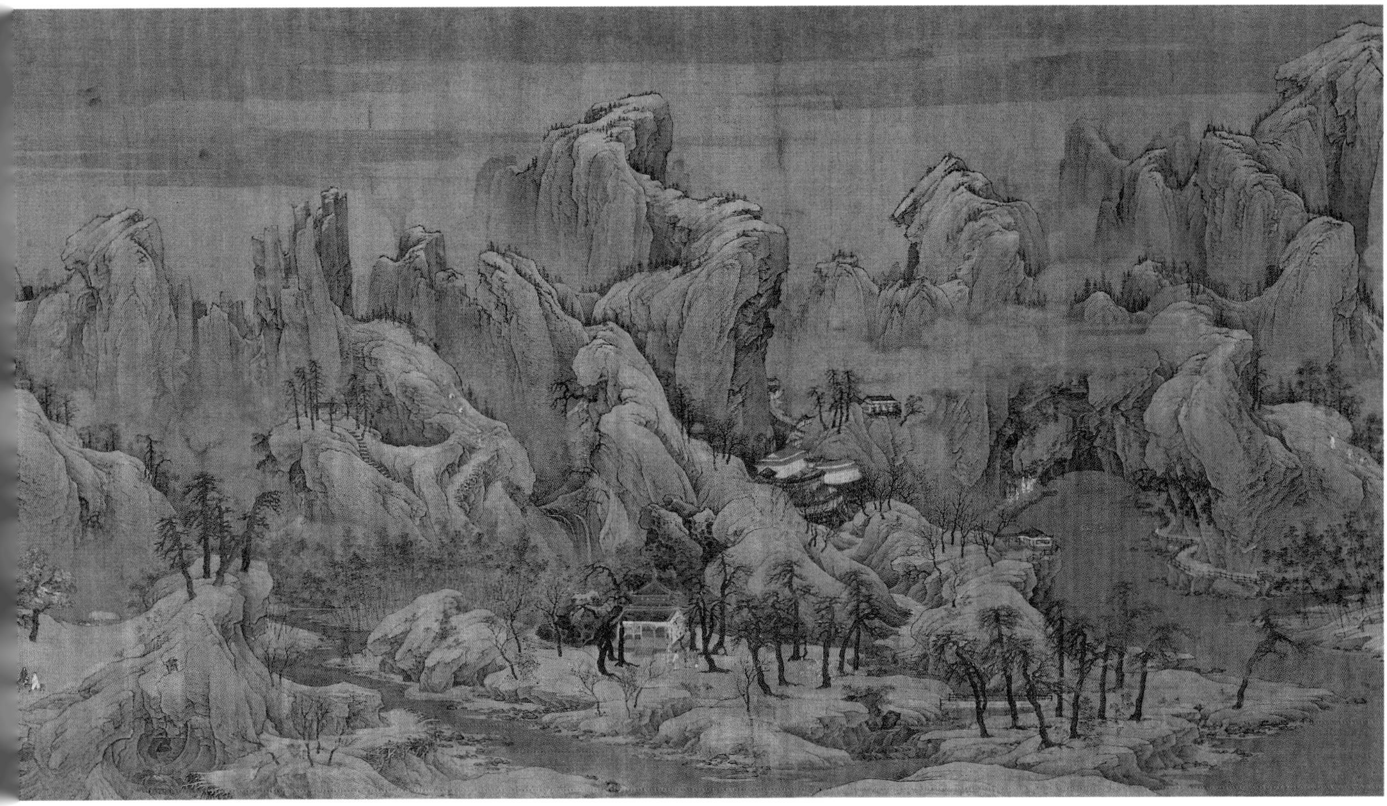

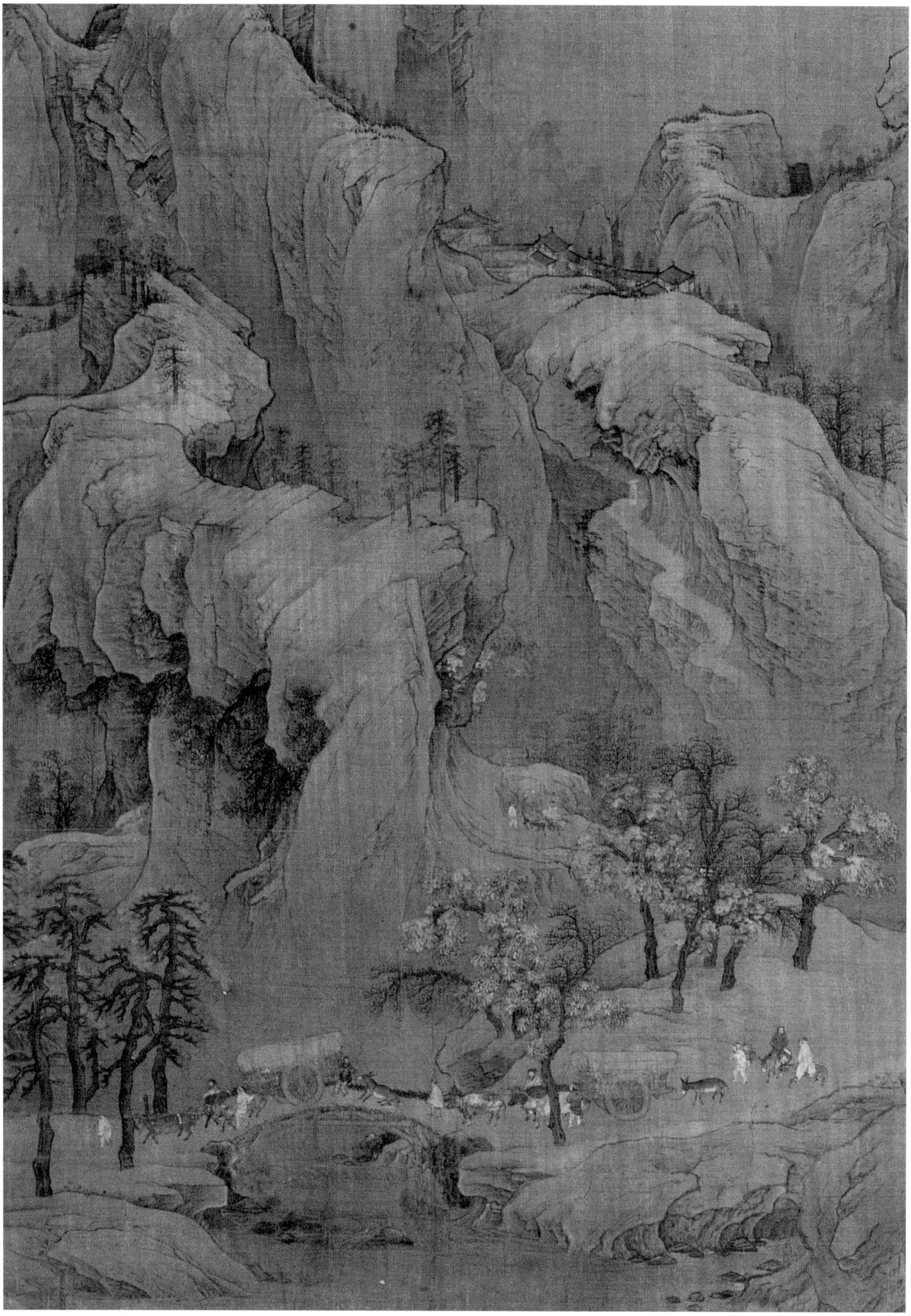

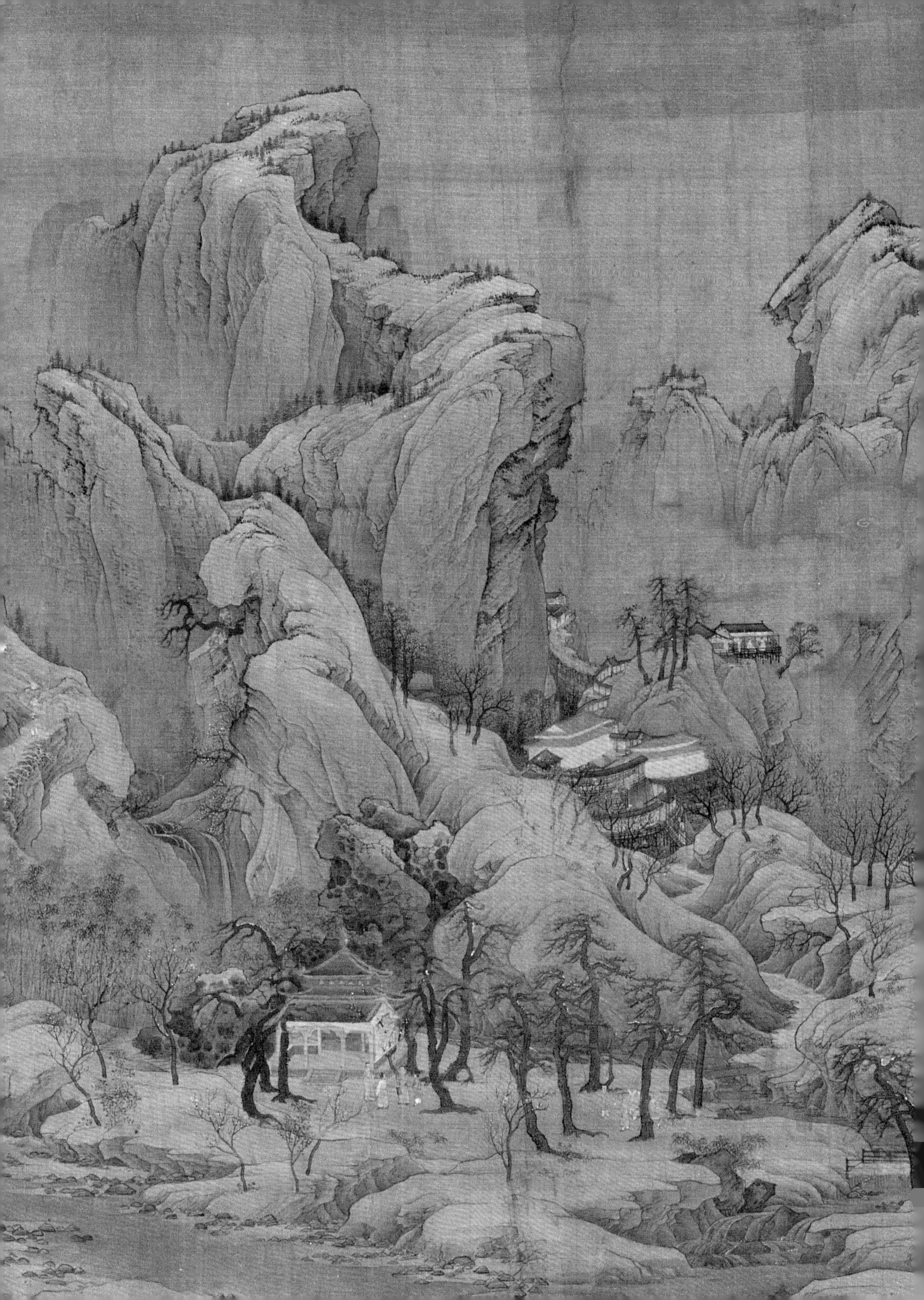

13

趙伯驌　萬松金闕圖卷

南宋
絹本　設色
縱27.7厘米　橫135.2厘米
清宮舊藏

Magnificent Palace in Pine Forest

By Zhao Bosu, Song Dynasty
Handscroll, colour on silk
H.27.7cm　L.135.2cm
Qing Court collection

趙伯驌（1124—1182），字希遠，宋宗室。汴梁（今河南開封）人，南渡後居臨安（今浙江杭州）。官至和州防禦使，博涉書史，妙於丹青。《圖繪寶鑑》云其"善畫山水人物，尤工於花禽，傅染輕盈，頗有生意"。

《萬松金闕圖》畫南宋都城宮闕外臨安鳳凰山一帶景色。圖中碧波萬頃，紅日初升，羣峯蒼翠，山間金色瓦頂錯落，雲靄繚繞，松林間白鶴飛舞，溪澗朱橋上，山鵲來翔。此卷以石綠縱橫點染漫山叢林，坡石用墨筆勾寫並填塗石綠，寫染結合，筆墨層次豐潤，工中帶拙，色調清麗幽雅，意境蘊藉靜謐，富於文人氣息，堪稱宋代青綠山水畫之傑作。

本幅鈐安儀周、梁清標鑑藏印及清乾隆、宣統內府藏印及殘印共十二方。尾紙有趙孟頫、倪瓚、張紳題跋（釋文見附錄）。鈐安岐、梁清標等鑑藏印十方。裱邊鈐鑑藏印"古香書屋"（朱文）。

曾經《墨緣彙觀》、《大觀錄》著錄。

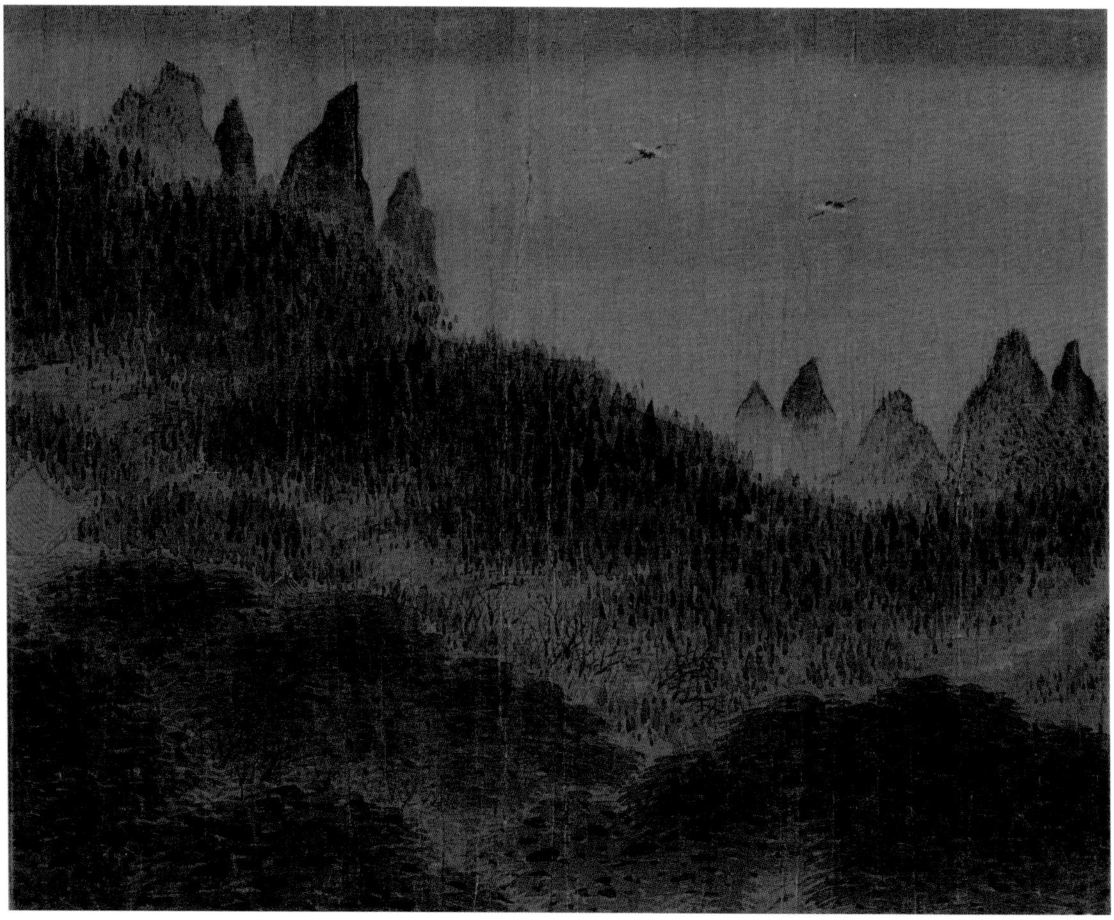

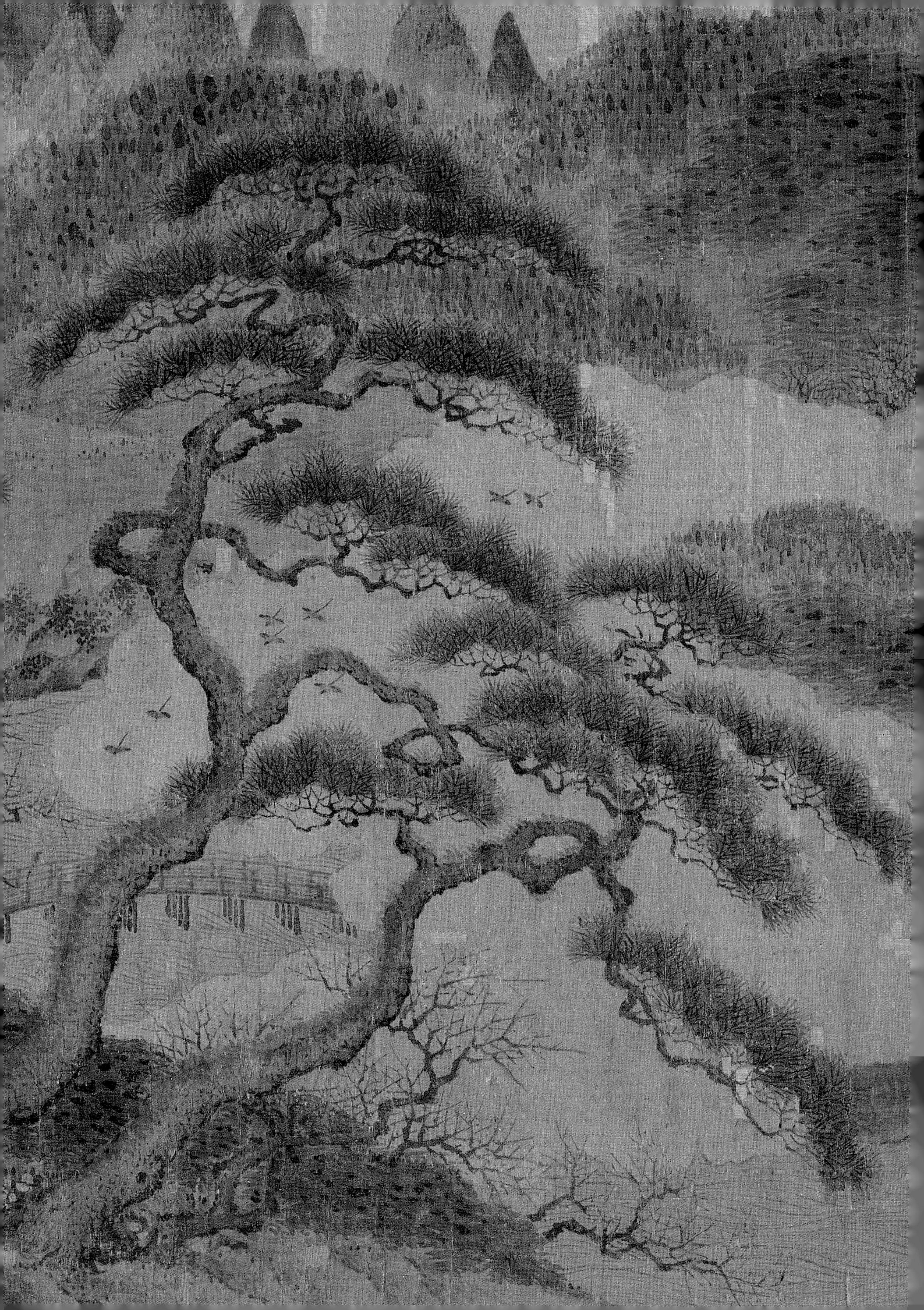

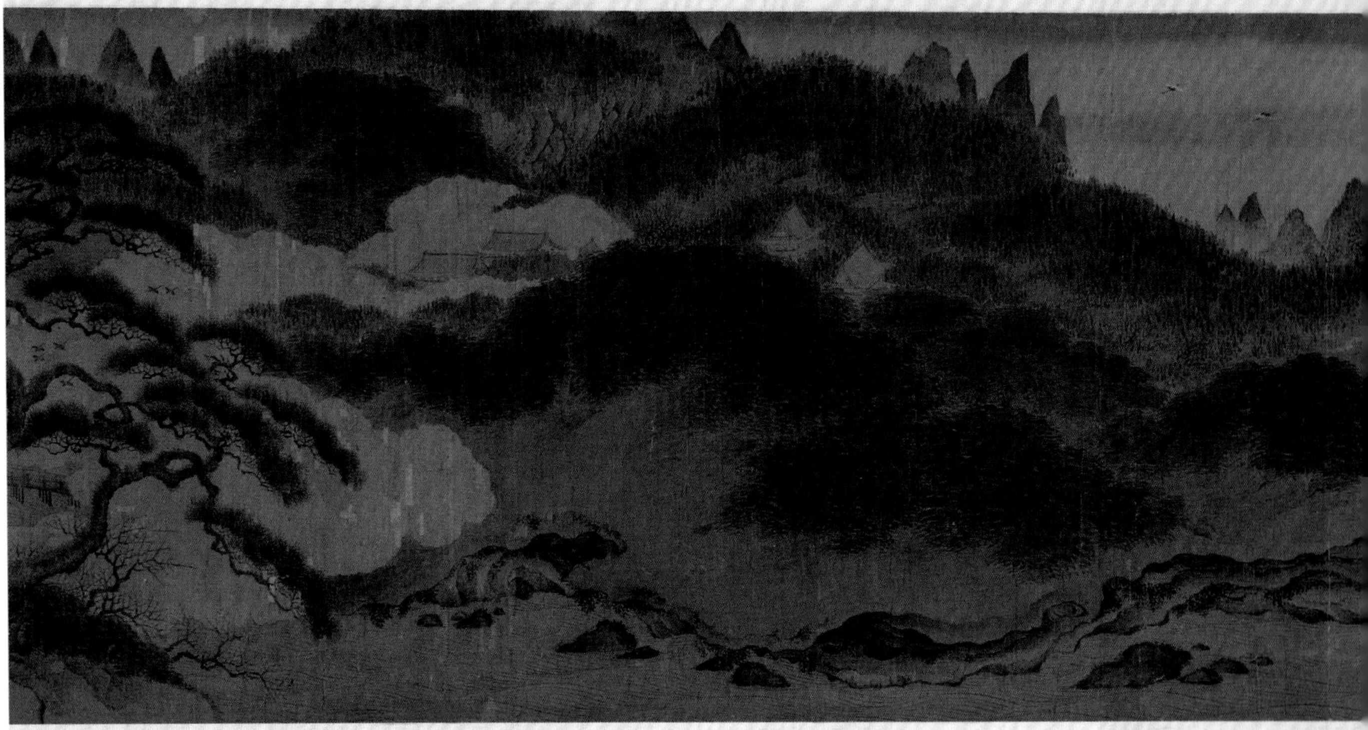

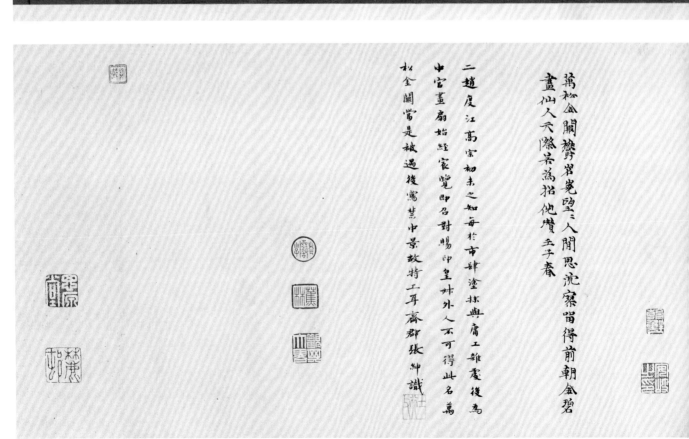

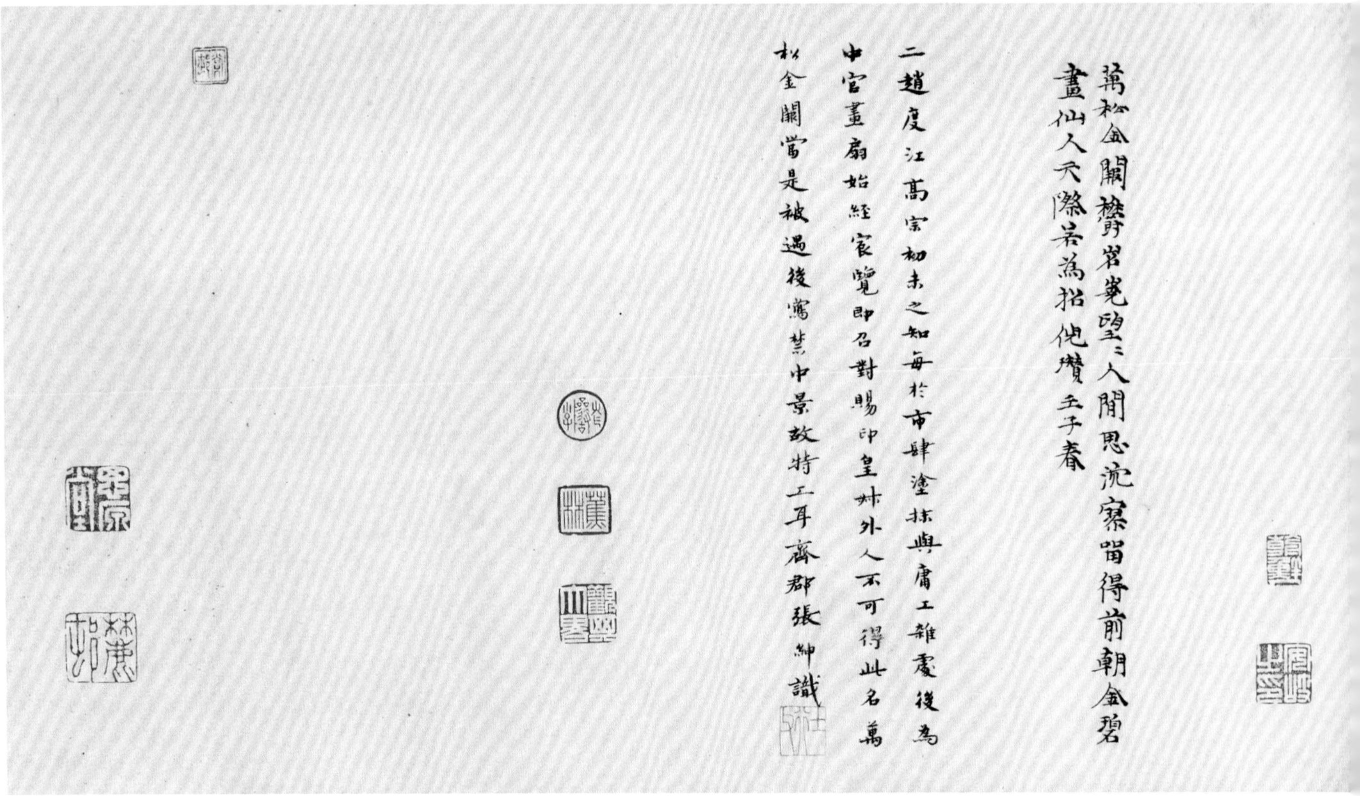
萬松金闕鬱岧嶤望望入閒思沆寥留得前朝金碧
畫仙人天際若為招倪瓚 壬子春
二趙度江高宗初未之知每於市肆塗抹與庸工雜處後為
中官畫扇始經宸覽即召對賜印皇姊外人不可得此名萬
松金闕當是被遇後寫禁中景故特工耳齊郡張紳識

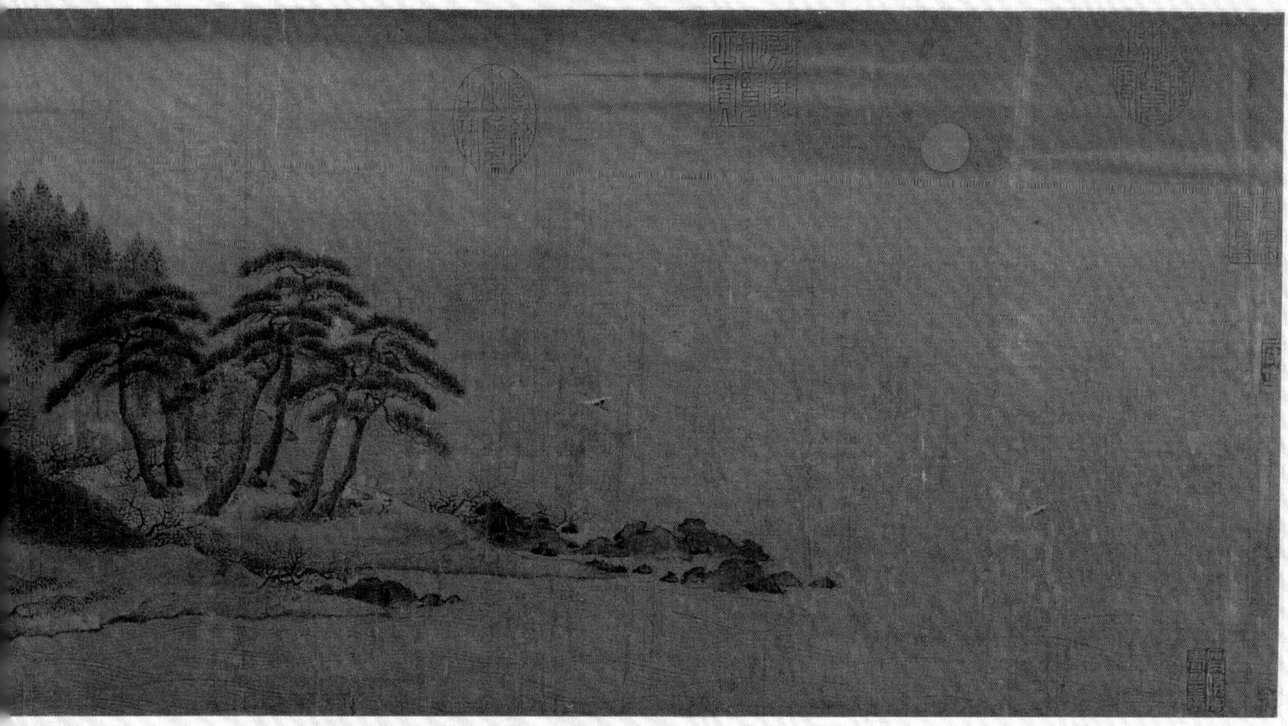

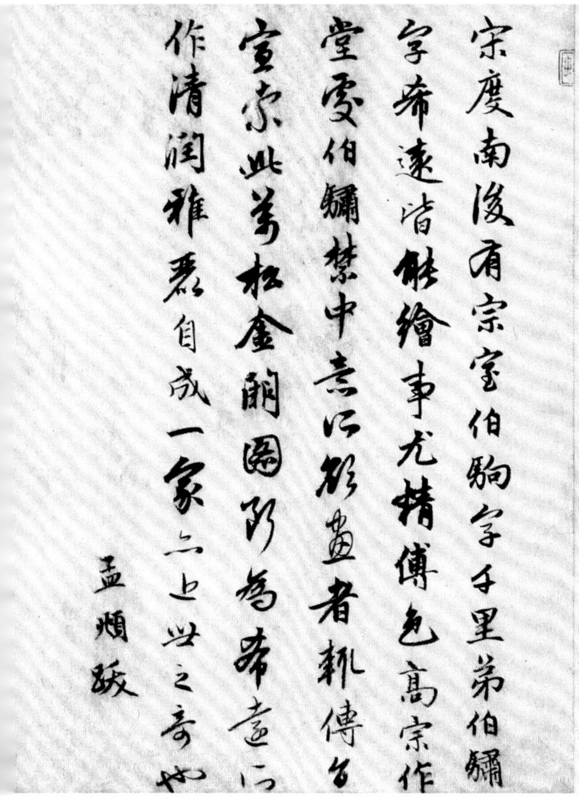
宋度南後有宗室伯駒字千里弟伯驌
字希遠皆能繪事尤精傅色高宗作
堂愛伯驌禁中意以能畫者輙傳旨
宣索此蒼松金閣圖所為希遠以
作清潤雅秀自成一家亦上世之奇也
孟頫跋

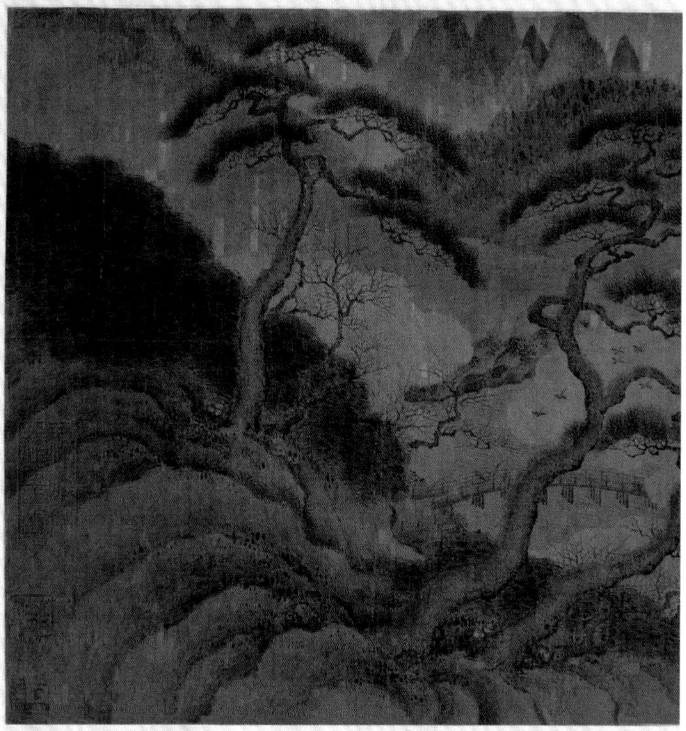

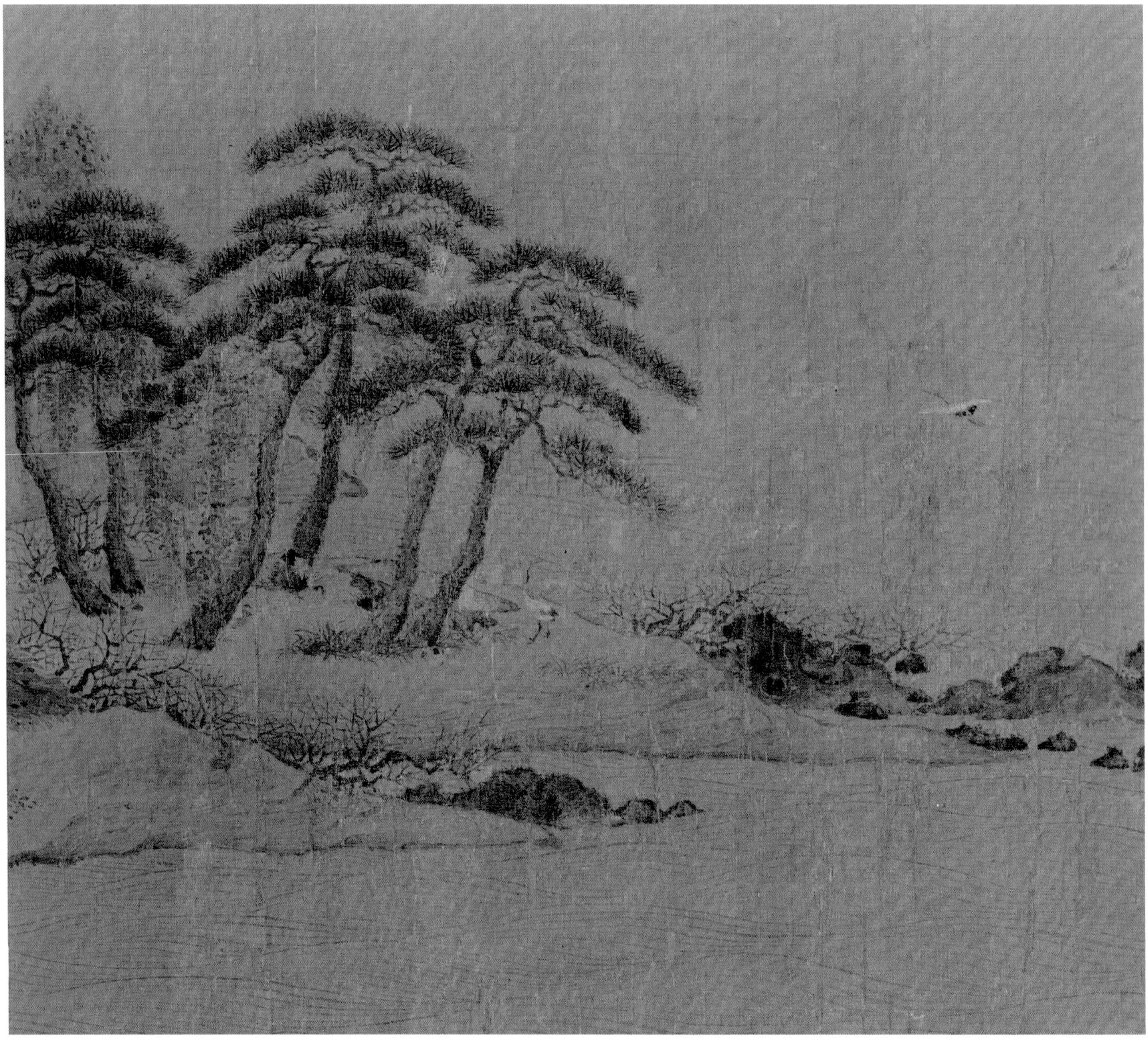

14

米友仁　瀟湘奇觀圖卷

南宋
紙本　墨筆
縱19.7厘米　橫285.7厘米

Xiaoxiang River Sights
By Mi Youren, Song Dynasty
Handscroll, ink on paper
H.19.7cm　L.285.7cm

米友仁（1104—1153），一名尹仁，字元暉，晚號嫩拙老人。祖籍太原，北宋書畫家米芾長子，人稱"小米"。宋宣和四年（1122）應選入掌書學。南渡後，官任兵部侍郎，敷文閣直學士，曾為高宗鑑定法書。其山水畫承繼"米點"法，並更趨成熟。

《瀟湘奇觀圖》開卷繪一片濃雲翻捲，雲中漸顯山形。隨雲捲雲舒，山峯時隱時現，極具動態。丘陵起伏，江水蜿蜒，林木夾岸，富有地域特點。最後以江邊叢林中的庵子作結點題。全卷筆墨蒼潤，山頭之"點子皴"，改其父之"濃墨大點"為"淡墨細點"；雲氣亦由"染而不勾"改為"淡墨勾勒"，顯得更為蘊藉、雅致。此卷為米友仁傳世的重要代表作。

後段自識："先公居鎮江四十年，□作庵子城之東高岡上，以海嶽命名。一時國士皆賦詩，不能□記。□翰林承旨翟公詩□：楚米仙人好樓居，植梧崇岡結精廬。□瞰赤縣賓蟾馬，東西跳凡天馳驅。腹藏□卷胸垂胡，論□□河決九渠。掀髯送目□八區，欲叫虞舜□蒼梧。云云。餘不能記也。□卷乃庵上所見山。大抵山□奇觀，變態萬□，□在晨晴晦雨間，世人鮮復知此。余生平熟瀟湘奇觀，每於登臨佳處，輒復寫其真趣，□□卷以悅目。交□□使為之，此豈悅他人物□乎？此紙滲墨，本不可□□。仲謀勤請不容辭，故為戲作。紹興□□孟春，建康□□官舍　友仁題。羊毫作字，正如此紙作畫耳。"鈐朱文印一方，文不辨。鈐"趙氏子昂"（朱文）、"嘉興吳鎮仲圭書畫記"（白文）以及許孝讃、劉中守、金延儒、王永寧、宋犖、吳廷、程楨義、韓崇、顧文彬、完顏景賢、馮恕等鑑藏印共六十二方。

尾紙有薛羲、葛元喆 、貢師泰、劉中守、鄧宇志等題跋（釋文見附錄），另外尚有吳瓠碩、曾環、朱希文、邊猛生、董其昌、奕志、葉恭綽、張爰等人跋。鈐有趙孟頫、吳鎮、許孝讃、劉中守、金延儒、王永寧、吳廷、韓崇、顧文彬、完顏景賢、馮恕等鑑藏印共一百一十九方。

曾經《珊瑚網》、《式古堂書畫彙考》、《大觀錄》、《眼福編》、《佩文齋書畫譜》、《過雲樓書畫記》著錄。

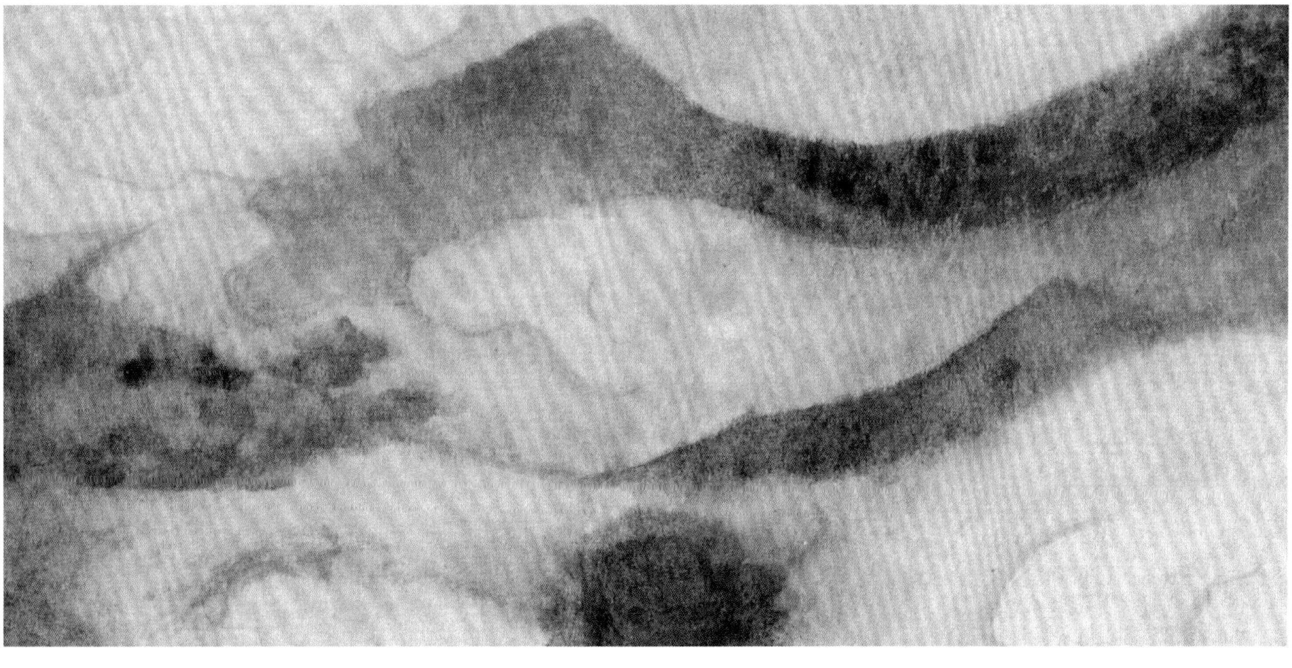

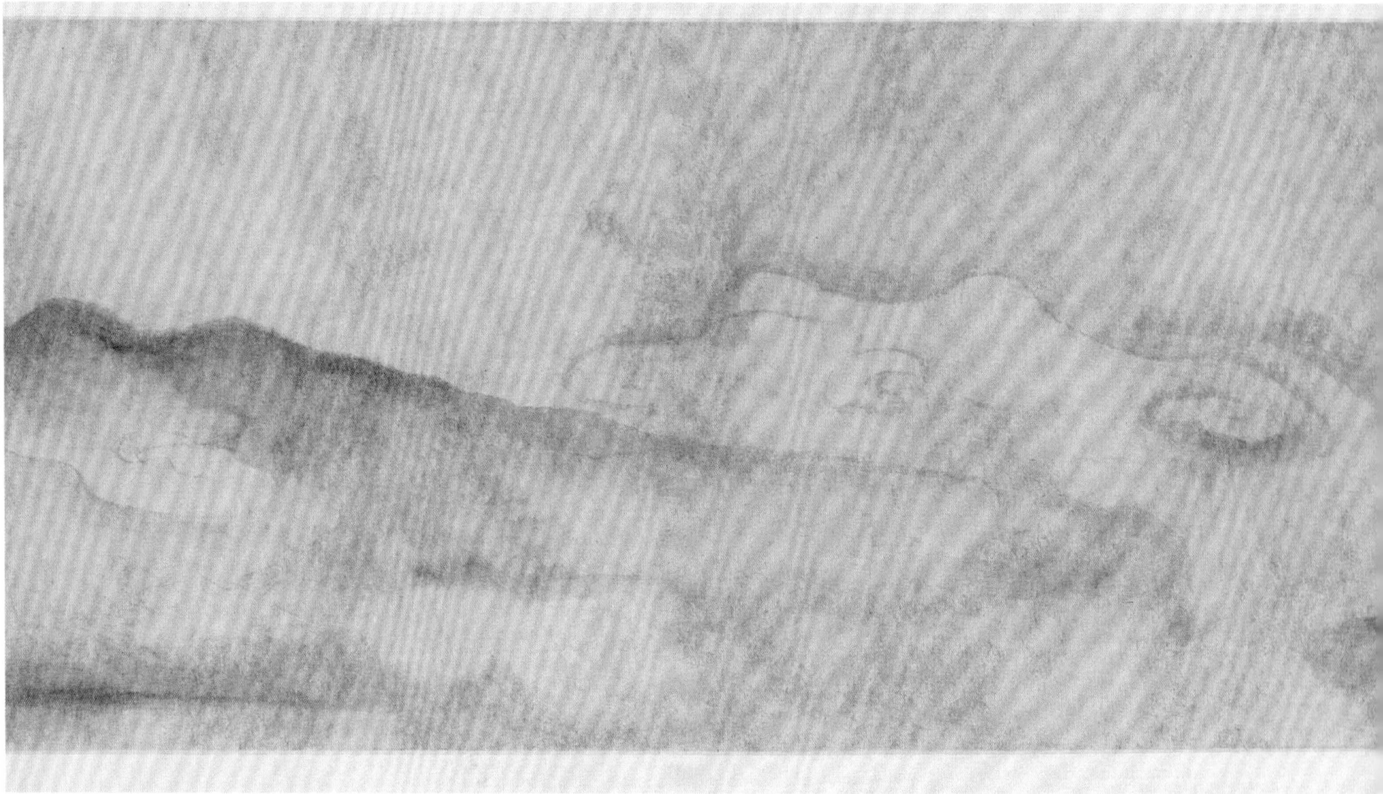

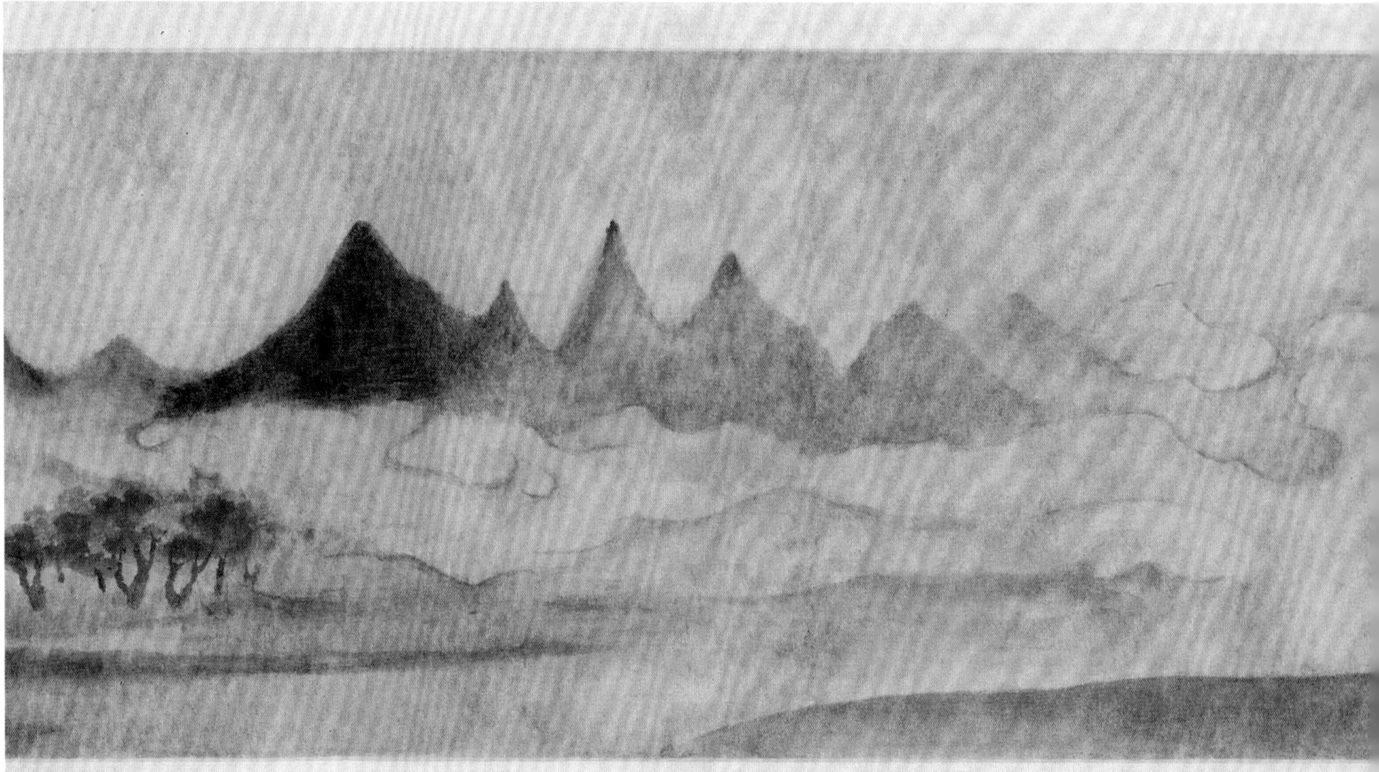

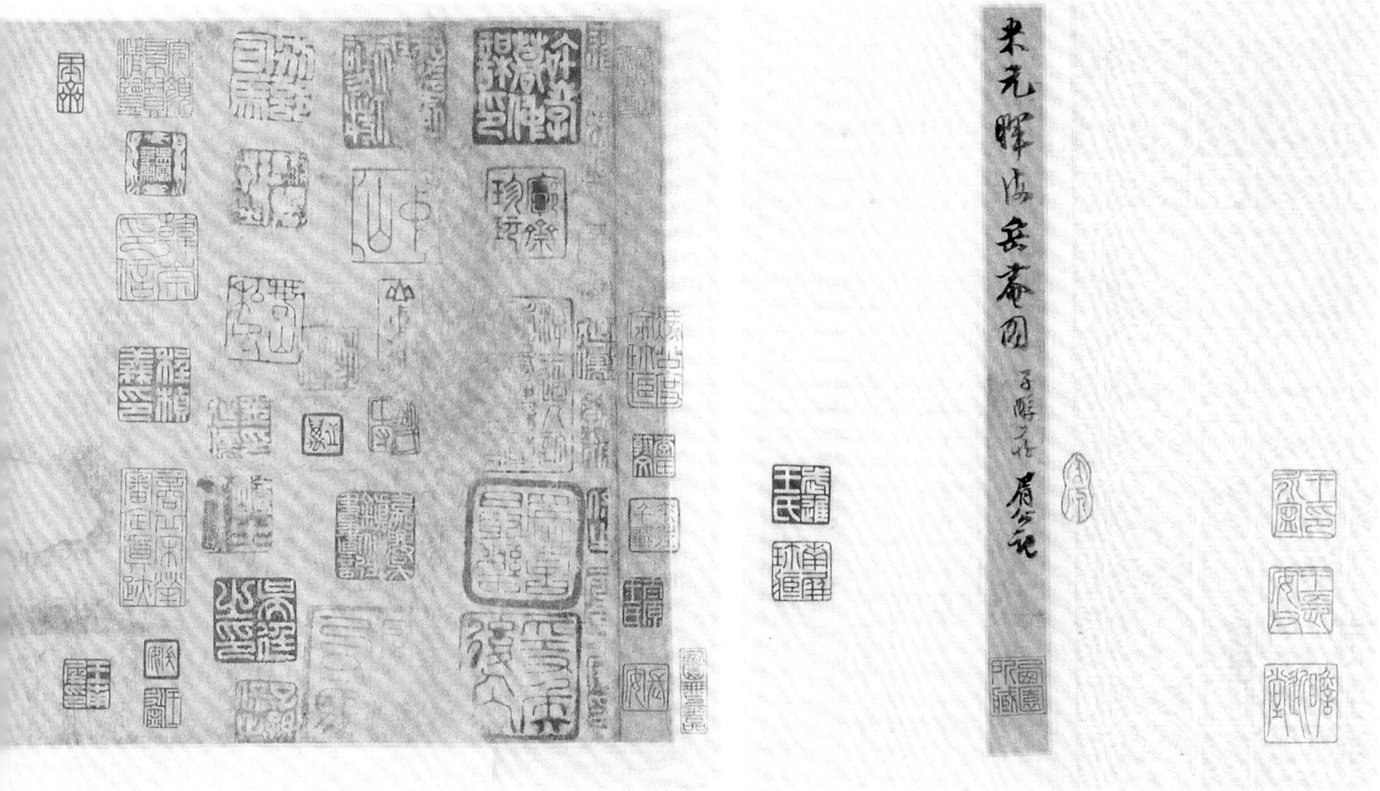
米元暉海岳菴圖

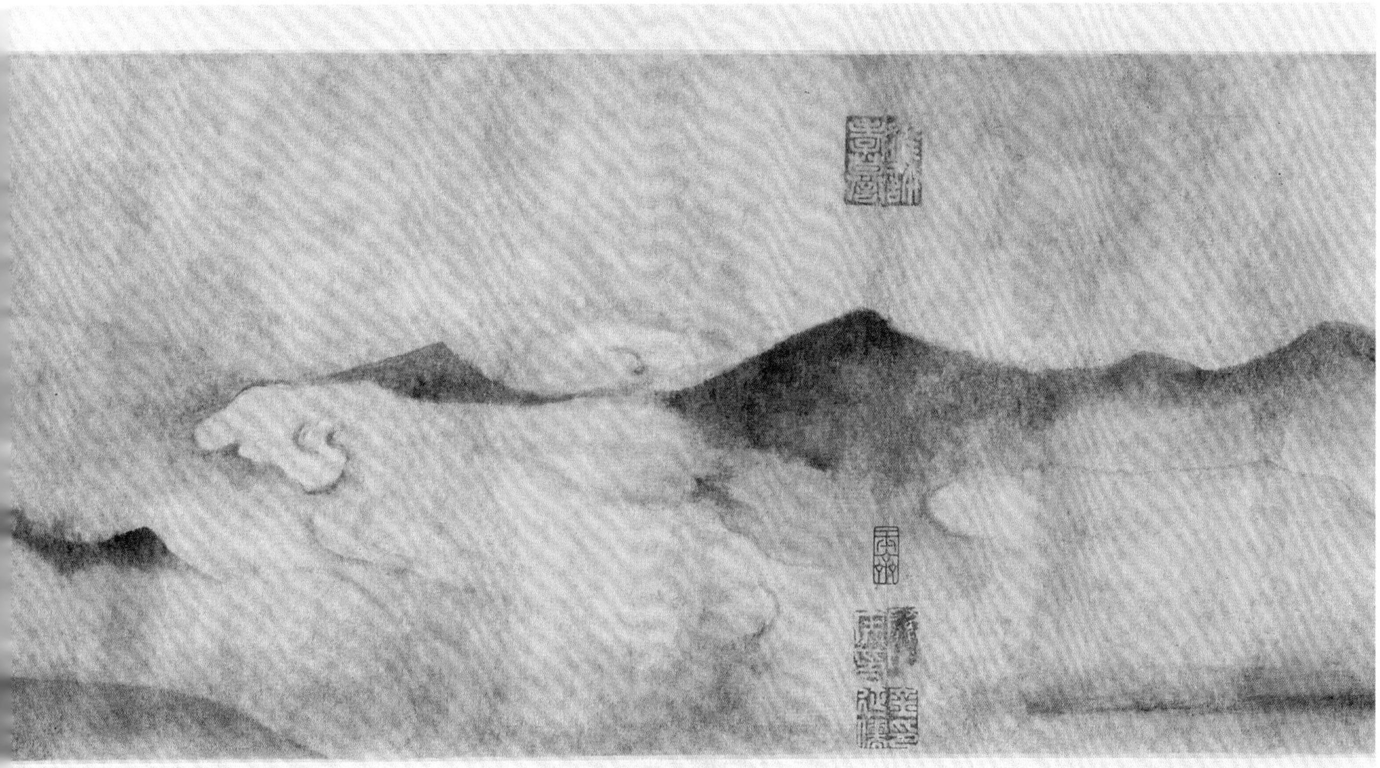

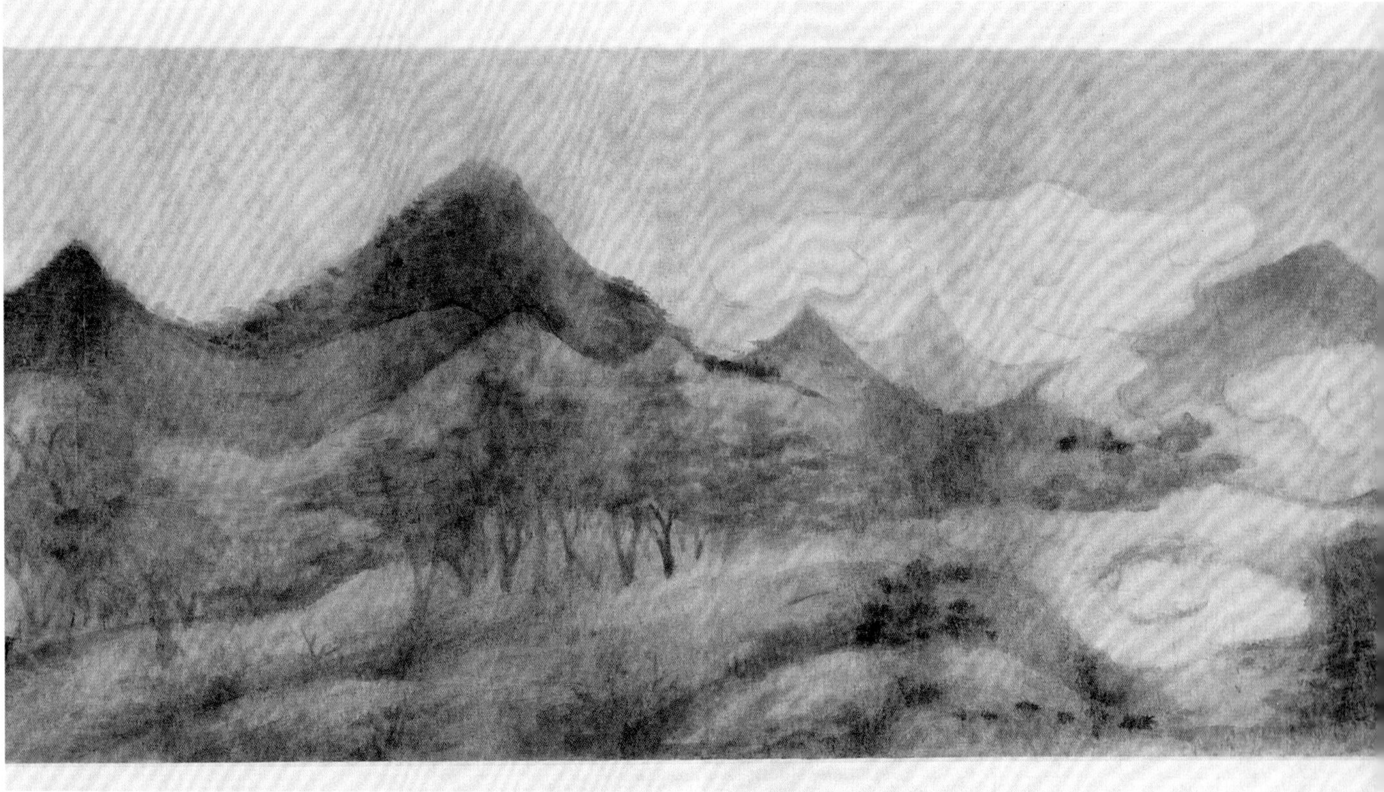

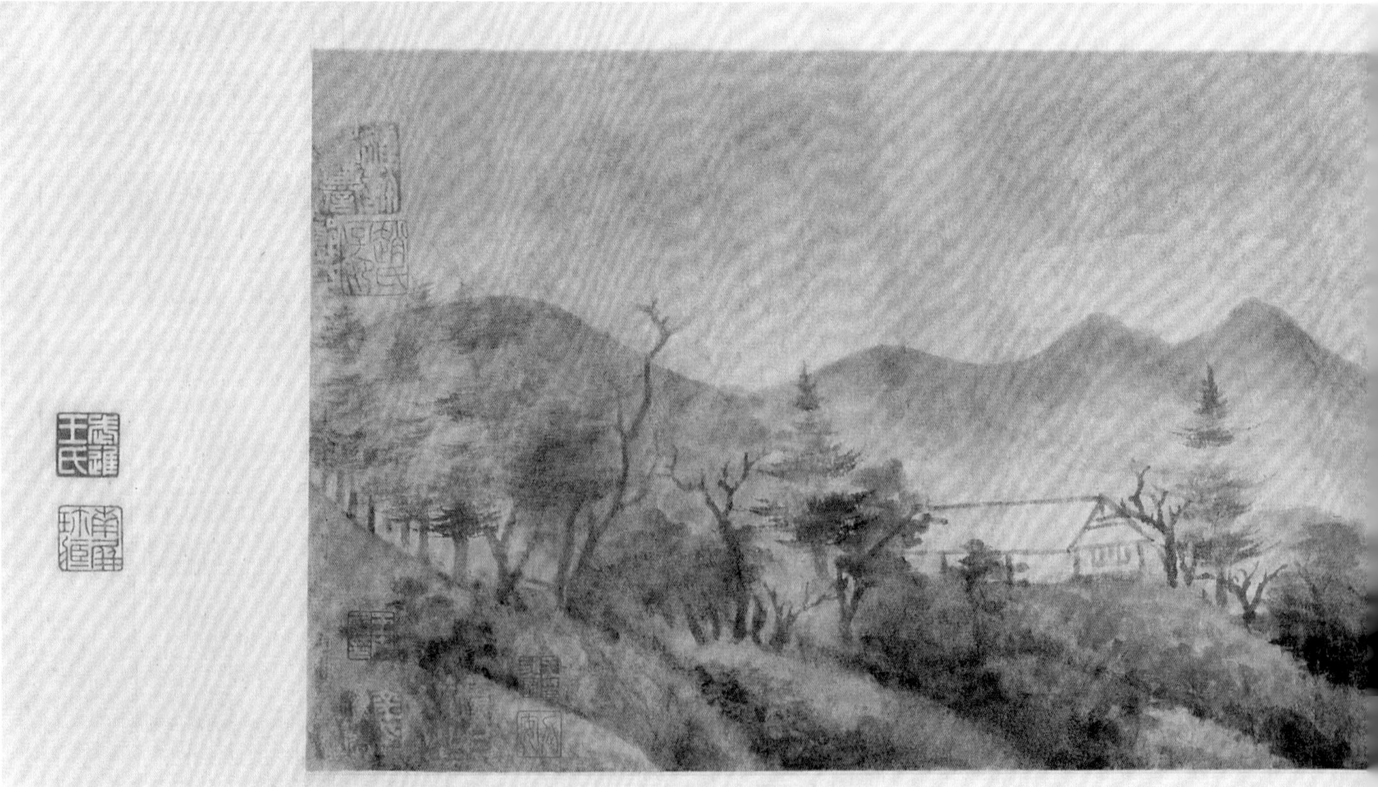

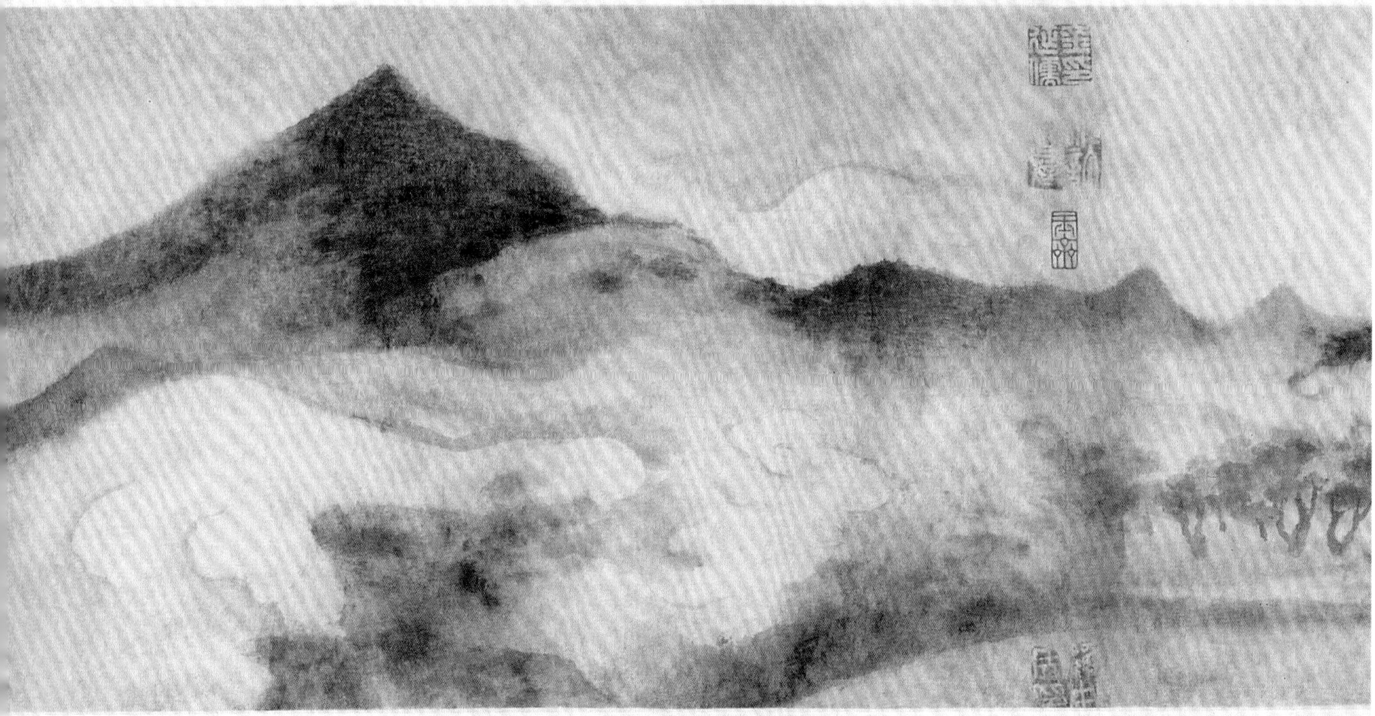

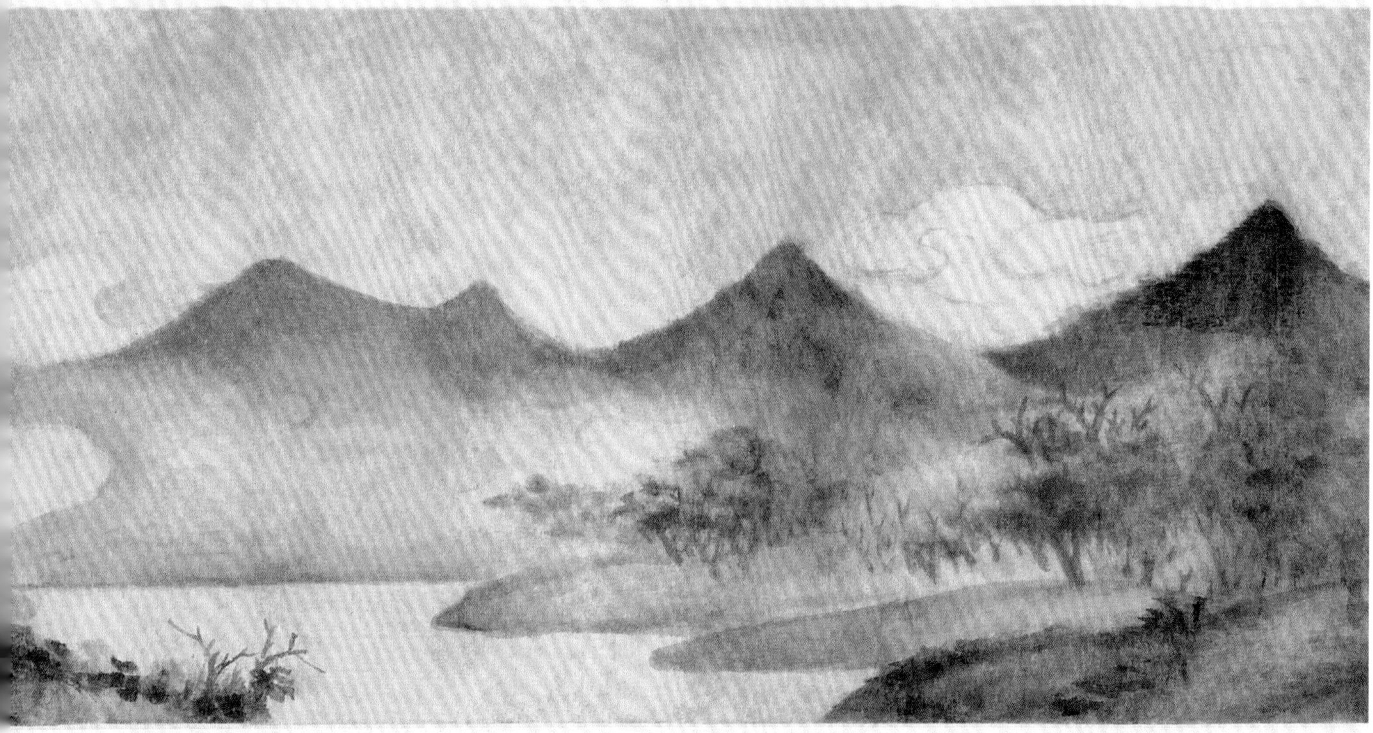

岂會無恨冷
沙沒九漢撤鑣邊目
似區欲叫雲霄
蒼梧云：余不能記如
喜為營上所見山大抵山
喜觀愛態萬狀
主農晴晚雨間世人解
没知此余生平熟瀟
湘亭觀每於燈膽佳
宻郭浸寫其真馬迹

右帖仕郎米友仁畫
瀟湘奇觀一卷且自
陽之善其父元章
為禮部貪外郎先公
太原後陸蒙陽色
涇的嶺山川佳氣於
結卷坟東號曰海岳
室和百嘗進友仁所
畫楚江清曉畫上悦
因浮名當世竹其華
意大率畫与奇觀相
似郭母畫工之習

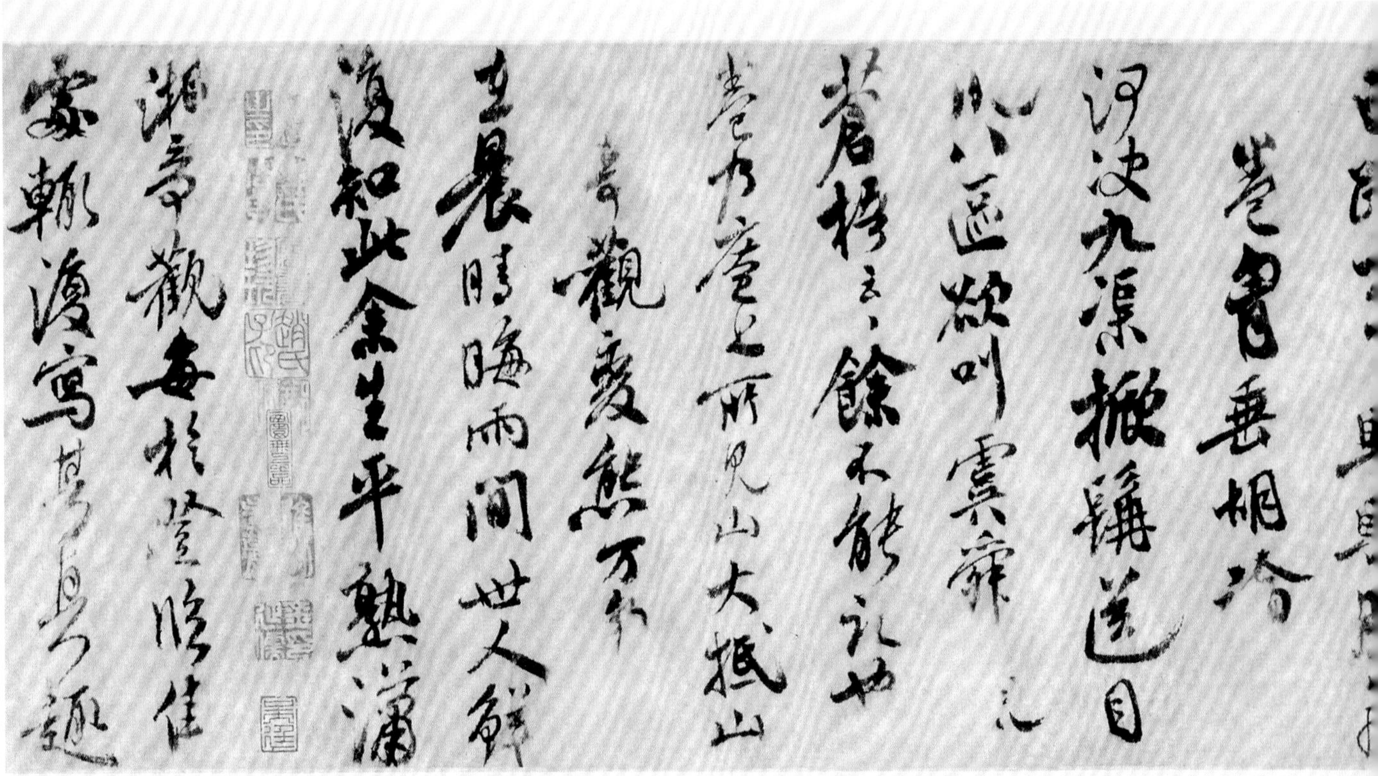

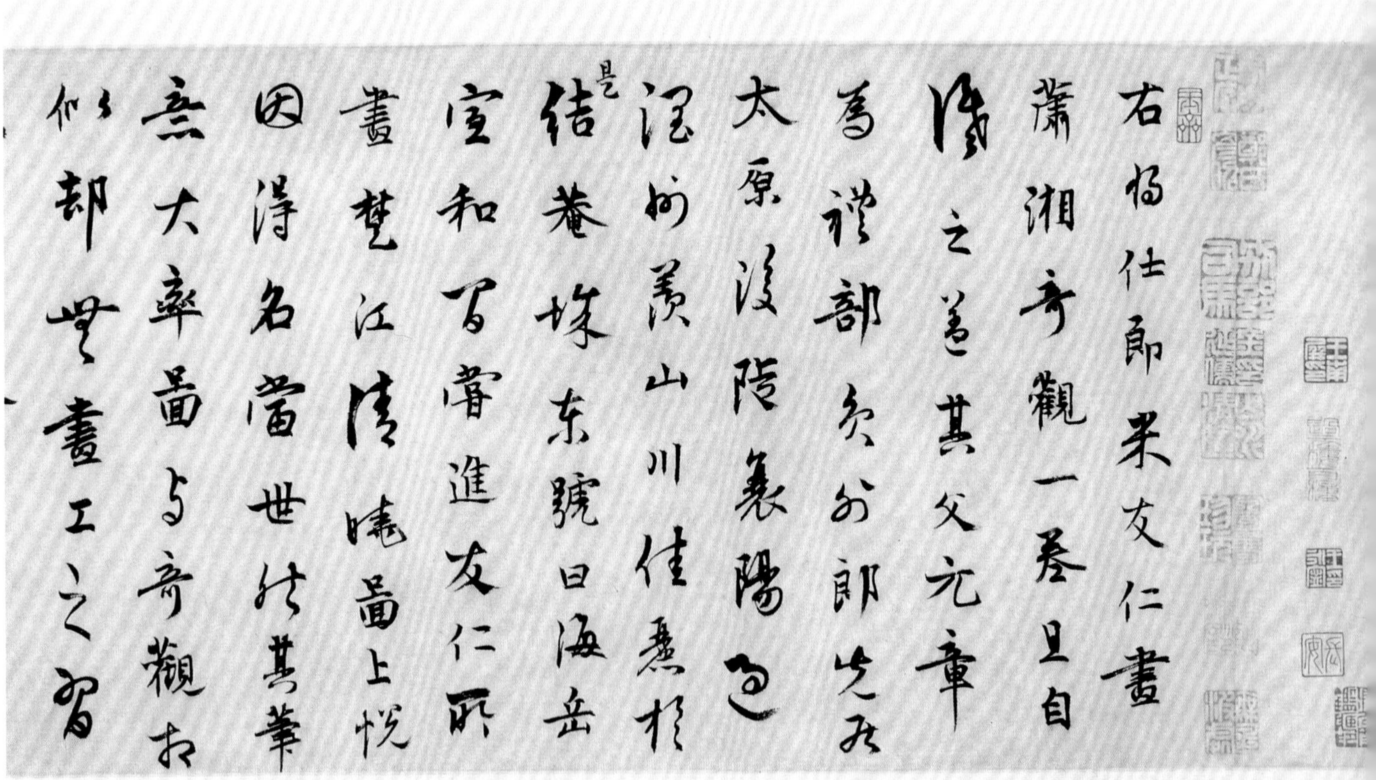

光父居鎮江四十年

久庵子瑾之東

閎以海岳命名一時

國士皆賦詠於能之

翰林承旨翟公詩

楚米仙人好樓居植

情榮岡結精廬

瞰赤縣寶塘烏車

家軸遂寫其真為之題

似老小悅目文

使省之此堂悅仲人物

甘于此紙染墨本

達仲謀勤詩才

容辭故省戲作紹興

孟春達康

官舍題羊毫作字

以此紙作畫耳

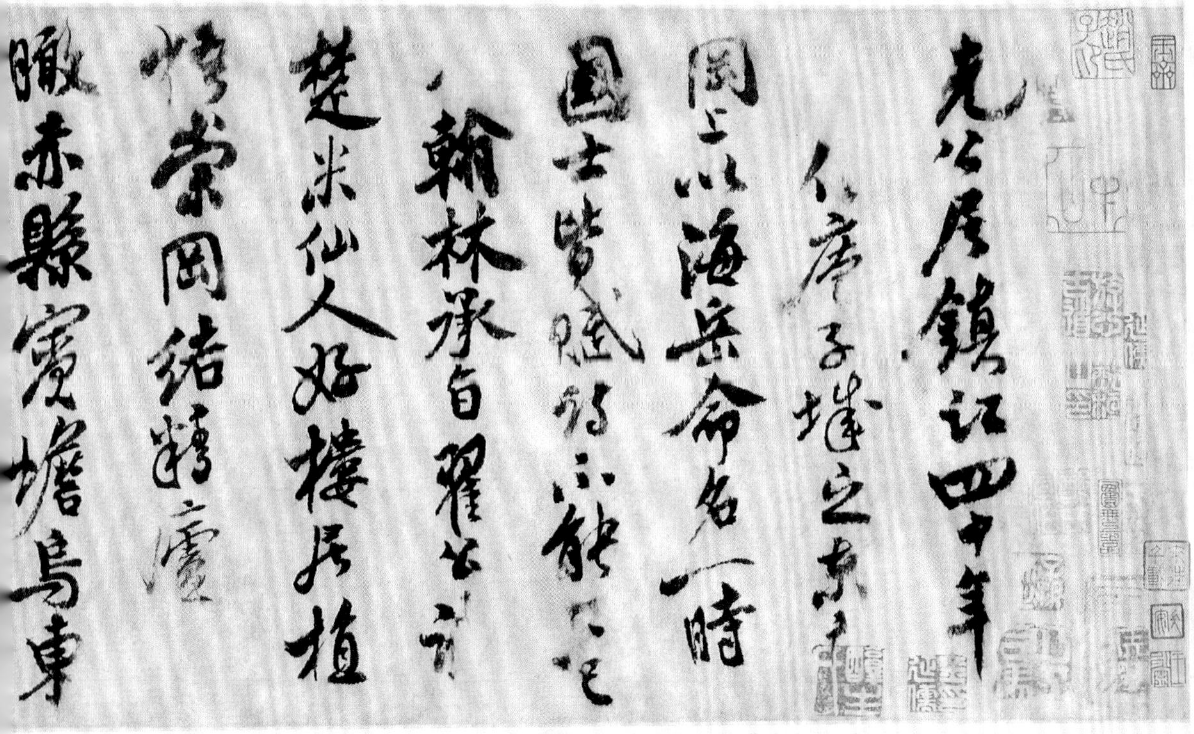

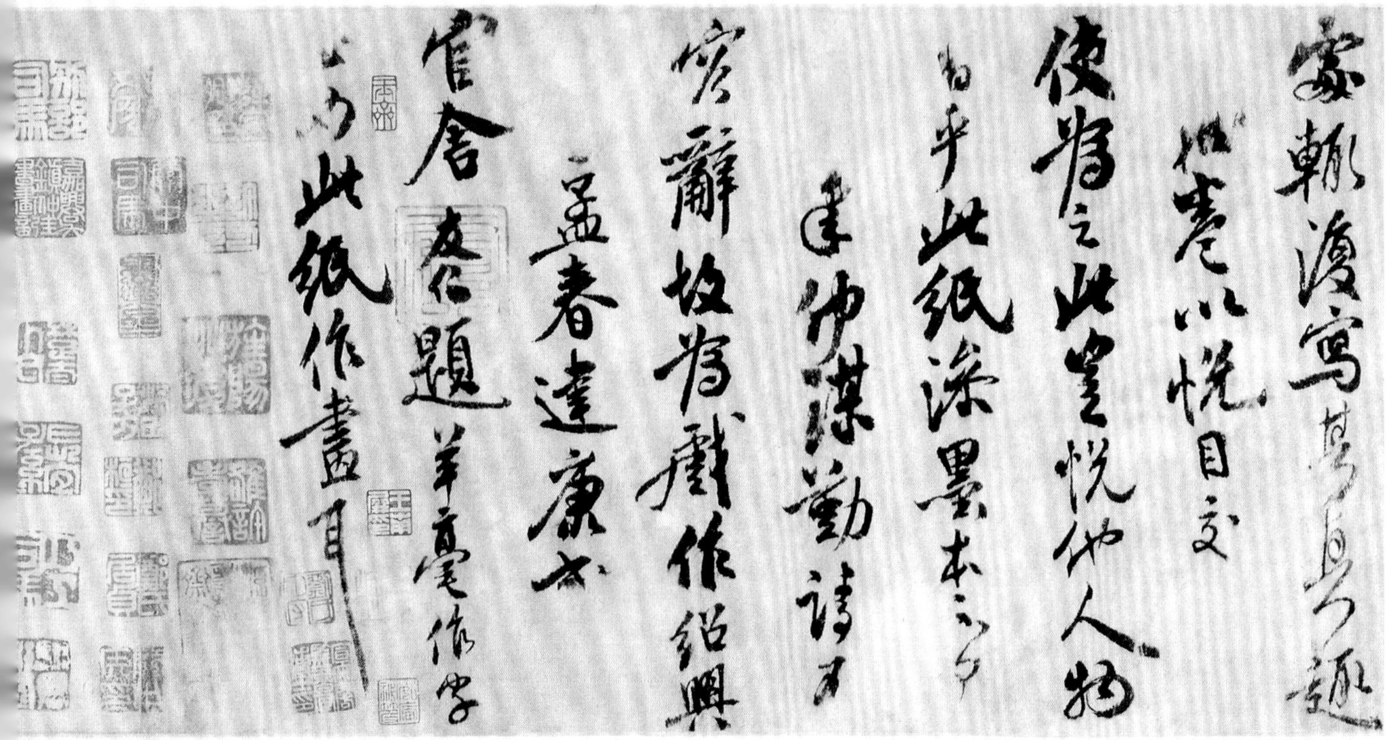

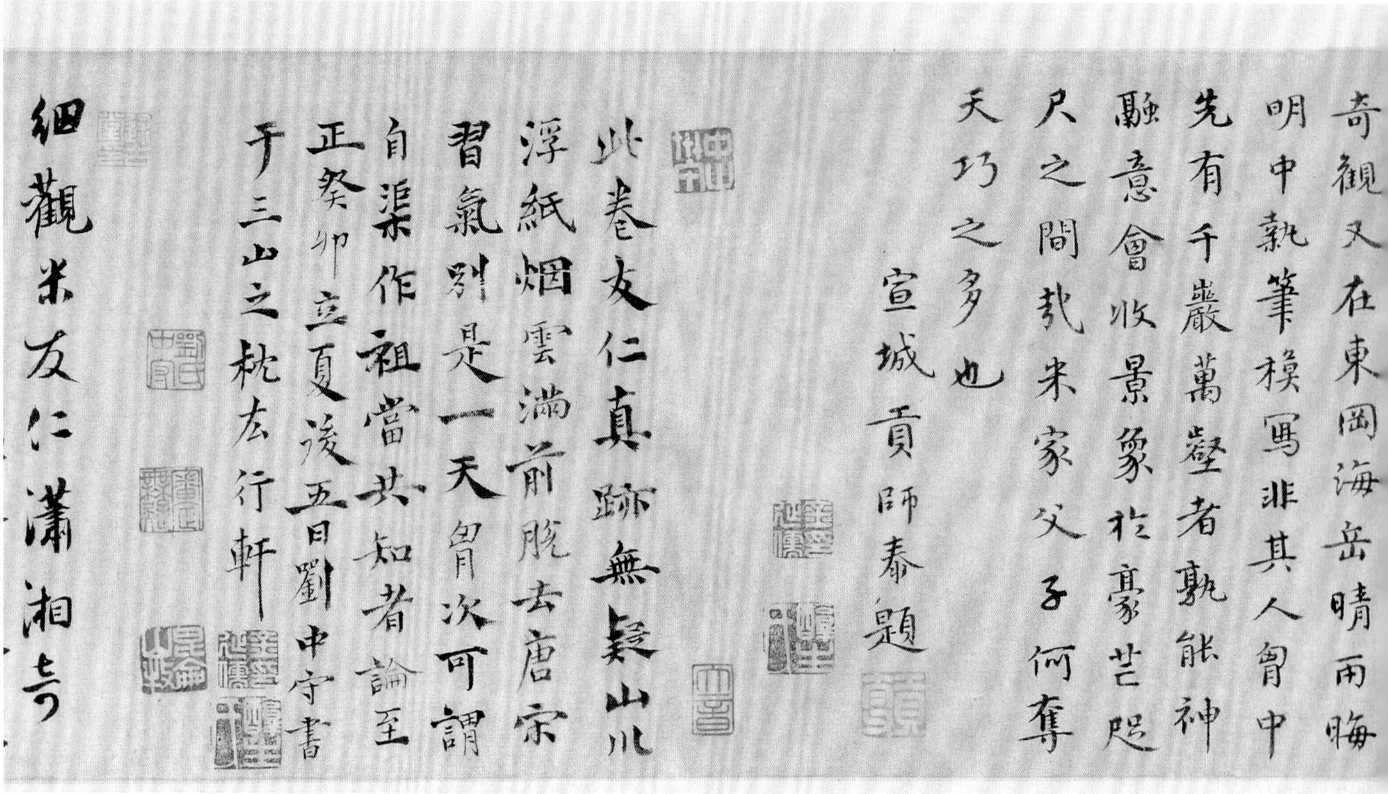

奇觀又在東岡海岳晴雨晦
明中執筆摹寫非其人曾中
先有千巖萬壑者孰能神
駛意會收景象於毫芒慝
尺之間乾米家父子何奪
天巧之多也
　　宣城貢師泰題

此卷友仁真蹟無㲄山川
浮紙烟雲滿前脫去唐宗
習氣別是一天旹次可謂
自渠作祖當共知者論至
正癸卯立夏後五日劉中守書
于三山之枕左行軒

細觀米友仁瀟湘云

晉安曾環敬觀
沛郡水希文拜觀于鄭氏愚樂齋
甫東邊猛生拜觀于鄭氏飛雲樓

金家花倪迂遠隼有
與陳邦方書云海岳
菴園旦晚於平日全
聖以觀偖而真中淩
附詩陳書云海岳
菴園謹授山甫云

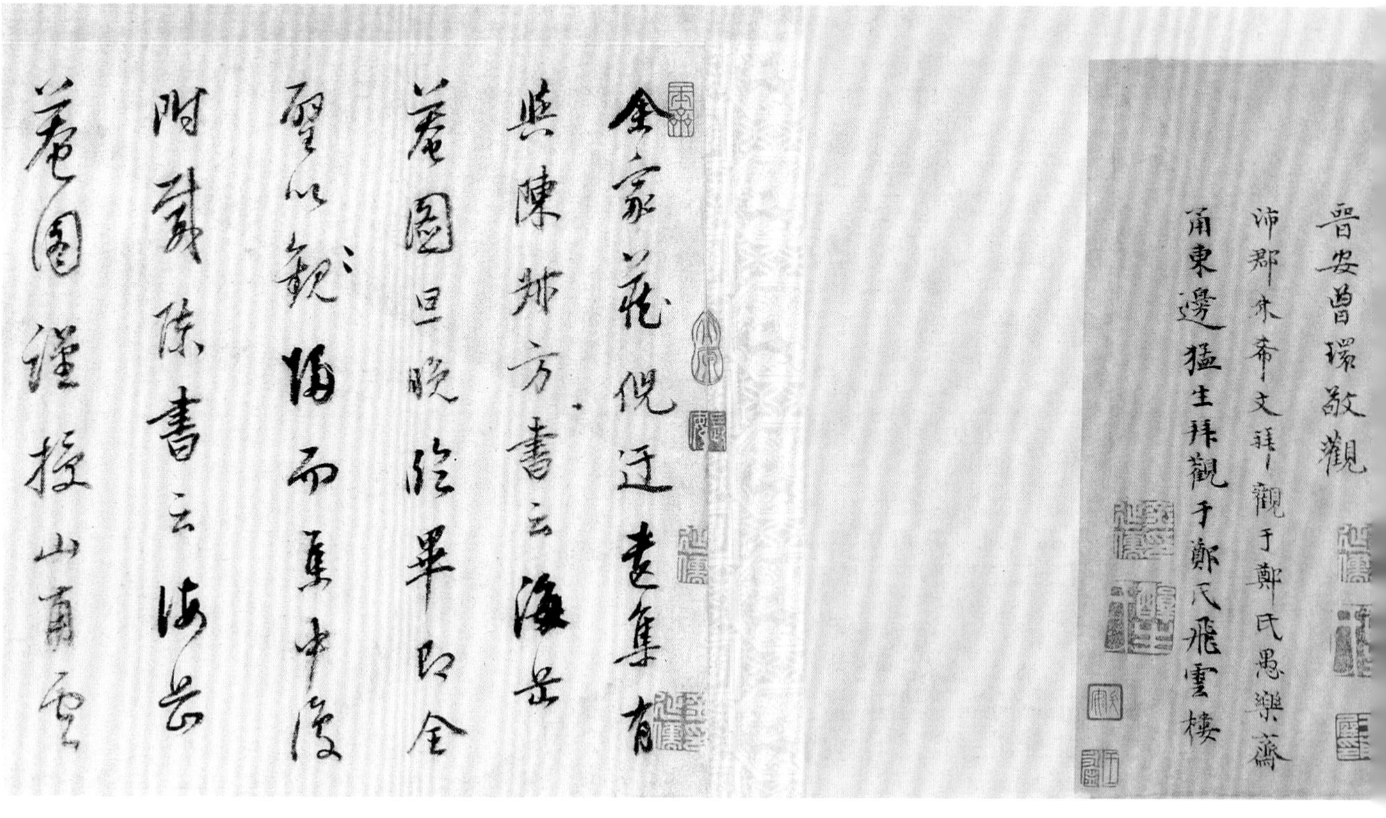

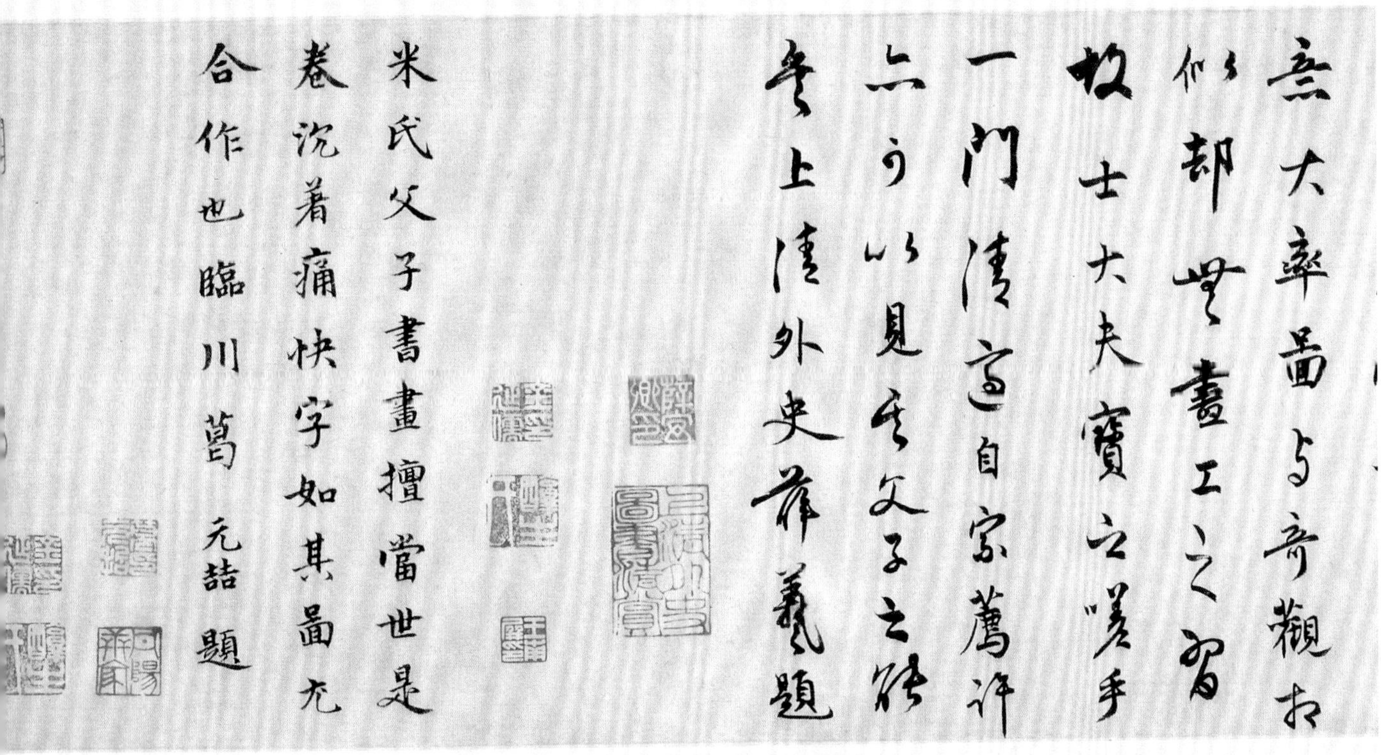
亦大率畫與齊觀於
似卻世畫工之習
故士大夫寶之嗟乎
一門清高自宗薦許
亦可以見其父子之能
事上清外史薛羲題
米氏父子書畫擅當世是
卷沉着痛快字如其畫允
合作也臨川葛元喆題

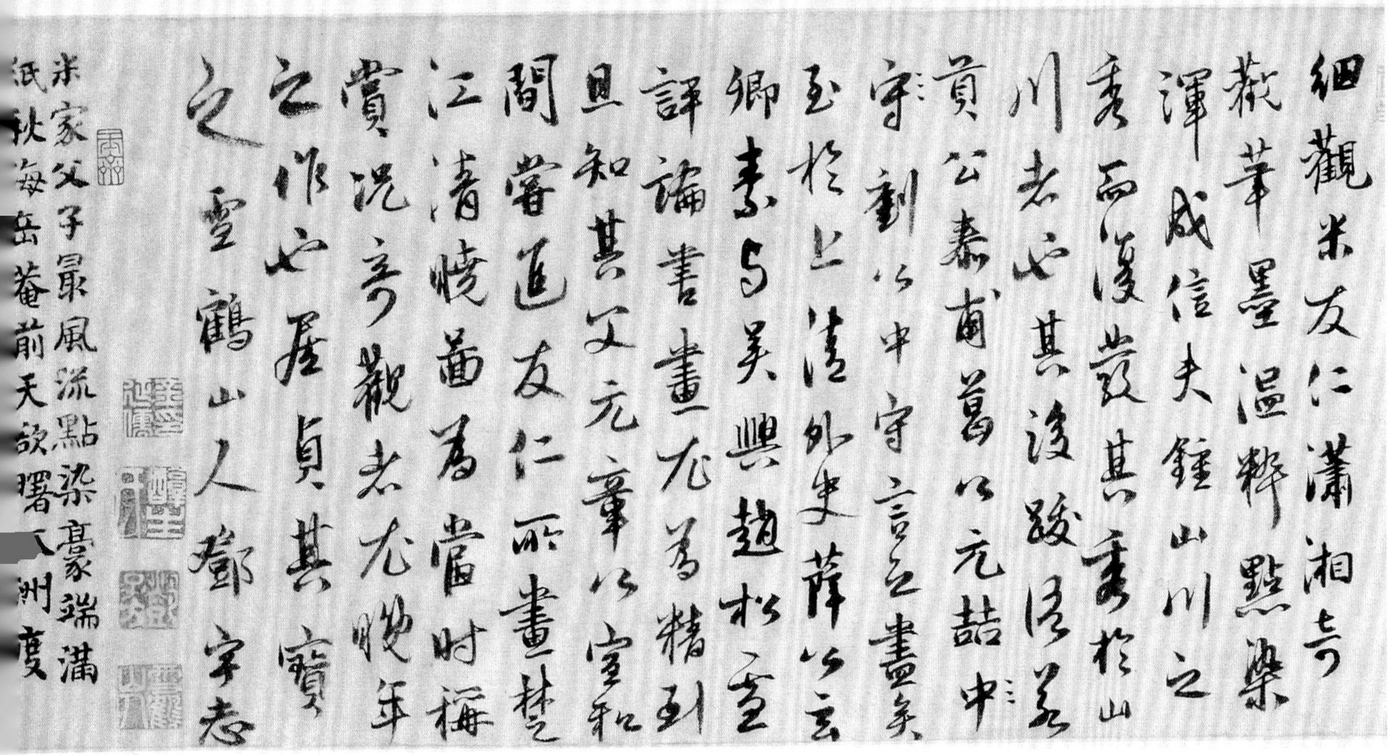
細觀米友仁瀟湘奇
趣筆墨溫粹點染
渾成信夫鍾山川之
秀而復發其秀於山
川者也其後跋語
貢公泰甫葛以元喆中
字劉以中守言之盡矣
至於上清外史薛以玄
卿素與吳興趙松雪
評論書畫尤為精到
且知其父元章以宣和
間嘗進友仁所畫楚
江清曉圖為當時梅
賞況亦觀者尤晚年
之作也歷貞其寶
之 雪鶴山人鄭宇志
米家父子最風流點染毫端滿
紙秋海岳菴前天欲曙[illegible]洲度

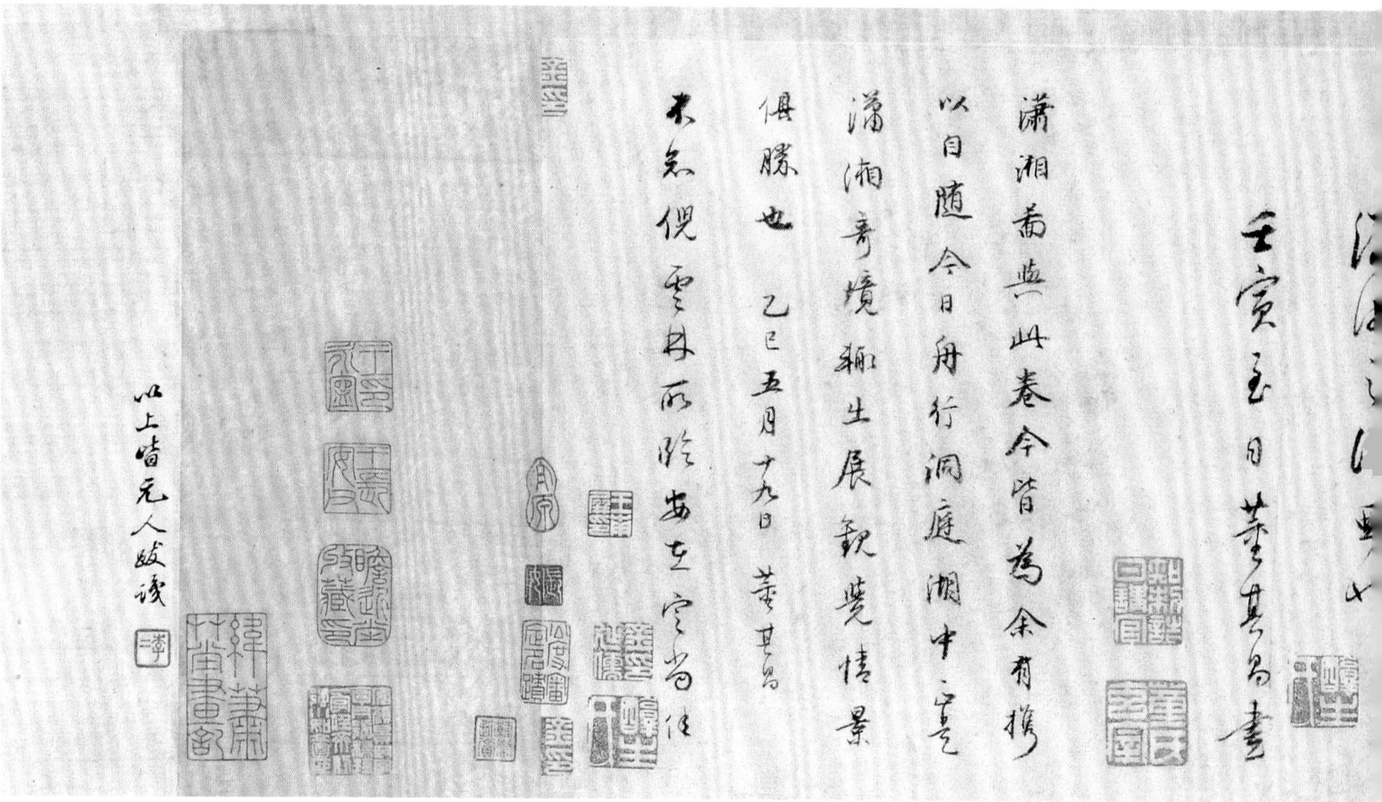
壬寅五日董其昌書
瀟湘圖與此卷今皆為余有携以自隨今日舟行洞庭湖中蓋瀟湘奇境觸生展玩覺情景俱勝也 乙巳五月十九日董其昌
未知倪雲林所跋安在定當佳
以上皆元人跋識

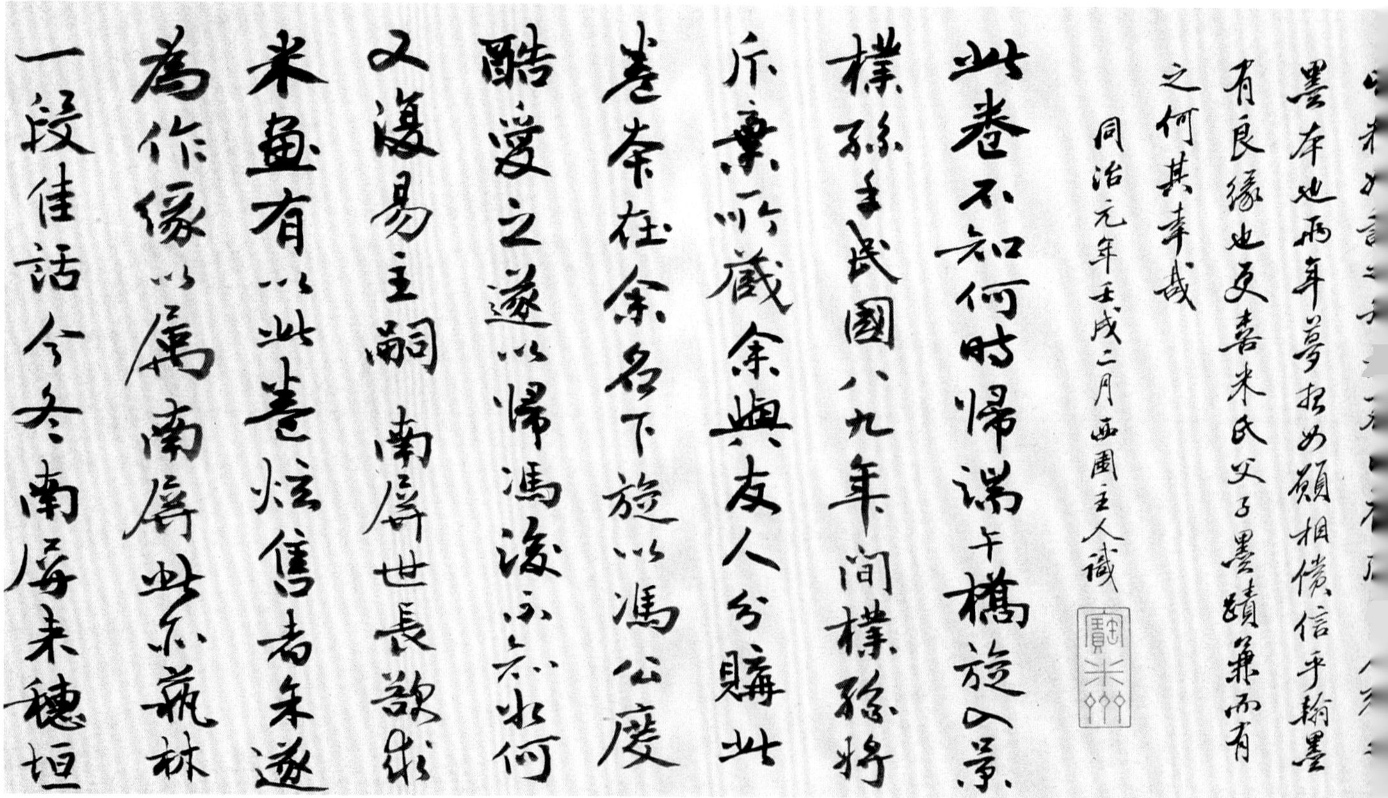
墨本也兩年夢想如願相償信乎翰墨有良緣也又喜米氏父子墨蹟兼而有之何其幸哉
同治元年壬戌二月西園主人識
此卷不知何時歸端午橋旋入景樸孫手民國八九年間樸孫將斥賣所藏余與友人分購此卷奈在余名下旋以馮公度酷愛之遂以歸馮後亦不知何又復易主嗣南屏世長歆收米畫有以此卷炫售者余遂為作緣以屬南屏此亦藝林一段佳話今冬南屏來穗垣

壁以觀海而集中後
附載陳書云海岳
菴圖謹按山甫雲
共以達雲林胸次清
曠筆意蕭散當
時之遺意矣眼白能
寫少懷如對古人也
因展觀錄之

小米墨戲余得見蒲洲
白雲圖沈啟南跋云三十年
再閱求一見而主人靳不
生晚歲始得觀然至及

薛羲字宗卿號上清外史與趙松雪同時貴溪人
行書得體
葛元喆工書與趙文敏並稱為撫州令
貢師泰字泰甫宣城人元泰定四年授太和州判至正十
五年除戶部尚書以文字知名善楷書

予嗜米書嘗以未見墨蹟為憾咸豐
己未夏在吳門得大米三十一字未署款
亦無圖章而一種俊逸之氣開卷即知其
為南宮真墨無疑後友人豫粒氏太守於
翰香館石刻見此卅一字携來校對不爽
豪髮由是遂生癡想嘗於蔣氏寶禊室
搨本見米帖數種惟小米海岳庵圖一跋
字勢飛舞筆筆遒勁每一展閱輙思得其
本一見足慰生平庚申歲避居海門有以
元暉海岳庵圖見售者先讀其畫烟雲
滿紙氣象万千及觀圖後一跋竟與寶禊

一段佳話今冬南屋未穗垣
垂以見示因爲識之如右
民國三十七年十二月葉恭綽

以朱迮泔乃又黑之大
宋用濃墨大逼如猶須以
宋則渗墨橫斜如米粘云
氣以渗墨鈎勒於以渲染

宋則渗墨橫斜如米粘云
氣以渗墨鈎勒於以渲染
大米則梁而不鈎正如山陰
又子昂所八如千秋美
誤于此灝湘吾觀之
為生手命延之所以其
延凡三五歷盧齋文
愛為二人貞裝不掛軸
一至此卻為橫卌裝為橫岑若
此長卷其嵩徐如
南弇真出觀燴却
墨青張希

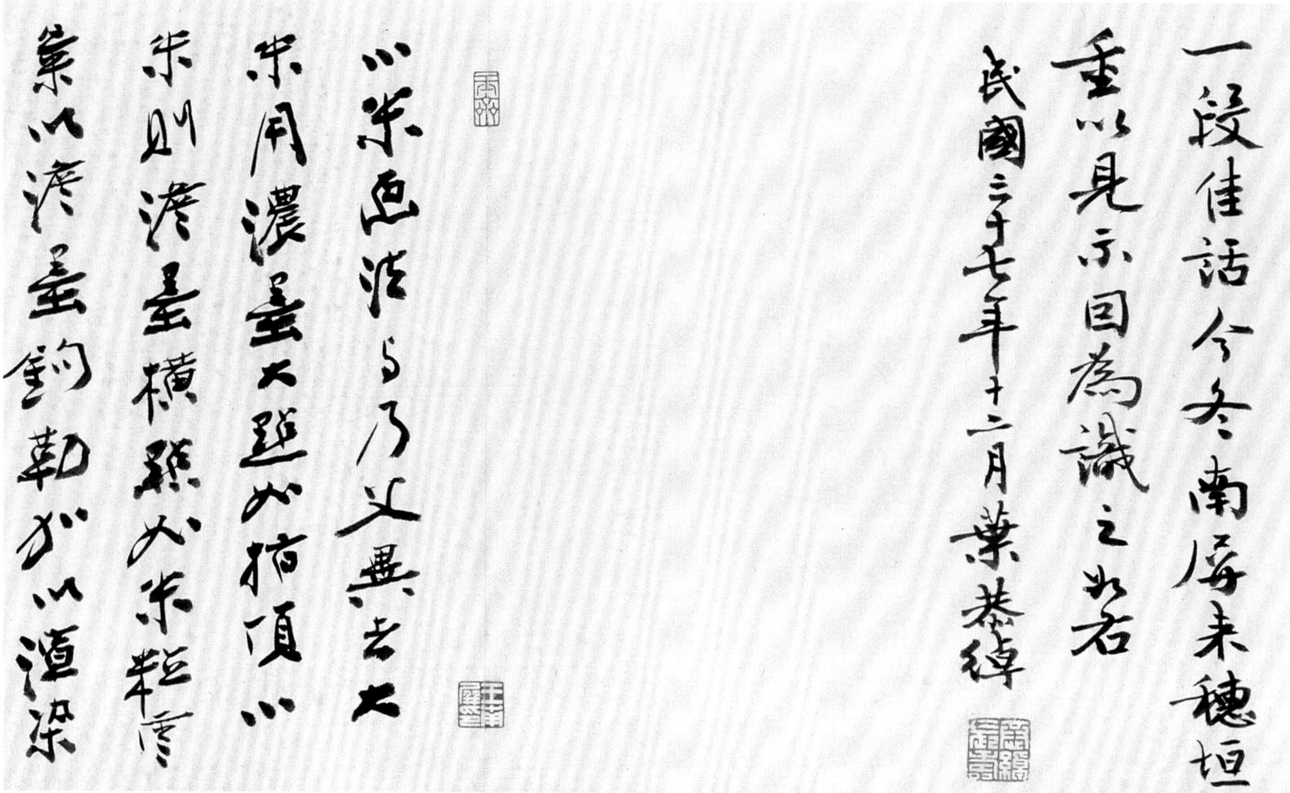

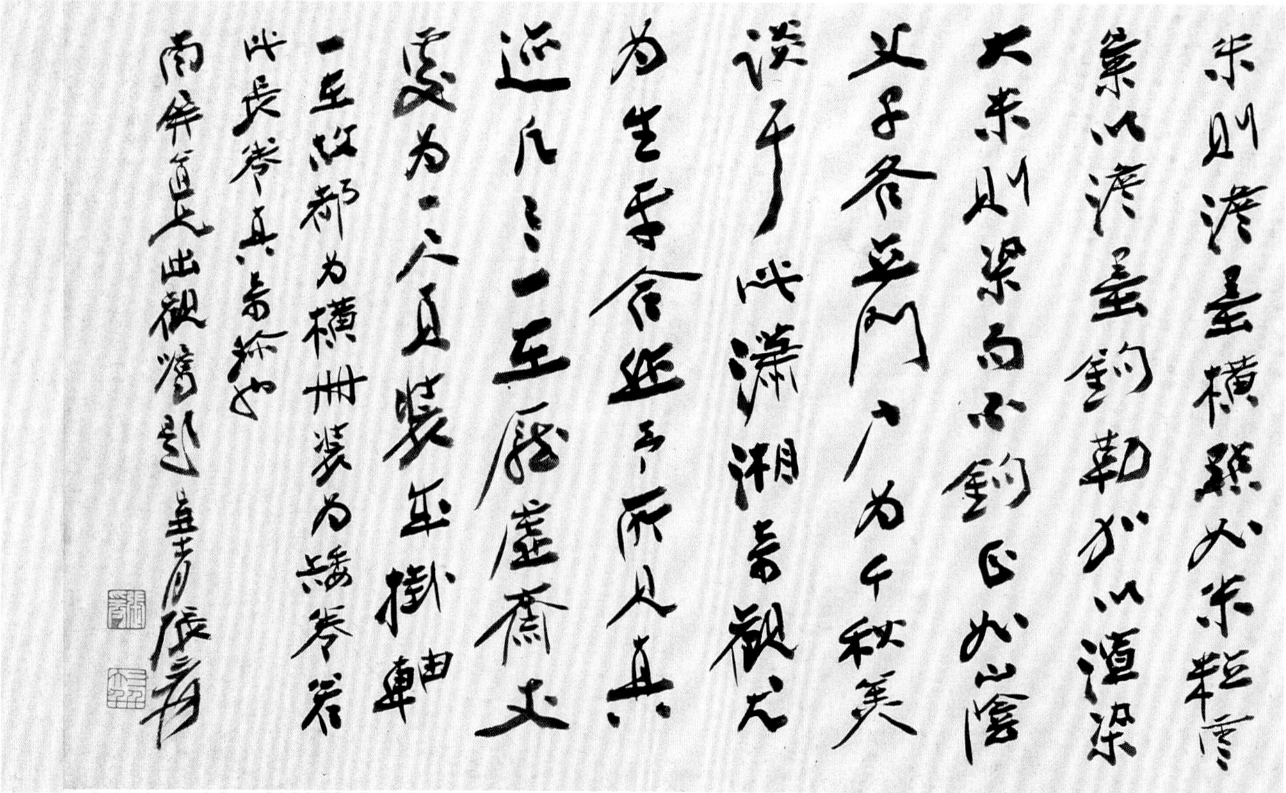

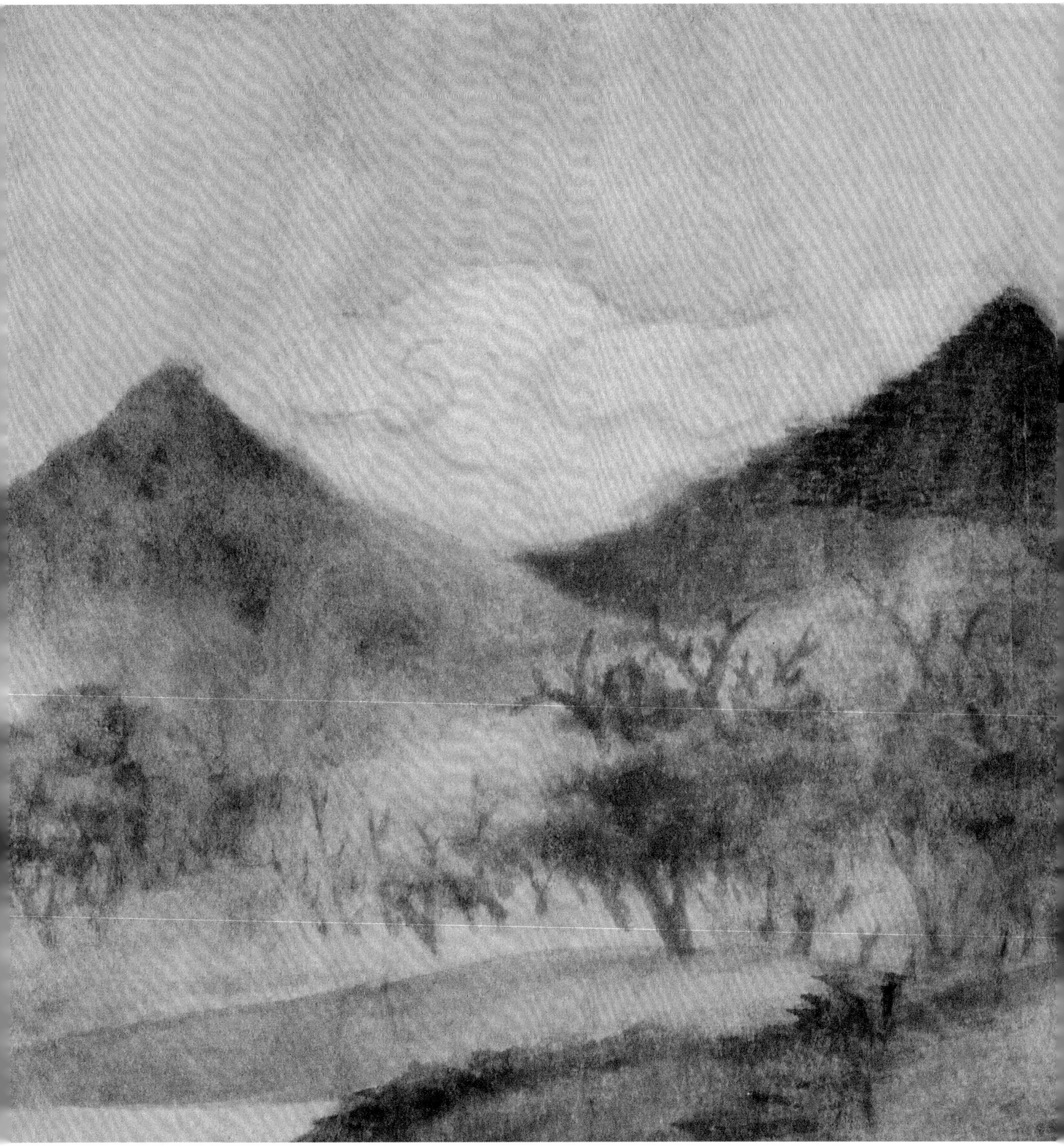

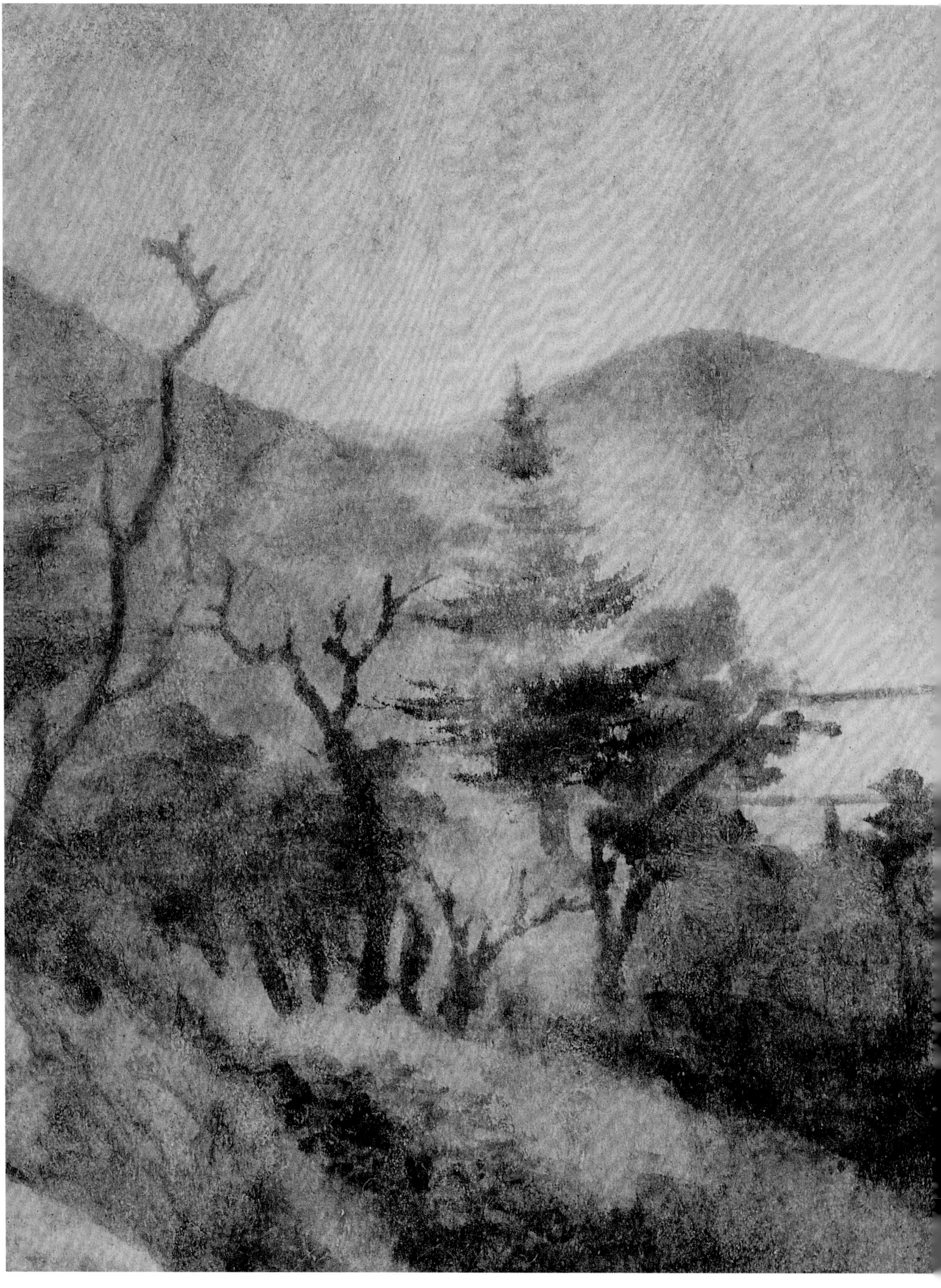

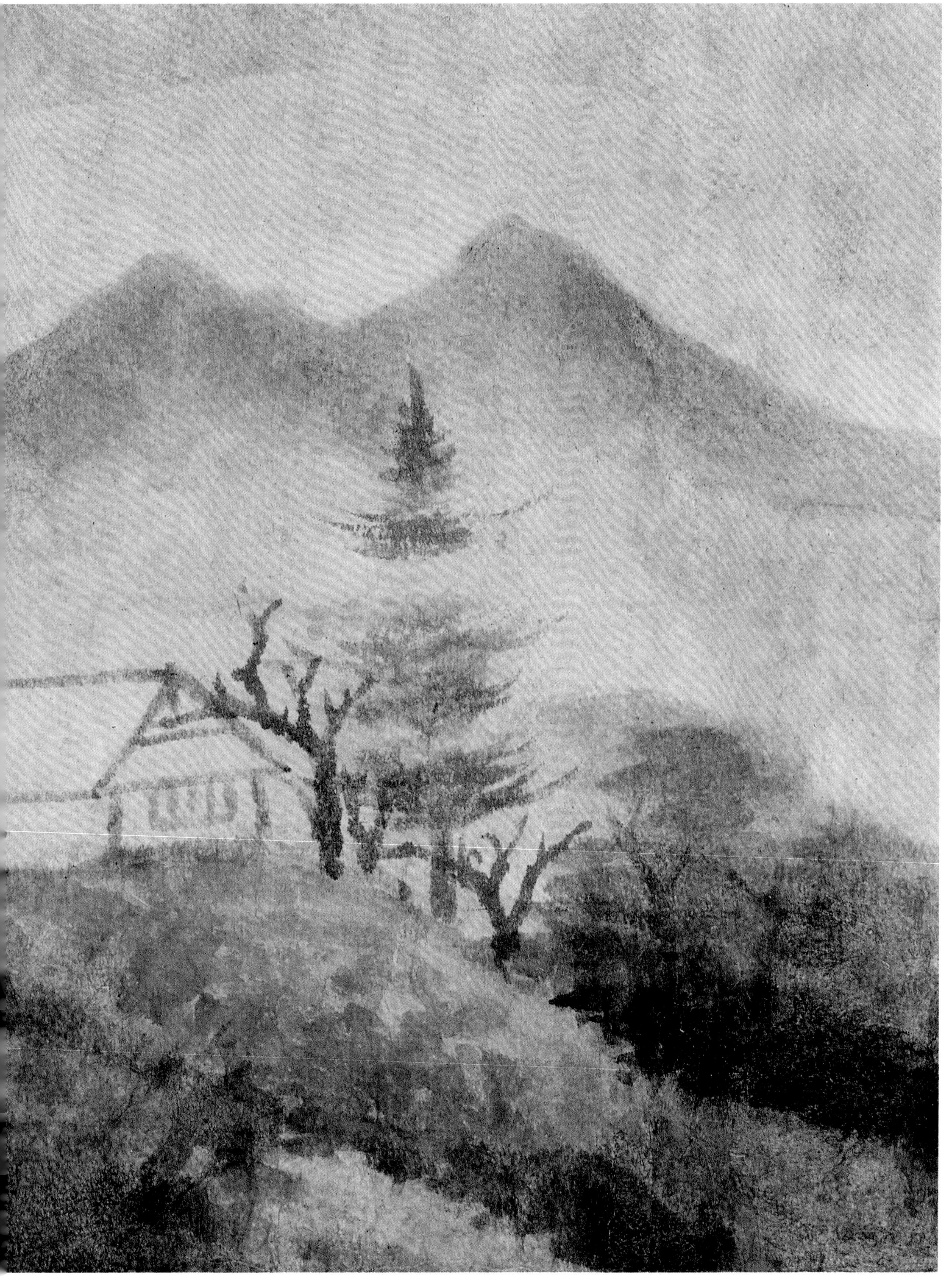

15

佚名　雲山墨戲圖卷

南宋
紙本　墨筆
縱21.4厘米　橫195.8厘米
清宮舊藏

Ink Cloudy Mountains

Anonymous, Song Dynasty
Handscroll, ink on paper
H.21.4cm　L.195.8cm
Qing Court collection

《雲山墨戲圖》分三段描繪沿江景色，雲山之間，溪流、樹木、村莊、廟宇時隱時現，江邊有小路、木橋相通，貫通全圖。佈置巧妙，筆墨雅潔。山頭、樹冠皆於皴擦、烘染之後用墨筆加以橫點，是典型的“米點”畫法。昔人題為小米真迹，雖未必妥當，然亦當為宋代學習米家山水的高手所為，對研究“米點”畫法具有重要參考價值。

本幅題識：“余墨戲氣韻頗不凡，他日未易量也。元暉書”。字迹當為後添。又有清乾隆御題詩一首。鈐有吳希元、朱㸌、梁清標、安岐鑑藏印及清內府藏印計二十二方。

尾紙有董其昌題跋：“米元暉山水卷皆為元高尚書所混。即余收《瀟湘白雲長圖》，宋元名公題詠甚富，沈石田以晚年始覯為恨，余猶疑題詠雖真，似珠櫝耳。神物或已飛去。不若此卷之元氣淋漓，佈境特妙也。丙子（1636）六月三日其昌題”。又有馮銓、龔心釗二跋。鈐有吳國遜、劉珍、朱㸌、馮銓、梁清標、安岐等鑑藏印十五方。

曾經《墨緣彙觀》、《石渠寶笈》著錄。

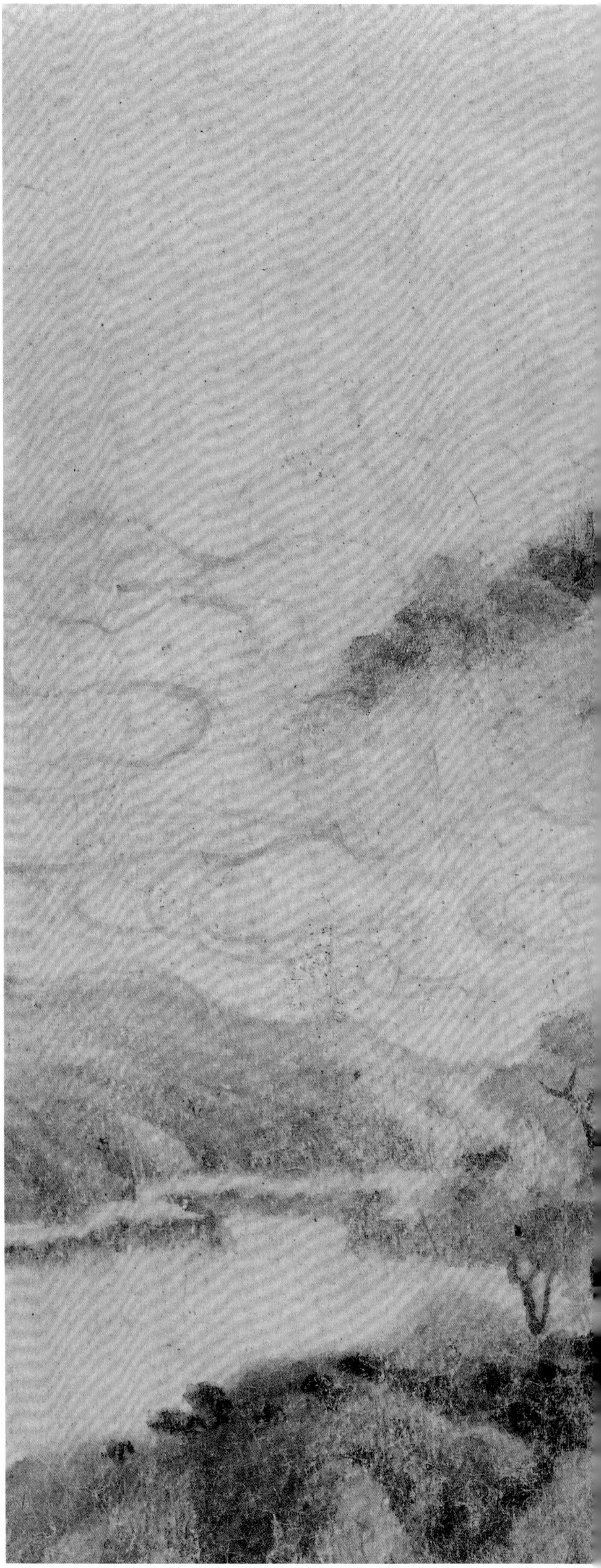

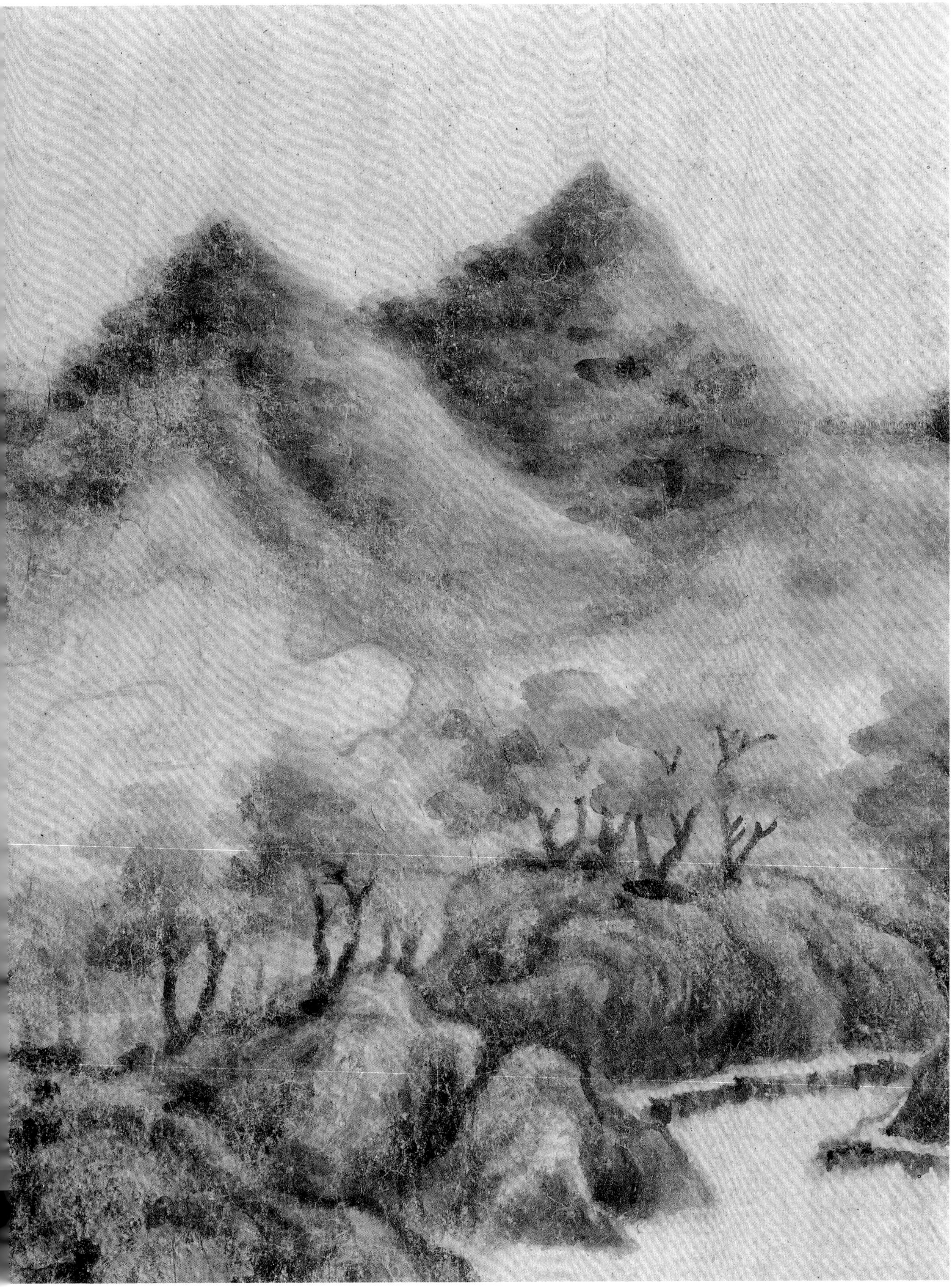

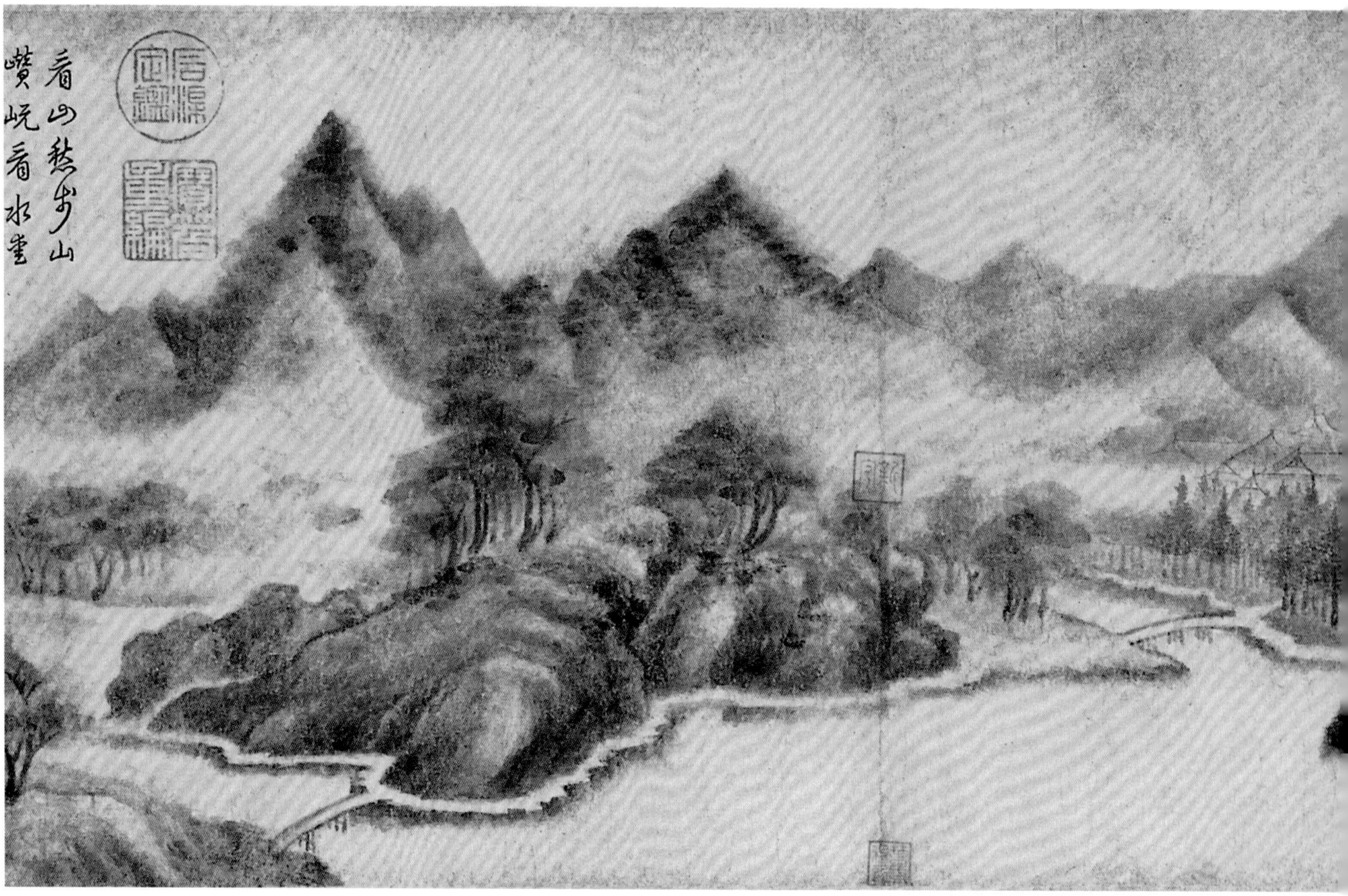
看山愁步山
巑岏看水畫

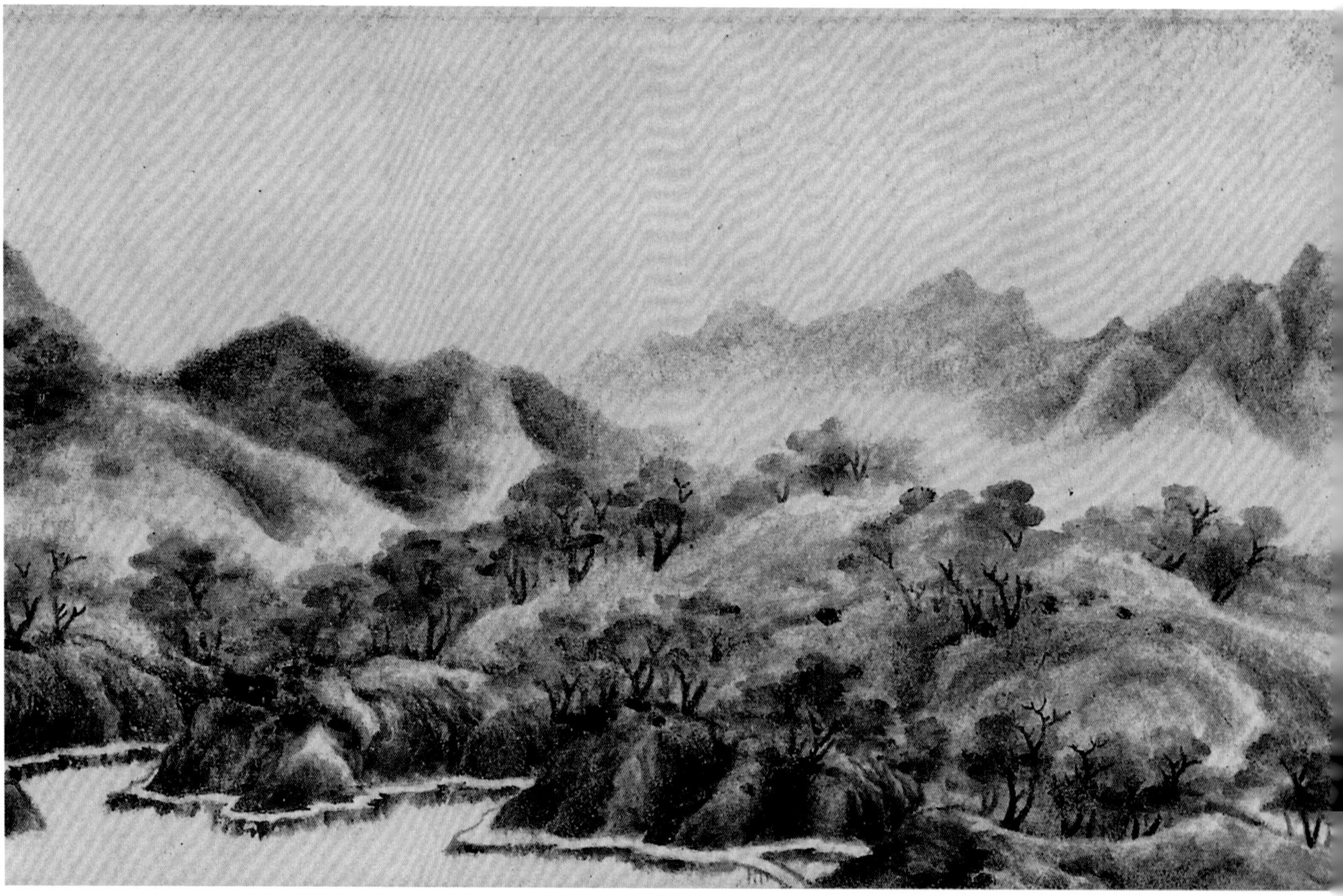

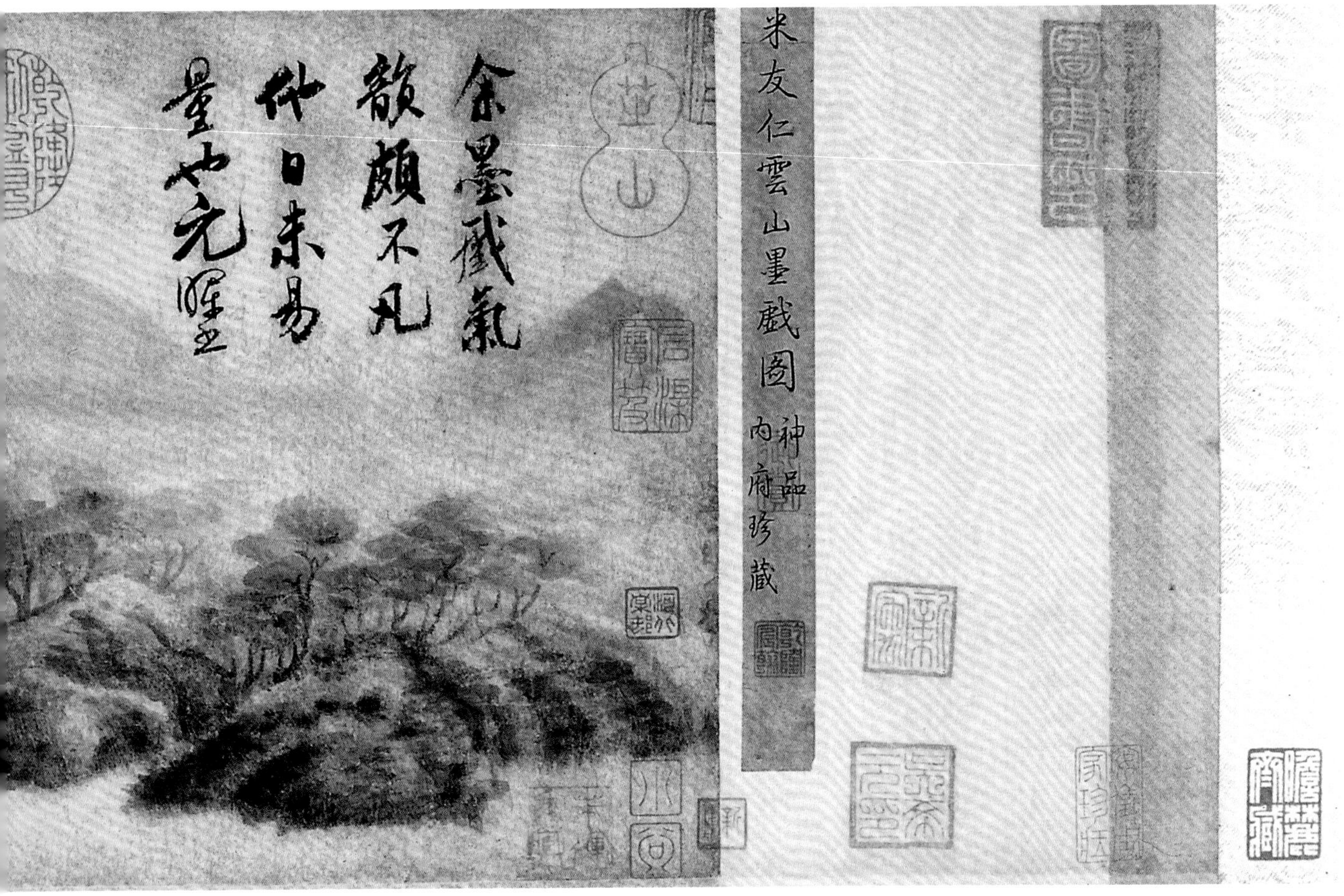
余墨戲氣
欹頗不凡
他日未易
量也元暉
米友仁雲山墨戲圖
神品
內府珍藏

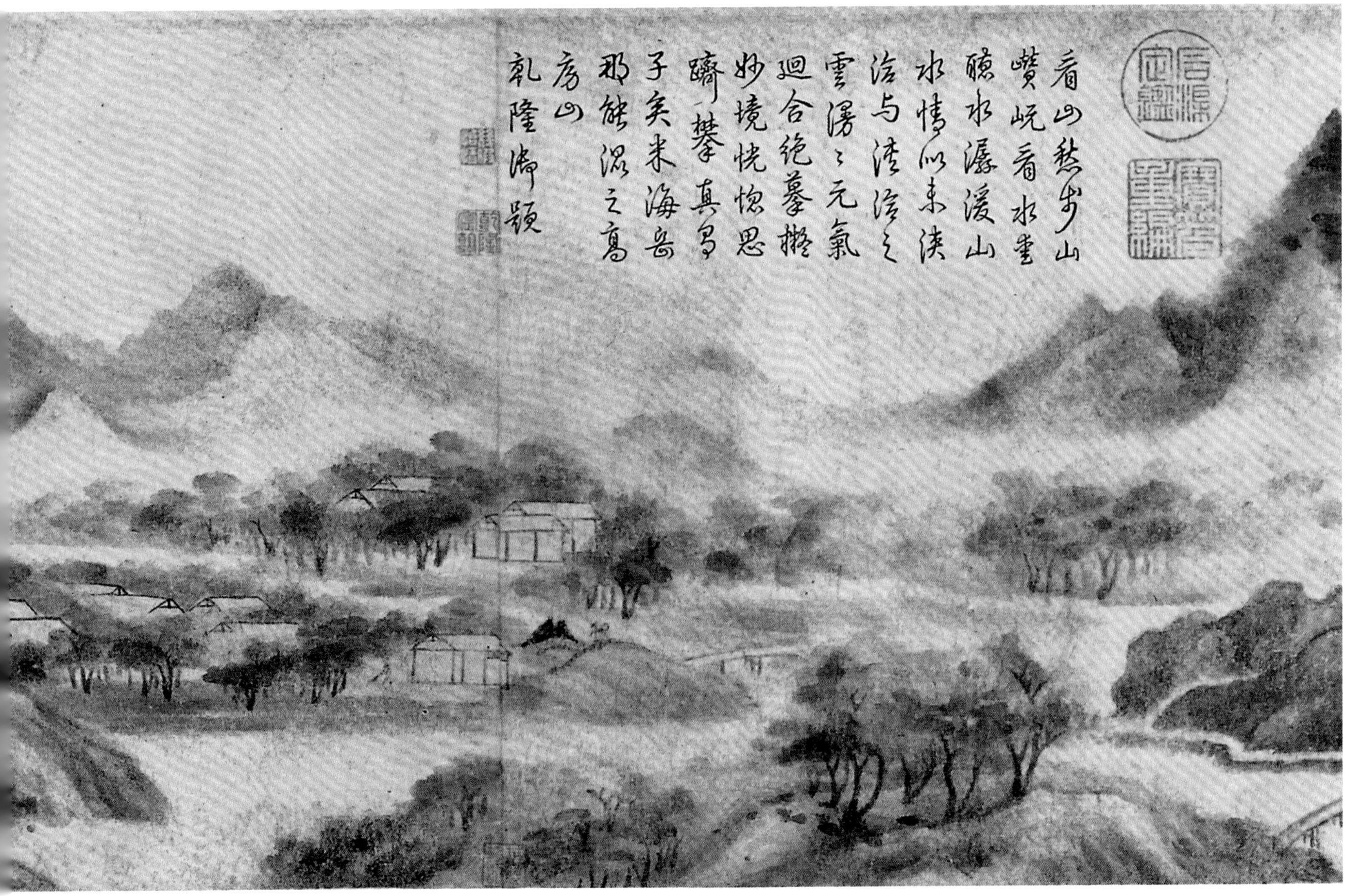
看山愁步山
巔屹看水畫
聽水潺湲山
水情似未浹
洽與渚洽之
雲湧之元氣
迴合絕摹擬
妙境恍惚思
躋攀真鳥
子矣米海岳
那能混之焉
房山
乾隆御題

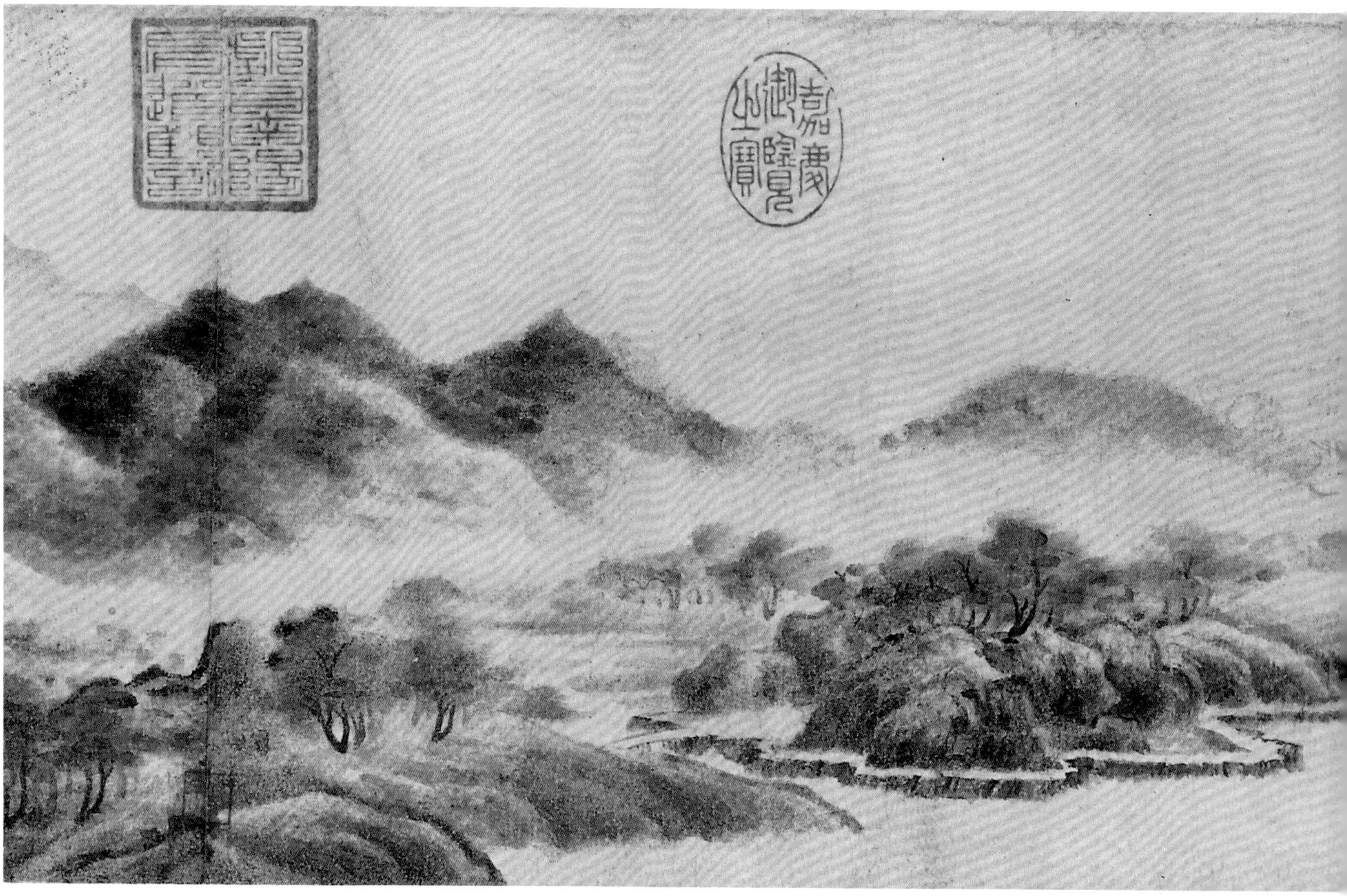

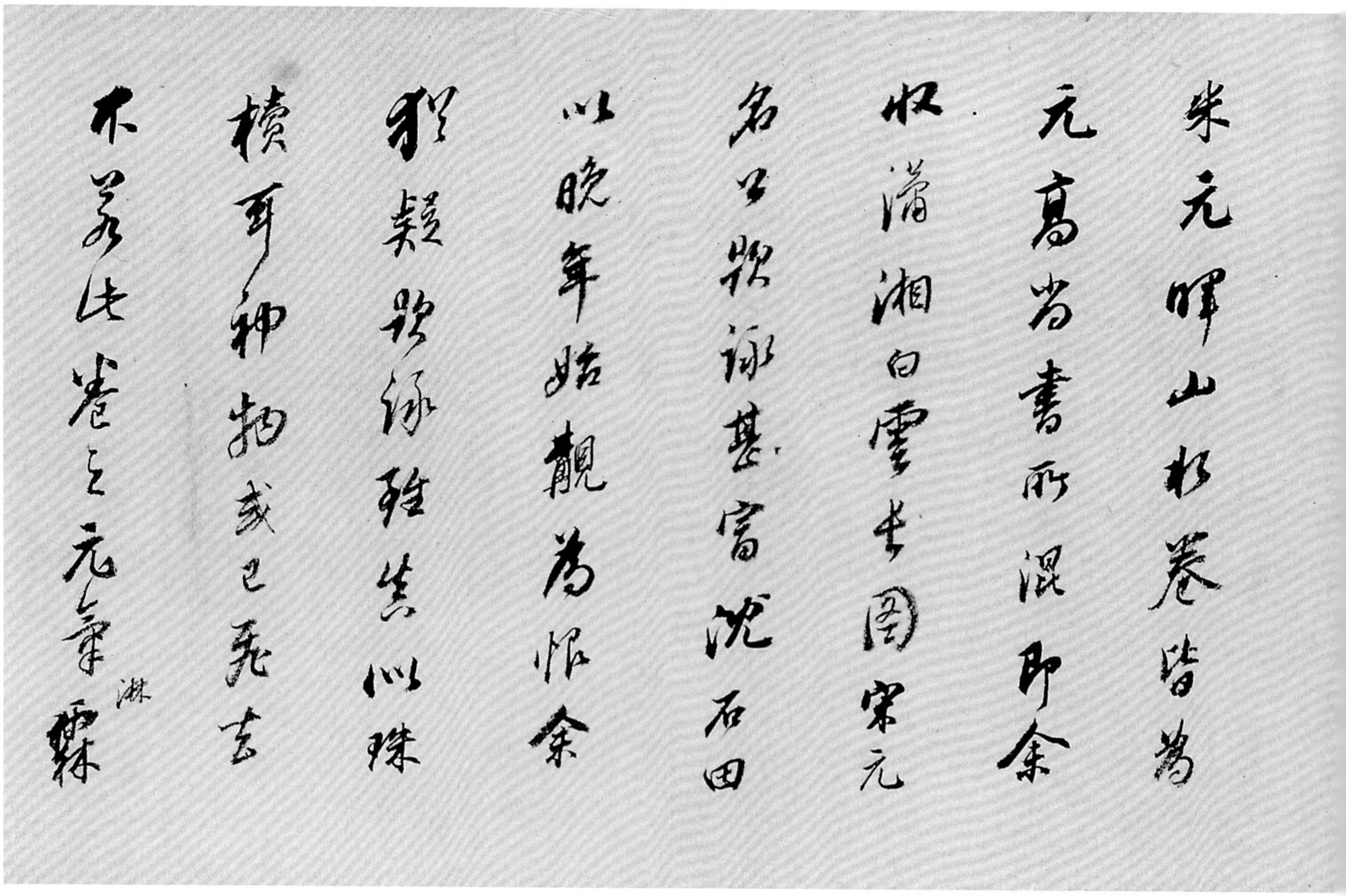
米元暉山水卷皆為
元高尚書所混即余
收瀟湘白雲卷圖宋元
名公歌詠甚富沈石田
以晚年始覯為恨余
猶疑歌詠雖佳似珠
櫝耳神物或已飛去
不若此卷之元氣淋漓

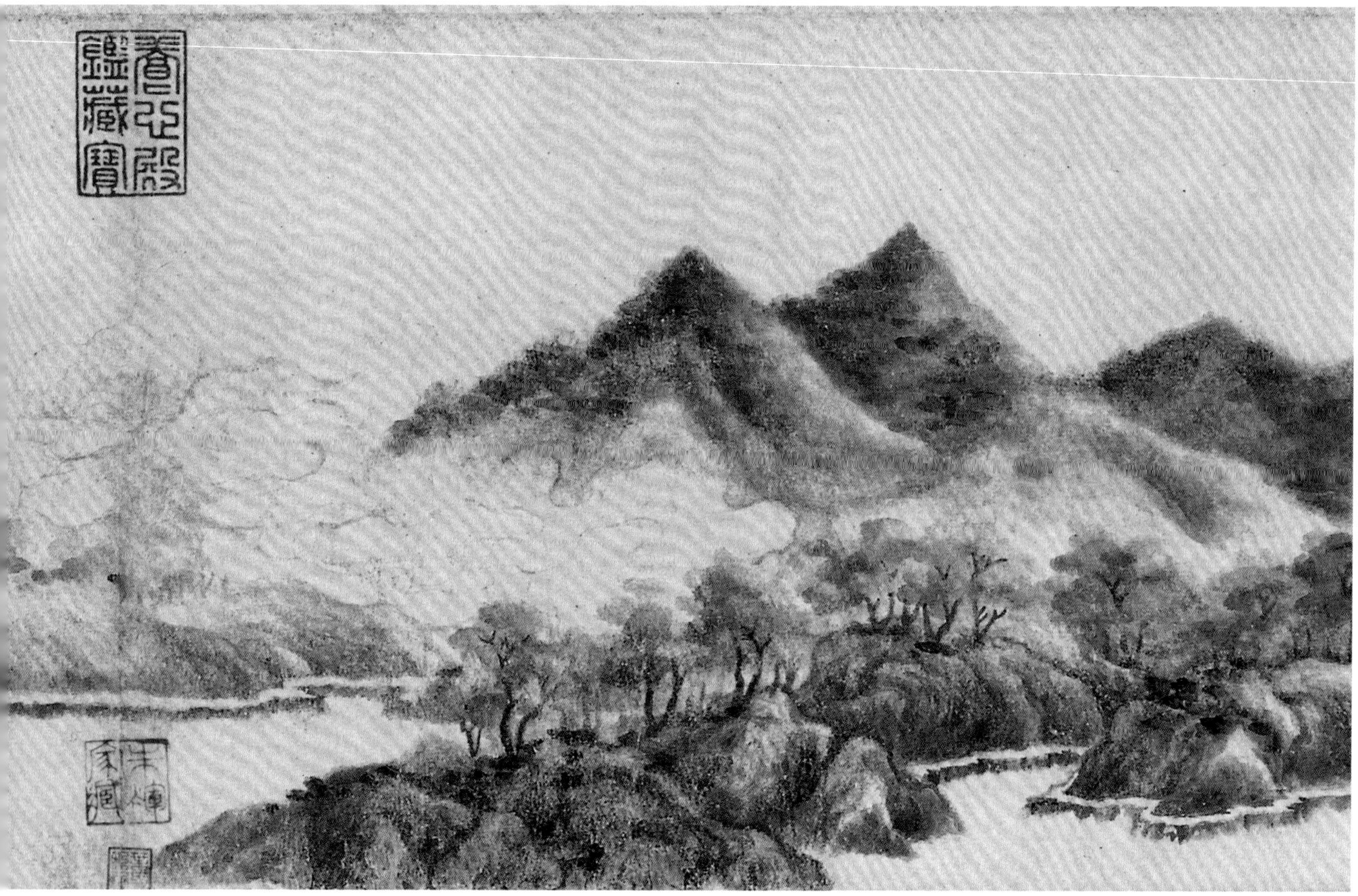

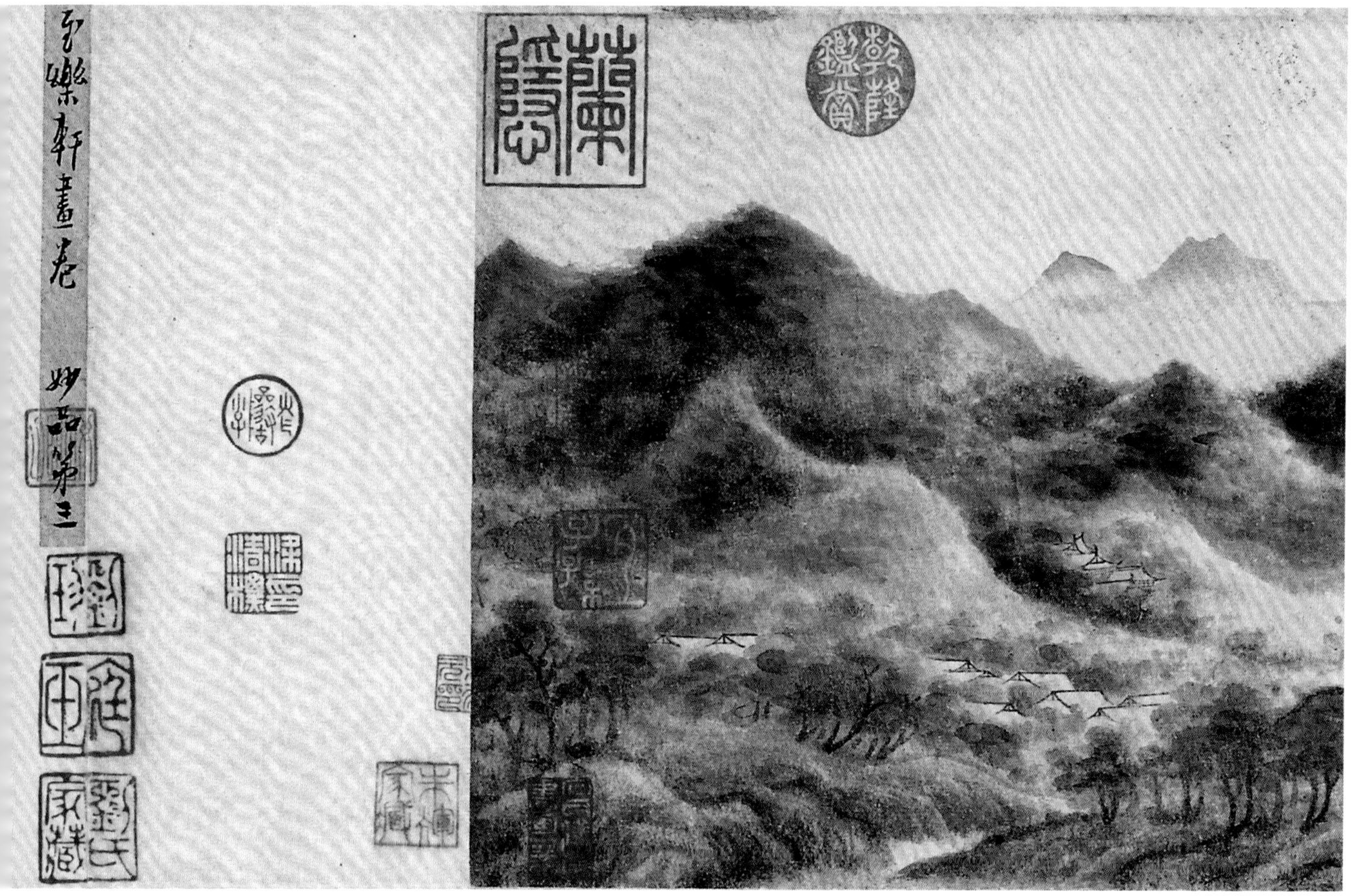
至樂軒畫卷
妙品第三

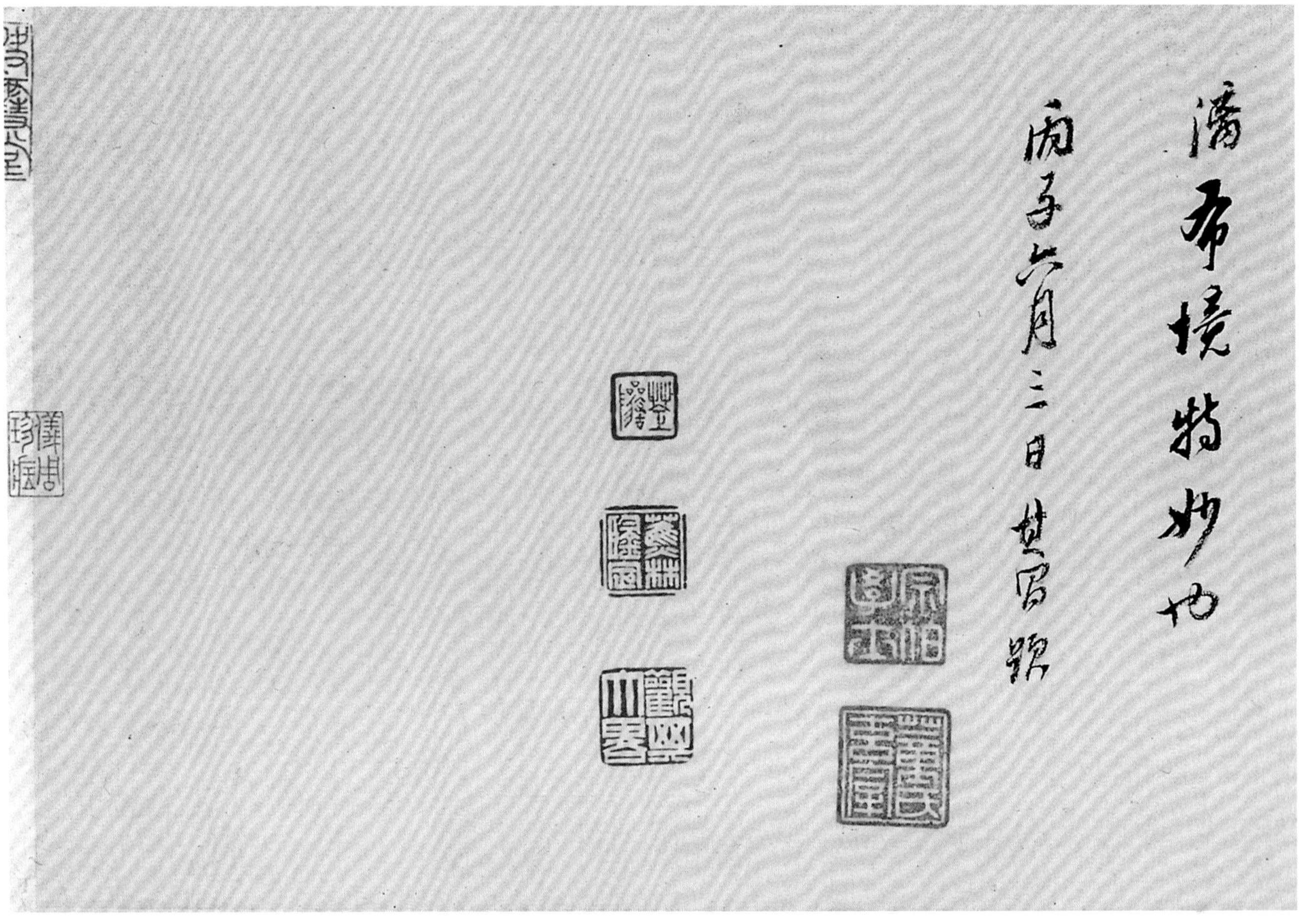
潑墨境特妙也
丙子六月二日 其昌題

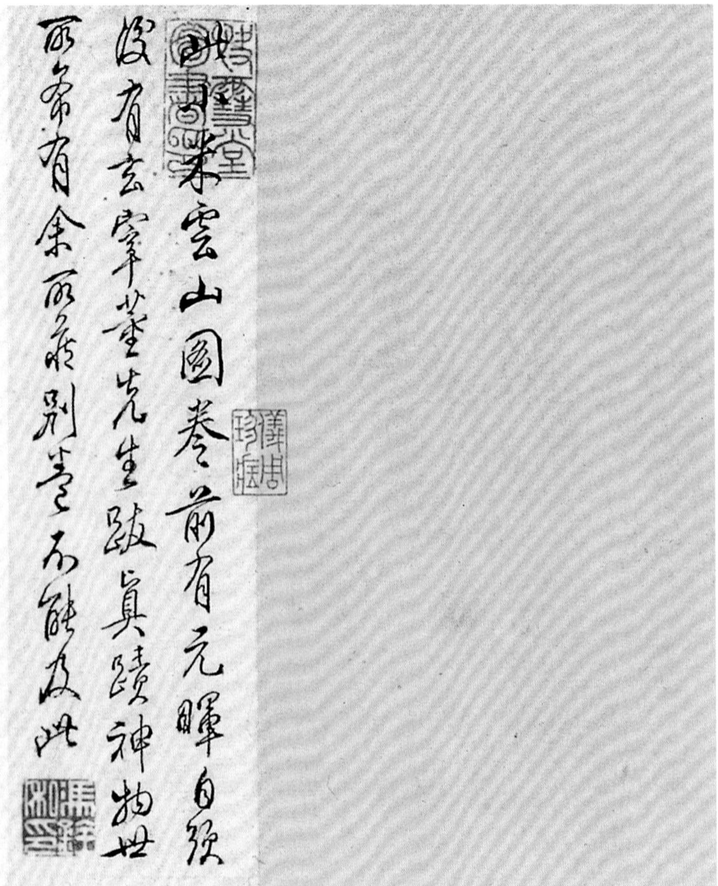
米雲山圖卷前有元暉自題
後有玄宰董先生跋真蹟神物世
所希有余所藏別本不能及此

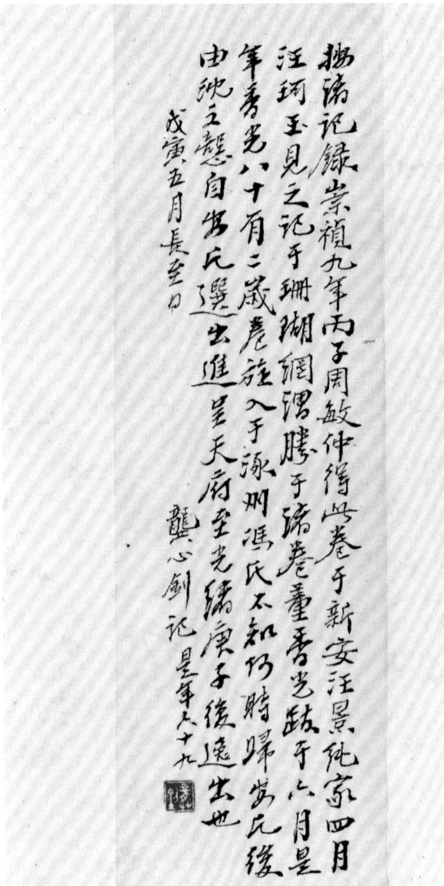
按諸記錄崇禎九年丙子周敏仲得此卷于新安汪景純家四月
汪砢玉見之記于珊瑚網謂勝于諸卷董香光跋于六月是
年香光八十有二歲卷旋入于涿州馮氏不知何時歸安氏後
由沈文慤自安氏選出進呈天府至光緒庚子後遂出世
戊寅五月長至日
龔心釗記 是年八十九

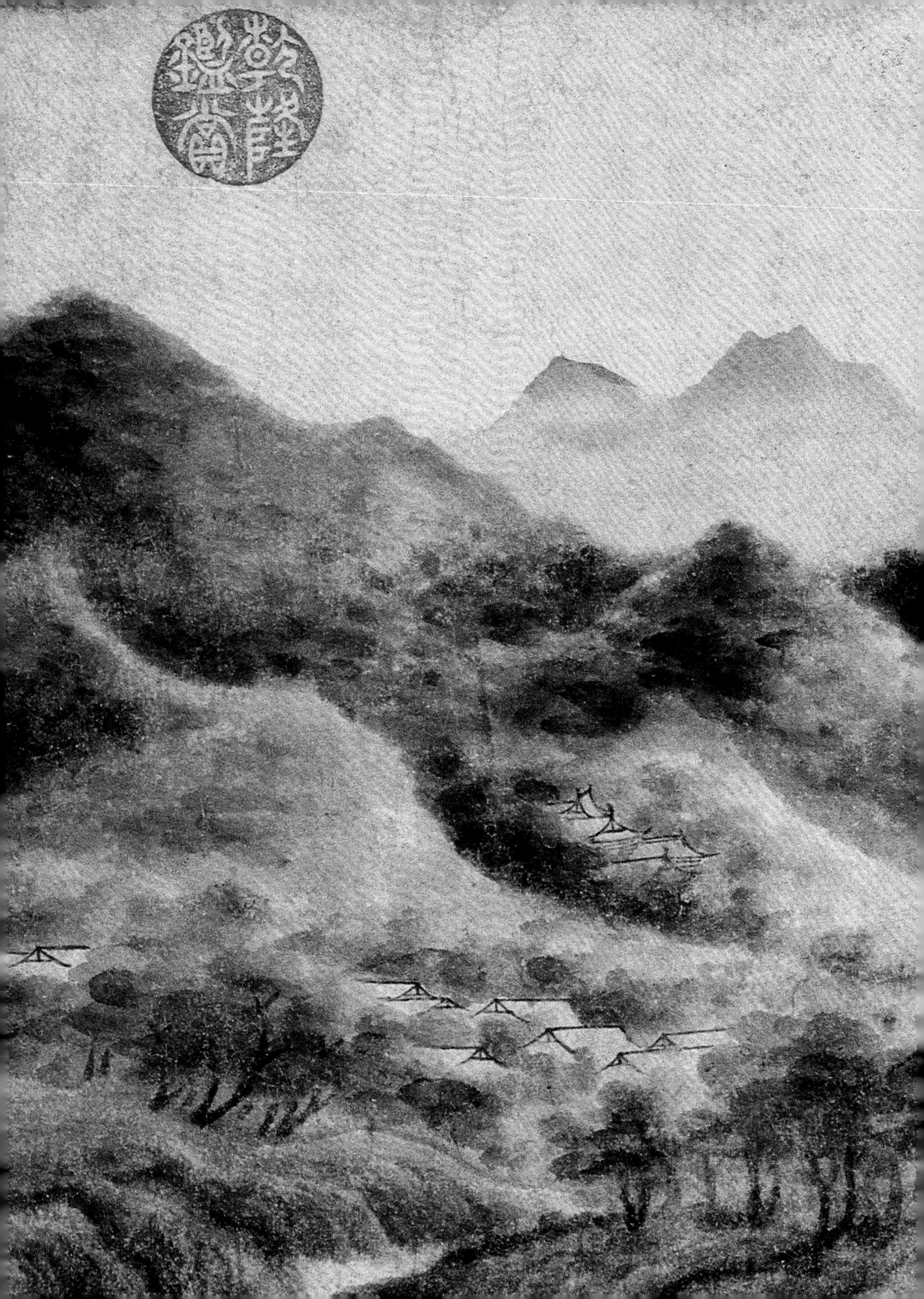

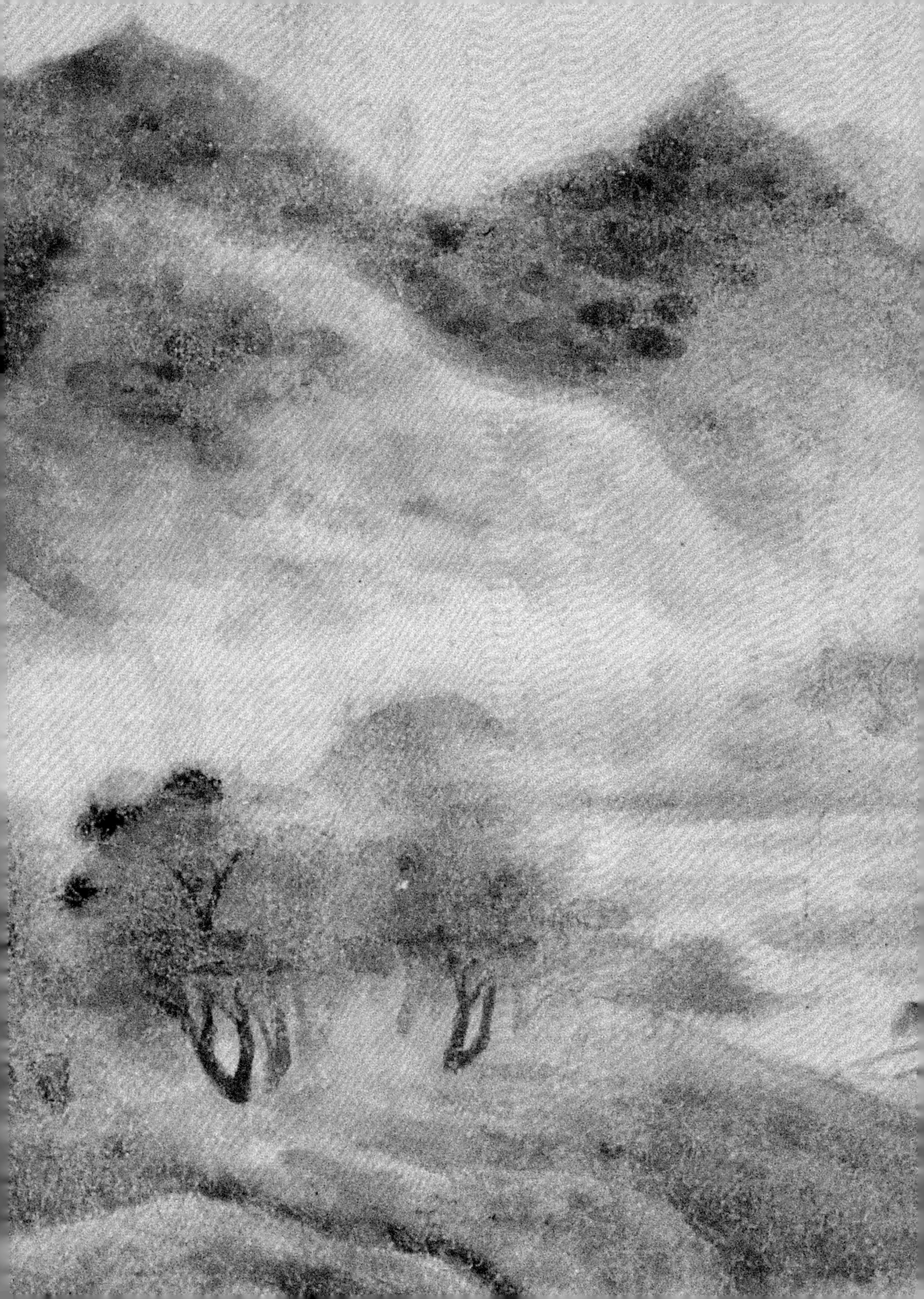

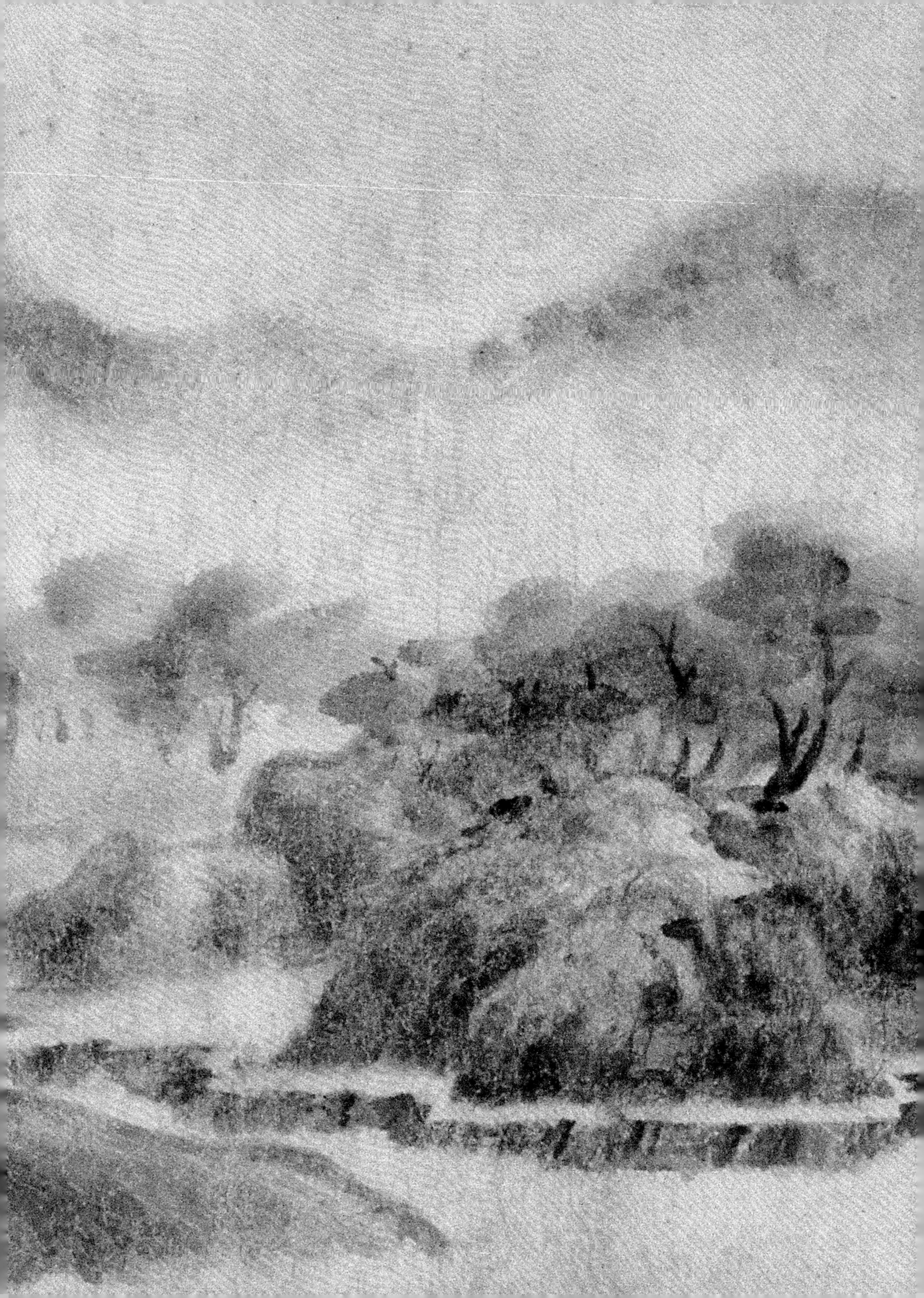

16

馬和之　後赤壁賦圖卷

南宋
絹本　設色
縱25.9厘米　橫143厘米
清宮舊藏

Illustration of "The Second Ode to the Red Cliff" (*Hou Chi Bi Fu*)

By Ma Hezhi, Song Dynasty
Handscroll, colour on silk
H.25.9cm　L.143cm
Qing Court collection

馬和之（生卒年不詳），錢塘（今浙江杭州）人。南宋紹興年間（1131—1162）進士，官至工部侍郎。擅畫人物、佛道、山水，創"蘭葉描"，筆法飄逸，獨自成家。其精湛技藝深受宋高宗、孝宗重視，後世追隨者亦不乏其人。

圖中畫的是蘇軾《後赤壁賦》文意，描繪了蘇軾與友人乘舟夜遊赤壁的情景。江水浩淼，木葉搖落，月光下一隻仙鶴展翅飛去，扁舟上，眾人仰首遠望，正是賦中"時夜將半，四顧寂寥，適有孤鶴橫江東來"之景。此卷約畫於宋孝宗年間（1173—1189），構圖遠闊，用筆以獨特的"蘭葉描"表現物象，勾綫流暢，畫風清俊閒逸。

本幅鈐安岐、張若靄鑑藏印及清乾隆、嘉慶、宣統內府藏印十九方。前後裱邊有梁清標等鑑藏印七方。尾紙有宋高宗草書《後赤壁賦》全文，鈐龍紋（朱文）印。無名氏篆書《後赤壁賦》全文。鈐有安岐、梁清標、張若靄鑑藏印十七方。

曾經《石渠寶笈續編》、《大觀錄》、《墨緣彙觀續錄》、《南宋院畫錄》著錄。

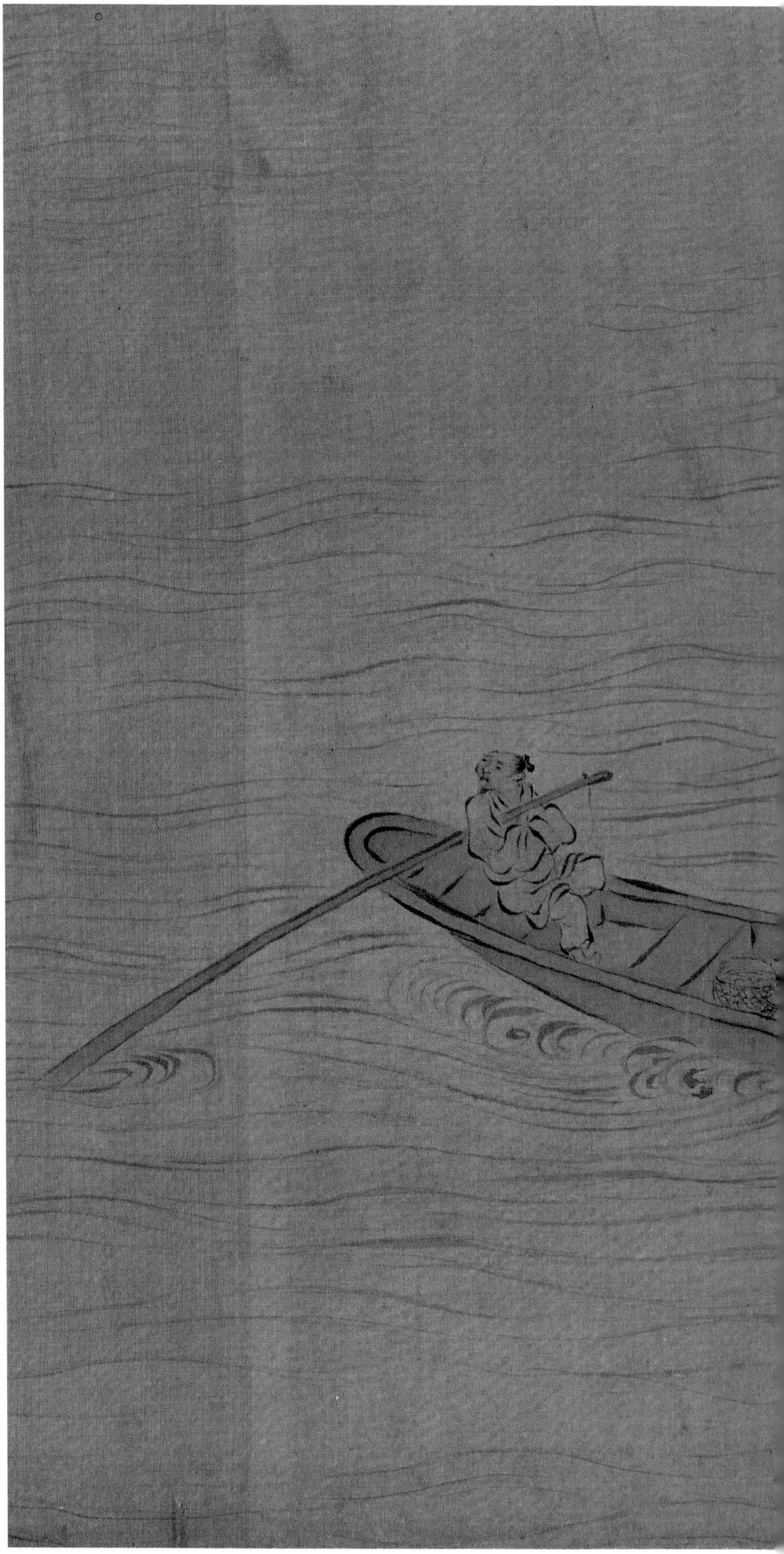

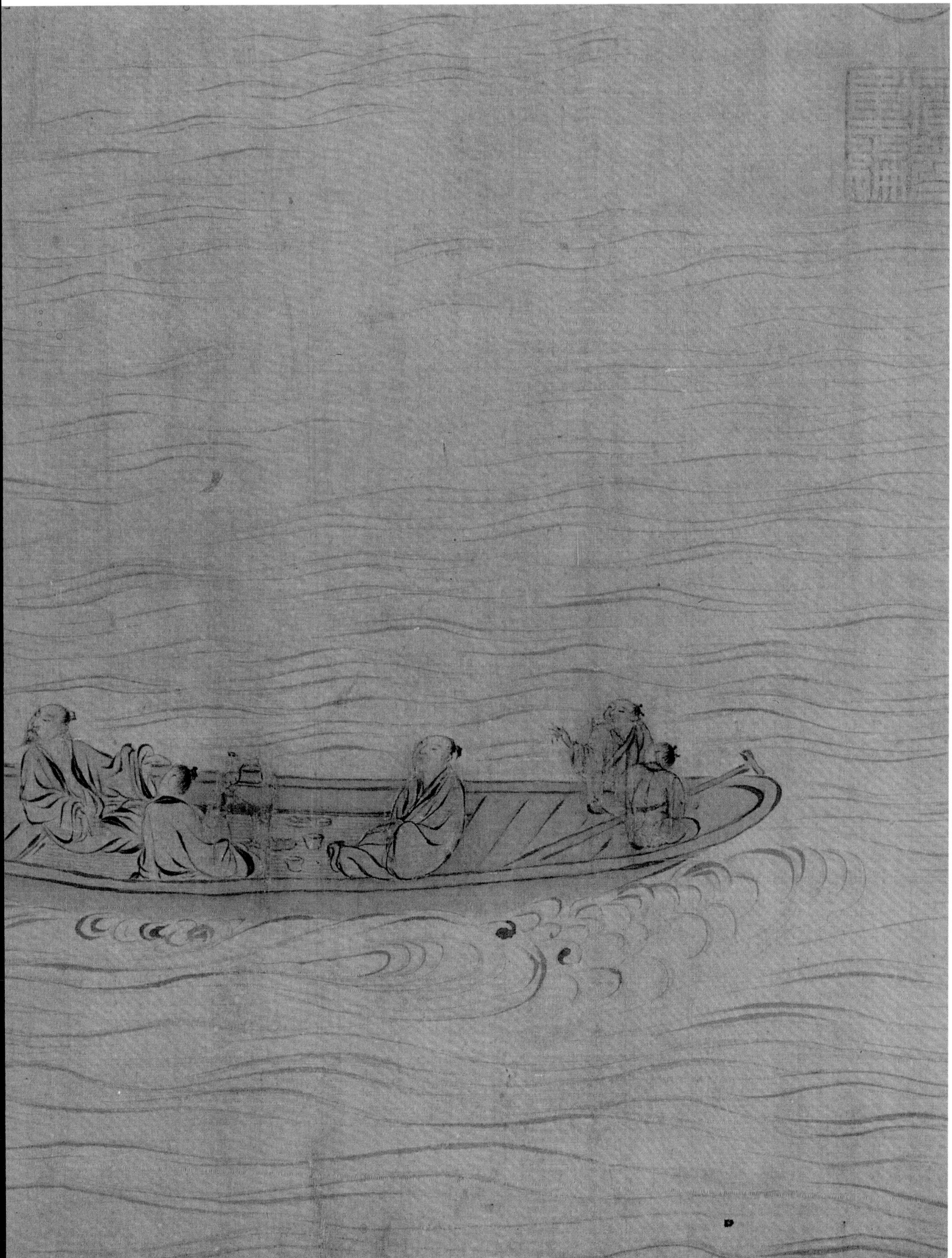

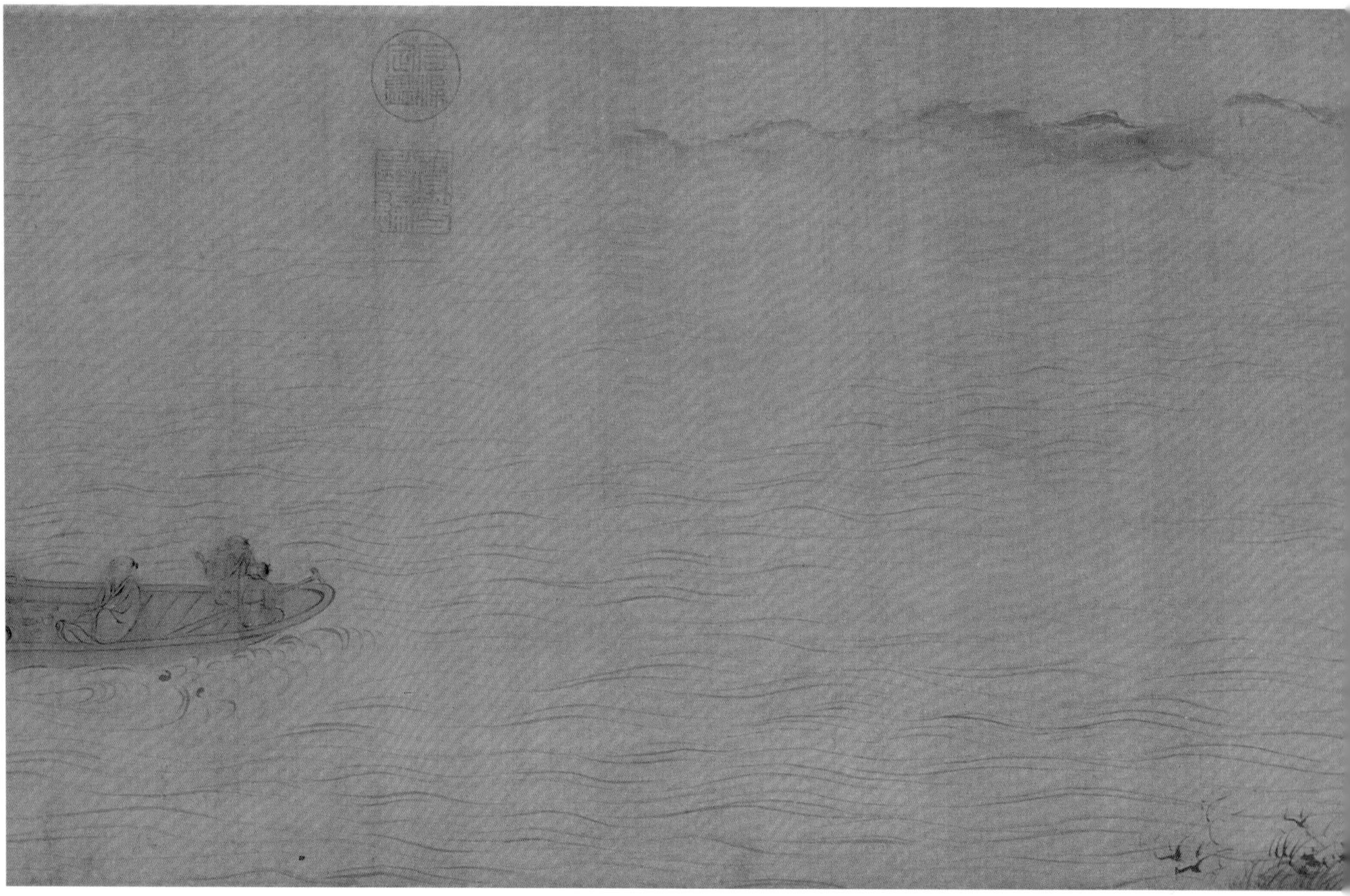

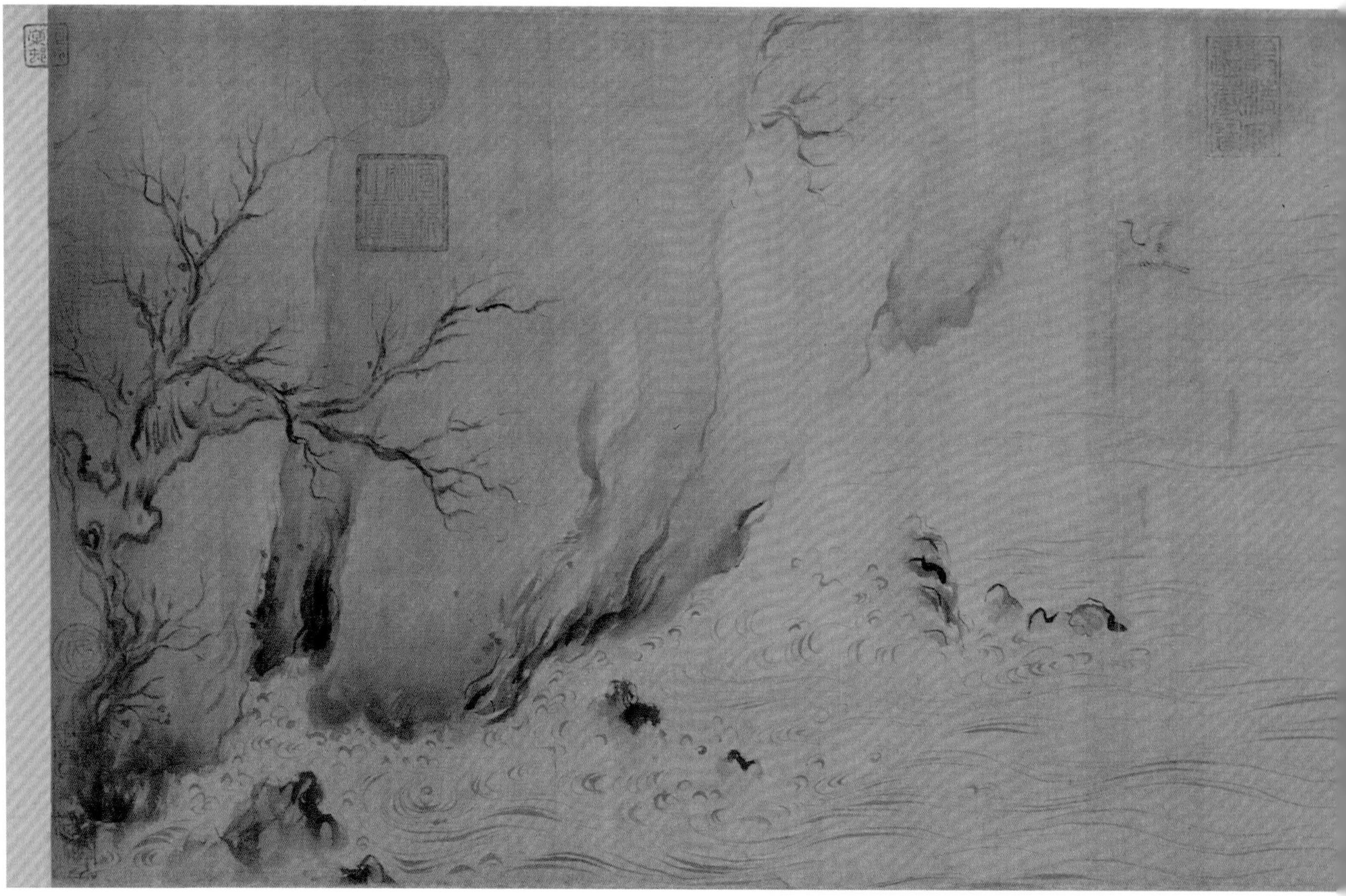

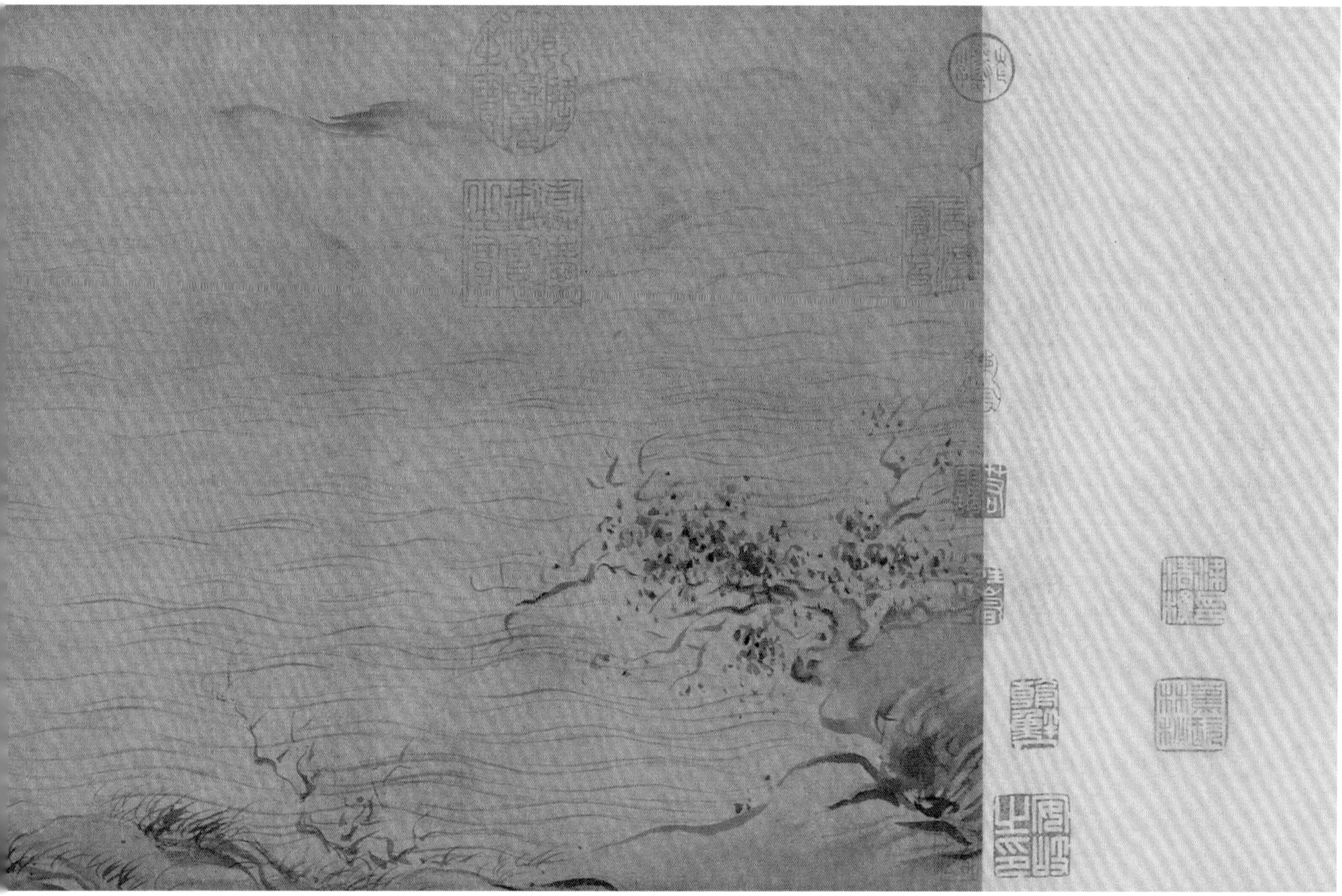

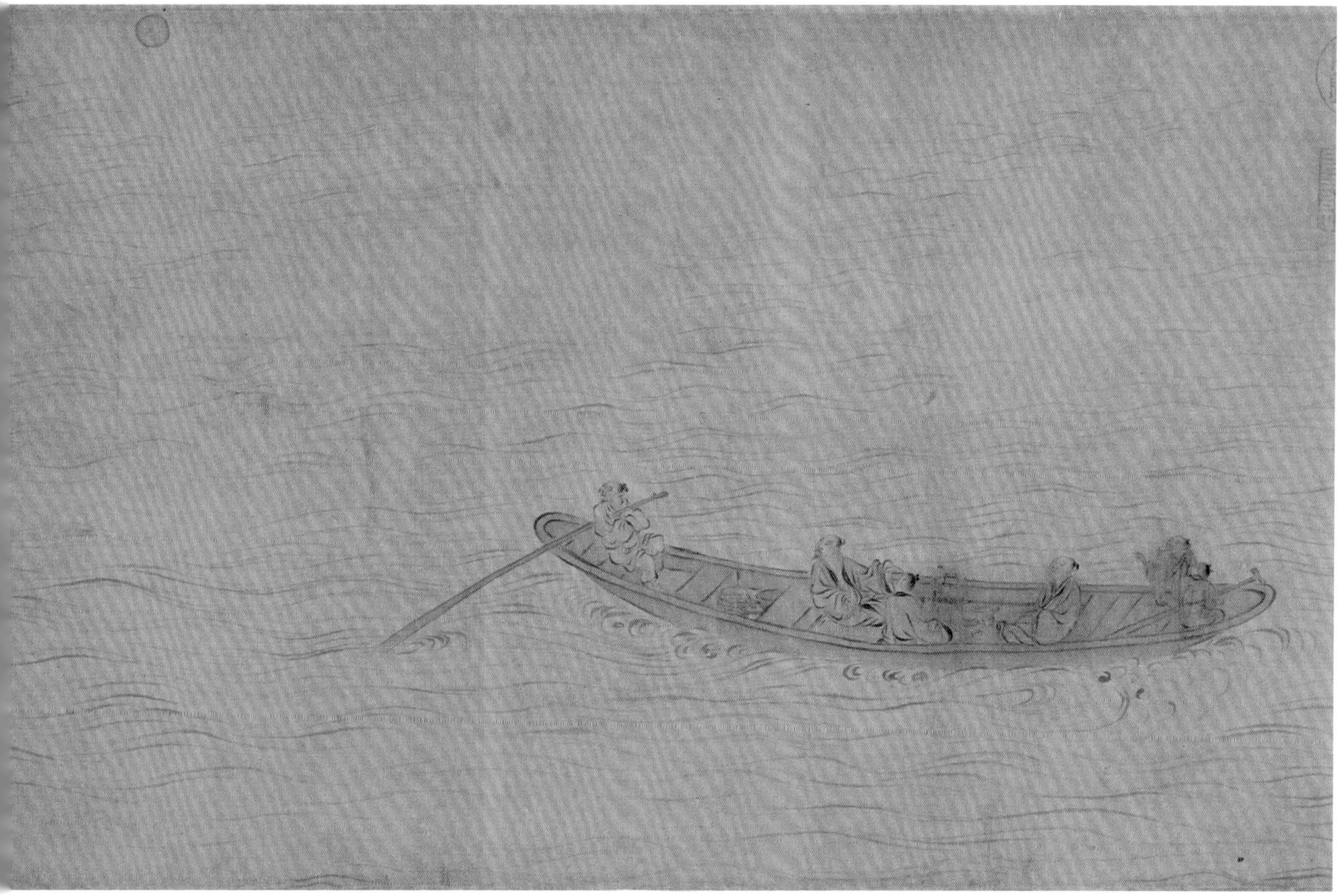

景以待子不時之須是
攜酒與魚復遊於赤壁之
下江流有聲斷岸千尺山
高月小水落石出曾日月
之幾何而江山不可復識
矣予乃攝衣而上履巉岩
披蒙茸踞虎豹登虬龍攀
棲鶻之危巢俯馮夷之幽宮
蓋二客不能從焉劃然
長嘯草木震動山鳴谷應
風起水涌余亦悄然而
悲肅然而恐凜乎其不可留
也反而登舟放乎中流
聽其所止而休焉時夜將

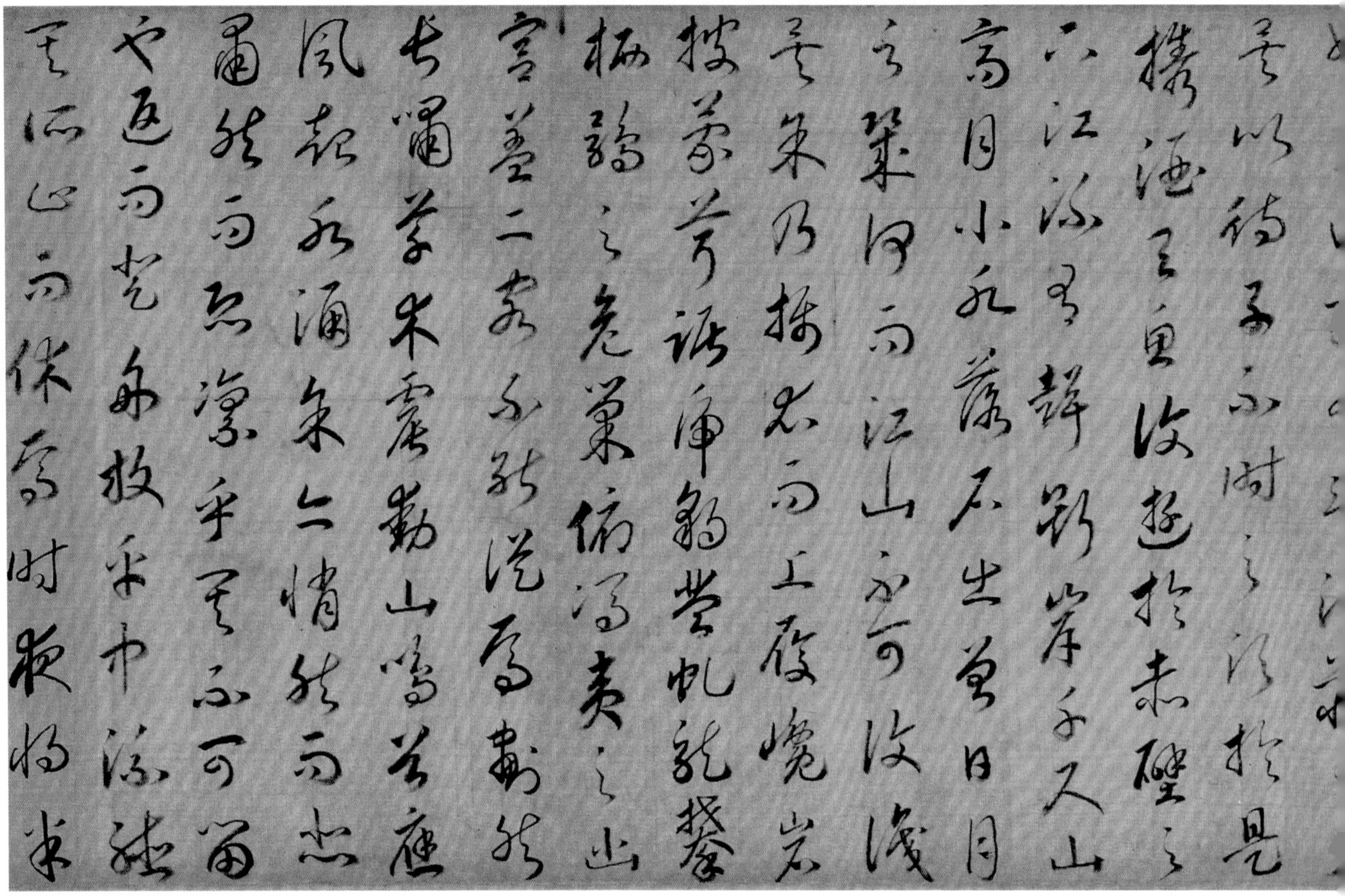

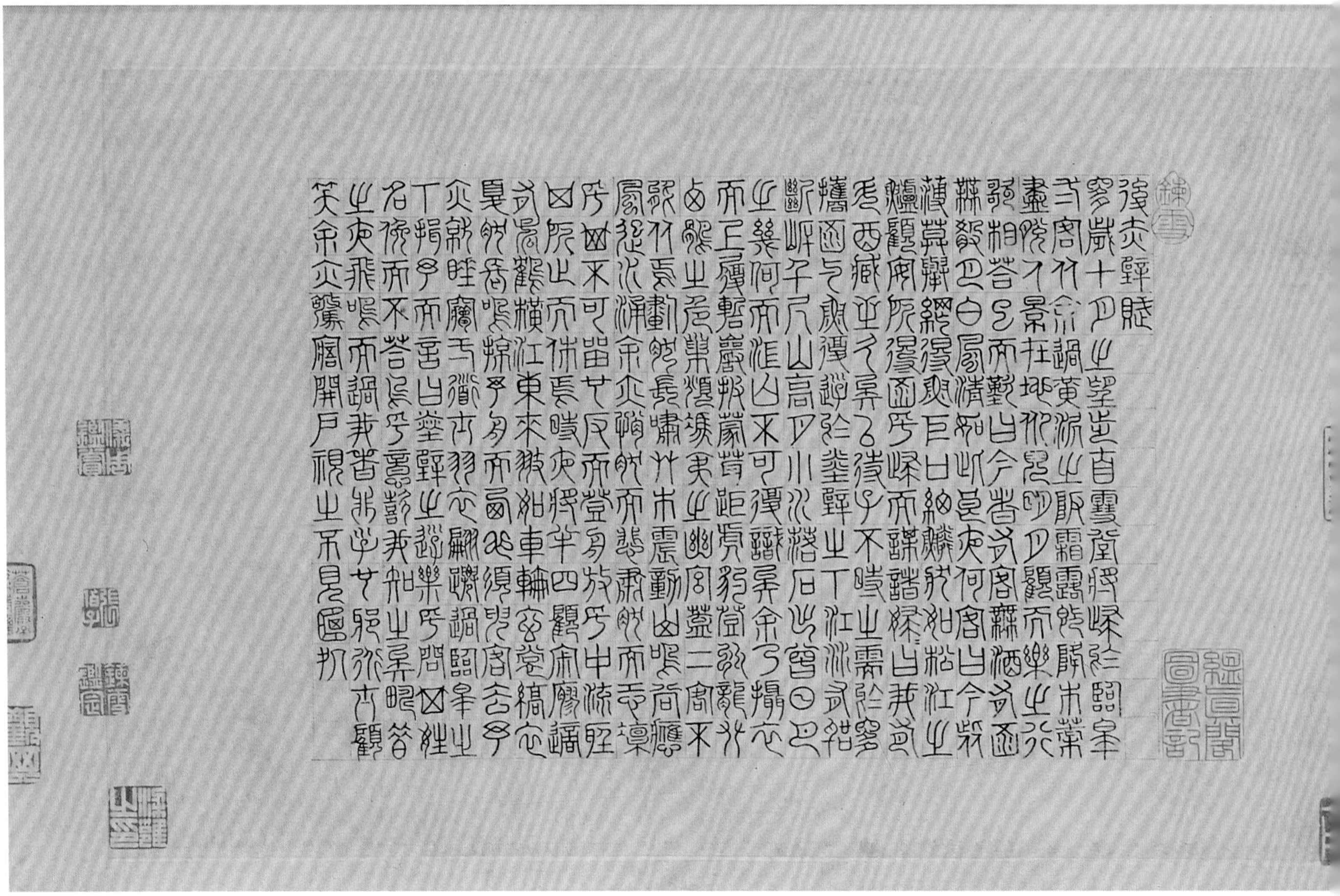

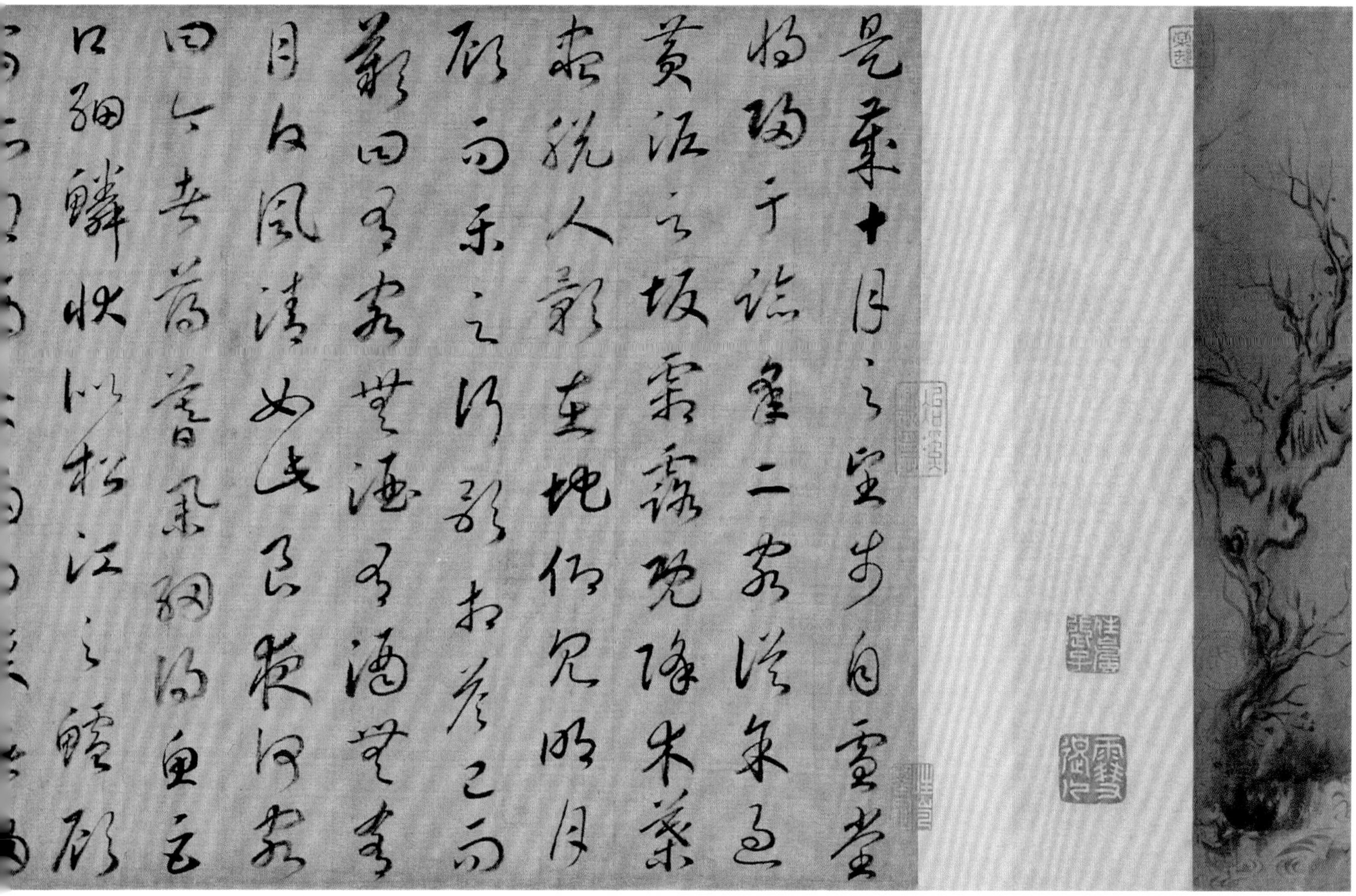

是歲十月之望，步自雪堂，將歸于臨皋。二客從予過黃泥之坂。霜露既降，木葉盡脫，人影在地，仰見明月，顧而樂之，行歌相答。已而嘆曰：有客無酒，有酒無肴，月白風清，如此良夜何。客曰：今者薄暮，舉網得魚，巨口細鱗，狀如松江之鱸。顧安所得酒乎。歸而謀諸婦。婦曰：我有斗酒，藏之久矣，以待子不時之需。於是攜酒與魚，復遊於赤壁之下。江流有聲，斷岸千尺；山高月小，水落石出。曾日月之幾何，而江山不可復識矣。予乃攝衣而上，履巉巖，披蒙茸，踞虎豹，登虬龍，攀棲鶻之危巢，俯馮夷之幽宮。蓋二客不能從焉。劃然長嘯，草木震動，山鳴谷應，風起水涌。予亦悄然而悲，肅然而恐，凜乎其不可留也。反而登舟，放乎中流，聽其所止而休焉。

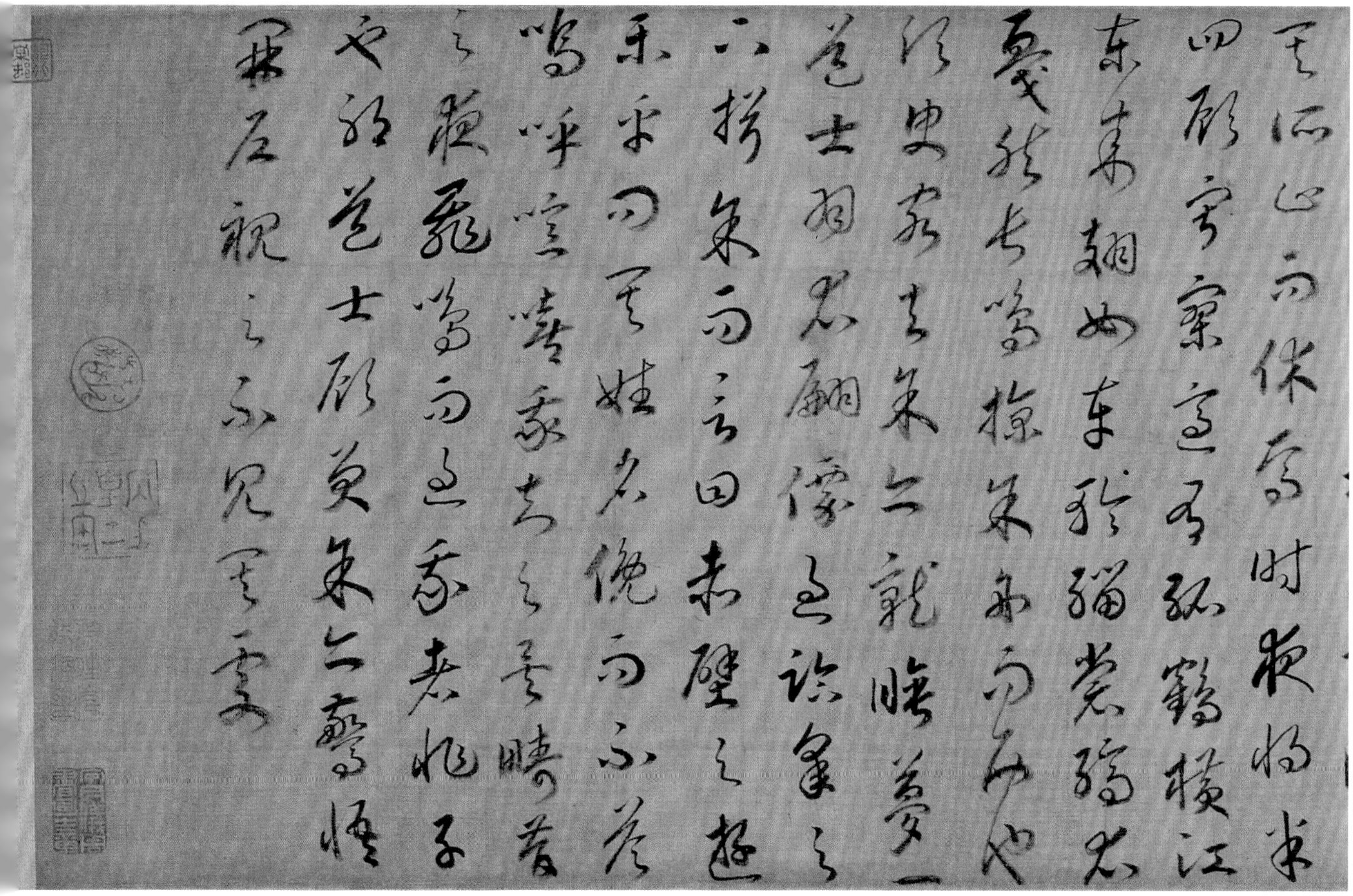

17

劉松年　四景山水圖卷

南宋
絹本　設色　　四幅
縱41.2厘米　橫67.9、69.2、68.9、69.5厘米

Four Seasons Landscapes
By Liu Songnian, Song Dynasty
Handscroll, colour on silk
H.41.2cm　L.67.9cm　H.41.2cm　L.69.2cm
H.41.2cm　L.68.9cm　H.41.2cm　L.69.5cm

劉松年（生卒不詳），錢塘（今浙江杭州）人。居清波門，俗稱其為“暗門劉”。淳熙初畫院學生，紹熙年間（1190—1194）升為畫院待詔。工畫人物、山水，師法北宋畫家張敦禮而過於師。山水風格近似趙伯駒，與李唐、馬遠、夏圭並稱南宋“四大家”。

《四景山水圖》描繪四座園林別墅，分別作春、夏、秋、冬四景。四圖均筆墨流暢，精緻清雅，極好地表現出杭州西湖一帶秀麗空濛的景色和達官貴胄、文人士大夫安逸閒適的生活。構圖注重疏密、虛實的變化，將精巧、曲折的園林屋宇置於畫面一側，留出相當的空間表現湖天遠山。圖中樹石畫法從畫院畫家李唐之法脫胎而來，斧劈皴趨於細碎，樹木則修長秀美。

本幅鈐鑑藏印“朗庵秘玩”（朱文）、“歐汀鑑賞”（白文）、“春和園鑑藏”（朱文）、“養則負命於天”（朱文）、“鎮守四洲太監梅氏圖書”（朱文）等。後幅題跋：“劉松年畫，考之小說，平生不滿十幅，人亦難得。此圖四幅，作寫數年迺成。今觀筆力細密，用心精巧，可謂畫中之聖者。西涯李東陽”。後鈐“賓之”（朱文）、“西涯”（朱文）印二方。

曾經《庚子銷夏記》著錄。

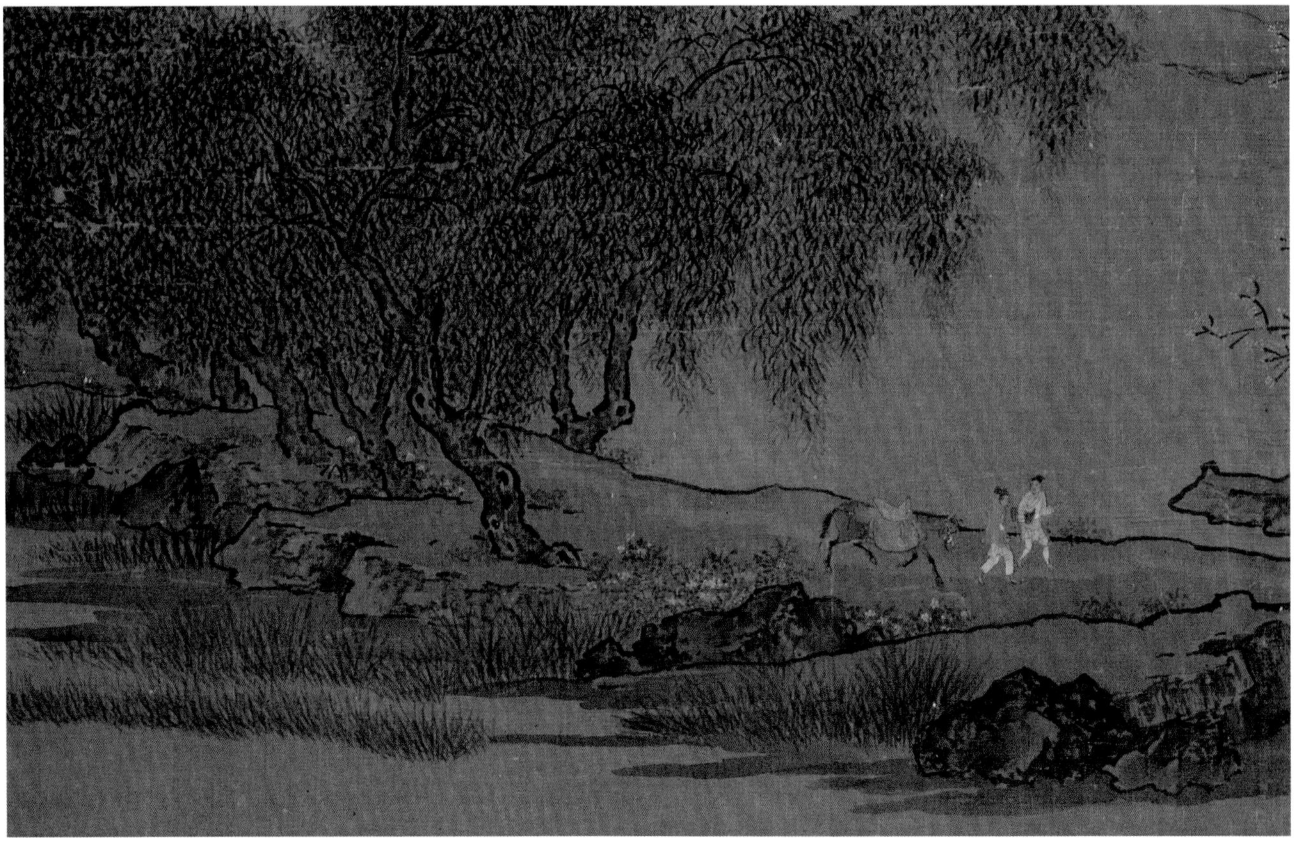

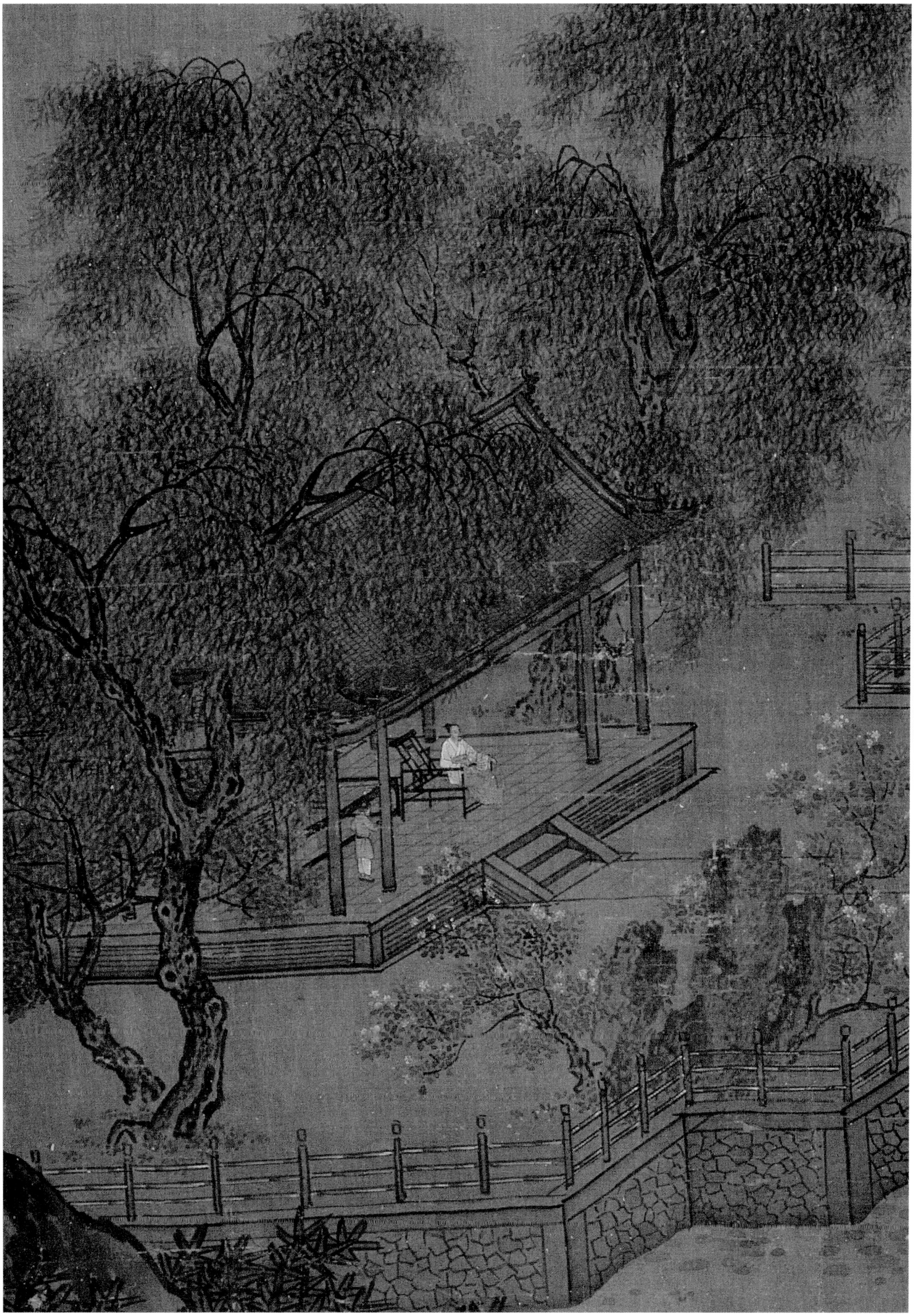

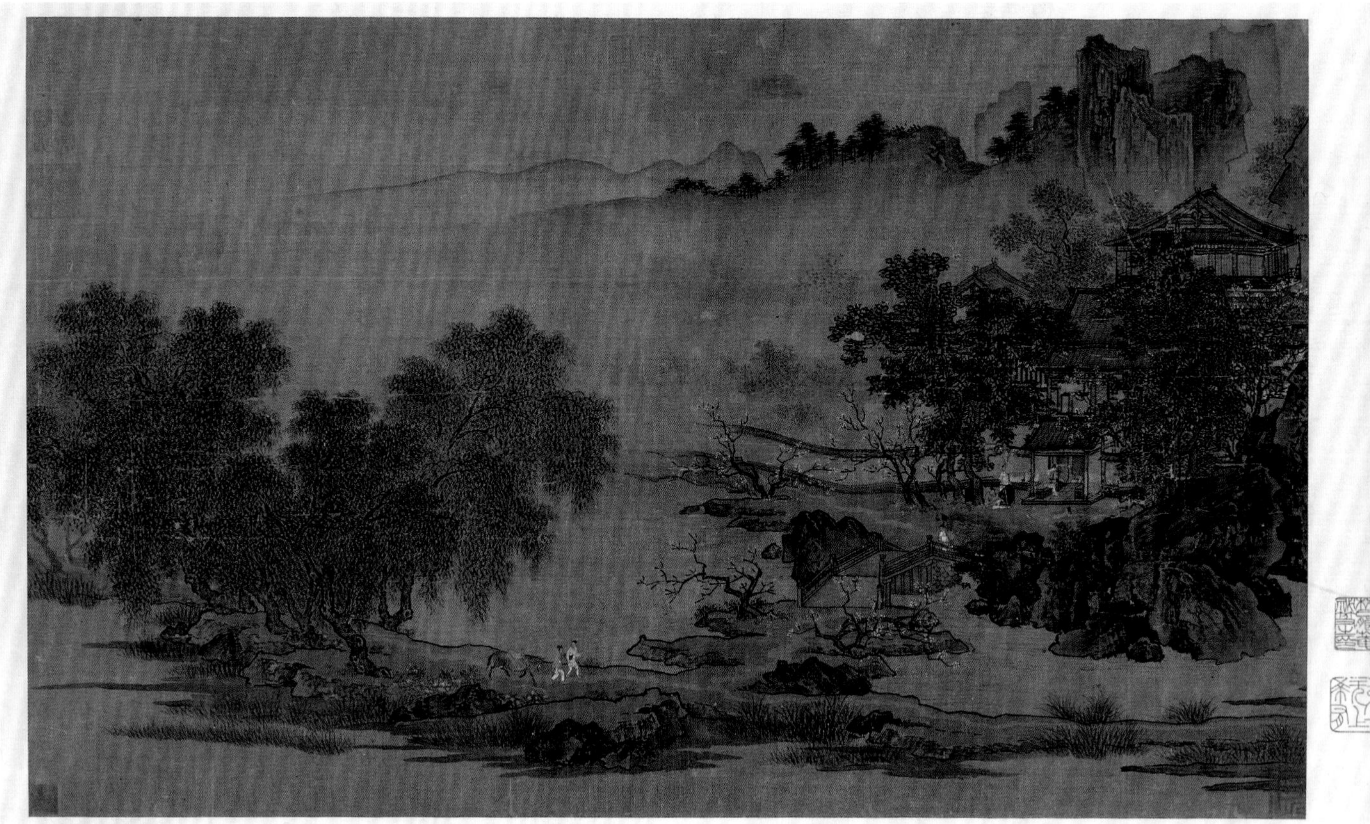

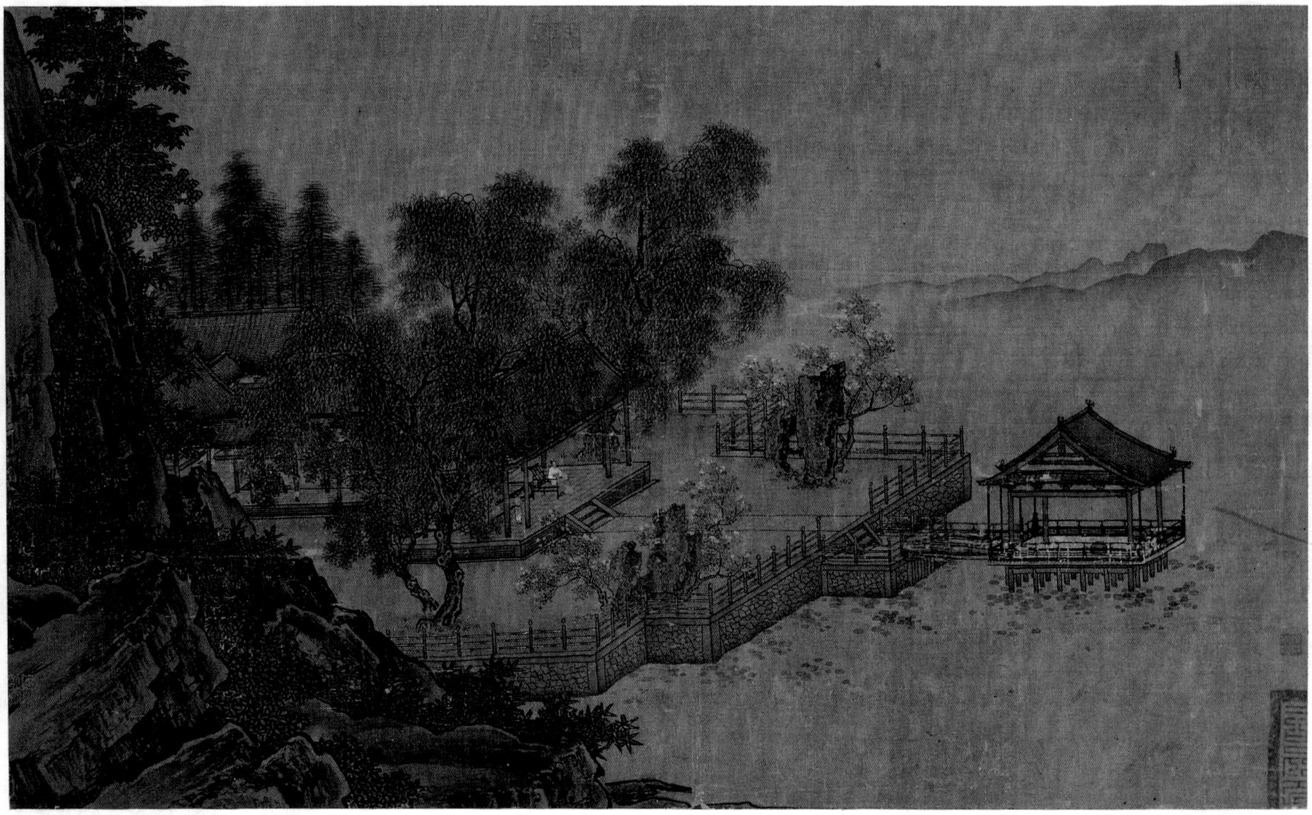

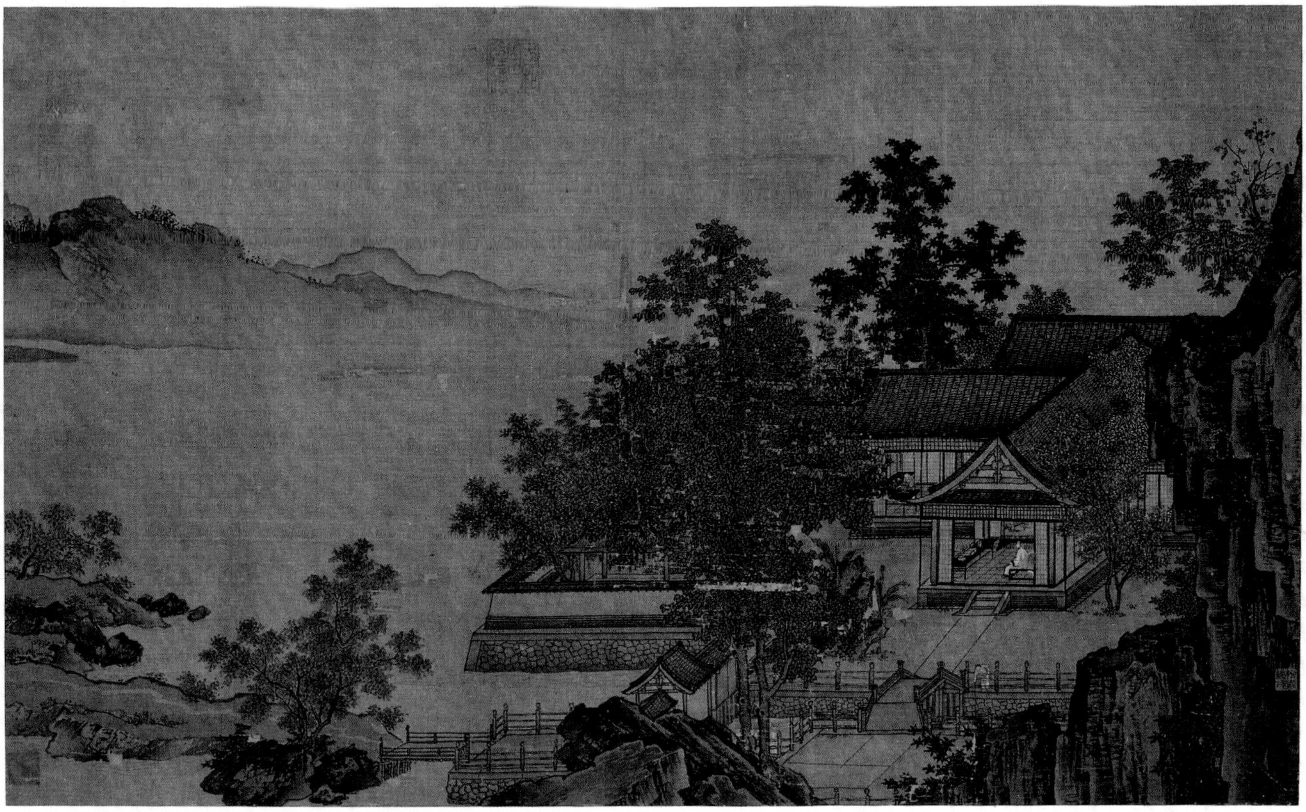

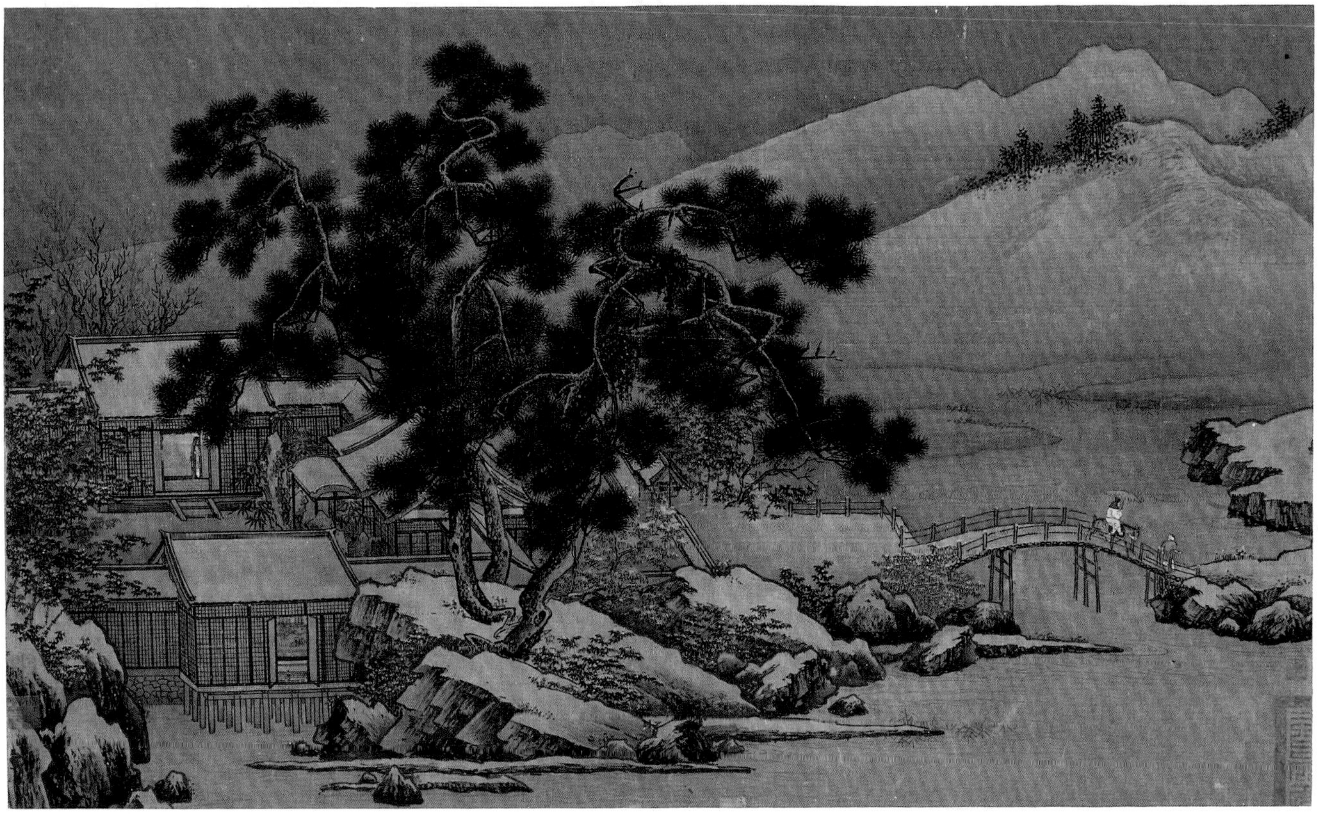

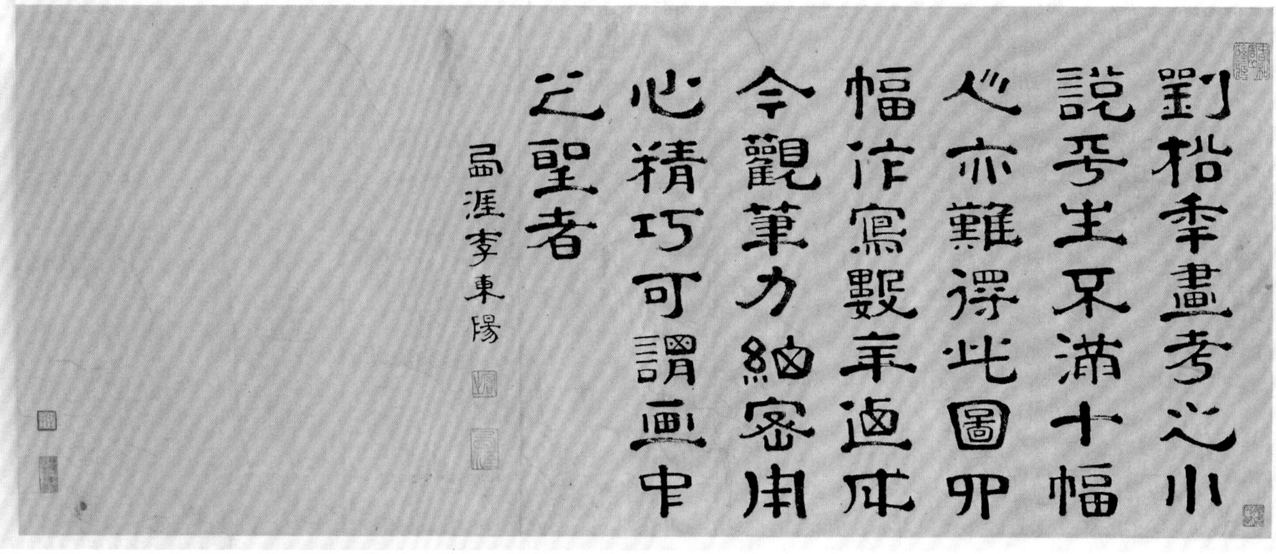
劉松年畫考之小
說平生不滿十幅
心亦難得此圖那
幅作寫數年適成
今觀筆力細密用
心精巧可謂畫中
之聖者
西涯李東陽

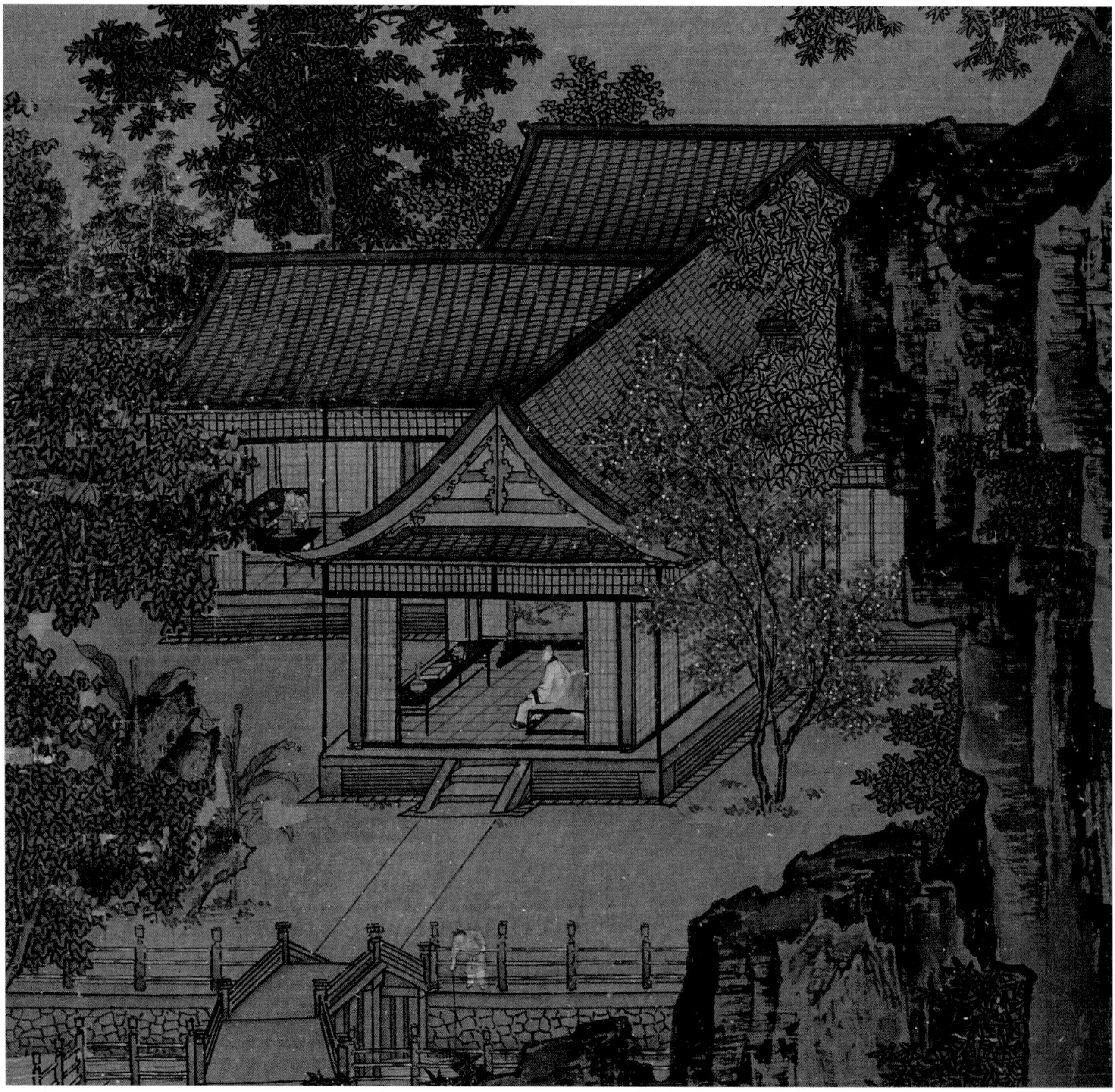

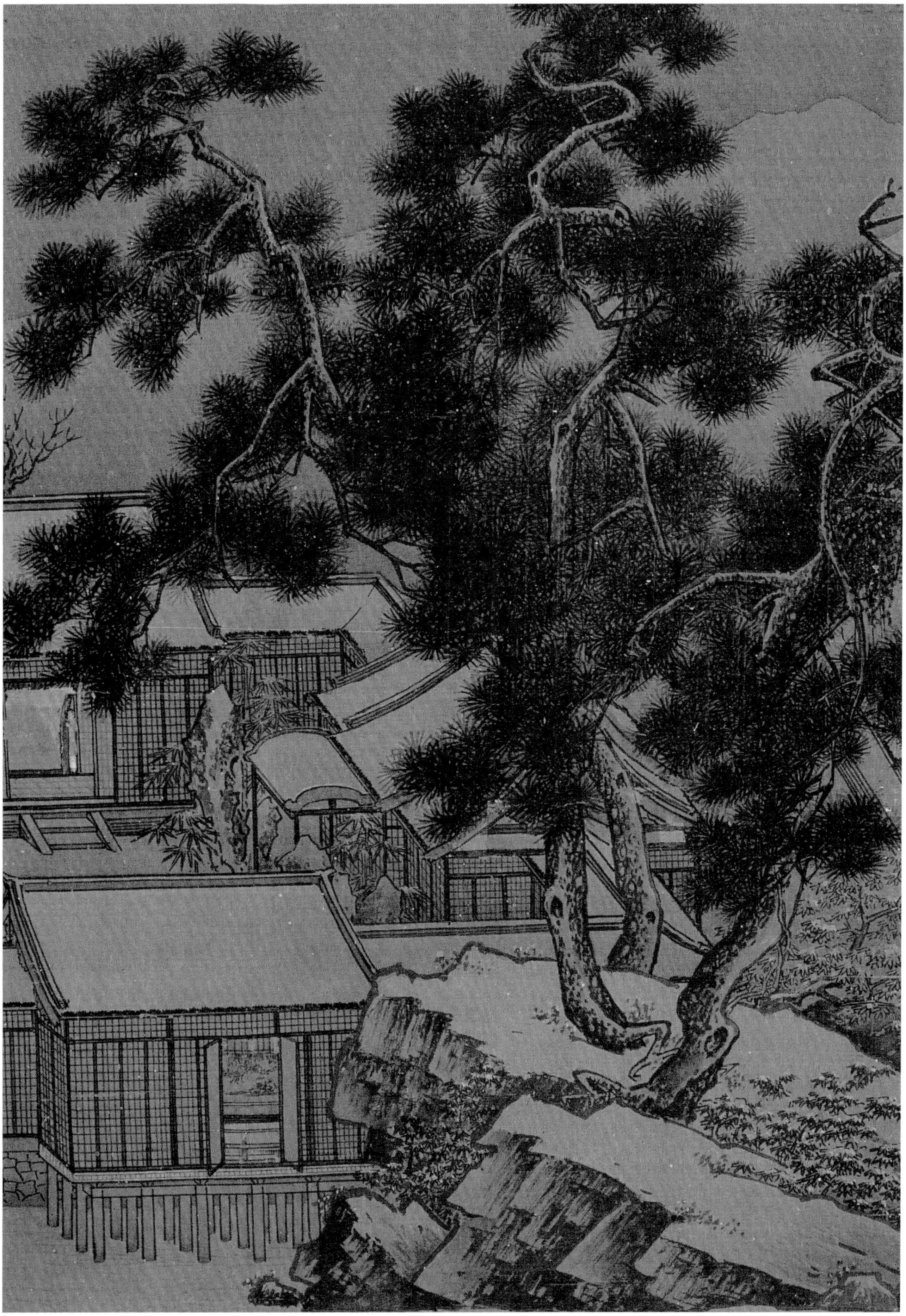

18

馬遠　踏歌圖軸

南宋
絹本　設色
縱192.5厘米　橫111厘米

Peasants Singing and Dancing
By Ma Yuan, Song Dynasty
Hanging scroll, colour on silk
H.192.5cm　L.111cm

馬遠（生卒年不詳），字遙父，號欽山，祖籍河中（今山西永濟），生於錢塘（今浙江杭州）。曾祖、祖父、伯、兄及本人均為畫院待詔，活動於南宋光宗、寧宗年間。擅畫人物、山水、花鳥。山水始承家學，後學李唐而自出新意，構圖多用邊角形式，有“馬一角”之稱。

《踏歌圖》畫幾個老翁酒酣歸來，手舞足蹈，且歌且行，滑稽的舉止惹得婦人幼童駐足回顧。四周禾苗蔥鬱，竹柳青青。遠處山石陡峭突兀，如刀削斧劈一般，山谷裏松柏茂密，樓閣掩映。此軸為馬遠大幅山水的代表作，也是大斧劈皴法的經典之作。山石用側鋒橫掃，利用下筆時的頓挫和筆鋒間的飛白，表現出岩石的肌理和質地。施淡赭、淡青綠色。構圖呈兩段式，上以山水為主體，下方以點景人物為主題，傳達了豐年時百姓對歌的歡快情緒。

本幅自識“馬遠”。另有宋寧王趙擴題詩：“宿雨清畿甸，朝陽麗帝城。豐年人樂業，壟上踏歌行。賜王都提舉”。鈐印“庚辰”（朱文）、“御書之寶”（朱文）。

曾經《南宋畫院錄》、《東圖玄覽編》、《南陽名畫錄》、《佩文齋書畫錄》、《諸家藏畫簿》著錄。

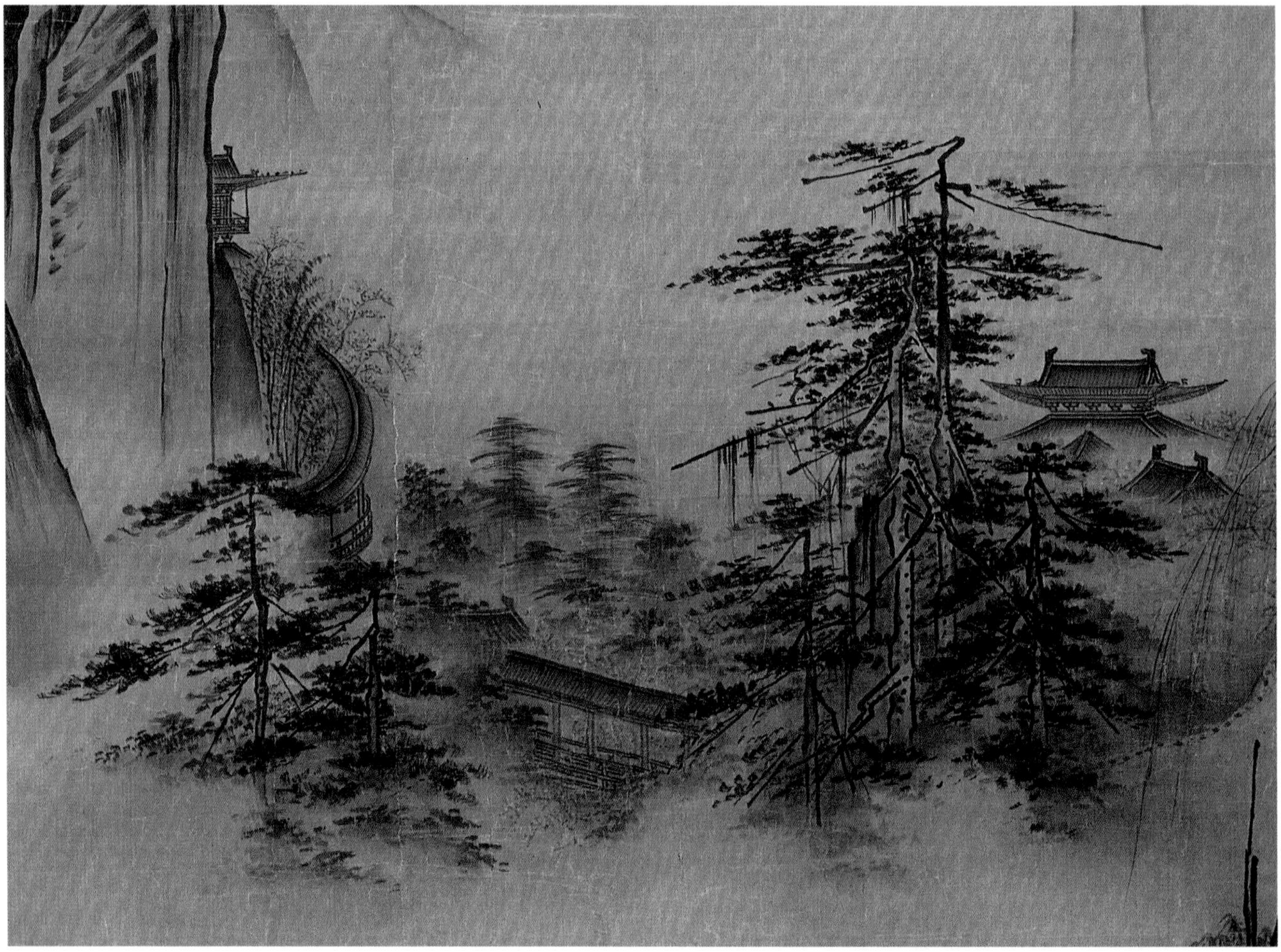

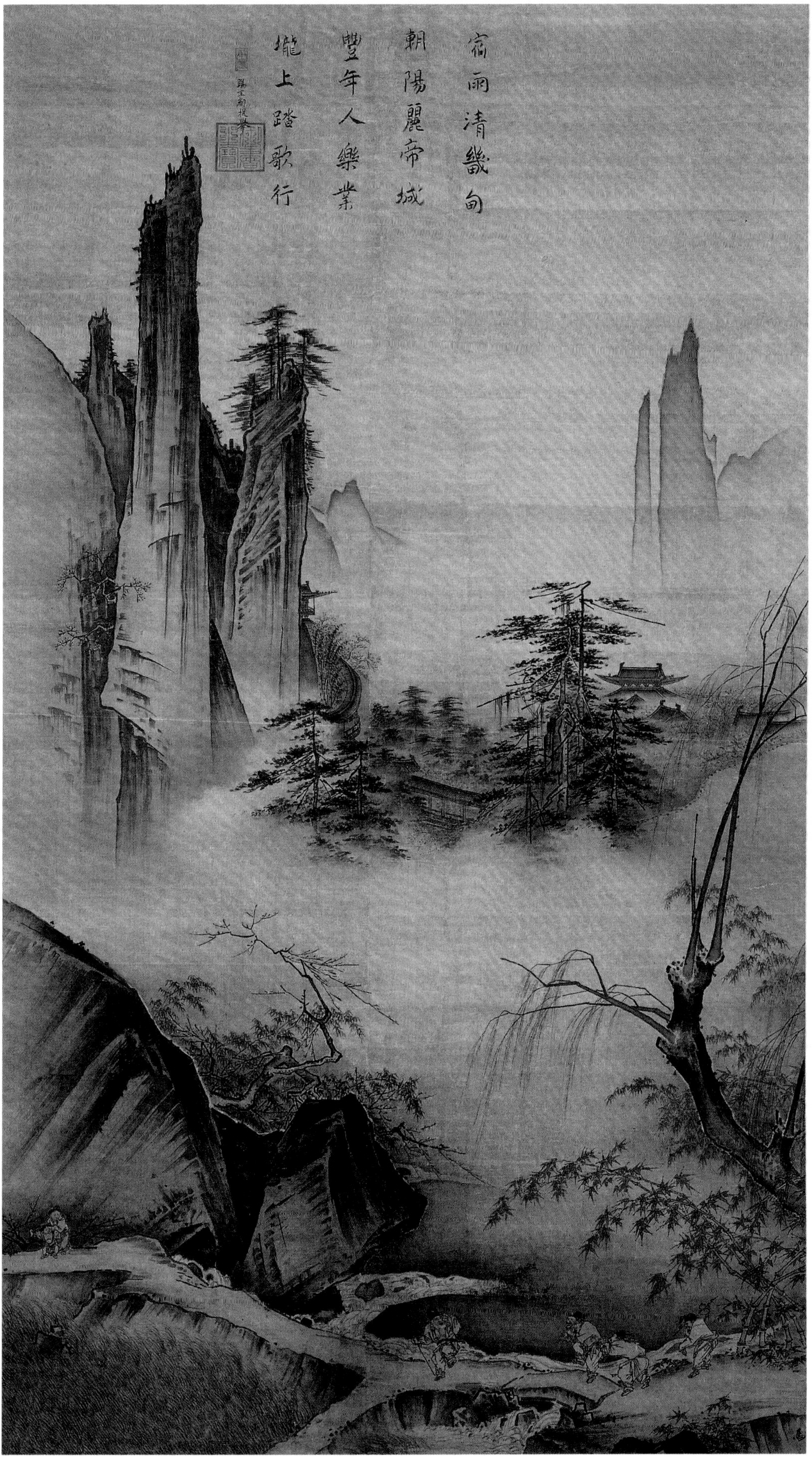
宿雨清畿甸
朝陽麗帝城
豐年人樂業
壠上踏歌行

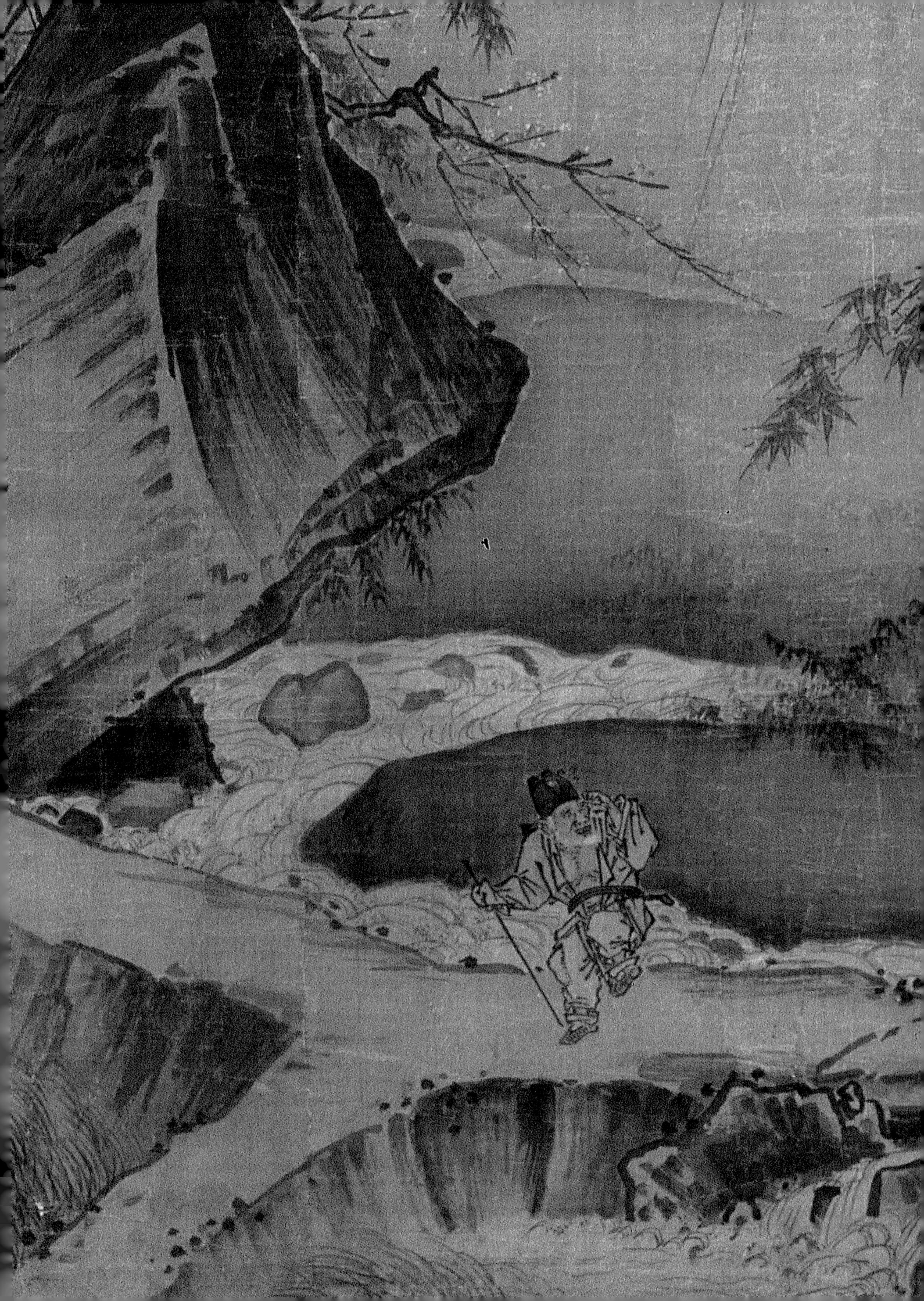

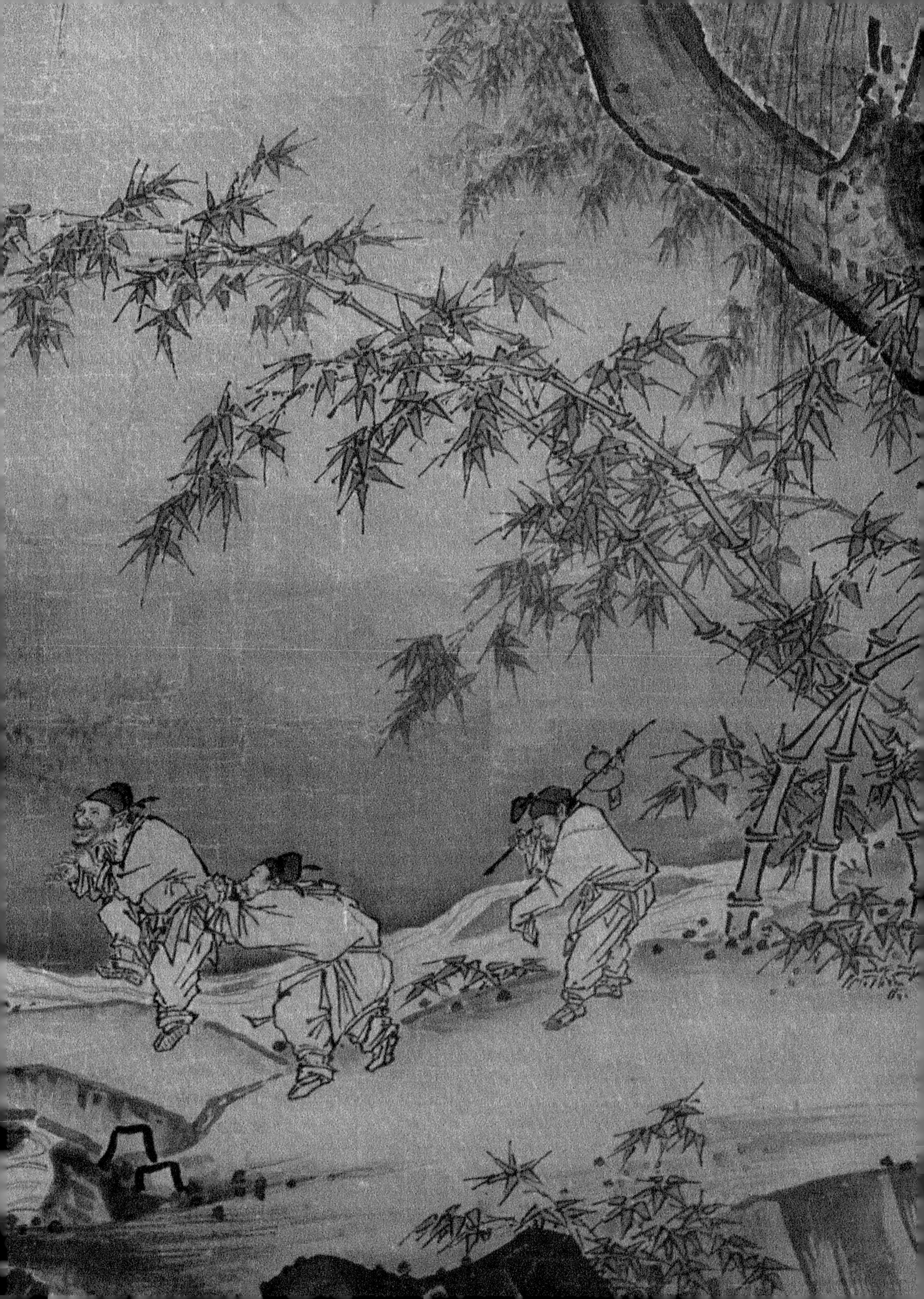

19

馬遠　水圖卷

南宋
絹本　設色　十二幅
縱26.8厘米　橫41.6厘米（首段橫20.7厘米）

Waters

By Ma Yuan, Song Dynasty
Handscroll, colour on silk
H.26.8cm　L.41.6cm (the first section: 20.7cm)

此卷原為十二幅冊頁，裝裱於同一長卷上。圖中對不同季節、時間、地點的水加以描繪，從風和日麗下的波光粼粼到大江大河中的驚濤駭浪，可謂曲盡水之形態。在中國古代的山水畫中，單獨表現水的作品並不多見，特別是以單純的綫條為流動無形、變化無常的水寫照，更是別開生面。

每幅均有宋寧宗皇后楊氏所題圖名，並書"賜大兩府"。多鈐"壬申貴妾楊姓之章"（朱文），及藏印"鼎"（朱文）、"元"（朱文）、"信公鑑定珍藏"（朱文）、"都尉耿信公書畫之章"（白文）、"蕉林玉立氏圖書"（朱文）。

引首有李東陽題"馬遠水　西涯"。後幅有李東陽、吳寬、王鏊、陳玉、梁殷、俞允文、陳永年、文嘉、張鳳翼、文伯仁、王世貞十一家題記。鈐鑑藏印十九方。

曾經《石渠寶笈初編》、《六研齋筆記》、《弇州山人稿》、《妮古錄》、《佩文齋書畫譜》、《式古堂畫考》、《南宋院畫錄》著錄。

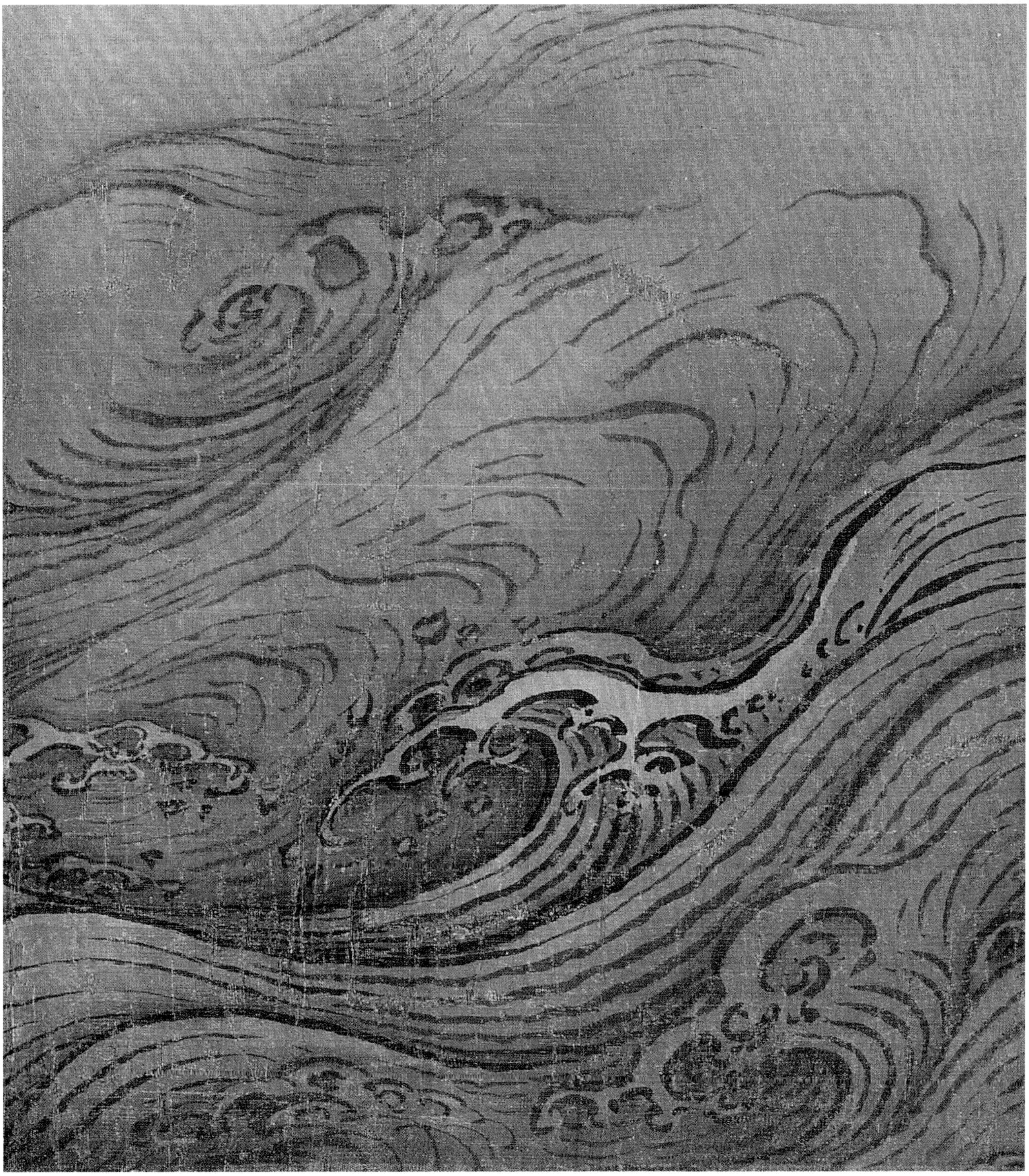

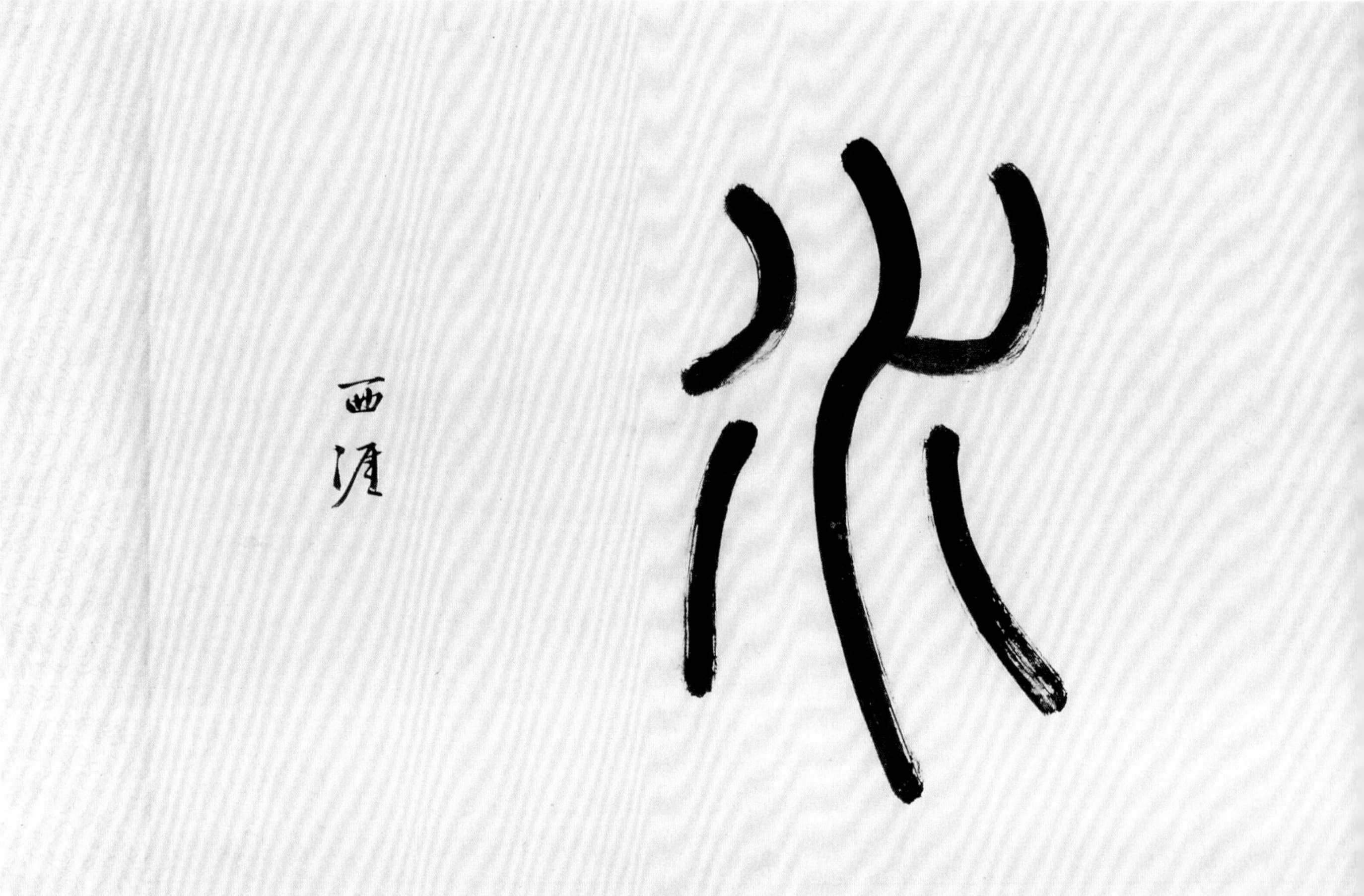
水
西涯

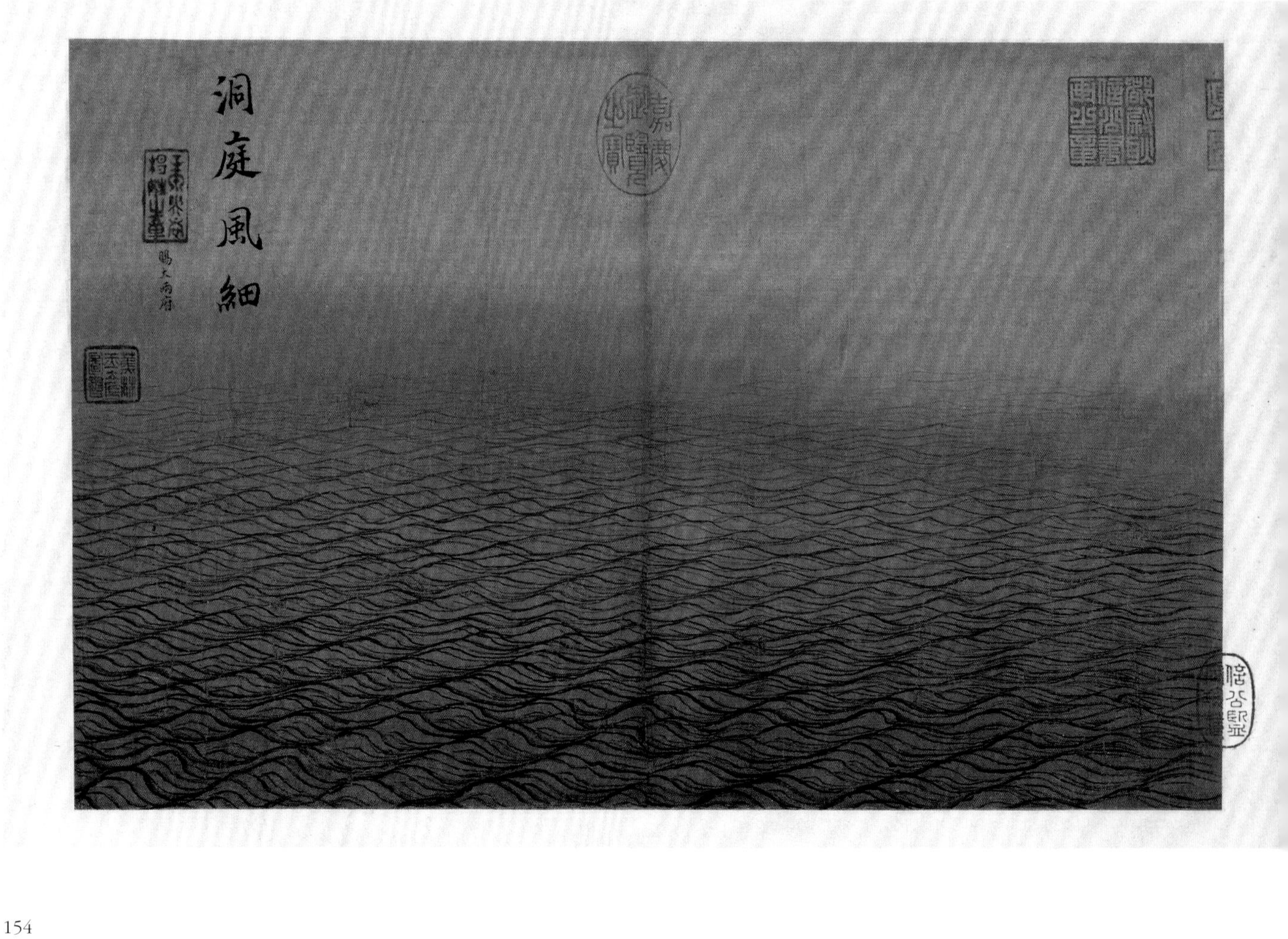
洞庭風細

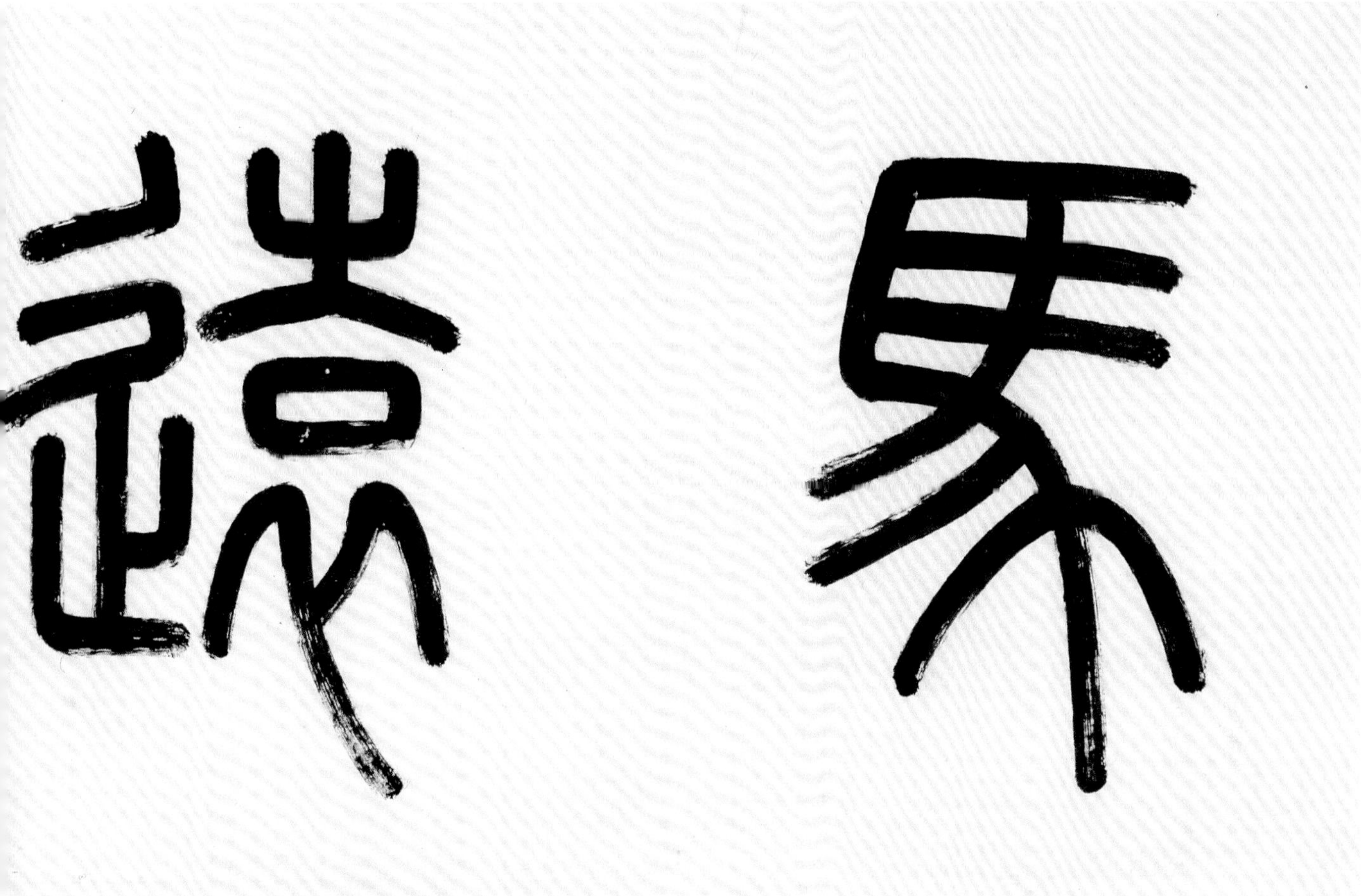

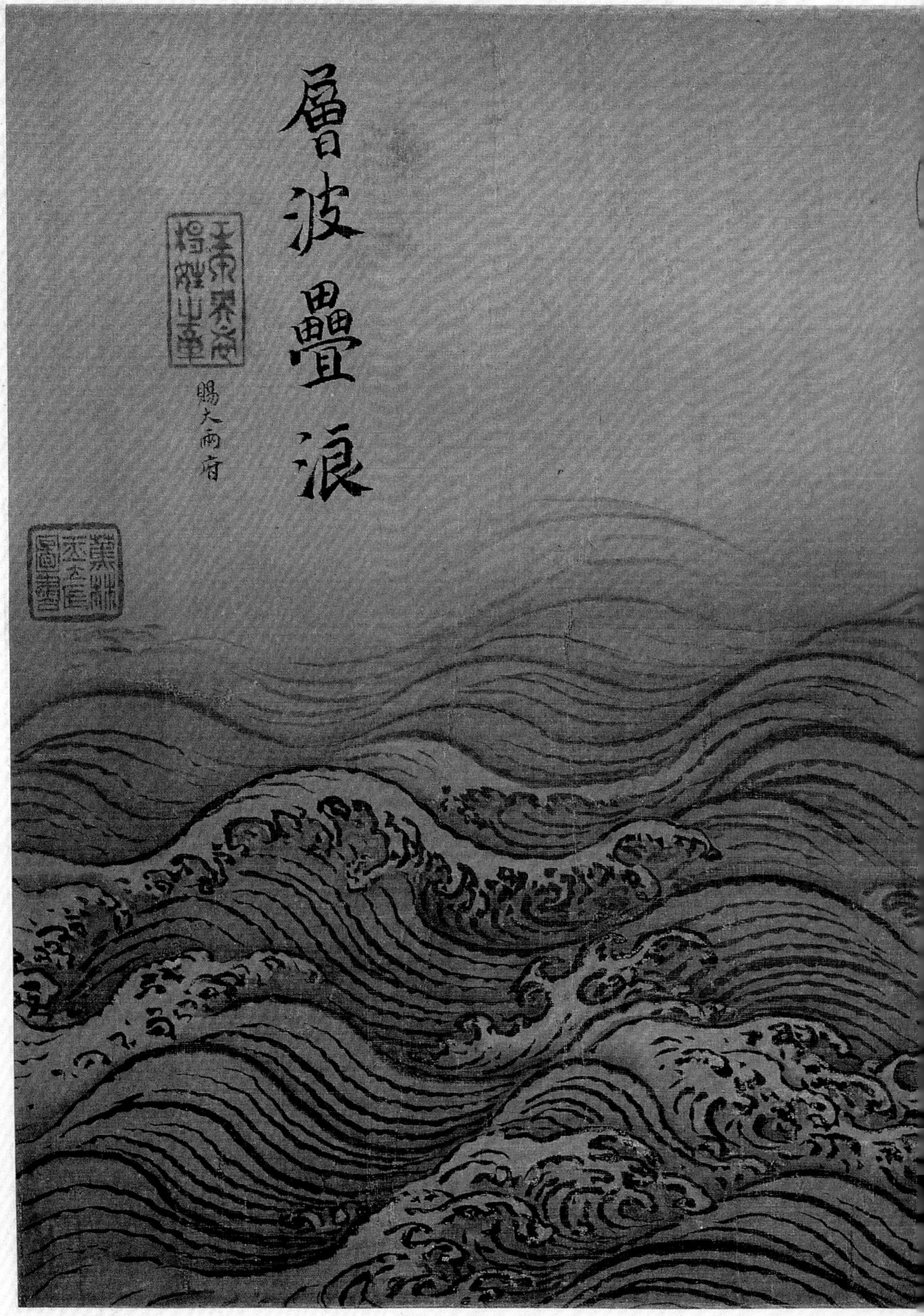
層波疊浪
賜大兩府

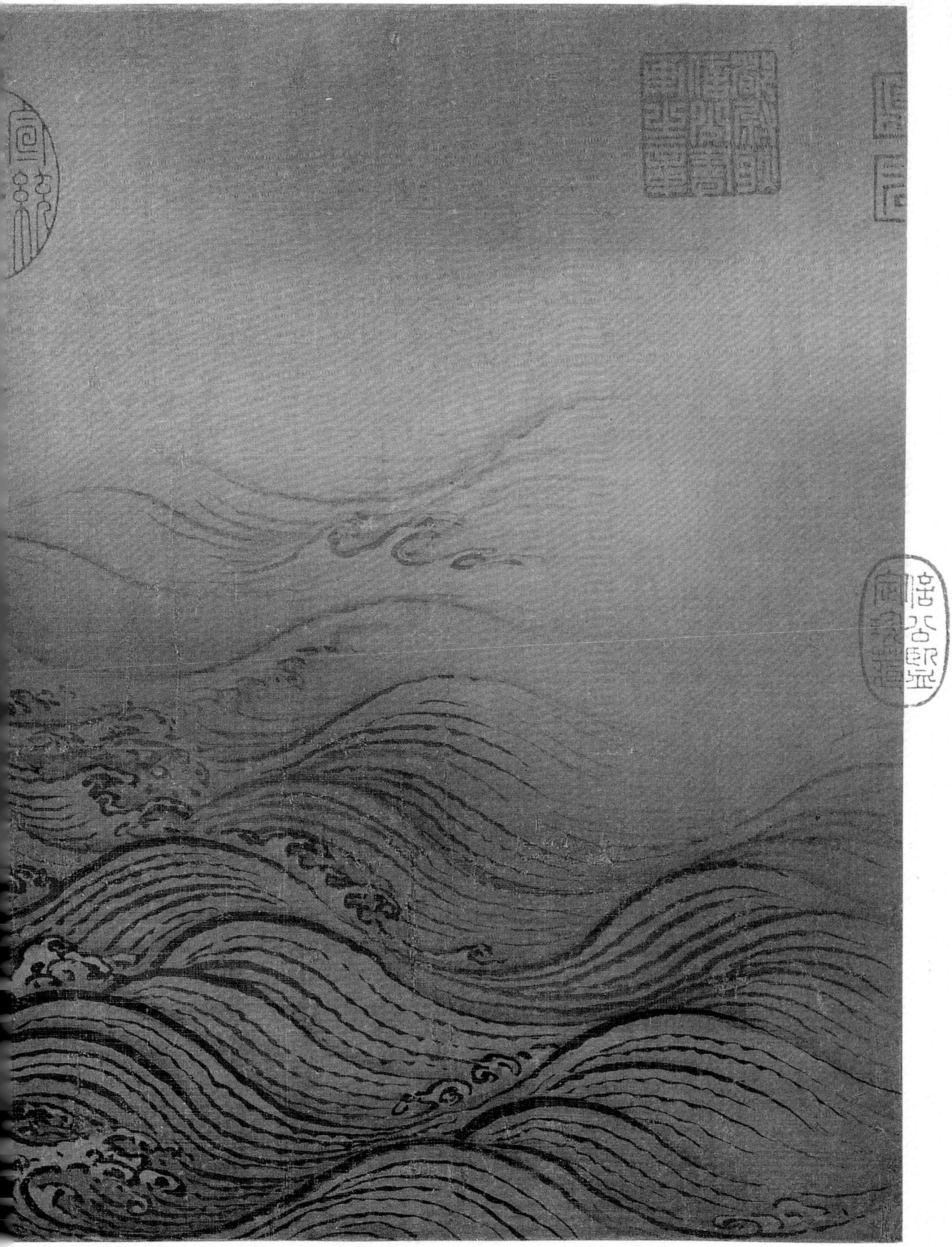

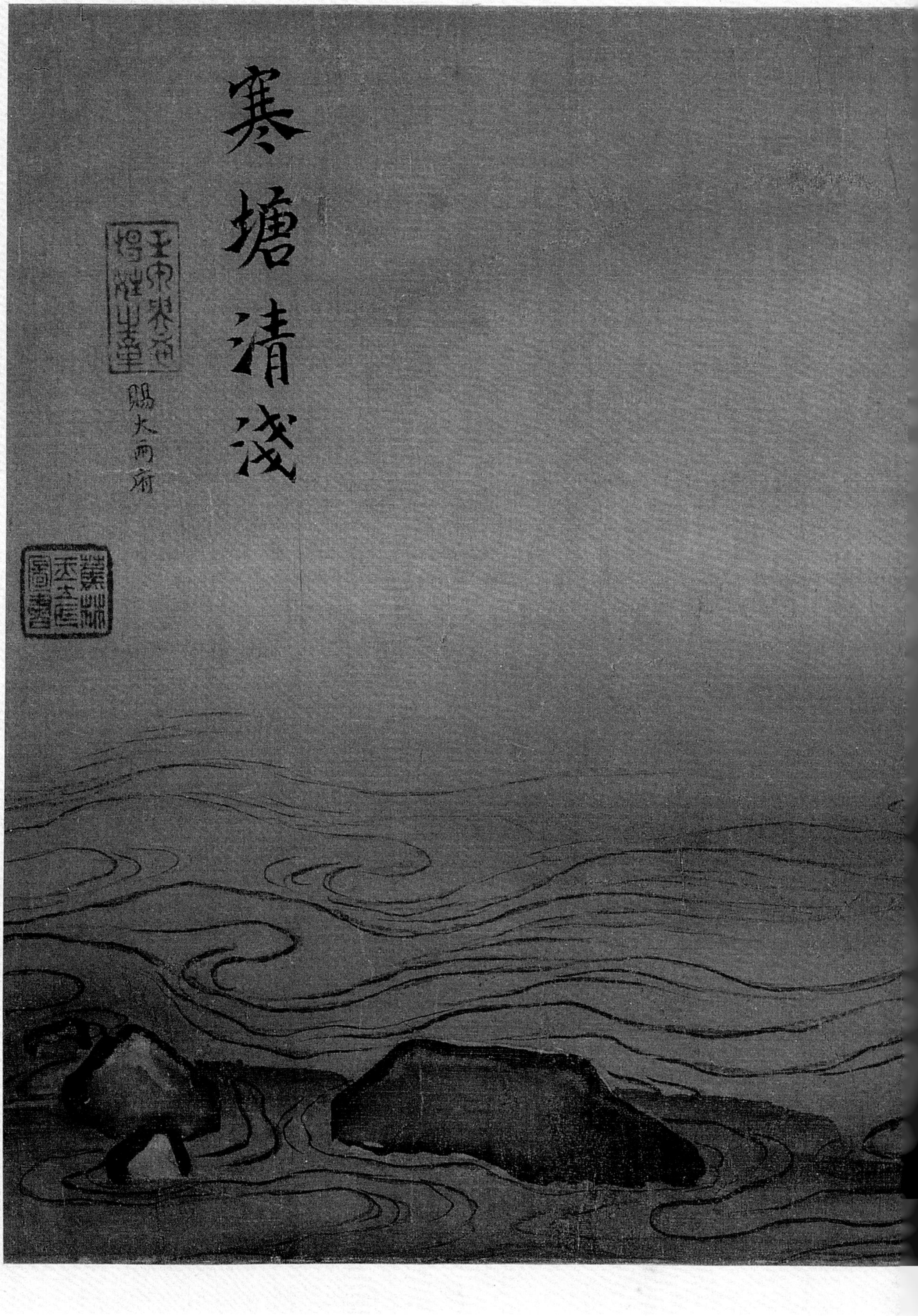
寒塘清淺

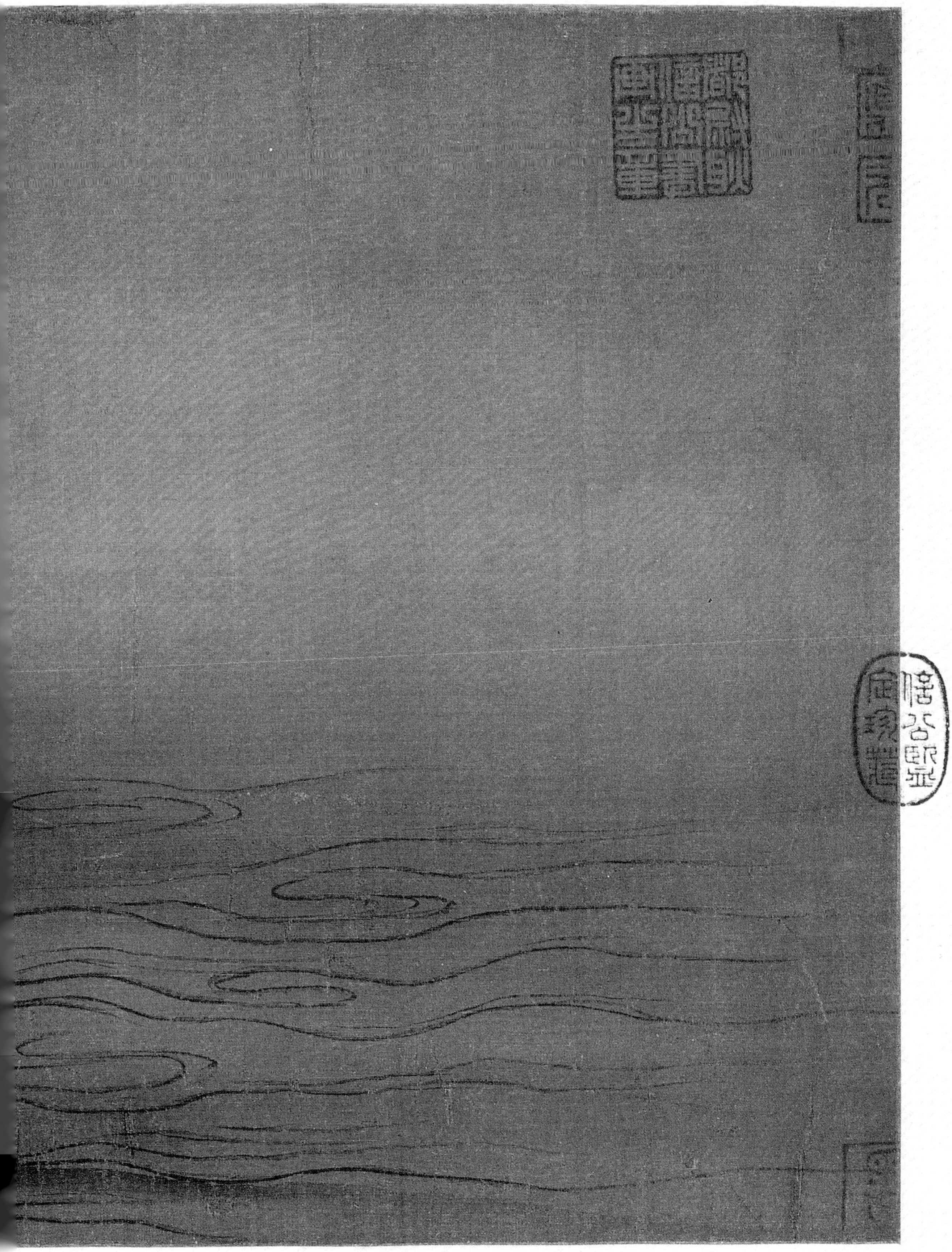

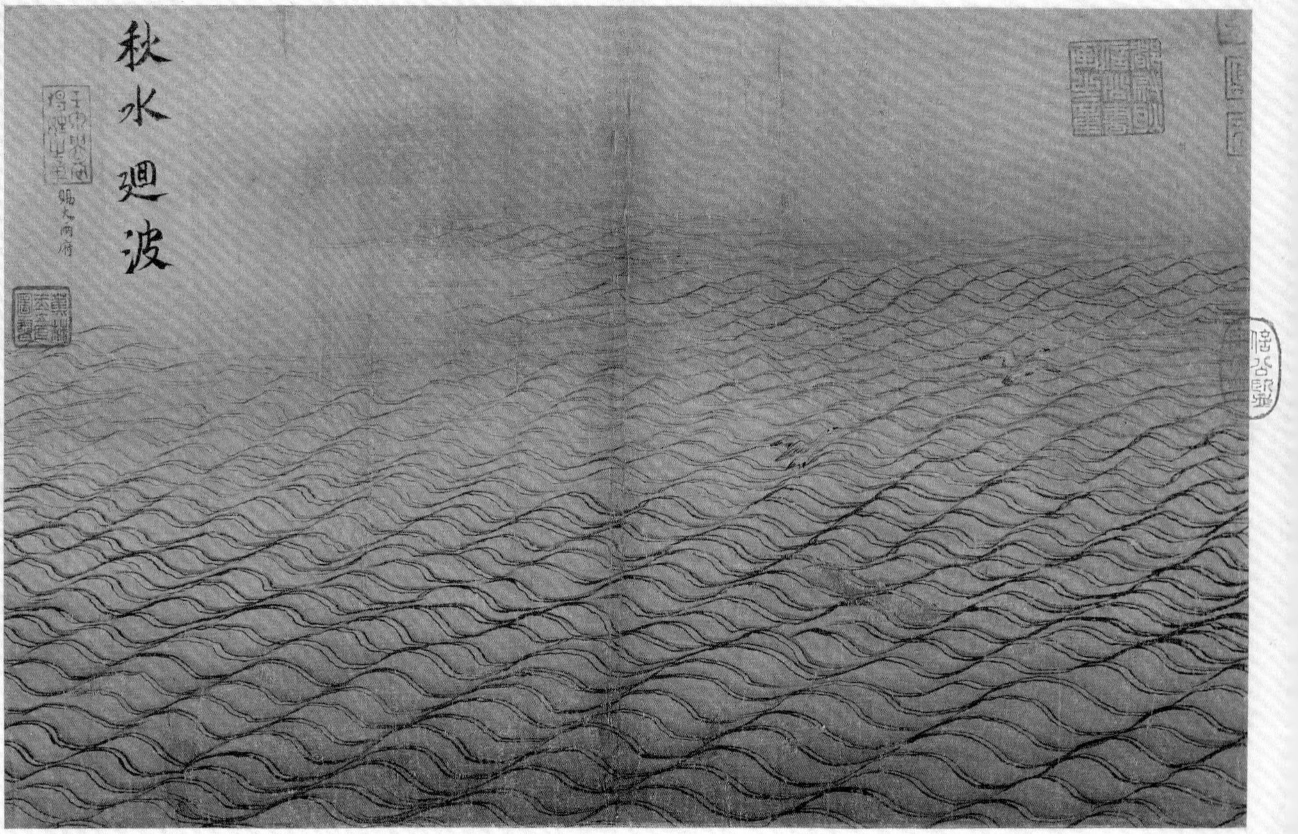
秋水迴波

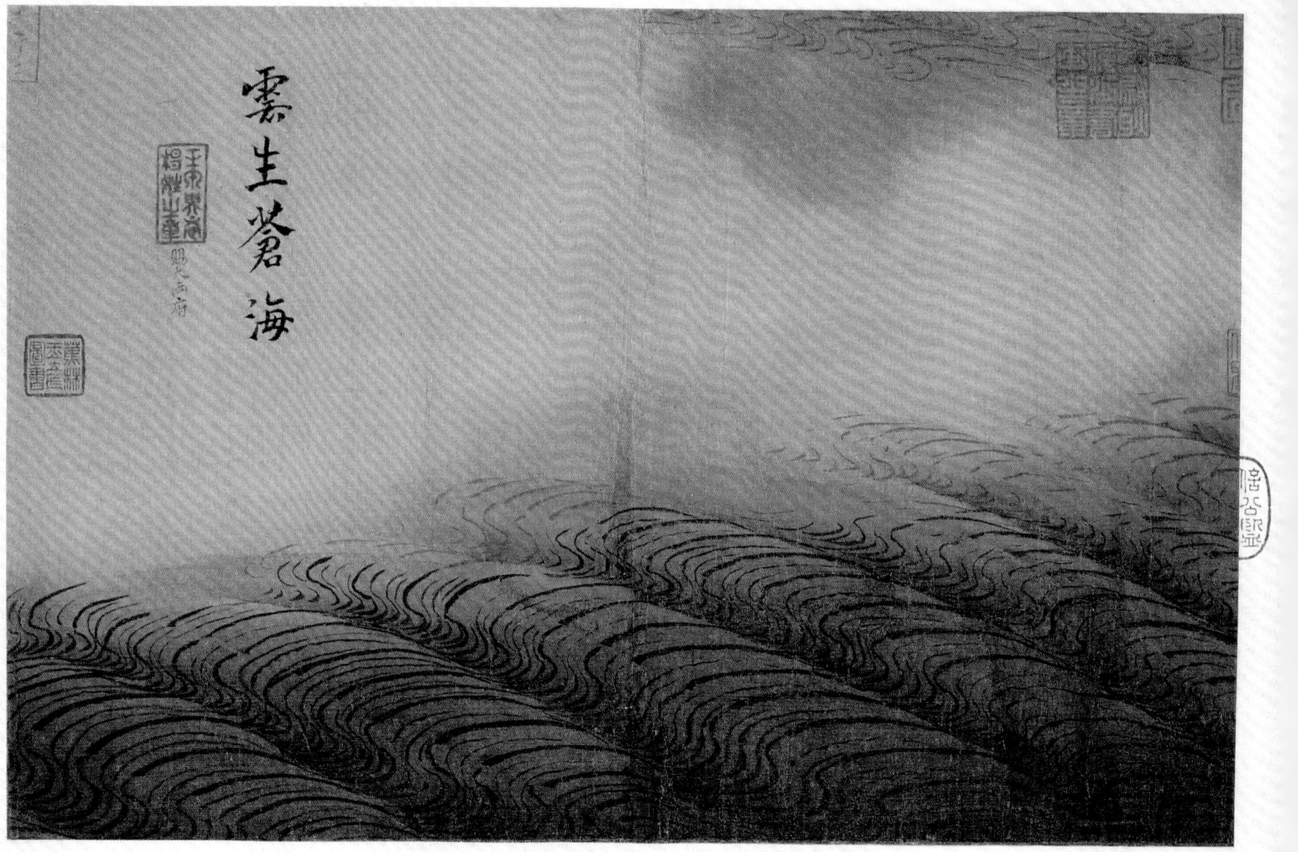
雲生蒼海

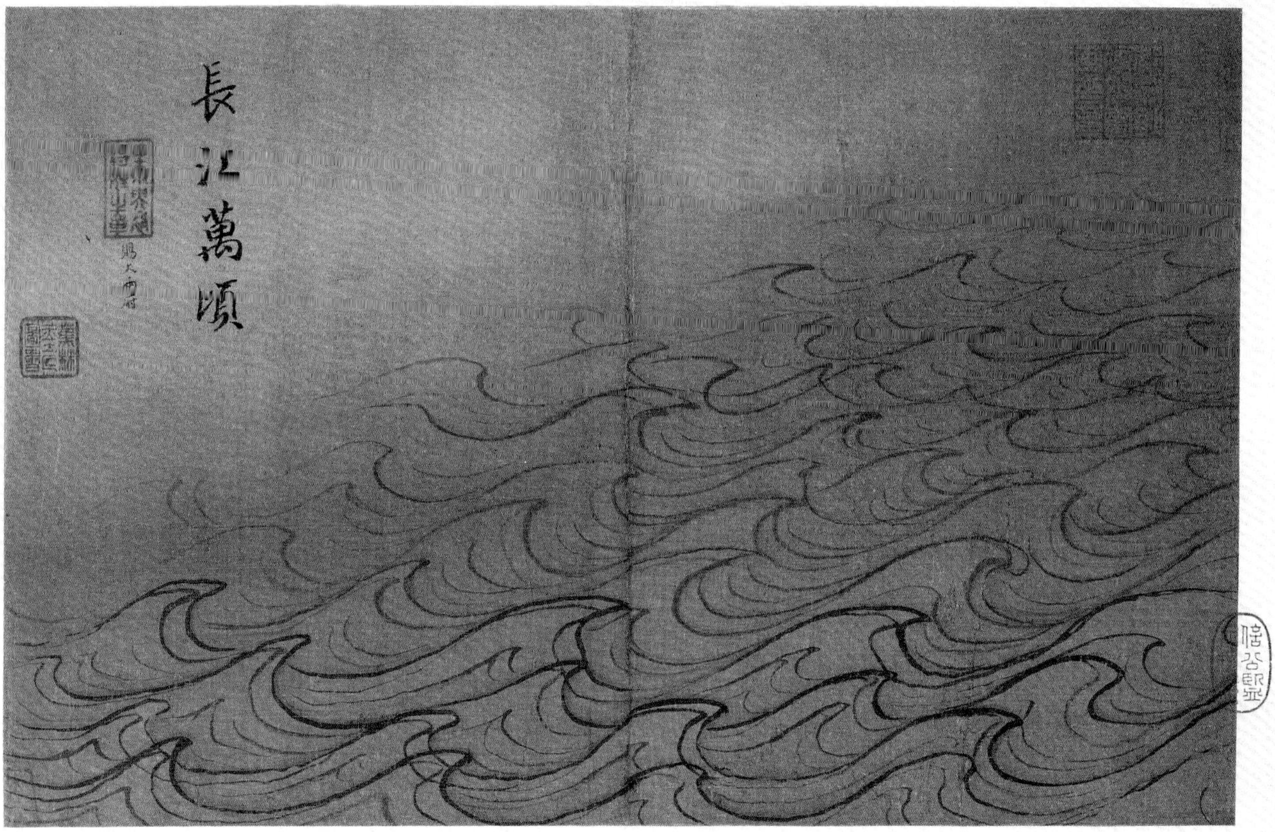
長江萬頃
賜大兩府

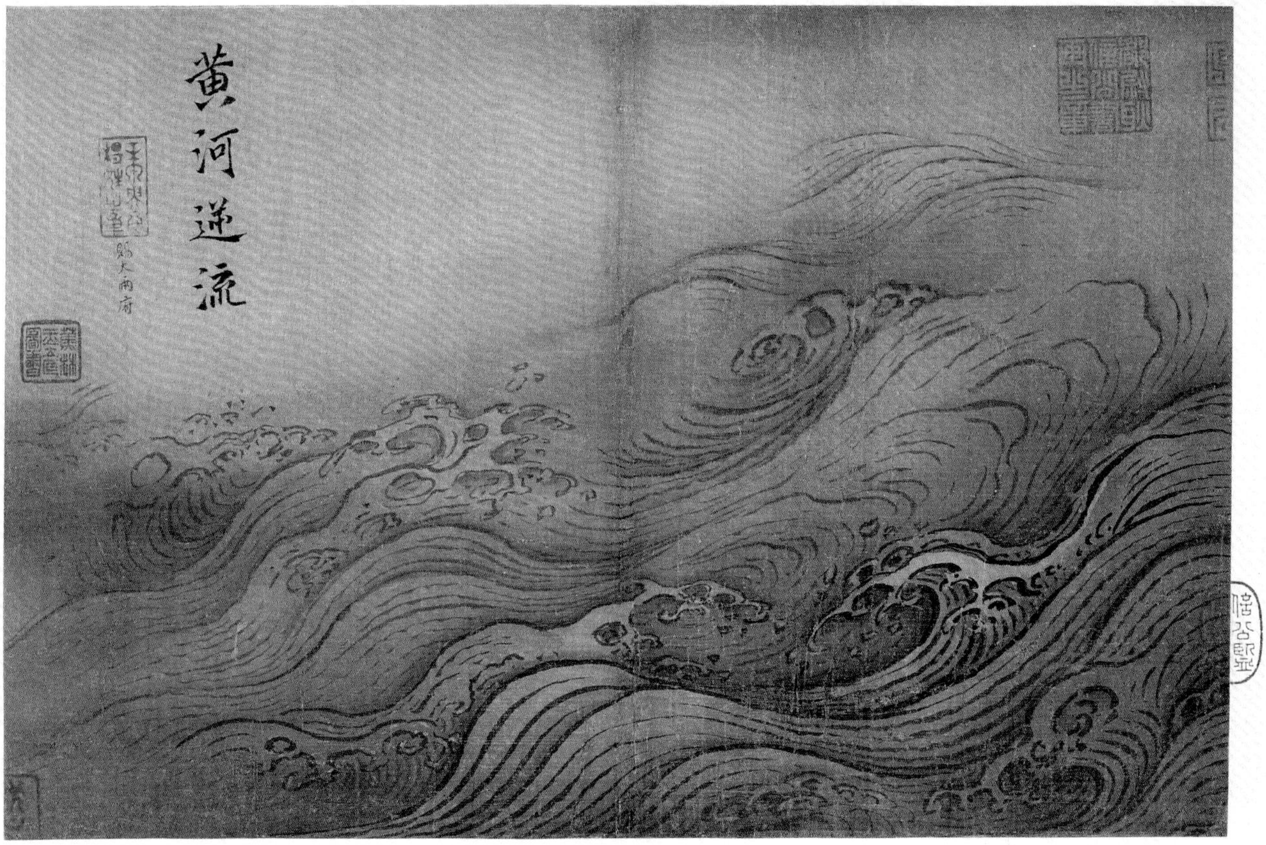
黃河逆流
賜大兩府

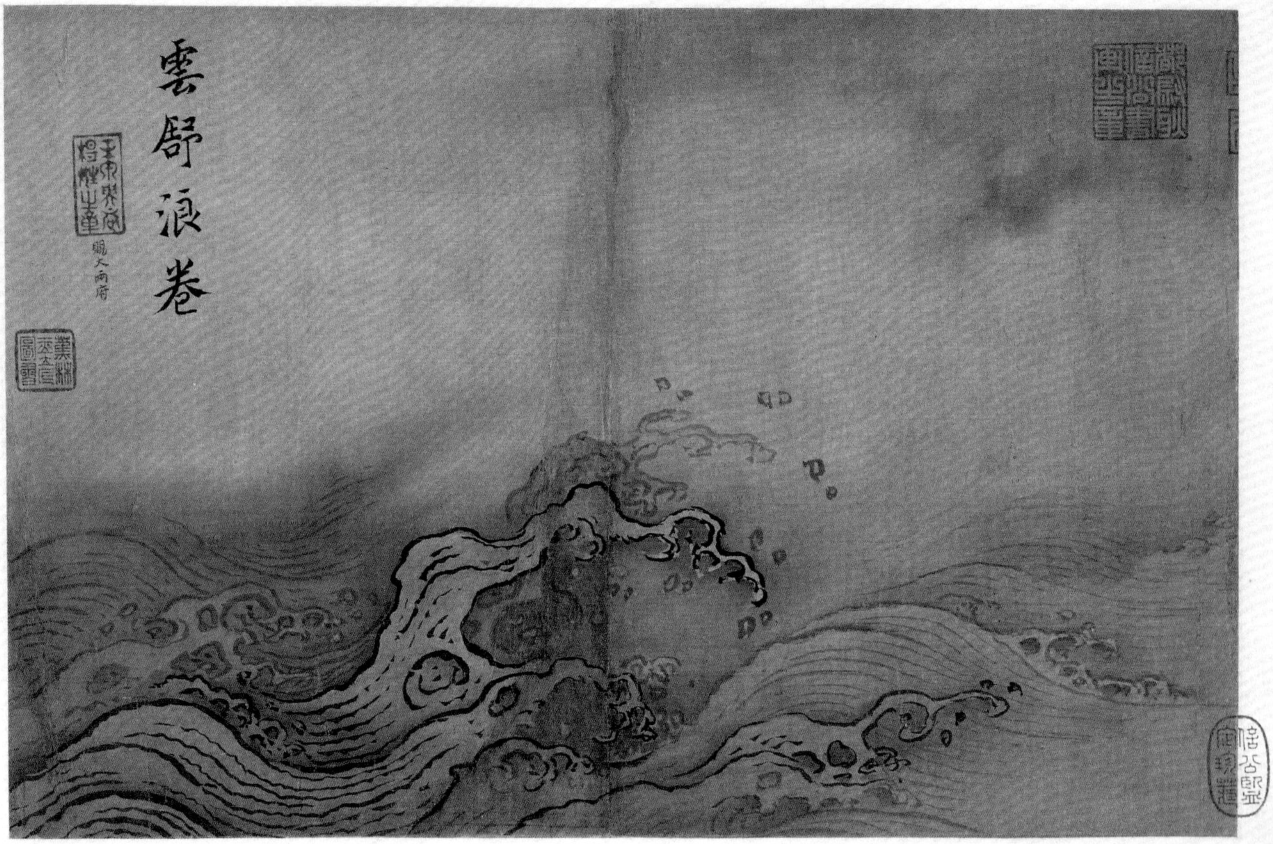
雲舒浪卷
賜大兩府

細浪漂漂
賜大兩府

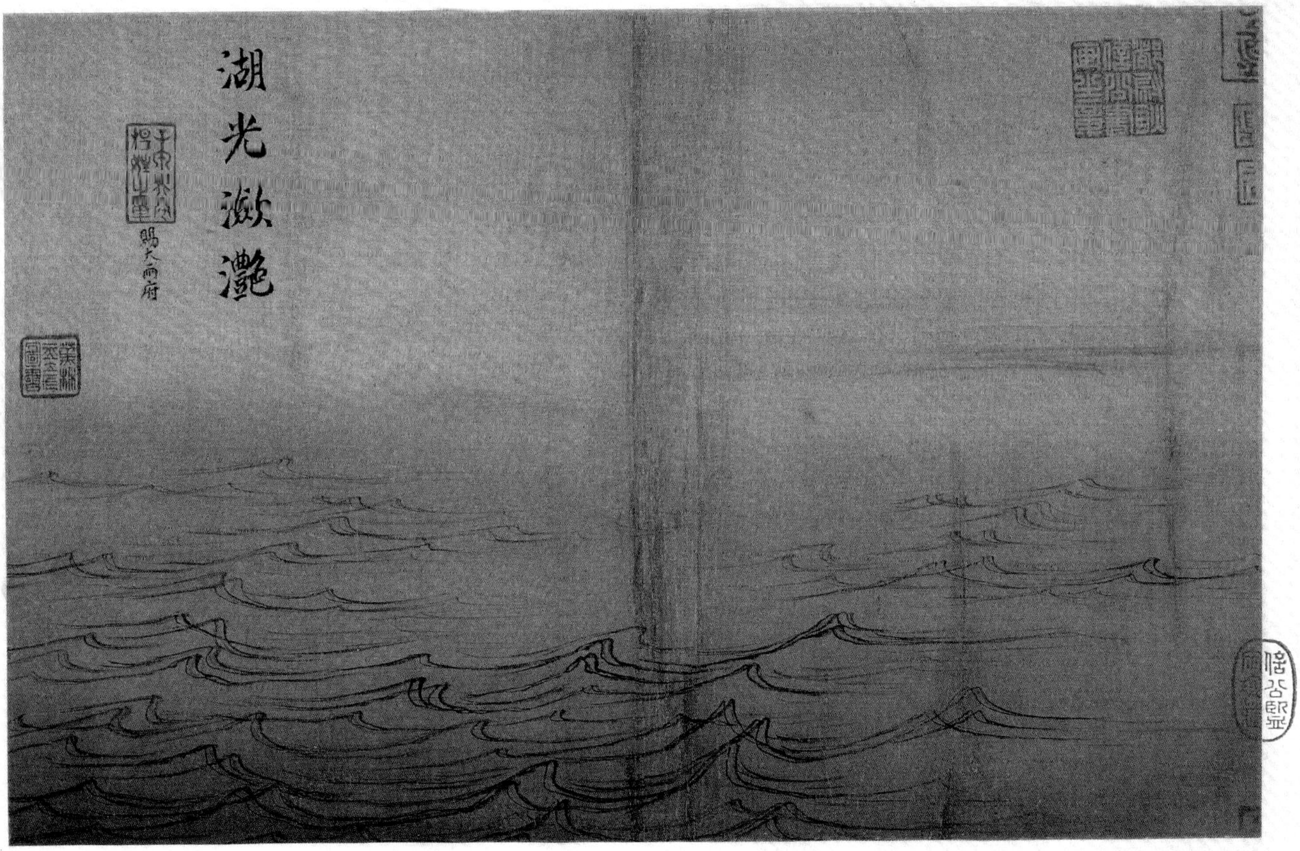
湖光瀲灩

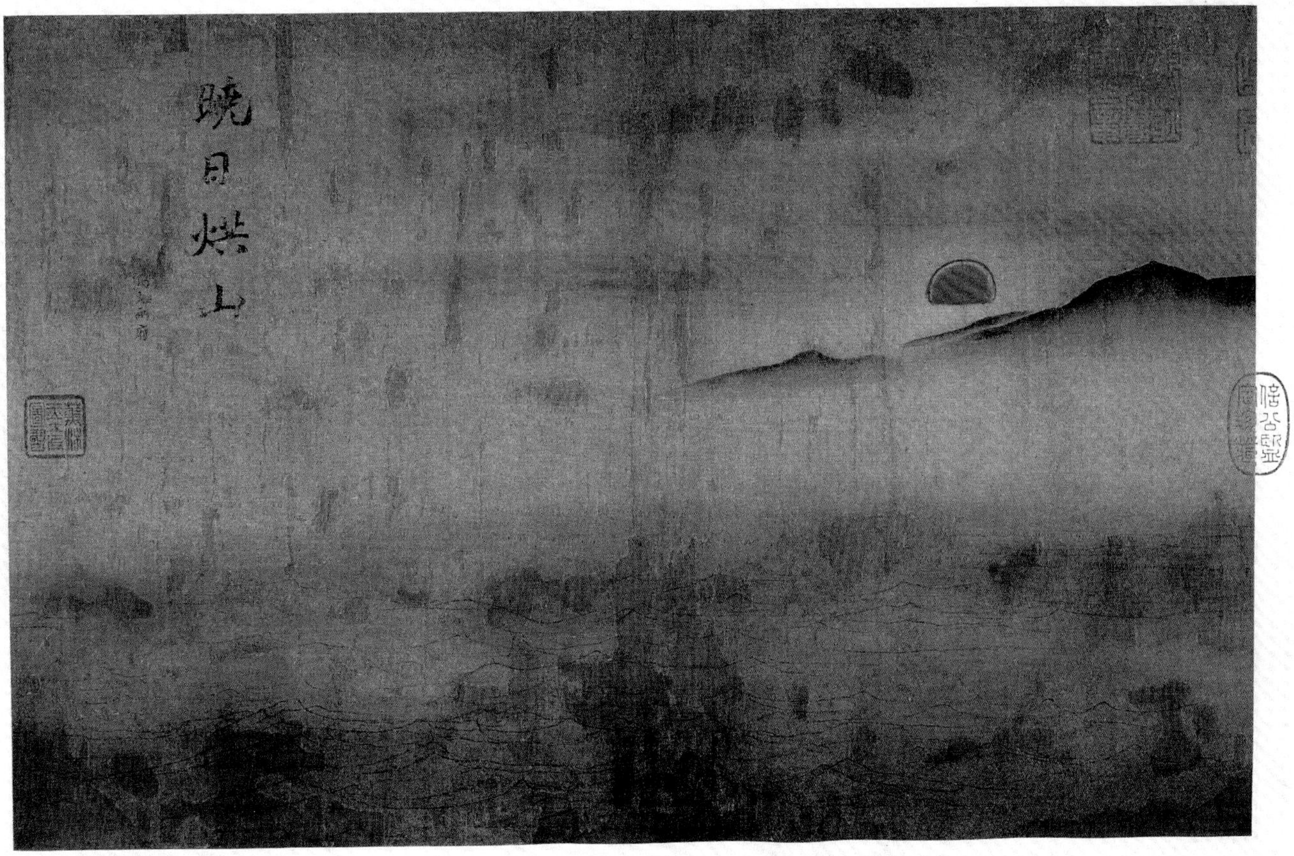
曉日烘山

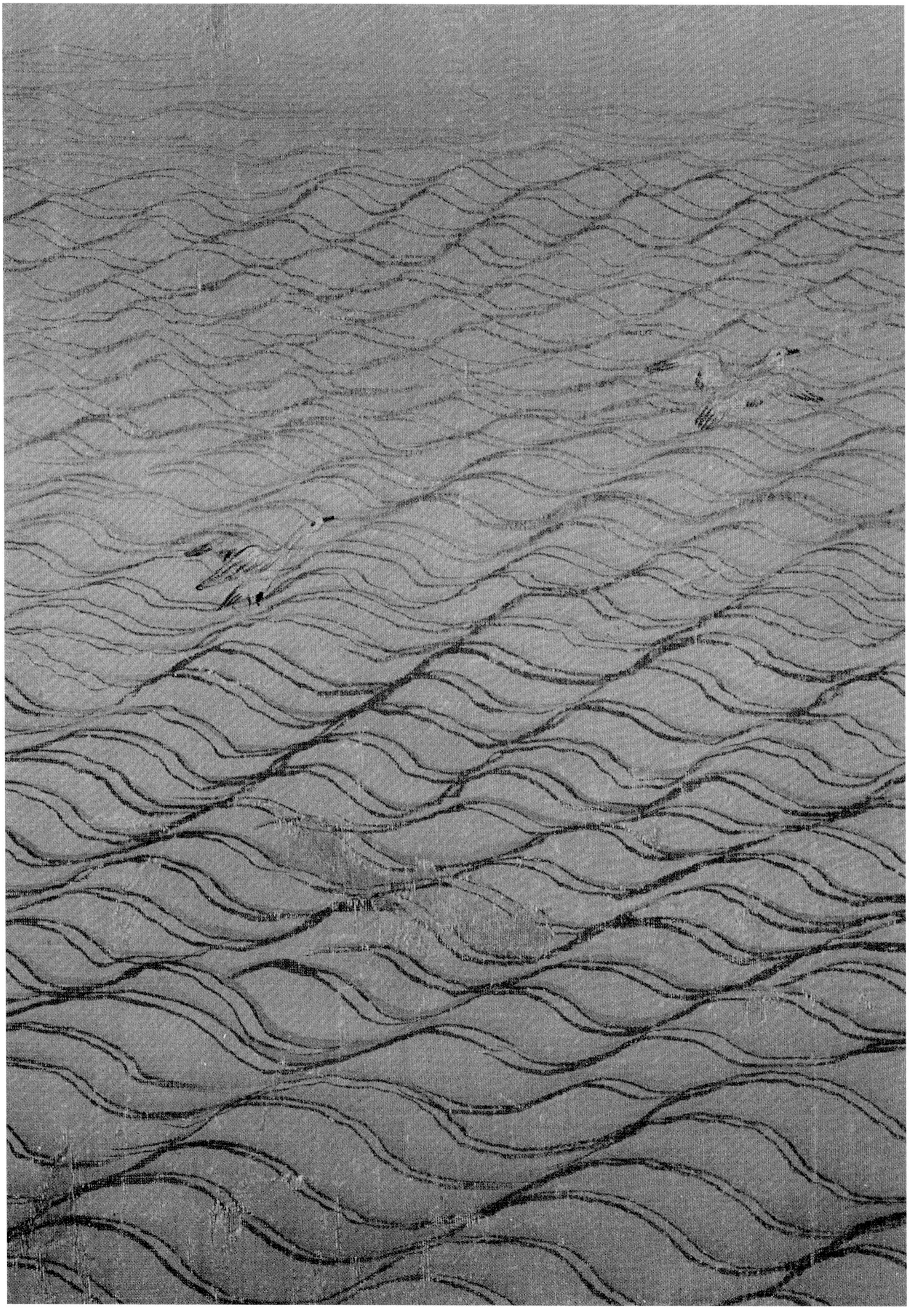

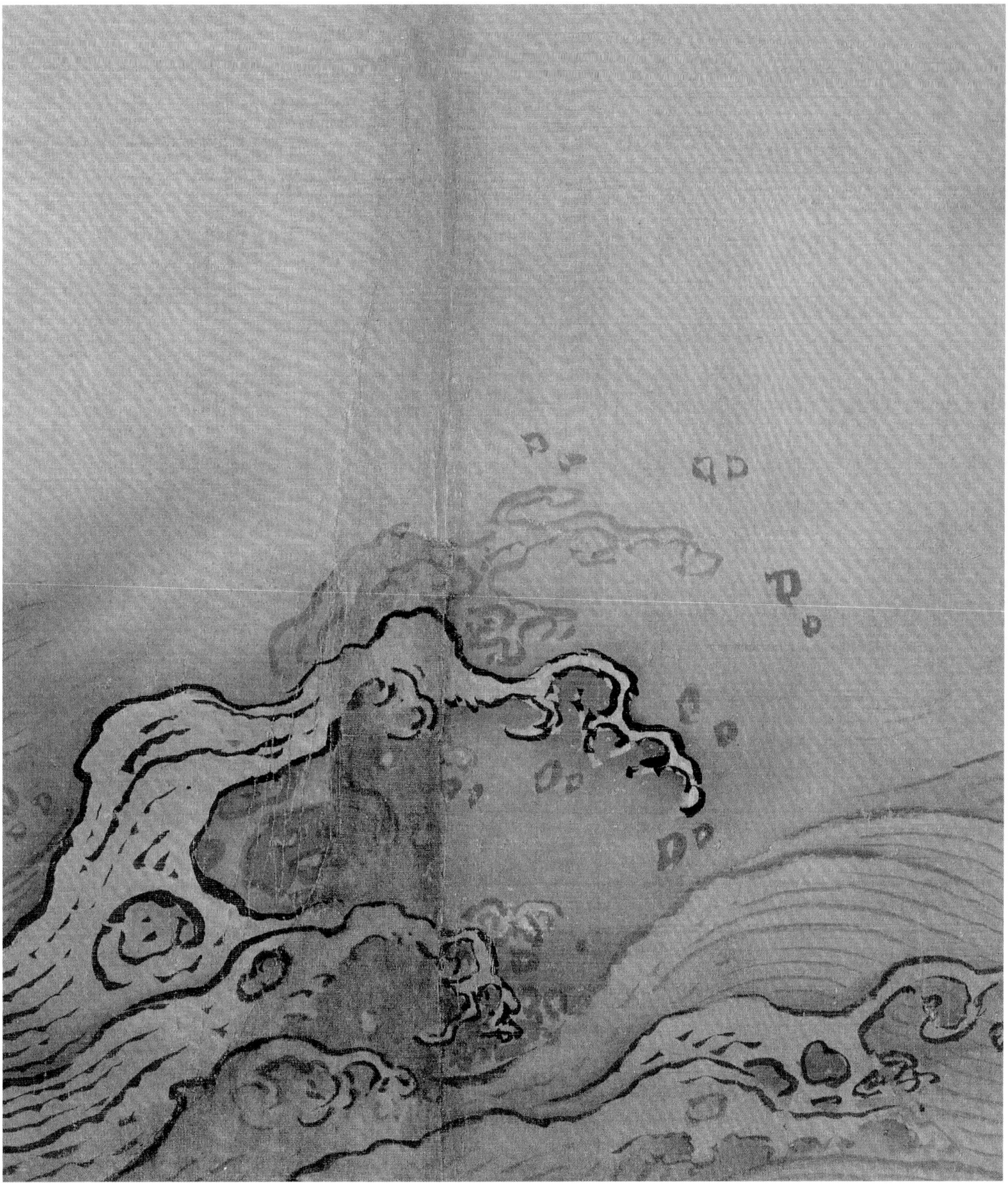

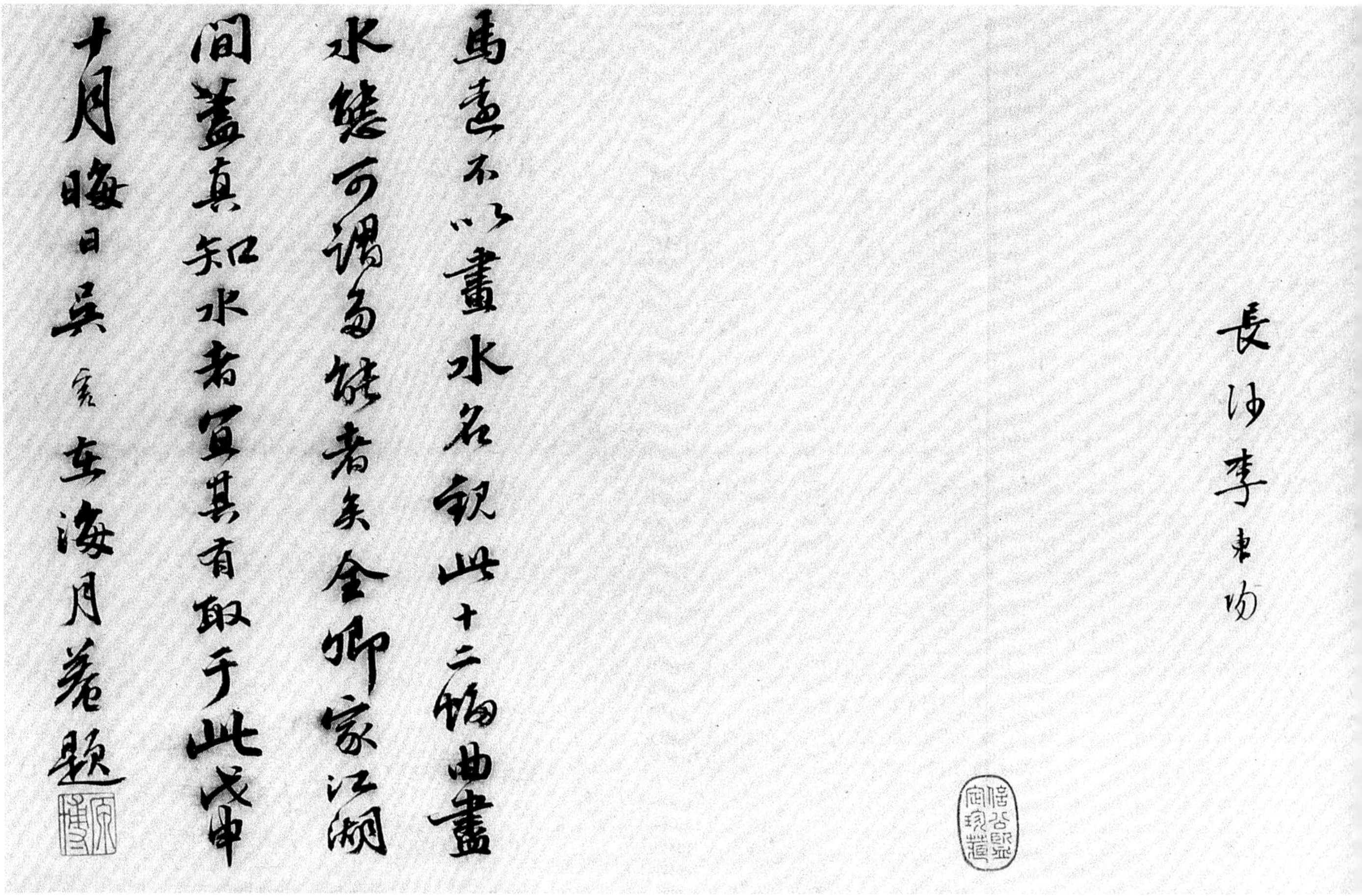

長沙李東陽

馬遠不以畫水名觀此十二幅曲盡
水態可謂多能者矣全卿家江湖
間蓋真知水者宜其有取于此戊申
十月晦日吳寬在海月菴題

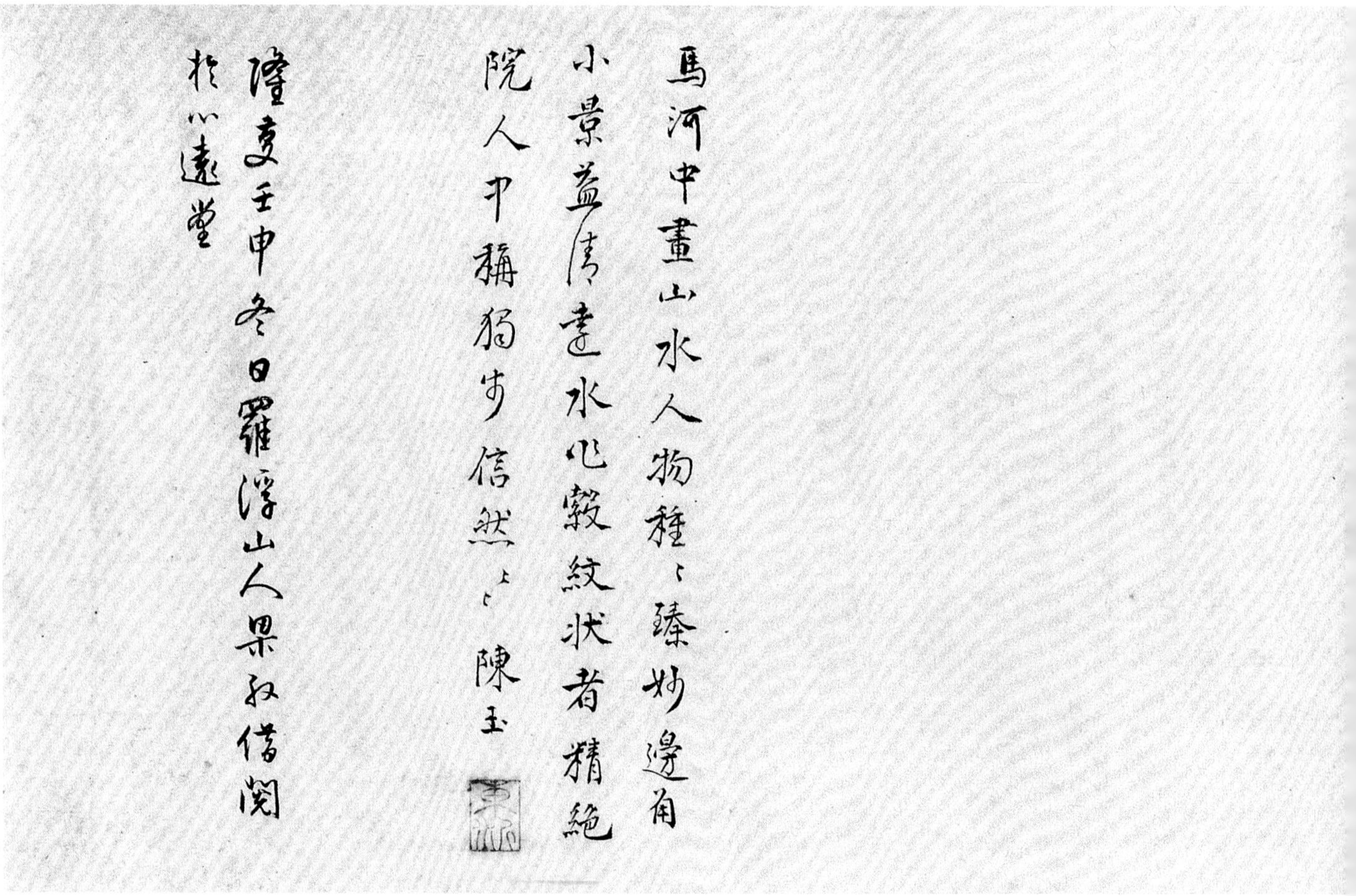

馬河中畫山水人物種種臻妙邊角
小景蓋傳畫水化縠紋狀者精絕
院人中稱獨步信然信然　陳玉

隆慶壬申冬日羅浮山人果叔借閱
於以遠堂

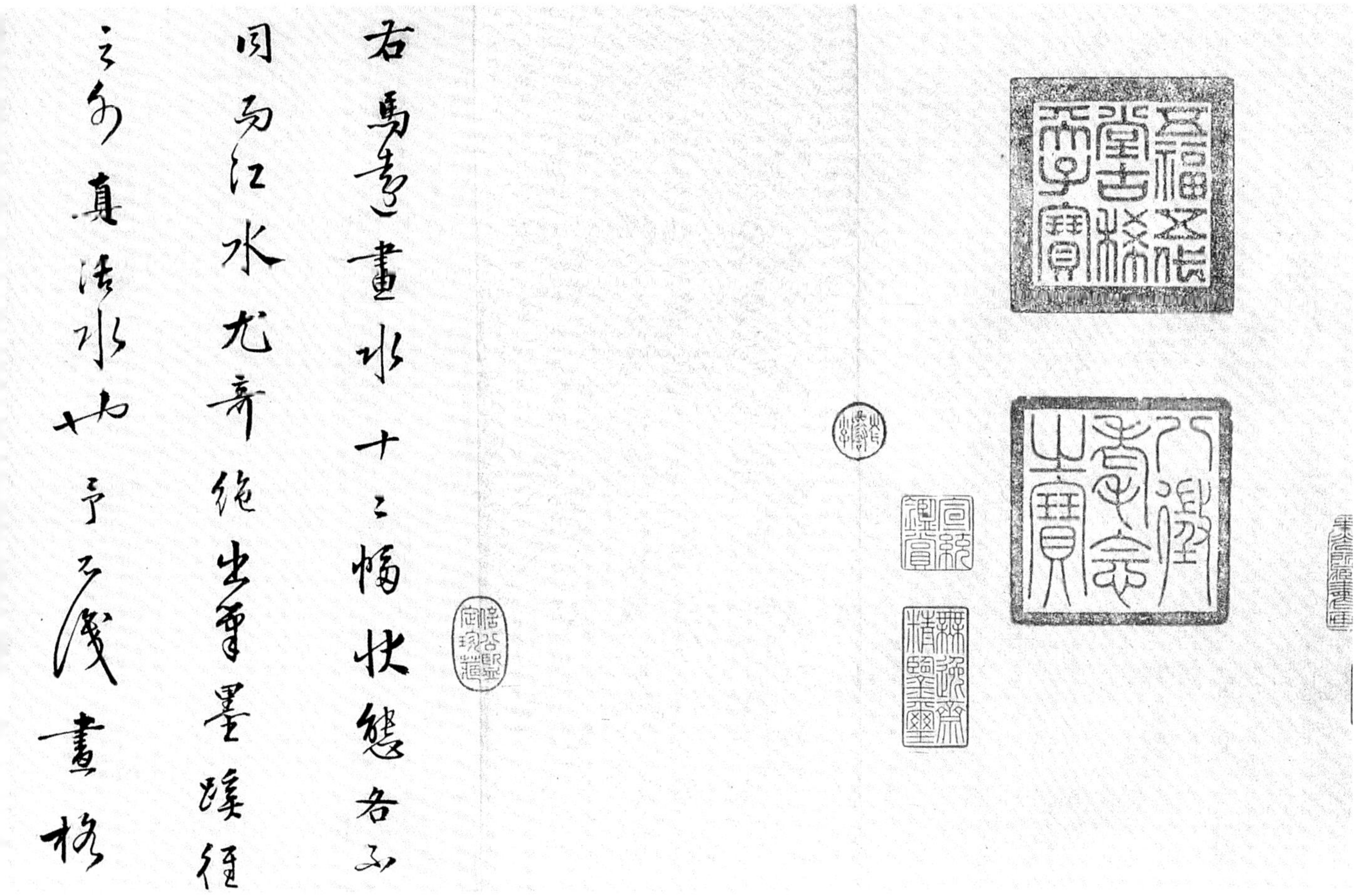
右馬遠畫水十二幅狀態各不
同而江水尤奇絕出筆墨蹊徑
之外真活水也予之茂畫格

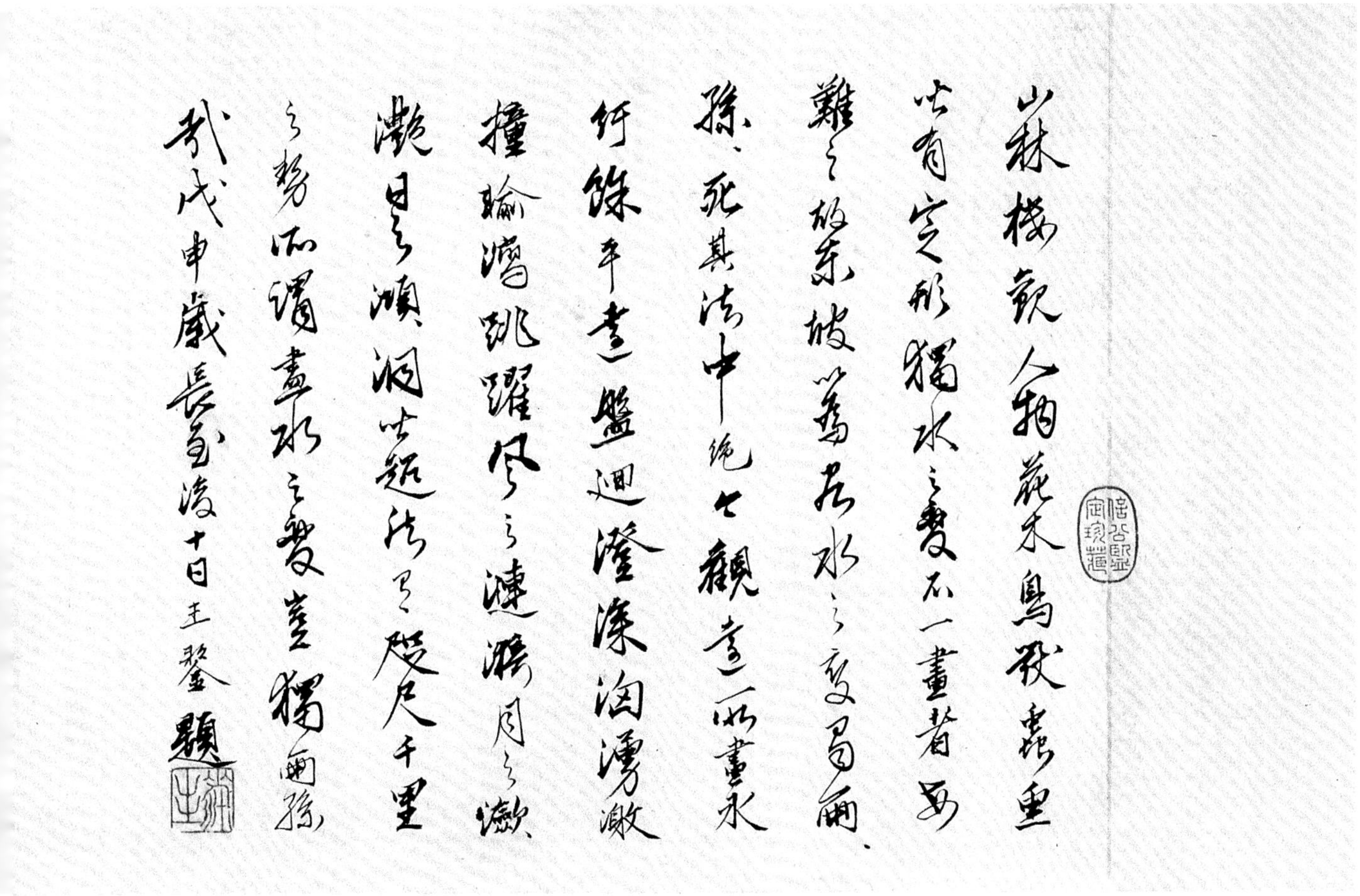
山林樓觀人物花木鳥獸蟲魚
皆有定形獨水之變不一畫者每
難之故東坡嘗論水之變當兩
孫、死其法中絕今觀遠所畫水
紆餘平遠盤迴澄深洶湧激
撞輪瀉跳躍風之漣漪月之激
灩日之澒洞出於筆法之外千里
之勢而獨畫水之變豈獨兩孫
哉戊申歲長至後十日王鏊題

開吐激蕩之所相排若白龍之倒飲以素
車之張幃是曰雲舒浪捲物節爽寒雲深
龍蘇隱起暮景沉沉稍縈行而回迭復汀
濘而侵溪是曰波蹙金風霜宇澈月煙空
發晴韻鮮颺於蘋末獵齏蕙於洞庭綠洄
攸渙翱翔圓淪與秋煙而一色共春穀而
起文是曰洞庭風細長波汨㳂来往捲漣
湛千尋而急瀉聚百折而流圓感濯纓於
楚父怪寓言於莊篇是曰秋水迴波山壇
收天英炯文枝歛聲餘波猶湧瀲艷華而
微瀉順沿源而奠疎是曰細浪影影出昆
崙下龍門夏禹導其流漢將窮其源竹箭
方駛桃花漲春陽侯之波不息武王之鉞
空開是曰黃河逆流夫遠之畫水至此真
可謂曲盡其變矣而所謂遠之旨又寧止
手是而已是故水之性本乎順也故能與物
爲行止體本乎靜也故能與時爲消息恬
惰也故能溥利乎庶類虛涵也故能弘納
乎羣形柔弱也故至人以之體道清淨也
故廉士以之洗心處上善而不讓居下流
而不爭如衡之平如鑑之明推其源則同

海一杯震澤與洞庭滙作東南漚風雲出千
變日月浴雙輈泓渟寫秋星蕭瑟競素
湫木落清淺出石壓瑽琤抽其細沫貫珠
巨着齊九州誰能傳之神毋乃宗馬侯鮮衣
盤礴初已動馮夷愁天一臆間吐派九筆底收
生綃十二幅幅幅窮雕鎪憶昔進御時陟陛谿
神龍胖遂令大同殿濤聲撼牀頭六宮攝其
鬼所以不欲留揚妹即大家女史司校讎朱墳
六玉觔墨宛四銀鉤錦縹賜兩府青箱潤千
秋晴窗乍開閱如練沾衣襟恍作銀漢潗浸
我白玉樓當其欝怒筆楣表騰蛟亂及乎
汨舒徐逶頸延鶩鷗動則闲智樂淵然與
心謀老思鑑湖曲興盡剡溪舟左壁桑氏
經右圖供臥游鄙能學神禹胼胝終荒
丘
隆慶庚午春日吳郡王世貞咏此圖得
二十五韻二百五十字

馬遠畫水十二圖意記
宋馬遠以善畫冠絕當時〻擅長於小景
王元美得遠畫水十二幅意匠縱橫尤能
曲盡水之變態余既欣賞久之而又慮覽
者或不能得遠之旨遂各爲之張引其詞
以其霜陰扶岫戶氣溢河宗始輪囷而出
谷既蕩潏而從龍騰八紘而權隤蒸萬象
於鴻濛倘容之珠乍泣鮫人之室奚從是
回雲生滄海衝風四會乘流拂擊皆僅增
浣奔灑噴躲乍失魚鼈之勢莫定黿鼉之
窟是回層波疊浪怯嶮介而攏括百川鼓
靈湖而控會萬里磐礴九氣經營星紀滈
汗泉瀠流形天地是回長江萬頃玉壺同
澈而遠水無波寶鏡磨鉛而浮光不定沖
融晶了淺滅潛泳熒金柱而凝照漉銀礫而
留映是回湖光斂灩其氣淒〻其流彌〻
潦盡而清明在中泉寒而咫尺見底媚笑
蓉之始華寫泉顏於暮齒是回寒塘清淺
翔鳥始駭浮陽乍炳紫霧霏崖丹霞簫嶺

而不爭如衡之平如照之明推其源則同
出分其地則異名信乎具靈長之德爲天
下之尊是以覽遠之畫者以余言參之而
遠之旨可得矣元美世家海壖而性復通
明知水於余言必有合者
隆慶二年夏五月十八日
掩關居士俞允文撰并書

辛未八月風雨中同部次甫觀十二水于凌波鷁至長江萬里湖光瀲灩尤在心手
筆墨之外余江湖人也即欲操小刀汎此以往不使向生獨私五嶽也　時長世安
世二幼子侍因卷剩補空書此　京口陳永年

馬遠水十二幅楊妹子所題往時陳道復嘗誇余
謂是世間奇物今四十餘年矣始得一見豈勝快哉
萬曆五年仲夏六日　文嘉

馬遠水十二段〻〻各一狀試一展玩可無俟登龍門觀呂梁而風
水之極觀備矣楊妹題辭與筆意俱雅絕無韓蘄妖冶態
其亦女史之良哉　張鳳翼識

馬画畫水之變俞記窮水之態元美世居海上其于水〻
變態當自得之余近寄寓包山風帆沮来亦嘗領略
今觀此卷煩會于衷元美方出爲世用既有得於水
之妄態尤宜観水之體以自致賛言狂妄不知以爲
然否同在坐者謝寶叔顧季狂聖〻尤子求〻
隆慶戊辰六月十八日五峰山人文伯仁

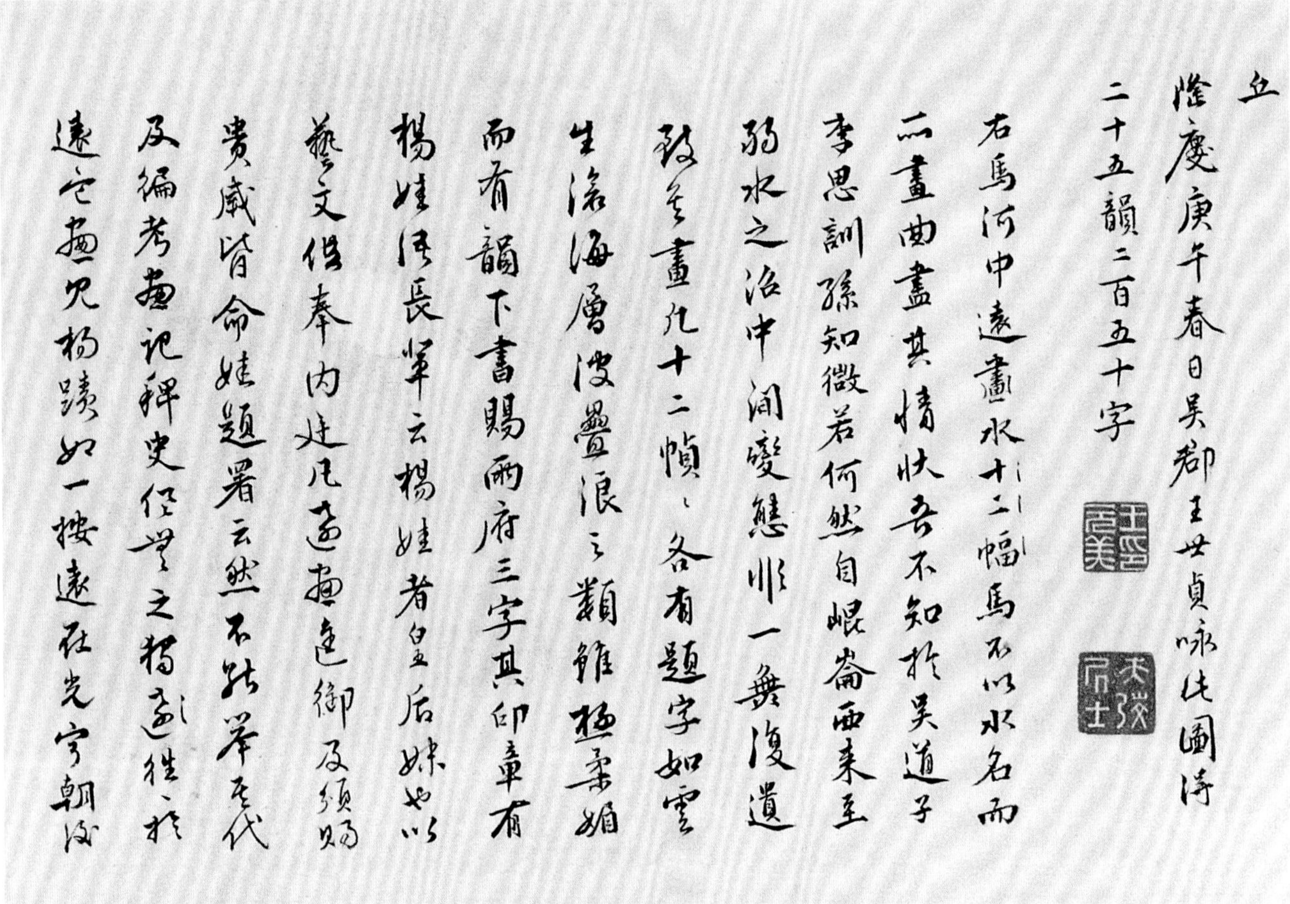

立
隆慶庚午春日吳郡王世貞詠此圖詩
二十五韻二百五十字
右馬河中遠畫水十二幅馬不以水名而
以畫曲盡其情狀吾不知於吳道子
李思訓孫知微若何然自崐崙西來至
弱水之沿中间變態非一無復遺
致矣畫凡十二幀幀各有題字如雲
生滄海層波疊浪之類雖極柔媚
而有韻下書賜兩府三字其印章有
楊娃傳長年云楊娃者皇后妹也以
藝文供奉内廷凡遠畫進御及頒賜
貴戚皆命娃題署云然不能舉其代
及編考畫記稗史經覽之精鑒往往於
遠之畫見楊蹟如一按遠在光寧朝後

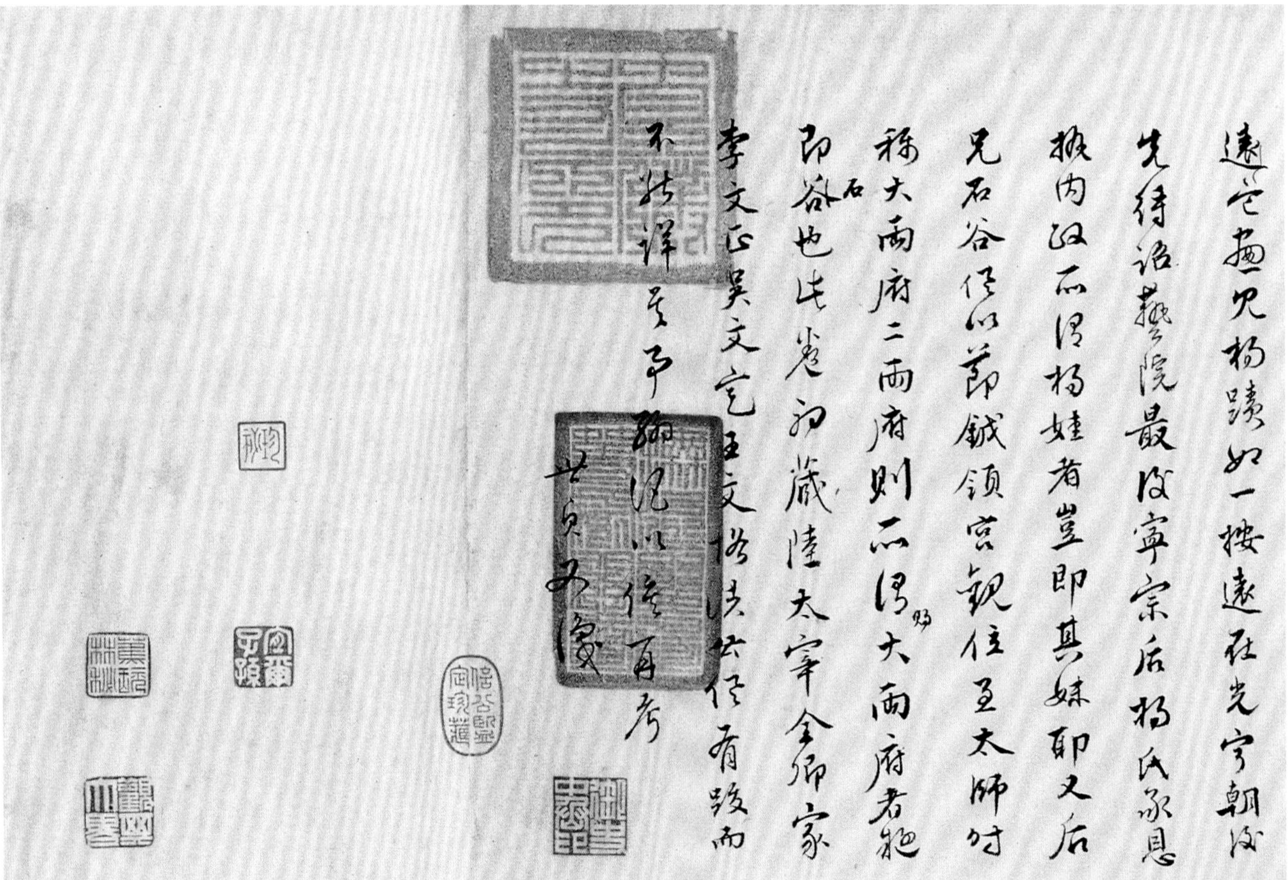

遠之畫見楊蹟如一按遠在光寧朝後
先待詔藝院最後寧宗后楊氏承恩
擅内政而用楊娃者豈即其妹耶又后
兄石谷倚以節鉞領宮觀位至太師附
稱大兩府二兩府則不得明大兩府者紀
即石谷也此卷初藏陸太宰全卿家
李文正吳文定王文恪諸公俱有跋而
不能詳考事跡況以後再考
世貞又識

20

夏圭　遙岑煙靄圖頁
南宋
絹本　水墨
縱23.5厘米　橫24.2厘米

Misty Mountains in Distance
By Xia Gui, Song Dynasty
Leaf, ink on silk
H.23.5cm　L.24.2cm

夏圭（生卒年不詳），字禹玉，錢塘（今浙江杭州）人。宋寧宗朝（1195—1224）畫院待詔。初學人物，後工山水，師承北宋畫家李唐，構圖喜作邊角局部之景，素有“夏半邊”之稱，與馬遠齊名，時稱“馬夏”。

此圖取景開闊，近景只佔畫面下方很小的一部分，遠處層層山岡被茫茫霧靄環繞，若隱若現，將人的視綫引向更深遠的地方。此頁墨色濕潤，加之大量水分，使筆畫充分融入水墨之中，把江南山川的靈秀滋潤表現得淋漓盡致。

本幅鈐鑑藏印“卞會之鑑定”（朱文）、“龐萊臣珍藏宋元真迹”（朱文）。裱邊題籤“夏圭　遙岑煙靄”。

曾經《虛齋名畫錄》著錄。

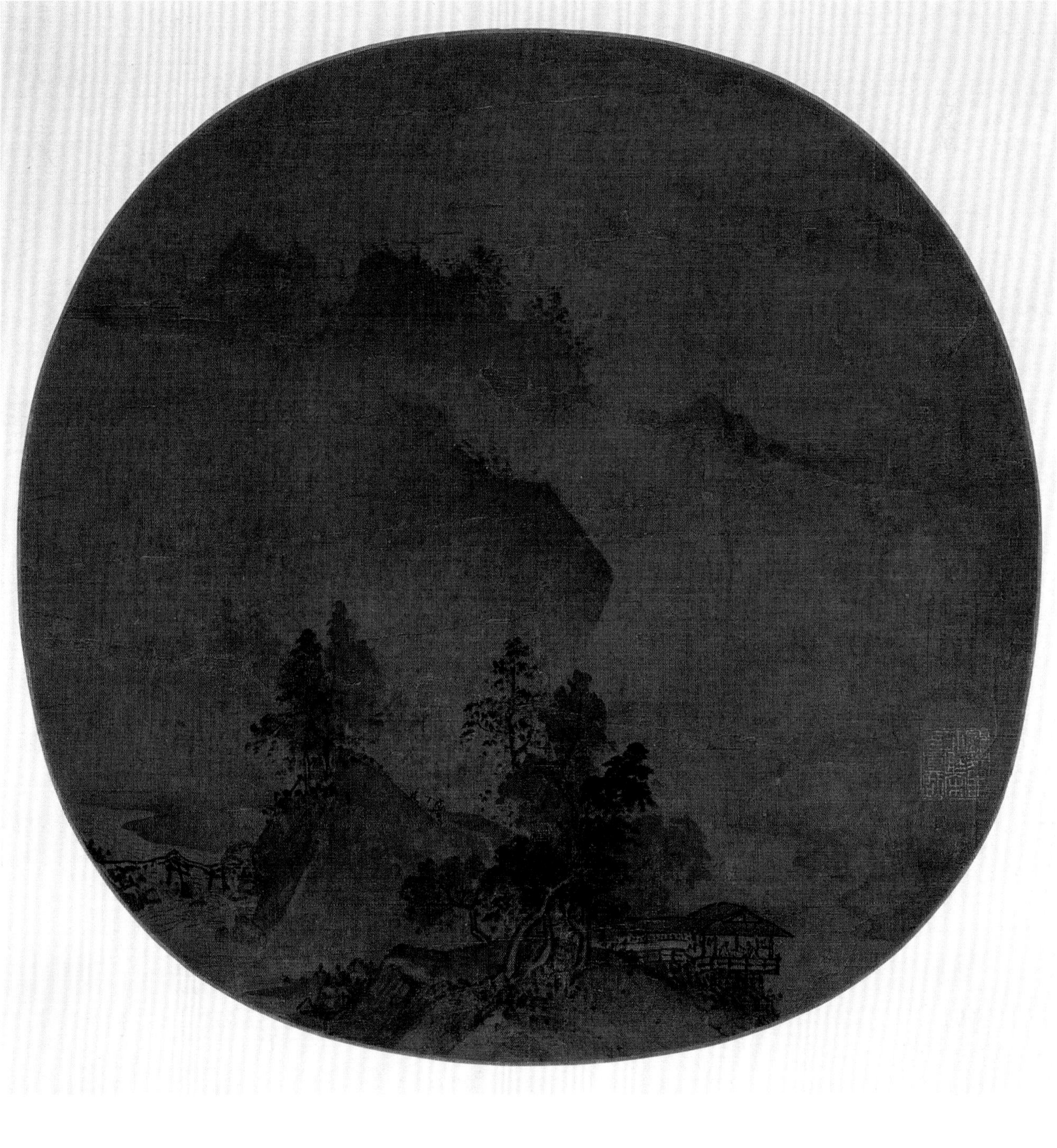

21

夏圭　梧竹溪堂圖頁

南宋
絹本　設色
縱23厘米　橫26厘米

Wutong Trees, Bamboos and a Cottage near a Stream

By Xia Gui, Song Dynasty
Leaf, colour on silk
H.23cm　L.26cm

圖中近處物象豐富，遠景一片空闊。畫梧桐用濃墨作雙勾，筆力蒼勁，竹桿也用重墨，而竹葉分濃淡兩層，以示前後關係。以簡筆勾勒一人靜坐於茅屋中，意境清幽，表現了文人雅士恬淡悠閒的消夏生活。

本幅鈐藏印"李□謙儓氏"（白文）。裱邊題籤"宋　夏圭"。對幅為"越東桂宜"題詩，鈐印"聽雨軒"（朱文）。

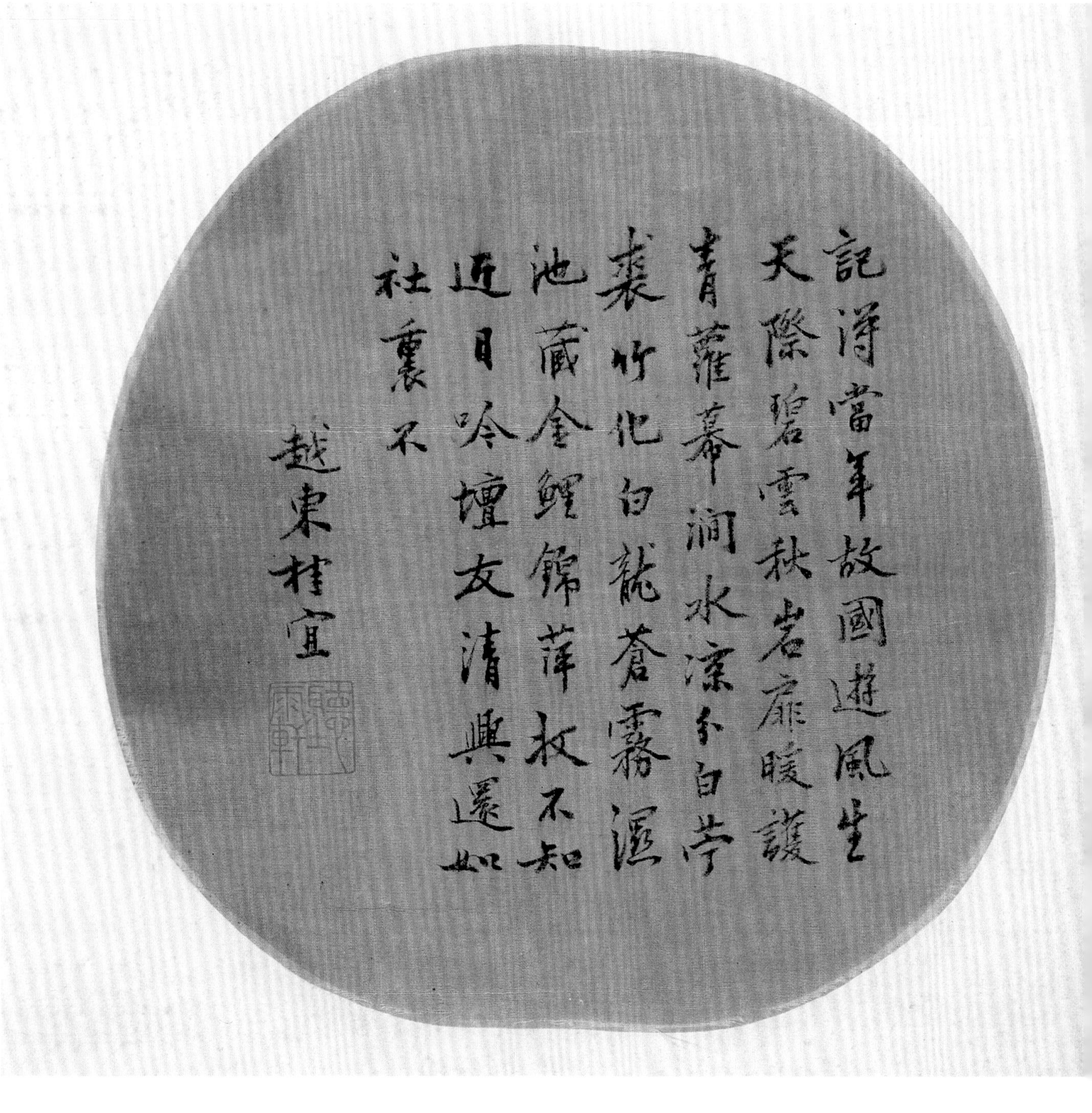

曾經《清河書畫舫》、《石渠寶笈三編》、《岳雪樓書畫記》、《虛齋名畫錄》著錄。

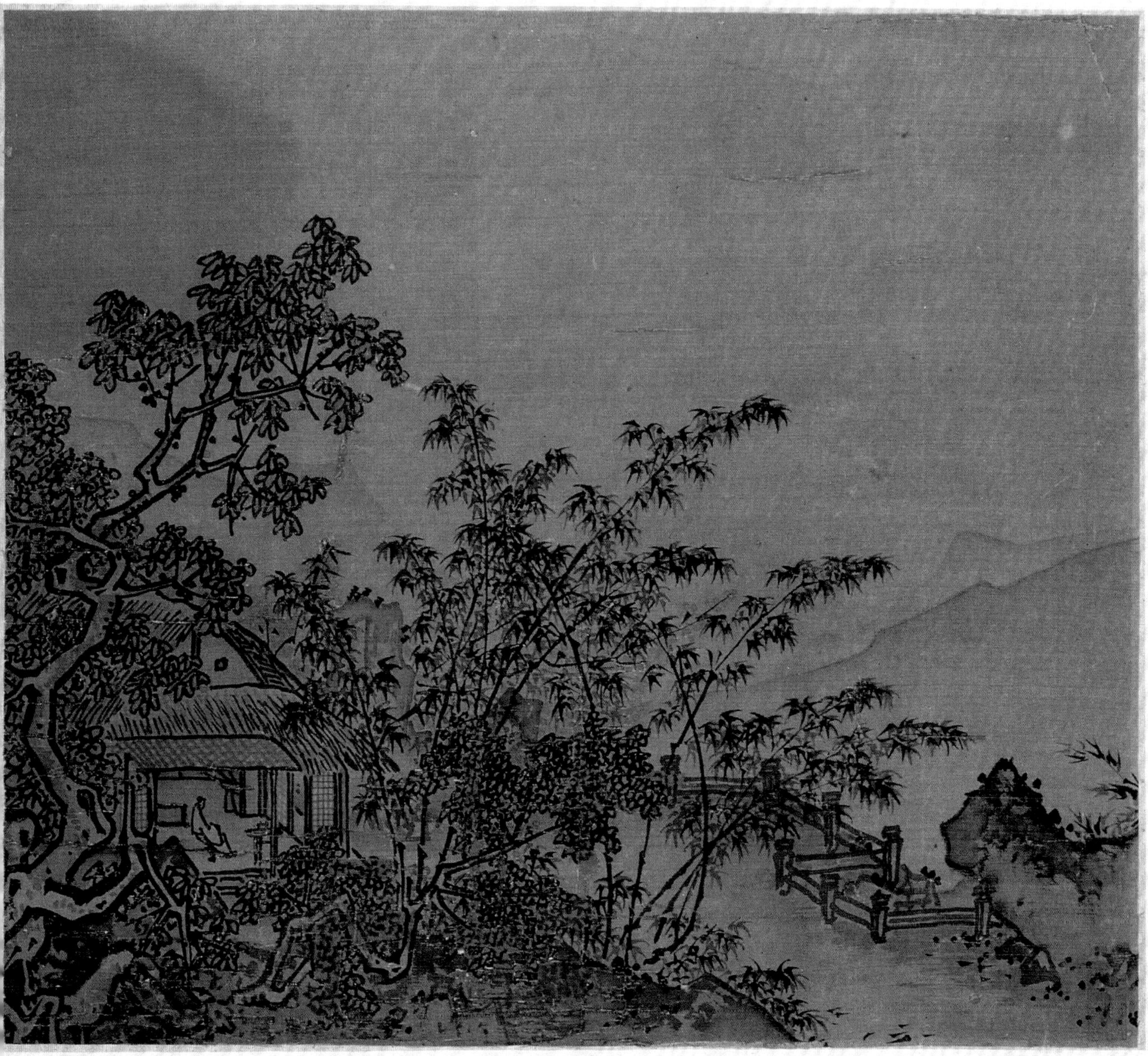

22

夏圭　煙岫林居圖頁
南宋
絹本　設色
縱25厘米　橫26.1厘米

Misty Hills and Dwelling in Woods
By Xia Gui, Song Dynasty
Leaf, colour on silk
H.25cm　L.26.1cm

圖中繪一老者走過板橋，沿小徑而行，遠處山林後隱現房舍一角，意境幽深。近景樹石著重墨，中景以淡墨勾染，至遠景則以極淺淡的水墨渲染出一片霧色，拉開空間層次。用筆輕鬆簡潔，皴中帶染，染中有皴，整體風格不失精緻秀潤。構圖是夏圭慣用的半邊式。

本幅自識："夏圭"。鈐鑑藏印"得密"（朱文）、"墨林秘玩"（朱文）、"醉兮姜心"（朱文）、"江村"（朱文）、"若水軒"（朱文）。

曾經《書畫鑑影》著錄。

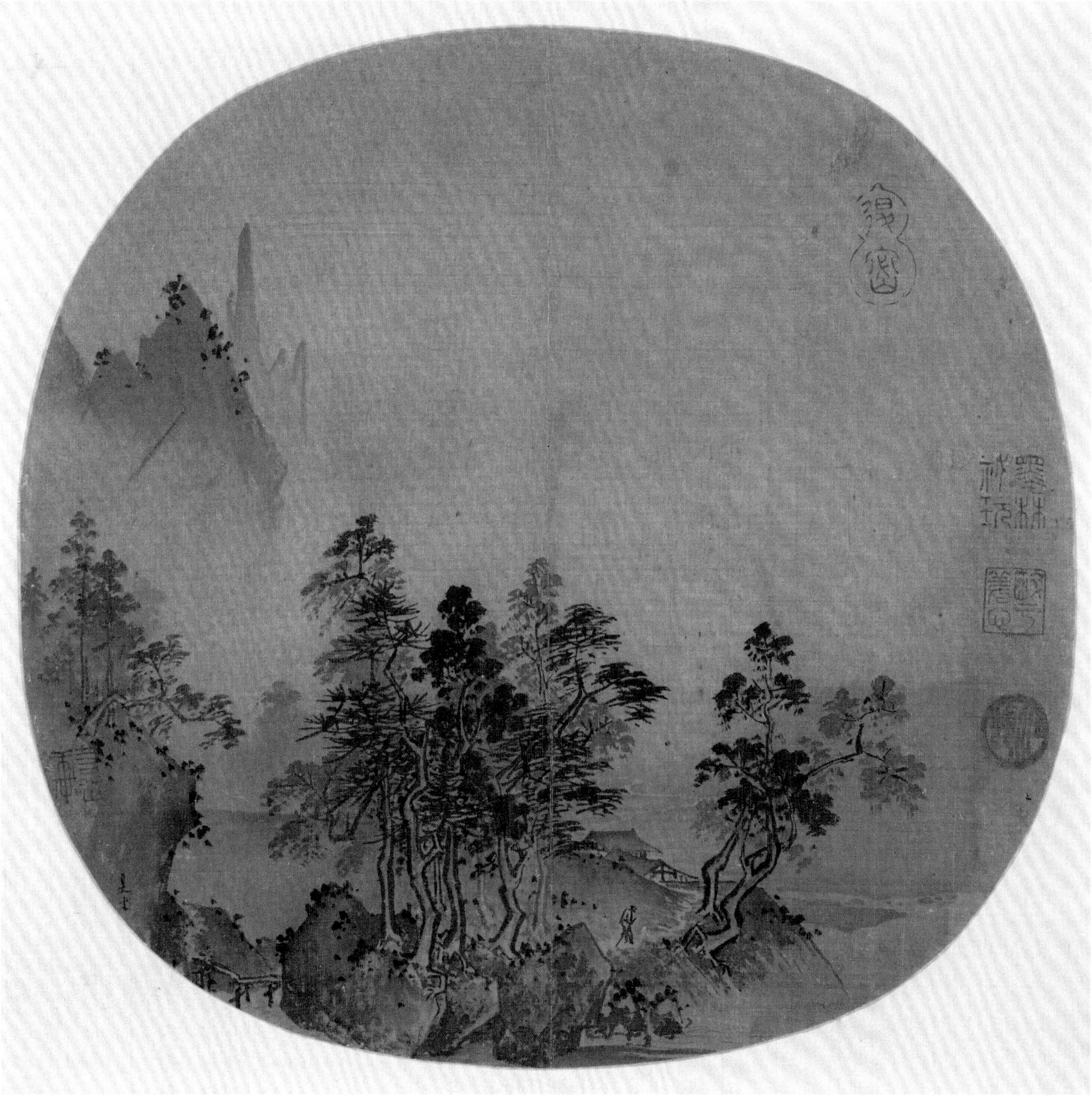

23

夏圭　雪堂客話圖頁
南宋
絹本　設色
縱28.2厘米　橫29.5厘米

Friends Chatting in a Snowy Weather
By Xia Gui, Song Dynasty
Leaf, colour on silk
H.28.2cm　L.29.5cm

圖中所畫的是江南地區大雪初霽，天色陰霾，坡岸山岡上積雪皚皚，一蓑翁獨泛寒江。別院水榭內二友對盞論道。用渲染和留白的手法形成黑白對比效果，表現雪色。樹梢、屋簷、石棱等處施以白粉，強調雪光的耀目。屋舍運筆均勻，有界畫的痕迹。

本幅自識：“臣　夏圭”。

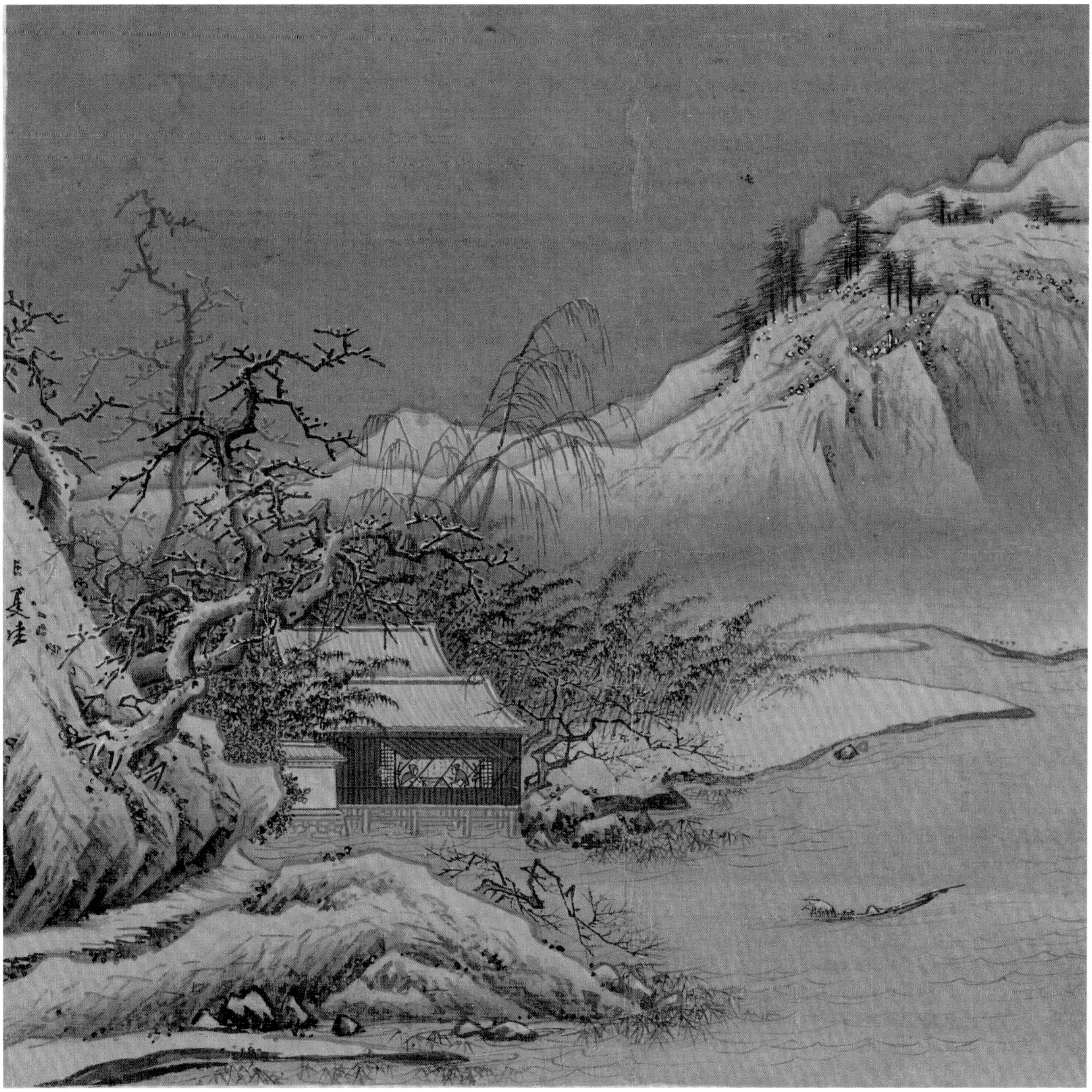

24

梁楷　雪棧行騎圖頁
南宋
絹本　墨筆
縱23.5厘米　橫24.2厘米

Riders in Snow
By Liang Kai, Song Dynasty
Leaf, ink on silk
H.23.5cm　L.24.2cm

梁楷（生卒年不詳），祖籍為東平（今屬山東）人，後移居錢塘（今浙江杭州）。為賈師古弟子，擅畫人物、佛道，兼長山水、花鳥，有出藍之譽。宋寧宗嘉泰年間（1201—1204）為畫院待詔，後不耐約束，離職而去，人稱“梁瘋子”。畫以“減筆”著稱，狀物寥寥數筆，概括飄逸。

圖中畫大雪滿山之時，有人騎馬行進在棧道上。本已很小的人馬，又被山坡遮去了一半，半現半隱之間，為畫面增添了一種運動感。此圖景物簡潔，筆法單純，隨意勾點，不作反覆描摹，略得形似而已，重在表現雪景的意境。

本幅自識：“梁楷”。

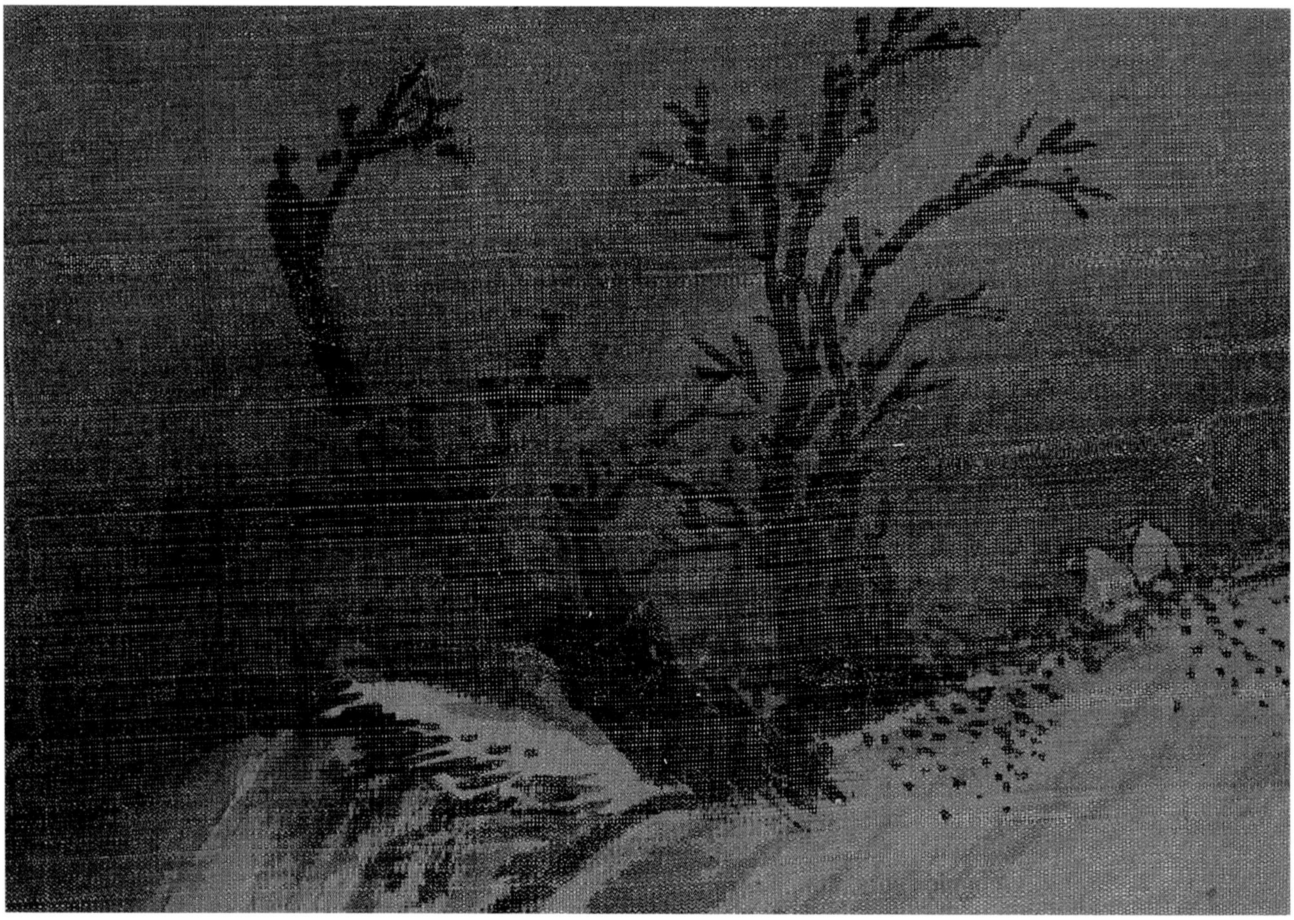

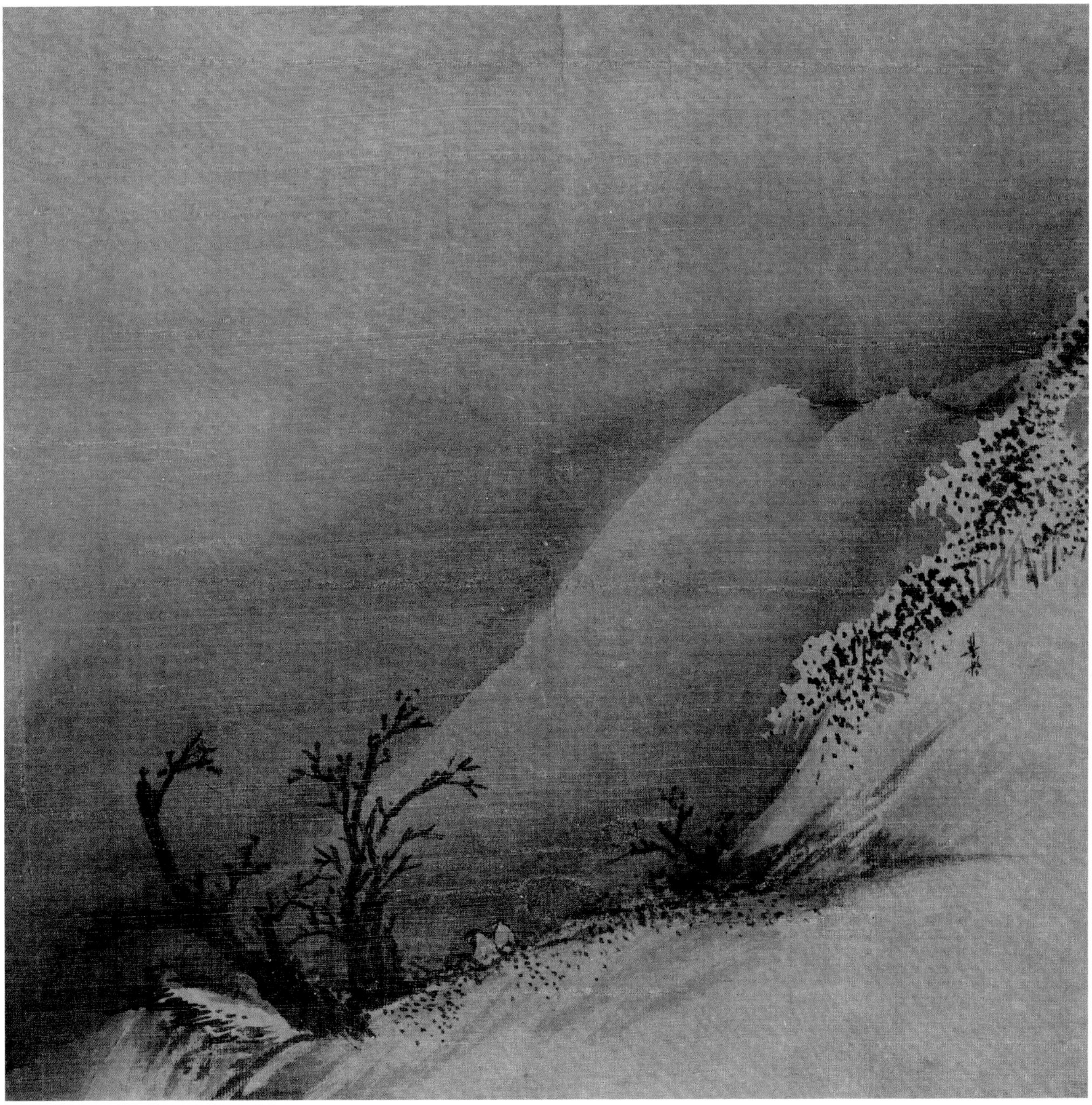

25

梁楷　柳溪臥笛圖頁

南宋

絹本　墨筆

縱26.5厘米　橫26.3厘米

Flute Playing under Stream Willows

By Liang Kai, Song Dynasty

Leaf, ink on silk

H.26.5cm　L.26.3cm

圖中描繪溪水中蘆草片片，岸柳輕拂。柳蔭下，一高士枕槳臥於舟上，吹笛自娛。此圖景物雖然至簡，用筆卻甚是精細，牛毛般的筆畫層層畫出極細的柳枝，人物勾勒間依然頓挫自如。空靈的構圖與細碎的筆法達到完美的統一，表現了畫家追求無拘無束的自由境界。

本幅自識："梁楷"。鈐鑑藏印"妙品"（朱文）。

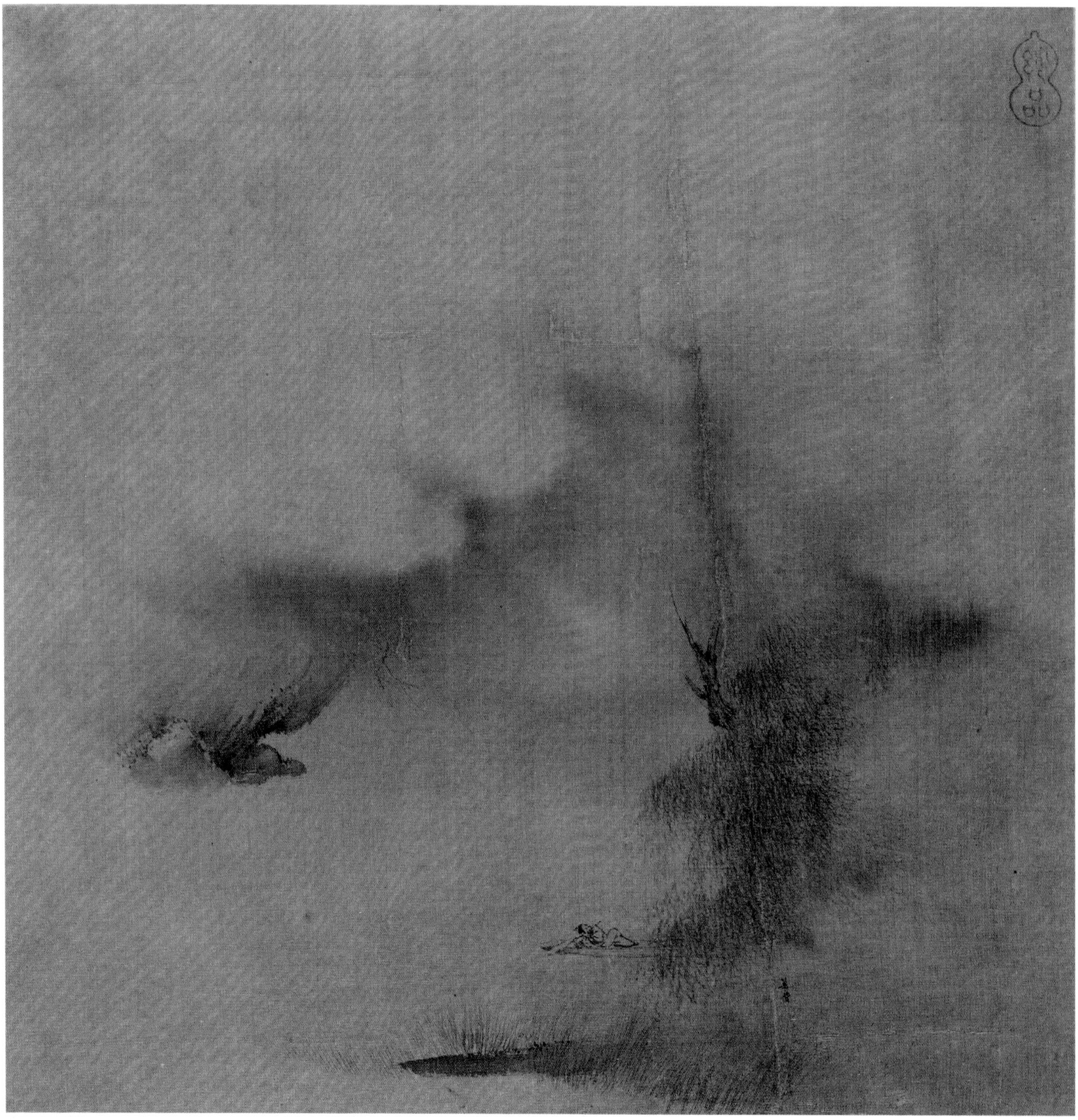

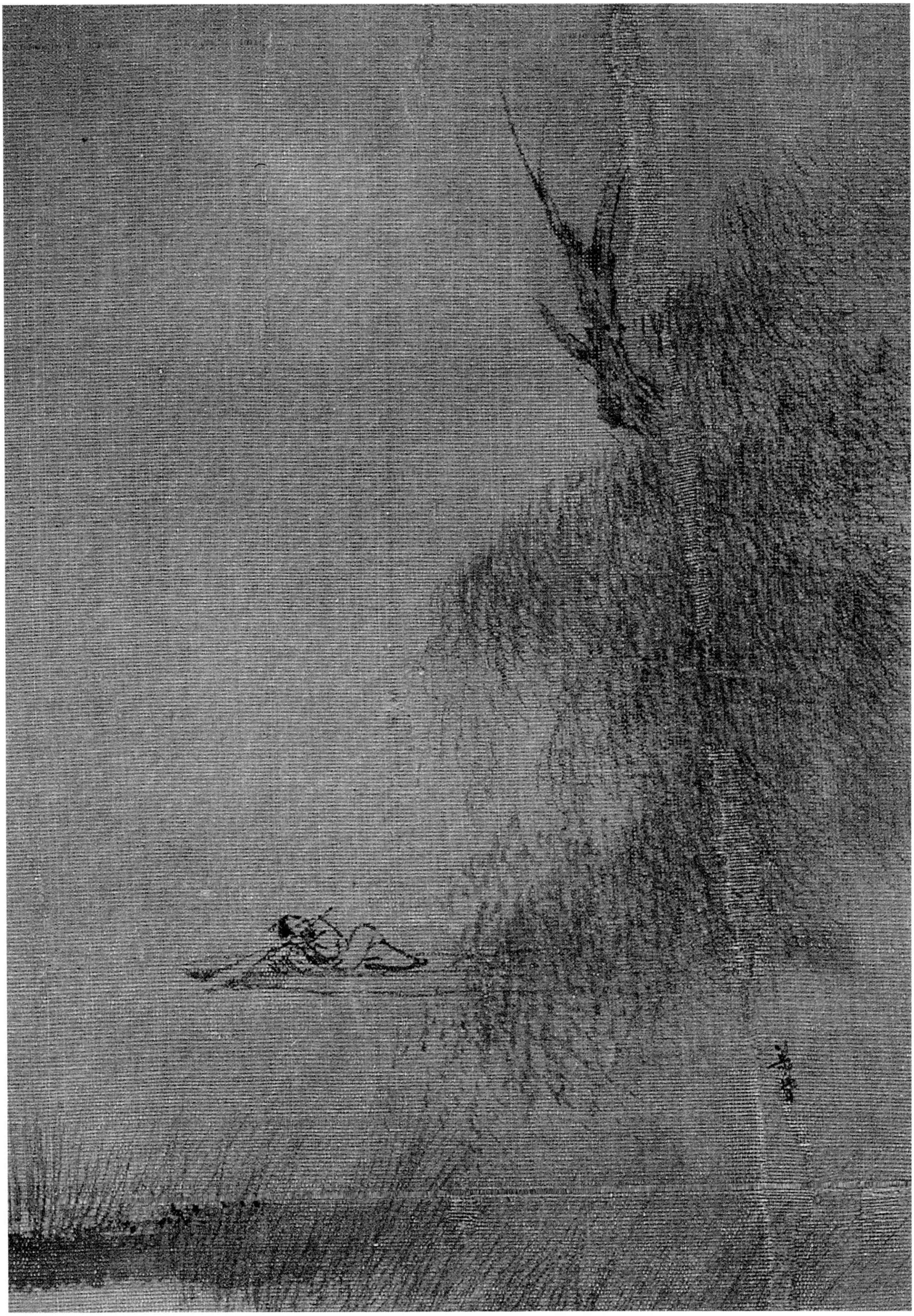

26

李嵩　錢塘觀潮圖卷

南宋
絹本　設色
縱17.7厘米　橫83厘米
清宮舊藏

Enjoying the Qiantang Bore
By Li Song, Song Dynasty
Handscroll, colour on silk
H.17.7cm　L.83cm
Qing Court collection

李嵩（1166—1243），錢塘（今浙江杭州）人。宋光宗、寧宗、理宗三朝（1190—1264）為畫院待詔。工畫人物、道釋，尤長於界畫。

《錢塘觀潮圖》描繪錢塘大潮的壯闊景象，海潮以排山倒海之勢自江口湧入，江中弄潮的龍舟依次排開，兩岸民居、遠山歷歷在目。此圖以細筆淡墨刻畫，虛渺淡遠，風格與李嵩傳世的其他畫作不同，在南宋院畫中亦屬罕見。

本幅鈐鑑藏印“項元卞印”（朱文）、“子京父印”（朱文）、“神品”（朱文，聯珠）、“石渠繼鑑”（朱文）、“養心殿鑑藏寶”（朱文）、“乾隆鑑賞”（白文）、“乾隆御覽之寶”（朱文）、“三希堂精鑑璽”（朱文）、“宜子孫”（白文）、“嘉慶御覽之寶”（朱文）、“宣統御覽之寶”（朱文）。引首、前隔水、後隔水有清乾隆御題詩。後幅有張仁近、楊基題跋。

曾經《汪氏珊瑚網》、《佩文齋書畫譜》、《式古堂書畫彙考》、《石渠寶笈》、《南宋畫院錄》、《真迹日錄初集》著錄。

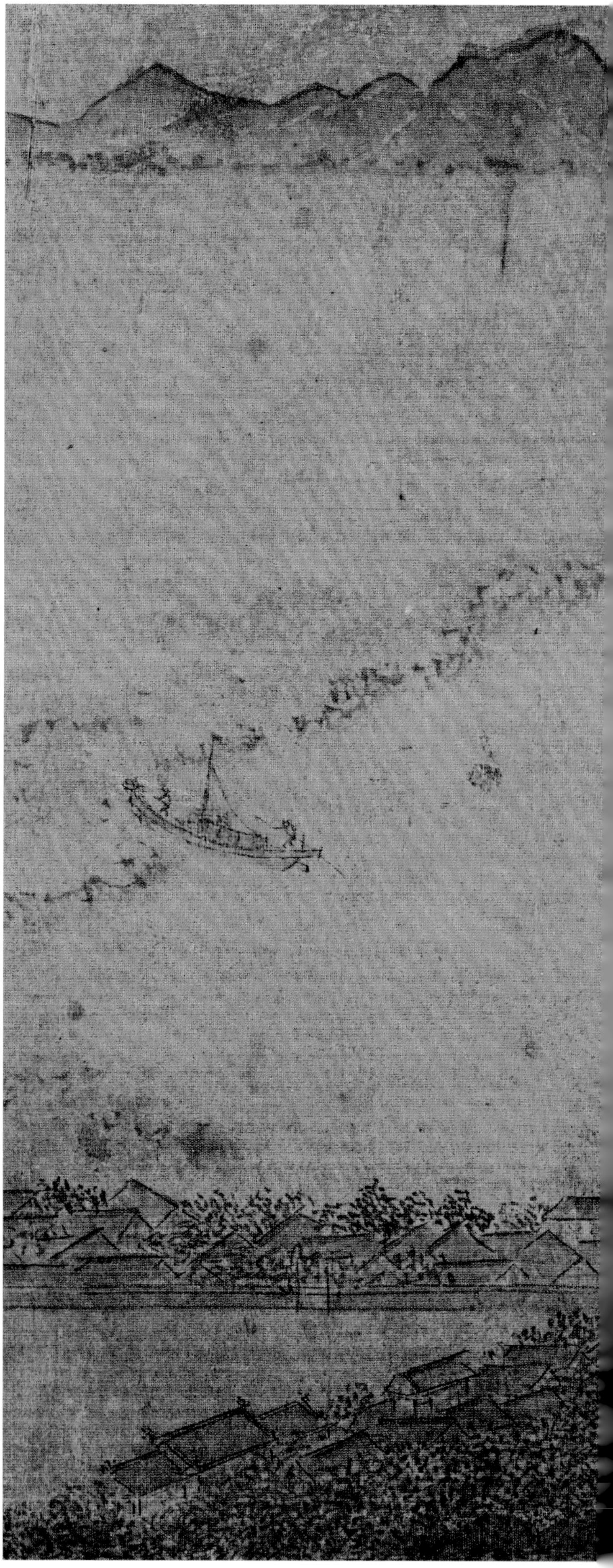

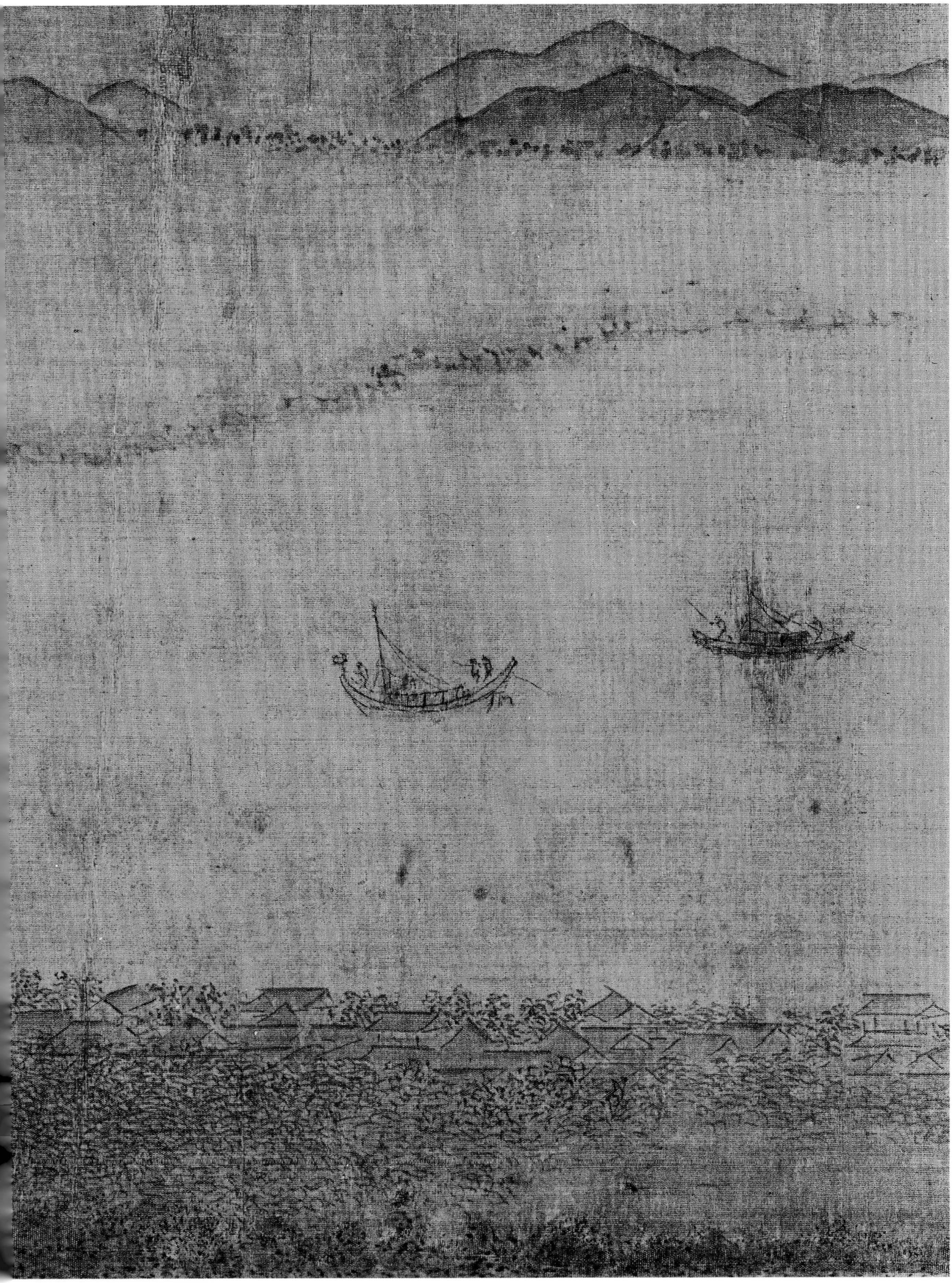

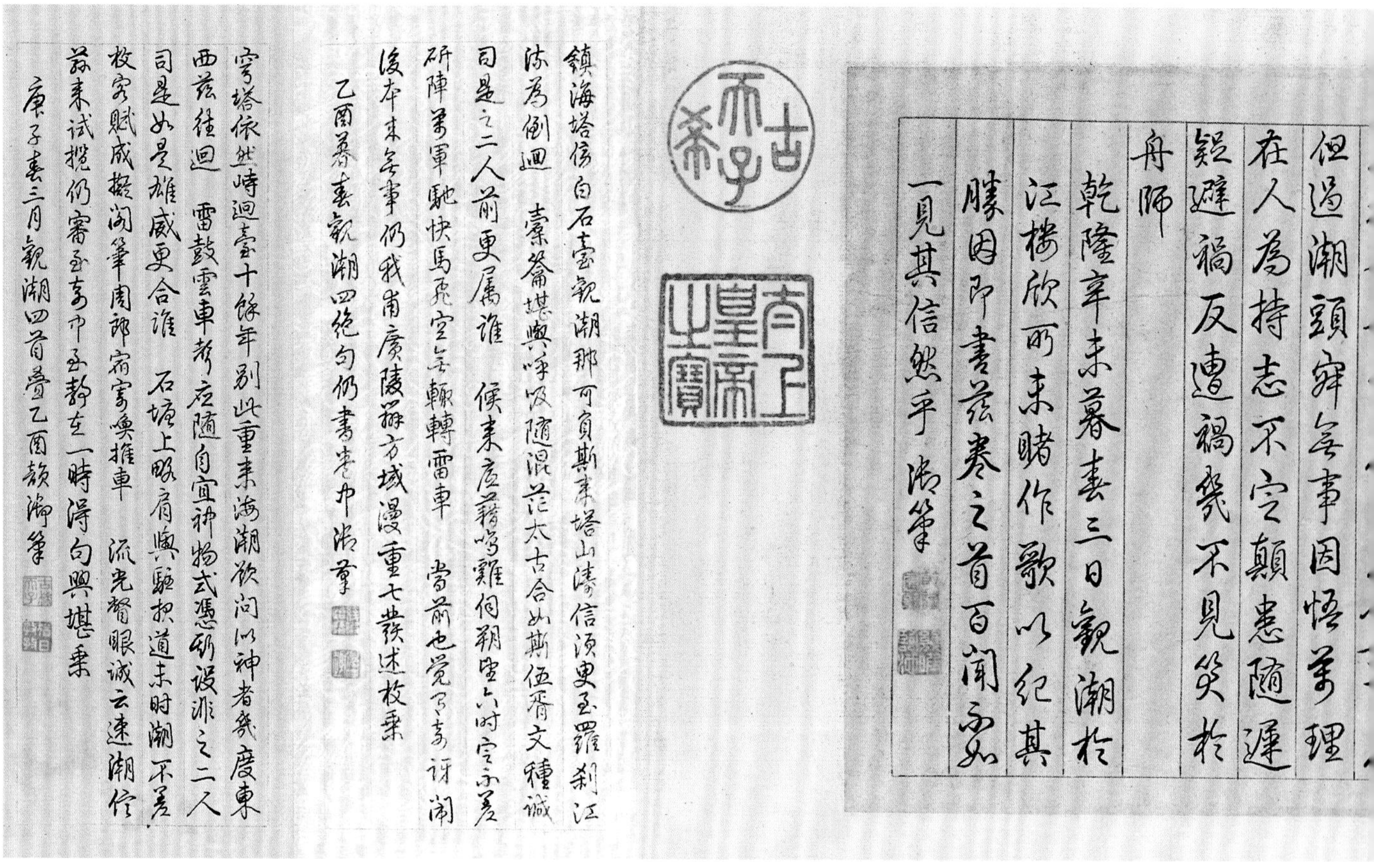
但過潮頭穿無事因悟萬理
在人為持志不定顛患隨遲
縱避禍反遭禍幾不見笑於
舟師
乾隆辛未暮春三日觀潮於
江樓欣所未睹作歌以紀其
勝因即書蒸卷之首百聞爭如
一見其信然乎 御筆
鎮海塔傍白石臺觀潮那可負斯來塔山遙信須臾至羅刹江
流為倒迴 橐籥堪與呼吸隨混茫太古合如斯伍胥文種誠
司是之二人前更屬誰 候來底藉鳴雞伺朔望六時定不差
研陣萬軍馳快馬飛空無轍轉雷車 當前也覺寫事訝闹
後本來無事仍我甫廣陵蘇方域漫重七發述枚乘
乙酉暮春觀潮四絕句仍書卷中 御筆
穿塔依然峙迴臺十餘年別此重來海潮欲問以神者幾度東
西旋往迴 雷鼓雲車者底隨自宜神物式憑所設非之二人
司是如是雄威更合誰 石塘上貯肩輿駐扶道未時潮不差
校實賦成擬闊筆周郎宿寫換推車 流光瞥眼誠云速潮信
蘇來試攬仍審至事中至靜在一時得句興堪乘
庚子春三月觀潮四首疊乙酉韻 御筆

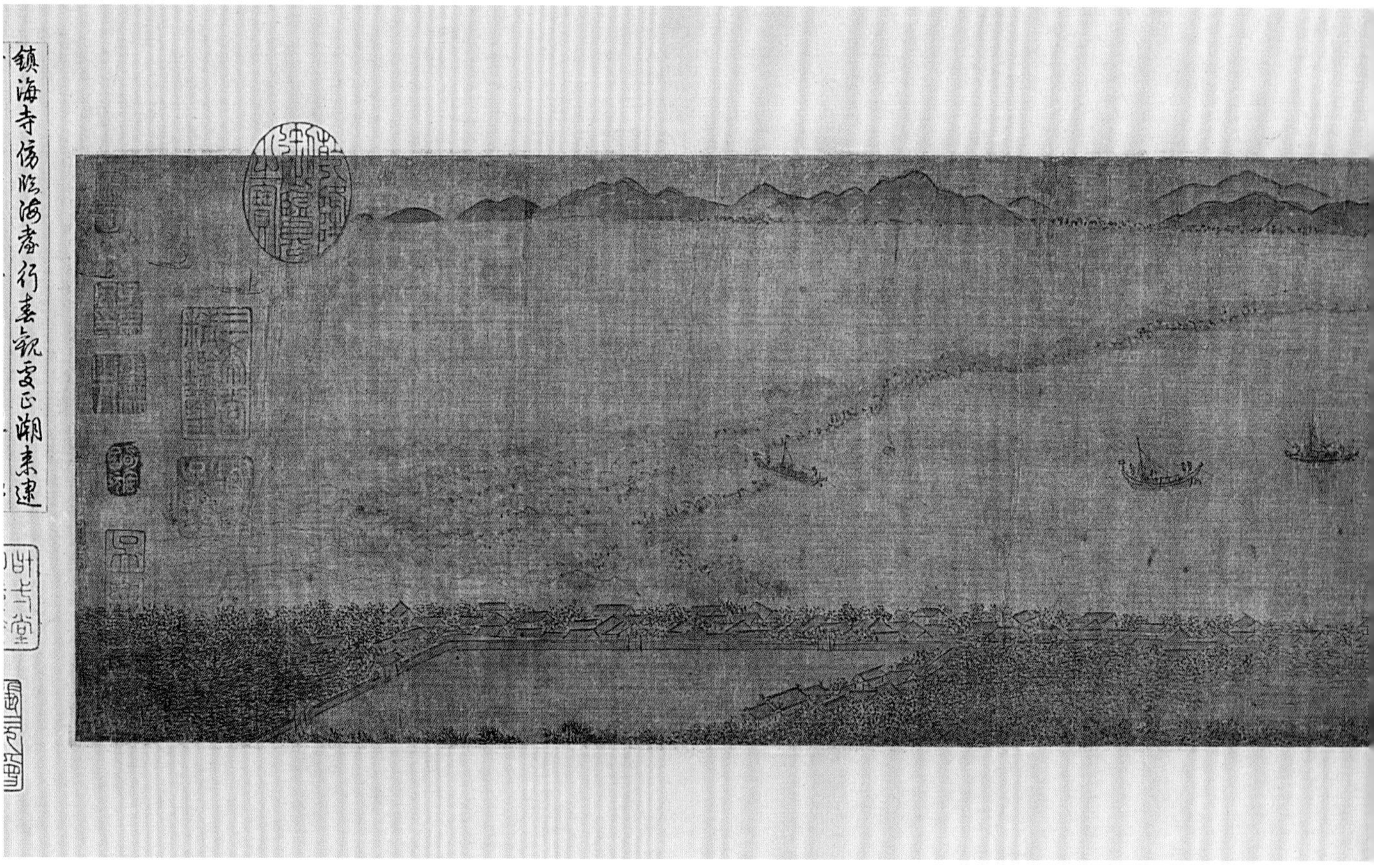
鎮海寺傍臨海處行春觀定正潮來速

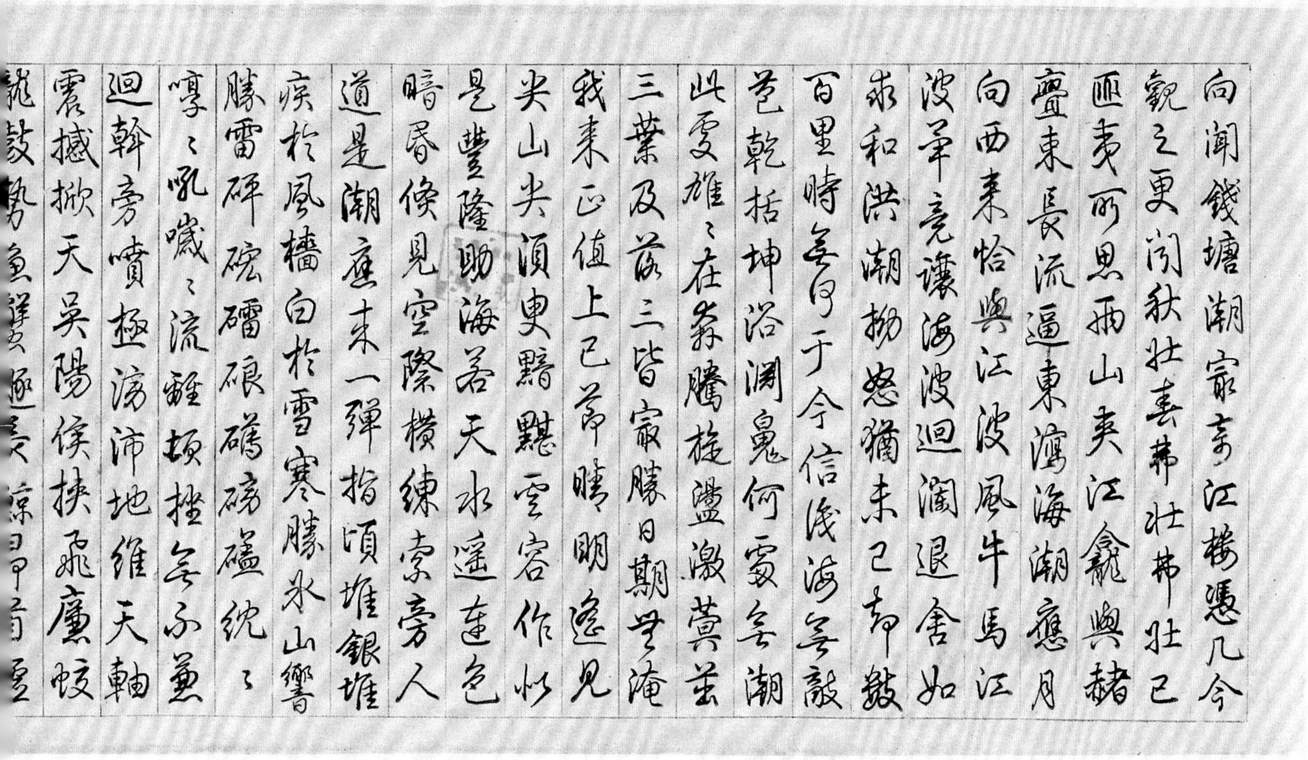

向聞錢塘潮最奇江樓憑几今
觀之更聞秋壯甚拂壯拂壯已
匯夷所思兩山夾江龕與赭
亹東長流逼東瀛海潮應月
向西來恰與江波風牛馬江
波單竟讓海波迴瀾退舍如
求和洪潮拗怒猶未已郤鼓
百里時無何于今信淺海無敵
包乾括坤浴澗鬼何處無潮
此變雄雄在翕騰旋盪激莫並
三葉及茲三皆最勝日期無淹
我來正值上巳節晴明遙見
尖山尖須臾黯黕雲容作灰
是豐隆助海若天水遙連色
暗昏倏見空際橫練索旁人
道是潮應來一彈指頃堆銀堆
疾於風檣白於雪寒勝冰山響
勝雷砰硡礌硠礚磅礚統統
嘷嘷吼嚱嚱流聲頓挫無不並
迴斡旁噴極滂沛地維天軸
震撼掀天吳陽侯挾飛廉蛟

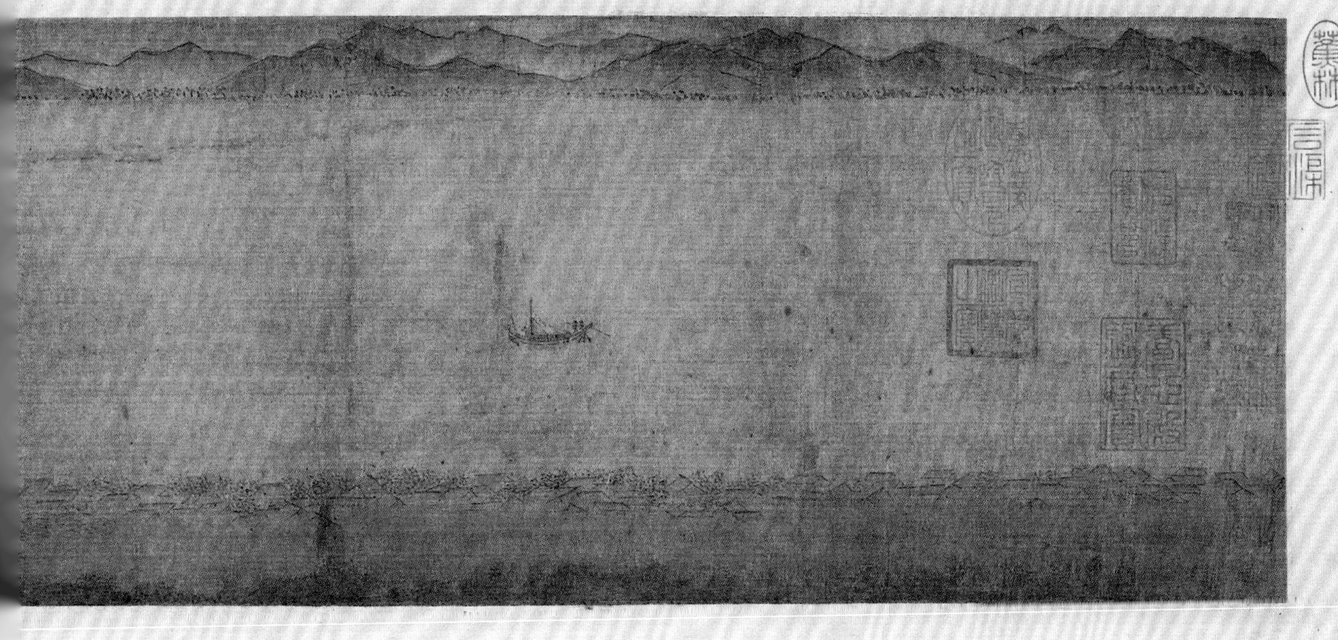

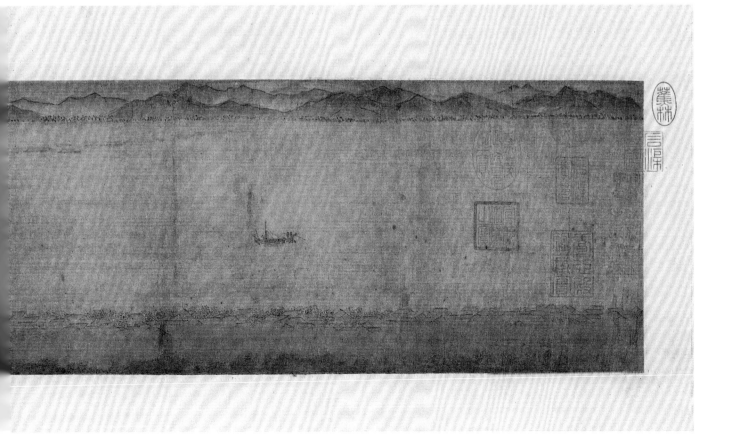

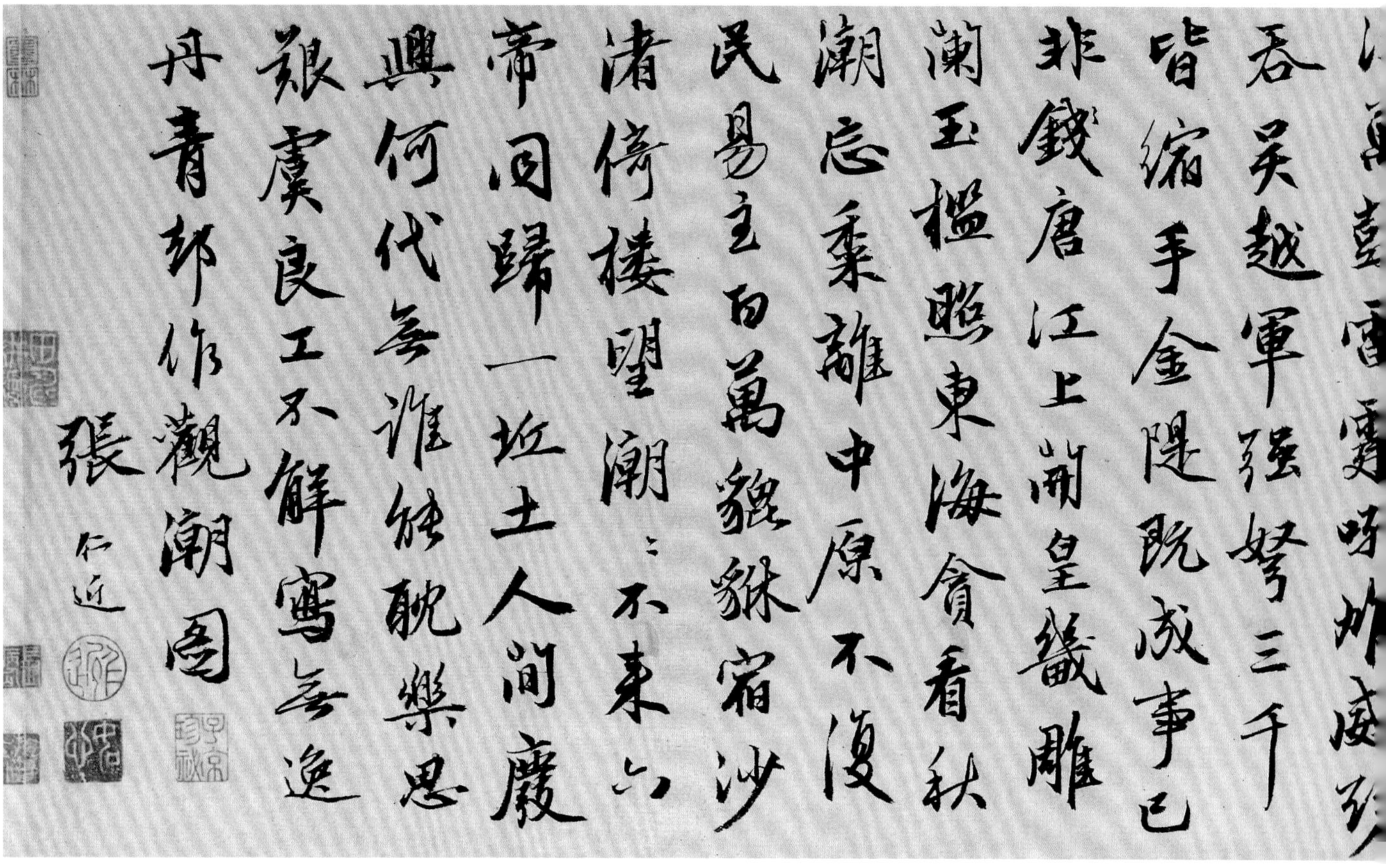
吞吳越軍強弩三千
皆縮手金隄既成事已
非錢唐江上開皇纖雕
闌玉檻照東海貪看秋
潮忘柔離中原不復
民易主百萬貔貅宿沙
渚倚樓望潮潮不來六
帝同歸一坯土人間廢
興何代無誰能耽樂思
艱虞良工不解寫無逸
丹青却作觀潮圖
張仁近

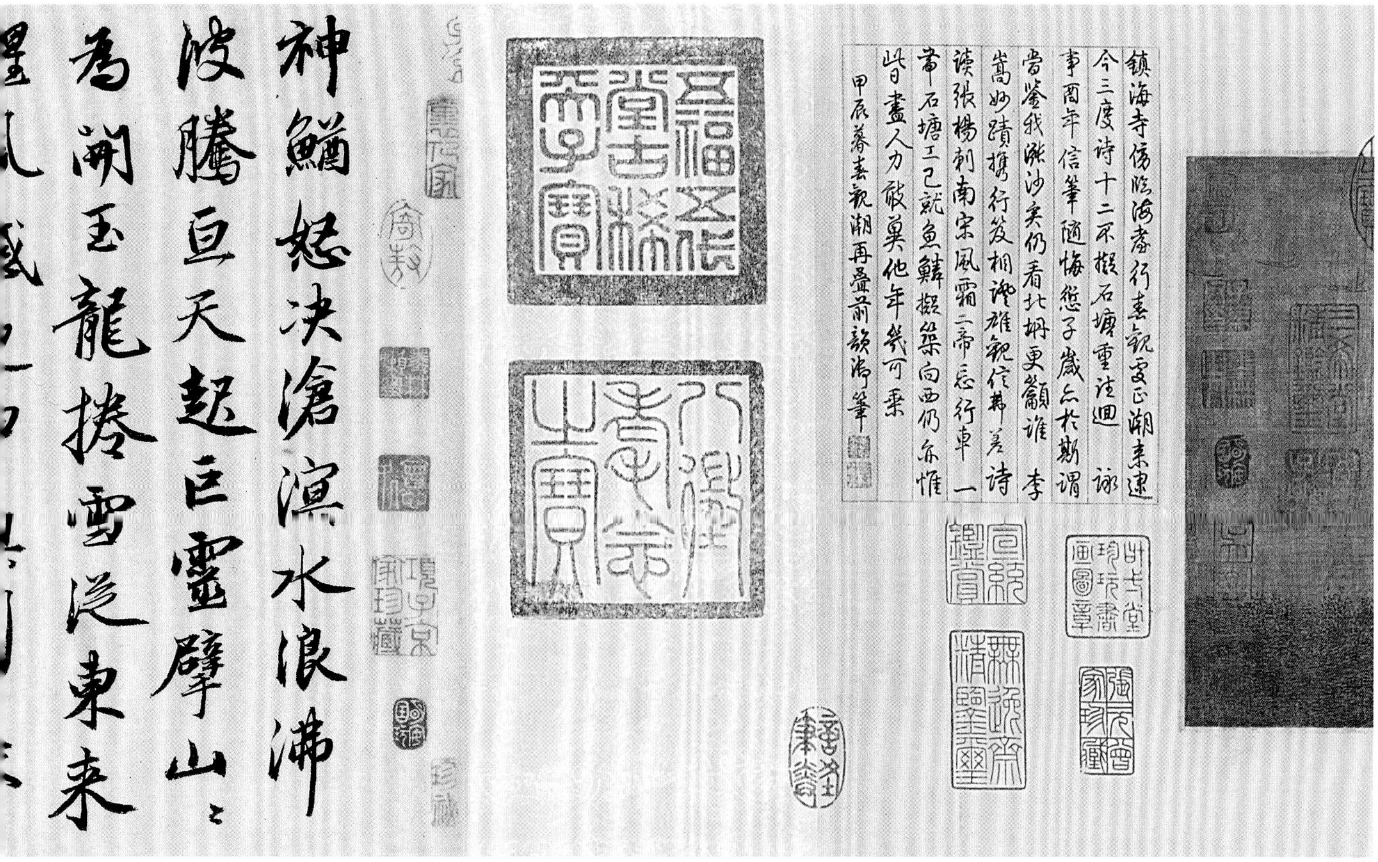

神鰌怒決滄溟水浪沸
波騰亘天起巨靈擘山
為湖玉龍捲雪送東來
墨氣如此其可

鎮海寺傍臨海春行喜親愛忘潮來速
今三度詩十二不擬石塘重往迴　詠
事因辛信筆隨悔悠子歲云長斯謂　李
嵩妙蹟攜行發相撗擬雄範偁弟若　詩
讀張楊剌南宗風霜二帝辰行車一
筆畫人力畝莫他年幾可柔
甲辰暮春眎潮再疊前韻尚筆

顏虞良工不解寫雄逸
丹青郤作觀潮圖
張仁近

君不見十五湖上月十八江上潮君王連日
醉伐鼓更吹簫、聲忽如天上落大內
臨江起飛閣繡戶珠楹十二巘嬪娥
歲歲觀潮樂潮水信可定日夕來
朝宗人心獨或如而不思兩宮兩宮末
雪恥屢下班師昔白馬素車神何不
令天吳碌食大奸髓不可食國恥不
可滌嗟尔江上潮雄亢何益潮無
蓋於人看潮德損神橫江鐵騎
東三日飛埃塵靡固有歸兩潮
胡不仁玫令鸞鳳雛威、悲殘春
春光浩無主華落隨暮兩回首袋
秋風雍旗又如許君勿悲古來
在德不在險一杯之潮安足奇

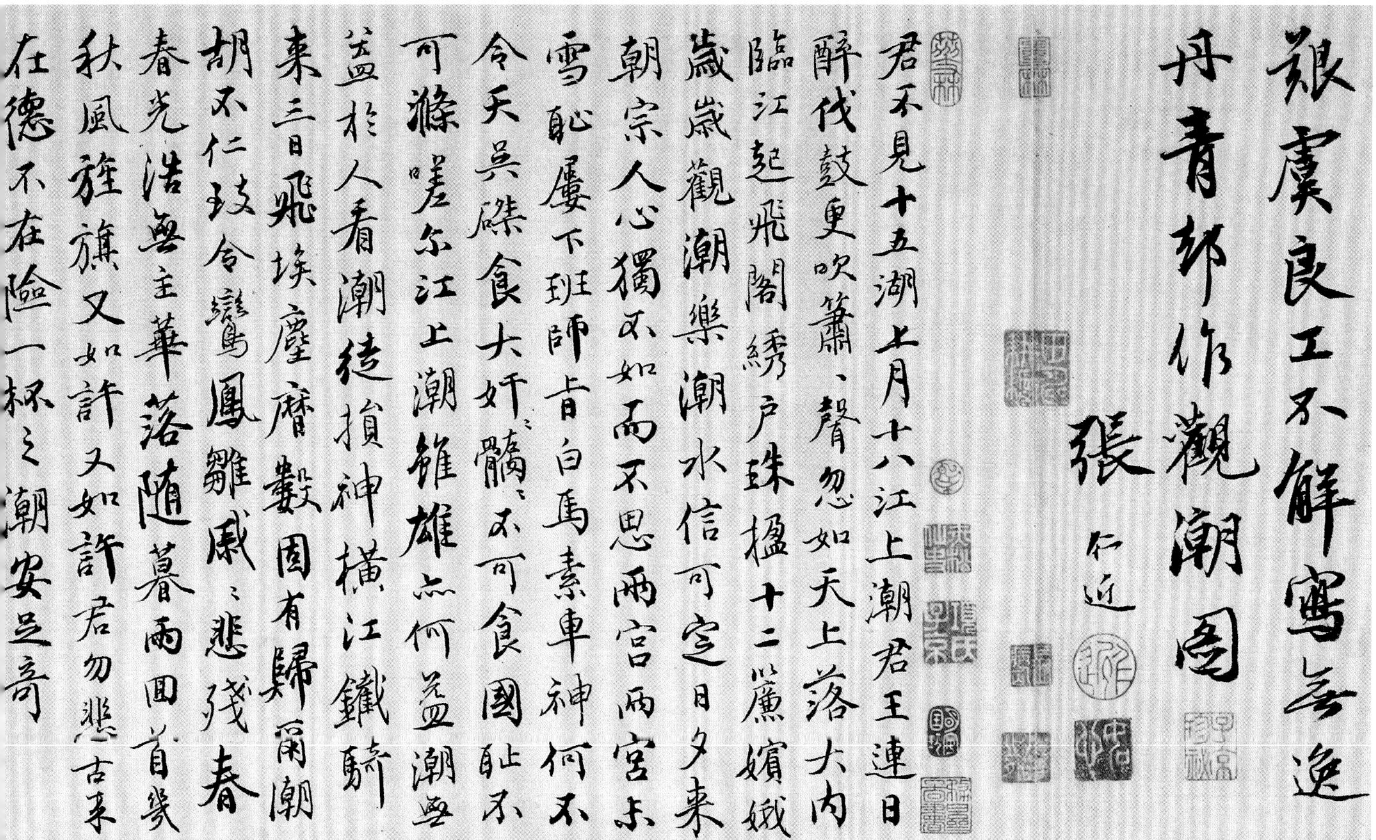

27

趙芾　江山萬里圖卷

南宋
紙本　墨筆
縱45.1厘米　橫992.5厘米
清宮舊藏

A Ten Thousands *Li* of Mountains and Rivers
By Zhao Fu, Song Dynasty
Handscroll, ink on paper
H.45.1cm　L.992.5cm
Qing Court collection

趙芾（生卒年不詳），一作趙黻，南宋京口（今江蘇鎮江）人，紹興年間（1131—1162）居於北固。工山水窠石，嘗畫金、焦二山，筆墨縱逸，無院體痕迹。他單署"芾"字不著姓氏的作品往往被人誤認為米芾畫。

《江山萬里圖》描繪了壯闊的長江景色，從煙雲繚繞的峯巒起首，山路盤盤，江中客船待發；轉而是滔滔江水，小舟爭渡；一段危崖阻隔，瓦舍前有客來訪，茅庵裏學子苦讀，江中風雨行舟；峭壁一側小橋流水，酒旗斜矗，寺塔高聳，最後以排空巨浪作結。此卷注重表現自然景物，而不刻意追求宋代山水的尖峭峻拔之風。純用水墨，墨色富有變化，用斧劈皴兼施苔點，某些技法開元人之先河。此卷為趙芾畫作傳世孤本。

本幅自識："京口趙黻作"。鈐朱文印一方，印文不辨。有清乾隆御題詩並跋。鈐嚴氏及清內府鑑藏印三十方。引首有張寧題"長江萬里"。尾紙有錢惟善、張寧、陸樹聲三跋（尾紙題跋釋文見附錄）。鈐"曲江居士"（白文）、"錢氏思復"（白文）二印。

曾經《鈐山堂書畫記》、《清河書畫舫》、《珊瑚網》、《石渠寶笈初編》、《佩文齋書畫譜》著錄。

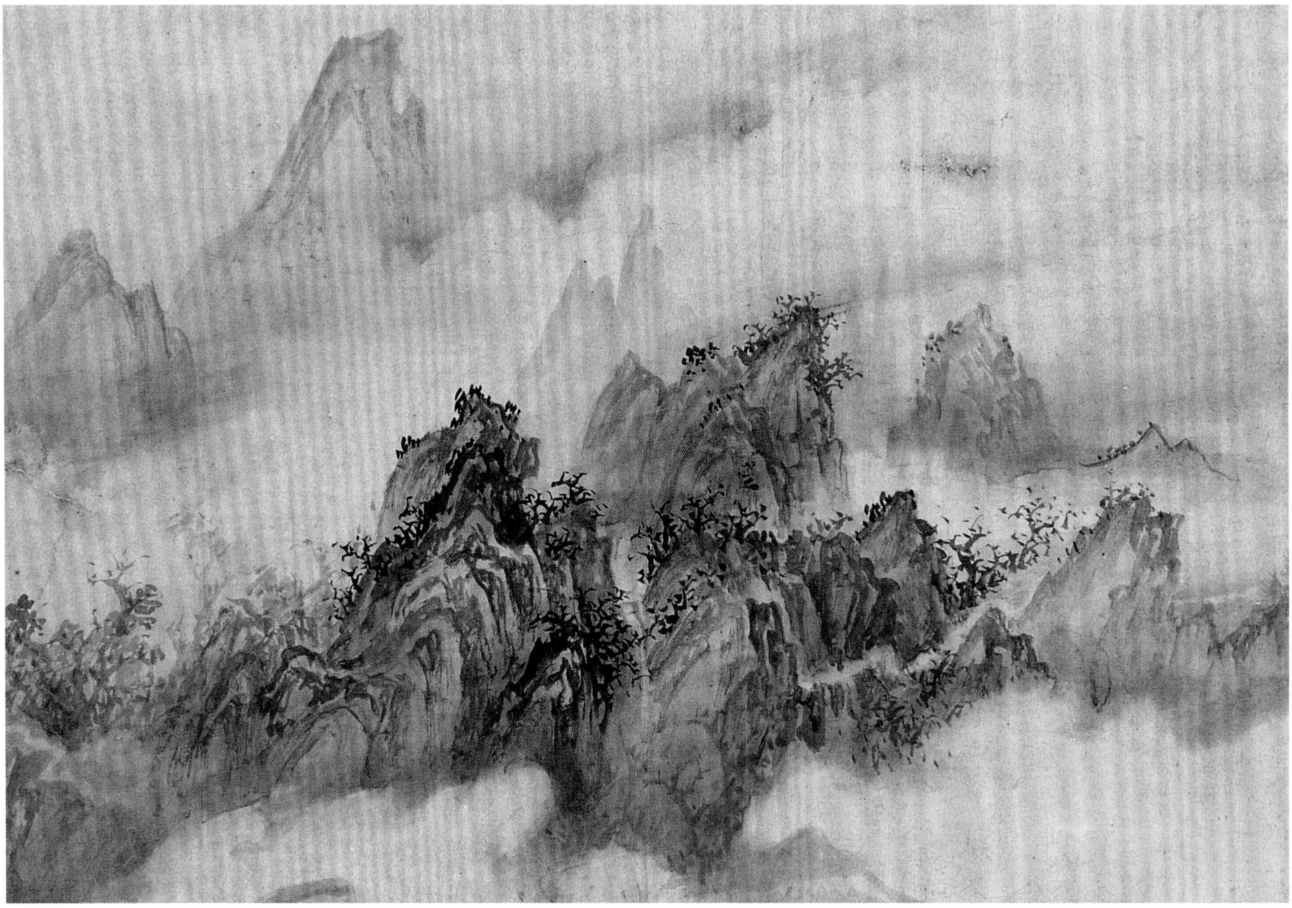

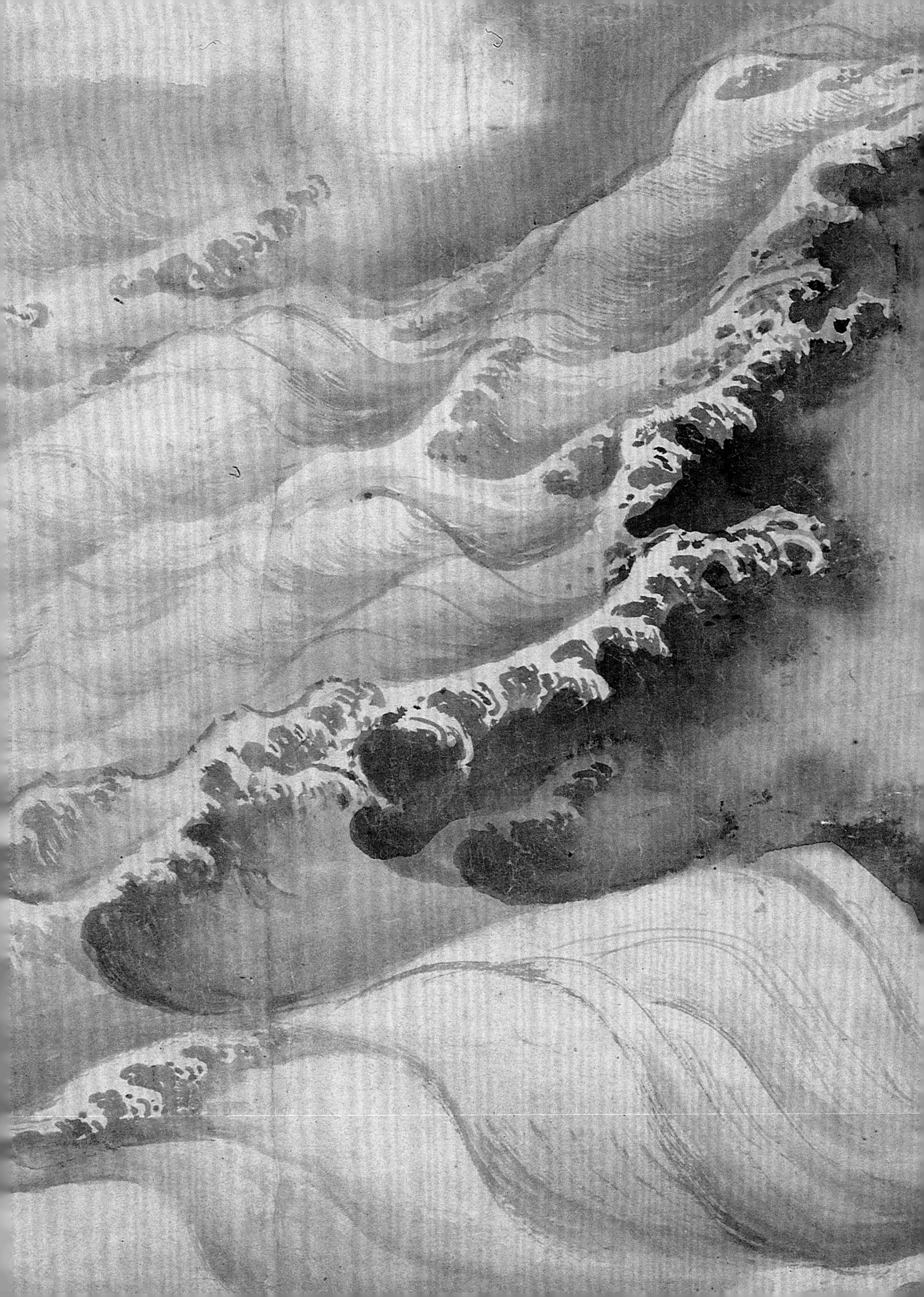

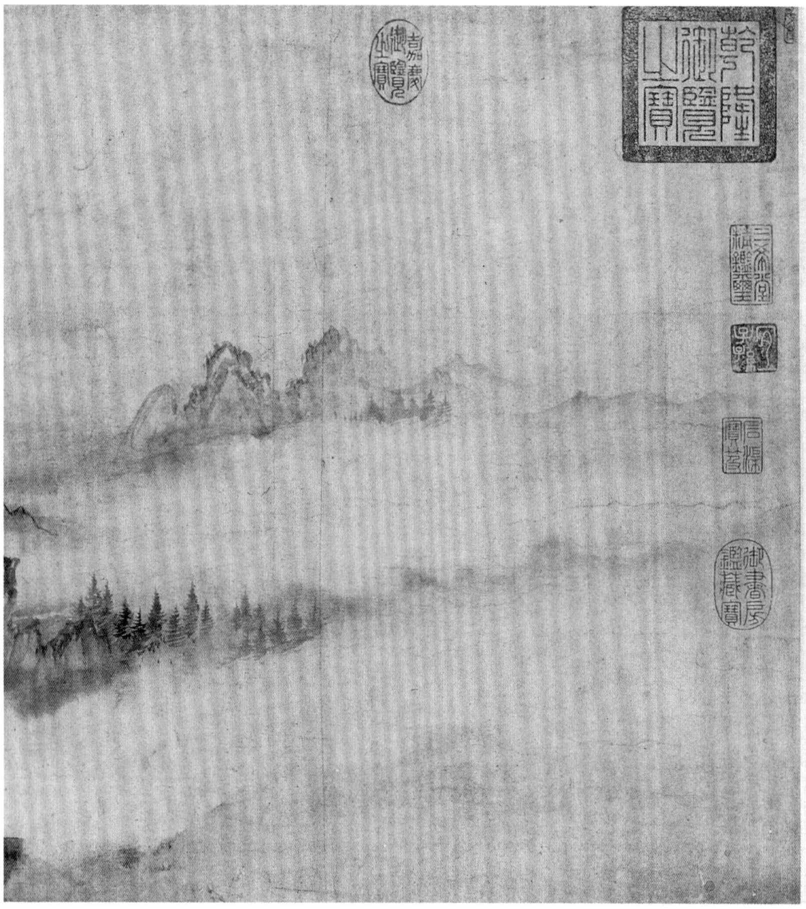

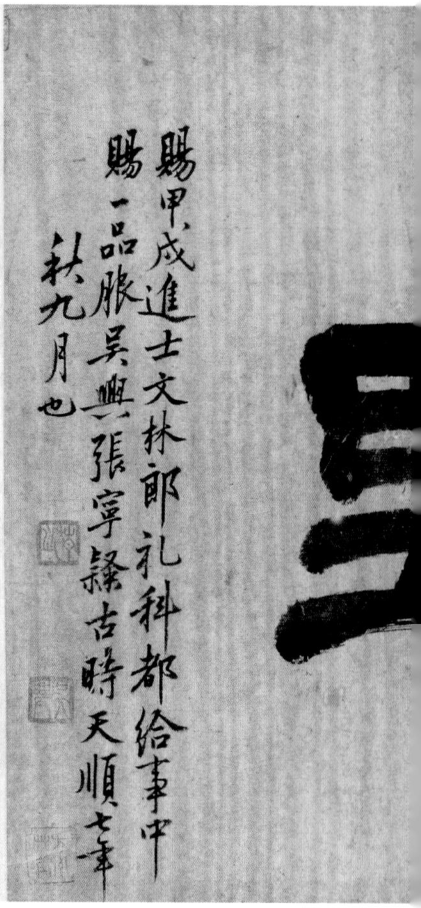
賜甲戌進士文林郎礼科都給事中
賜一品服吳興張寧錄古時天順七年
秋九月也

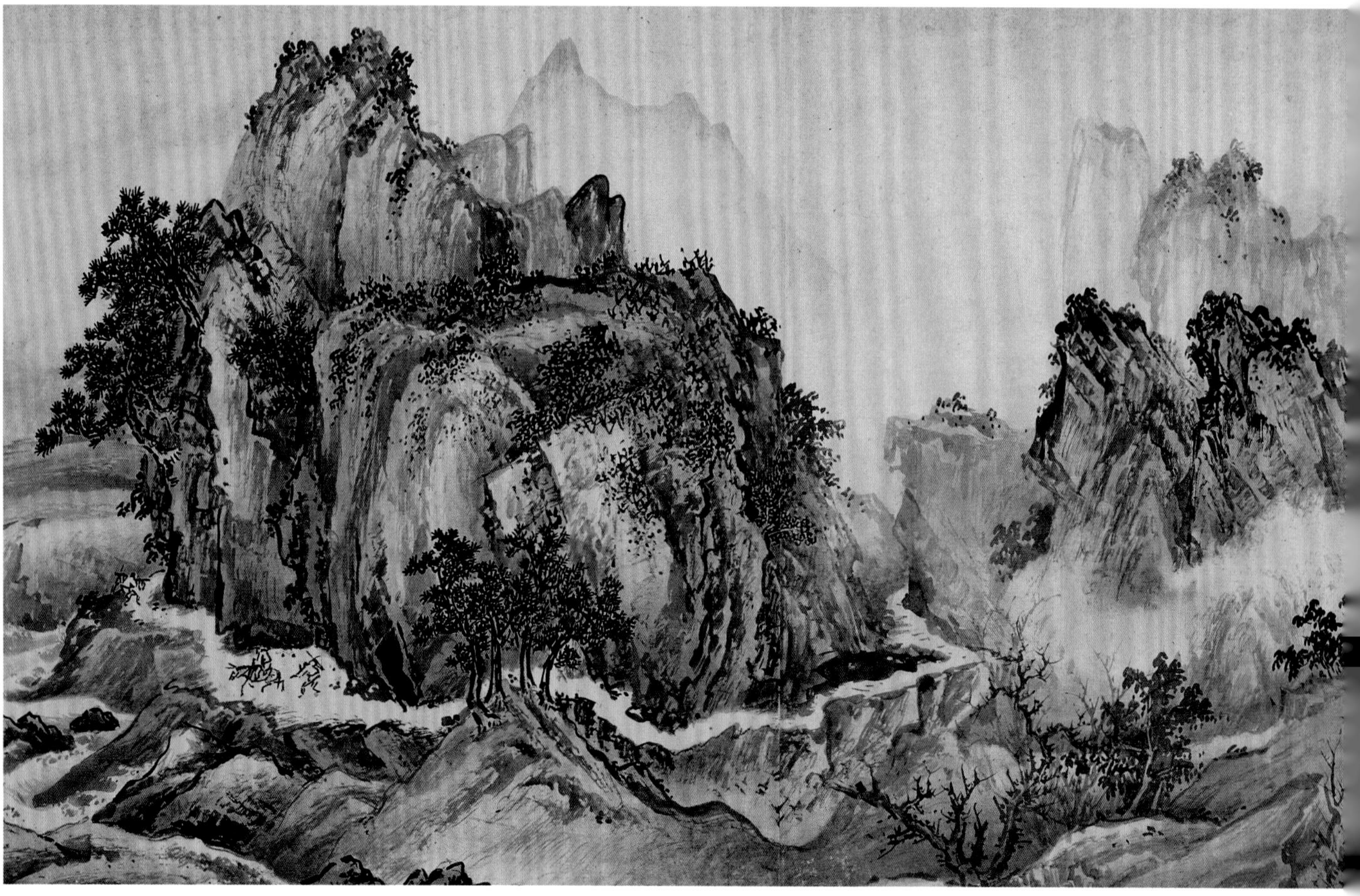

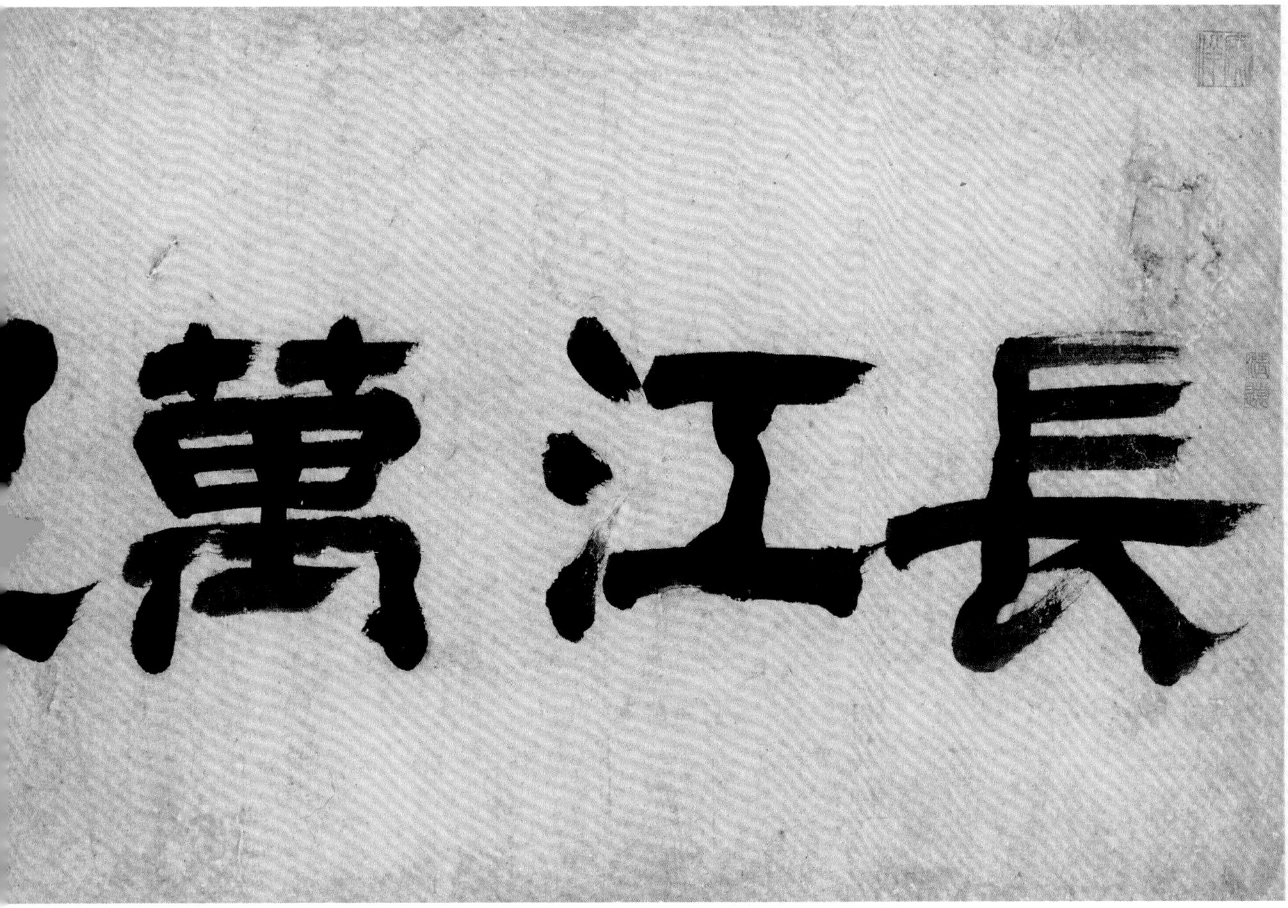
長江萬

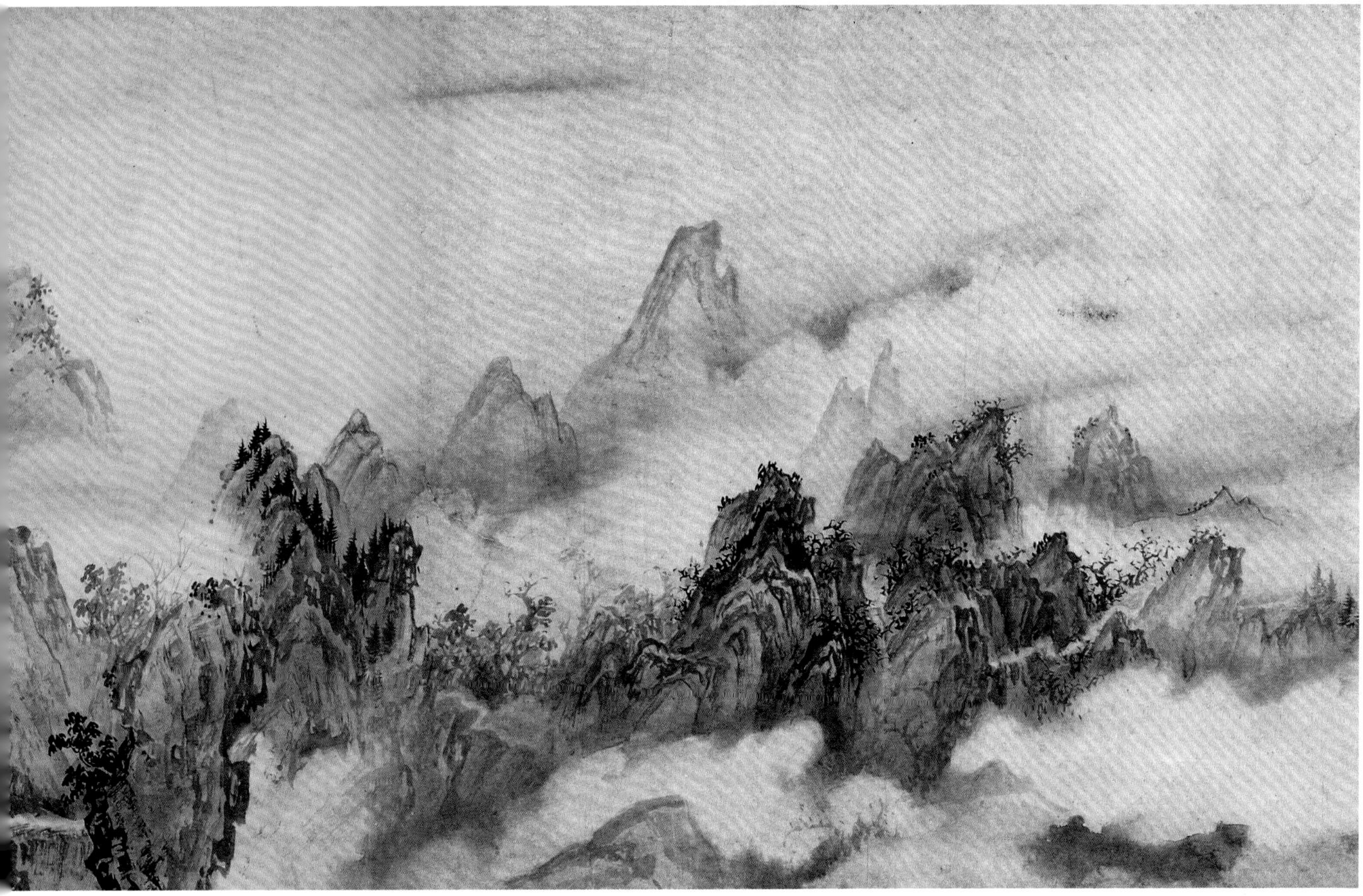

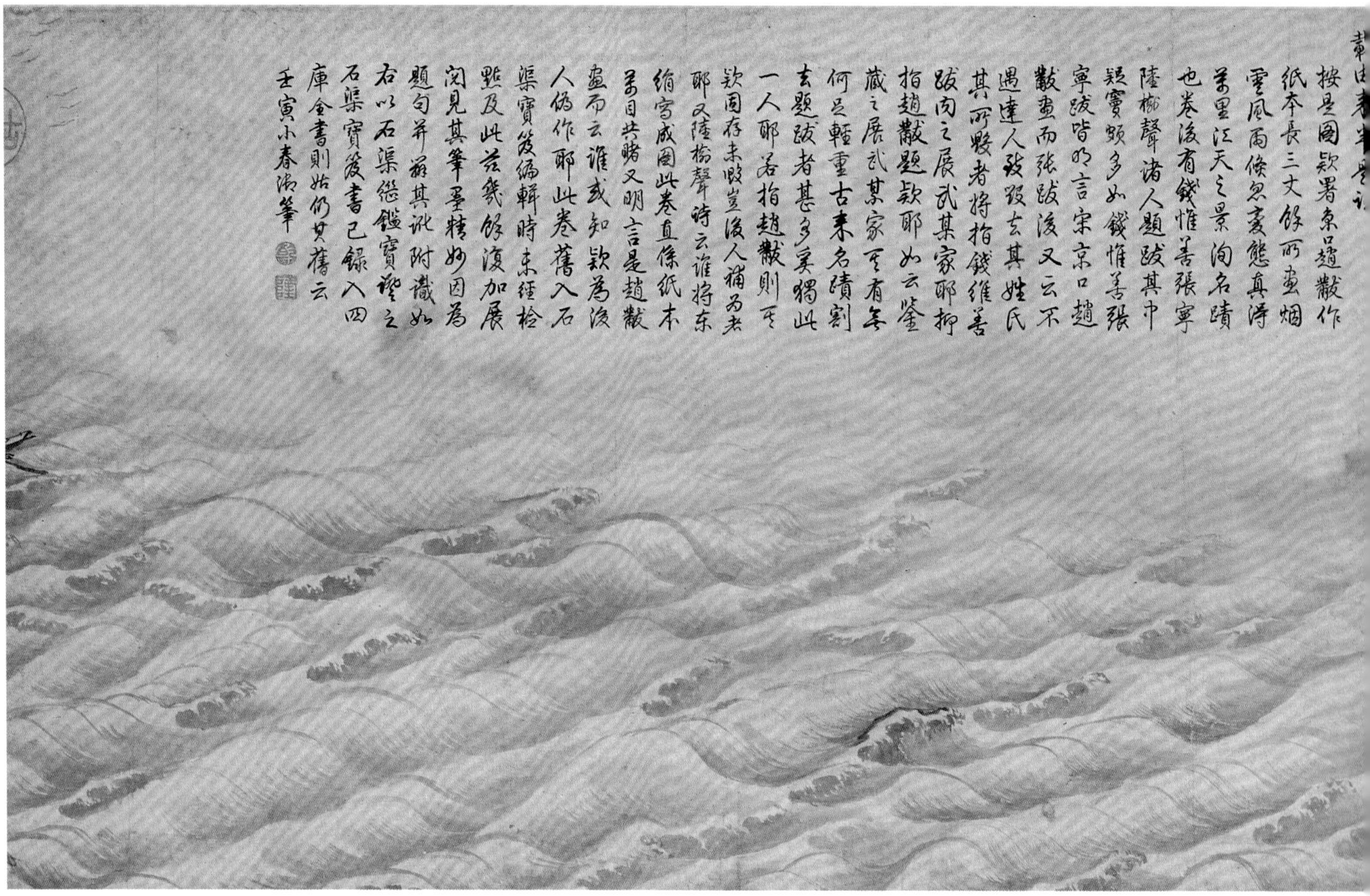
按是圖款署京口趙黻作
紙本長三丈餘所畫烟
雲風雨倏忽變態真得
萬里江天之景洵名蹟
也卷後有錢惟善張寧
陸樹聲諸人題跋其中
疑竇頗多如錢惟善張
寧跋皆明言宋京口趙
黻畫而張跋後又云不
遇達人致毀去其姓氏
其所毀者將指錢維善
跋內之辰武某家耶抑
指趙黻題款耶如云鑒
藏之辰武某家至有無
何足輕重古來名蹟割
去題跋者甚多奚獨此
一人耶若指趙黻則至
款固存未毀豈後人補為者
耶又陸樹聲詩云誰將東
絹寫成圖此卷直係紙本
萬目共睹又明言是趙黻
畫而云誰或知款為後
人偽作耶此卷舊入石
渠寶笈編輯時未經檢
點及此茲幾餘復加展
閱見其筆墨精妙因為
題句并辨其訛附識如
右以石渠繼鑑寶璽之
石渠寶笈書已錄入四
庫全書則姑仍其舊云
壬寅小春御筆

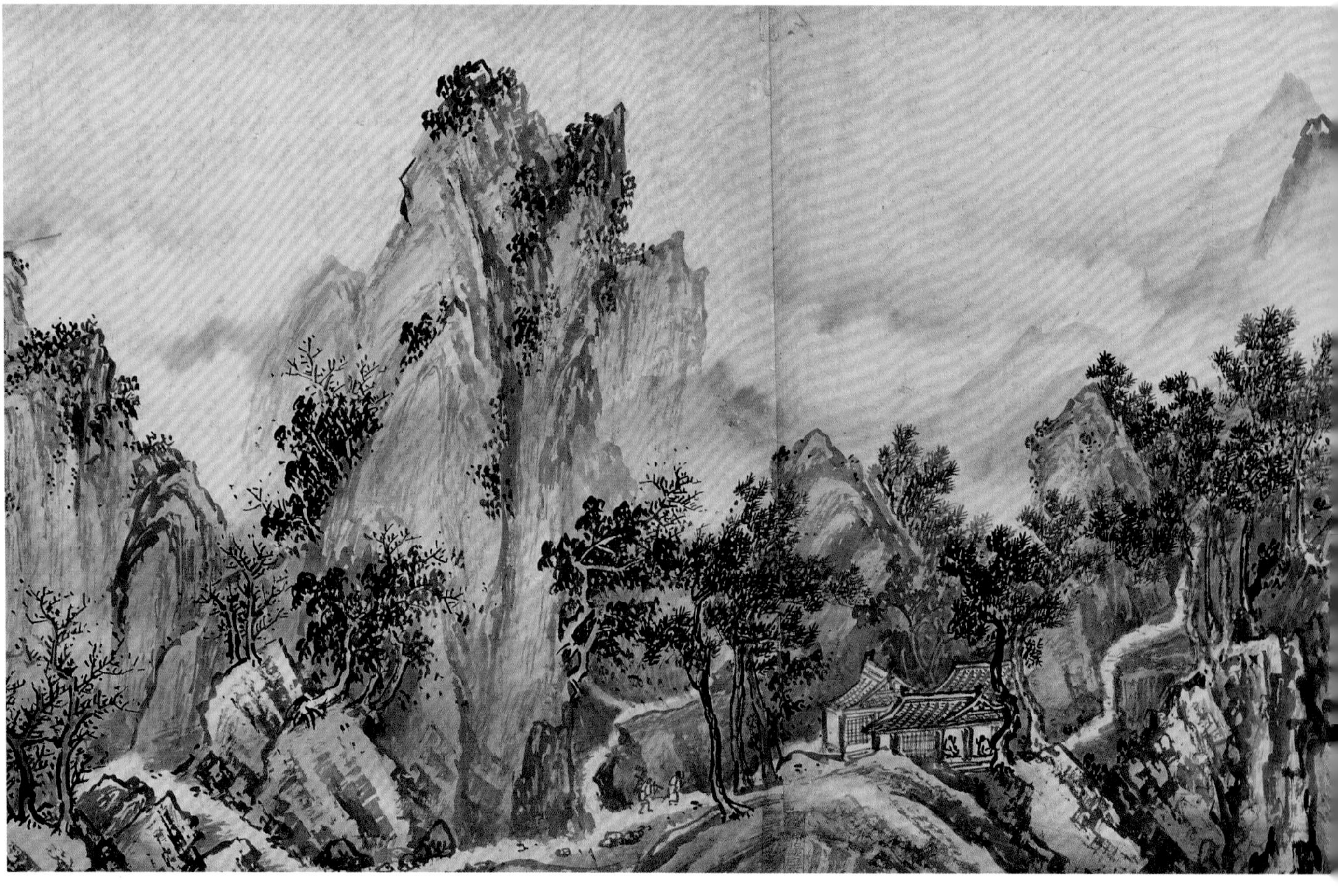

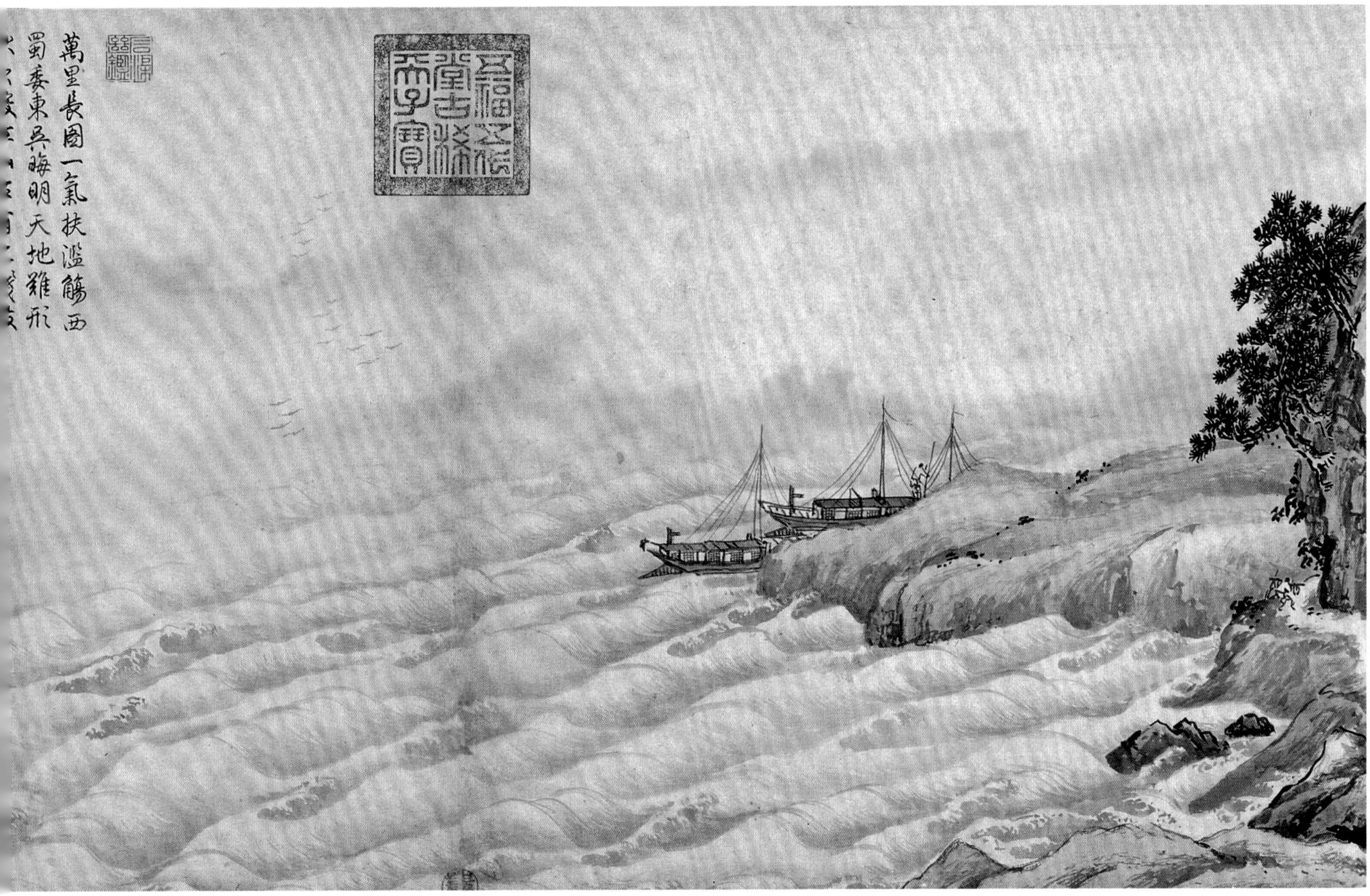
萬里長圖一氣扶溢觴西
蜀委東吳晦明天地雜形

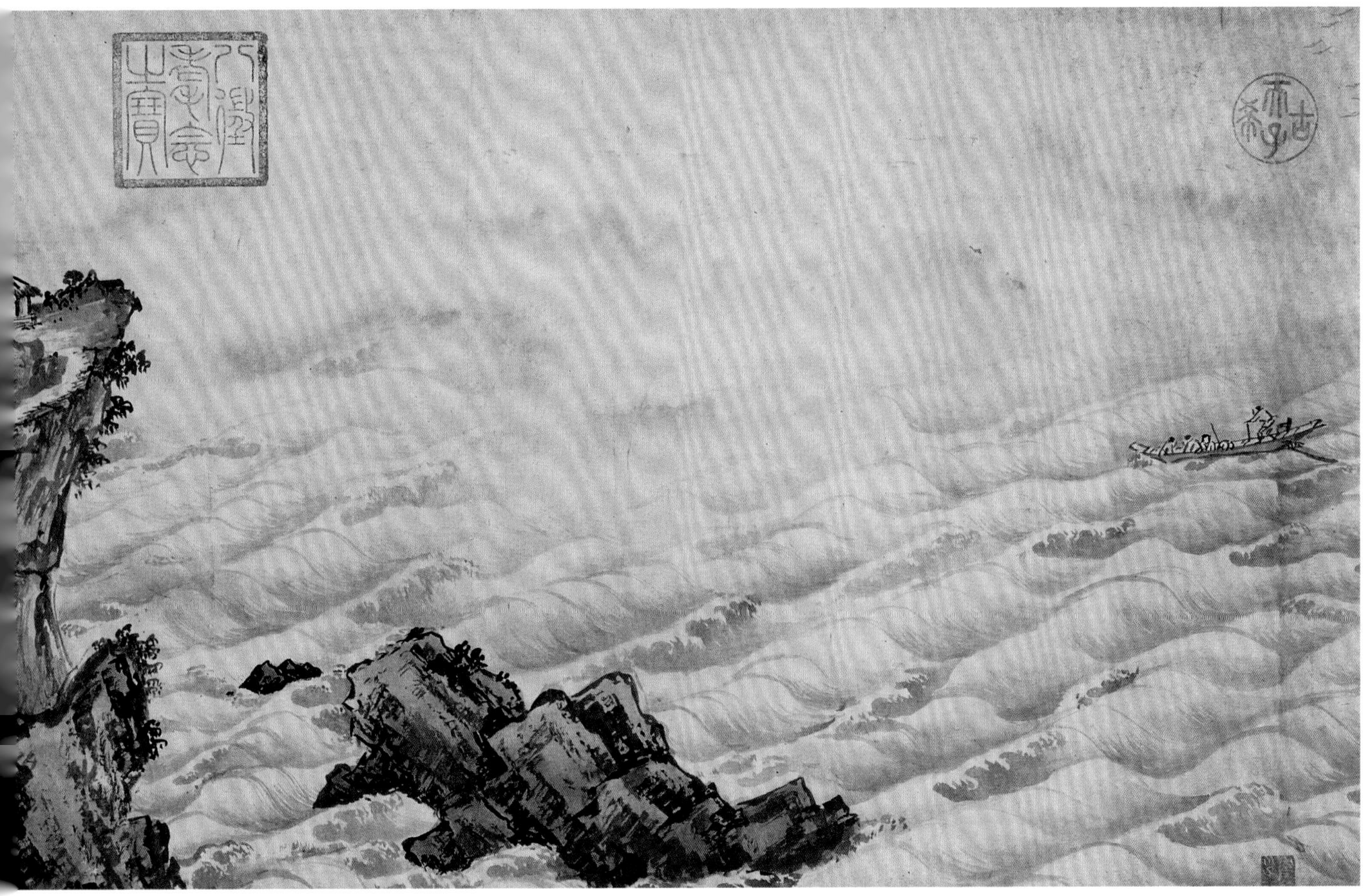

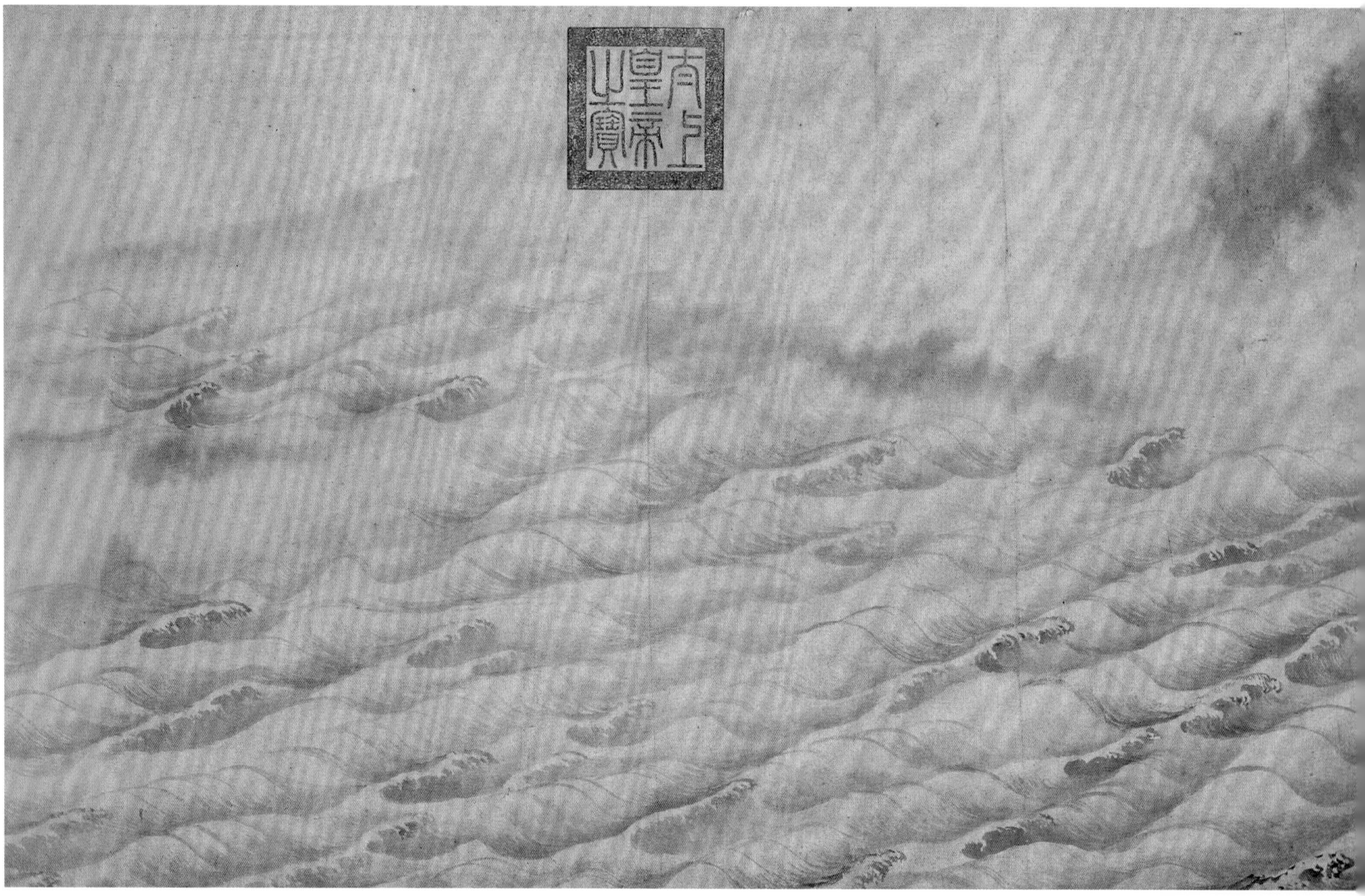

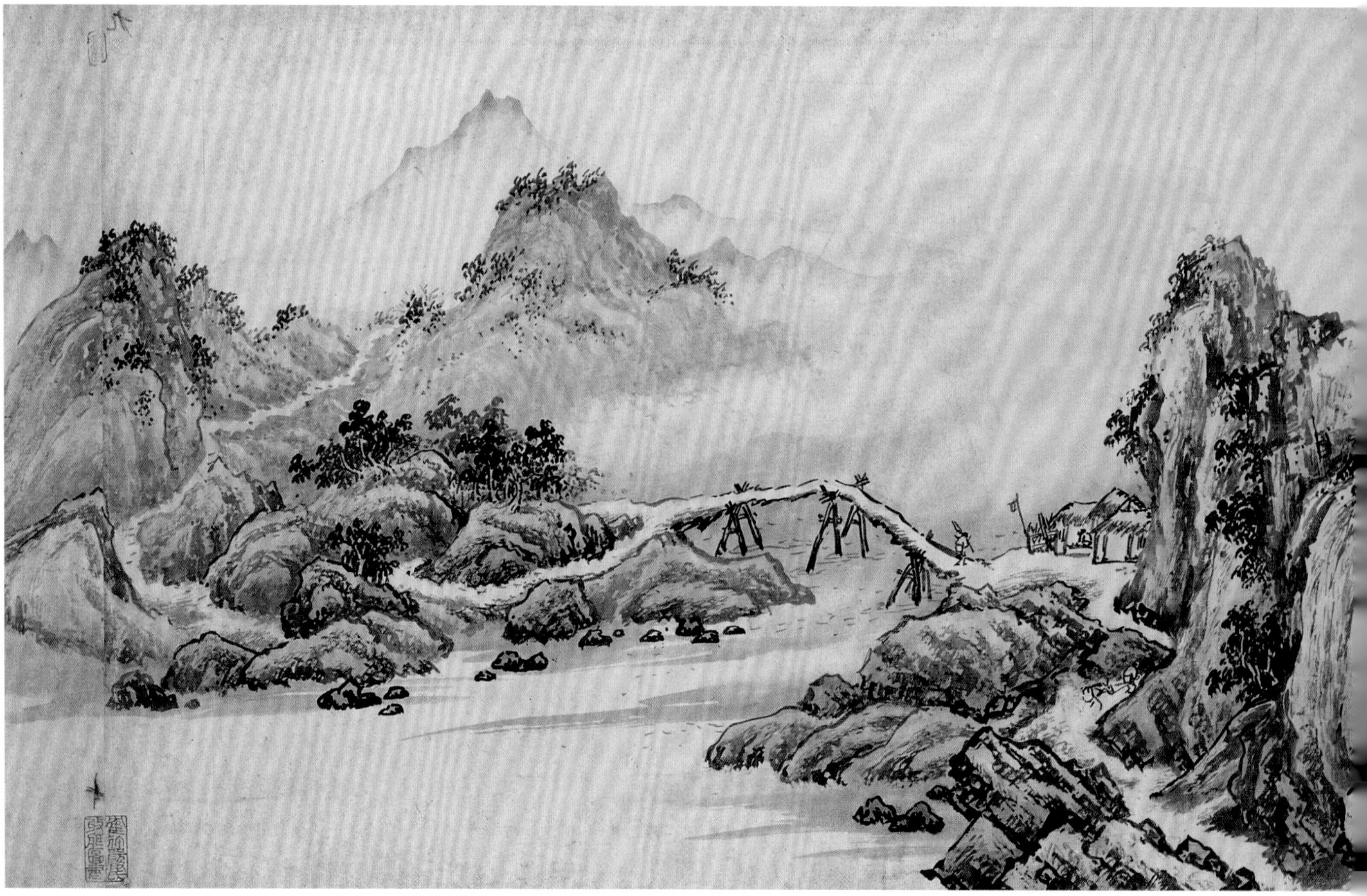

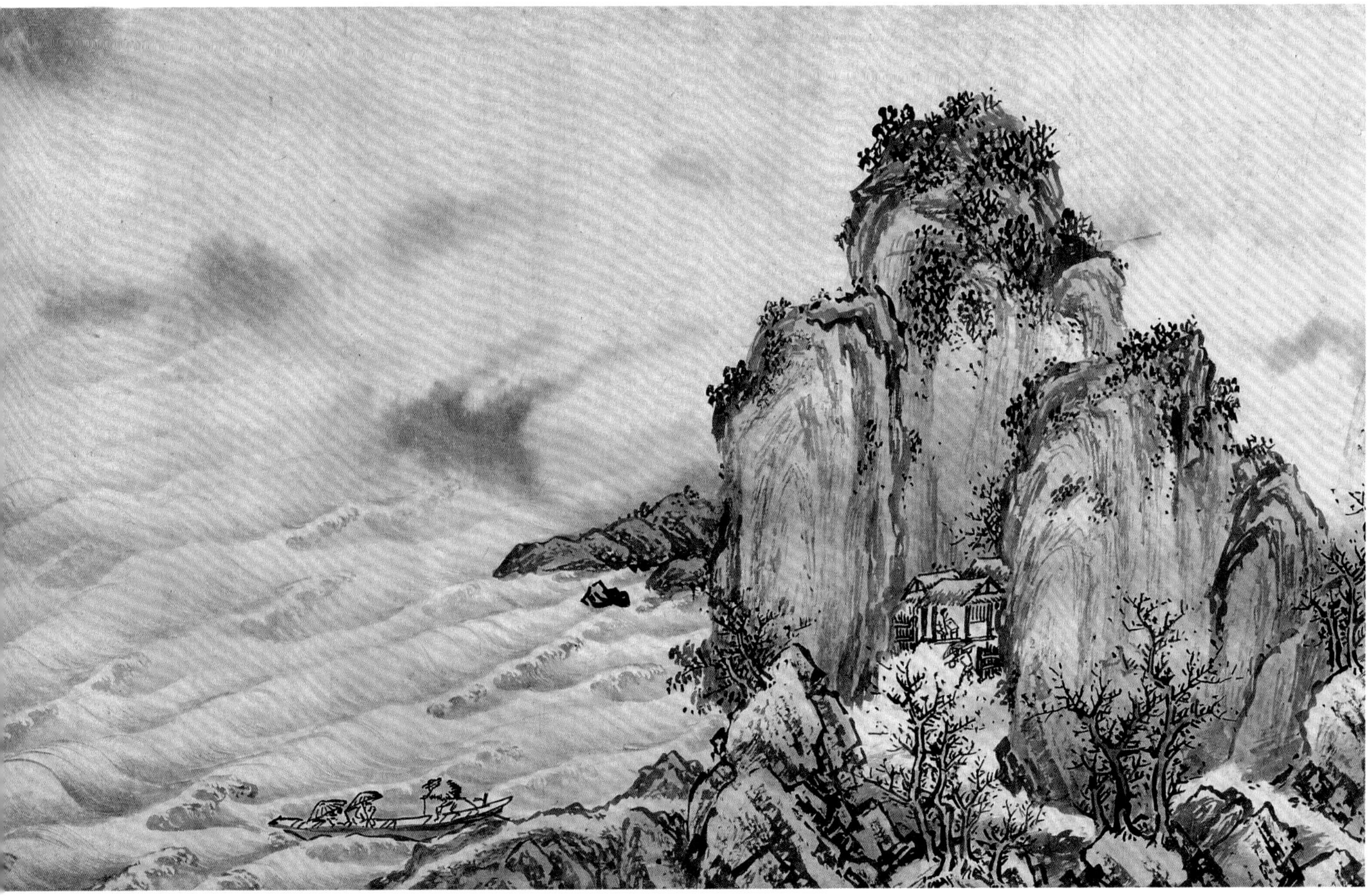

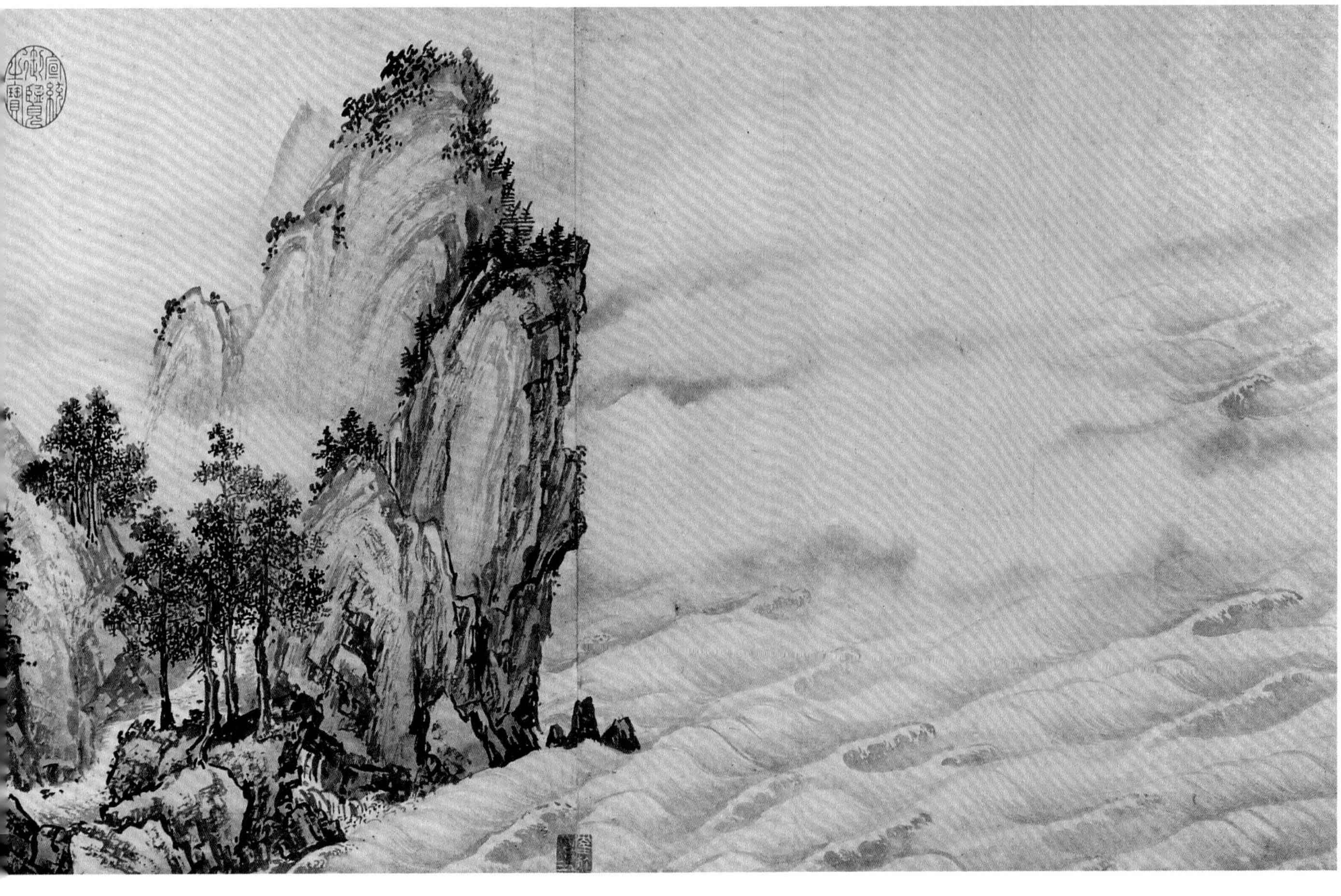

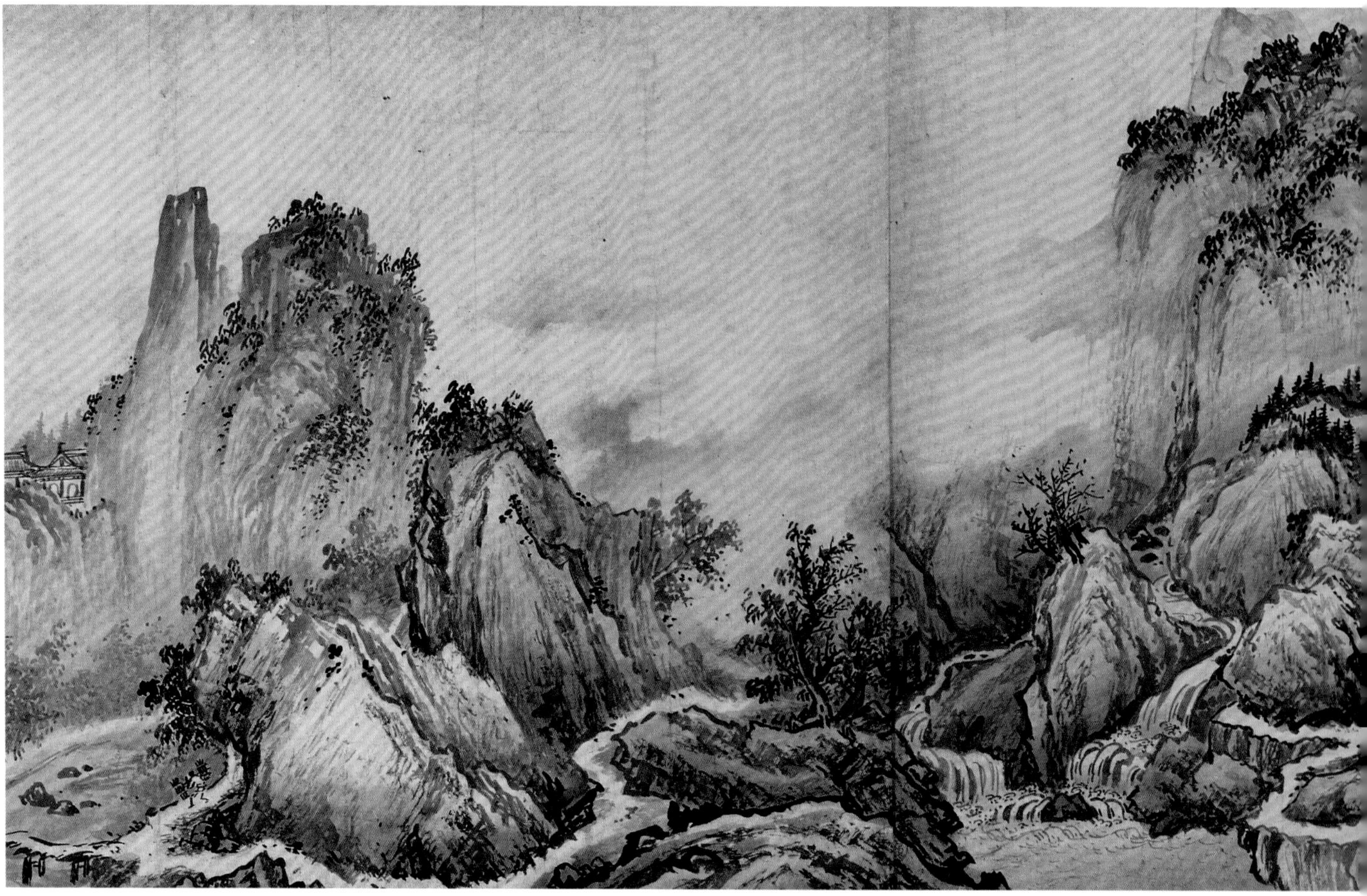

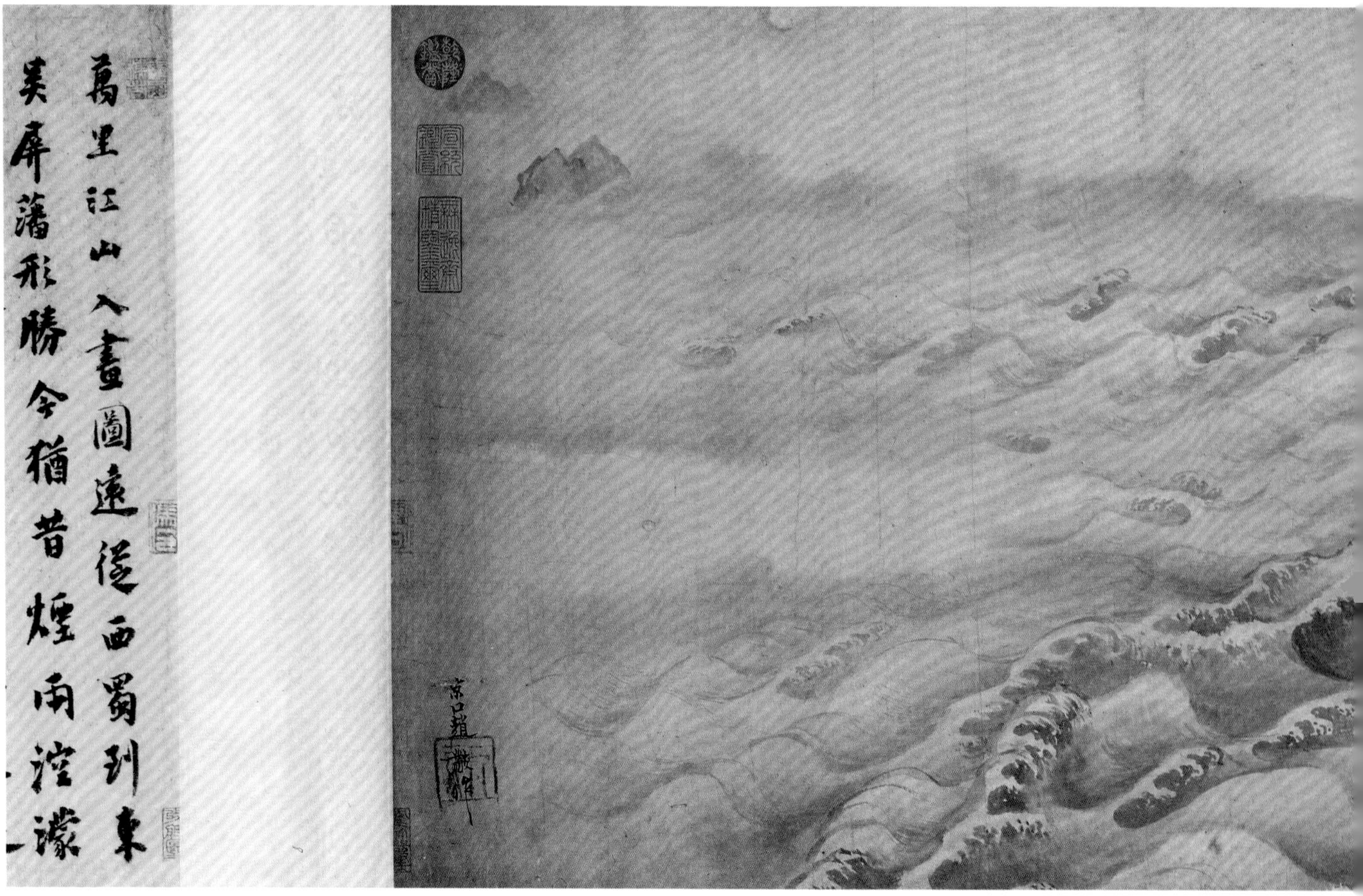
萬里江山入畫圖遠從西蜀到東
吳屏藩形勝今猶昔煙雨溟濛

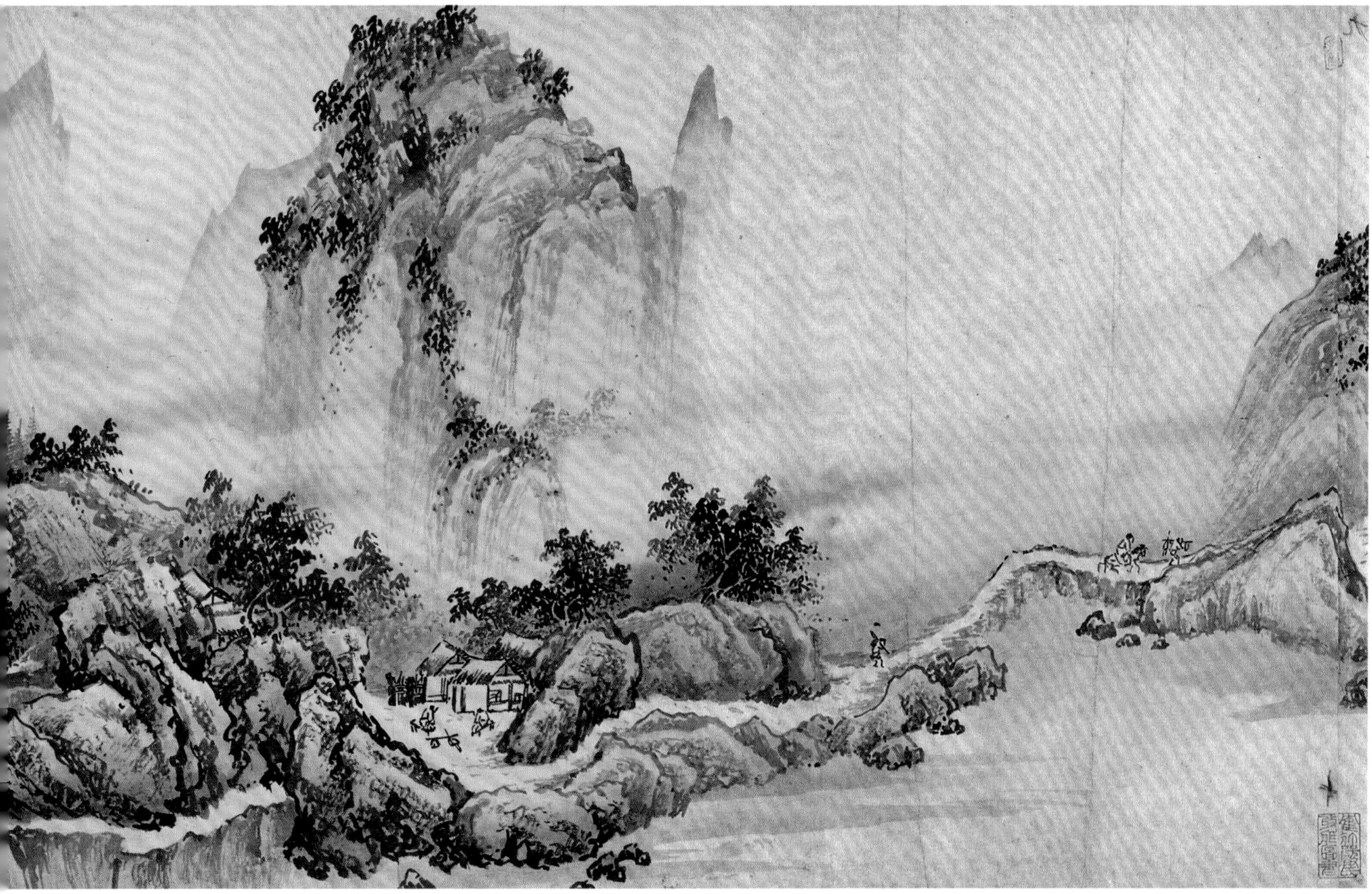

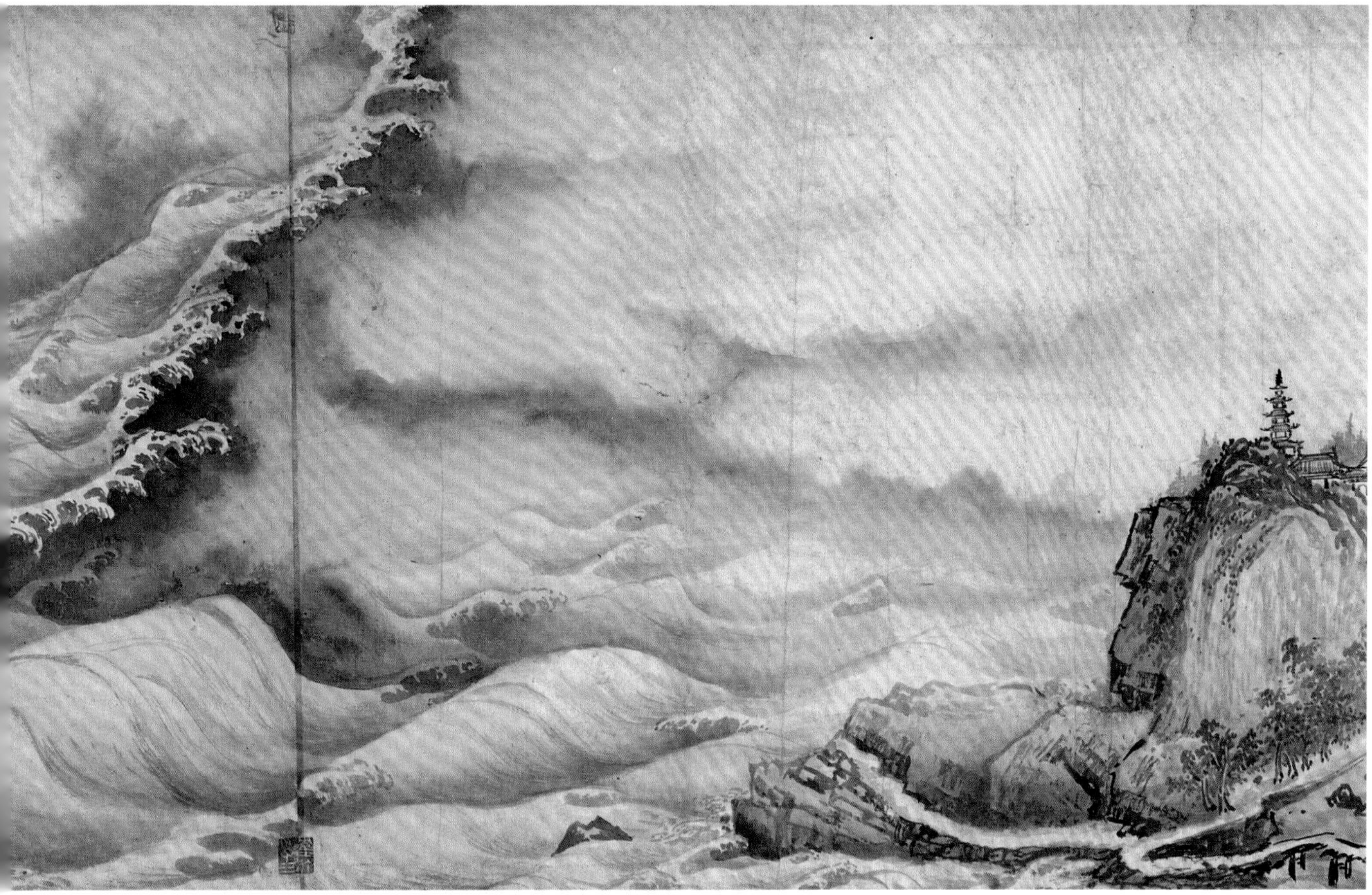

老人錢惟善書手密舍

宋趙歐而畫江山萬里圖經營希宣難
出一筆其間煙雲風雨晴陰旦暮隨地
不同真浮萬里之景高作也況畫家惟
巫光雞造妙風猶可餘物附兒名以
乎遠姜順主軆乃欲具多沿洞邇漵瀲
楊起伏意緩三怯快嘗長之葵薈
興筆果篠沈州固枝春妙茫不狂如望
趙氏出居康口解之不知乃坡至器諸意
象者稱得廿其真郡曲江老人乃雖玉晨
倡莫語和陽诗月里云牛態快不可
泪而素形容之真興圖三詮跊如跋語
氏而令方萬金氏家物去事姓
美披閱之須誇多張珍
戚仁丁亲真正月二十四日辰武方湖峰若
吳與張雲玉子一曄山桂類亭中

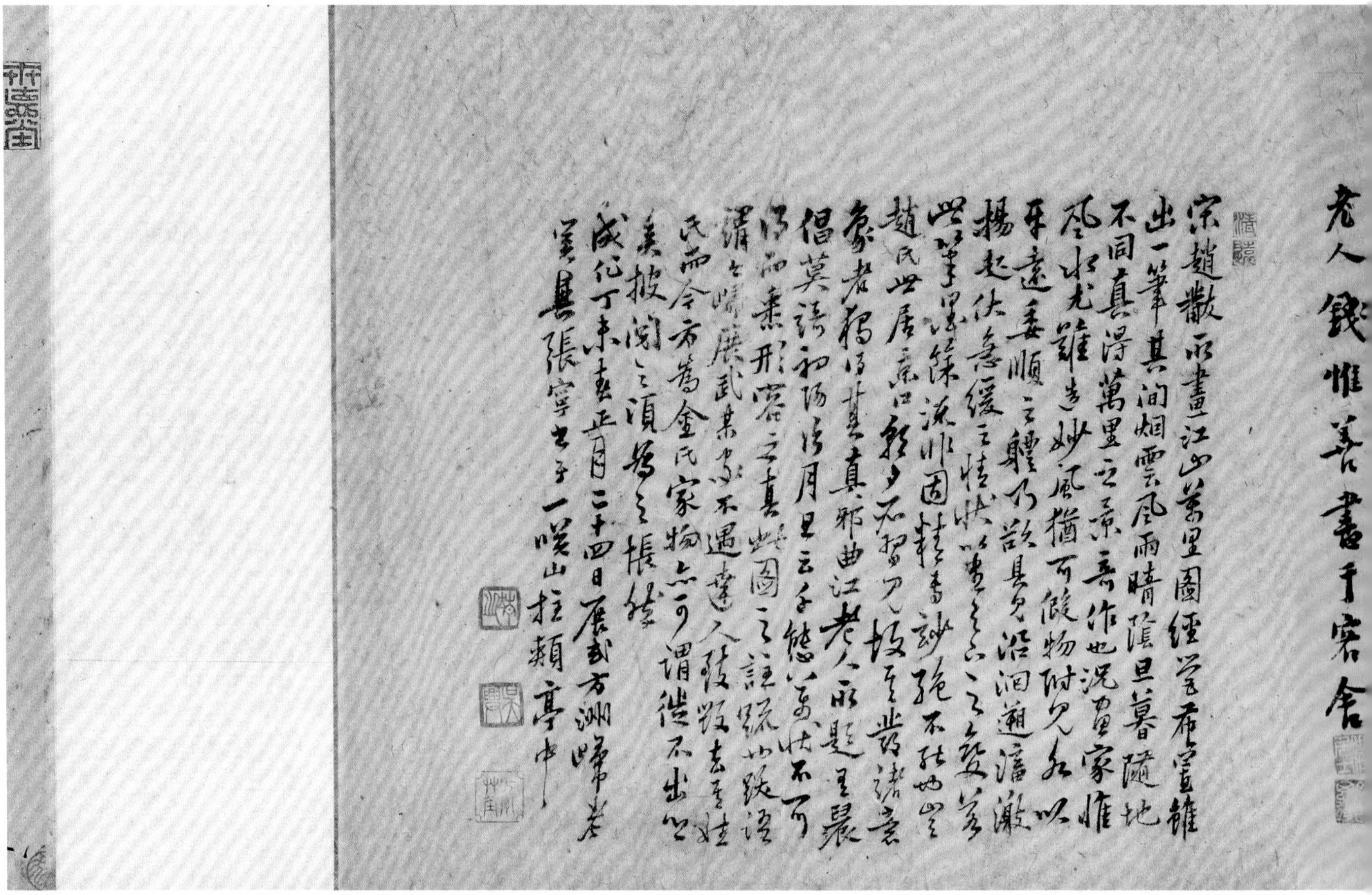

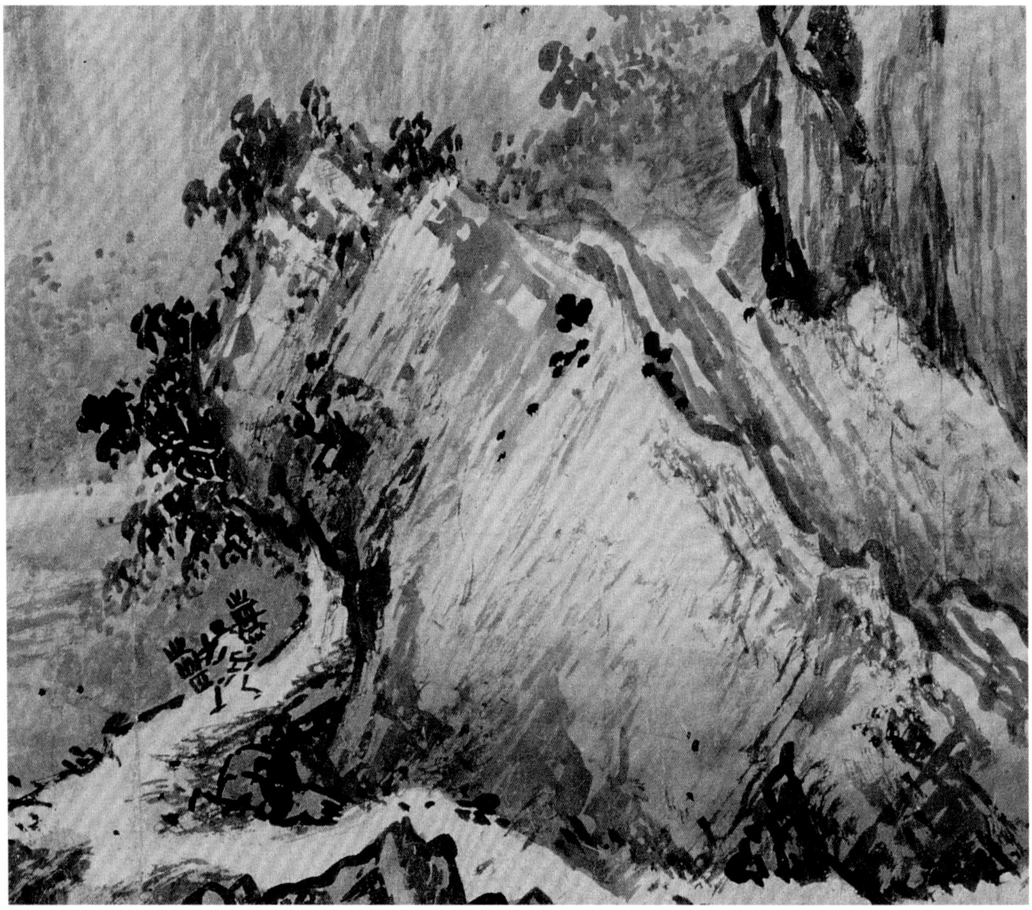

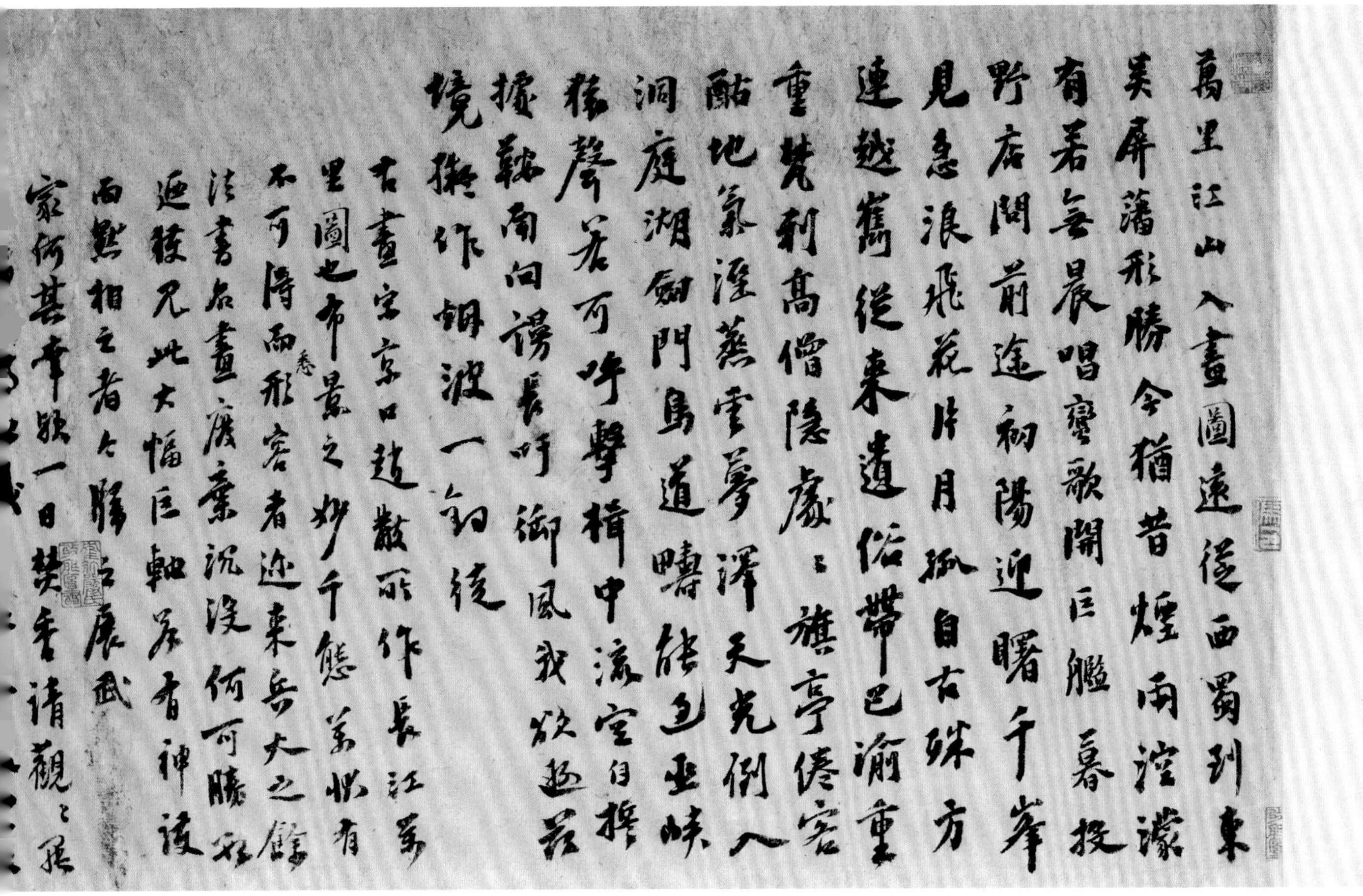

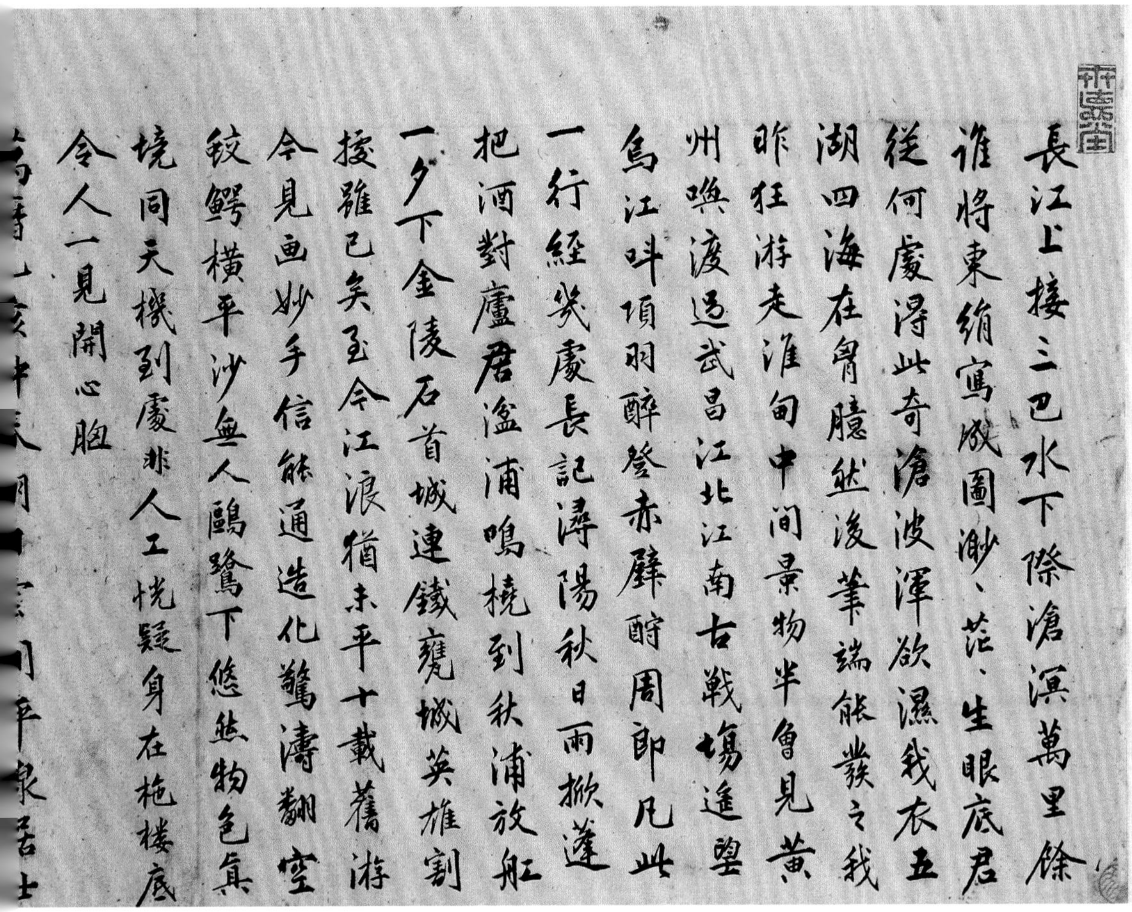

萬里江山入畫圖遠從西蜀列東
吳屏藩形勝今猶昔煙雨濛濛
有若無晨唱寶歌開巨艦暮投
野店閒前途初陽迎曙千峯
見急浪飛花片月孤自古殊方
連越舊從來遺俗帶巴渝重
重梵刹高僧隱處　旗亭倦客
酣地氣淫蒸雲夢澤天光例人
洞庭湘劍門鳥道疇能色亞峽
擴獷作胡波一釣後
孫聲若可呼學檣中流室自擇
靴雨向謗長呼御風我欲遊莽
境猶作胡波一釣後
　古畫宇宙近散形所作長江等
　里圖之布景之妙千態萬必有
不可傳而雅客者迄來岳大之餘
法書名畫殘葉沉沒何可勝紀
延接凡此大幅巨軸展者神識
而爲相之者々勝而展武
家何甚章頹一日焚香請觀之展

（下段）
長江上接三巴水下際滄溟萬里餘
誰將束絹寫城圖渺、茫、生眼底君
從何處得此奇滄波渾欲濕我衣五
昨狂游走淮甸中間景物半魯見黃
州喚渡過武昌江北江南古戰場進望
烏江叫項羽醉登赤壁醉周郎凡此
一行經災慶長記濤陽秋日兩撚蓬游
一夕下金陵石首城連鐵瓮城英雄割
把酒對廬君溢浦橈鳴到秋浦放舡
今見畫妙手信能通造化驚濤翻空
授雖已矣至今江浪猶未平十載舊游
鉸鱷橫平沙魚人鷗鷺下悠悠物色氣
境同天機到處非人工恍疑身在柂樓底
令人一見開心胸

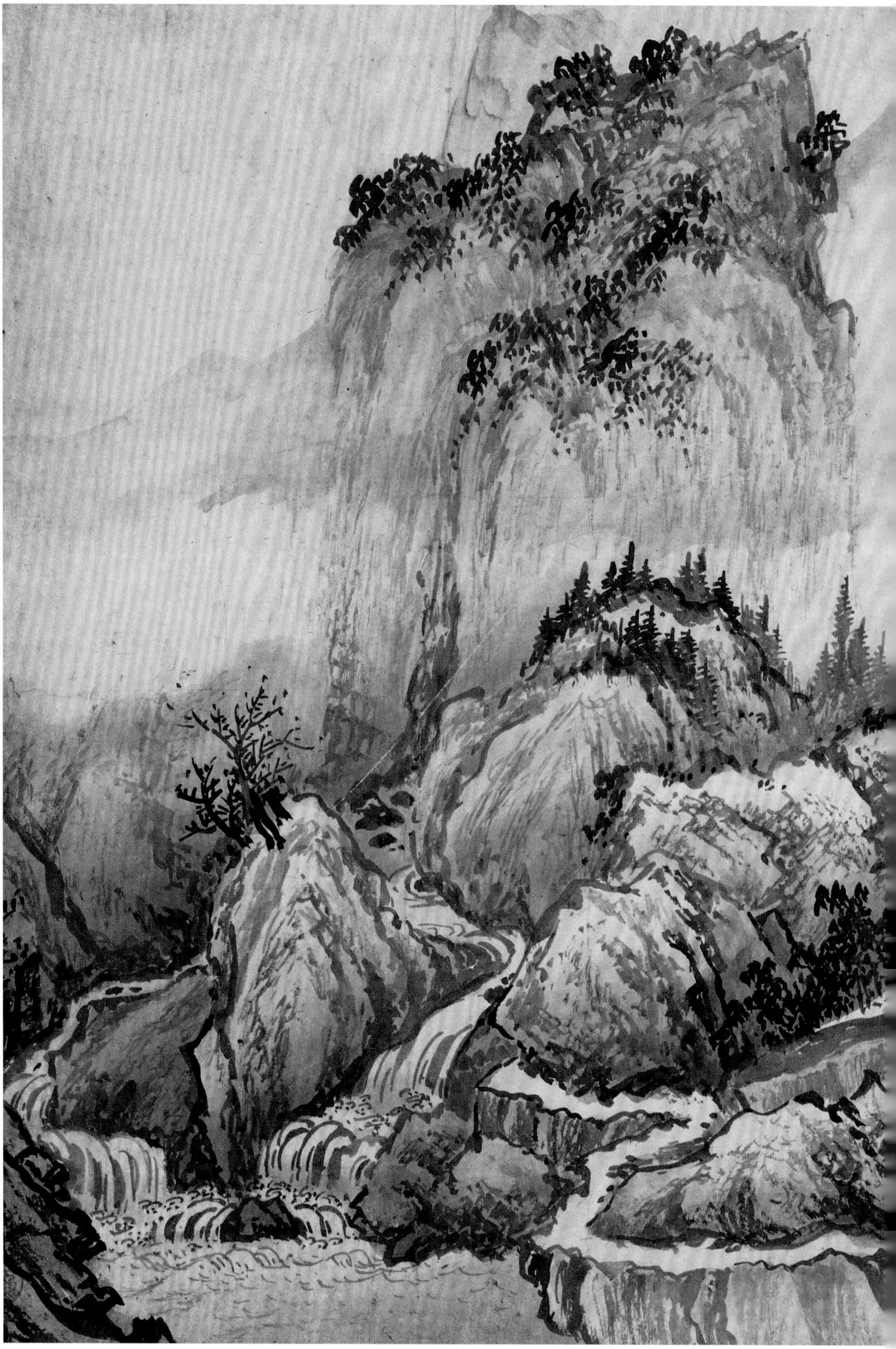

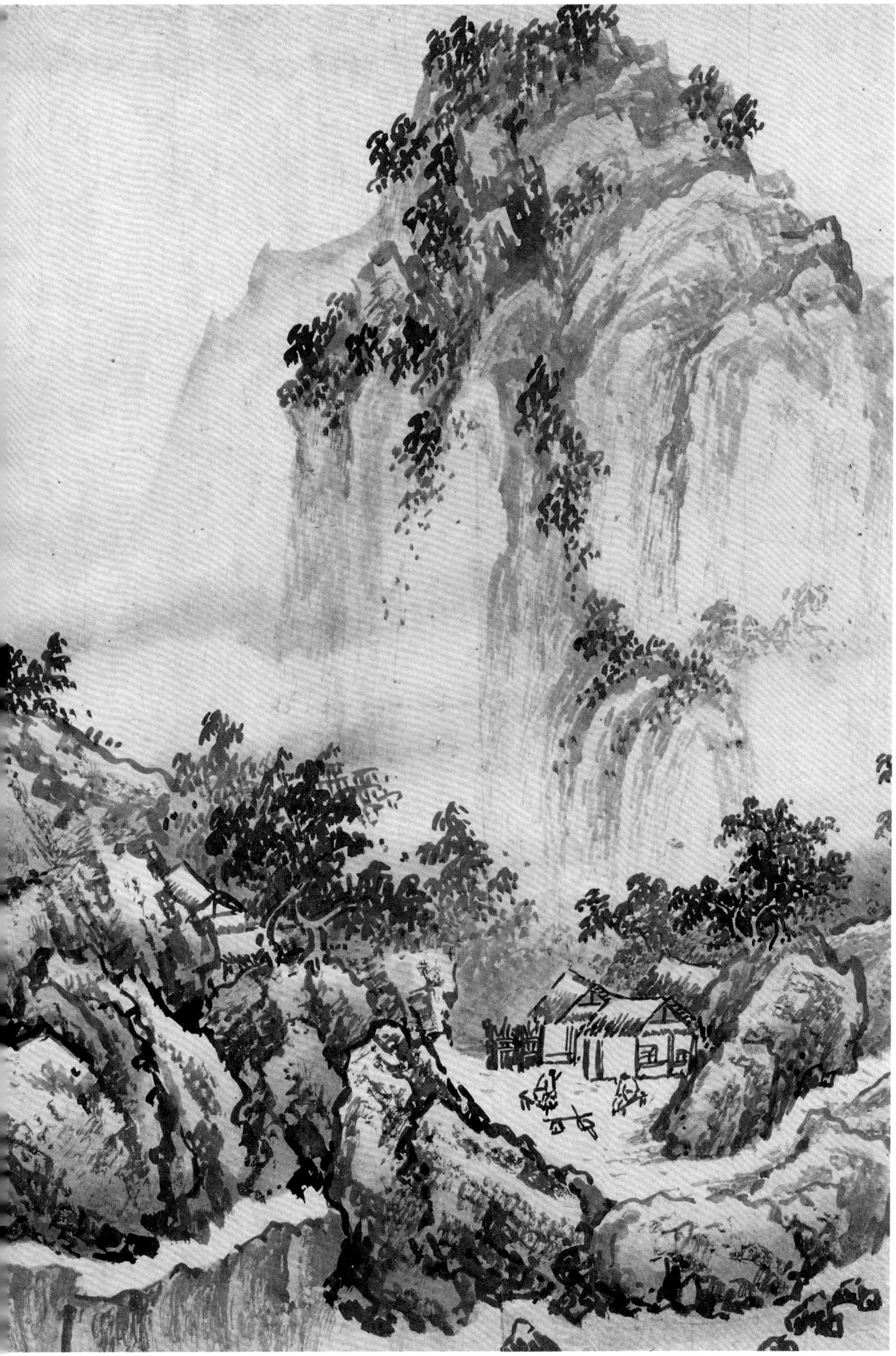

28

陳清波　湖山春曉圖頁
南宋
絹本　設色
縱25厘米　橫26.7厘米

Spring Dawn Mountains and Lake
By Chen Qingbo, Song Dynasty
Leaf, colour on silk
H.25cm　L.26.7cm

陳清波（生卒年不詳），錢塘（今浙江杭州）人。南宋寶祐年間（1253—1258）曾任畫院待詔。善畫山水，多作西湖景。

圖中繪平遠山色，湖水環繞山島，庭院樓閣掩映林間，岸柳初發，小路如帶。湖岸邊旅人騎馬遠行，揮鞭遙指樓院，小童挑擔相隨。遠山一片葱綠，少皴，只以側筆勾勒輪廓。

本幅自識："乙未（1235）陳清波"。鈐鑑藏印"龐萊臣珍藏宋元真迹"（朱文）。

曾經《虛齋名畫錄》著錄。

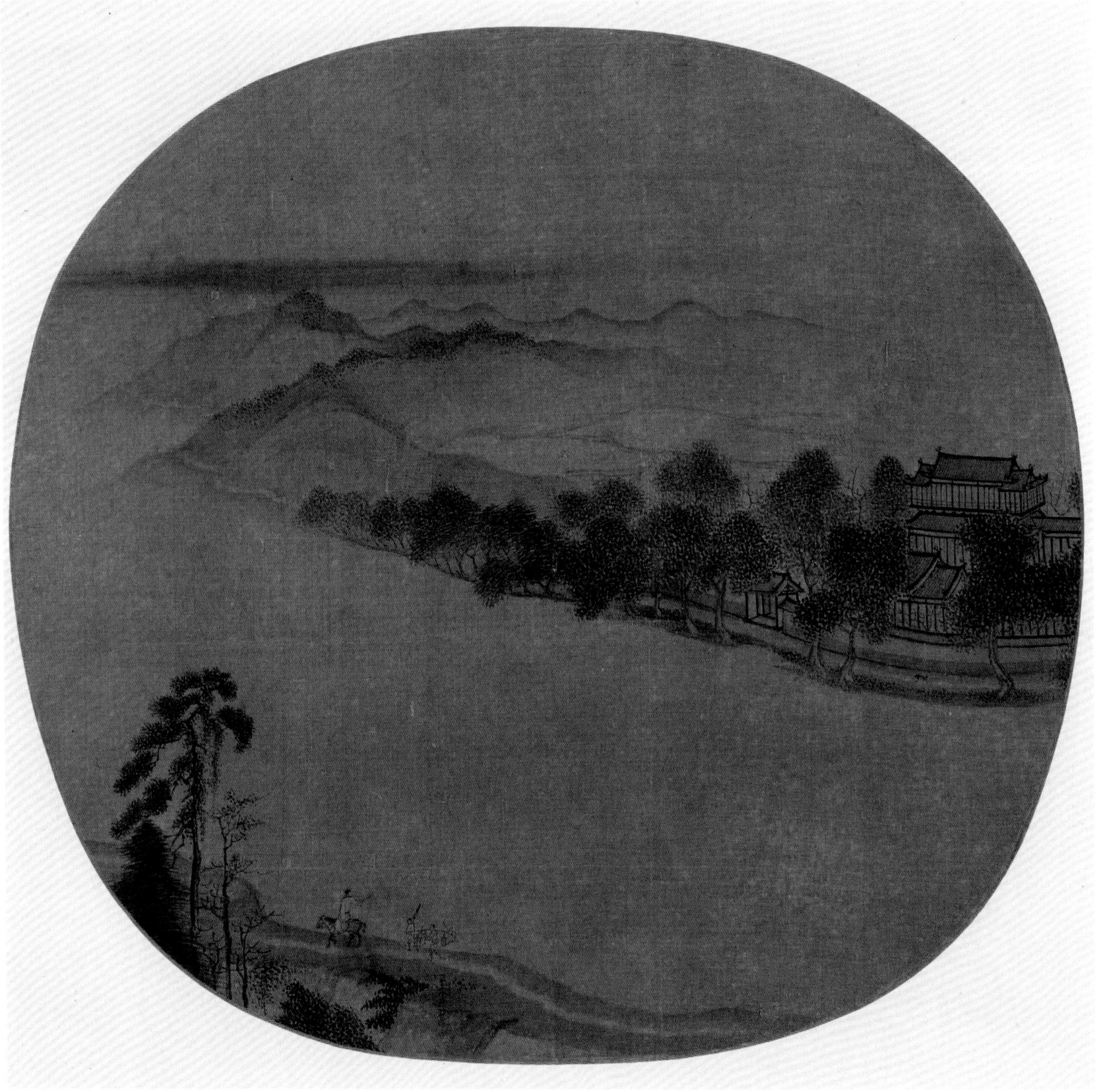

29

李東　雪江賣魚圖頁

南宋
絹本　墨筆
縱23.6厘米　橫25.2厘米

Fish Selling on a Snowy River
By Li Dong, Song Dynasty
Leaf, ink on silk
H.23.6cm　L.25.2cm

李東（生卒年不詳），據畫史記載，南宋理宗年間（1225—1264）曾於御街賣畫，其他事迹失考。

這是一幅帶有民間生活情趣的山水小景。畫面以漁舟上賣魚的蓑翁與酒店裏買魚的食客為中心，著筆雖然不多，卻將二人的形象動態表現得活潑有趣。其餘景物頗為簡潔，遠山尤為洗練概括，樹木多用短直筆畫，點劃相間，追求一份簡素之意。

本幅自識：“李東”。

曾經《虛齋名畫錄》著錄。

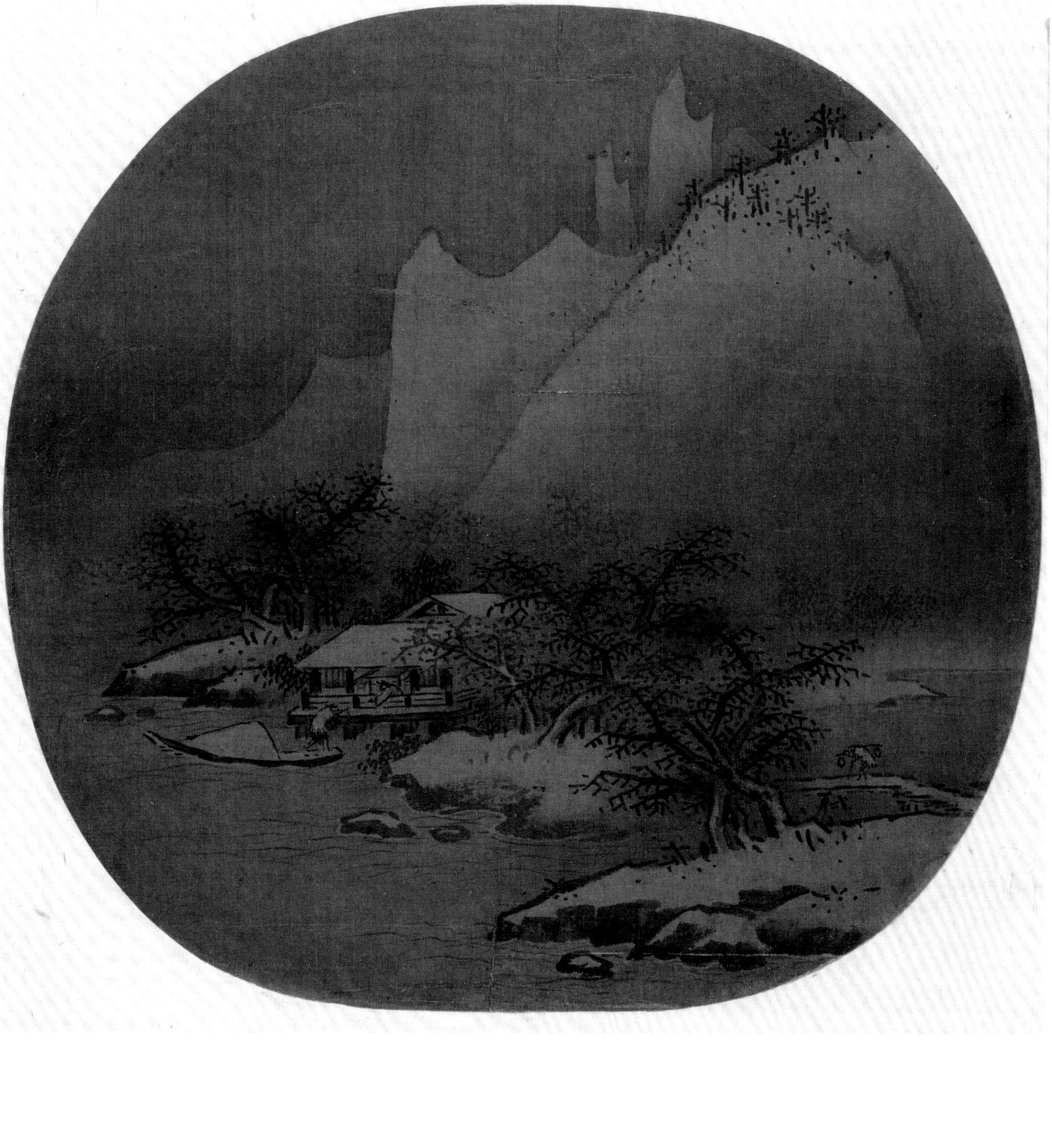

30

佚名　秋林觀泉圖卷

南宋
絹本　設色
縱24.7厘米　橫112.3厘米

Visiting a Mountain Spring in the Autumn Woods

Anonymous, Song Dynasty
Handscroll, colour on silk
H.24.7cm　L.112.3cm

《秋林觀泉圖》繪水邊坡石之上，二位士人坐談論道情形。周圍巨石嶙峋，林木蓊鬱。對岸遠山近水，由近伸向遠方。左側峽口飛泉直瀉，與山下溪水相接，水中磯石兀立，波紋迴環。落葉飄流，顯示出初秋後的景象，給人以清幽之想。此圖石坡皆用斧劈皴，表現出山石的堅硬，樹多為夾葉，繁茂空靈兼而有之。用筆堅實，墨色渾厚，為南宋畫家李唐傳派之佳作。

本幅鈐鑑藏印“宋氏珍藏”（朱文）、半印（朱文）以及近人吳冠君鑑藏印三方。

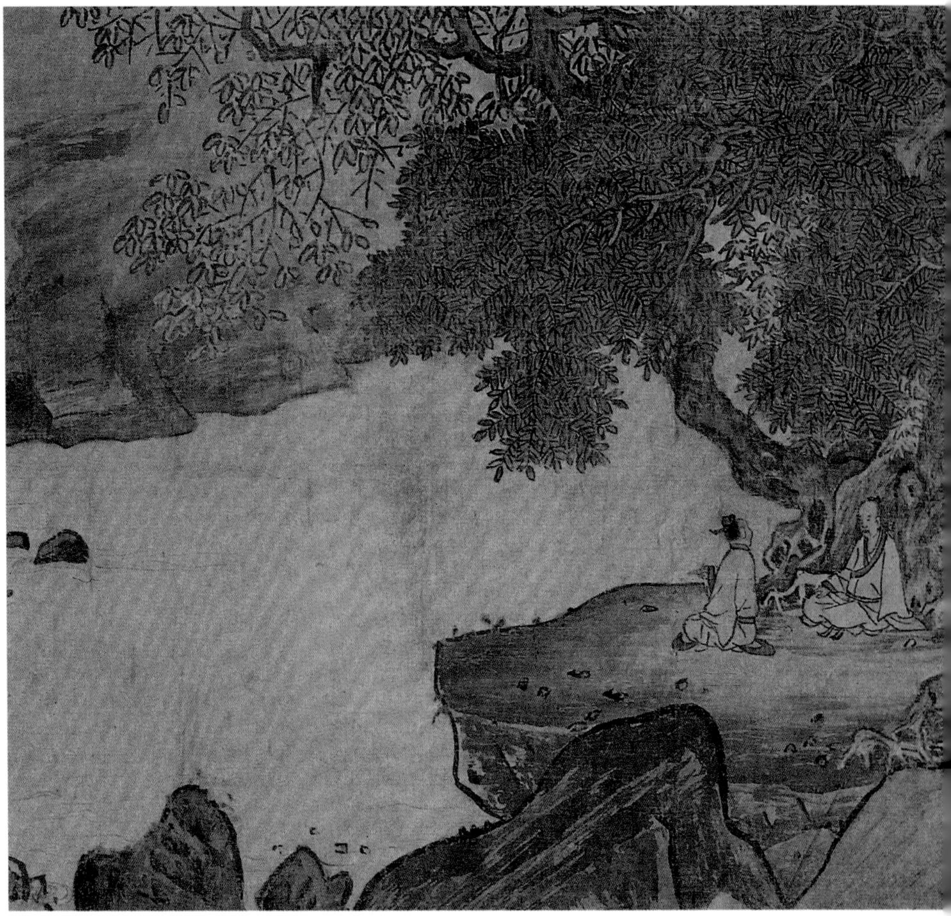

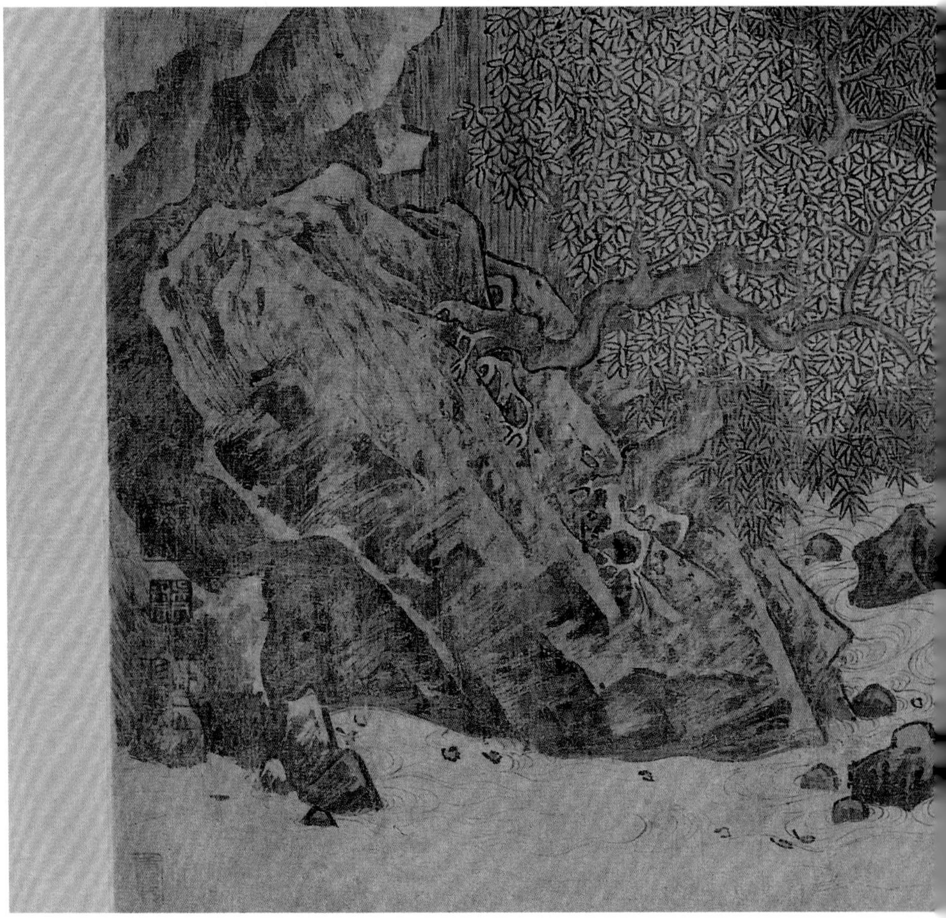

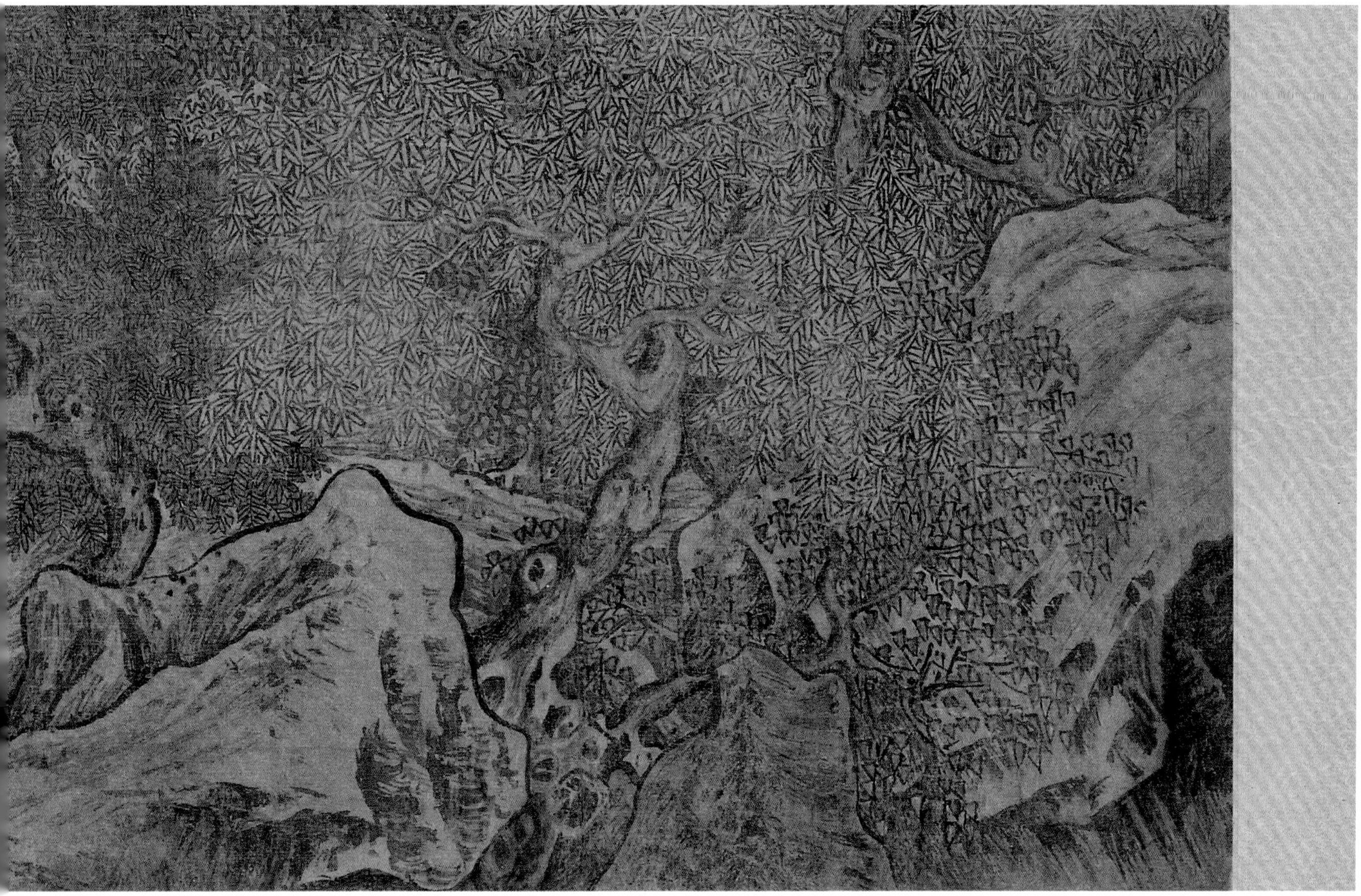

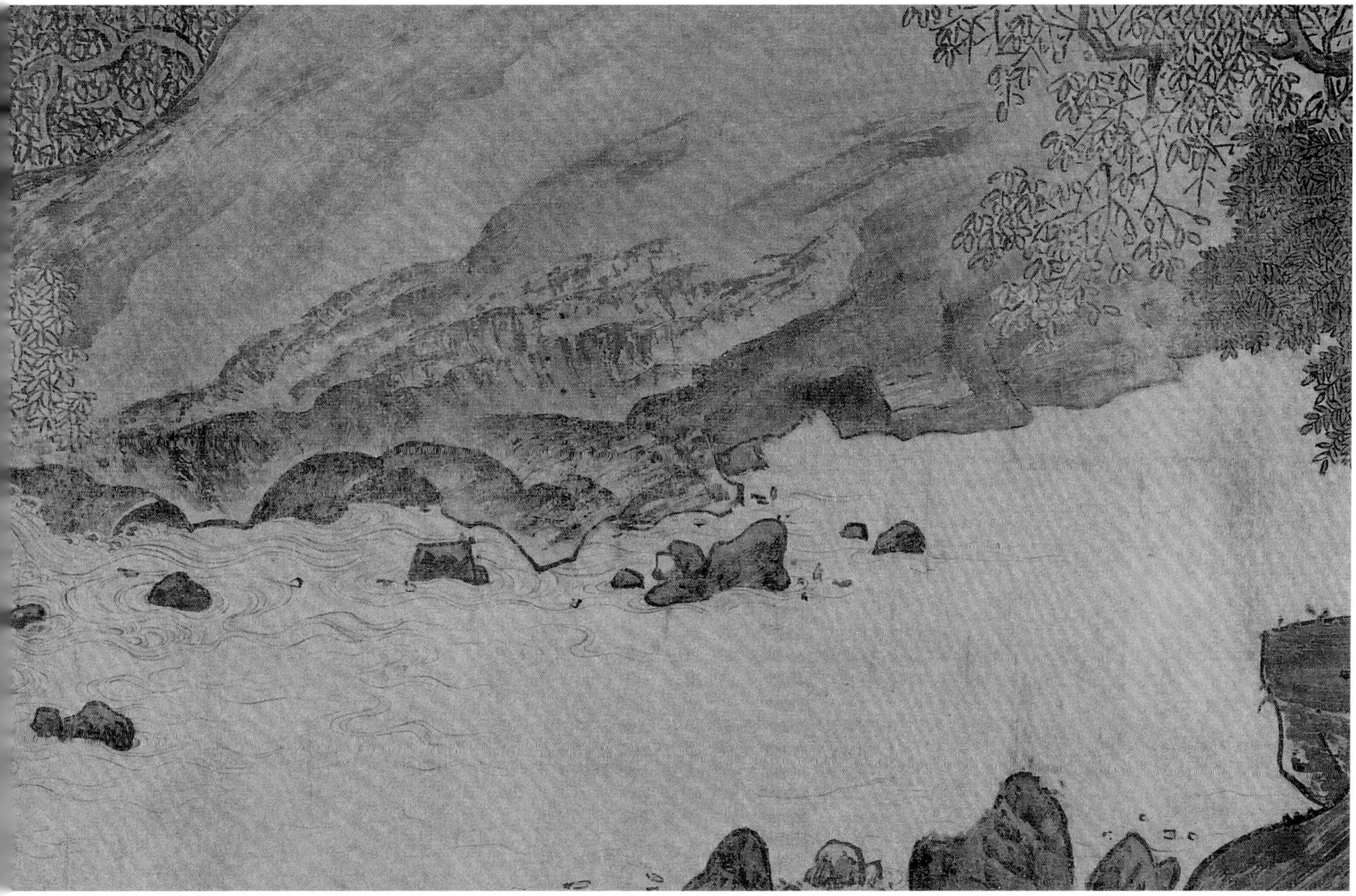

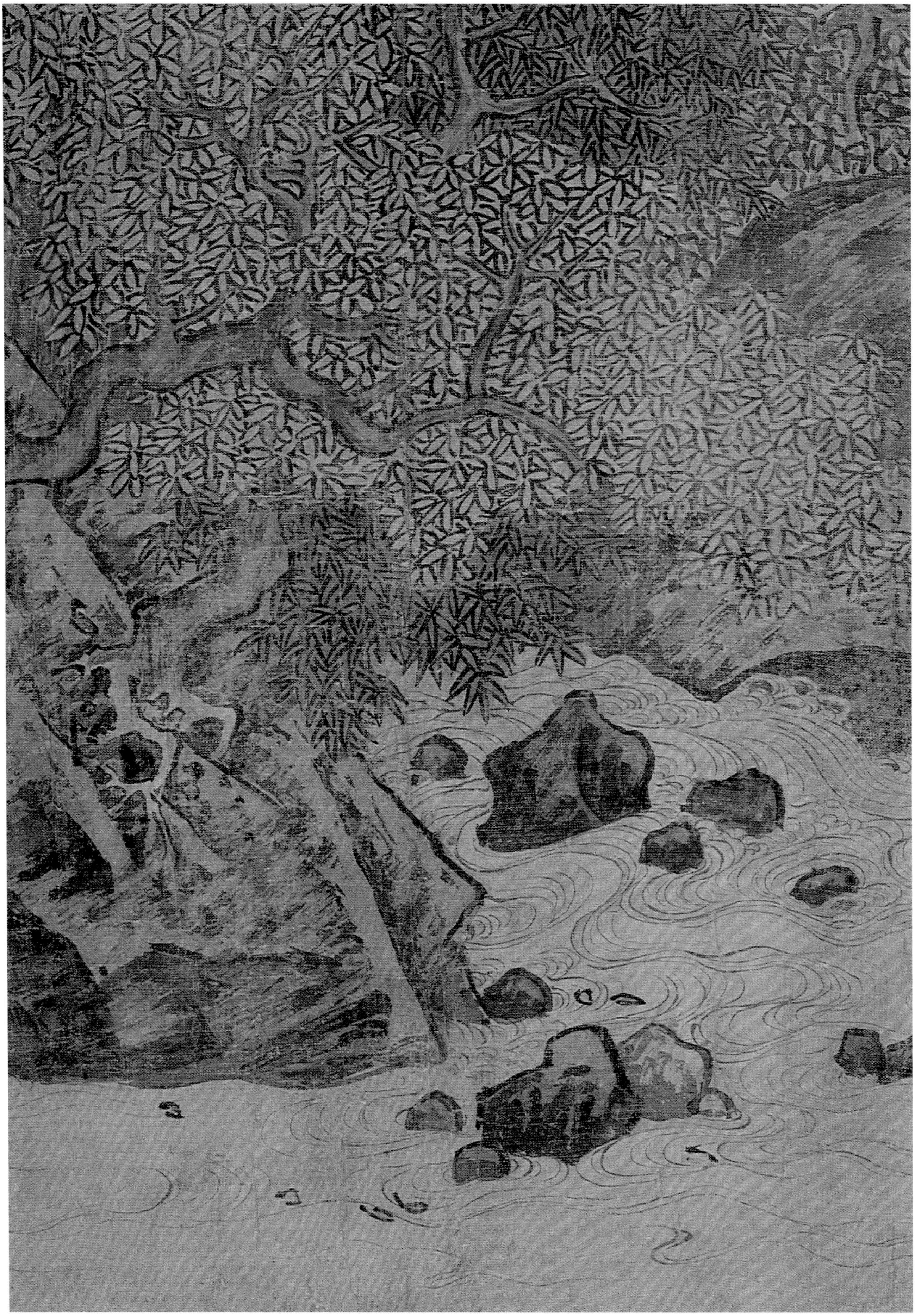

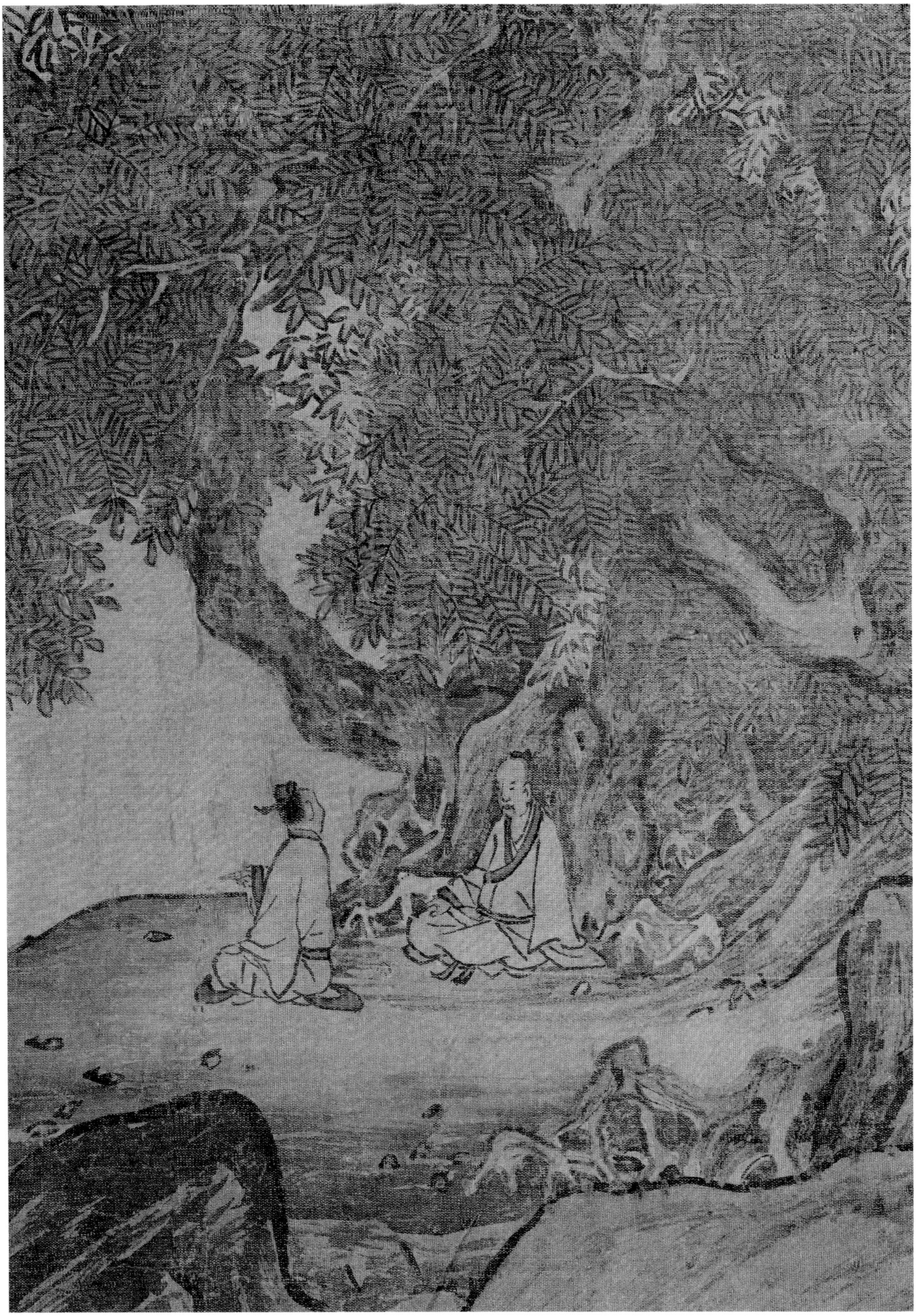

31

佚名　秋林放犢圖軸
南宋
絹本　設色
縱96.3厘米　橫53.2厘米
清宮舊藏

Herd boy in the Autumn Forest
Anonymous, Song Dynasty
Hanging scroll, colour on silk
H.96.3cm　L.53.2cm
Qing Court collection

《秋林放犢圖》描繪林木濃密，秋風乍起，紅葉飄落，水塘邊蘆荻枯黃，牧童正在水中捕撈魚蝦，樹下水牛迎風擺尾，充滿了田園牧歌般的輕鬆情調。此軸人物和牛犢用細筆描繪，神態生動。樹木及坡岸以濃墨勾寫，枝葉用雙鉤及點法畫出，穿插錯落有序，設色溫暖蘊藉，頗有南宋畫家李唐遺韻。

本幅款識"李唐"為他人後添。鈐梁清標鑑藏印及清乾隆、嘉慶、宣統內府藏印共七方。裱邊鈐"教育部點驗之章"（朱文）。

曾經《石渠寶笈初編》著錄。

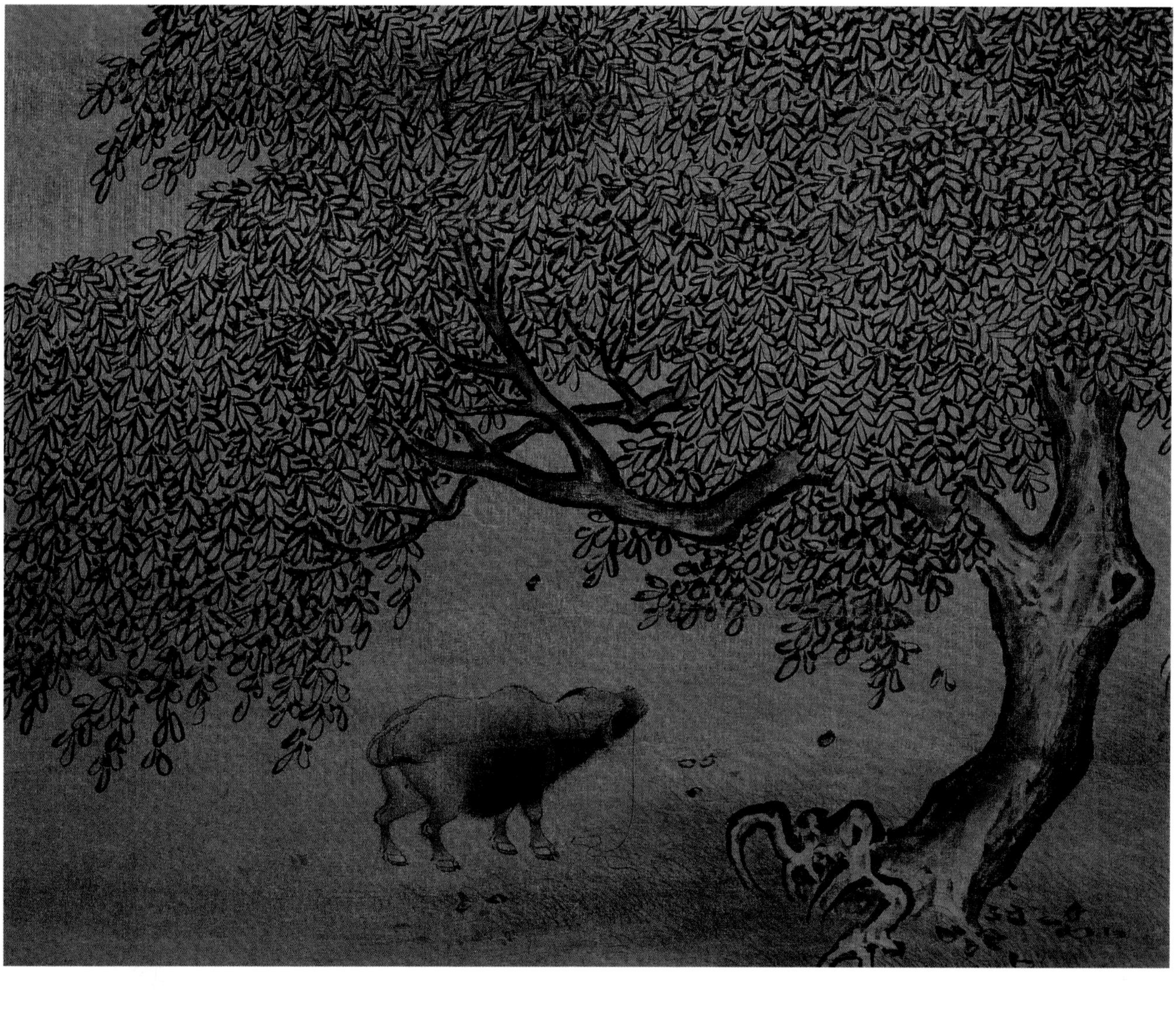

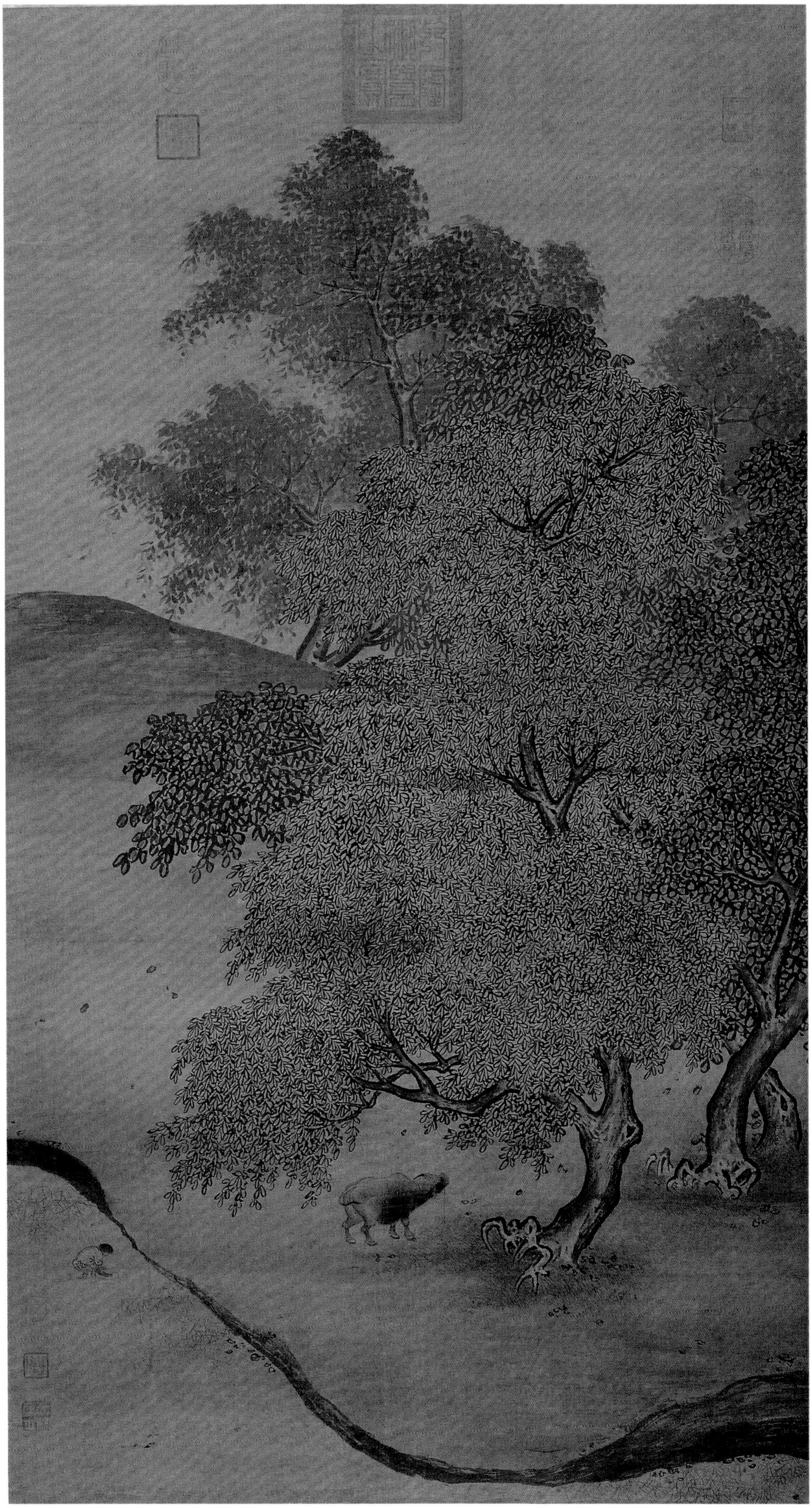

32

佚名　秋山紅樹圖軸
南宋
絹本　設色
縱197.8厘米　橫111.8厘米

Autumn Maples and Mountains
Anonymous, Song Dynasty
Hanging scroll, colour on silk
H.197.8cm　L.111.8cm

《秋山紅樹圖》繪險峯巉岩之間，飛瀑直下，溪流湍急，小橋上幾位尋訪秋色的高士正佇足觀望瀑布。遍山紅楓蒼松，水榭中幾位雅客在飲茶對弈，表現了文人對於山林秋色的一份情懷。此軸以濕筆行斧劈皴，兼皴帶染，表現石分四面和岩石凹凸的紋理。主峯多以縱筆揮灑顯示峻峭，林木互有穿插，湍急的溪流使雄渾的山景頓顯勃勃生機。全圖筆力雄健，是南宋人師法李唐一派的佳作。

本幅款識“李唐筆”及下鈐殘印，均係後添。鈐鑑藏印“公則薄”（朱文）、“尹吾之印”（白文）、“尹迂夫鑑賞印記”（朱文）、“夏伯子金石圖書”（朱文）、“幻叟”（朱文）、“集虛堂印信”（朱文）、“泉”（朱文）。

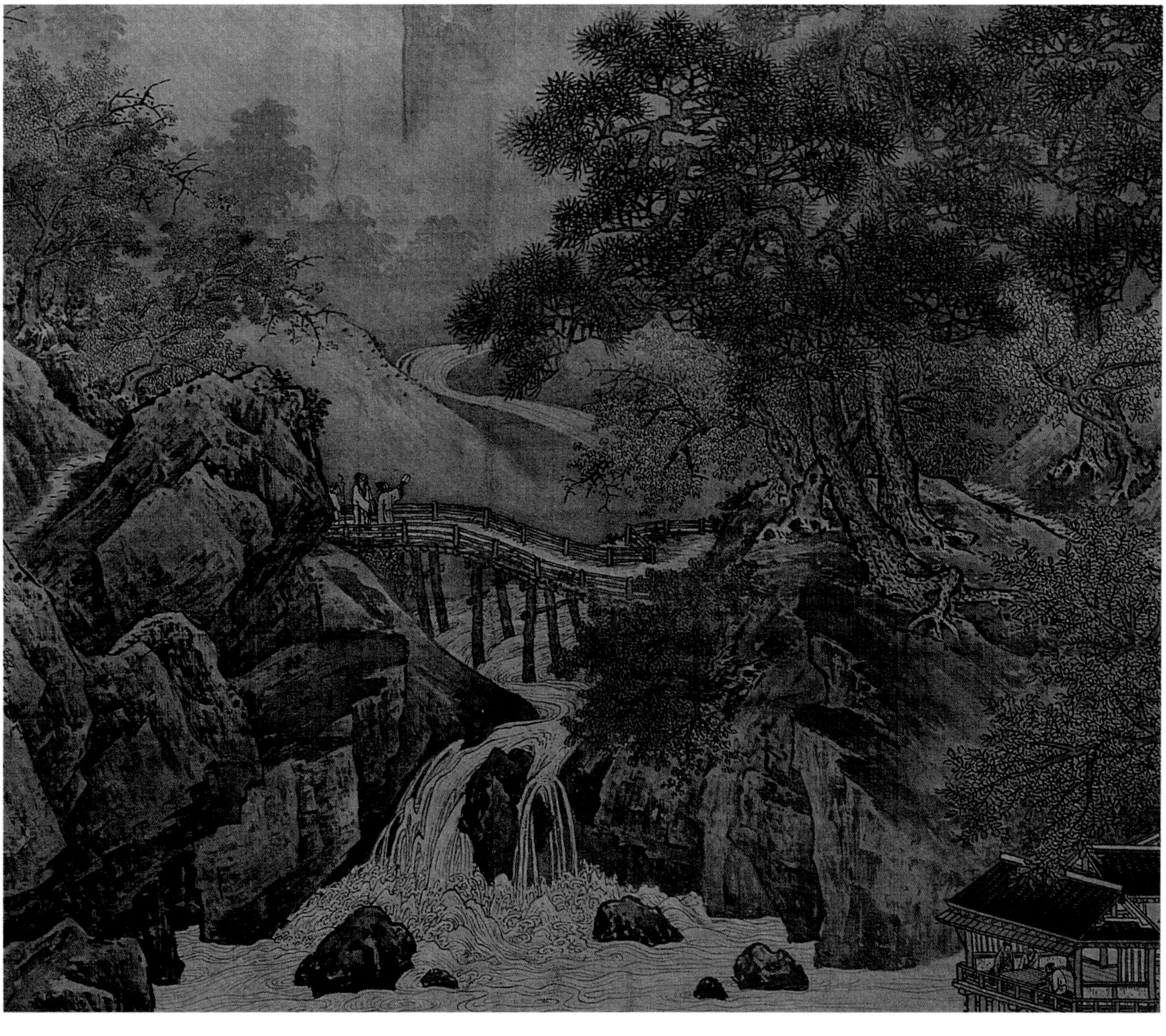

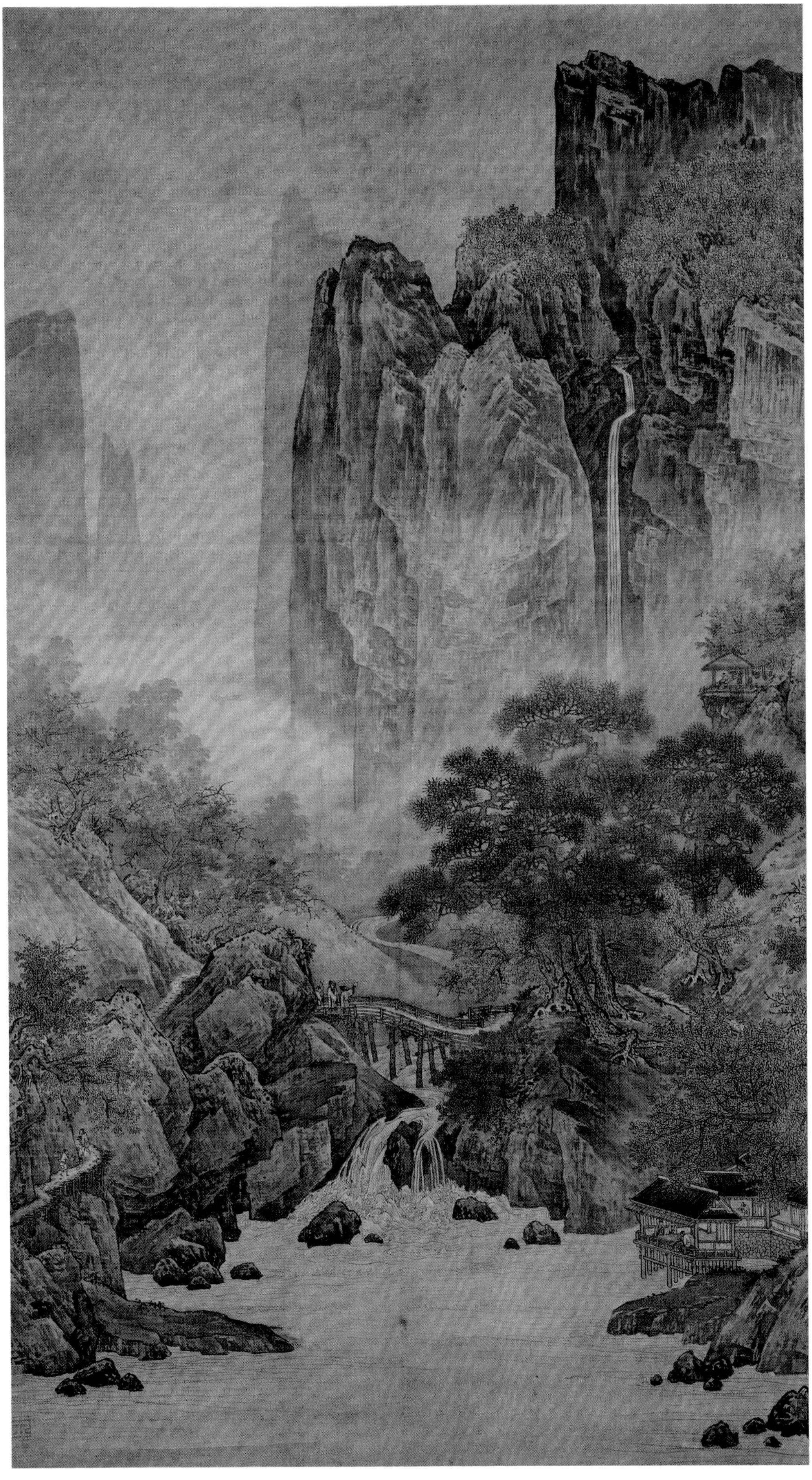

33

佚名　雪山行旅圖軸

南宋
絹本　墨筆
縱162.1厘米　橫52.2厘米

Travellers in Snowy Mountains
Anonymous, Song Dynasty
Hanging scroll, ink on silk
H.162.1cm　L.52.2cm

《雪山行旅圖》中描寫雪峯聳立，寒徑幽曲。山間霧氣迷濛，林木蕭索，山莊、寺觀皆為積雪覆蓋。棧道溪橋上行旅艱難跋涉，樵夫荷擔晚歸。此軸構圖高遠深邃，山石樹木取法北宋畫家郭熙，唯筆墨稍嫌鬆散，應是南宋人手筆。

本幅鈐鑑藏印“王鏞之印”（朱文）、“孟津王鏞世寶”（朱文）及“典禮紀察司印”半印（朱文）。裱邊題籤：“唐王摩詰雪山行旅圖　最上神品，天下第一。王口鑑定”。鈐“玄照”（朱文）印。另有明王鐸題跋二則，鈐“王鐸之印”（白文）、“煙潭漁叟”（白文）、“王”“鐸”（朱文聯珠）印三方。

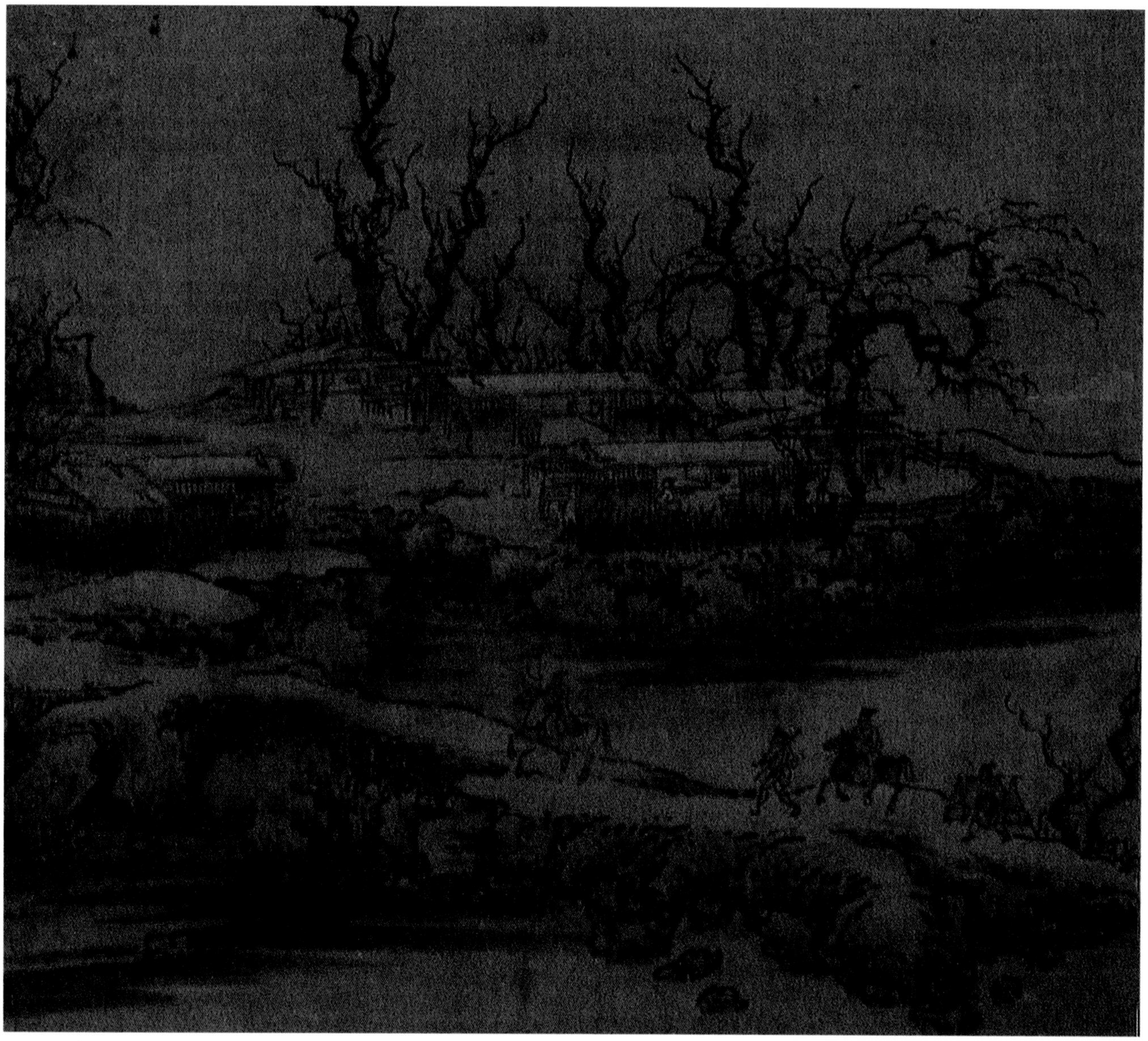

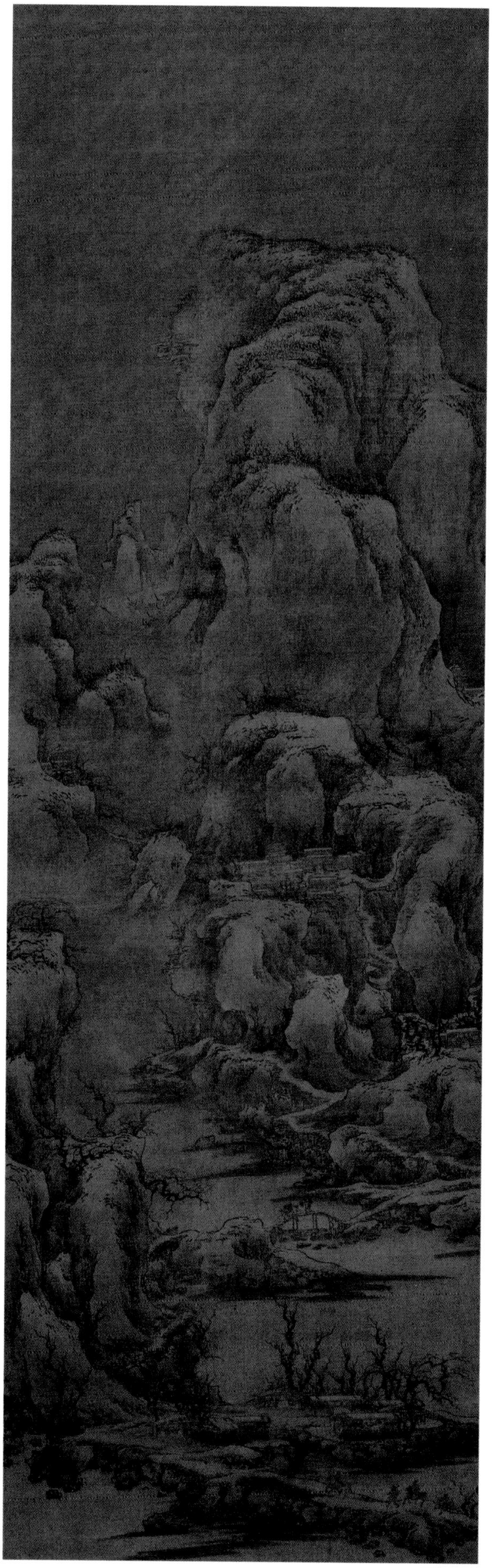

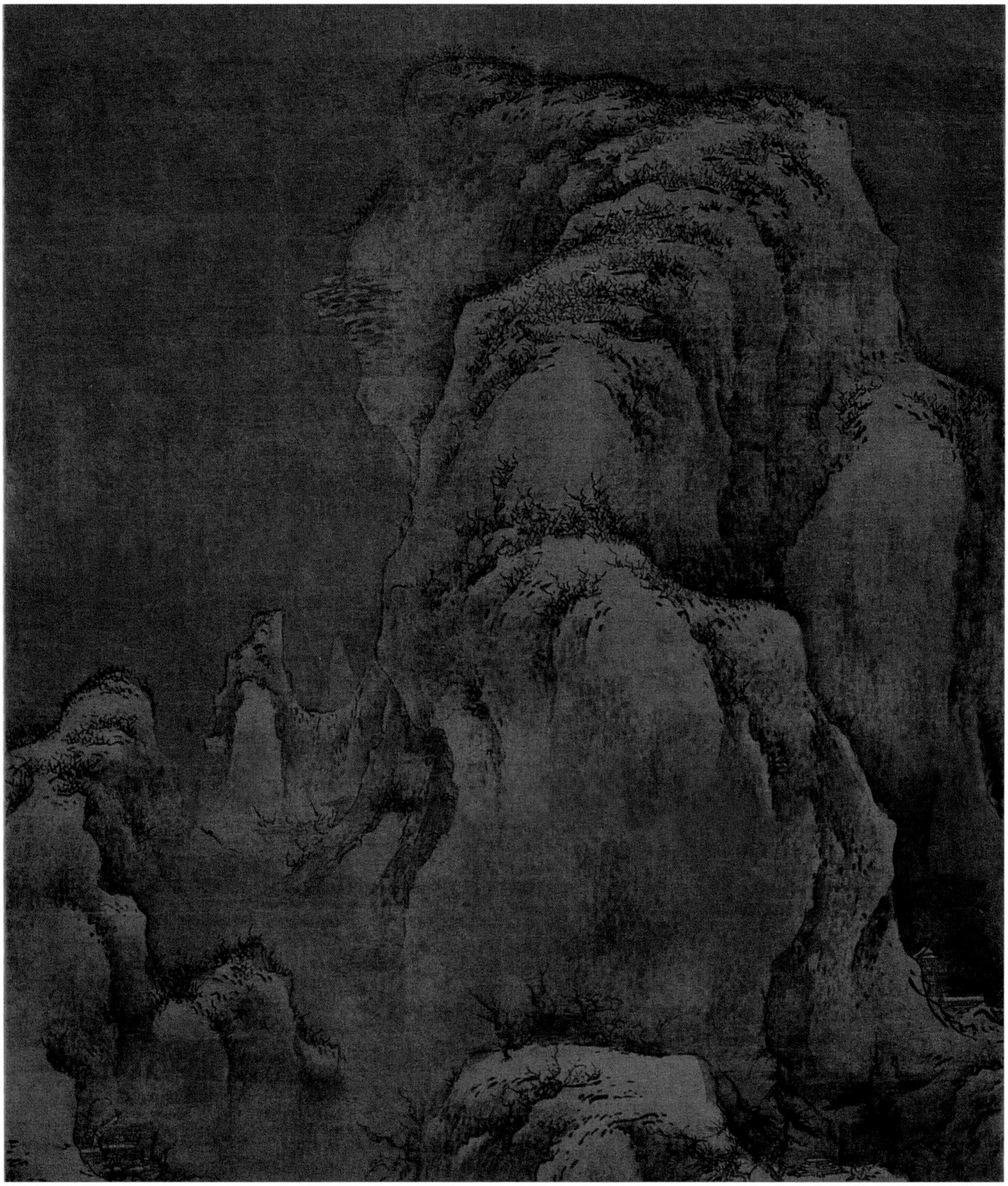

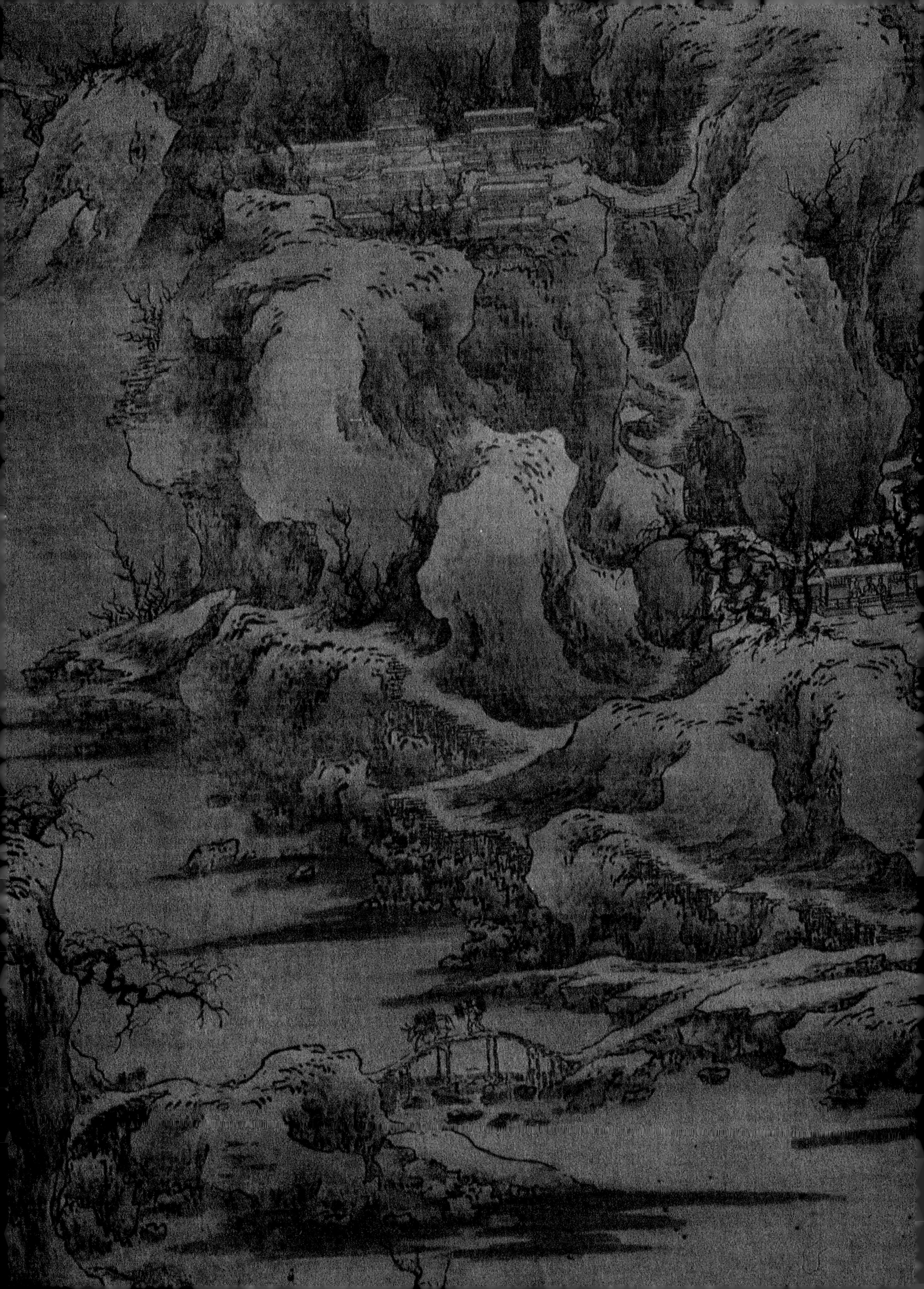

34

佚名　水邨煙靄圖頁
南宋
絹本　設色
縱23.6厘米　橫25.3厘米

Misty Landscape
Anonymous, Song Dynasty
Leaf, colour on silk
H.23.6cm　L.25.3cm

圖中遠山以花青暈染，在煙靄之中若隱若現；中景以墨調和花青，皴染並施，形象地刻畫出山體結構；近景淺灘小草，酒肆外酒旗飄揚，篷船與點景人物筆簡意賅，岸上草屋亦結構準確，表現出作者極強的造型能力。全圖筆墨秀潤，景致疏秀，使觀者恍惚置身於郊野山水之間。

本幅鈐鑑藏印“季彤審定”（朱文）、“龐萊臣珍藏宋元真迹”（朱文），另一半印不辨。裱邊鈐鑑藏印“虛齋審定名蹟”（朱文）。

曾經《虛齋名畫錄》著錄。

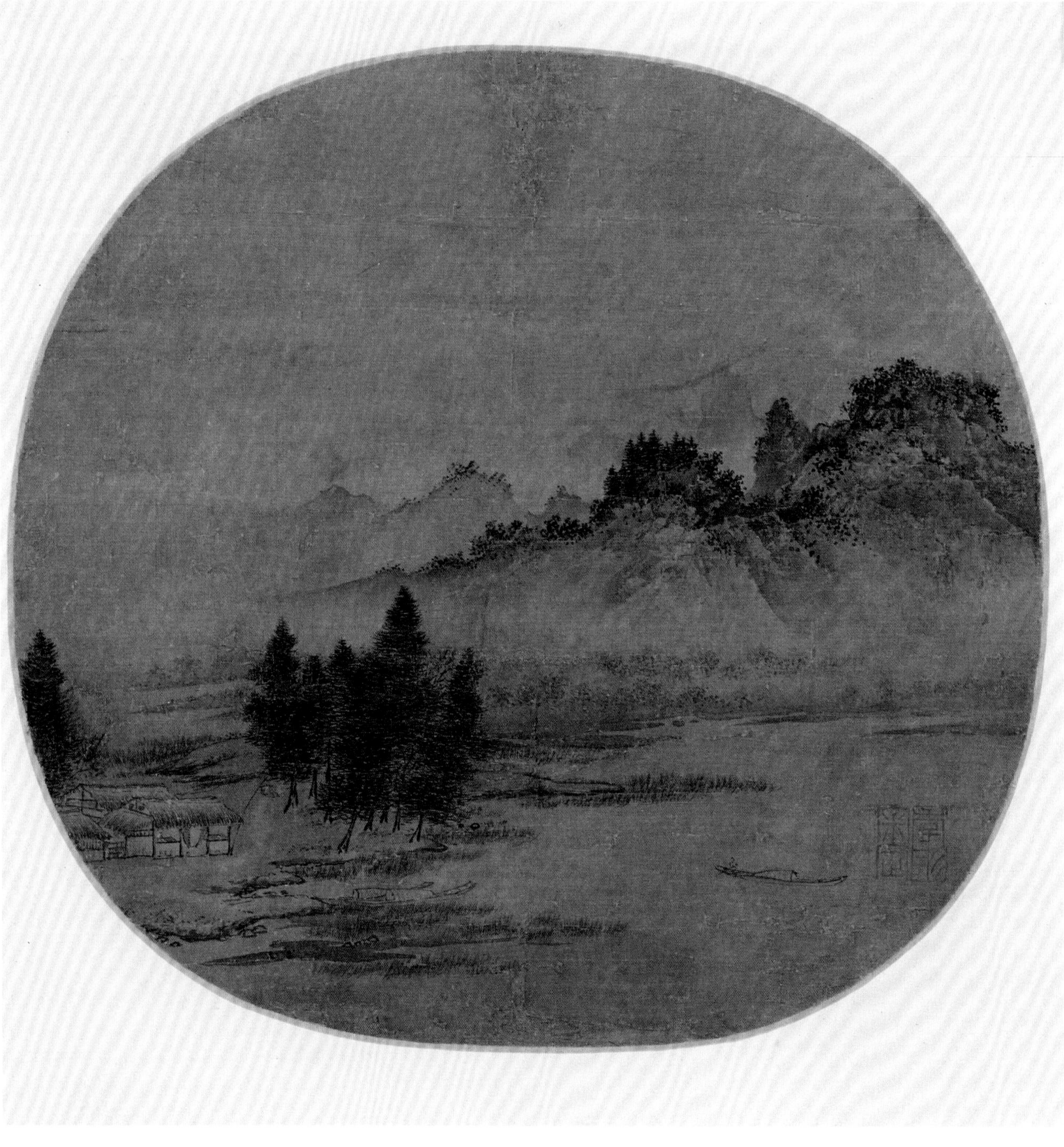

35

佚名　松岡暮色圖頁
南宋
絹本　設色
縱24.1厘米　橫25.9厘米

Pines and Mountains in Twilight
Anonymous, Song Dynasty
Leaf, colour on silk
H.24.1cm　L.25.9cm

圖中繪平坡細草，高松筱竹，一片淡淡的暮靄浮動於山巒松林之間，極佳地表現出薄暮時分野外山岡間清曠的景色特徵。近景松樹枝幹及松針皆刻畫細緻，通過墨、色濃淡的變化及虛實相間的手法，表現中景、遠景漸遠而漸虛、漸淡，層次分明。

本幅鈐鑑藏印“龐萊臣珍藏宋元真迹”（朱文）、“□軒”（朱文，葫蘆形）印，另一白文印不辨。

曾經《虛齋名畫錄》著錄。

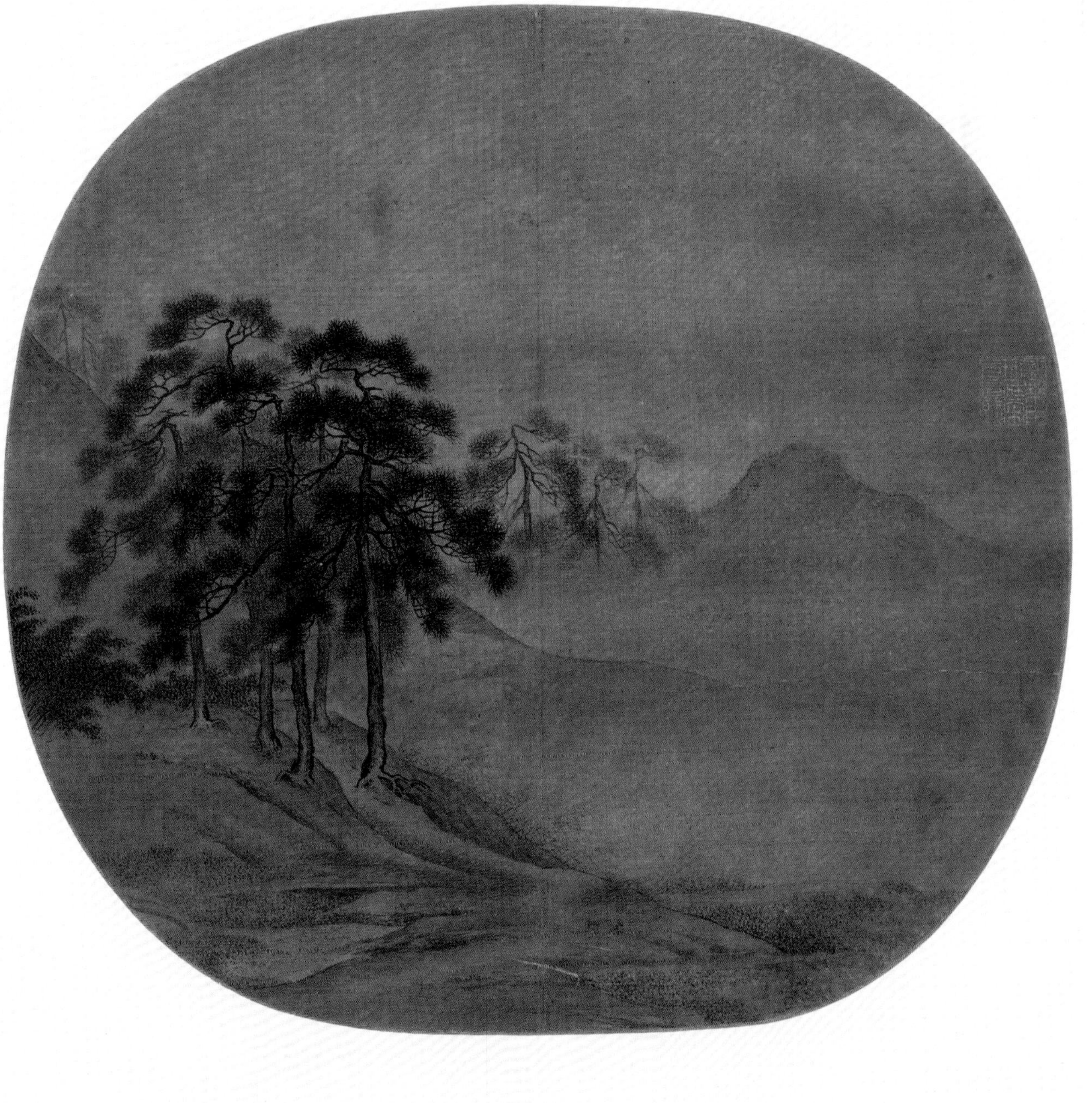

36

佚名　風雨歸舟圖頁
南宋
絹本　設色
縱25.5厘米　橫26.2厘米

Boat Returning in the Rainstorm
Anonymous, Song Dynasty
Leaf, colour on silk
H.25.5cm　L.26.2cm

圖中描繪風雨交加中一小舟歸岸。岸邊的竹叢、石壁間的古樹及樹枝上纏繞的枯藤，皆被勁風吹得搖曳飄拂。船中渡客正仰望天空，而船家則頂風冒雨，低首彎腰，吃力地撐着船。人物描繪寫實，絲絲入扣。遠方以淡墨暈染天空，表現雲巒吞吐、變幻不定的景象，部分山體及竹叢以墨調和花青渲染，使整個畫面彷彿處於一片雨霧之中。

本幅鈐鑑藏印“季彤雕定珍藏”（朱文）、“宋犖審定”（朱文）、“龐萊臣珍藏宋元真迹”（朱文）、“□氏珍玩”（朱文）。裱邊鈐鑑藏印“虛齋審定名蹟”（朱文）。

曾經《虛齋名畫錄》著錄。

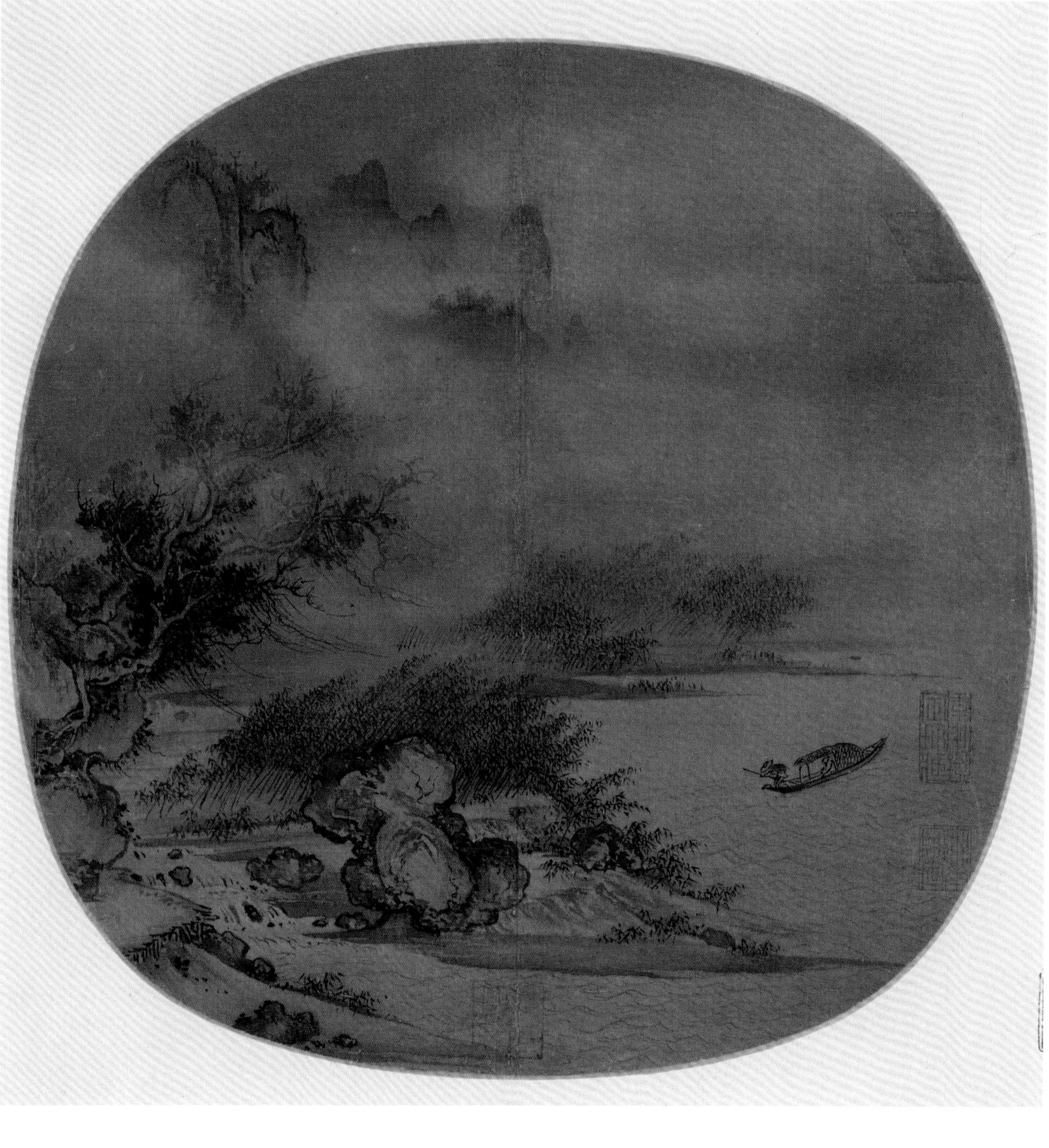

37

佚名　江上青峯圖頁
南宋
絹本　設色
縱24.5厘米　橫26.2厘米

Peaks of the Mountains by a River
Anonymous, Song Dynasty
Leaf, colour on silk
H.24.5cm　L.26.2cm

圖中繪江天浩淼，二舟鼓帆而行。岸邊奇峯聳立，斷崖間有閒雅之士眺望山水景色。此圖以墨綫勾廓，多染而少皴，近岸樹木及船隻、人物則刻畫精細。青綠設色，有“艷不傷雅”的效果。

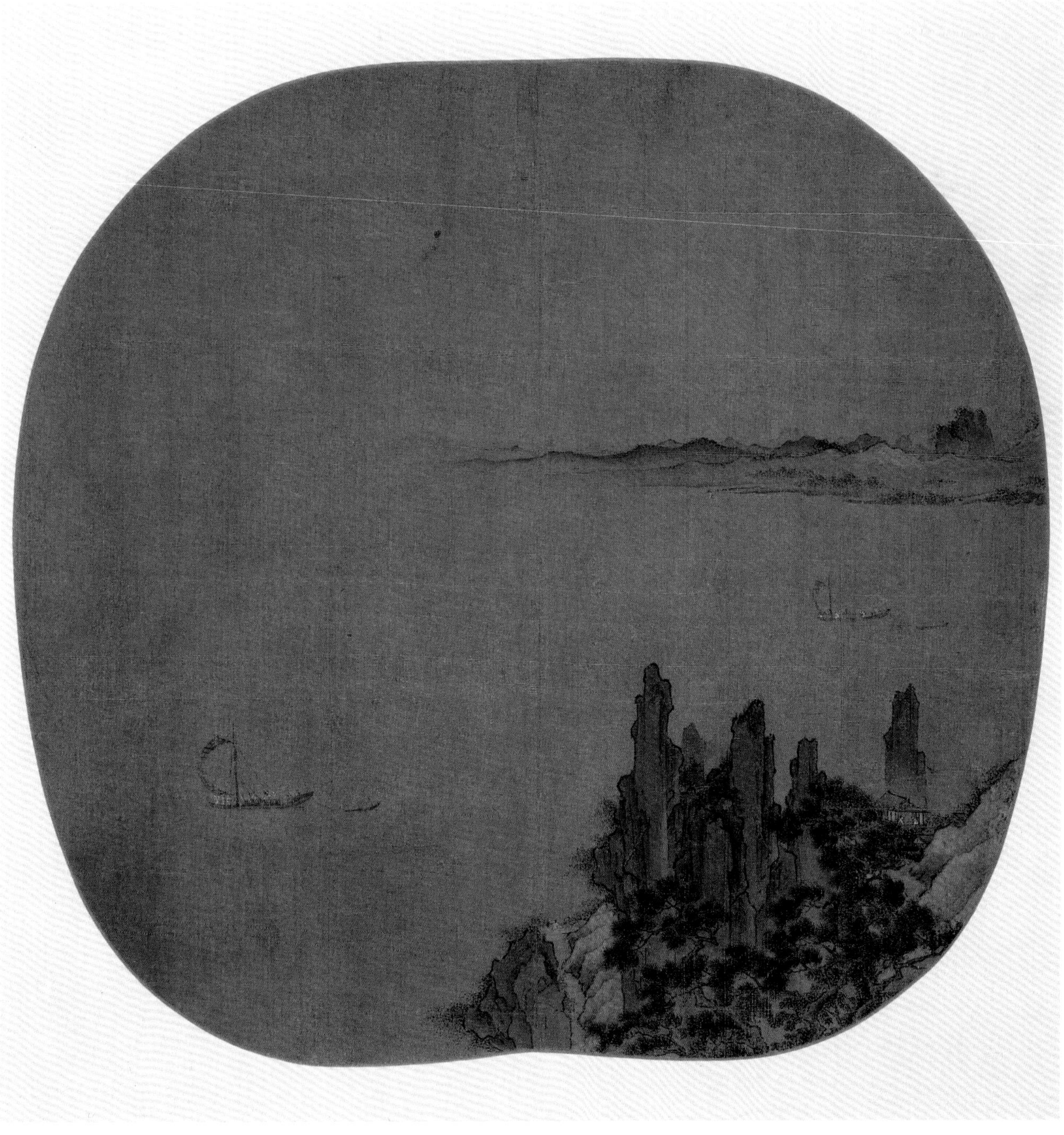

38

佚名　春江帆飽圖頁
南宋
絹本　設色
縱25.8厘米　橫27厘米
清宮舊藏

Boating on the Spring River
Anonymous, Song Dynasty
Leaf, colour on silk
H.25.8cm　L.27cm
Qing Court collection

圖中描繪的是冬末春初的古渡頭。近岸處的幾株古木披拂凋落，使畫面主調趨於沉鬱蕭瑟。江濱停泊着航船，樹下茅舍錯落，遠處兩艘客船鼓帆而至，給冷寂的畫面帶來一派生意。筆墨老辣蒼勁，屬仿李（成）郭（熙）一派寒林畫法。

裱邊鈐藏印“八徵耄念之寶”（朱文）、“太上皇帝之寶”（朱文）。

對幅為清乾隆御題詩：“春水放春舟，春帆趁溯遊。可知事逢順，須念盛當憂。畫有具深意，觀無待遠求。神筌誠獨出，詎止法營丘。”鈐印“八徵耄念之寶”（朱文）。

曾經《石渠寶笈續篇》著錄。

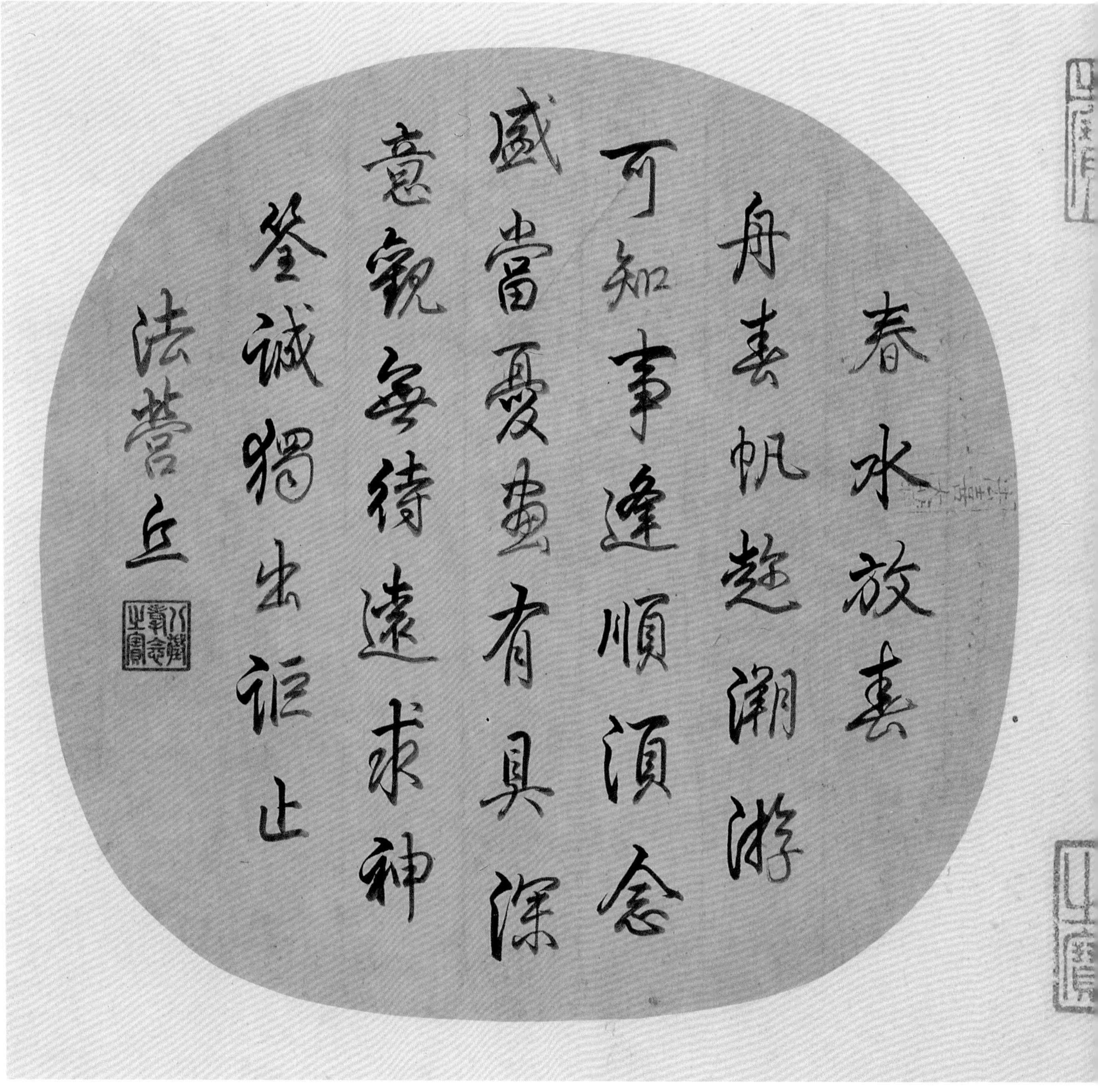

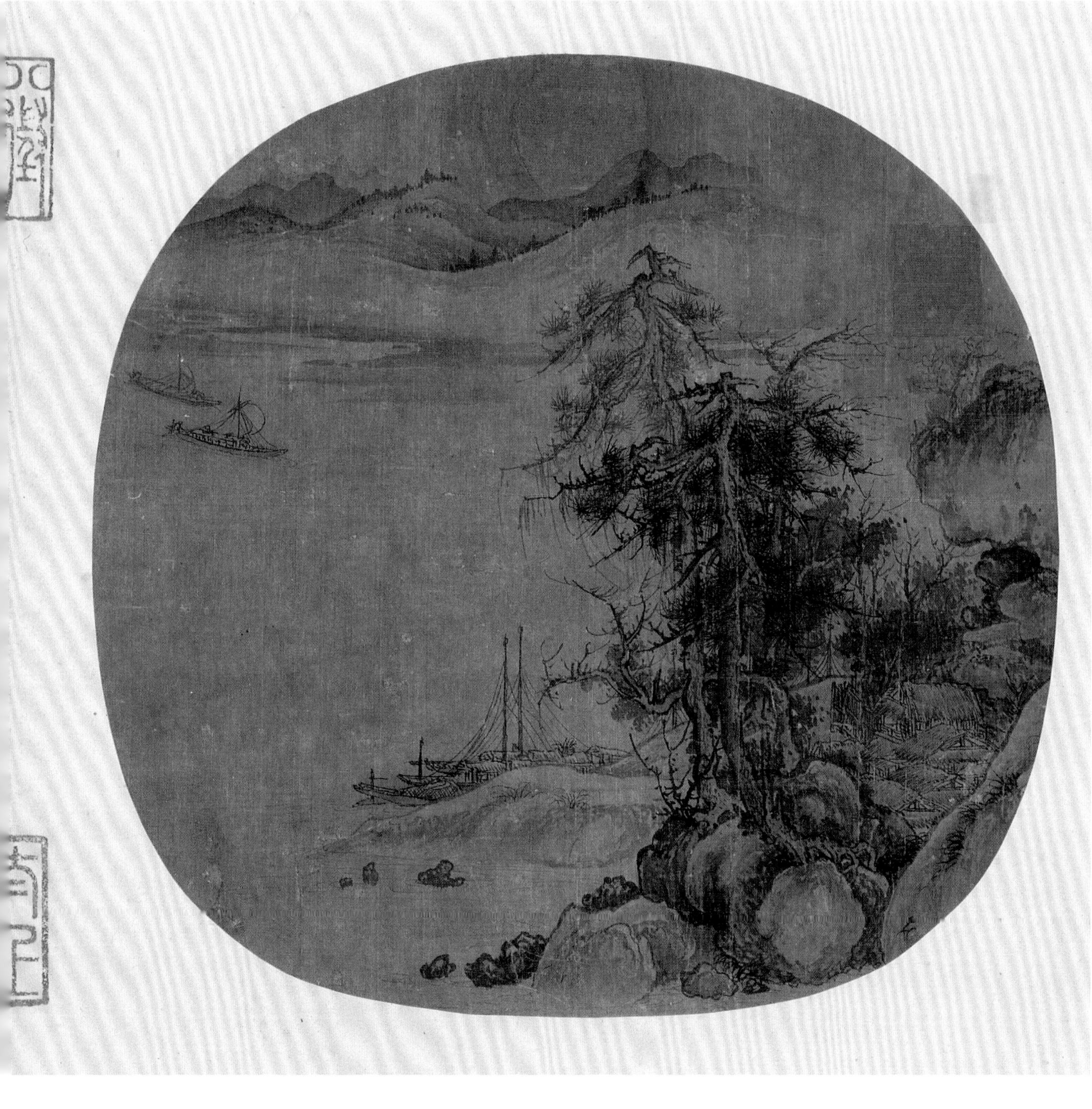

39

佚名　松溪放艇圖頁
南宋
絹本　設色
縱24.6厘米　橫25.5厘米

Fishing Boat on the River
Anonymous, Song Dynasty
Leaf, colour on silk
H.24.6cm　L.25.5cm

圖中臨岸處繪一隱者，放櫱高臥船頭，漁竿斜插，意態瀟灑閒散，回望遠處雲間露出崢嶸山峯。全圖筆墨蒼潤，營造出靜謐清空的氛圍。

漁父題材在宋代繪畫中極為盛行。北宋許道寧即有《漁父圖》，而郭熙的《林泉高致集》在"畫意"一節中亦錄有唐詩："釣罷孤舟繫葦梢，酒開新甕鮓開庖。自從江浙為漁父，二十餘年手不扠。"並將其作為可資入畫的題目。此圖即為這類題材中的佳作。

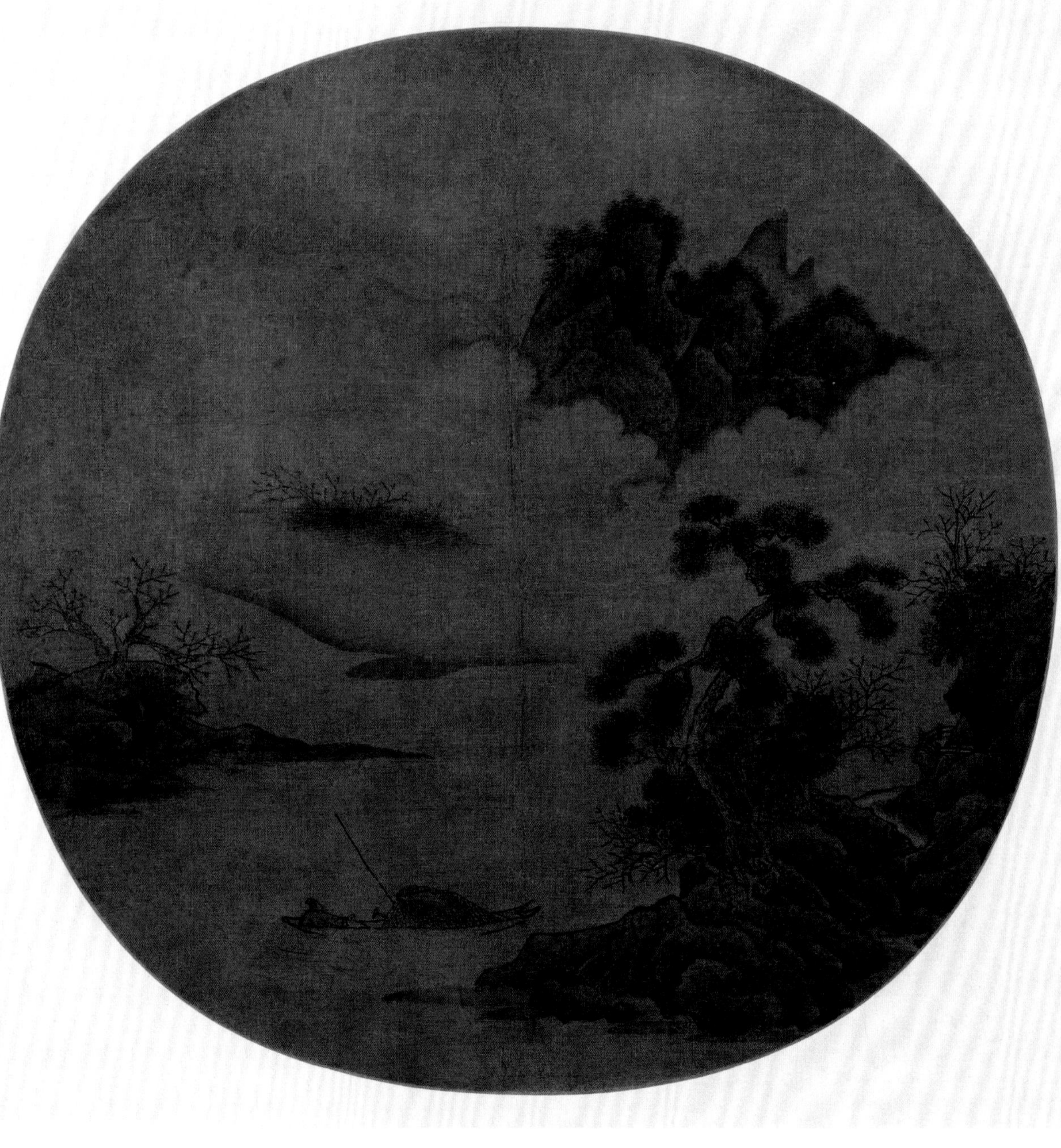

樓閣

Building Paintings

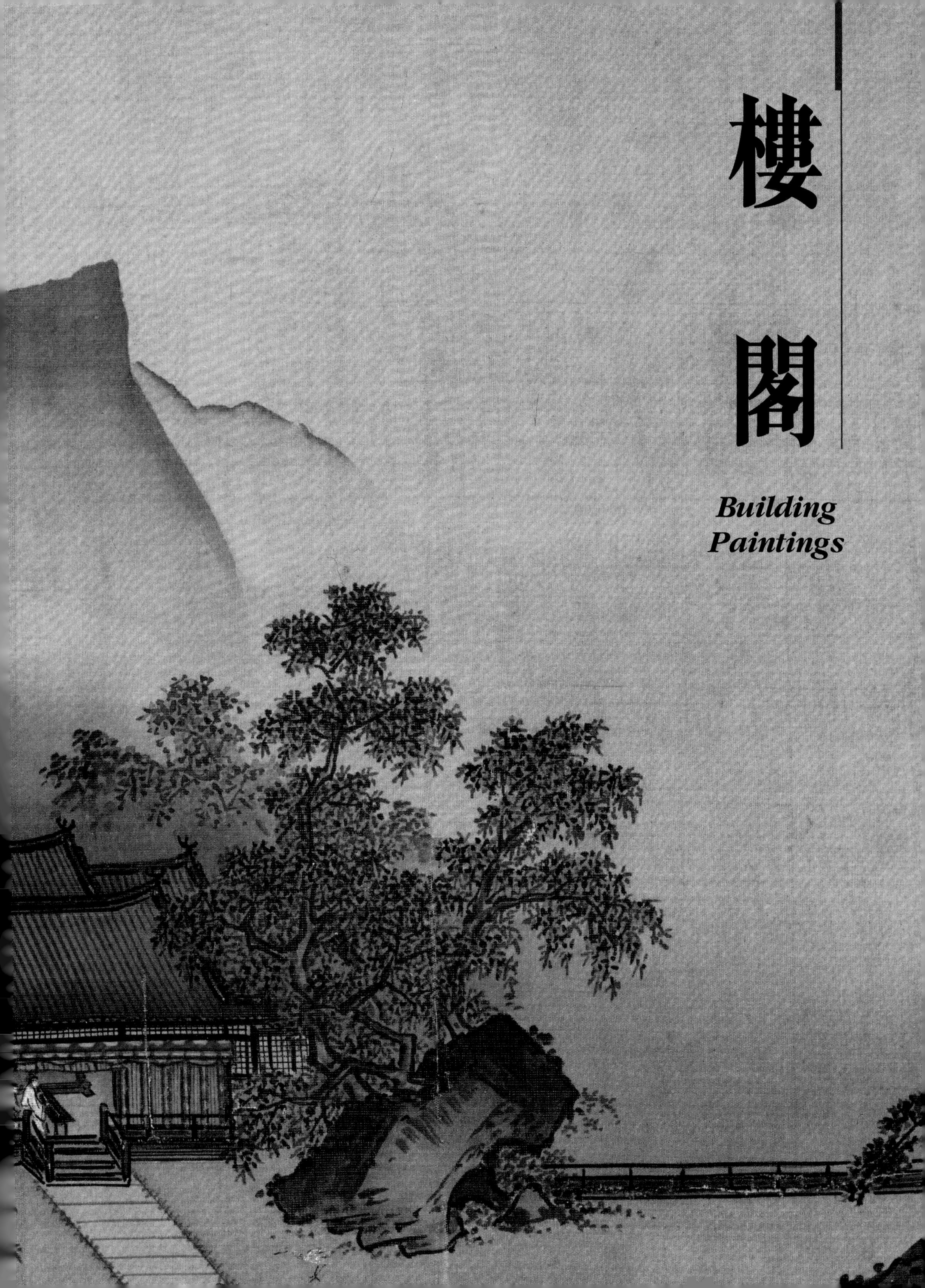

40

佚名　宮苑圖軸
南宋
絹本　設色
縱162.5厘米　橫83.7厘米

Royal Park in the Mountains
Anonymous, Song Dynasty
Hanging scroll, colour on silk
H.162.5cm　L.83.7cm

《宮苑圖》中繪崇山峻嶺間，林木蒼翠，殿閣亭榭錯落有致，畫舫在水中往來，景物繁複，人物眾多，將山野之間的逸趣與宮殿的富麗結合起來，是一幅富有裝飾趣味的山水樓閣畫作。此圖採用高遠法構圖，山石以粗筆勾輪廓，部分山體以墨筆皴擦，間或覆以石青、石綠。一些屋頂作黃色，表示琉璃瓦，門窗則施以朱紅。多在墨綫基礎上以金綫勾描，使畫面顯得金碧輝煌。另外，建築不合法度，船隻交代含糊。

此圖過去一直被認為代表了唐代李思訓畫派的風格，後經傅熹年考證，認為其時代上限不超越南宋中期，而且很可能出自既不了解唐代宮苑之制、也未親見宋代宮苑貴邸的臨安以外地區的民間畫家之手。

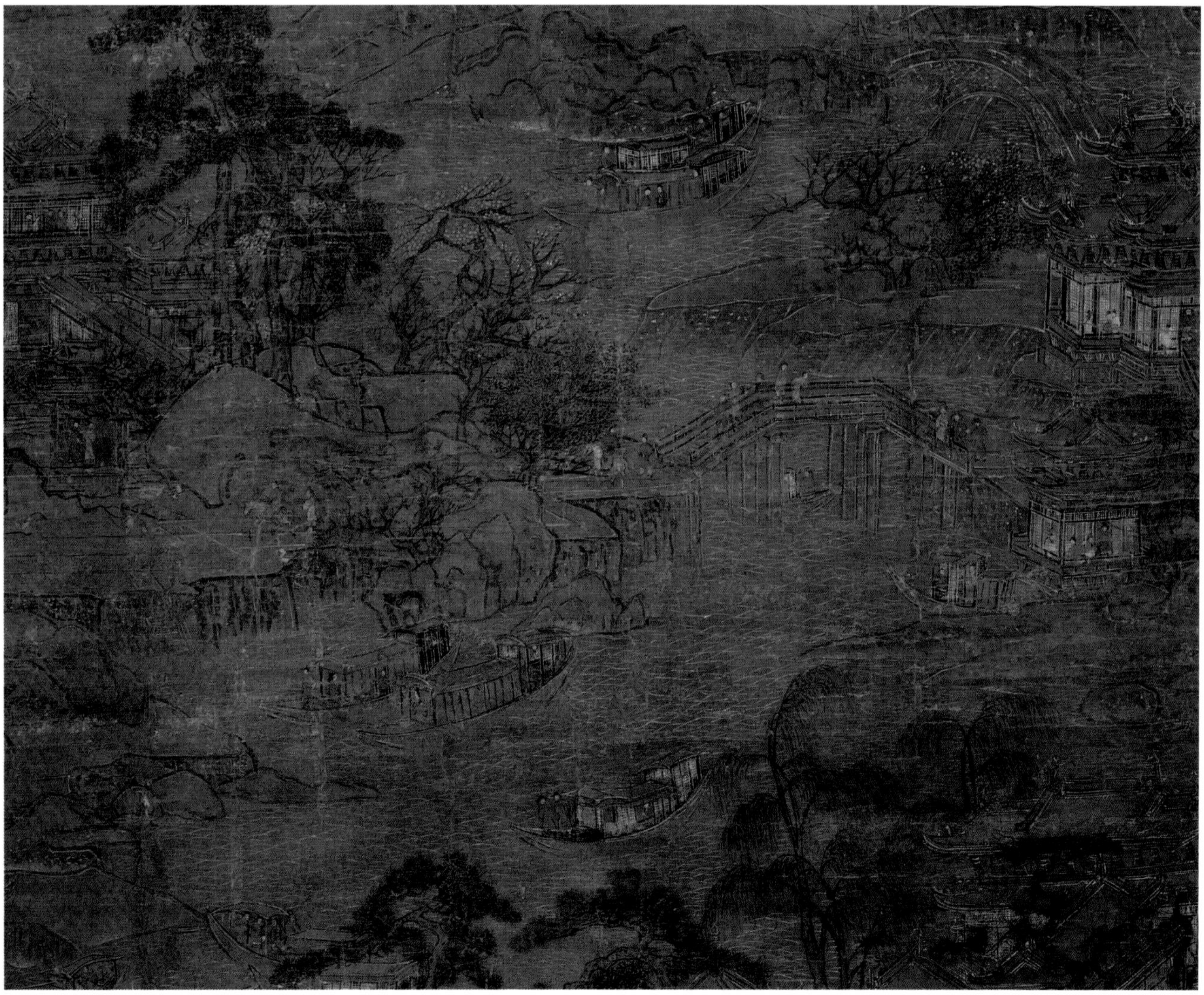

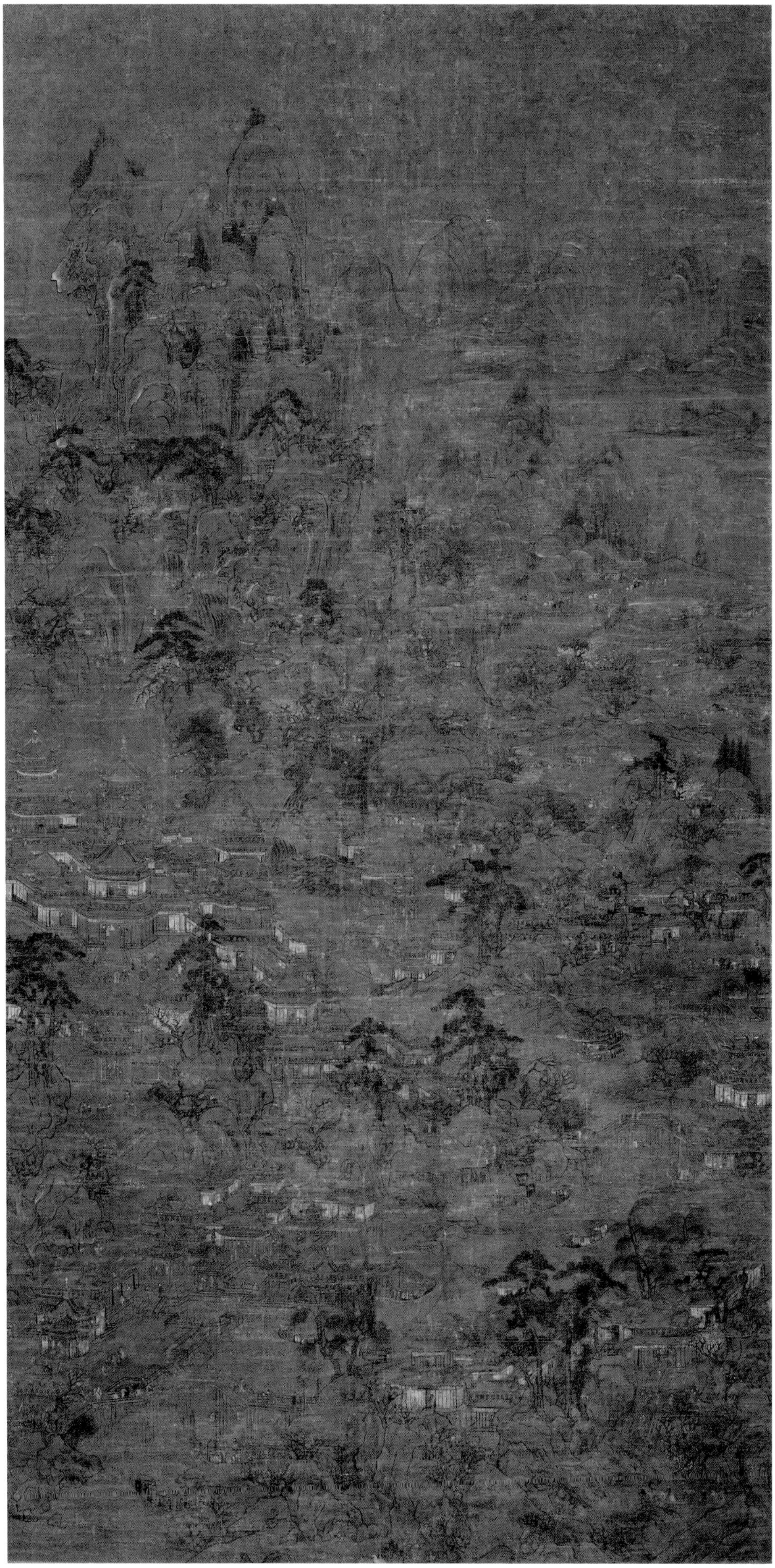

41

佚名　宮苑圖卷

南宋
絹本　設色
縱23.9厘米　橫77.2厘米

Royal Park

Anonymous, Song Dynasty
Handscroll, colour on silk
H.23.9cm　L.77.2cm

《宮苑圖》繪溪流、山巒，其間佈置樓閣，殿宇、舟橋、竹木，各色人物二百餘人，或乘輦，或騎馬，或行或坐，姿態多樣。此圖構圖繁複細密，敷色明麗，青綠濃重，以泥金皴點山體處頗多。

此圖原被認為代表了唐代李思訓畫派的風格，經傅熹年論證，認為此卷是南宋"臨安以外地區或民間畫家所繪的裝飾畫"。

本幅鈐收藏印"景洲"（白文）。引首題字："大李將軍御苑採蓮圖　庚寅四月景洲三兄屬　陶北溟題"。後鈐"陶之氏"（藍文）印。後幅有當代吳景洲考訂題跋一段。

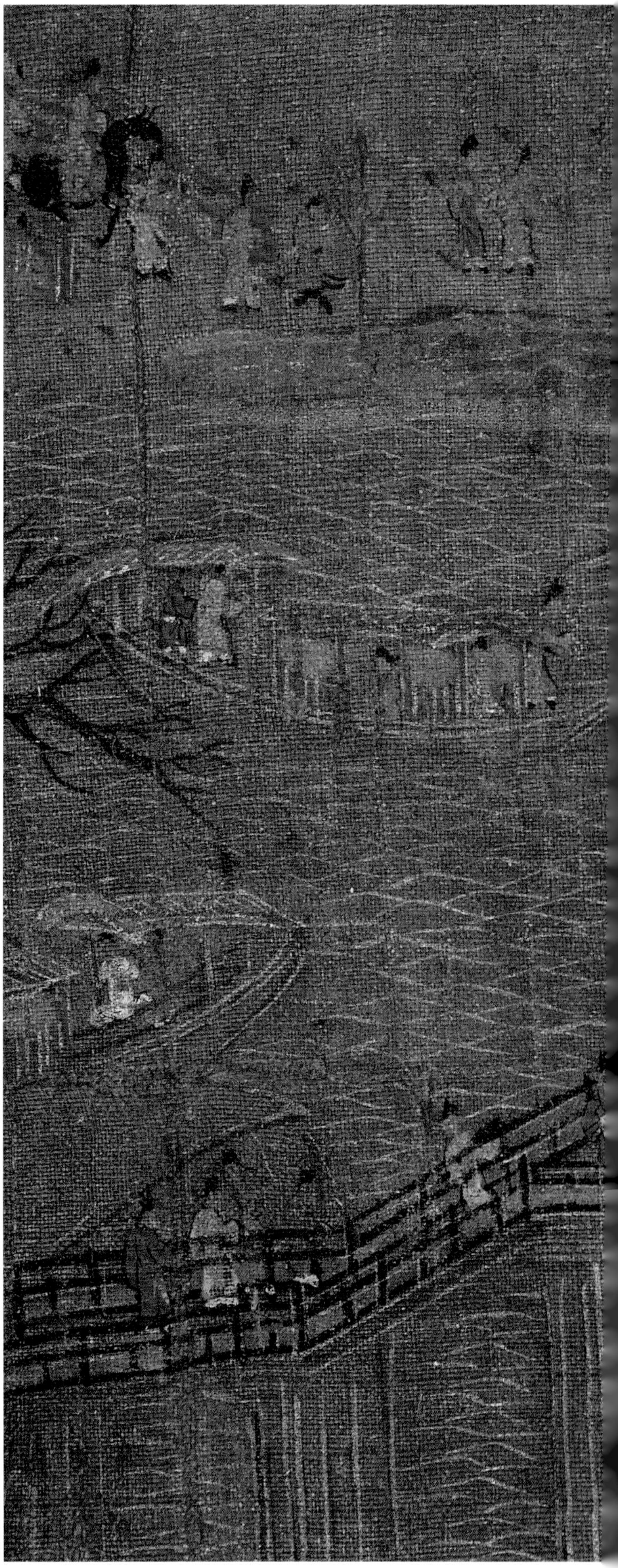

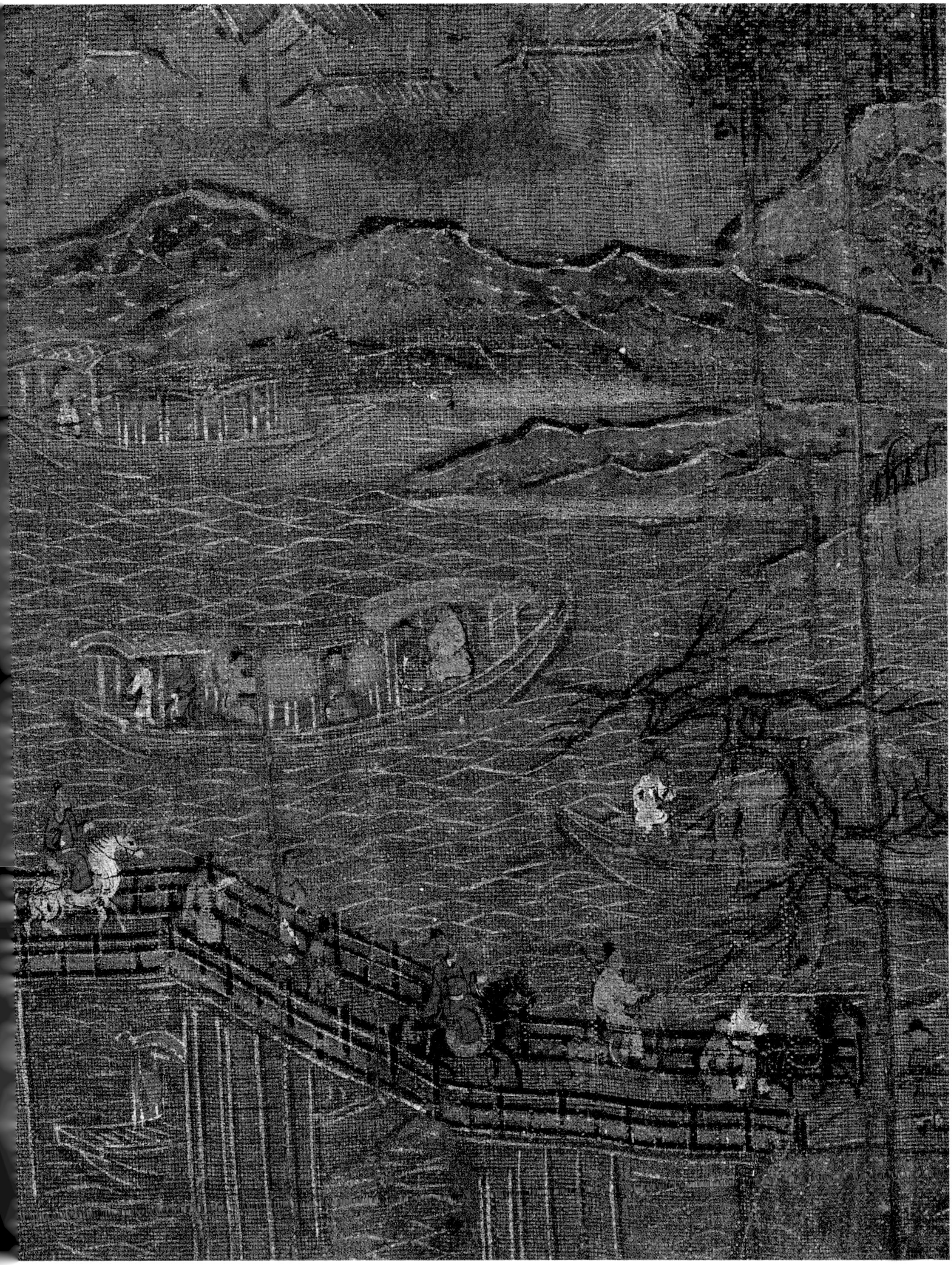

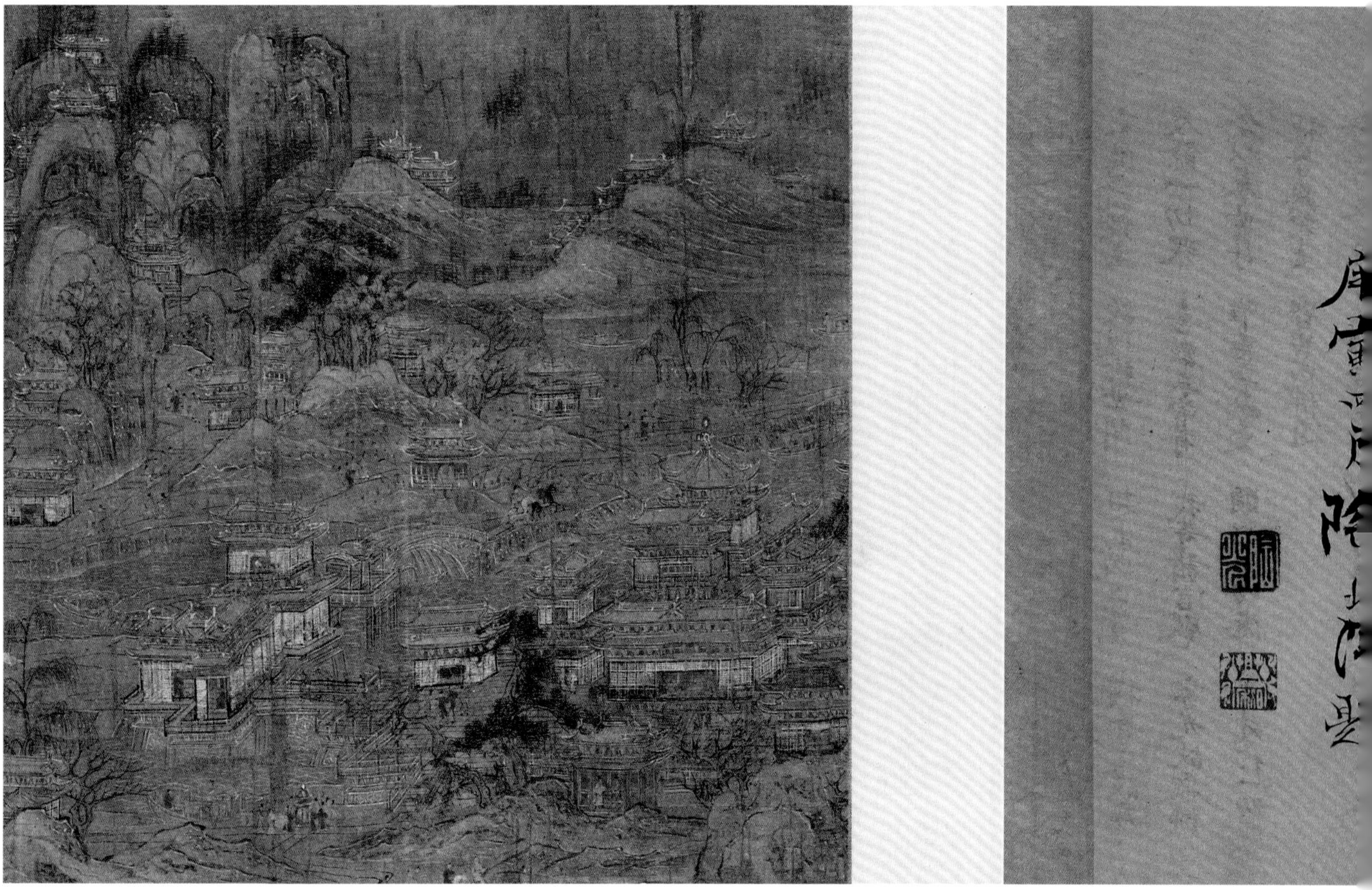

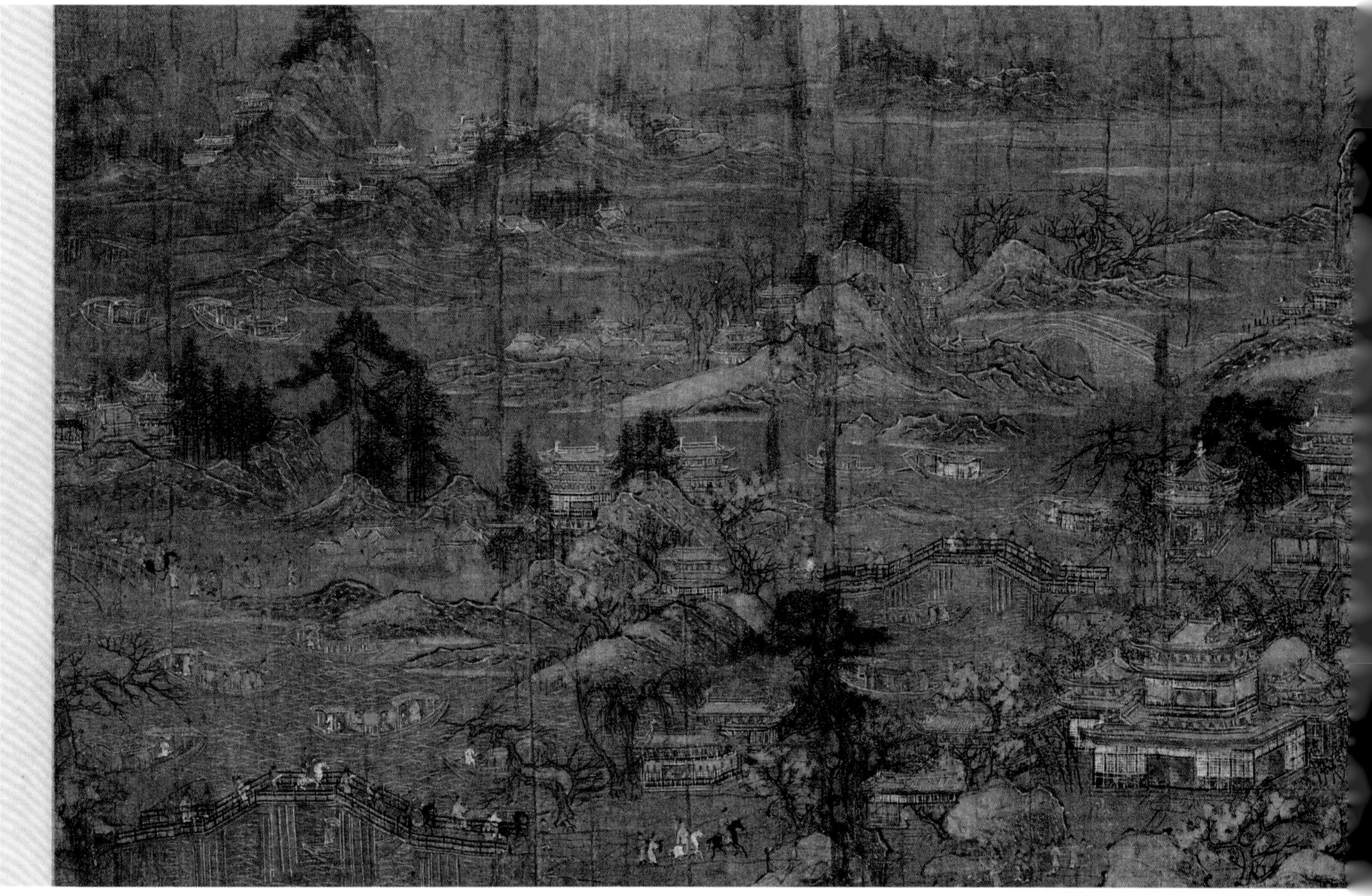

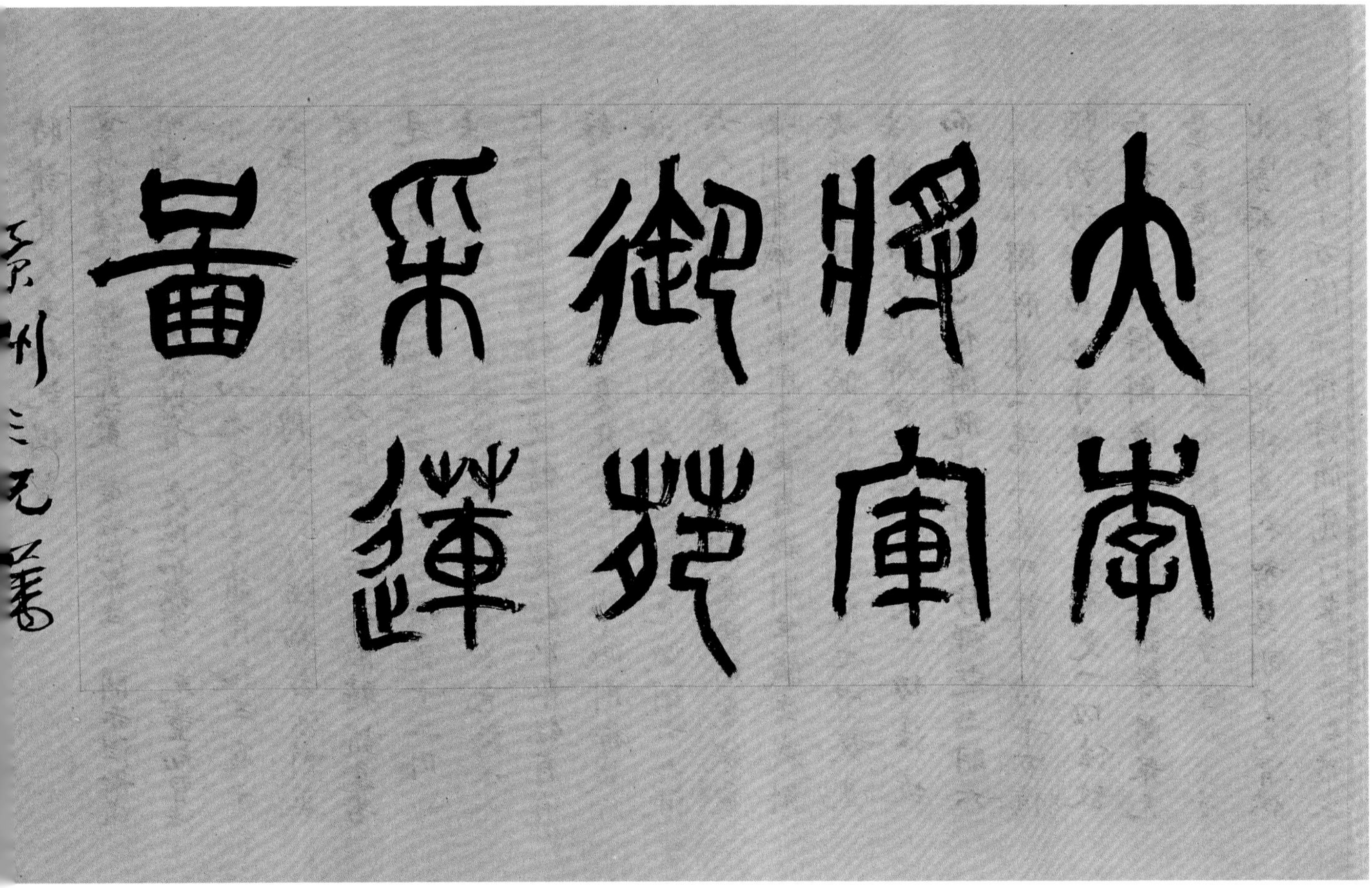
大唐將軍御苑采蓮圖

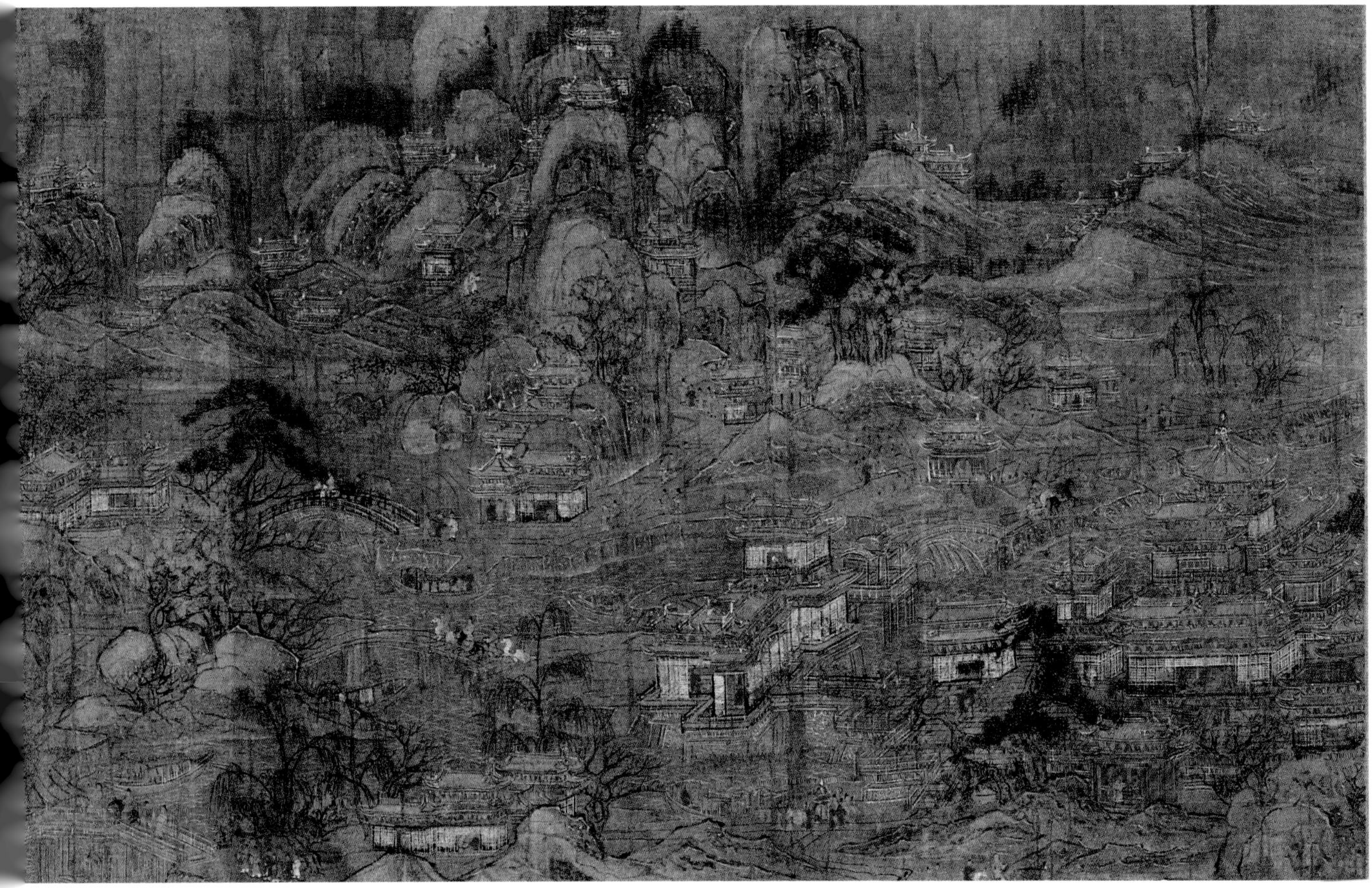

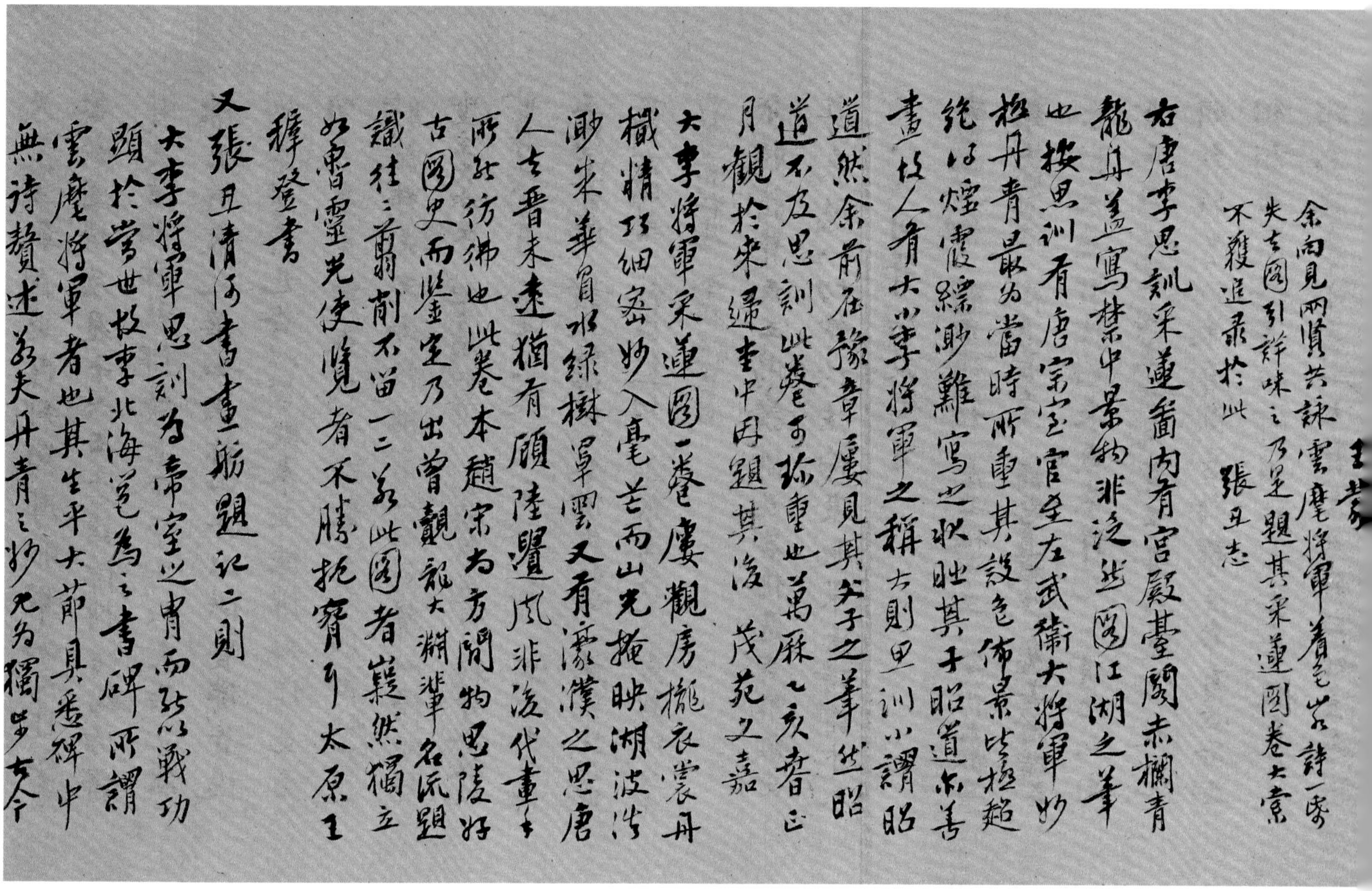
王蒙
余向見兩賢共詠雲麾將軍着色花詩一番
失去圖引辭味之乃足題其采蓮圖卷大意
不獲追錄於此　張丑志
右唐李思訓采蓮圖內有宮殿臺閣赤欄青
龍舟盖寫禁中景物非泛然圖江湖之筆
也按思訓有唐宗室官至左武衛大將軍妙
極丹青最為當時所重其設色佈景皆極超
絕以煙霞縹渺難寫之狀貼其子昭道亦善
畫故人有大小李將軍之稱大則思訓小謂昭
道然余前在豫章屢見其父子之筆然昭
道不及思訓此卷可珍重也萬曆乙亥春正
月觀於來遠堂中因題其後　茂苑文嘉
大李將軍采蓮圖一卷屢觀房櫳衣裳舟
檝精巧細密妙入毫芒而山光掩映湖波浩
渺朱華翠水綠樹卓雲又有濠濮之思唐
人去晉未遠猶有顧陸遺風非後代畫手
所能彷彿也此卷本趙宋為方聞物思陵好
古圖史而鑒定乃出曾覿龍大淵輩名流題
識往往翦削不留一二若此圖者巋然獨立
如魯靈光使覽者不勝抱寶乎太原王
穉登書
又張丑清河書畫舫題記二則
大李將軍思訓為帝室之胄而能以戰功
顯於當世故李北海筆為之書碑所謂
雲麾將軍者也其生平大節具悉碑中
無詩贊述茲夫丹青之妙尤為獨步古今

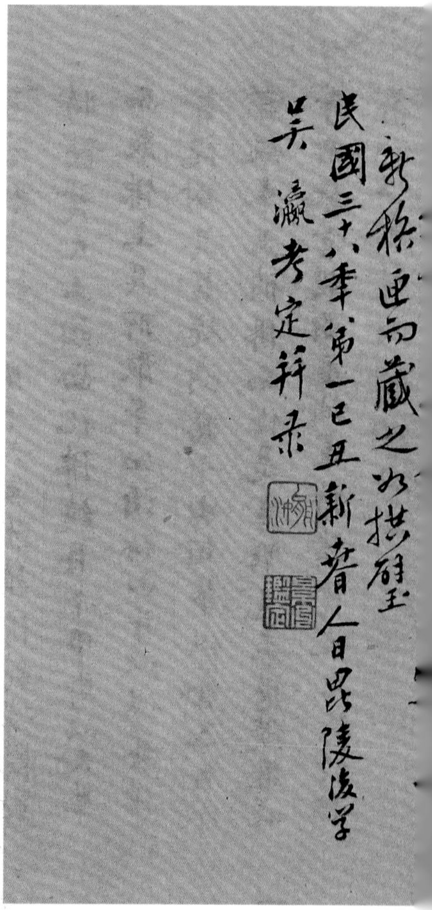
子孫世而藏之以拱璧
民國三十八年第一己丑新春人日毘陵後学
吳瀛考定并录

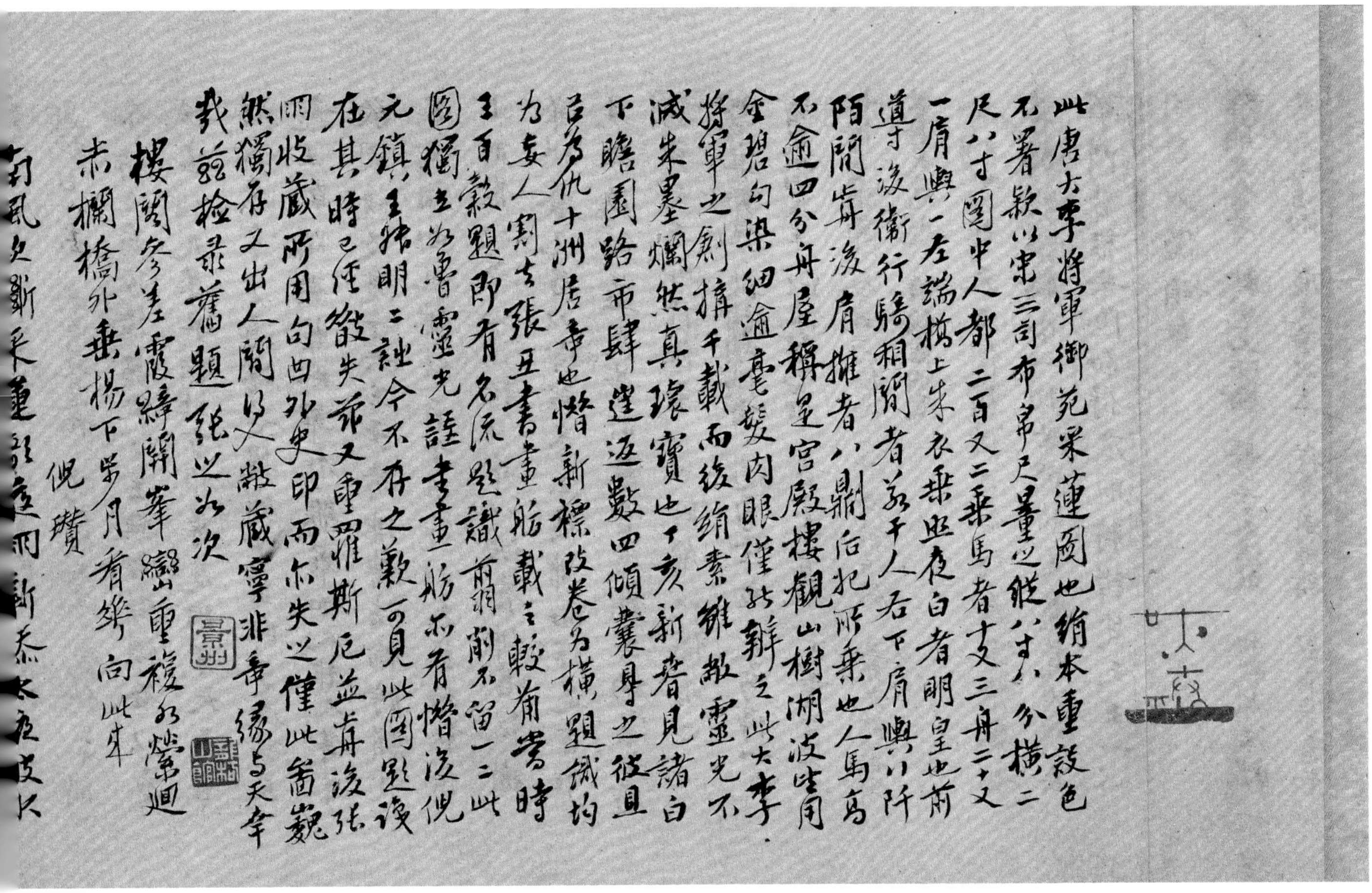

此唐大李將軍御苑采蓮圖也絹本重設色
不署款以宋三司布帛尺量之縱八寸八分橫二
尺八寸圖中人物二百又二乘馬者十又三舟二十又
一肩輿一在端樓上朱衣乘興夜白者明皇也前
導者後衛行騎相間者若干人右下肩輿八阡
陌間其後肩擁者八鼎后妃所乘也人馬高
不逾四分舟屋橋星宮殿樓觀山樹湖波皆用
金碧勾染細逾毫髮肉眼僅能辨之此大李
將軍之創搆千載而後絹素雖敝靈光不
減朱墨爛然真瓌寶也丁亥新春見諸白
下瞻園路市肆達返數四傾囊易之彼且
足為仇十洲居亭也贉新標改卷為橫題識均
為妄人割去張丑書畫舫載之較前當時
王百穀題即有名流題識前朝削不留一二此
圖獨存如舊靈光誕書畫舫亦有惜後倪
元鎮王穉明二跋今不存之歎可見此圖題識
在其時已經散失郁又重羅斯厄並其後張
雨收藏所用句曲外史印而亦失之僅此畫巋
然獨存又出人間以又散藏寧非爭緣與天命
哉茲檢錄舊題跋以次

樓閣參差霞綺開峯巒重複好縈迴
赤欄橋外垂楊下罗月看舟向此來
倪瓚

剪風又斷采蓮歌迷雨新秋……

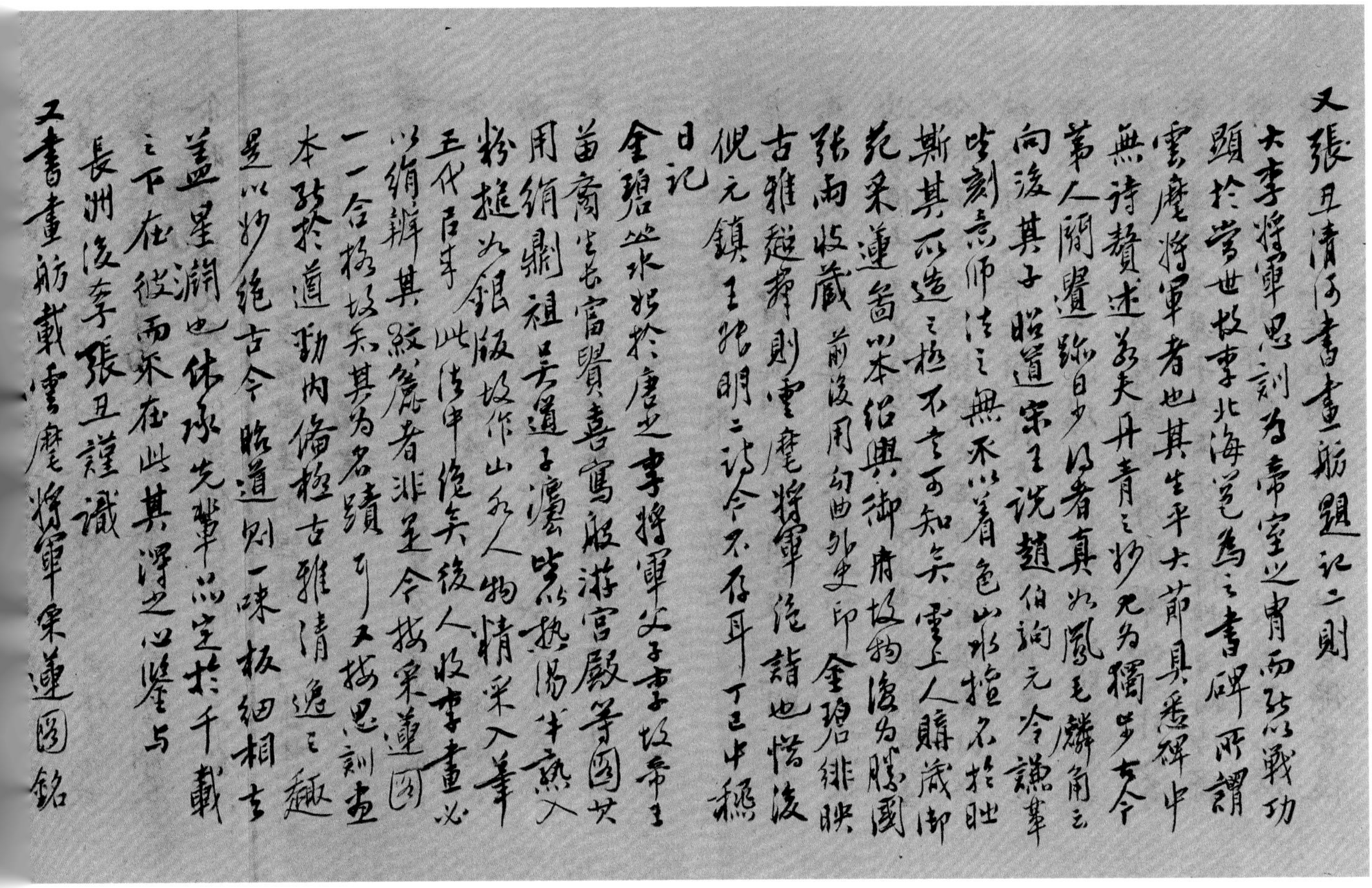

又張丑清河書畫舫題記二則
大李將軍思訓為帝室之胄而能以戰功
顯於當世故事北海見為之書碑所謂
雲麾將軍者也其生平大節具悉碑中
無待贅述若夫丹青之妙尤為獨步古今
第人間遺跡自少得者真如鳳毛麟角之
皆刻意師法之無不以着色山水推不於此
斯其所造之極不言可知矣靈丘人賠藏御
苑采蓮畫以本紹興御府故物後為賜國
張雨收藏前後用句曲外史印金碧緋映
古雅超舜則雲麾將軍絕詣也惜後
倪元鎮王穉明二跋今不存耳丁巳中秋
日記
金碧山水始於唐之李將軍父子思訓昭道
苗裔皆長富貴喜寫殿遊宮殿等圖其
用絹別組具道子濃紫熱湯半熟入
粉搥如銀版故作山水人物精采入筆
五代后皆此法中絕矣後人收李畫必
以絹辨其紋縷者非是今按采蓮圖
一一合格知其為名蹟可又按思訓畫
本能於遒勁內備極古雅清逸之趣
是以妙絕古今昭道則一味板細相去
蓋呈淵也作琢先輩品定於千載
之下在彼而不在此其深之心鑒与
長洲後李張丑謹識
又書畫舫載雲麾將軍采蓮圖銘

42

佚名　九成避暑圖頁

南宋
絹本　設色
縱28.5厘米　橫31.6厘米
清宮舊藏

Summer Palace

Anonymous, Song Dynasty
Leaf, colour on silk
H.28.5cm　L.31.6cm
Qing Court collection

圖中繪建在山水間的行宮別院，多為重簷式建築，主體建築平面呈“亞”字形，水中有畫舫暢遊。此圖為工筆青綠山水，以金綫勾輪廓，填石青、石綠、硃砂，屋瓦為藍綠二色。畫面豐滿，色彩濃麗。

此圖原被認為代表唐代李思訓畫派的風格，經傅熹年考證，除定為南宋“臨安以外地區或民間畫家所繪的裝飾畫”外，且不代表李思訓父子的畫風。

本幅鈐收藏印“石渠寶笈”（朱文）、“乾隆御覽之寶”（朱文）、“養心殿鑑藏寶”（朱文）、“嘉慶御覽之寶”（朱文）。

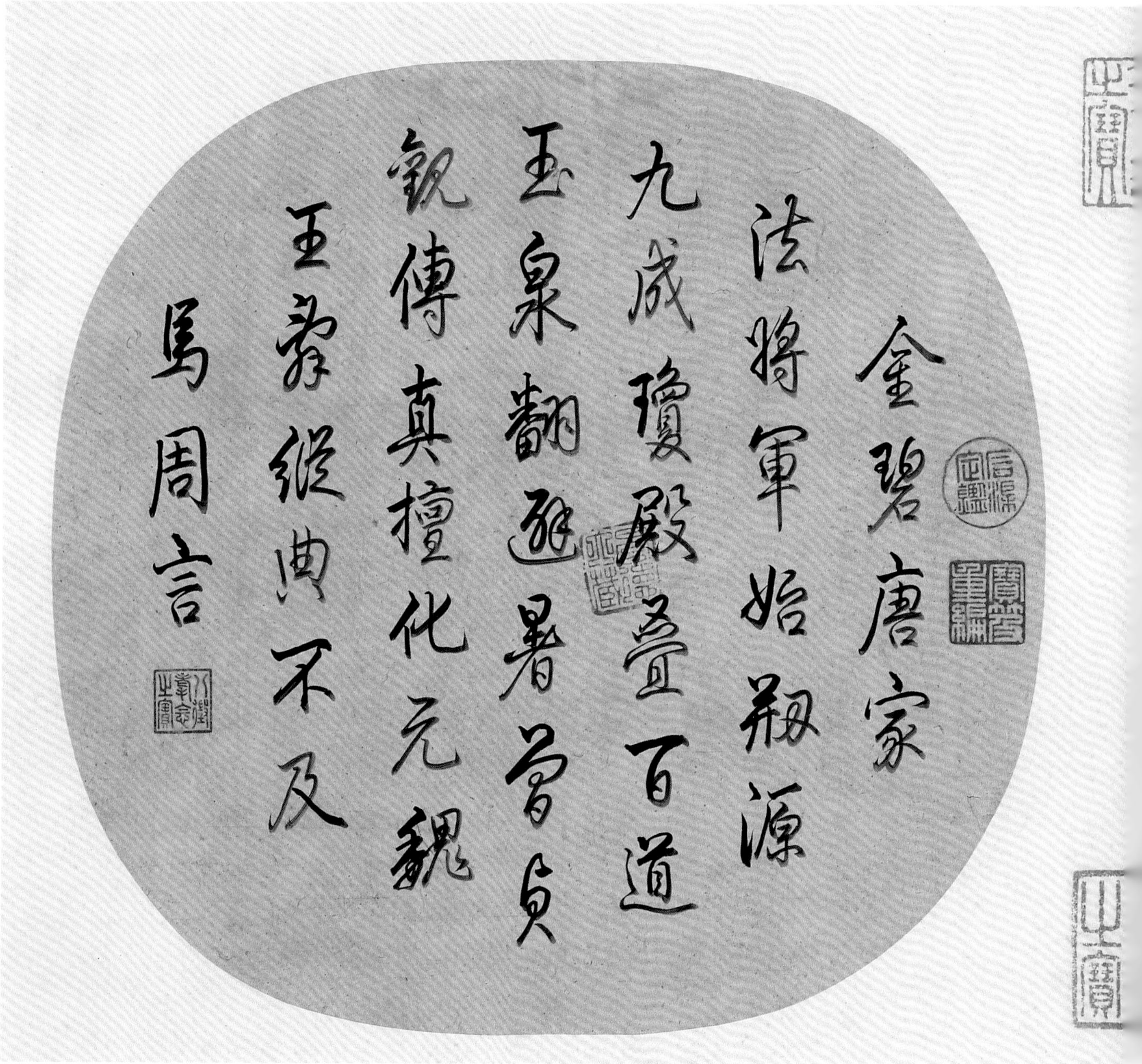

對幅為清乾隆御題詩："金碧唐家法，將軍始刱源。九成瓊殿疊，百道玉泉翻。避暑曾貞觀，傳真擅化元。魏王辭縱典，不及馬周言。"

曾經《石渠寶笈》著錄。

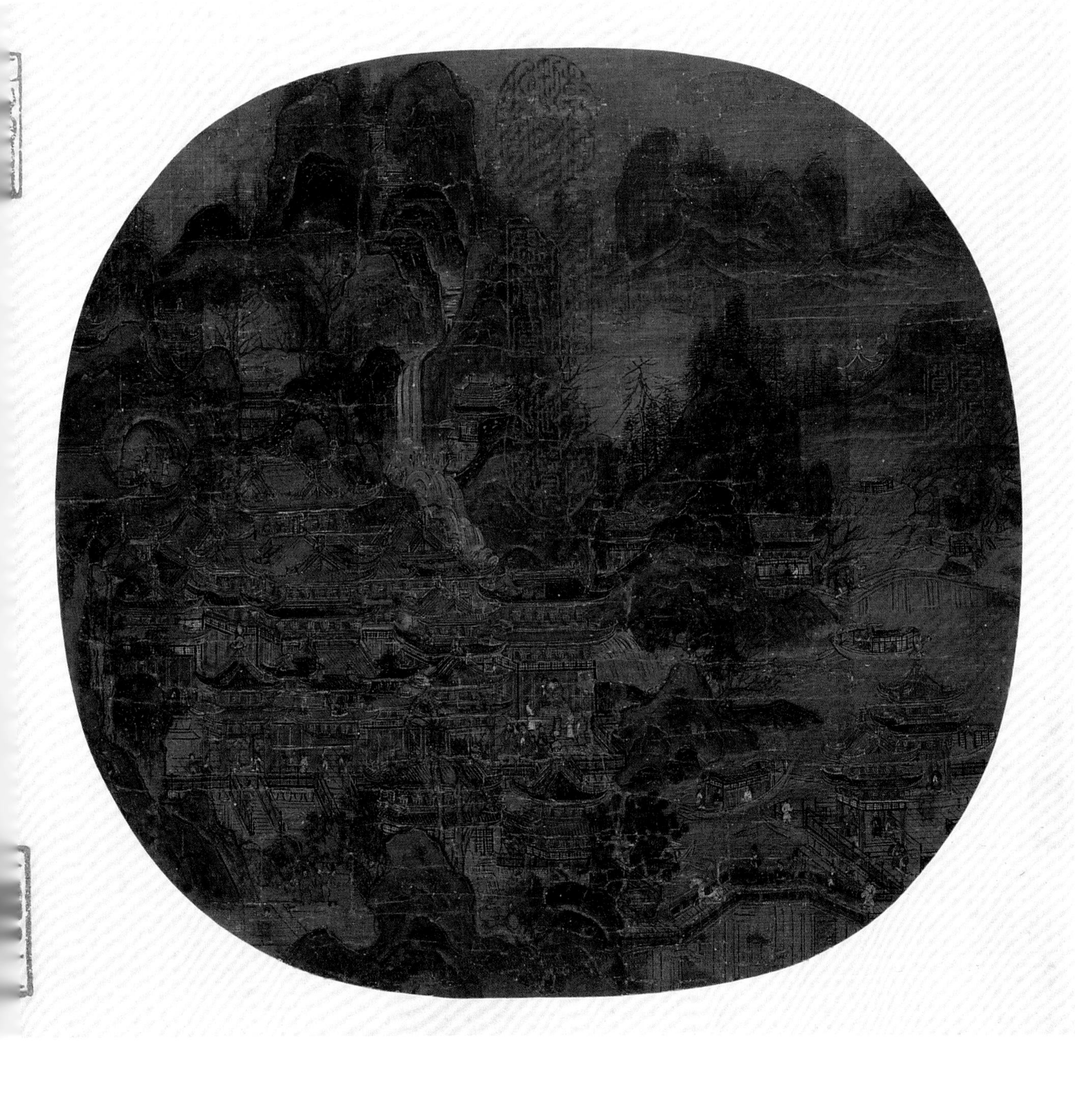

43

佚名　京畿瑞雪圖軸

南宋

絹本　設色

縱42.7厘米　橫45.2厘米

The Snowy Capital City

Anonymous, Song Dynasty

Hanging scroll, colour on silk

H.42.7cm　L.45.2cm

此軸為紈扇裝裱。圖中描繪雪景中的層岩疊嶺，殿閣亭橋，有百餘人往來其間。畫法與前述三幅金碧山水基本相同，但山體、屋頂未施青綠而敷以白粉，以表現積雪。

傅熹年曾著文，論證此圖與前三圖一樣，亦為南宋民間畫家所繪。

右裱邊項聖謨題：“唐雲麾將軍李思訓畫京畿瑞雪圖　宋宣和御府所藏物也，定為神品第一。古胥山樵項聖謨獲於梅華和尚塔前，得秘玩焉。百金亦勿與易。”裱邊分鈐“平生珍賞”（朱文）、“平泉書屋主人審定印”（朱文）。

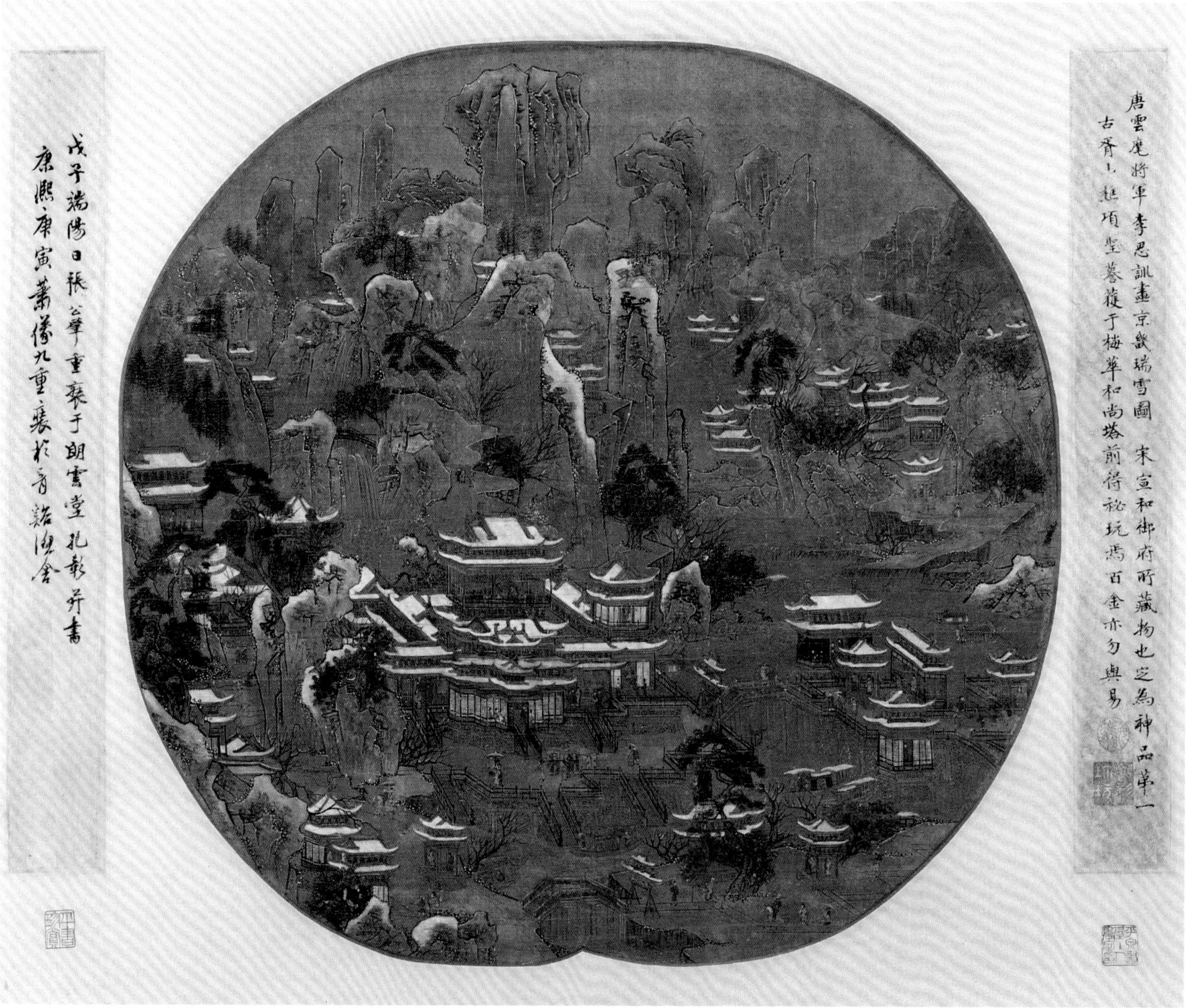

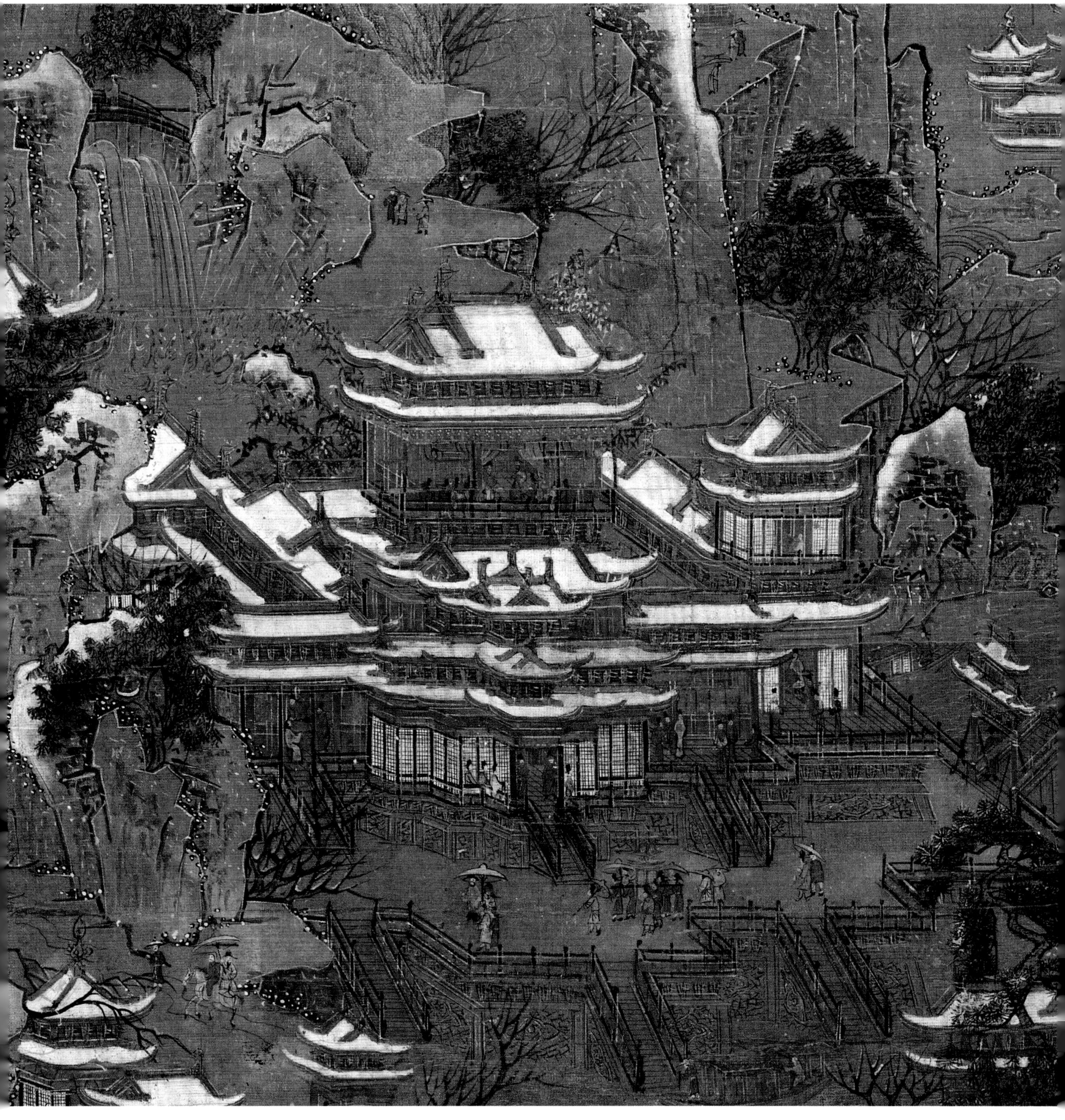

44

佚名　山店風簾圖頁
南宋
絹本　水墨
縱24厘米　橫25.3厘米
清宮舊藏

An Inn in the Mountains
Anonymous, Song Dynasty
Leaf, ink on silk
H.24cm　L.25.3cm
Qing Court collection

圖中描繪山間旅舍，酒旗高挑，往來商旅或休憩，或飲食，一行車馬剛剛起程，另一支車馬又繞過山梁趕來，表現出店家與商旅繁忙的生活狀態。人物、牲畜雖只寥寥數筆，但形象生動，而車駕、房舍刻畫精細，結構準確，對研究當時車馬形制及民居風俗具有重要的歷史價值。

對幅為清乾隆御題詩，鈐印“八徵耄念之寶”（朱文）。裱邊鈐藏印“八徵耄念之寶”（朱文）、“太上皇帝之寶”（朱文）。

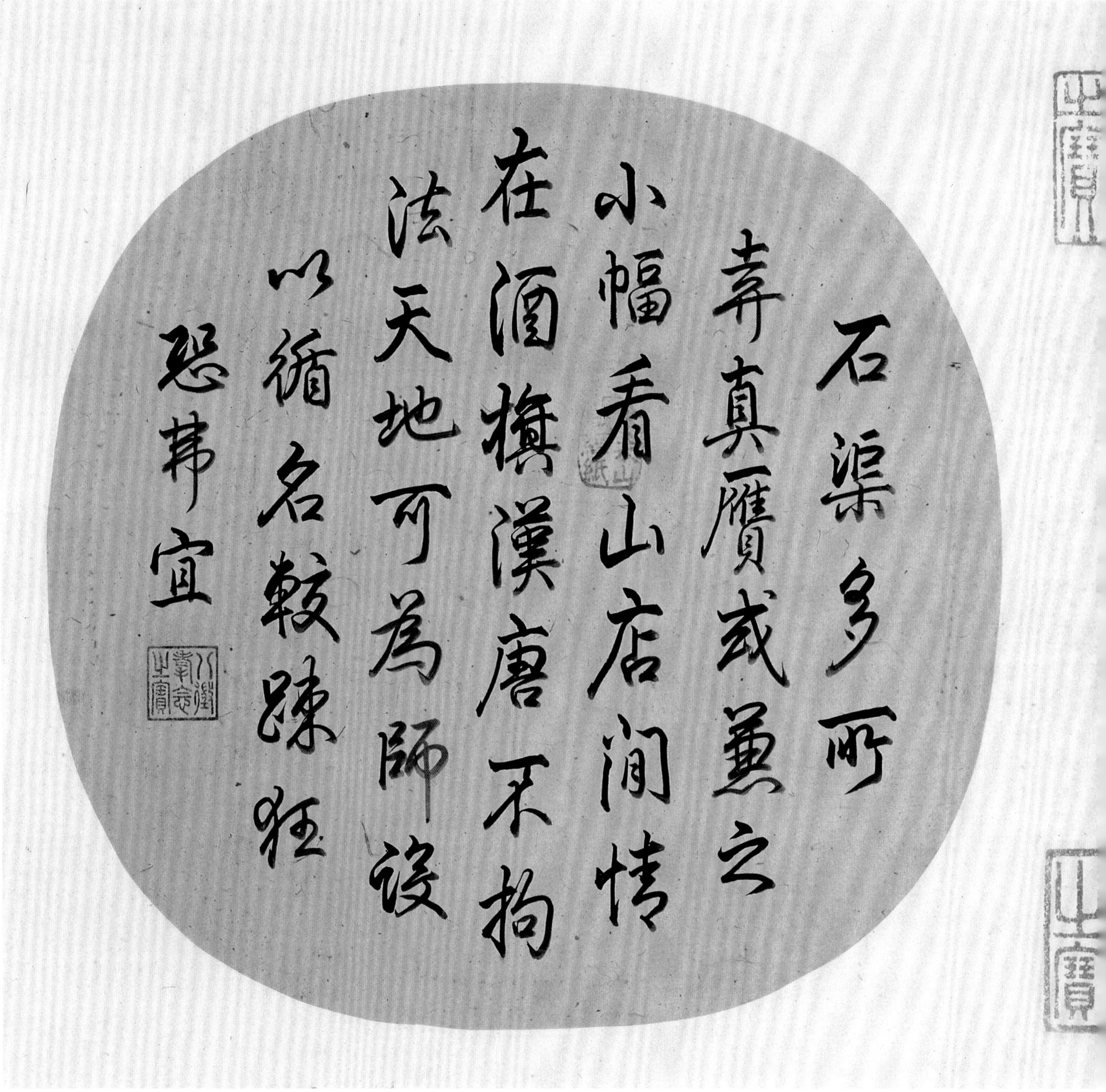

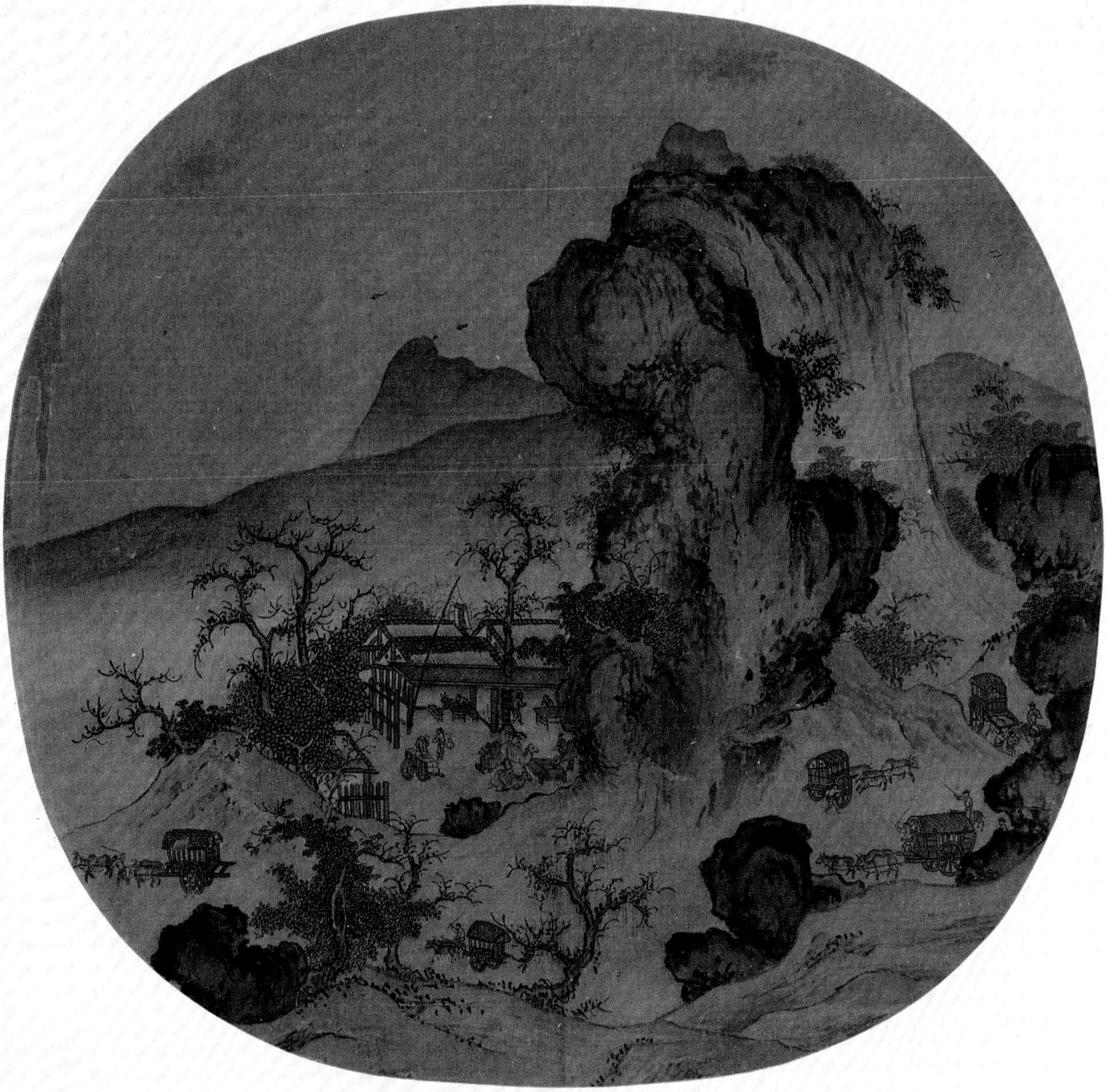

45

佚名　青山白雲圖頁
南宋
絹本　設色
縱22.9厘米　橫23.9厘米

White Clouds over Green Mountains
Anonymous, Song Dynasty
Leaf, colour on silk
H.22.9cm　L.23.9cm

圖中繪高山流水，白雲青山。古松下結一草廬，老隱者手扶杖，坐看山間白雲湧動，地上置一葫蘆。畫面似寫唐代王維“行到水窮處，坐看雲起時”的詩意。此詩在北宋郭熙的論著《林泉高致集》中被錄入“畫意”一節，作為可資入畫的題目。

此圖師法郭熙一派山水畫法，山石兼皴帶染，松枝作蟹爪形，空中以淡墨暈染出一輪明月，山間白雲以墨綫勾廓，外圍以淡墨暈染，表現雲層的體積感極好。

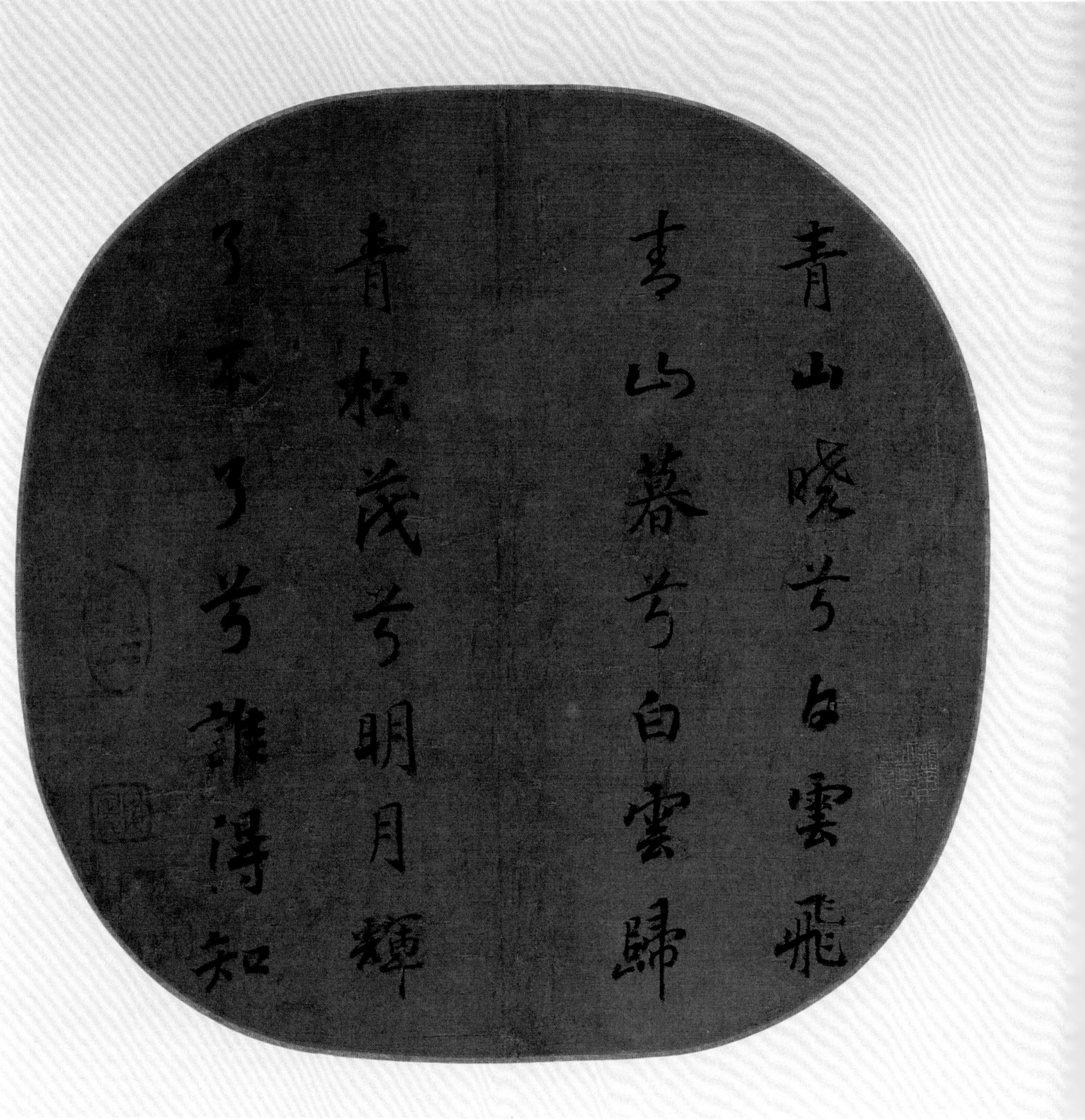

本幅鈐鑑藏印“龐萊臣珍藏宋元真迹”（朱文）。

對幅為宋高宗吳皇后行書題詩：“青山曉兮白雲飛，青山暮兮白雲歸，青松茂兮明月輝，了不了兮誰得知。”用筆蒼勁，極類高宗。鈐坤卦紋（朱文）印。鈐鑑藏印“龐萊臣珍藏宋元真迹”（朱文）、“陳定印”（朱文）。

曾經《虛齋名畫錄》著錄。

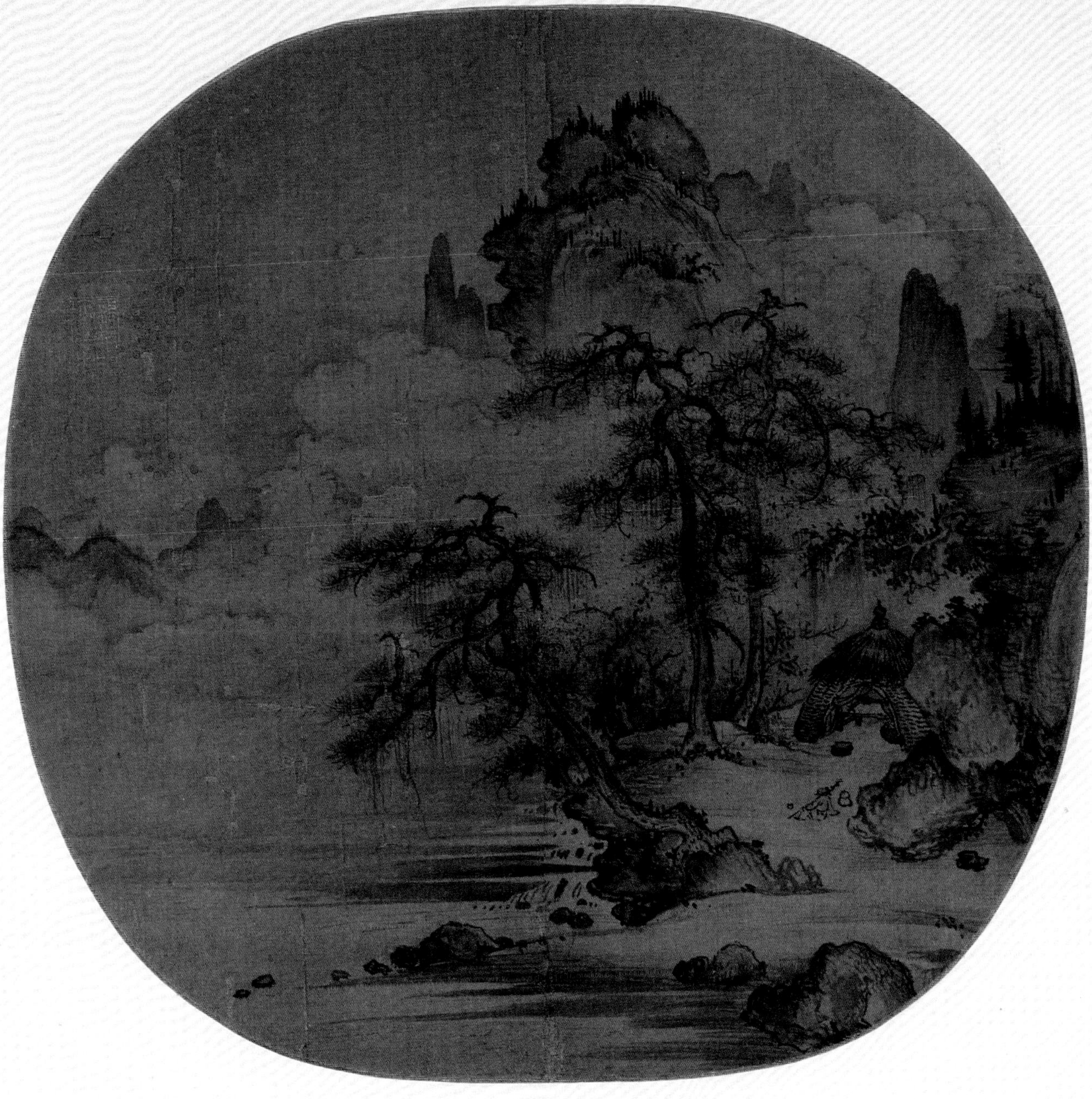

46

佚名　溪山水閣圖頁

南宋
絹本　設色
縱24.2厘米　橫24.7厘米
清宮舊藏

Mountains, Streams and Waterside Pavilion

Anonymous, Song Dynasty
Leaf, colour on silk
H.24.2cm　L.24.7cm
Qing Court collection

圖中描繪江南初春湖山清遠的景色，水榭臨岸，古木欹側，人迹寥寥。近景坡岸，山岩皴染兼用，而遠山則全出以暈染，表現山間白雲繚繞。中景的淺灘、叢木皆以極淡的墨色描繪，若隱若現之間，恰當表現了初春時節江南水濱霧靄溟濛的特徵。全圖筆墨疏簡，營造出一種清幽淡遠、遼闊空明的意境。

本幅鈐收藏印"陸氏水村"（朱文）、"梅複徐氏"（白文）、"天逸齋"（朱文）、"宣統御覽之寶"（朱文）。

曾經《石渠寶笈三編》著錄。

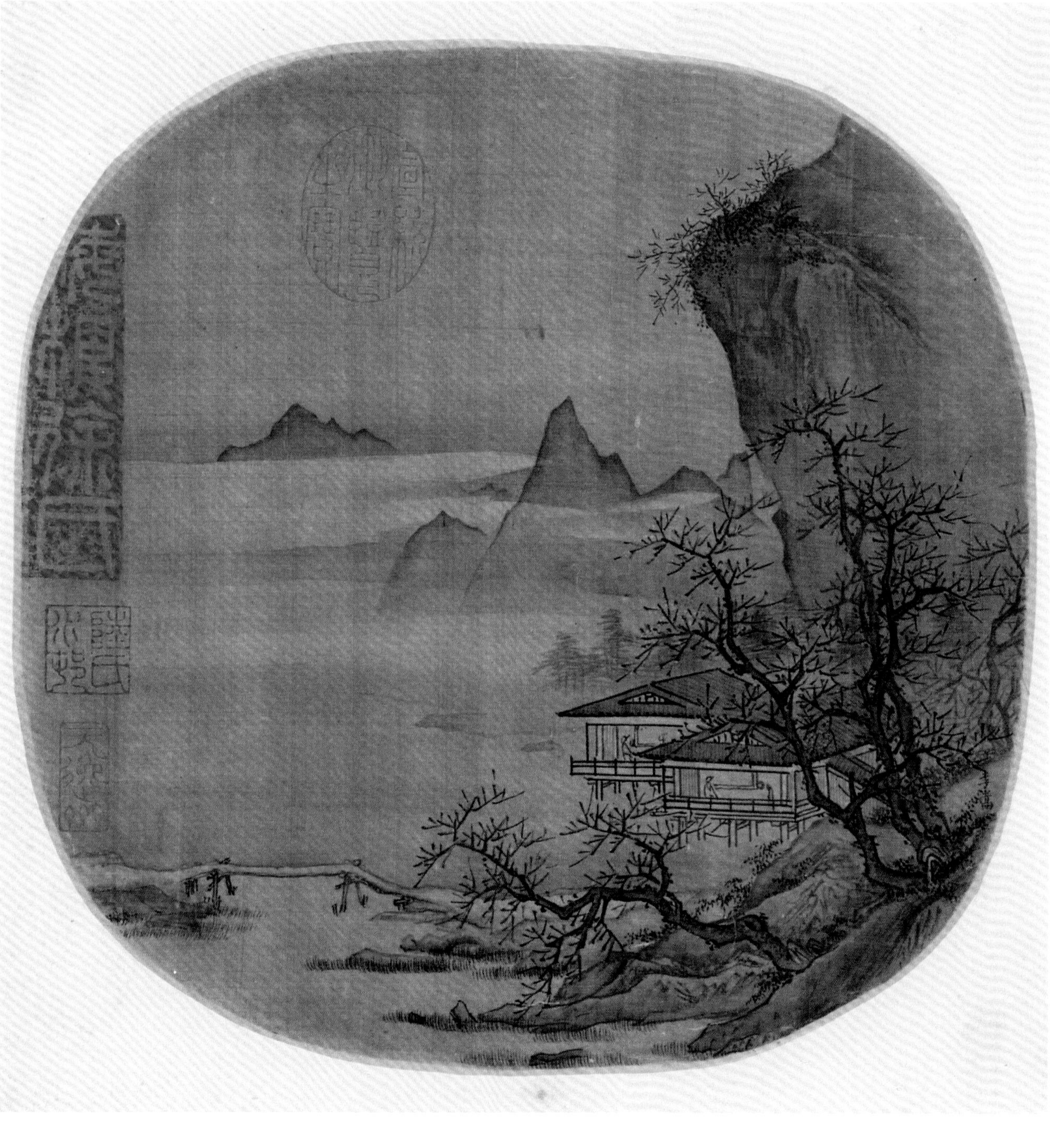

47

佚名　納涼觀瀑圖頁
南宋
絹本　設色
縱24厘米　橫24.9厘米
清宮舊藏

Enjoying the Breeze and Waterfall
Anonymous, Song Dynasty
Leaf, colour on silk
H.24cm　L.24.9cm
Qing Court collection

圖中畫一白衣閒士，坐在水閣內的牀上聽泉觀瀑，兩邊大石橫臥，閣下泉水沖擊，清幽雅致，表現了文人士大夫理想中的生活境界。山石多側筆濃墨勾勒，淡墨渲染，顯示出凹凸不平的石面及棱角，具有立體效果。

本幅鈐藏印："石渠寶笈"（朱文）、"寶笈重編"（白文）、"乾隆宸翰"（白文）、"乾清宮鑑藏寶"（朱文）。

對幅為清乾隆御題詩。

曾經《石渠寶笈續編》著錄。

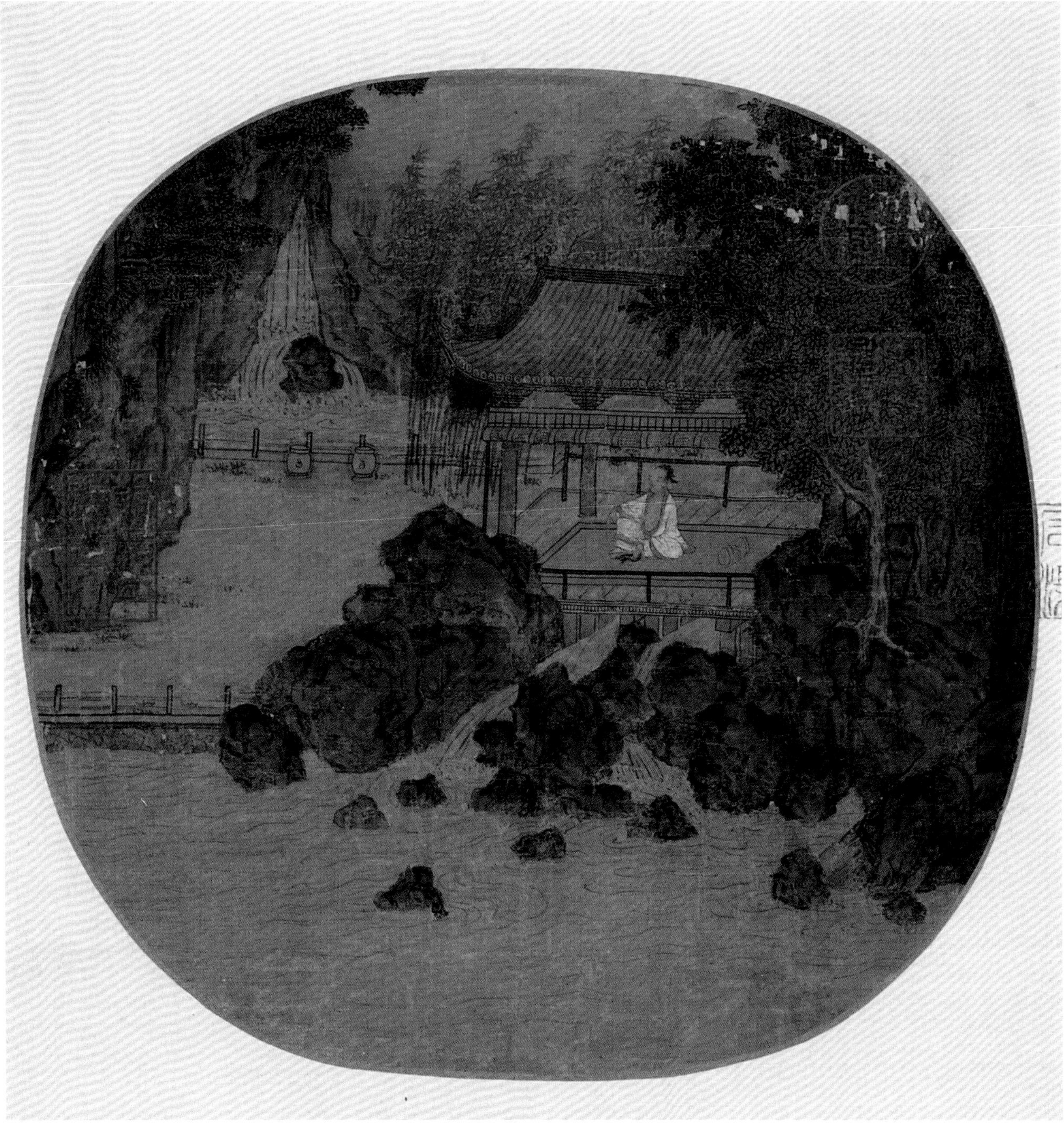

48

佚名　層樓春眺圖頁

南宋
絹本　設色
縱23.7厘米　橫26.4厘米
清宮舊藏

Enjoying the Spring Scenery from a Pavilion

Anonymous, Song Dynasty
Leaf, colour on silk
H.23.7cm　L.26.4cm
Qing Court collection

圖中繪重簷層樓，雕樑畫棟，樓上有白衣少婦憑欄遠眺，似待歸人。山坡上大樹成蔭，水中舟帆飽滿，一派春意盎然、萬物豐茂的景象。界畫工整，樹葉勾畫規整稠密，畫法與北宋畫家燕文貴的風格相近似。

本幅鈐鑑藏印"都尉耿信公"半印（白文），另有兩方印文不辨。

對幅為清乾隆御題詩："渡海傳奇迹，夢人與葉舟。幅圓見神韻，幀尺足風流。繞砌紅將發，叢林綠漸稠。欲窮春好處，相共上層樓。"

曾經《石渠寶笈》著錄。

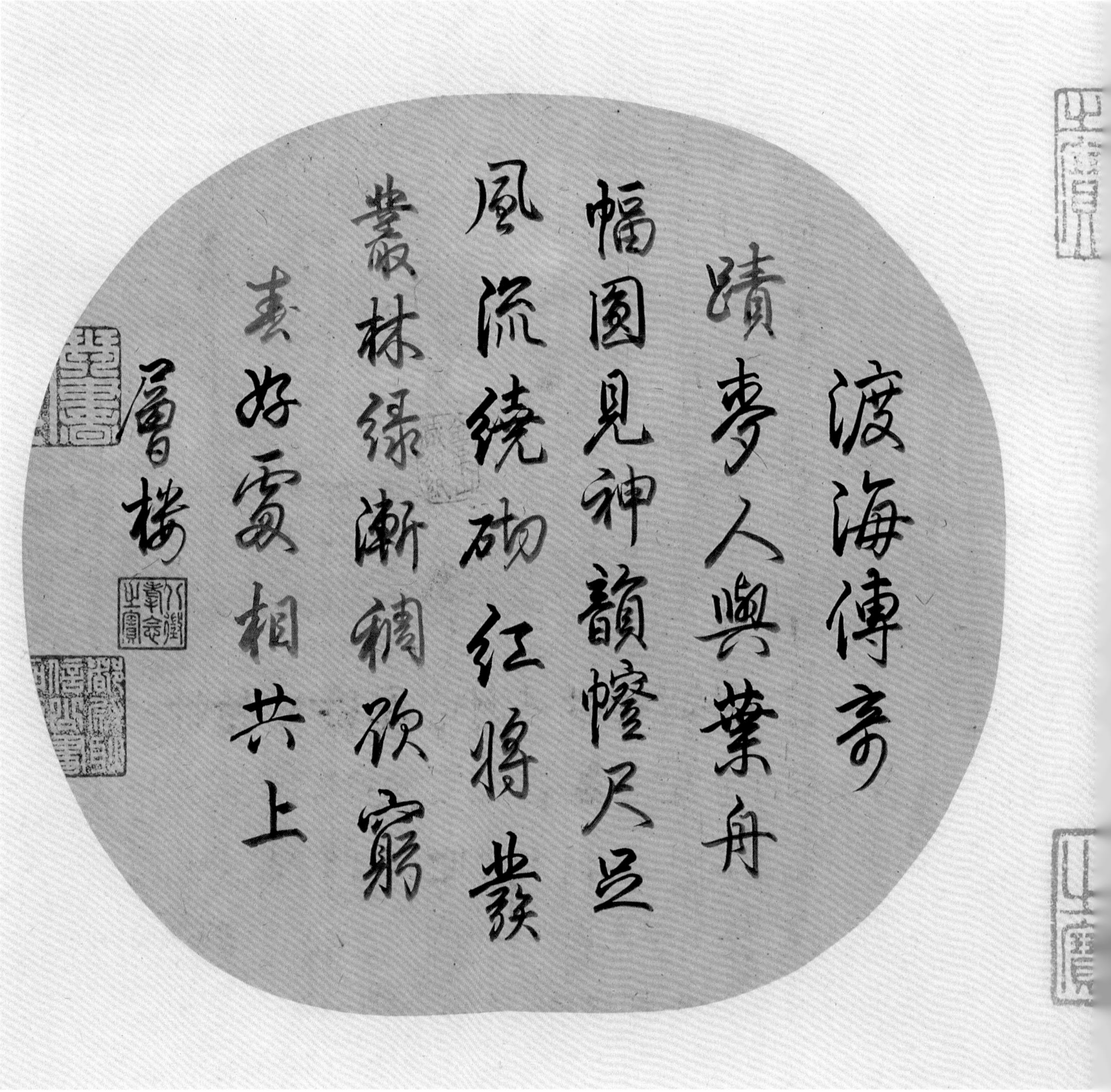

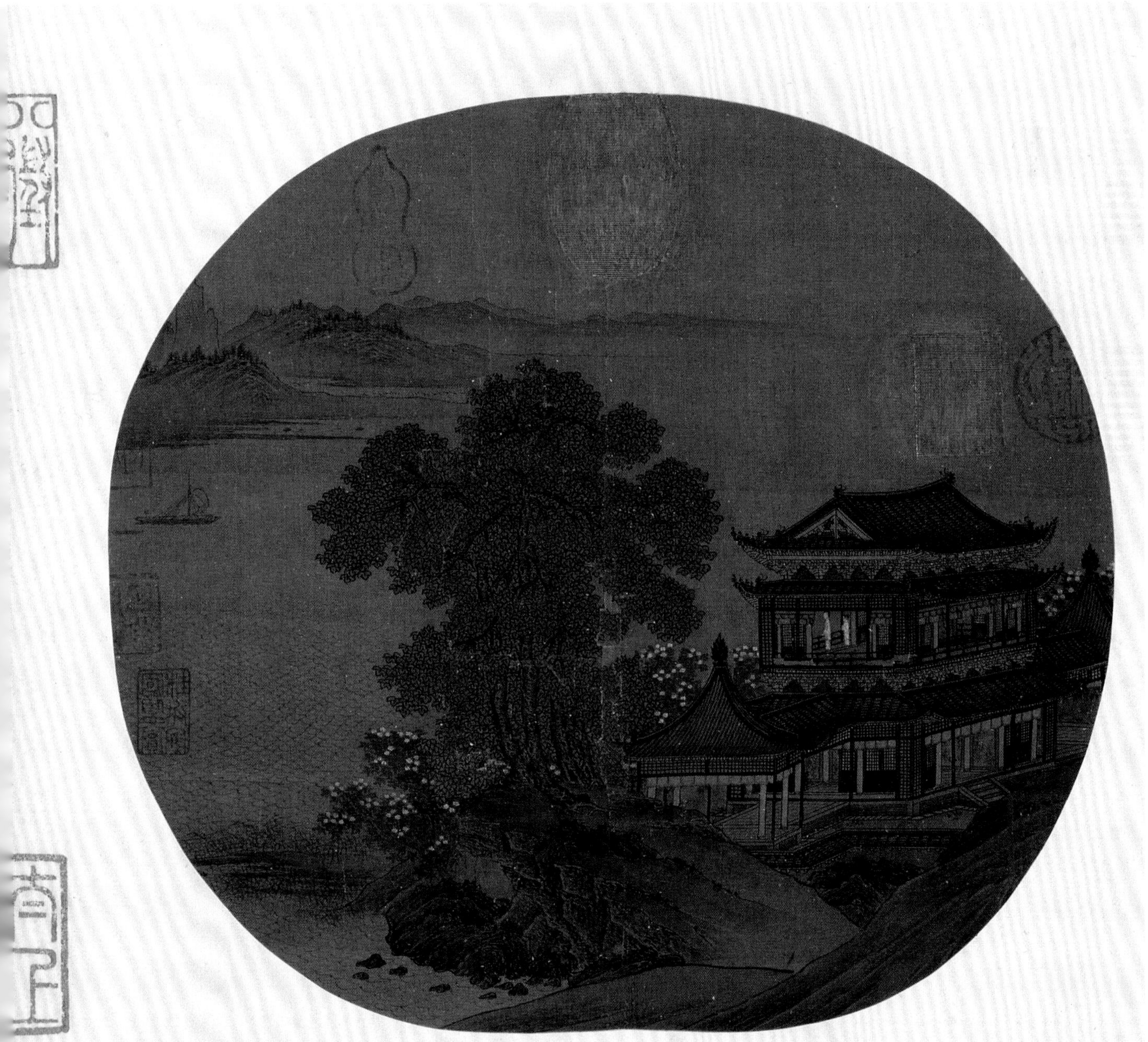

49

佚名　蓬瀛仙館圖頁
南宋
絹本　設色
縱26.4厘米　橫27.9厘米
清宮舊藏

Penglai Taoist Temple
Anonymous, Song Dynasty
Leaf, colour on silk
H.26.4cm　L.27.9cm
Qing Court collection

圖中繪崇樓水閣，綠瓦黃脊，樓頂呈“工”字形，下有曲欄迴廊，溪流湖石，林木盆景，一派皇家園林氣勢，又似蓬萊仙境。構圖規整，建築形式獨特，界畫細膩，畫法具有趙伯駒的風範。

本幅鈐鑑藏印“養心殿鑑藏寶”（白文）、“真賞”（朱文）葫蘆印，另有半印四方。

對幅為清乾隆御題詩：“參差仙館類蓬瀛，臨水依山風物清。可望不可即之處，畫家別有寄深情。”

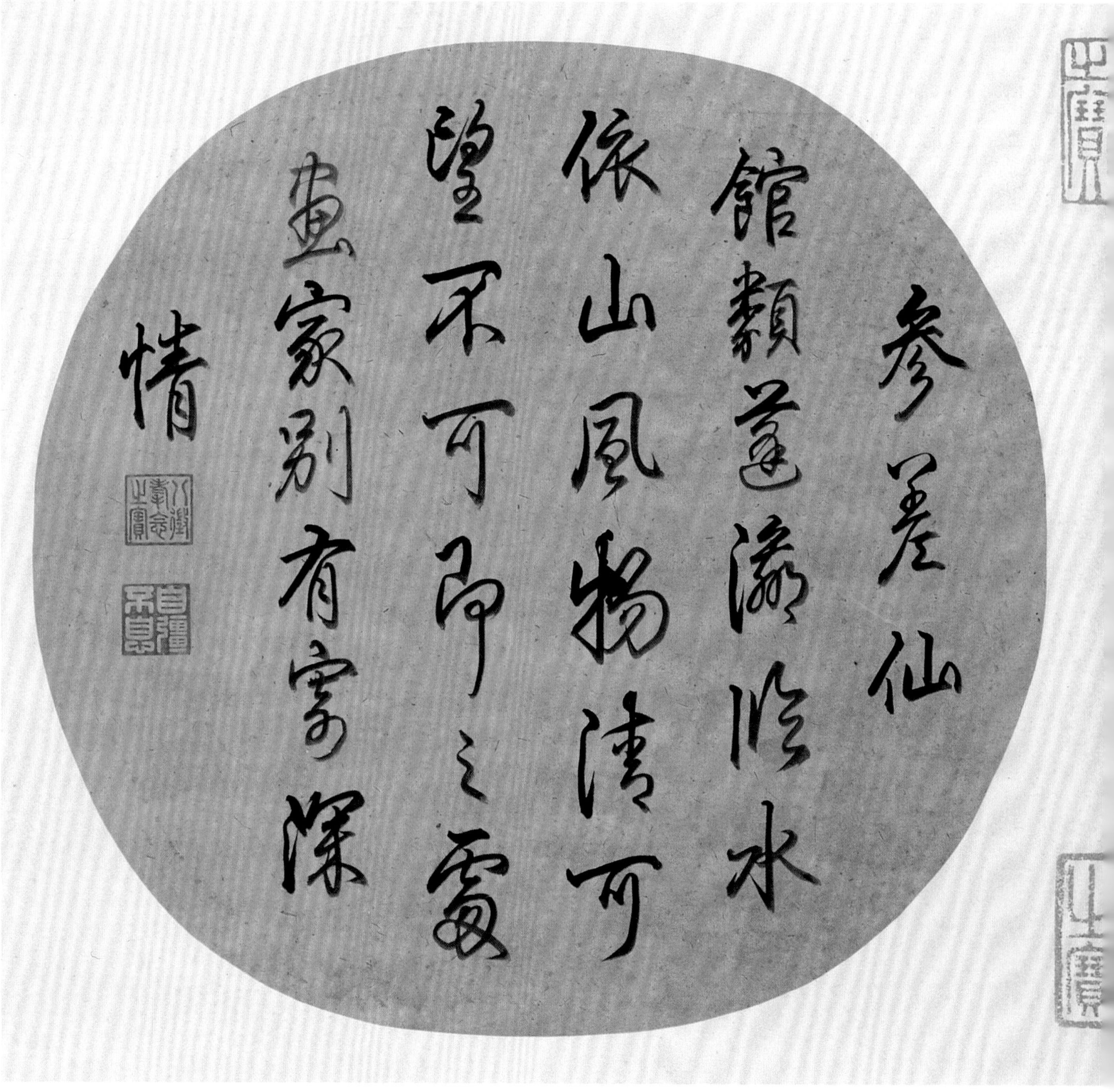

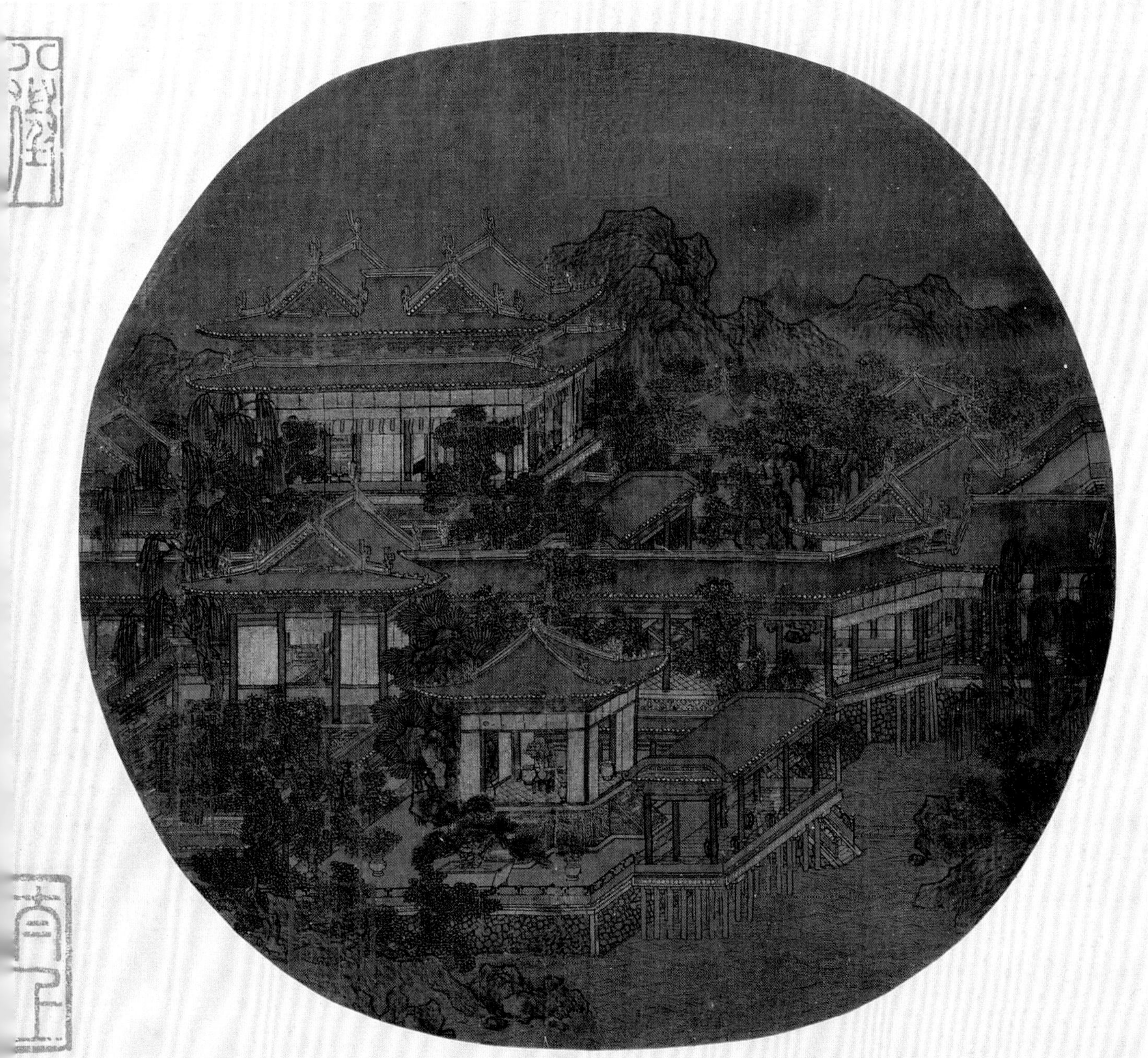

50

佚名　仙山樓閣圖頁
南宋
絹本　設色
縱23厘米　橫23.4厘米

Palace on the Mountain of the Immortals
Anonymous, Song Dynasty
Leaf, colour on silk
H.23cm　L.23.4cm

圖中繪青山聳峙，蒼松疏立，水榭中有人在賞蓮，山間建有規模宏大的層樓和平閣，氣象非凡。此圖屬青綠山水小品，山峯全用青綠塗染，不加皴法而施苔點，樓台為想像中建築，結構尚合理，綫描工細。畫風與趙伯駒相近。

本幅鈐鑑藏印“竹朋真賞”（白文）、“虛齋審定名蹟”（朱文），又葫蘆半印，印文缺。裱邊鈐“虛齋審定名蹟”（朱文）。

對幅為李佐賢題：“仙山樓閣不署款，按珊瑚網載趙千里有是圖。紅峯翠巒，瑤台瓊島，飄渺霞際，此圖彷彿似之。

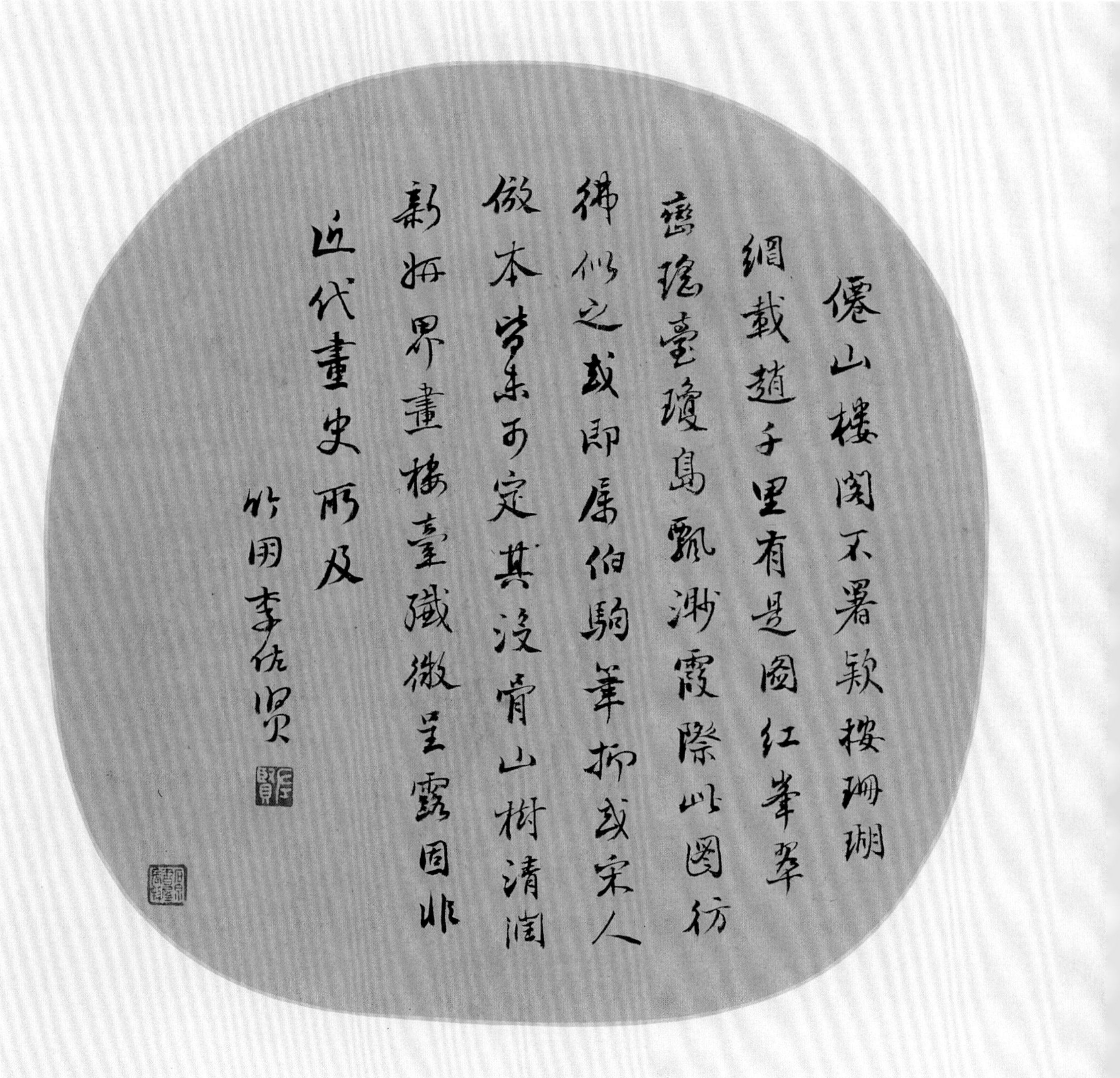

或即屬伯駒筆，抑或宋人仿本，皆未可定。其沒骨山樹清潤新妍，界畫樓台纖微呈露，固非近代畫史所及。竹朋李佐賢”。

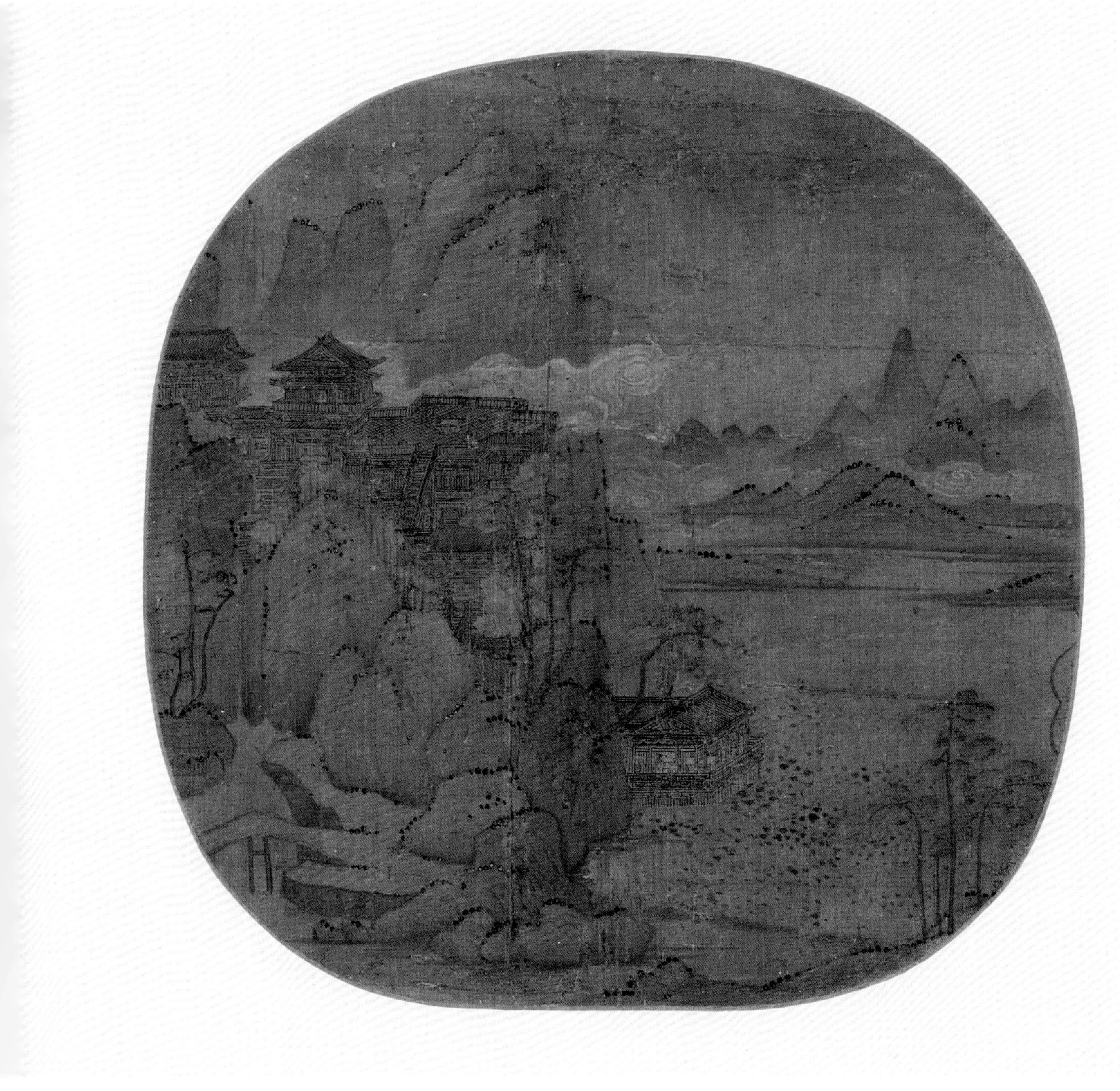

51

佚名　蓮塘泛艇圖頁
南宋
絹本　設色
縱24.3厘米　橫25.8厘米

Boating on a Lotus Pond
Anonymous, Song Dynasty
Leaf, colour on silk
H.24.3cm　L.25.8cm

圖中繪長松密林，坡陀上臨水建閣，閣中仕女憑欄眺望荷塘，三位仕女划着小艇飄飄而來，仰首呼應。全圖筆法細膩，佈局豐滿，建築結構準確。畫風與北宋畫家王詵近似。

本幅鈐鑑藏印“龐萊臣珍藏宋元真迹”（朱文）。

曾經《虛齋名畫錄》著錄。

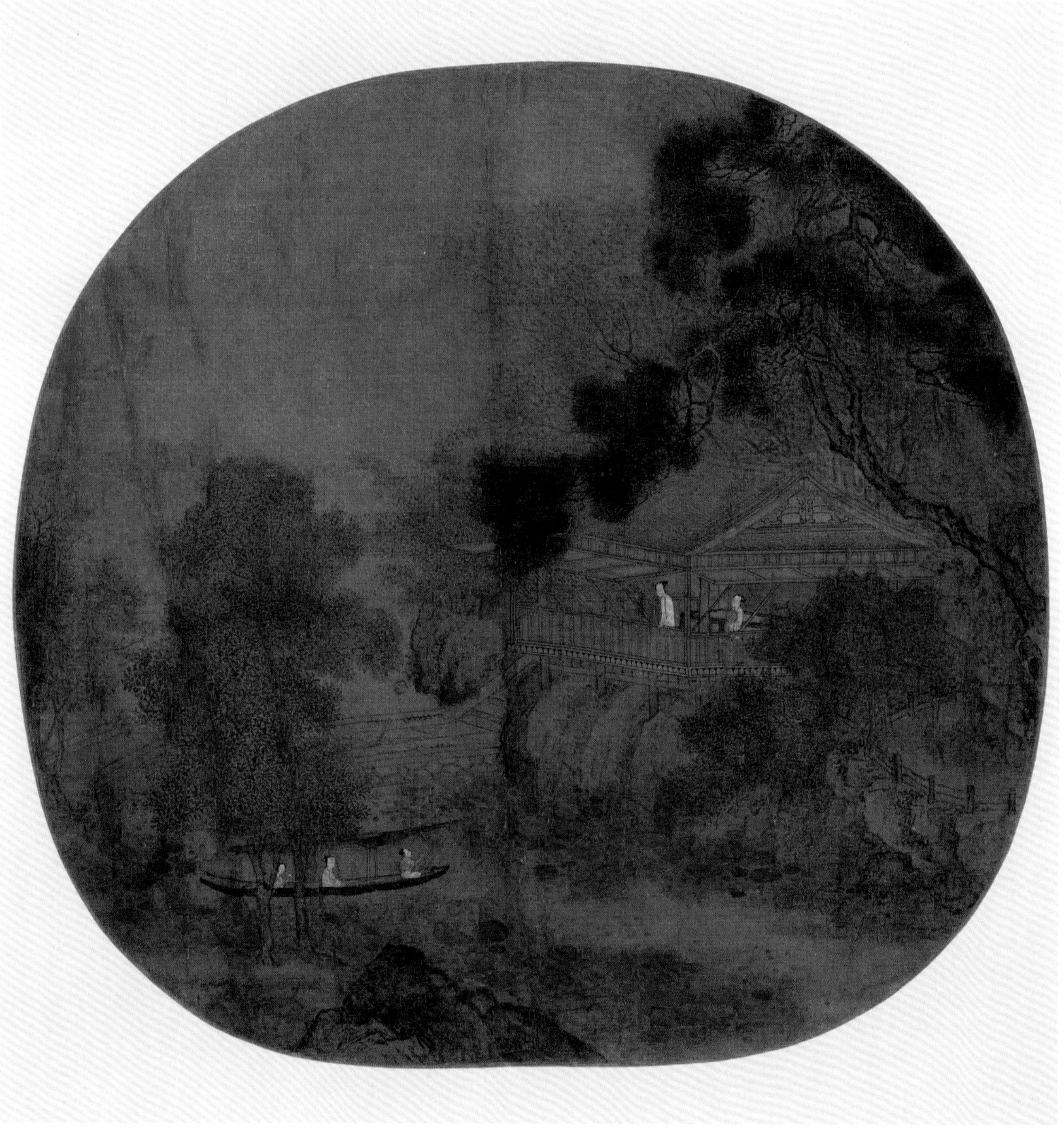

52

佚名　桐蔭玩月圖頁

南宋
絹本　設色
縱24厘米　橫17.3厘米

Enjoying the Moon in the Shade of Wutong Trees

Anonymous, Song Dynasty
Leaf, colour on silk
H.24cm　L.17.3cm

紈扇裝裱。圖中繪盛夏月夜，四周有樓宇迴廊，湖石花木，一紅衣白裙女子手執紈扇立於堂中，小童在院中玩耍，極富生活情趣。建築工筆、意筆相結合，精緻而不呆板。樹木勾綫較粗，多用中鋒筆。人物比例合度，衣紋細膩勁健。有南宋畫家蘇漢臣畫風。

本幅鈐鑑藏印“龐萊臣珍藏宋元真迹”（朱文）。

曾經《虛齋名畫錄》著錄。

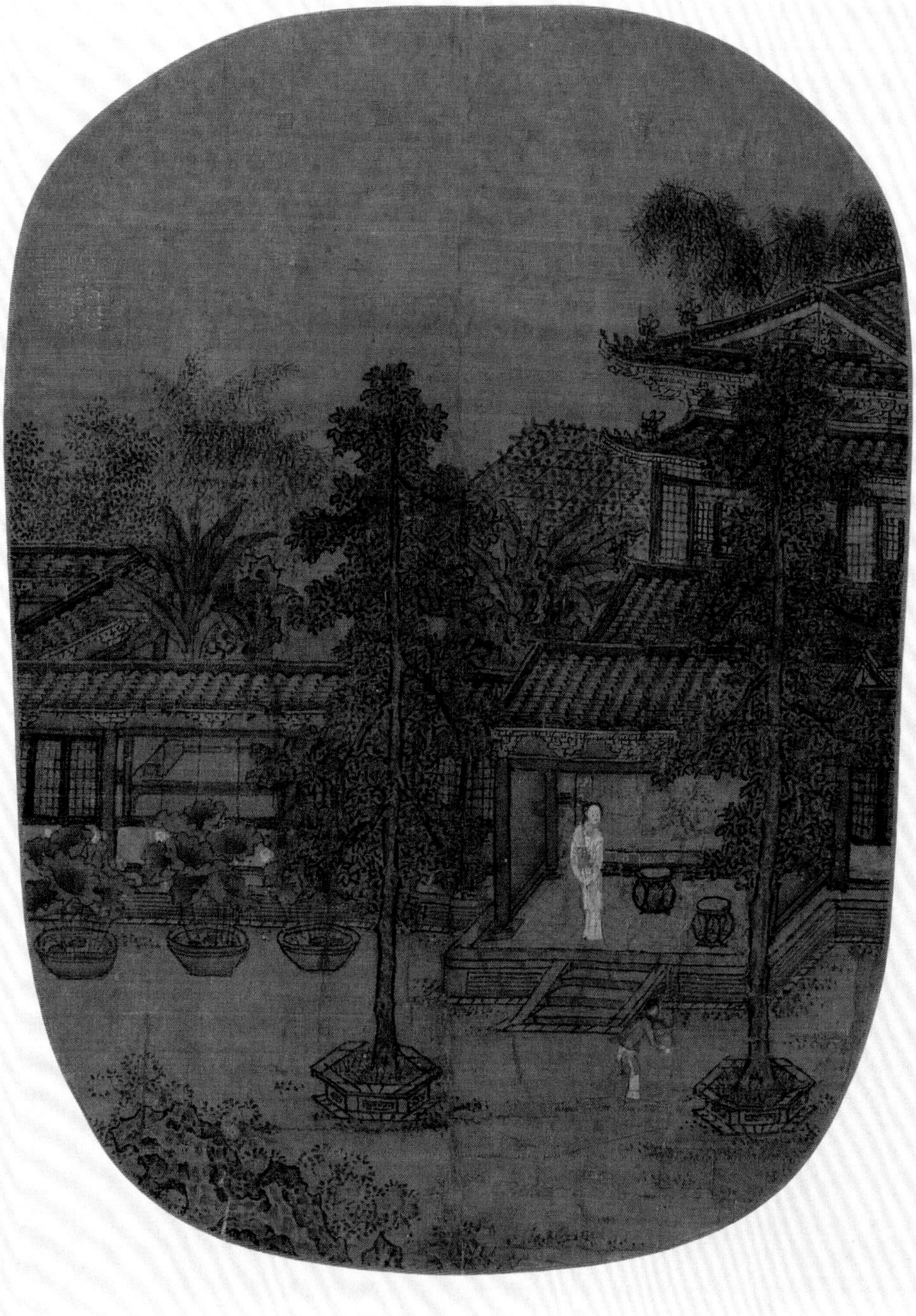

53

佚名　梧桐庭院圖頁
南宋
絹本　設色
縱24厘米　橫19.3厘米

Royal Wutong Trees Courtyard
Anonymous, Song Dynasty
Leaf, colour on silk
H.24cm　L.19.3cm

圖中繪宮廷庭院，重簷四攢頂殿與歇山頂殿間有迴廊相通，殿內人物或行或坐。梧桐高樹洞石環繞一周，遠處樓閣、樹叢隱約顯於煙霧中。畫法極為工整精細。

本幅鈐鑑藏印"鮑氏鑑藏"（朱文）。

對幅為李佐賢題記："此幅無款，舊籤題郭忠恕'桐陰宮殿'，乃歙鮑固叔所藏。按：忠恕字恕先，《宋史》本傳云，所圖屋壁重複之狀頗極精妙，遊王侯公卿家，乘興即畫，苟意不欲，固請必怒，得者以為寶觀。此宮殿林木可稱精妙，墨色絹質亦確係數百年

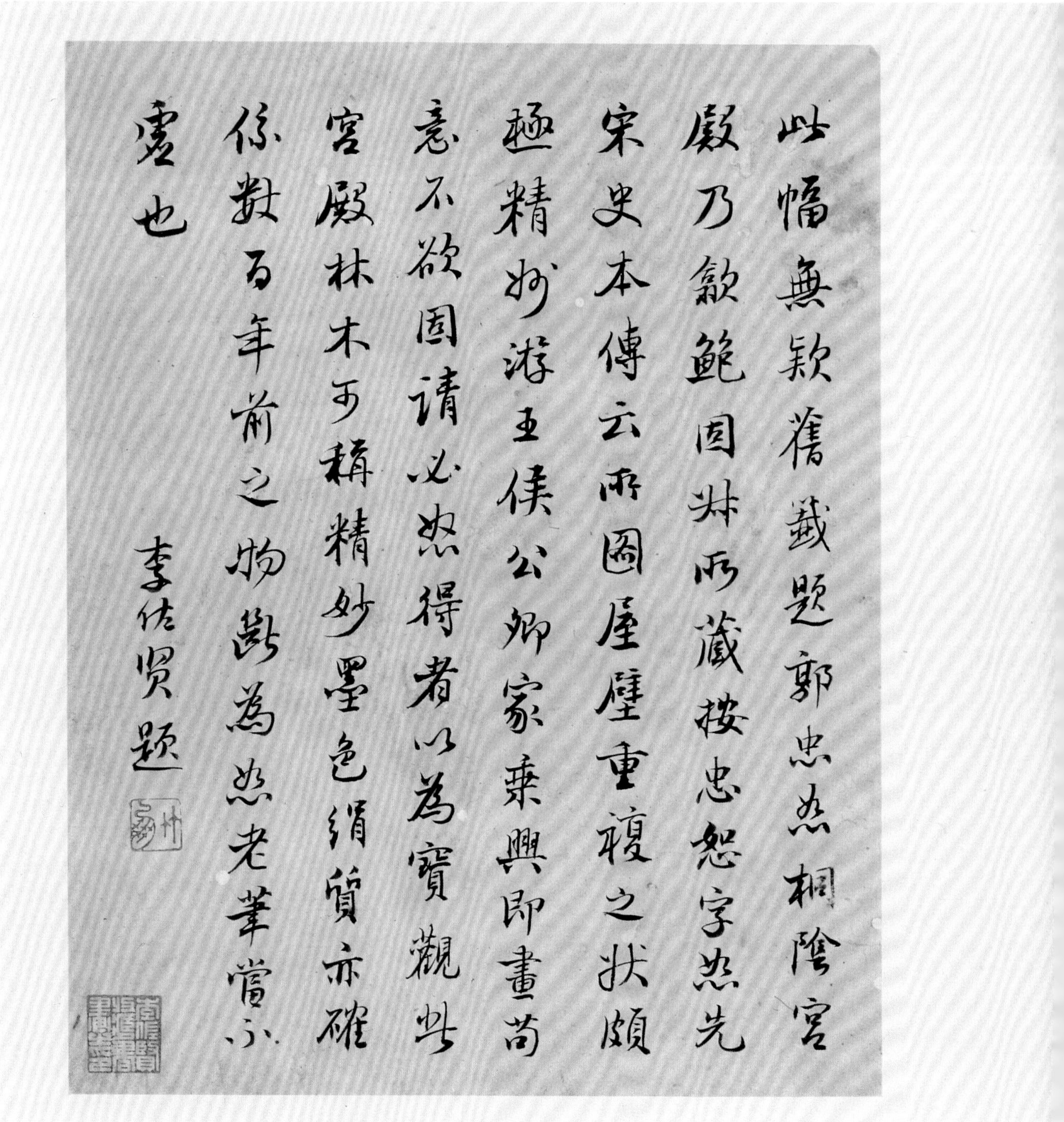

前之物，斷為恕老筆當不虛也。李佐賢題"。鈐印"竹朋"（朱文）、"李佐賢收藏書畫之印"（白文）。

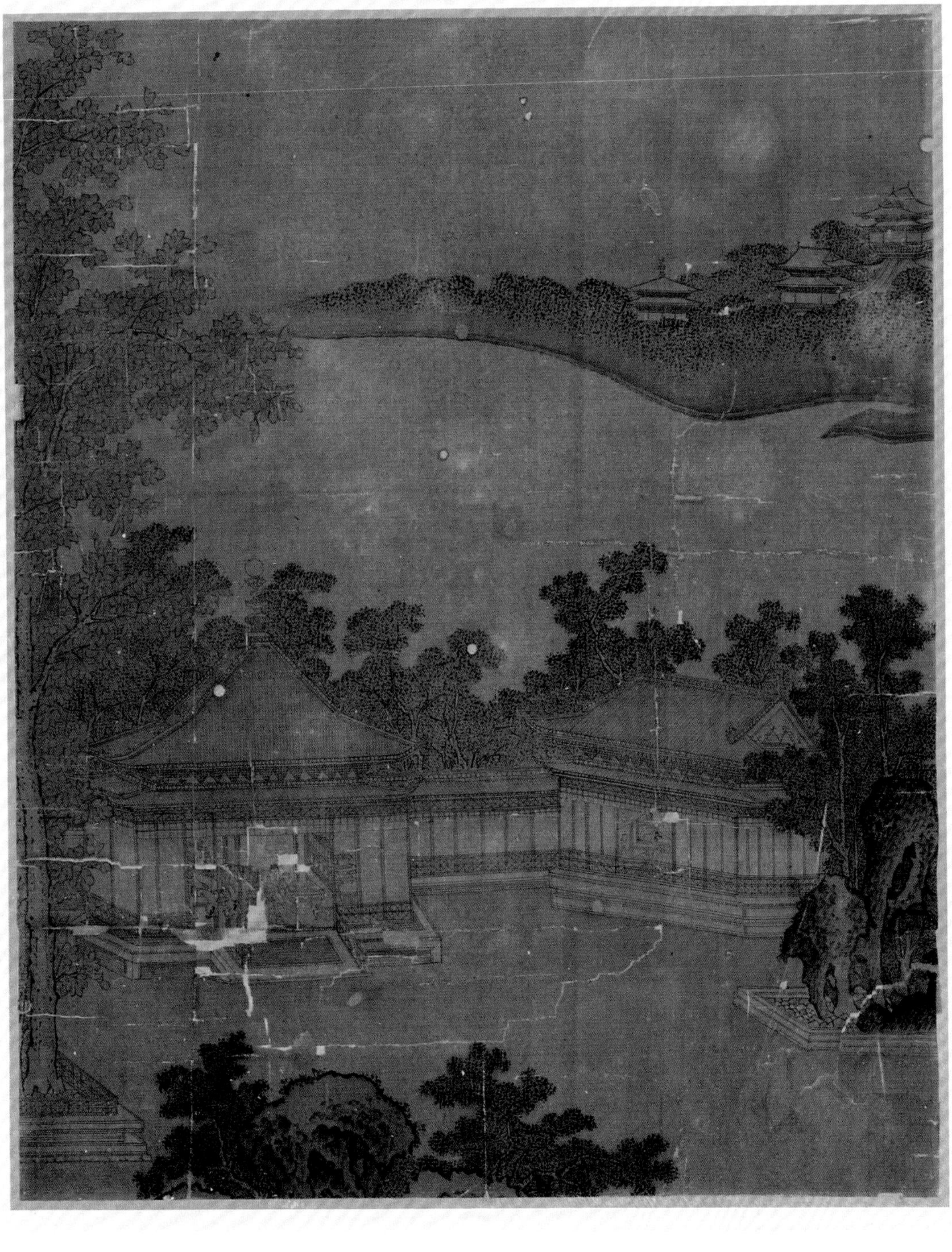

54

佚名　柳院消暑圖頁
南宋
絹本　設色
縱28.9厘米　橫29.2厘米
清宮舊藏

Enjoying the Breeze in a Willows Courtyard
Anonymous, Song Dynasty
Leaf, colour on silk
H.28.9cm　L.29.2cm
Qing Court collection

紈扇裝裱。圖中繪青堂瓦舍內，一長者憑窗遠望，消暑納涼，身邊有小童揮扇侍立。有荷塘一區，遠處山巒如波浪起伏。院門半掩，牆外垂柳依依，小童捧盒而至。遠山以拖筆勾畫，不施皴法，平塗石青；柳枝柔韌似隨風飄搖，柳葉密集而不繁亂。

裱邊鈐"宋犖審定"（朱文）印一方。

曾經《石渠寶笈初編》著錄。

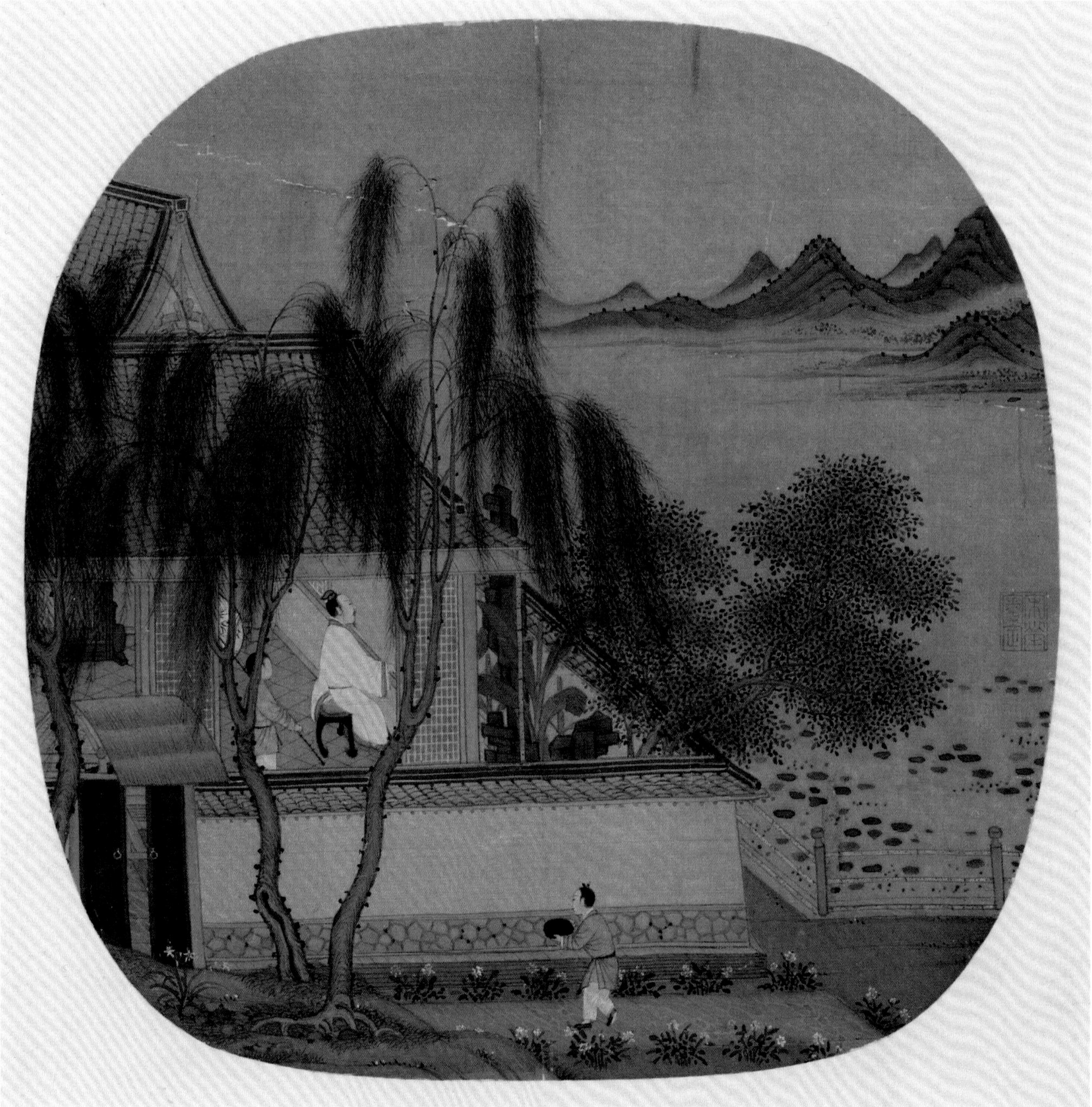

55

佚名　長橋臥波圖頁
南宋
絹本　設色
縱24厘米　橫26.2厘米
清宮舊藏

Long Bridge across a River
Anonymous, Song Dynasty
Leaf, colour on silk
H.24cm　L.26.2cm
Qing Court collection

紈扇裝裱。圖中繪雪後的江面上迷濛浩渺，舟帆往來，長橋橫臥。此橋為間橋，樑式，木柱朱欄，平板鋪架，橋中廊屋有梢間。橋又兼作縴道，縴夫正在拉縴上行。兩岸建有亭榭寺塔，遠山隱約可見，具有浙閩（即浙江、福建）地方特色。畫面佈局取對稱式，富有裝飾感，界畫工細。山體白描無皴，筆法簡潔，設色清雅。

本幅鈐鑑藏印"儀周珍藏"（朱文）。

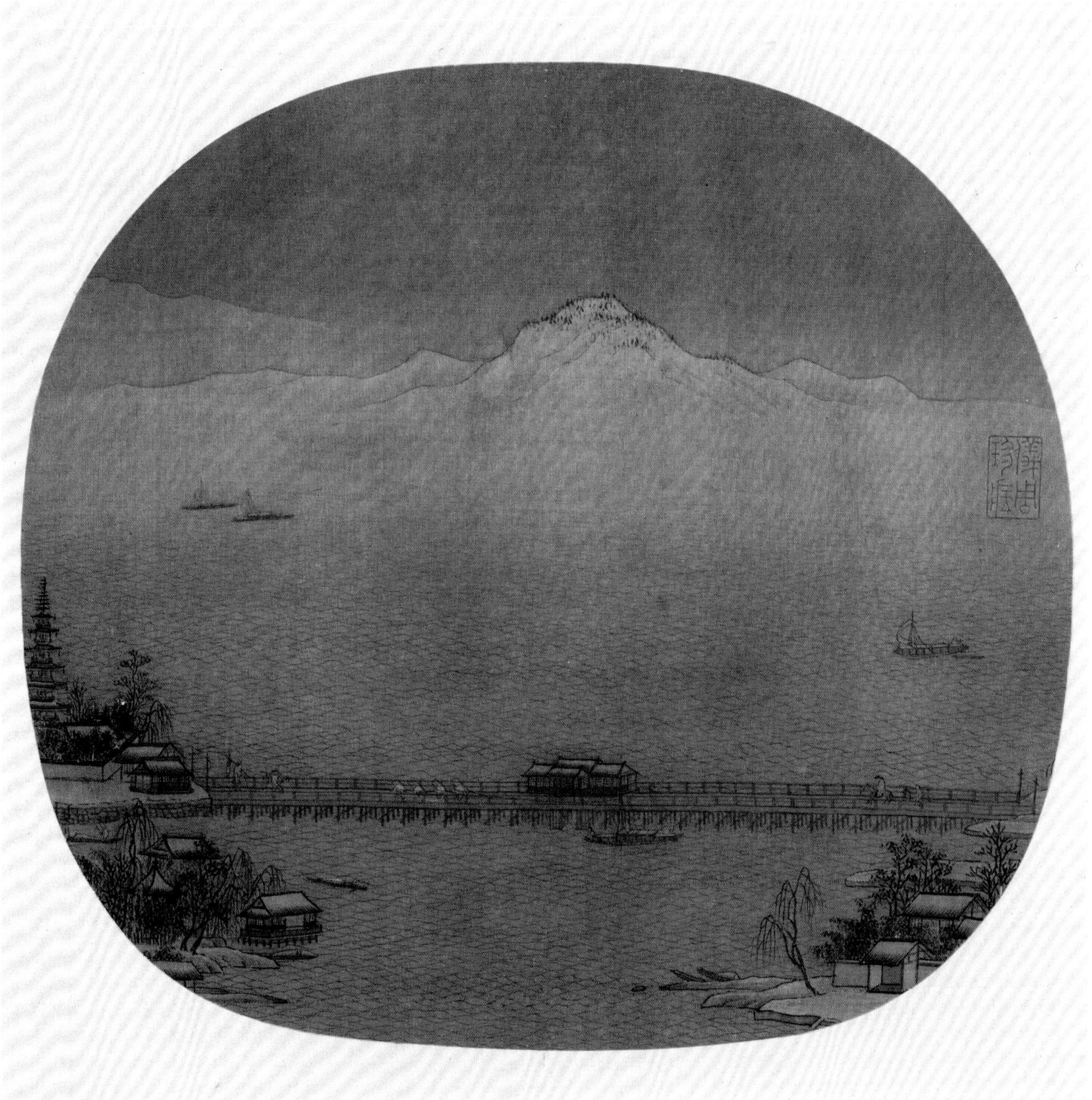

56

佚名　草堂客舍圖頁
南宋
絹本　設色
縱25.2厘米　橫25.5厘米
清宮舊藏

Grass Hut Inn
Anonymous, Song Dynasty
Leaf, colour on silk
H.25.2cm　L.25.5cm
Qing Court collection

此圖一名《徵人曉發》，繪草堂客棧掩映於翠竹松槐間，旅人伏桌假寐，一婦人正為客人晨炊，院門邊隨從已備行裝，白騾回首顧盼。畫面生活氣息濃郁，反映了南宋民俗、民居的一般面貌。樹木用雙鈎，染以黃綠、赭色；石用大斧劈皴，塗墨色。茅舍為徒手繪製，不用界畫，刻畫細緻。

本幅鈐鑑藏印"儀周珍藏"（朱文）、"心賞"（朱文）。

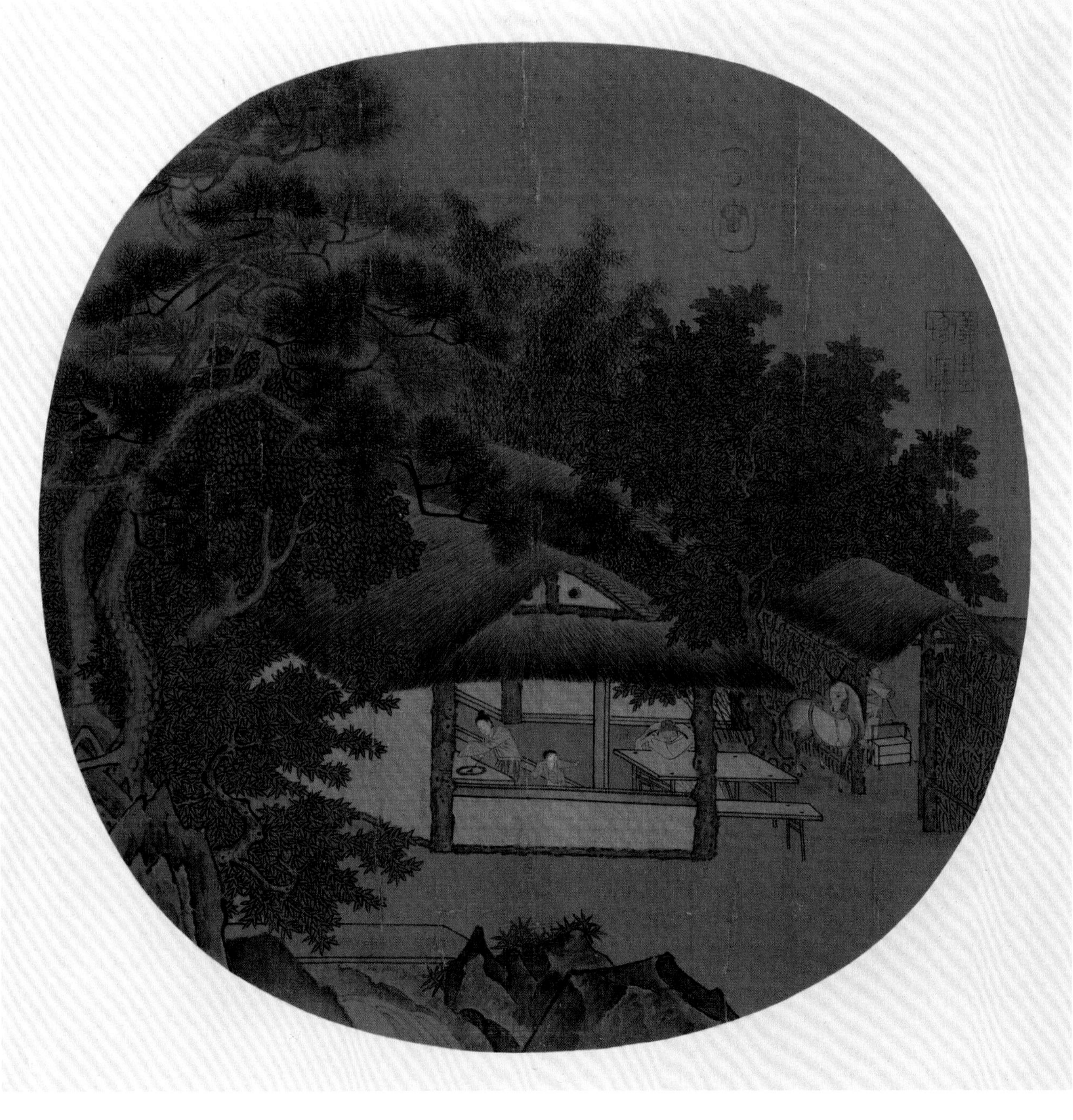

57

佚名　江上殿閣圖頁

南宋
絹本　設色
縱23.2厘米　橫24.3厘米

Palace by a River

Anonymous, Song Dynasty
Leaf, colour on silk
H.23.2cm　L.24.3cm

圖中繪江畔殿閣隨台而建，高低錯落。臨江高台上為四攢頂重簷小殿，兩側有梢間，殿前有貴婦抱子，官人相對而立，充滿王室貴族的生活氣息。此圖為青綠界畫，建築格局複雜，用筆穩健而略見草率。

本幅鈐鑑藏印一方，印文不辨。

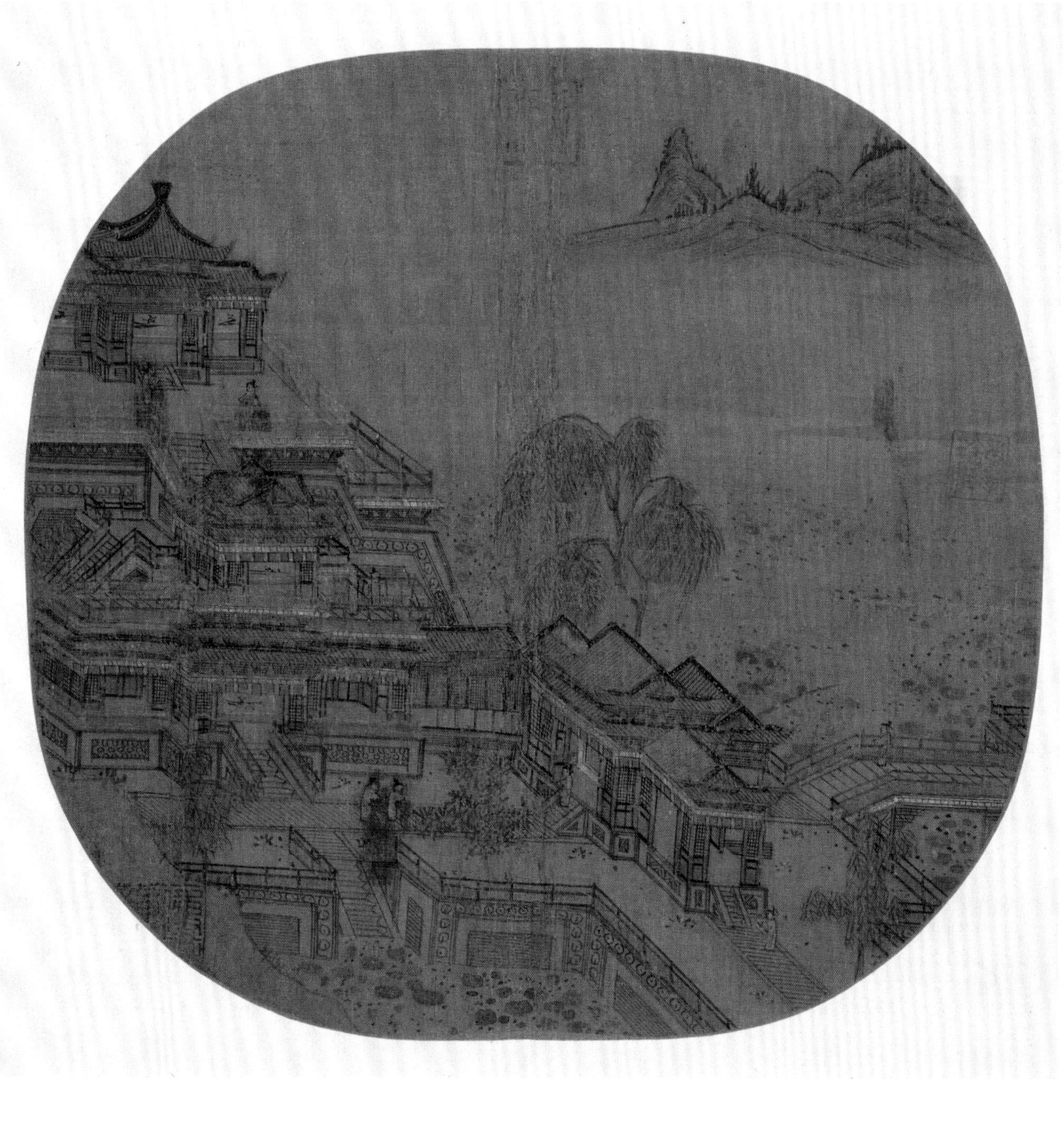

58

佚名　深堂琴趣圖頁

南宋
絹本　設色
縱24.2厘米　橫24.9厘米
清宮舊藏

Playing *Qin* (Similar to the zither) in a Mountain Hall

Anonymous, Song Dynasty
Leaf, colour on silk
H.24.2cm　L.24.9cm
Qing Court collection

圖中繪山腳下樹木蓊鬱，院落清淨，二進廳堂，均有梢間。一雅士坐於廳中撫琴，小童侍立，格調清雅。遠山以淡墨渲染，巨石施大斧劈皴，筆墨精湛。畫法似北宋畫家馬遠風格，構圖亦取“馬一角”式，應是馬遠一派的傳人所作。

本幅鈐鑑藏印“儀周珍藏”（朱文）。

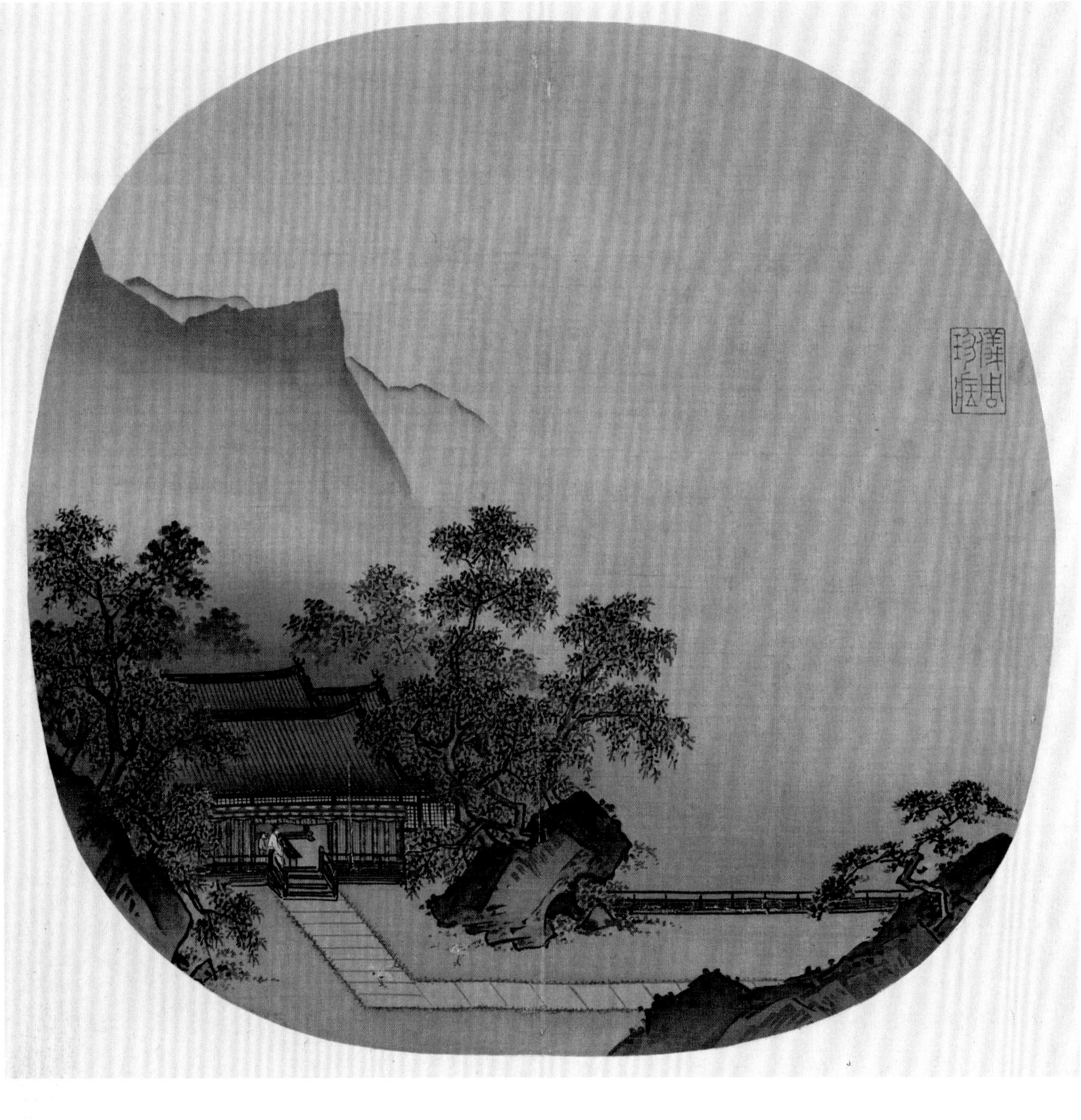

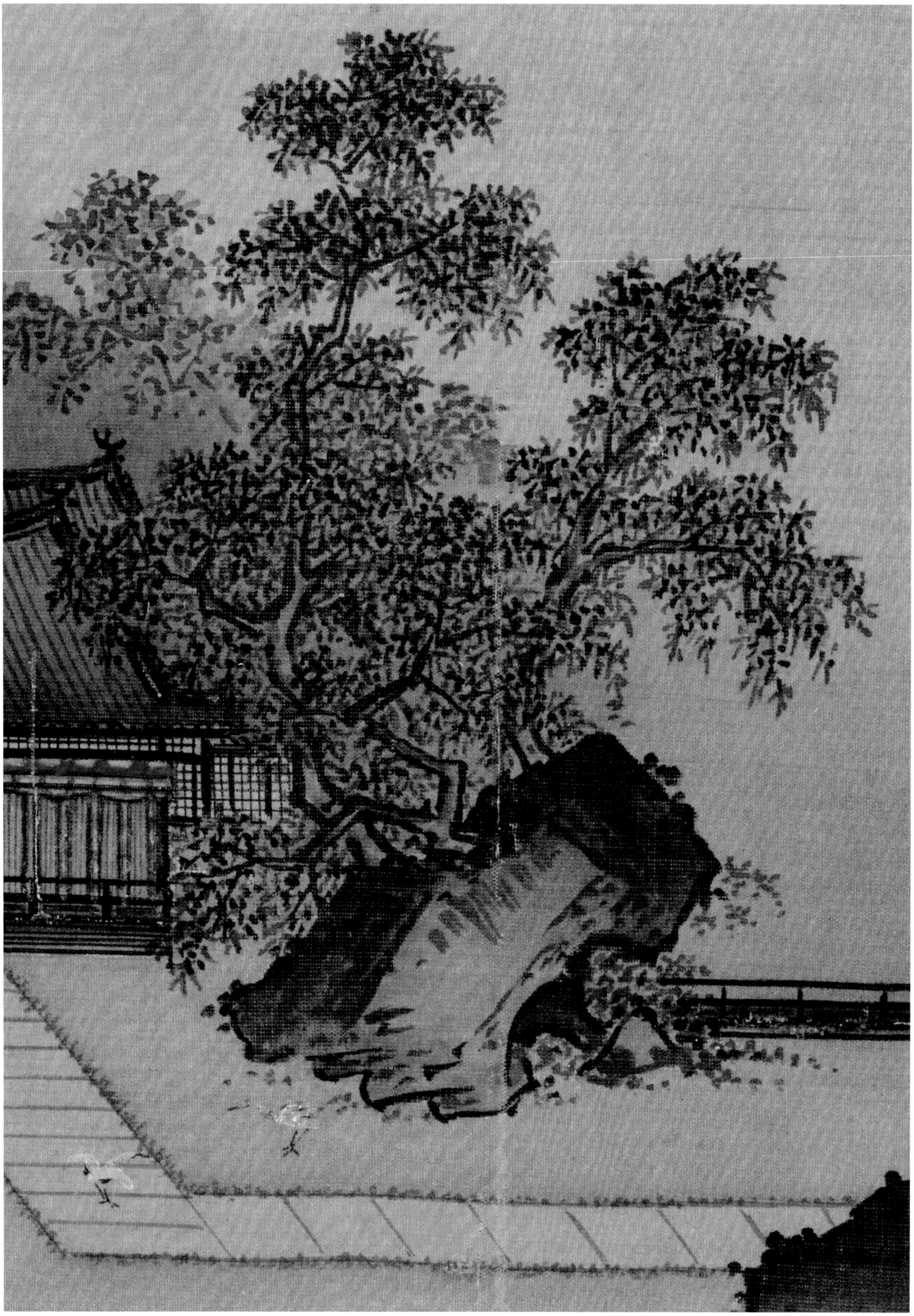

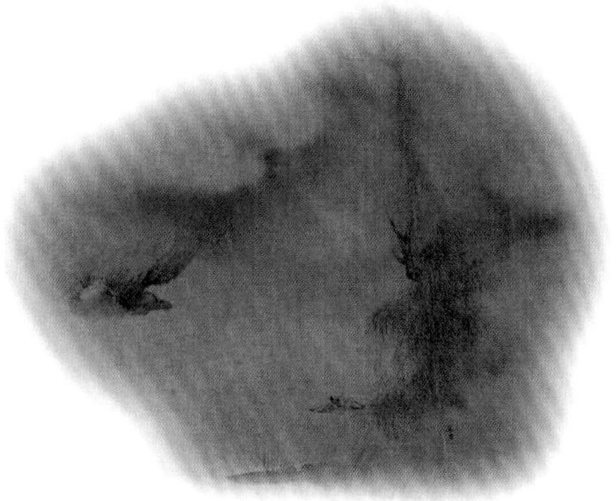

附錄一

題跋題記釋文

圖3　董源　瀟湘圖卷

董其昌題記：

“此卷予以丁酉（1597）六月得於長安。卷有文三橋題董北苑，字失其半，不知何圖也。既展之，即定為《瀟湘圖》。蓋《宣和畫譜》所載而以選詩為境，所謂‘洞庭張樂地，蕭（瀟）湘帝子遊’者耳。憶余丙申持節長沙，行蕭（瀟）湘道中，蒹葭、漁網、汀洲、叢木、茅庵、樵徑、晴巒、遠堤，一一如此圖，令人不動步而重作湘江之客。昔人乃有以畫為假山水而以山水為真畫者，何顛倒見也！董源畫世如星鳳，此卷尤奇古荒率。僧巨然於此還丹，梅道人嘗其一臠者。余何幸，得以遊其間耶？董其昌題　己亥（1599）荷夏三日”。

本幅鈐有袁樞、卞永譽、安岐、張大千等鑑藏印及清內府藏印二十三方。一九疊朱文半印，存“司印”二字。

本幅後鈐有袁樞、卞永譽、安岐、張大千鑑藏印十方。

後隔水鈐有袁樞、卞永譽、安岐、張大千鑑藏印十八方，半印二方。

圖6　趙佶　雪江歸棹圖卷

蔡京跋：

“臣伏觀御製《雪江歸棹》，水遠無波，天長一色，羣山皎潔，行客蕭條，鼓棹中流，片帆天際，雪江歸棹之意盡矣。天地四時之氣不同，萬物生天地間隨氣所運，炎涼晦明，生息榮枯，飛走蠢動，變化無方，莫之能窮。皇帝陛下以丹青妙筆，備四時之景色，究萬物之情態於四圖之內，蓋神智與造化等也。大觀庚寅（1110）季春朔　太師楚國公致仕　臣京謹記”　。

圖10　張擇端　清明上河圖卷

張著跋：

“翰林張擇端，字正道，東武人也。幼讀書，遊學於京師。後習繪事，本工界畫，尤嗜於舟車、市橋、郭徑，別成家數也。按向氏評論圖畫記云，《西湖爭標圖》、《清明上河圖》選入神品，藏者宜寶之。大定丙午（1186）清明後一日　燕山張著跋”　。

張公藥題詩三首之一：

“通衢車馬正喧闐，只是宣和第幾年。當日翰林呈畫本，昇平風物正堪傳。竹堂張公藥”。

酈權題詩三首之二：

“峨峨城闕舊梁都，二十通門五漕渠。何事東南最闐溢，江淮財利走舟車。

車轂人肩困擊磨，珠簾十里沸笙歌。而今遺老空垂涕，猶恨宣和與政和。鄴郡酈權”。

張世積題詩：

“畫橋虹臥浚儀渠，兩岸風煙天下無。滿眼而今皆瓦礫，人猶時復得璣珠。

繁華夢斷兩橋空，唯有悠悠汴水東。誰識當年圖畫日，萬家簾幕翠煙中。博平張世積”。

楊準跋：

“右故宋翰林張擇端所畫《清明上河圖》一卷，金大定間燕山張著跋云：向氏圖畫記所謂選入神品者是也。我元至正之辛卯，準寓薊日久，稍訪求古今名筆以新耳目，會有以茲圖見喻者，且云：圖初留秘府，後為官匠裝池者以似本易去，而售於貴官某氏。某後守真定，主藏者復私之，以鬻於武林陳某。陳得之且數年，坐他事稍窘急，又聞守且歸，恐遂速禍怨，思欲密付諸賢士君子，準聳語即傾橐購之，蓋平生癖好在是也。卷前有徽廟標題，後有亡金諸老詩若干首，私印之雜誌於詩後者若干枚。其位置若城郭、市橋、屋廬之遠近高下，草樹、馬牛、驢駝之小大出沒，以及居者、行者、舟車之往還先後，皆曲盡其意態而莫可數計，蓋汴京盛時偉觀也。汴自朱梁來消耗極矣，至宋列聖休養百年，始獲臻此甚盛。其君相之勤勞，閭井之豐庶，俗尚之茂美，皆可按圖想其萬一。吾知畫者之意，蓋將以觀當時而誇後代也。不然則厄於時而思殫其伎，以桀然自異於眾史也。何其精能之至而豪發無遺恨歟。此豈一朝一夕所能就者，其用心亦良苦矣。夫何京、攸父子以權奸柄國，使萬姓愁痛，強虜桀驁，而汴之受禍有不忍言者，意是圖脫稿，曾幾何時而向之承平故態已索然，荒煙野草之不勝其感矣。當是時，城外內之金帛珍玩，根括殆盡，而是圖獨淪落到今，逾二百年而未甚弊壞，豈有數耶？自時厥後，其地遂終不睹漢官而困於戰爭且日甚，雖欲求卷中所圖彷彿，又安可得矣？嗚呼！都邑廢興雖係運數，而人謀弗臧，蓋各有自。天津聳鵑之嘆，崇宣秉鈞之虐，謂非基於熙豐大臣之謬誤，可乎？其所以致汴之陸沈而不可復振者，亦必有任其責矣。今天下一家，前代故都咸沐聖化，其生聚浩穰，宜不減昔，惜吾未得一一躬造其地以覽觀其盛。故於是卷既嘉其筆墨之工，而又因以識予之感慨云。至正壬辰（1352）九月望日　西昌玉華素士楊準跋”。鈐印“準”（白文）、“京兆文章家印”（朱文）。

劉漢跋：

“余自幼喜畫學，業之四十年。平生所見畫，今古以軸計者，奚啻累千百。其精粗高下，要皆各擅一絕，往往不能兼備。壬辰秋避地來西昌，楊君公平以余之專門也，出所藏《清明上河圖》以示。其市橋、郭徑、舟車、邑屋、草樹、馬牛，以及於衣冠之出沒遠近，無一不臻其妙。余熟視再四，然後知宇宙間精藝絕倫有如此者。向氏所謂選入神品，誠非虛語。而或者猶以井蛙之見，妄加疵纇，甚矣！其不知子都之姣，而亦何足為是圖輕重哉。嗚呼！此希世玩也。為楊氏子若孫者，尚珍襲之。至正甲午（1354）正月望　新喻劉漢謹跋”。

李祁題記：

“靜山周氏文府所藏《清明上河圖》乃故宋宣政年間名筆也。筆意精妙，固自宜入神品。觀者見其邑屋之繁、舟車之盛、商賈財貨之充羨盈溢，無不嗟賞歆慕，恨不得親生其時，親目其事。然宋祚自建隆至宣政間，安養生息百有五六十年，太平之盛，蓋已極矣。天下之勢，未有極而不變者，此固君子之所宜寒心者也。然則觀是圖者，其將徒有嗟賞歆慕之意而已乎？抑將猶有憂勤惕厲之意乎？噫！後之為人君為人臣者，宜以此圖與無逸圖並觀之，庶乎其可長守富貴也。歲在旃蒙大荒落　雲陽李祁題”。鈐印“李氏一初”（朱文）、“不二心老人”（朱文）。

圖11　佚名　張公十詠圖卷

本幅題識：

“吳興太守馬大卿會六老於南園，人各賦詩（天章閣侍講胡瑗有序及余詩皆不錄）：賢侯美化行南國，華發欣欣奉宴娛。政迹已聞同水薤，恩輝還喜及桑榆。休言身外榮名好，但恐人間此會無。他日定知傳好事，丹青寧羡洛中圖。

庭鶴

戢翼盤桓傍小庭，不無清夜夢煙汀。靜翹月色一團素，閒啄苔錢幾點青。終日稻粱聊自足，滿前雞鶩謾相形。已隨秋意歸詩筆，更共幽棲上畫屏。

玉蝴蝶花

雪朵中間蓓蕾齊，驟開尤覺繡工遲。品高多說瓊花似（花與瓊花相類），曲妙誰將玉笛吹。散舞不休零晚樹，團飛無定撼風枝。漆園如有須為夢，若在藍田種更宜。

孤帆

江心雲破處，遙見去帆孤。浪闊疑升漢，風高若泛湖。依微過遠嶼，彷佛落荒墟。莫問乘舟客，利名同一途。

宿清江小舍

□葉青青綠荇齊，……□覺輕舟過水西。

歸燕

社燕秋歸何處鄉，羣雛齊老稻青黃。猶能時暫棲庭樹，漸覺稀疏度苑牆。已任風亭下簾幕，卻隨煙艇過瀟湘。前春認得安巢所，應免差池揀杏梁。

聞砧

遙野空林砧杵聲，淺沙棲雁自相鳴。西風送響暝色靜，久客感秋秋思生。何處征人移塞帳，即時新月落江城。不知今夜擣衣曲，欲寫秋閨多少情。

宿後陳莊偶書（去城七里）

臘凍初開苕水清，煙村去郭可吟行。灘頭斜日鳧鷖隊，枕上西風鼓角聲。一棹寒燈隨夜釣，滿犁時雨趁春耕。誰言五福仍須富，九十餘年樂太平。

送丁秀才赴舉〔遜咸平元年（998年）進士第八人後賢良方正第一人登科〕

鵬過天池眾翼隨，風雲高處約先飛。青袍錫宴出關近，帶取瑤林春色歸。

貧女

蒿簪掠鬢布裁衣，水鑑雖明亦懶窺。數畝秋禾滿家食，一機官帛幾梭絲。物為貴寶天應與，花有秋香春不知。多謝年來豪族女，總教時樣畫蛾眉。”

孫覺莘序：

“富貴而壽考者，人情之所甚慕；貧賤而夭短者，人情之所甚哀。然有得於此者必遺於彼，故寧處康強之貧、壽考之賤，不願多藏而病憂、顯榮而夭折也。贈尚書刑部侍郎張公諱維，吳興人，少而學書，貧不能卒業，去而躬耕以為養。善教其子，至於有成。平居好詩，以吟詠自娛，浮遊閭里，上下於溪湖山谷之間，遇物發興，率然成章。不事於雕琢之巧、采繪之華，而詞意自得。徜徉閒肆，往往與□時處士能詩者為輩，蓋非無憂於中，無求於世，其言不能若是也。公不出仕，而以子封至正四品，亦可謂貴；不治職而受祿養以終其身，亦可謂富；行年九十有一，可謂壽考。夫享人情之所甚慕而違其所哀，無憂無求，而見之吟詠，則其自得而無怨懟之辭，藹然而有澄澹之思，其亦宜哉。公卒十八年，公子尚書都官郎中先亦致仕家居，取公平生所自愛詩十首，寫之縑素，號‘十詠圖’，傳示子孫，而以序引見屬。余既愛侍郎之壽，都官之孝，為之序而不辭。都官字子野，蓋其年八十有二云。熙寧五年（1072）二月二十二日　右正言真集賢院知湖州事高郵孫覺莘”。

清乾隆御題詩：

“東都才少一，西洛便虛三。橋梓高年並，丹青子舍參。故知成獨步，詎祗助佳談。丁甲何煩守，六星瑞曜含。辛巳季春御題”。鈐印“幾暇怡情”（白文）、“得佳趣”（白文）。

另本幅鈐賈似道“悅生”（朱文葫蘆）、“秋壑”（朱文）、“秋壑珍玩”（白文），明“典禮紀察司印”（朱文半印）及清內府等藏印共二十一方。

陳振孫跋：

“慶曆六年（1046），吳興太守馬尋宴六老於南園，酒酣賦詩，安定胡先生瑗教授州學為之序。六人者，工部侍郎郎簡年七十九，司封員外郎范說年八十六，衛尉寺丞張維年九十一，俱致仕；劉餘慶年九十二，周守中年九十五，吳琰年七十二，三人皆有子弟列爵於朝：劉殿中丞述之仲父，周大理寺丞頌之父，吳大理寺丞知幾之父也。詩及序刻石園中，園廢石亦不存。事載《續圖經》及《胡安定言行錄》。余嘗考之：郎簡，杭人也，或嘗寓於湖；范說，咸平三年進士，同學究出身；周頌，天聖八年進士；劉吳盛族，述與知幾皆有名迹可見，獨張維無所考。近周明叔使君得古畫一軸，號《十詠圖》，乃維所作詩也，首篇即南園燕集所賦，孫覺莘老序之，其略云：贈刑部侍郎張公維生平喜吟詠，行年九十有一，卒後十八年，其子都官郎中先亦致仕家居，取公所自愛詩十首，寫之縑素，以序見屬，蓋其年八十有二云。於是知其為子野之父也。子野年八十五猶買妾，東坡為之作詩，實熙寧癸丑，作圖之年八十有二，則庚戌也。逆數而上，求其生年，當在端拱己丑。其父享年九十有一，當馬守燕六老之歲，實慶曆丙戌。逆數而上，求其生年，則周世宗顯德丙辰也。後四年宋興，自是日趨太平，極盛之世以及於熙寧，甲子載周矣。子野於其間擢儒、科登、膴仕，為時聞人，贈其父官四品，仍父子皆旄期，流風雅韻使人遐想慨慕，可謂吾鄉衣冠盛事矣。然世固知有子野而不知有其父也。自慶曆丙戌後十八年，子野為《十詠圖》，當治平甲辰。又後八年，孫莘老為太守，為之作序，當熙寧壬子。又後一百七十七年，當淳祐己酉，其圖為好古博雅君子所得，會余方修《吳興人物志》，見之如獲拱璧，因細考而詳錄之，庶幾不朽於世。其詩亦清麗閒雅，如‘灘頭斜日鳧鷺隊，枕上西風鼓角聲’，又‘花有秋香春不知’，皆佳句也。子野之墓在弁山多寶寺，今其後影響不存，此圖之獲傳，豈不幸哉！本朝有兩張先，皆字子野。其一博州人，天聖二年進士，歐陽公為作墓誌；其一天聖八年進士，則吾州人也。二人姓名字偶皆同，而又同時，不可不知也，故並記之。余既為明叔書卷後，且為賦詩：‘平生聞說張三影，十詠誰知有乃翁。逢世升平百年久，與齡耆艾一家同。名賢序述文章好，勝事流傳繪畫工。遐想盛時生恨晚，恍如身在此圖中。’庚戌七月五日　直齋老叟書　時年七十有二　後六年，從明叔借摹，並錄余所跋於卷尾而歸之，丙辰中秋後三日也。”鈐“陳氏山房之印”（朱文）。

顏堯煥題記：

“慶曆間，吳興太守宴六老南園，各賦詩，安定胡先生時教授湖學，序其事。先生嘗為侍講天章閣待制，明聖人體用之學，天下學者師宗之，不特湖也。六老詩與先生所序，歲久石廢不存，語僅見郡誌。今此圖乃正言孫公莘老序侍郎張公維十詠也。張蓋六老中之一老，三影子野都官之父，孫乃安定先生門人。都官錄其父所作為圖，而屬孫序之以貽後嗣，亦手澤存焉之意。緬懷慶曆人才之盛，高年燕衎之樂，景行先哲，使人慨慕。安定先生之序不可見，而其所得序之人及其門人，其詩其序俱於是圖見之。想其人，論其世，雖歷四百四十餘年之遠，猶若可見，能不為跫然喜乎？姑蘇同知施侯嘗宦是邦，得此圖攜歸里第，徜徉東皋，賓朋觴詠，出此圖時一展玩，可謂有好古博雅之趣。余耄矣，偶得拭目，因考是圖始末，皆本於安定先生之門也。忝名卷尾，而歸璧於東皋羣玉府云。泰定乙丑（1325）　郡人前進士顏堯煥書　時年八十有七”。鈐“顏堯煥章”（朱文）、“明可”（白文）、“敬學”（朱文）。

鮮于樞題記：

“六客風流已矣，堂亦湮廢不復，舉此圖橫几為之慨然。吳興一寓公，家藏累世，雖窶乏不忍棄去。人有欲以良田貿易者，不顧也。袖以示予，展之詠之，終日忘倦。信摩詰當讓一頭地。稽留不可，手錄十章以還之。因書其後，以嘉其志。大德改元（1297）仲秋望日　鮮于樞題”。鈐印“樞”（朱文）。

脫脫木兒題詩：

“吳興老子會南園，十詠於今只獨傳。瀟灑丹青如一日，風流文采未千年。情留去燕秋山外，興滿扁舟野水前。慶曆向來詩不少，清新自覺侍郎賢。高昌脱脱木兒再拜”。

鈐印“清白堂”（朱文）、“五城世家”（白文）、“高昌氏脱脱木兒時敏印”（朱文）。

圖12　佚名　江山秋色圖卷

朱標跋：

“洪武八年（1375）孟秋將既，入裝褙所。褙者以圖來進見，題名曰《趙千里江山圖》。於是舒卷，著意於方幅之間，用神微遊於筆鋒，岩巒、穹瓏、幽壑之際，見趙千里之意趣，深有秀焉。若觀斯之圖比誠遊山者，不過減筋骨之勞耳。若言景趣，豈下上於真山者耶？其中動盪情狀，非止一端。如山高則重巒疊嶂，以水則有湍流蟠溪。樹生偃蹇，若出水之蒼龍；遙岑隱見，如擁螺髻於天邊。近峯峻拔，露掩僧寺之樓台；碧岩萬仞，臨急水以飛雲。架木昂霄，為棧道以通人，致有車載，驢駝、人肩、舟櫂。又目樵者負薪，牧者逐牛，士行策杖，老幼相將。觀斯畫景，則有前合後仰，動靜盤桓。蓋為既秋之景，兼肅氣，帶紅葉黃花，壯千里之美景。其為畫師者，若趙千里，安得而易耶？洪武八年秋　文華堂題”。

圖13　趙伯驌　萬松金闕圖卷

趙孟頫跋：

“宋渡南後，有宗室伯駒字千里，弟伯驌字希遠，皆能繪事，尤精傅色。高宗作堂，處伯驌禁中，意所欲畫者，輒傳旨宣索。此《萬松金闕圖》斷為希遠所作，清潤雅麗，自成一家，亦近世之奇也。孟頫跋”。

倪瓚題詩：

“萬松金闕鬱岩嶢，望望人間思沉寥。留得前朝金碧畫，仙人天際若為招。倪瓚　壬子春”。

張紳識：

“二趙度江，高宗初未之知，每於市肆塗抹，與庸工雜處。後為中宮畫扇，始經宸覽。即召對賜印皇叔，外人不可得。此名《萬松金闕》，當是被遇後寫禁區中景，故特工耳。齊郡張紳識”。鈐印“士行父”（朱文）。

圖14　米友仁　瀟湘奇觀圖卷

薛羲題：

“右將仕郎米友仁畫《瀟湘奇觀》一卷，且自識之。蓋其父元章為禮部員外郎，先居太原，後徙襄陽。過潤州（今屬江蘇鎮江），羨山川佳麗，於是結庵城東，號曰‘海嶽’。宣和間，嘗進友仁所畫《楚江清曉圖》，上悅，因得名當世。然其筆意大率，圖與奇觀相似，卻無畫工之習，故士大夫寶之。嗟乎！一門清適，自家薦許，亦可見其父子之能矣。上清外史薛羲題”。鈐印“薛玄卿印”（白文）、“上清外史圖書清賞”（朱文）。

葛元喆題：

“米氏父子書畫擅當世。是卷沉着痛快，字如其圖，尤合作也。臨川葛元喆題”。鈐印“葛元哲印”（白文）、“丹陽世家”（朱文）。

貢師泰題：

“江南奇觀在北固（今屬江蘇鎮江）諸山，而北固奇觀又在東岡。海嶽晴雨晦明中執筆模寫，非其人胸中先有千岩萬壑者，孰能神融意會，收景象於豪芒咫尺之間哉？米家父子，何奪天巧之多也！宣城貢師泰題”。鈐“貢太父”（白文）印。

劉中守跋：

“此卷友仁真迹無疑。山川浮紙，煙雲滿前。脱去唐宋習氣，別是一天胸次，可謂自渠作祖。當共知者論。至正癸卯（1363）立夏後五日　劉中守書於三山之枕肱行軒”。

鈐“劉氏中守”（朱文）、“審定無疑”（朱文）、“崑崙山牧”（白文）印。

鄧宇志跋：

“細觀米友仁《瀟湘奇觀》，筆墨溫粹，點染渾成，信夫鍾山川之秀而復發其秀於山川者也。其後跋語，若貢公泰甫、葛公元喆、劉公中守，言之盡矣。至於上清外史薛公玄卿，素與吳興趙松雪，評論書畫尤為精到。且知其父公宣和間嘗進友仁所書《楚江清曉圖》，為當時稱賞。況奇觀者，尤晚年之作也，居貞其寶之。雪鶴山人鄧宇志”。鈐“鄧子方”（白文）、“雪鶴山人”（白文）印。

圖27　趙芾　江山萬里圖卷

錢惟善跋：

“萬里江山入畫圖，遠從西蜀到東吳。屏藩形勝今猶昔，煙雨空濛有若無。晨唱蠻歌開巨艦，暮投野店問前途。初陽迎曙千峯見，急浪飛花片月孤。自古殊方連越嶲，從來遺俗帶巴渝。重重梵刹高僧隱，處處旗亭倦客酤。地氣濕蒸雲夢澤，天光倒入洞庭湖。劍門鳥道疇能過，巫峽猿聲若可呼。擊楫中流空自誓，據鞍南向漫長吁。御風我欲遊茲境，擬作煙波一釣徒。右畫宋京口趙黻所作《長江萬里圖》也。佈景之妙，千態萬狀，有不可得而悉形容者。邇來兵火之餘，法書名畫廢棄沉沒何可勝數。迺獲見此大幅巨軸，若有神護而默相之者。今歸之展武□□□家，何其幸歟！一日焚香請觀，觀罷復請賦詩以識。爾其珍襲而寶藏之！洪武丁巳（1377）暮春上巳　曲江老人錢惟善書於客舍”。

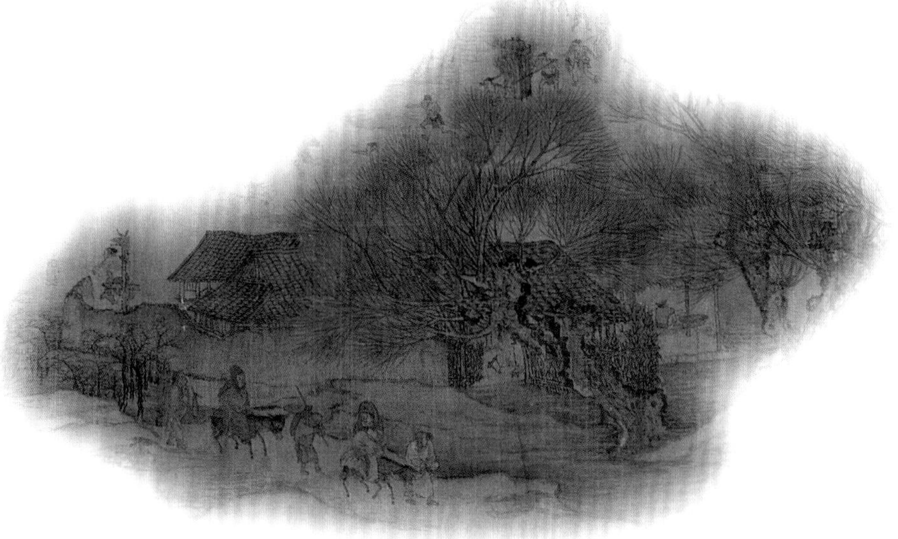

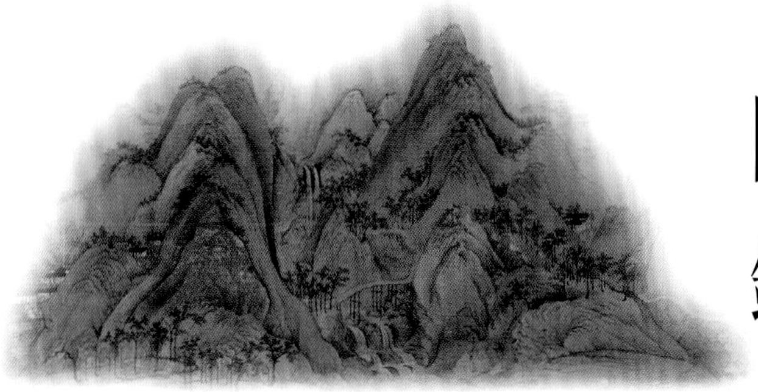

附錄二

技法舉例

山石皴法

披麻皴

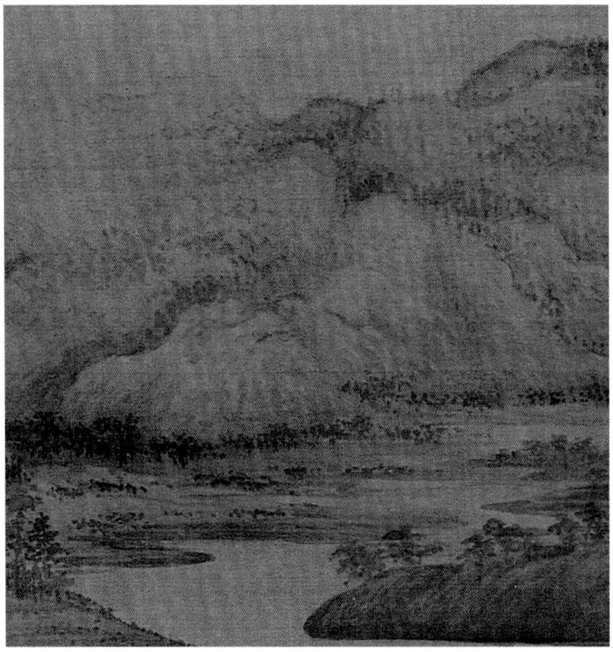

瀟湘圖卷（圖 3）

捲雲皴

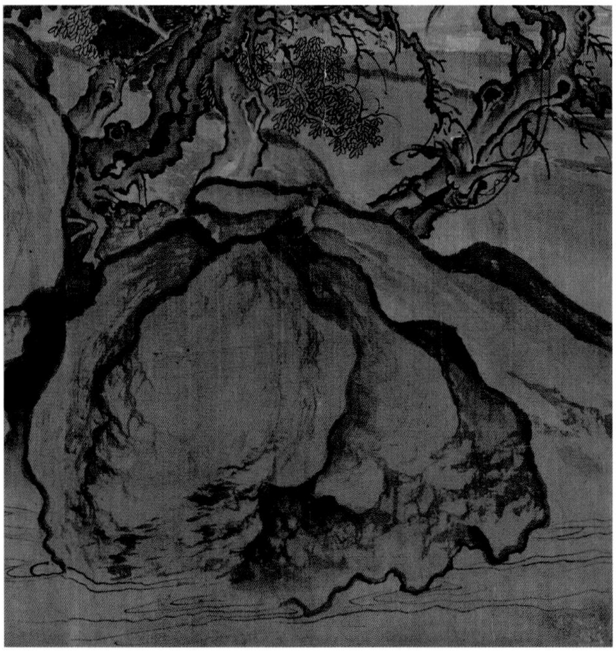

窠石平遠圖軸（圖 4）

小斧劈法

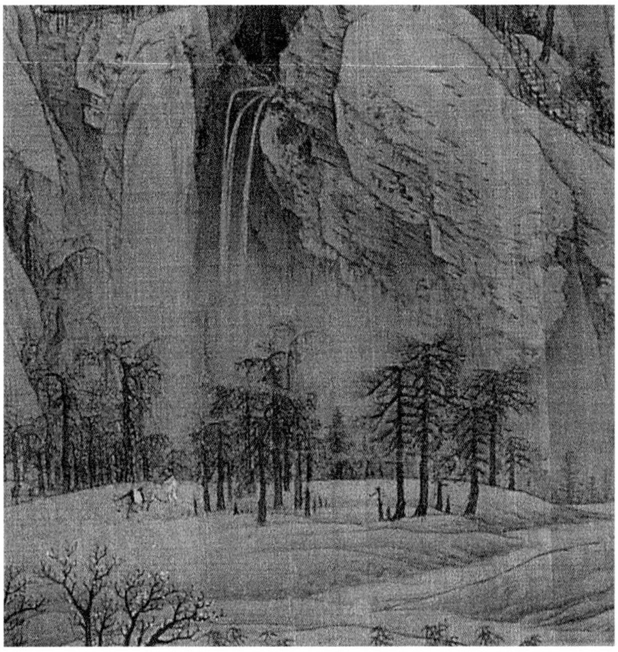

江山秋色圖卷（圖 12）

大斧劈法

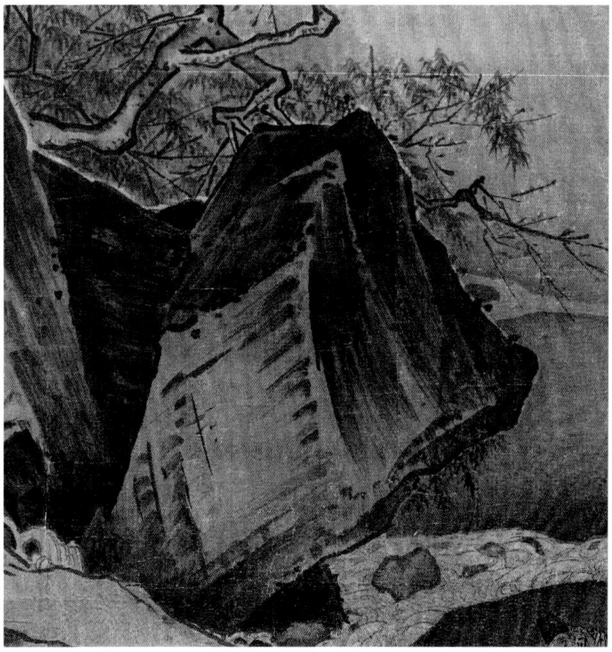

踏歌圖軸（圖 18）

亂柴法

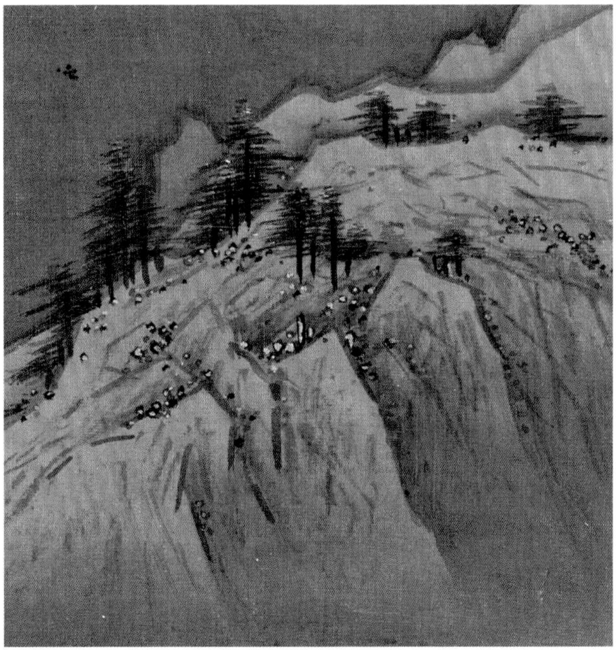

雪堂客話圖頁（圖 23）

趙芾皴法

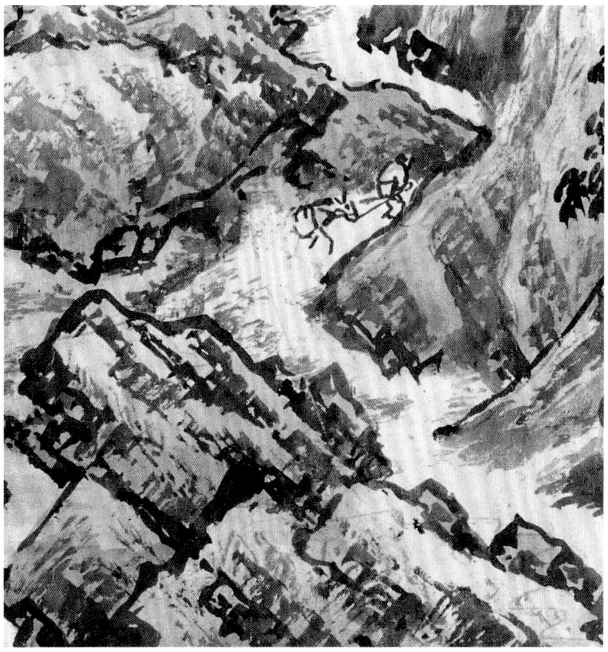

江山萬里圖卷（圖 27）

樹法

趙伯驌點法

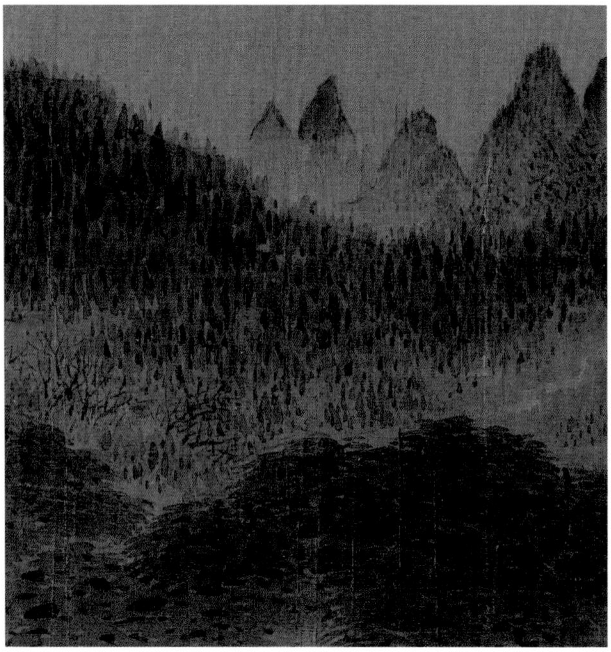

萬松金闕圖卷（圖13）

點法、雙鈎法

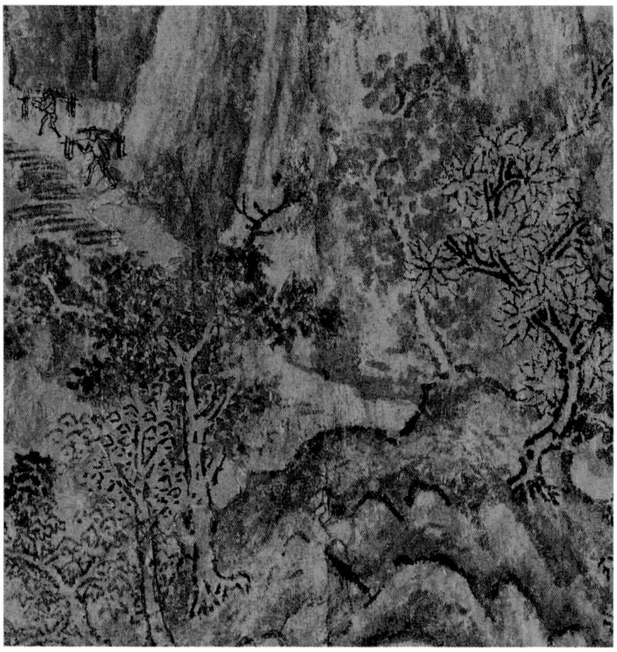

春山圖卷（圖9）

米點法

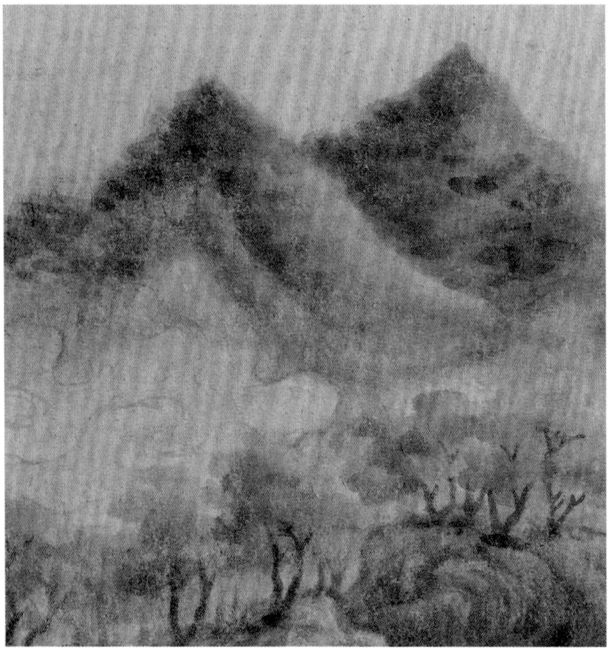

雲山墨戲圖卷（圖15）

張擇端髡柳法

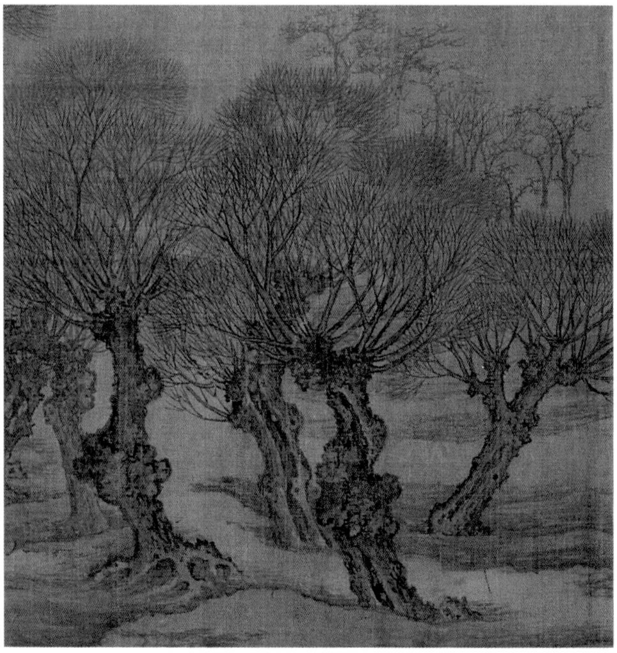

清明上河圖卷（圖10）